江苏经济年鉴

2016

主 编 张为付

南京大学出版社

图书在版编目(CIP)数据

江苏经济年鉴.2016/ 张为付主编. —南京:南京大学
出版社,2017.4

ISBN 978 - 7 - 305 - 18340 - 9

Ⅰ.①江…　Ⅱ.①张…　Ⅲ.①区域经济－江苏－
2016－年鉴　Ⅳ.①F127.53－54

中国版本图书馆 CIP 数据核字(2017)第 048102 号

出版发行　南京大学出版社
社　　　址　南京市汉口路 22 号　　　邮　编 210093
出 版 人　金鑫荣

书　　名　江苏经济年鉴(2016)
主　　编　张为付
责任编辑　秦　露　黄冬玲　王日俊

照　　排　南京紫藤制版印务中心
印　　刷　虎彩印艺股份有限公司
开　　本　889×1240　1/16　印张 34　字数 987 千
版　　次　2017 年 4 月第 1 版　2017 年 4 月第 1 次印刷
ISBN　978 - 7 - 305 - 18340 - 9
定　　价　480.00 元
网址:http://www.njupco.com
官方微博:http://weibo.com/njupco
官方微信号:njupress
销售咨询热线:(025)83594756

指导委员会

主　　　任：陈章龙　宋学锋

副 主 任：王开田　鞠兴荣

委　　　员：张为付　宣 烨　原小能　杨向阳

编 委 会

主　　　任：张为付

副 主 任：宣 烨　徐 圆

成　　　员：（按笔画排序）

于 诚　王 猛　王晓庆　付 文

毕朝国　许祥云　李焕焕　汤莫亚

原小能　张林玲　张月友　张 莉

林振洲　胡雅蓓

本书为江苏省发展和改革委员会服务业重大课题、江苏高校优势学科建设工程(PAPD)、江苏现代服务业协同创新中心、江苏高校人文社会科学校外研究基地"江苏现代服务业研究院"和江苏省级重点培育智库"现代服务业智库"研究成果。

本书出版得到江苏省服务业重大课题专项资金、江苏高校优势学科建设工程(PAPD)、江苏现代服务业协同创新中心、江苏高校人文社会科学校外研究基地"江苏现代服务业研究院"和江苏省级重点培育智库"现代服务业智库"的资助。

书　　名　江苏经济年鉴(2016)

主　　编　张为付

出 版 社　南京大学出版社

目 录
Contents

第一篇 重要文献篇

第一章 江苏省政府 2016 年政府工作报告 3
  一、"十二五"时期工作回顾 3
  二、"十三五"时期的目标任务 6
  三、2016 年主要工作 8
  四、以改革创新精神加强政府自身建设 13
第二章 关于江苏省 2015 年预算执行情况与 2016 年预算草案的报告 15
  一、2015 年预算执行情况 15
  二、2016 年预算草案 17
  三、努力完成 2016 年财政改革与预算收支任务 19
第三章 关于江苏省 2015 年国民经济和社会发展计划执行情况与 2016 年国民经济和社会
    发展计划草案的报告 21
  一、2015 年国民经济和社会发展计划执行情况 21
  二、2016 年经济社会发展主要预期目标和重点工作任务 25

第二篇 江苏省省情概况

第一章 总体介绍 33
第二章 自然地理 34
  一、江苏地形 34
  二、江苏水文 34
  三、江苏气候 35
第三章 资源环境 36
  一、土地资源 36
  二、水资源 36
  三、矿产资源 36
  四、生物资源 36
  五、交通资源 36
第四章 经济社会发展 39
  一、综合 39
  二、农林牧渔业 41

三、工业和建筑业 …………………………………………………………………………… 41

四、固定资产投资 …………………………………………………………………………… 43

五、国内贸易 ………………………………………………………………………………… 43

六、开放型经济 ……………………………………………………………………………… 43

七、交通运输、邮政电信业和旅游业 ……………………………………………………… 44

八、财政、金融业 …………………………………………………………………………… 45

九、科学技术和教育 ………………………………………………………………………… 47

十、文化、卫生和体育 ……………………………………………………………………… 47

十一、环境保护、节能降耗和安全生产 …………………………………………………… 48

十二、人民生活和社会保障 ………………………………………………………………… 48

第五章　人口与行政区划 …………………………………………………………………… 50

一、人口结构 ………………………………………………………………………………… 50

二、行政区划 ………………………………………………………………………………… 51

第三篇　经济社会发展报告

第一章　2015年江苏省经济和社会发展分析 …………………………………………… 55

一、国民经济运行概况 ……………………………………………………………………… 55

二、农林牧渔 ………………………………………………………………………………… 60

三、财政 ……………………………………………………………………………………… 61

四、固定资产投资 …………………………………………………………………………… 63

五、就业与人民生活 ………………………………………………………………………… 70

六、科技和教育 ……………………………………………………………………………… 76

七、文化、卫生与环境保护 ………………………………………………………………… 82

第二章　2015年江苏省产业发展分析 …………………………………………………… 87

一、第一产业发展分析 ……………………………………………………………………… 87

二、第二产业发展分析 ……………………………………………………………………… 90

三、第三产业发展分析 ……………………………………………………………………… 105

第三章　2015年江苏省行业经济发展分析 ……………………………………………… 111

一、金融业 …………………………………………………………………………………… 111

二、房地产业 ………………………………………………………………………………… 118

三、旅游业 …………………………………………………………………………………… 120

四、信息传输、软件和信息技术服务业 …………………………………………………… 123

五、公共服务业 ……………………………………………………………………………… 126

六、现代物流业 ……………………………………………………………………………… 127

七、高新技术产业 …………………………………………………………………………… 129

第四章　2015年江苏省外向型经济发展分析 …………………………………………… 131

一、对外贸易 ………………………………………………………………………………… 131

二、利用外资 ………………………………………………………………………………… 140

三、对外经济合作 …………………………………………………………………………… 145

第四篇　江苏省经济社会发展比较研究报告

第一章　江苏省综合经济在全国的地位与变化分析 ………………………………… 157

　　一、综合 …………………………………………………………………………… 157

　　二、GDP与人均GDP …………………………………………………………… 158

　　三、财政金融 ……………………………………………………………………… 162

　　四、固定资产投资 ………………………………………………………………… 165

　　五、居民收入与城乡差距 ………………………………………………………… 167

　　六、物价水平 ……………………………………………………………………… 169

　　七、就业 …………………………………………………………………………… 170

第二章　江苏省产业经济在全国的地位与变化分析 ………………………………… 172

　　一、产业结构 ……………………………………………………………………… 172

　　二、农业 …………………………………………………………………………… 173

　　三、工业 …………………………………………………………………………… 175

　　四、服务业 ………………………………………………………………………… 179

第三章　江苏省开放型经济在全国的地位与变化分析 ……………………………… 185

　　一、对外贸易 ……………………………………………………………………… 185

　　二、利用外资 ……………………………………………………………………… 194

　　三、境外投资 ……………………………………………………………………… 196

　　四、对外经济合作 ………………………………………………………………… 198

第五篇　江苏省区域经济发展报告

第一章　苏南、苏中、苏北地区经济社会发展比较 ………………………………… 203

　　一、总体经济发展 ………………………………………………………………… 203

　　二、产业结构 ……………………………………………………………………… 219

　　三、对外经济 ……………………………………………………………………… 231

第二章　江苏沿海区域 ………………………………………………………………… 239

　　一、整体概况介绍 ………………………………………………………………… 239

　　二、沿海区域综合经济发展现状 ………………………………………………… 240

　　三、沿海地区产业经济发展现状 ………………………………………………… 246

　　四、沿海地区开放型经济发展现状 ……………………………………………… 251

　　五、沿海地区人民生活发展现状 ………………………………………………… 254

第三章　江苏沿江区域 ………………………………………………………………… 258

　　一、整体概况介绍 ………………………………………………………………… 258

　　二、沿江区域综合经济发展现状 ………………………………………………… 259

　　三、沿江地区产业经济发展现状 ………………………………………………… 264

　　四、沿江地区开放型经济发展现状 ……………………………………………… 270

　　五、沿江地区人民生活发展现状 ………………………………………………… 274

第四章 沿东陇海线区域 ·· 279
　　一、整体概况介绍 ·· 279
　　二、沿东陇海线综合经济发展现状 ·························· 279
　　三、沿东陇海地区产业经济发展现状 ························ 284
　　四、沿东陇海地区开放型经济发展现状 ······················ 289
　　五、沿东陇海地区人民生活现状 ···························· 291

第六篇　县域经济篇

第一章 江苏省县域经济发展研究报告 ·························· 297
　　一、整体概况介绍 ·· 297
　　二、江苏县域综合经济发展现状 ···························· 297
　　三、江苏县域产业经济发展现状 ···························· 302
　　四、江苏县域开放型经济发展现状 ·························· 310
　　五、江苏县域人民生活发展现状 ···························· 314
第二章 江苏县域经济社会发展综合竞争力比较 ················ 317
　　一、江苏县域经济社会发展综合竞争力评价指标体系 ········ 317
　　二、江苏县域经济社会发展综合竞争力分析 ················ 327
　　三、江苏县域经济社会发展各分项竞争力分析 ·············· 329

第七篇　江苏城市发展报告

第一章 2015年南京市经济社会发展报告 ······················ 349
　　一、总体经济 ·· 349
　　二、农业 ·· 351
　　三、工业和建筑业 ·· 352
　　四、服务业 ·· 353
　　五、固定资产投资和房地产开发 ···························· 355
　　六、国内贸易和旅游 ······································ 356
　　七、对外经济 ·· 356
　　八、交通运输和邮政电信 ·································· 358
　　九、财政、金融和保险 ···································· 359
　　十、城乡建设 ·· 360
　　十一、科技和教育 ·· 360
　　十二、文化、卫生和体育 ·································· 361
　　十三、节能减排和生态环境 ································ 361
　　十四、人口、人民生活和社会保障 ·························· 362
第二章 2015年苏州市经济社会发展报告 ······················ 363
　　一、总体经济 ·· 363
　　二、农业 ·· 364

三、工业 …………………………………………………………………………… 364

四、服务业 ………………………………………………………………………… 366

五、固定资产投资和房地产开发 ………………………………………………… 367

六、国内贸易和旅游 ……………………………………………………………… 368

七、开放型经济 …………………………………………………………………… 369

八、交通运输和邮政电信 ………………………………………………………… 370

九、金融 …………………………………………………………………………… 370

十、科技和教育 …………………………………………………………………… 371

十一、文化、卫生和体育 ………………………………………………………… 372

十二、人口、人民生活和社会保障 ……………………………………………… 372

十三、城市建设和公用事业 ……………………………………………………… 374

十四、环境保护和节能降耗 ……………………………………………………… 374

第三章　2015年无锡市经济社会发展报告 ………………………………………… 376

一、总体经济 ……………………………………………………………………… 376

二、农业 …………………………………………………………………………… 377

三、工业和建筑业 ………………………………………………………………… 377

四、服务业 ………………………………………………………………………… 378

五、固定资产投资 ………………………………………………………………… 379

六、国内贸易 ……………………………………………………………………… 380

七、开放型经济 …………………………………………………………………… 380

八、交通、邮电和旅游 …………………………………………………………… 381

九、财政和金融 …………………………………………………………………… 381

十、科学技术和教育 ……………………………………………………………… 382

十一、文化、卫生、体育和民族宗教 …………………………………………… 383

十二、人口、人民生活和社会保障 ……………………………………………… 383

十三、环境和安全生产 …………………………………………………………… 384

第四章　2015年常州市经济社会发展报告 ………………………………………… 385

一、综合经济 ……………………………………………………………………… 385

二、农业与农村经济 ……………………………………………………………… 386

三、工业和建筑业 ………………………………………………………………… 386

四、服务业 ………………………………………………………………………… 388

五、固定资产投资 ………………………………………………………………… 388

六、国内贸易 ……………………………………………………………………… 389

七、开放型经济 …………………………………………………………………… 389

八、交通运输、邮政电信业和旅游业 …………………………………………… 390

九、金融业 ………………………………………………………………………… 391

十、科技创新 ……………………………………………………………………… 391

十一、教育、文化、卫生和体育 ………………………………………………… 391

十二、人口、民生与社会保障 …………………………………………………… 393

十三、城乡建设和公用事业 ……………………………………………………… 393

十四、生态建设和环境保护 ··· 394

第五章 2015年镇江市经济社会发展报告 ··· 395
　　一、总体经济 ··· 395
　　二、农林牧渔业 ·· 397
　　三、工业、建筑业 ·· 397
　　四、服务业 ·· 400
　　五、固定资产投资 ·· 400
　　六、国内贸易 ··· 401
　　七、开放型经济 ·· 401
　　八、交通、邮电 ·· 402
　　九、金融、保险 ·· 402
　　十、科学技术和教育 ·· 403
　　十一、文化、旅游 ·· 404
　　十二、卫生、体育 ·· 405
　　十三、城建、环保 ·· 405
　　十四、人口、就业 ·· 405
　　十五、人民生活、社会保障 ·· 406

第六章 2015年扬州市经济社会发展报告 ··· 407
　　一、总体经济 ··· 407
　　二、农业 ·· 408
　　三、工业和建筑业 ·· 408
　　四、服务业 ·· 409
　　五、固定资产投资 ·· 411
　　六、邮电通讯和交通运输 ·· 412
　　七、国内贸易 ··· 412
　　八、财政金融 ··· 412
　　九、对外经济和旅游业 ·· 413
　　十、科学技术和教育 ·· 413
　　十一、文化、卫生和体育 ·· 414
　　十二、城乡建设和生态环境 ·· 414
　　十三、人口、人民生活和社会保障 ·· 415

第七章 2015年泰州市经济社会发展报告 ··· 416
　　一、总体经济 ··· 416
　　二、农林牧渔业 ·· 417
　　三、工业和建筑业 ·· 417
　　四、服务业 ·· 419
　　五、固定资产投资 ·· 420
　　六、国内贸易 ··· 421
　　七、外向型经济 ·· 421
　　八、交通运输、邮政电信和旅游业 ·· 422

九、财政、金融、保险和证券 ································· 422

十、科学技术和教育 ···································· 423

十一、文化、卫生和体育 ································· 424

十二、资源环境、节能降耗和安全生产 ····················· 424

十三、人口、人民生活和社会保障 ·························· 425

第八章　2015年南通市经济社会发展报告 ····················· 426

一、总体经济 ······································ 426

二、农林牧渔业 ····································· 428

三、工业和建筑业 ···································· 428

四、服务业 ······································· 431

五、固定资产投资 ···································· 432

六、国内贸易和旅游业 ································· 432

七、开放型经济 ····································· 433

八、交通、邮政电信业和电力业 ··························· 434

九、财政、金融 ····································· 434

十、科学技术和教育 ·································· 435

十一、文化、卫生和体育 ································· 435

十二、人民生活和社会保障 ······························ 436

十三、环境保护和安全生产 ······························ 438

第九章　2015年徐州市经济社会发展报告 ····················· 439

一、总体经济 ······································ 439

二、农林牧渔业 ····································· 441

三、工业和建筑业 ···································· 441

四、服务业 ······································· 443

五、固定资产投资 ···································· 444

六、国内贸易 ······································ 445

七、交通运输和邮政电信 ································· 445

八、开放型经济 ····································· 446

九、财政和金融业 ···································· 446

十、科学技术和教育 ·································· 448

十一、文化、卫生和体育 ································· 449

十二、人口、民生和社会保障 ····························· 449

十三、环境保护和资源节约 ······························ 450

十四、城乡建设与社会治安 ······························ 451

第十章　2015年淮安市经济社会发展报告 ····················· 452

一、总体经济 ······································ 452

二、农林牧渔和水利业 ································· 453

三、工业和建筑业 ···································· 453

四、服务业 ······································· 454

五、固定资产投资 ···································· 455

六、国内贸易 ······ 455

七、开放型经济 ······ 455

八、交通、邮电和旅游 ······ 456

九、财政、金融 ······ 456

十、科学技术和教育 ······ 457

十一、文化、卫生和体育 ······ 457

十二、环境保护 ······ 458

十三、人口、居民生活和社会保障 ······ 458

第十一章　2015年宿迁市经济社会发展报告 ······ 459

一、总体经济 ······ 459

二、农林牧渔业 ······ 460

三、工业和建筑业 ······ 461

四、服务业 ······ 463

五、固定资产投资和房地产业 ······ 464

六、国内贸易和对外经济 ······ 465

七、园区经济 ······ 465

八、交通运输、邮政电信和旅游业 ······ 465

九、财政金融 ······ 466

十、社会事业 ······ 467

十一、人口、人民生活和社会保障 ······ 468

第十二章　2015年连云港市经济社会发展报告 ······ 469

一、总体经济 ······ 469

二、农业 ······ 470

三、工业和建筑业 ······ 470

四、服务业 ······ 472

五、固定资产投资 ······ 472

六、交通运输和信息通讯业 ······ 473

七、国内贸易和市场物价 ······ 473

八、对外经济 ······ 474

九、财政、金融和保险业 ······ 474

十、科技和社会保障事业 ······ 475

十一、教育卫生和文化宣传事业 ······ 475

十二、城市建设和环境保护 ······ 476

十三、人口及人民生活 ······ 477

第十三章　2015年盐城市经济社会发展报告 ······ 478

一、总体经济 ······ 478

二、农林牧渔业 ······ 479

三、工业和建筑业 ······ 479

四、服务业 ······ 480

五、固定资产投资 ······ 481

六、交通运输和邮电业 ·· 481

七、国内贸易 ·· 482

八、对外经济和旅游业 ·· 482

九、财政、金融和保险 ·· 482

十、科学技术和教育事业 ·· 483

十一、文化、卫生和体育事业 ·· 483

十二、人口、人民生活和社会保障 ·· 483

十三、城市建设和环境保护 ·· 484

第八篇　重要数据指标

第一章　2015年全国各地经济发展指标 ·· 487

第二章　2015年江苏省经济发展指标 ·· 502

第一篇　重要文献篇

第一章　江苏省政府 2016 年政府工作报告

——2016 年 1 月 24 日在江苏省第十二届人民代表大会第四次会议上

代省长石泰峰作政府工作报告

各位代表：

现在，我代表江苏省人民政府向大会作工作报告，请予审议，并请各位政协委员提出意见。

一、"十二五"时期工作回顾

"十二五"时期是我省发展很不平凡的五年。面对错综复杂的宏观经济环境和艰巨繁重的改革发展稳定任务，我们在党中央、国务院和中共江苏省委的坚强领导下，全面贯彻党的十八大和十八届三中、四中、五中全会精神，深入落实习近平总书记系列重要讲话特别是视察江苏重要讲话精神，主动适应经济发展新常态，紧扣主题主线，坚持稳中求进，大力实施六大战略，扎实推进八项工程，统筹做好改革发展稳定各项工作，胜利完成"十二五"规划确定的主要目标任务，"迈上新台阶、建设新江苏"实现良好开局。

"十二五"时期，是积极应对各种风险挑战、经济保持平稳健康发展的五年。认真落实国家宏观调控政策，及时采取一系列利当前惠长远的政策措施，在深化改革中增强发展的动力活力，在转型升级中保持经济平稳较快增长。全省地区生产总值连跨三个万亿元台阶，超过 7 万亿元，年均增长 9.6％。人均地区生产总值突破 1.4 万美元。一般公共预算收入连跨四个千亿元台阶，突破 8000 亿元，年均增长 14.5％。社会消费品零售总额 2.58 万亿元，年均增长 13.7％，消费对经济增长贡献率达到 51.5％，成为经济增长的最大拉动力。有效投入持续扩大，固定资产投资 4.59 万亿元，年均增长 16.2％，民间投资比重达 69.7％。现代基础设施体系日趋完善，交通、能源、水利、信息等一批重大项目相继建成运营。外贸进出口总体稳定，总额达到 5456.1 亿美元，其中出口 3386.7 亿美元。金融服务实体经济力度加大，人民币贷款余额增加到 7.9 万亿元、年均增长 13.4％，直接融资发行额超过 1 万亿元、年均增长 47.5％。

"十二五"时期，是大力推进创新驱动发展、经济转型升级取得重大进展的五年。把转方式调结构放在更加重要的位置，突出创新引领，重抓六个优化，促进经济提质增效升级。创新型省份建设迈出重要步伐，区域创新能力连续 7 年位居全国首位。全社会研发投入 1788 亿元，科技进步对经济增长贡献率达到 60％。高新技术产业产值比重达 40.1％，大中型企业研发机构建有率达 88％，高校协同创新成效明显，省产业技术研究院建设加快推进。万人发明专利拥有量突破 14 件。引进国家千人计划创业类人才占全国 1/3，高技能人才总量 293.2 万人。苏南国家自主创新示范区建设扎实推进。大众创业、万众创新取得明显成效。产业结构调整不断深化，第三产业比重超过 48％，年均提升 1.4 个百分点，三次产业结构实现"三二一"的标志性转变。旅游业总收入 9050 亿元，年均增长 14.1％。新兴产业销售收入突破 4.5 万亿元。先进制造业加快发展，智能制造、技术改造、品牌建设力度加大。智慧江苏建设深入推进,区域两化融合发展水平总指数达 94 左右。提前两年完成"十二五"国家下达的淘汰落后产能任务,化解过剩产能取得积极进展。

"十二五"时期,是全面深化改革开放、发展动力活力不断增强的五年。以经济体制改革为主轴,重点领域和关键环节改革有序推进。简政放权力度加大,省级层面取消、下放行政审批事项 587 项,相对集中行政许可权和综合行政执法改革试点稳步推进,省市县三级政务服务体系逐步健全。国有企业改革重组取得新进展,民营经济比重提高到 54.9%。开展新一轮省以下财税体制改革,县级以上政府及部门预决算全面公开,营改增试点企业 47 万户,累计减税 570 亿元。发行地方政府债券 3194 亿元,政府债务风险得到有效防控。全面实行"三证合一"、"一照一码"登记模式,加快"先照后证"改革试点,商事制度改革成效明显。价格、审计、统计工作得到加强。民营金融机构有序发展,地方金融改革进一步深化。国家科技创新、综合医改、高等教育综合改革、新型城镇化、农村土地制度改革等试点扎实推进,不动产统一登记全面推开。认真实施"一带一路"和长江经济带建设等重大战略,加强与上海自由贸易试验区全方位对接互动,中哈(连云港)物流合作基地建设稳步推进,各类开放载体平台建设不断加强,企业、城市、人才国际化水平显著提升。对外贸易结构不断优化,一般贸易出口占出口总额比重达到 43.8%,服务贸易进出口总额增长一倍。对外交流合作日益深化,"走出去"步伐不断加快,2015 年对外投资突破 100 亿美元。

"十二五"时期,是加大统筹力度、城乡区域协调发展水平显著提高的五年。现代农业加快推进,粮食总产实现"十二连增",高标准农田比重超过 50%,农业科技进步贡献率提高到 65%,家庭农场、农民合作社分别达到 2.8 万家和 7.2 万个,农村产权交易市场建设进展顺利。新型城镇化和城乡发展一体化成效明显,城镇化率提升到 66.5%。中心城市辐射功能明显增强,县域经济实力大幅提升,新农村建设扎实推进,所有行政村实现"七通"目标,新解决 1667 万农村人口饮水安全问题,新改建农村公路 2.37 万公里、桥梁 39424 座。区域协调发展新布局全面展开。苏南现代化建设示范区引领带动作用逐步显现,南京江北新区成功获批。加大对苏中苏北结合部经济相对薄弱地区支持力度,苏中融合发展特色发展加快推进。南北共建园区、苏北六项关键工程等成效明显,全面小康建设迈出坚实步伐。沿海开发五年推进计划和六大行动顺利实施,沿海发展取得重大进展。长三角区域经济发展一体化和省际合作取得新进展,对口支援西藏、新疆、青海等工作取得新成效。

"十二五"时期,是扎实推进生态文明建设、生态质量和城乡人居环境稳步改善的五年。生态文明制度体系逐步完善,在全国率先划定生态保护红线区域,健全生态补偿机制和绿色发展评估机制,绿色发展综合指数达 76.4。强化节能减排和资源节约集约利用,实施 1 万多个重点节能减排工程,单位土地 GDP 产出率提高 50%,单位 GDP 能耗下降和主要污染物减排超额完成国家任务。深入实施碧水蓝天工程,出台大气污染防治条例,加强空气质量预报预警和区域联防联控,2015 年全省 PM2.5 平均浓度比 2013 年基准数下降 20.5%,空气质量优良天数 241 天。加强水污染防治,太湖水质进一步好转,长江、淮河流域治污进展顺利,南水北调江苏段水质达到通水要求。建制镇污水处理设施覆盖率达 90.4%。城乡环境综合整治成效显著。绿色江苏建设加快推进,林木覆盖率达到 22.5%。

"十二五"时期,是大力加强社会建设、人民生活水平持续提升的五年。深入实施民生幸福工程,扎实推进"六大体系"建设,持续办好各项民生实事,直接用于民生及与民生密切相关的财政支出达 3 万亿元,占全省公共财政支出 75% 以上。实施居民收入倍增计划,城乡居民人均可支配收入分别达到 37173 元和 16257 元,比"十一五"末增长 66.9% 和 79.4%。积极扩大就业,五年城镇新增就业 681.6 万人,高校毕业生年末总体就业率稳定在 96% 左右,失业人员再就业 369.8 万人,农村劳动力转移总量达 1875 万人。社会保障体系不断完善,主要险种参保率保持在 95% 以上,城乡居民基本养老保险制度全面建立,大病保险制度实现全覆盖,机关事业单位养老保险制度改革顺利启动。居民低保、医疗、养老保障水平进一步提高。46%的涉农县(市、区)实现城乡低保标准并轨。社会救助标准动态调整机制不断健全。社会养老服务体系初步建立。五年建成保障性住房110万套(户),完成棚户区改造76万套,发放廉租住房租赁补贴14万户。扶贫开发扎实推进,农村411万低收入人口整体实现4000元脱贫目标。教育现代化建设成效显著,学前教育全面普及,在全国率先实现县域义务教育基本均衡全覆盖,高中阶段毛入学率达到99.1%,高等教育主要发展指标位居全国前列,职业教育创新发展持续推进,终身教育体系进一步完善。医药卫生体制改革不断深化,卫生计生事业快速发展,新型农村合作医疗人均财政补助提高到380元,基本公共卫生服务免费项目增加到12类45项,医疗卫生服务能力明显增强。生育政策稳妥有序调整。居民出行更加便捷,行政村客运班车全覆盖,实现省辖市公交一卡通。文化事业和文化产业加快发展,公共文化服务设施覆盖率达到95%,文化产业增加值比重超过5%。南京大屠杀死难者国家公祭活动成功举办。体育事业和体育产业协调发展,全民健身活动广泛开展,成功举办第二届青奥会、第二届亚青会、第53届世乒赛和第十八届省运会。法治江苏、平安江苏建设取得明显成效,社会治安综合治理绩效考核保持全国领先,群众安全感和法治建设满意率进一步提升。社会信用体系不断完善。安全生产形势总体平稳。防汛抗旱工作扎实有效。食品药品安全工作得到加强。信访工作取得明显成效。国防动员、人民防空和后备力量建设稳步推进,军民融合发展步伐加快,军转安置、拥军优抚工作和军民共建等活动成绩显著。民族、宗教、档案、史志、参事工作取得新进展,妇女、儿童、青少年、老龄、残疾人、红十字、慈善事业取得新进步,外事工作、对台事务、港澳工作、侨务工作取得新成效。

过去的五年,我们坚持以为民务实清廉为目标,认真落实中央八项规定、国务院"约法三章"和省委十项规定精神,巩固深化党的群众路线教育实践活动成果。

认真践行"三严三实"要求,不断改进工作作风,加快转变政府职能,努力提高行政效能,政府自身建设进一步加强。

特别需要指出的是,刚刚过去的2015年,我们以习近平总书记视察江苏重要讲话精神为根本遵循,统筹做好稳增长、促改革、调结构、惠民生、防风险各项工作,经济稳中有进,稳中有好,省十二届人大三次会议确定的年度主要目标任务全面完成。全省地区生产总值增长8.5%,一般公共预算收入增长11%,居民消费价格总水平涨幅1.7%,城镇新增就业139.8万人,城镇登记失业率3%,全社会研发投入占地区生产总值的比重达到2.55%,城乡居民人均可支配收入分别增长8.2%和8.7%,节能减排完成国家下达的目标任务,保障改善民生十件实事全面完成。

各位代表!"十二五"时期我省经济社会发展的巨大成就来之不易。这是党中央、国务院坚强领导、科学决策的结果,是全省人民攻坚克难、团结奋斗的结果。我代表江苏省人民政府,向全省人民表示崇高敬意和衷心感谢!向各位人大代表、政协委员,向各民主党派、工商联、无党派人士,向各人民团体、各界人士和老同志,向驻苏人民解放军、武警官兵和人民警察,表示衷心感谢!向关心和支持江苏建设的香港特别行政区同胞、澳门特别行政区同胞、台湾同胞、海外侨胞和国际友人,表示衷心感谢!

我们也清醒地看到,我省经济社会发展面临着深刻的结构性和体制性矛盾。经济下行压力加大,创新能力还不够强,新增长点支撑作用不足,部分行业产能过剩严重,部分企业生产经营困难,经济风险隐患有所凸显;城乡区域发展不够平衡,基本公共服务供给不足,收入差距仍然较大,人口老龄化加快,消除贫困任务繁重;资源约束趋紧,生态环境质量尚未根本好转;政府职能转变还不到位,依法行政能力有待提高,作风建设长效机制还需进一步完善,反腐倡廉任务依然艰巨。我们一定高度重视这些问题,采取有力措施,切实加以解决。

二、"十三五"时期的目标任务

各位代表,根据《中共江苏省委关于制定江苏省国民经济和社会发展第十三个五年规划的建议》,省政府编制了"十三五"规划纲要(草案),一并提请本次大会审议。

"十三五"时期,我省经济社会发展的总体要求是:高举中国特色社会主义伟大旗帜,全面贯彻党的十八大和十八届三中、四中、五中全会精神,以马克思列宁主义、毛泽东思想、邓小平理论、"三个代表"重要思想、科学发展观为指导,深入贯彻习近平总书记系列重要讲话精神,以总书记视察江苏重要讲话精神为引领,紧紧围绕全面建成小康社会、全面深化改革、全面依法治国、全面从严治党的战略布局,牢固树立并自觉践行创新、协调、绿色、开放、共享的发展理念,牢记"两个率先"光荣使命,坚持发展是第一要务,以提高发展质量和效益为中心,着力加强结构性改革,加快形成引领经济发展新常态的体制机制和发展方式,保持战略定力,坚持稳中求进,以"五个迈上新台阶"为重点任务,以"八项工程"为主抓手,全面实施"七大战略",统筹推进经济建设、政治建设、文化建设、社会建设、生态文明建设和党的建设,着力建设经济强、百姓富、环境美、社会文明程度高的新江苏,率先全面建成小康社会,积极探索开启基本实现现代化建设新征程,谱写好中华民族伟大复兴中国梦的江苏篇章。

"十三五"时期,我省经济社会发展的主要目标是:

——经济综合实力显著增强,地区生产总值年均增长7.5%左右,提前实现地区生产总值和城乡居民人均收入比2010年翻一番。

——创新型省份建设取得重要突破,主要创新指标达到创新型国家和地区中等以上水平,研发经费支出占地区生产总值比重提高到2.8%左右,科技进步贡献率提高到65%以上。

——产业国际竞争力大幅提升,战略性新兴产业加快发展,服务业增加值占比达到53%左右,高新技术产业产值比重达到45%左右,现代农业建设取得明显进展。

——城乡区域发展更加协调,户籍人口城镇化率达到67%,城市规划、建设和管理水平全面提升,城乡区域发展差距进一步缩小,苏中和苏北地区生产总值占全省比重提高2.5个百分点。

——改革开放进一步深化,重要领域和关键环节改革取得实质性进展,体制机制更加完善,对内对外开放新优势加快形成,企业、城市、人才国际化水平进一步提高。

——人民生活水平和质量普遍提高,城乡居民收入持续增长,价格保持基本稳定,社会就业更加充分,基本公共服务均等化水平明显提升,形成更加公平更可持续的社会保障制度。

——生态环境质量明显改善,主要污染物排放总量大幅减少,主体功能区布局和生态安全屏障基本形成,生态文明制度体系更加健全。

——公民文明素质和社会文明程度显著提高,公共文化服务体系更加完善,文化事业和文化产业加快发展,文化国际影响力持续扩大。全社会法治意识不断增强,法治政府基本建成。

实现"十三五"发展目标任务,必须主动适应经济发展新常态,全面贯彻五大发展理念,突出供给侧结构性改革,大力实施创新驱动发展、科教与人才强省、新型城镇化和城乡发展一体化、区域协调发展、经济国际化、可持续发展、民生共享七大发展战略,着力在四个方面取得重大进展。

一是围绕"经济强",在加快建设"一中心、一基地"、完善现代产业新体系拓展产业新空间上取得重大进展。着力建设具有全球影响力的产业科技创新中心。深入开展创新型省份试点,加快苏南国家自主创新示范区建设,突出人才优先发展,推进开放创新和协同创新,实施引领产业发展的重点科技专项和创新型领军企业培育行动计划,建设一流产业科技创新载体,构建开放式产业科技创新网络,打造与国际接轨的产业科技创新生态,充分释放各类创新主体活力,加速构建产业创新发展新动源、新空间、新体制,基本形成产业科技创新中心框架体系。着力建设具有国际竞争力的先进制造业基地。深入实施《中国制造 2025 江苏行动纲要》，加快建设全国智能制造先行示范区，制造业质量竞争力指数达到 88。实施企业制造装备升级、互联网化提升两大计划，实施战略性新兴产业培育发展规划，大力发展新产业、新技术、新业态、新模式，战略性新兴产业增加值占 GDP 比重达到 15％。着力提升城乡区域协调发展水平。大力发展现代农业，加快农业现代化步伐。深化国家新型城镇化综合试点，坚持大中小城市和小城镇协调发展，统筹推进城乡规划、产业发展、基础设施、公共服务、就业社保和社会治理一体化，促进城乡要素平等交换、合理配置。完善综合交通运输网络，构建现代基础设施支撑体系。优化区域发展格局，培育经济新增长极。着力增创开放型经济新优势。积极参与"一带一路"和长江经济带建设，复制推广上海自由贸易试验区经验，推进各类开发园区整合优化、功能提升、制度创新，加快开放型经济转型升级，增强江苏经济国际竞争力。

二是围绕"百姓富"，在深入实施民生幸福工程、增强人民群众获得感和满意度上取得重大进展。更加注重增加居民收入。扎实推进居民收入倍增计划，健全工资水平决定、正常增长和支付保障机制。鼓励农民创业，拓展富民增收渠道，优化收入分配结构，逐步缩小收入差距。更加注重发展各项社会事业。推进全民创业工程，健全公共就业创业服务体系，五年城镇新增就业 500 万人。积极构建和谐劳动关系。实施全民参保计划，强化养老、医疗、失业、工伤、生育保险为重点的基本保障，城乡基本社会保险覆盖率超过 98％。深化教育领域综合改革，提升公共卫生计生服务水平，健全住房保障制度。更加注重推进基本公共服务均等化。强化民生事业各领域的协调发展和制度对接，明确基本公共服务范围和标准，建立基本公共服务清单，全面提升优质公共服务产品供给能力、覆盖水平和使用效率。更加注重提高扶贫开发水平。实施新一轮脱贫致富奔小康工程，推进精准扶贫、精准脱贫，强化整体帮扶和连片开发，低收入人口人均年收入达到 6000 元以上，重点片区和黄茅老区面貌显著改善。

三是围绕"环境美"，在提升环境质量、建设生态宜居美丽家园上取得重大进展。突出抓好生态空间源头管控。严守生态红线，优化生态空间布局，实施生态保护和修复工程，生态红线区域占国土面积的比重不低于 22％，五年新增造林 120 万亩。突出抓好资源节约高效利用。落实最严格的耕地保护、节约集约用地和水资源管理制度，实施循环发展引领计划，积极发展低碳经济，单位工业增加值能耗比 2015 年降低 18％。突出抓好大气、水和土壤污染治理。实施各类污染防治行动计划，深入推进城市环境综合整治，加快建设美丽乡村，加强农业废弃物的资源化利用和无害化处理，强化主要污染物减排。突出抓好生态文明制度体系完善。开展生态环境管理制度综合改革试点，制定和实施评价体系、考核机制和激励办法，强化监管体系，健全保护机制，构建系统完整、实施有效的生态文明制度体系，积极创建国家生态文明试验区。

四是围绕"社会文明程度高"，在建设文化强省、提升社会治理水平上取得重大进展。大力培育和践行社会主义核心价值观。深化中国特色社会主义和中国梦宣传教育，加强公民思想道德建设，进一步弘扬民族精神、时代精神和"三创三先"新时期江苏精神，广泛开展文明创建提升、全民阅读、志愿服务普及、社会诚信建设、未成年人思想道德建设提升等行动。大力提升文化产业竞争力。实施重大文化产业项目带动战略，培育壮大骨干文化企业和文化品牌，鼓励数字文化、网络文化等新型文化业态发展，文化产业增加值占 GDP 比重达到 8％左右。大力发展文化事业。完善公共文化服务体系，加强文化人才培养，加快新型智库和专业化高端智库建设，深化文化体制改革，统筹推进文化事业全面繁荣，不断增强江苏文化国际影响力。大力加强和创新社会治理。深入推进法治江苏建设，合理界定政府和社会多元治理的权限范围，推动社会治理重心下移，充分发挥社区和社会组织作用，创新社会矛盾预防和化解机制，健全公共安全体系，提升社会治理水平，为"迈上新台阶、建设新江苏"提供强大支撑，打下坚实基础。

三、2016年主要工作

2016年是全面建成小康社会决胜阶段的开局之年，也是推进结构性改革的攻坚之年。今年经济社会发展的主要预期目标是：地区生产总值增长7.5％—8％，全社会研发投入占地区生产总值比重达到2.6％，一般公共预算收入增长8％左右，固定资产投资增长10.5％左右，社会消费品零售总额增长10％左右，外贸进出口力争实现正增长，城乡居民收入增长与经济增长基本同步，居民消费价格涨幅3％左右，城镇新增就业100万人，城镇登记失业率控制在4％以内，节能减排确保完成国家下达的目标任务。

实现今年发展目标，要全面贯彻中央大政方针，认真落实省委总体部署，深入实施七大战略，扎实推进八项工程，紧紧围绕结构性改革这一重点，突出去产能、去库存、去杠杆、降成本、补短板五大任务，着力稳定经济增长，着力推进转型升级，着力深化改革开放，着力保障改善民生，重点做好十个方面的工作。

（一）突出供给侧结构性改革，大力调整优化产业结构

把产业结构调整作为供给侧结构性改革的重要方向，优化存量、引导增量、主动减量，努力增加有效供给，提高全要素生产率。以智能制造为主攻方向大力发展先进制造业。实施智能制造工程，建设一批智能工厂和智能车间。实施工业强基工程，大力开展技术改造和设备更新，在关键基础材料、核心基础零部件生产等方面落实一批重点项目。支持常州智能制造和石墨烯产业发展，支持徐州老工业基地产业振兴取得新成效。大力推进建筑产业现代化。以产业科技创新为支撑培育壮大战略性新兴产业。制定落实重大技术产业化和重大产品首购首用政策，推动战略性新兴产业规模化发展，加快培育大数据、工业机器人等新增长点，建设一批战略性新兴产业集群。以生产性服务业为重点加快发展现代服务业。实施生产性服务业"双百工程"，促进现代金融、科技服务、信息技术、现代物流等重点产业加快发展，培育一批服务型制造示范企业，发展壮大平台经济、文化创意、工业设计等新兴业态，积极打造生产性服务业集聚区。以跨界融合为着力点全面提高互联网经济发展水平。大力实施"互联网＋"行动计划，推进"智慧江苏"建设，打造一批互联网产业园和众创园、云计算和大数据中心，做强做大骨干企业。支持无锡国家传感网创新示范区建设。扎实开展质量品牌提升行动。引导技术、劳动力、资金、土地等要素流向实体经济。落实国家减税清费政策，降低企业成本。积极做好房地产去库存工作，有效释放合理需求。切实做好去杠杆工作，努力化解地方政府债务风险，加强金融特别是互联网金融、企业联保、非法集资等重点领域风险防控，坚决守住不发生系统性和区域性风险的底线。运用市场机制、经济手段、法治办法继续化解过剩产能，坚决淘汰落后产能。对资不抵债、扭亏无望的"僵尸企业"加快兼并重组或依法破产。

（二）持续扩大有效需求，保持经济运行在合理区间

进一步释放新需求，创造新供给，促进经济持续健康发展。充分挖掘消费潜力。优化消费环境，扩大消费信贷，积极培育消费新热点新模式。加强信息基础设施建设，扩大智能终端、智能服务等信息消费，推动线上线下互动消费。鼓励民间资本、外商投资进入养老健康领域。推进"旅游＋"融合发展，把旅游业培育成万亿元级支柱产业。落实带薪休假制度，鼓励错峰休假、弹性作息。大力发展个性化、智能化、定制式文化消费。发挥有效投资对稳增长调结构的关键作用。认真抓好200个省级重大项目，加大产业投资和技术改造投资，推动铁路、公路、民航、地铁、港口、航道、物流、水利、能源、信息等项目建设。充分发挥财政投入的杠杆作用，重点投向基础设施、民生改善、生态环境、区域

协调等补短板领域。积极推进政府和社会资本合作模式,更好发挥民间投资的主力军作用。促进外贸"优进优出"。抓住"一带一路"建设和中韩、中澳自贸协定正式生效等机遇,落实和完善稳定外贸增长措施。推进出口基地和出口品牌建设,发展服务贸易和服务外包,促进加工贸易创新升级。大力发展一般贸易,鼓励发展跨境贸易电子商务、外贸综合服务平台等贸易新业态,深化市场采购贸易方式、海关特殊监管区域贸易多元化试点。建设一批进口商品交易中心。

(三)深入实施创新驱动发展战略,进一步增加创新资源供给

围绕建设具有全球影响力的产业科技创新中心,大力实施科技创新工程,加强知识产权强省建设,充分激发各方面创新潜力。强化企业创新主体地位。落实激励科技创新优惠政策,实施创新型企业培育行动计划,重点培育一批创新型领军企业,支持民营企业和中小微企业创新活动,加快形成以高新技术企业为骨干的创新型企业集群。加强产业关键核心技术攻关。强化原始创新、集成创新和引进消化吸收再创新,集中支持事关产业发展的前瞻与共性关键技术研发和重大成果转化,加强科技基础设施和科技服务平台建设,提升省产业技术研究院建设水平,推动重点领域实现新突破,加快形成创新制高点。积极推进大众创业、万众创新。实施"创业江苏"行动计划,着力打造众创、众包、众扶、众筹支撑平台。大力发展科技金融,完善科技创业孵化链。深入实施重点人才工程,加大人才培养开发力度。改革科技成果产权制度,鼓励高校和科研院所设立技术转化机构。培育技术和股权期权市场,拓展技术和知识产权交易平台,集成各类要素推进创业创新。

(四)落实重大改革举措,激发经济社会发展活力

围绕供给侧结构性改革,突出问题导向,落实一批具有重大牵引作用的改革举措,注重改革的系统性、配套性,加快形成引领经济发展新常态的体制机制。深化行政管理体制改革,深入推进简政放权,进一步减少行政审批事项。稳妥开展相对集中行政许可权改革和综合行政执法改革试点,推进政务服务平台一体化建设,优化审批流程、提高审批效率,推动建立统一的公共资源交易平台。深化财税金融改革,推进事权和支出责任相适应,建立全面规范、公开透明预算制度,完善地方政府举债融资体制,深化国税地税征管体制改革。创新投融资机制,落实和强化企业投资自主权。鼓励发展直接融资,优化社会融资结构。加快设立民营银行和企业应急转贷基金,扩大小微企业转贷方式创新试点和农民住房、农村土地承包经营权抵质押融资试点。深化国有企业改革,优化国有企业布局,加快国有资本向重要行业和关键领域集中,推进国有企业、国有资本采取混合所有制方式开展增量改革重组。完善国有资产管理体制,建立国有资产出资人监管权力清单和责任清单。改建组建国有资本投资、运营公司。全面启动新一轮电力体制改革试点,积极推进石油、天然气、盐业等重点行业改革。深化商事制度改革,巩固和扩大"三证合一"、"一照一码"改革成果,放宽市场主体住所登记条件,加快全程电子化登记改革,建立统一的市场监管平台,切实加强事中事后监管。深化价格市场化改革,推行排污费差别化征收政策,深入推进医药价格改革,加强市场价格监管和反垄断执法。深化农村各项改革,推进农村集体产权制度、农村土地使用制度和农村金融改革,深入开展农垦、集体林权、国有林场和供销合作社综合改革,基本完成农村土地承包经营权确权登记颁证任务。加强分类指导,完善"一市一策"、"一市一试点"政策体系,继续支持宿迁开展区域协调发展综合改革试点。

(五)全面提升对内对外开放水平,培育国际竞争新优势

认真落实和主动服务国家重大战略,推进高水平双向开放。在落实"一带一路"战略中拓展开放空间。围绕重点产业、重点国别建立产能合作项目库,建立完善与沿线重点国家和地区的合作机制,推进国际产能合作、工程建造和装备制造走出去。强化连云港、徐州新亚欧大陆桥经济走廊重要战

略节点支撑作用,加快东中西区域合作示范区、中哈(连云港)物流合作基地、上合组织国际物流园、境外经贸合作载体和沿线国家国际友城建设。在参与长江经济带建设中加强区域合作。坚持生态优先、绿色发展的战略定位,积极融入长江经济带建设。依托长江黄金水道,加快建设综合立体交通走廊,着力抓好长江南京以下深水航道、沿江城际铁路、南京区域性航运物流中心、长江下游江海联运港区和长江经济带转型升级示范开发区建设,积极构建长江大通关体制,促进与中上游地区的互动发展。在推动载体创新发展中加快开放型经济转型升级。创新开发区体制机制和运营模式,集聚高端人才、高端技术、高端产业,促进外贸结构与产业结构调整优化相协调。强化全产业链招商,有序扩大服务领域开放。推进苏州工业园区开展开放创新综合试验,推进中韩盐城产业园区、淮安台资企业产业转移集聚服务示范区等建设。深化苏港澳合作。建立省级"走出去"综合服务平台,加强境外产业合作区和产业集聚区建设,培育具有较强竞争力的本土跨国企业。在与自贸试验区对接互动中加快形成开放新体制。积极推广上海自由贸易试验区经验,复制推广投资、贸易、金融和综合监管制度等多项改革举措。争取设立国家自由贸易园(港)区。提升昆山深化两岸产业合作试验区建设水平,支持南京海峡两岸产业协同发展和创新驱动合作试验区建设。全面推广"清单化审核、备案化管理"的外资企业设立审批方式,加快国际贸易"单一窗口"和通关一体化建设,提高投资贸易便利化水平。

(六)转变农业发展方式,加快建设现代农业

以保障农产品有效供给和促进农民增收为核心,深入实施农业现代化工程,加快农业转方式、调结构、强基础。大力培育新型农业经营主体。加快发展家庭农场,推进农民合作社规范发展。实施新型职业农民培育推进工程,积极发展多种形式适度规模经营。促进农业龙头企业做大做强,增强对农业产业发展、基地建设和农户家庭的带动作用。调整优化农业结构。稳定发展优质粮油棉业,推动农牧渔结合,鼓励主产区粮食就地转化加工。积极发展设施园艺业、规模畜牧业和特色水产业。推广农业标准化生产。促进农村产业融合发展。推动农业生产与农产品加工、流通有机结合,提高农业产业化经营水平,延伸农业产业链和价值链。创新农产品流通方式和业态,加强粮食收储设施和冷链物流体系建设。大力发展农村电子商务,积极推广"一村一品一店"模式。积极发展开放型农业、休闲观光农业和远洋渔业。提高农业物质装备和技术水平。实施藏粮于地、藏粮于技战略,坚守耕地红线,全面划定永久基本农田,探索建立粮食生产功能区和重要农产品生产保护区。着力提高耕地质量,加大土地综合整治力度,探索耕地轮作休耕试点。大规模推进农田水利建设和高标准农田建设,发展节水农业,积极推进农机农艺配套。加快农业科技创新和重大技术推广,开展绿色增产模式攻关。大力发展现代种业。完善现代农业支持保护体系。健全农业投入稳定增长机制。稳定农村土地承包关系,依法推进土地经营权有序流转,完善农业社会化服务体系。积极推进农业水价综合改革,创新金融支农服务机制,建立农业担保机构,让更多资金进入农业农村。

(七)扎实推进新型城镇化和城乡发展一体化,更大力度统筹城乡区域发展

切实做好城市工作。研究制定加强城市工作实施意见,进一步提升城市规划建设管理水平。按照国家总体规划,合作共建长三角世界级城市群。实施新一轮省域城镇体系规划,发挥南京、徐州、苏锡常都市圈辐射带动作用,加快建设沿江、沿海、沿东陇海线、沿运河城镇轴。推进智慧城市、海绵城市和城市地下空间开发、综合管廊建设,加强历史名城保护,持续提升城市功能品质,增强城市宜居性。建设一批具有江苏特点的特色小镇。加快构建新型城镇化推进机制。深化户籍制度改革,有序推进农民工市民化,促进有能力在城镇稳定就业和生活的农业转移人口进城落户。完善居住证制度,推动基本公共服务常住人口全覆盖。创新新型城镇化投融资、产城融合等体制机制,扎实推进以

人为核心的新型城镇化。加大城乡统筹发展力度。深入推进城乡发展"六个一体化",在补齐农村基础设施、公共服务等短板上取得新成效。进一步优化区域发展格局。以创新引领、转型升级为重点推进苏南提升。深入实施苏南现代化建设示范区规划,加快提升国家自主创新示范区建设水平。支持南京江北新区开发建设。以融合发展、特色发展为重点推进苏中崛起。支持南通陆海统筹发展综合配套改革试验区建设,支持扬州跨江融合发展综合改革试点和泰州转型升级综合改革试点,加快苏中苏北结合部经济相对薄弱地区发展。以四化联动、开放带动为重点加快苏北振兴。加大政策支持力度,组织实施一批关键性工程,优化创新南北共建园区体制机制,加快新型工业化进程,推进全面小康社会建设。在更高起点推动沿海地区一体化发展,实施一批海工装备、新能源、交通运输与港口物流、旅游等重大项目,加快打造我国东部地区重要的经济增长极。继续做好对口支援工作。

(八)加强生态文明建设,提高绿色发展水平

深入实施生态文明建设工程,推动生态环境持续改善。严格落实主体功能区规划,抓好生态空间管控与保护,按照农业空间和生态空间红线保护要求,规范空间开发活动,完善生态补偿机制。加强环境污染综合治理,加大雾霾治理力度,持续压减非电用煤,加快燃煤机组超低排放改造,严格控制和减少机动车废气污染,着力控制挥发性有机物和扬尘污染,强化秸秆综合利用和禁烧工作,严格执行重污染天气应急预案。落实水污染防治工作方案,深入开展太湖、长江、淮河以及近岸海域污染防治,限期治理水质不达标国家考核断面,强化主要入海河流、排污口和沿海化工园区整治。实施城市黑臭水体整治及滨水环境改善行动。落实土壤污染防治行动计划,扩大典型污染土壤修复试点。完成禁养区畜禽养殖场、专业养殖户关闭搬迁任务,减少农业面源污染。推进生产方式绿色化转型,实施能源和水资源消耗、建设用地等总量和强度双控行动,着力推进节地水平和产出效益双提升。突出抓好重点领域节能,推广绿色建筑,严格控制高耗能、高污染、资源性行业发展。推广清洁能源,加快发展节能环保绿色产业,推动省级以上开发区建设生态园区。推进美丽宜居家园建设,实施城市环境整治接续提升行动和村庄环境改善提升行动。深入推进无锡资源节约型环境友好型社会建设综合改革试点,支持镇江生态文明综合改革试点和低碳城市建设。加快发展公共交通。加强历史文化名城名镇和传统村落保护,彰显城乡空间特色。深入推进绿色江苏建设,新增成片造林 25 万亩,抚育森林 100 万亩。推进生态文明制度创新,积极开展生态环境保护制度综合改革试点,完善绿色发展评估、生态环境损害赔偿和责任追究制度,推动省以下环保机构监测监察执法垂直管理,推进领导干部自然资源资产离任审计。严格执行新环保法,严厉打击各类环境违法行为。

(九)加快建设文化强省,促进文化繁荣发展

深入推进社会主义核心价值观建设,加强思想道德教育和法治教育,普及科学知识,促进全民阅读,不断提升公民素质和社会文明程度。繁荣发展文化事业。弘扬践行民族优秀传统文化,实施文艺精品创作工程,办好第三届江苏文化艺术节,引导网络文艺创作健康发展,加强文化人才培养,繁荣发展哲学社会科学、文学艺术、新闻出版、广播影视事业。加强优秀传统文化宣传普及,实施文脉整理和研究工程。推进志愿服务制度化,深入开展群众性精神文明创建活动。推进二轮修志工作。加快发展文化产业。强化文化创意的引领功能,促进文化与科技、金融、信息、旅游等融合,鼓励新型文化业态发展,扩大和引导文化消费,培育一批骨干文化企业和重点文化产业园区。完善公共文化服务体系。增加公共文化投入,优化公共文化服务,健全公共文化设施网络,推进基层综合性文化服务中心建设,注重运用互联网和现代科技提升服务水平,加强农村文化建设。深化国有文艺院团改革,扩大对外文化交流。

（十）大力发展各项社会事业，切实保障改善民生

深入实施民生幸福工程，围绕补短板、保基本、兜底线，加大民生投入，增加基本公共服务供给。深入实施居民收入倍增计划，落实城乡居民增收政策措施。依法推进企业普遍建立工资集体协商制度，落实最低工资标准。完善适应机关事业单位特点的工资制度。实施更加积极的就业政策。落实高校毕业生就业促进计划和创业引领计划，支持农民工返乡创业，加强对灵活就业、新就业形态的扶持。全面实施全民参保登记计划，深入推进养老保险制度改革。整合城乡居民基本医疗保险制度，完善大病保险运行机制，深化医保支付方式改革，强化基本医疗、大病保险与医疗救助的衔接，开展长期护理保险制度试点。完善实施临时救助制度，促进慈善事业发展。全面实施困难残疾人生活补贴和重度残疾人护理补贴制度。深入推进教育现代化试验区建设。全面提高教育质量，大力发展普惠性学前教育，促进义务教育优质均衡发展，促进普通高中优质特色发展，支持发展民办教育和社会教育，积极构建现代职业教育体系，深化高等教育综合改革，推进一流大学与高水平大学、一流学科建设。深入开展"健康江苏"建设，扎实做好省级综合医改试点工作，深化公立医院综合改革，完善基层医疗卫生运行新机制，加快构建分级诊疗体系，强化重大疾病防控，推进中医药事业发展。全面实施一对夫妇可生育两个孩子政策。加快公共体育服务体系示范区建设。完善全民健身基础设施及服务网络，促进群众体育、竞技体育、体育产业协调发展。大力发展多层次社会化养老服务，全面落实经济困难的高龄失能老人养老服务补贴制度。推进住房保障和供应体系建设，优化保障性住房供给结构，扩大公租房租售转换试点，健全完善住房保障制度，加快将城镇常住人口纳入住房保障体系。全面实施不动产统一登记。实施新一轮脱贫致富奔小康工程，聚焦低收入人口、经济薄弱村、重点片区和黄桥、茅山革命老区，加大投入力度，实施精准扶贫、精准脱贫。加强和创新社会治理。深入推进法治江苏、平安江苏建设，完善社会治理制度。加快基层综合服务管理平台规范化建设，强化网格化服务管理。扎实推进政社互动和社区减负，增强基层自治活力。完善社会信用体系。坚持重大决策社会稳定风险评估制度。加强信访工作。进一步做好民族宗教工作。创新升级立体化现代化社会治安防控体系，加强特殊人群管理服务，防范和打击恐怖活动，依法惩治各类违法犯罪。严肃查处损害群众利益的行为，切实维护群众合法权益。强化基层法律服务，推动法律援助惠及全部低保人群并逐步向低收入人群延伸。严格落实安全生产责任，深入开展风险隐患排查整治，确保安全生产形势持续稳定好转。实施最严格的食品药品安全监管制度，推进专项整治和综合治理，构建覆盖从源头到消费全过程的监管格局。健全应急管理体制机制，提高公共安全和防灾减灾能力。

更大力度推进军民融合深度发展。强化国防动员、人民防空和后备力量建设。深入开展国防教育，切实增强国防意识，推进军民融合产业发展形成新格局，继续做好征兵工作，大力支持服务国防和军队改革，加强双拥共建，提高军转干部安置和优抚工作质量水平，巩固发展军政军民团结奋斗良好局面。

各位代表，今年我们将继续办好保障改善民生十项实事。一是就业创业方面，新增城镇失业人员再就业36万人、就业困难人员就业5万人，扶持大学生创业1.6万人，开发2万个高校毕业生就业见习岗位。扶持农民创业3万人，组织新生代农民工职业技能培训10万人。二是教育惠民方面，完成义务教育薄弱学校改造项目500个，新建改扩建幼儿园300所。省级免费培训农村教师6万人。从秋季学期起，实现全省中等职业教育免除学杂费全覆盖，率先对建档立卡的家庭经济困难学生实施普通高中免除学杂费。三是民生托底保障方面，城乡居民基本养老保险基础养老金最低标准提高到每人每月115元，农村低保最低标准提高到每人每月365元。四是人居环境改善方面，新增供水能力50万立方米/日、自来水厂深度处理能力100万立方米/日。解决211万农村居民饮水安全问题。新增城镇污水处理能力40万立方米/日。有序推进16个试点县（区）村庄生活污水治理。新增

农村无害化卫生户厕 30 万座。推广新能源汽车(标准车)6 万辆。改造提升 300 个社区综合服务中心。五是关爱妇女儿童方面,建设巾帼电商服务站省级示范点 100 个,为 10 万名留守流动妇女儿童、单亲贫困母亲、空巢老人提供专业化项目服务。为 100 万农村妇女实施专项疾病免费筛查,对符合政策的农村孕产妇给予每人不低于 500 元的住院分娩补助。全面落实困境儿童救助保护制度。六是健康与养老服务方面,城乡居民医保财政补助最低标准提高到每人每年 425 元。基本公共卫生服务补助标准提高到人均不低于 50 元。新建 100 个街道老年人日间照料中心、2000 个社区老年人助餐点。对医疗救助对象个人自负费用按 70％以上的比例给予救助。向 5 万名贫困残疾人发放辅助器具补贴,建立 500 个残疾人之家。七是住房保障方面,新开工城镇棚户区、城中村改造 25 万套,基本建成 20 万套。改造农村危房 1.5 万户。八是便民出行方面,新改建农村公路 4000 公里、桥梁 7000 座,开通镇村公交的乡镇达 650 个,13 个省辖市开通互联网掌上公交,与 10 个省(市、区)100 个城市联网售票。九是公共文化和体育方面,建成 4000 个基层综合性文化服务中心,综合提升 4000 家农家书屋服务功能。为经济薄弱地区农村免费放映电影 12.5 万场。完善城市社区"10 分钟体育健身圈",新建健身步道 500 公里,567 个乡镇建成多功能运动场。十是脱贫奔小康方面,对农村低收入农户全面建档立卡,60 万以上低收入人口人均收入提高到 6000 元。

四、以改革创新精神加强政府自身建设

按照推进国家治理体系和治理能力现代化的要求,坚持改革创新,加快服务政府、法治政府和廉洁政府建设,在更高起点上开创政府工作新局面。

坚持为民施政,加强服务政府建设。坚持简政放权、放管结合、优化服务三管齐下,把转变政府职能持续推向深入,进一步激发市场主体活力,更好发挥市场在资源配置中的决定性作用,切实履行好公共服务、市场监管、社会管理、环境保护等职责。推动政府部门数据共享,推进公共数据资源开放。创新公共服务提供方式,完善政府购买服务清单,提升公共服务质量和效率。整合建立省级政务服务热线,完善政务服务体系,优化政务服务流程,全面实行"一个窗口"对外受理,健全服务事项网上协同办理机制。完善激励机制,加强绩效管理,充分调动各方面干事创业积极性。强化为民意识和服务意识,持续改进工作作风,恪尽职守、勇于担当,切实解决基层和群众反映强烈的突出问题。狠抓工作落实,健全督查问责机制,打通政策落实的梗阻与障碍,整肃懒政怠政等不作为行为,不断提高政府执行力和公信力。

推进依法行政,加强法治政府建设。全面推进法治政府、法治市场、法治社会一体化建设,使法治成为江苏核心竞争力的重要标志。以制度安排把政务公开贯穿政务运行全过程,完善政府新闻发布工作,大力推行权力清单、责任清单和负面清单制度,实施动态管理。完善依法行政制度体系,推行政府法律顾问制度,加强重点领域立法,提高政府立法质量。推进规范性文件和重大行政决策合法性审查。开展重大政策举措第三方评估。全面落实行政执法责任制,推进相对集中行政处罚权和综合执法。加强行政复议工作。启动实施"七五"普法活动,营造崇尚法治的良好社会氛围。加强行政权力制约和监督,自觉接受党内监督、人大法律监督、政协民主监督、司法监督,加强行政监督和审计监督,完善社会监督和舆论监督机制,确保权力在法治轨道上正确运行。

全面从严治政,加强廉洁政府建设。严守政治纪律和政治规矩,切实遵守中央八项规定、国务院"约法三章"和省委十项规定精神,严格执行廉洁自律准则和纪律处分条例。自觉践行"三严三实"要求,坚持不懈纠正"四风",坚决惩治和查处损害群众利益的不正之风和腐败问题。厉行勤俭节约,反对铺张浪费,严格控制"三公"经费支出,继续加强机关办公用房管理。坚持用制度管权、管事、管人,加快形成不敢腐、不能腐、不想腐的体制机制。坚持有腐必惩、有贪必肃,严肃查处各类违纪违法案

件。加强党风廉政教育,推进廉政文化建设,筑牢拒腐防变的思想道德防线,努力实现干部清正、政府清廉、政治清明。

各位代表！实施"十三五"规划,完成今年目标,任务艰巨,责任重大,使命光荣。让我们紧密团结在以习近平同志为总书记的党中央周围,高举中国特色社会主义伟大旗帜,在中共江苏省委领导下,坚定信心、攻坚克难、开拓创新、扎实工作,为建设经济强、百姓富、环境美、社会文明程度高的新江苏而不懈奋斗！

第二章　关于江苏省 2015 年预算执行情况 与 2016 年预算草案的报告

——2016 年 1 月 24 日在江苏省第十二届人民代表大会第四次会议上

省财政厅厅长　刘捍东

各位代表：

受省人民政府委托,我向大会报告江苏省 2015 年预算执行情况与 2016 年预算草案,请予审议,并请省政协委员和列席会议的同志提出意见。

一、2015 年预算执行情况

2015 年,全省各级财政部门以习近平总书记系列重要讲话精神为引领,认真落实省十二届人大三次会议的有关决议,围绕"迈上新台阶、建设新江苏"的发展定位,实施一系列积极财政政策,财政收入稳步增长,支出绩效不断提高,财税体制改革取得重大进展,较好地完成了省十二届人大三次会议确定的预算任务。

（一）一般公共预算执行情况

全省一般公共预算收入 8028.59 亿元,比上年(下同)增加 795.44 亿元,增长 11%。其中,税收收入 6610.12 亿元,增长 10.1%,占一般公共预算收入的 82.3%。全省一般公共预算支出 9681.47 亿元,增加 1209.02 亿元,增长 14.3%。

当年全省一般公共预算收入,加中央税收返还及转移支付收入、地方政府一般债券收入及上年结转收入等 4943.94 亿元,收入共计 12972.53 亿元。当年一般公共预算支出,加上解中央支出、地方政府一般债务还本支出、安排预算稳定调节基金等 2609.93 亿元,当年支出共计 12291.4 亿元。收支相抵,预计结转下年支出 681.13 亿元。

省级一般公共预算收入 683.81 亿元,增长 11.7%。省级一般公共预算支出 994.33 亿元,增长 5.2%。省级一般公共预算收入,加中央税收返还和转移支付收入、地方政府一般债券收入、下级上解收入及上年结转收入等 5072.14 亿元,收入共计 5755.95 亿元。省级一般公共预算支出,加上解中央支出、对市县税收返还及转移支付支出、地方政府一般债务转贷支出、地方政府一般债务还本支出、安排预算稳定调节基金等 4701.81 亿元,当年支出共计 5696.14 亿元。收支相抵,预计结转下年支出 59.81 亿元。

（二）政府性基金预算执行情况

全省政府性基金收入 4618.08 亿元,下降 14.7%。全省政府性基金支出 4625.28 亿元,下降 13.1%。全省政府性基金收入,加中央补助收入、地方政府专项债券收入、上年结转收入等 1817.06

亿元,收入共计 6435.14 亿元。当年政府性基金支出,加上解中央支出、地方政府专项债务还本支出、调出资金等 1116.32 亿元,当年支出共计 5741.6 亿元。收支相抵,预计结转下年支出 693.54 亿元。

省级政府性基金收入 171.8 亿元,增长 6.7%。省级政府性基金支出 85.5 亿元,下降 7.3%。省级政府性基金收入,加中央补助收入、地方政府专项债券收入、上年结转收入等 1108.07 亿元,收入共计 1279.87 亿元。当年政府性基金支出,加上解中央支出、地方政府专项债务转贷支出、调出资金等 1093.58 亿元,当年支出共计 1179.08 亿元。收支相抵,预计结转下年支出 100.79 亿元。

(三)国有资本经营预算执行情况

全省国有资本经营预算收入 94.4 亿元,加上年结转收入 5.5 亿元,收入共计 99.9 亿元。全省国有资本经营预算支出 86.84 亿元,加调出资金 8.37 亿元,当年支出共计 95.21 亿元。收支相抵,预计结转下年支出 4.7 亿元。

省级国有资本经营预算收入 17.98 亿元,增长 40%,加上年结转收入 0.02 亿元,收入共计 18 亿元。省级国有资本经营预算支出 15.96 亿元,下降 27.7%,加调出资金 2 亿元,当年支出共计 17.96 亿元。收支相抵,预计结转下年支出 0.04 亿元。

(四)社会保险基金预算执行情况

全省社会保险基金收入 3580.22 亿元,增长 8.6%。全省社会保险基金支出 3152.56 亿元,增长 15.2%。全省社会保险基金当年收支结余 427.66 亿元,年末滚存结余 5075.23 亿元。

省级社会保险基金收入 243.38 亿元,增长 4.6%。省级社会保险基金支出 198.77 亿元,增长 7%。省级社会保险基金当年收支结余 44.61 亿元,年末滚存结余 538.45 亿元。

在省财政与中央财政、市县财政办理正式结算后,上述预算执行情况还会有一些变动,届时我们再向省人大常委会报告。

(五)地方政府债务情况

截至 2015 年底,我省地方政府债务余额 10556.26 亿元,其中:一般债务 6249.23 亿元,专项债务 4307.03 亿元。2015 年底我省债务率为 68.5%,地方政府债务风险总体可控。

2015 年全省和省级预算执行和管理主要体现了以下重点:

1. 创新财政支持方式,促进经济健康发展

一是盘活存量用好增量。全年发行地方政府债券 3194 亿元,全部用于置换政府存量债务和重大公益性项目建设;全省盘活财政存量资金超过 1200 亿元,统筹用于稳增长、调结构、惠民生等重点领域。二是落实和实施减税降费政策。"营改增"试点以来减税面超过 96%。小微企业税收减免 65 亿元以上,取消、停征和免征 58 项行政事业性收费,激发实体经济活力。三是带动社会资本投资。省财政首期出资 50 亿元创新设立江苏省政府投资基金,现已吸引金融资本 680 亿元,预计综合融资规模可达 4920 亿元。加快 PPP 模式推广运用,省级以上试点项目已落地 18 个,引入社会资本 459 亿元。四是促进基本公共服务均等化。健全市县基本财力保障资金稳定增长机制,市县基本财力缺口基本补齐,我省人均财力水平逐年提升。

2. 完善民生保障机制,推动城乡区域协调发展

一是支持民生改善。改善民生十件实事全面完成,全省民生支出占公共财政支出比重超过 75%,民生"六大体系"建设资金增长 10.3%,省级财政民生支出占比达到 80%。二是推进城乡发展

一体化。继续深化农村综合改革,农村公共服务运行维护机制建设向全省推开。完善财政支持新型城镇化的政策措施,探索实施财政转移支付同农业转移人口市民化挂钩机制。三是推动区域协调发展。加大转移支付力度,促进苏北振兴、苏中崛起和苏南提升的财政政策进一步完善。整合设立相关创业、产业投资基金,支持实施沿海开发、"一带一路"、长江经济带、南京江北新区、苏南自主创新示范区等国家重大战略。

3. 深化财税体制改革,加快构建现代财政制度

一是坚持深化改革和依法理财"双轮驱动"。全面贯彻新预算法,以法治思维推进财政改革,加强各项财税改革方案与新预算法的衔接,在法治框架内组织财政财务收支活动,主动接受人大监督。二是深入推进预算管理改革。全面完善政府预算体系,在全国率先出台政府性基金预算管理办法;进一步加大一般公共预算与政府性基金预算、国有资本经营预算统筹力度。大力推进预决算公开,除法定公开事项外,首次公开会议费、培训费,继续公开省级部门专项资金管理清单、行政事业性收费清单。建立跨年度预算平衡机制,省级试编了 2016—2018 年中期财政规划。实行地方政府债务余额限额管理,将我省 2015 年末地方政府债务余额限额 10954.3 亿元合理分配到各市县,切实防范政府债务风险。加强预算绩效管理,出台省级财政专项资金绩效跟踪管理暂行办法。三是税制改革有序推进。积极复制推广上海自贸区改革试点经验,加快落实启运港退税试点、贸易多元化试点、海关特殊监管区域整合优化工作。四是财政体制不断完善。优化转移支付制度,压减省对市县专项转移支付项目超过三分之一,全省一般性转移支付与专项转移支付比例基本达到1∶1。

"十二五"时期是江苏发展史上综合实力提升快、转型发展进展大、人民群众受惠多的五年,也是江苏财政事业稳中求进、不断创新、硕果累累的五年。一般公共预算收入连续突破 6000 亿元、7000 亿元、8000 亿元,财政支出规模连续突破 7000 亿元、8000 亿元、9000 亿元,财政支持稳增长、调结构、惠民生、防风险的能力显著增强。同时,我们也清醒地认识到当前财政工作中存在的问题和不足:财政收入增速趋缓与财政支出刚性增长矛盾突出,现代财政管理的长效机制有待进一步健全,财政资金使用的规范性安全性有效性还需不断加强,个别地方政府债务风险不容忽视等。我们将高度重视这些问题,通过深化改革与加强管理,努力加以解决。

二、2016 年预算草案

(一)2016 年预算安排的指导思想

2016 年预算安排的指导思想是:全面贯彻落实党的十八大,十八届三中、四中、五中全会精神,认真落实省委十二届十一次全会和经济工作会议部署,坚持稳中求进、改革创新,围绕"五个迈上新台阶、建设强富美高新江苏"的目标任务,深入推进预算管理制度改革,继续加大实施积极财政政策力度,培育经济转型升级发展新动力;优化财政支出结构,重点保障民生支出,改善和增加基本公共服务供给,加大财政资金统筹使用力度,提高资金使用绩效,推动我省经济社会发展不断迈上新台阶。

(二)一般公共预算草案

1. 全省一般公共预算草案

2016 年全省一般公共预算收入预计 8670 亿元,比 2015 年执行数(下同)增加 641.41 亿元,增长 8%。全省一般公共预算支出预计 10456.13 亿元,增加 774.66 亿元,增长 8%。

2016年全省一般公共预算收入，加中央税收返还及转移支付收入、地方政府一般债券收入及上年结转收入等4854.05亿元，收入共计13524.05亿元。当年一般公共预算支出，加上解中央支出、地方政府一般债务还本支出及结转下年支出等3067.92亿元，支出共计13524.05亿元。收支相抵，保持平衡。

2. 省级一般公共预算草案

省级收入预算预计情况。2016年省级征收的一般公共预算收入预计713亿元，同口径增长6.5%，加上预计中央税收返还及转移支付收入1457.54亿元、下级上解收入1192.7亿元、上年结转59.81亿元、调入资金34.8亿元、地方政府一般债券收入2415.38亿元，收入共计5873.23亿元。

省级支出预算安排情况。上述省级一般公共预算收入5873.23亿元，减去财政部下达的专项补助600亿元、上解中央支出197.68亿元、对市县税收返还及一般性转移支付支出1431.36亿元、上年结转59.81亿元、地方政府一般债务转贷支出2194.38亿元、地方政府一般债务还本支出221亿元，省级当年可用财力1169亿元，考虑2016年部分专项改列一般性转移支付等因素后，较上年年初预算同口径增长8%，拟全部安排支出。

省级一般公共预算重点科目安排情况如下：

——社会保障和就业支出拟安排69.41亿元，同口径增长21.0%。重点支持实施更加积极的就业政策，促进就业创业，提高城乡低保补助水平，加大社会养老服务体系投入，保障残疾人生活教育和康复救助。此外，安排一般性转移支付用于提高城乡居民基本养老保险基础养老金最低标准、企业职工基本养老保险补助、城乡困难群众补助等。

——医疗卫生与计划生育支出拟安排47.07亿元，同口径增长22.3%。支持构建"医疗、医药、医保"三医联动机制，推动公立医院改革，实施基本药物制度，推进基层医疗卫生机构建设、中医药事业发展。此外，安排一般性转移支付用于提高城乡居民医疗保险财政补助标准、基本公共卫生服务经费财政补助标准等。

——农林水支出拟安排168.18亿元，同口径增长10.7%。支持加快农业现代化步伐，构建现代农业产业、生产和经营体系。加强以水利为重点的农业基础设施建设，加大农业综合开发力度。支持推进新一轮脱贫帮扶工作，坚持到户到人精准帮扶和重点片区整体帮扶紧密结合。此外，安排一般性转移支付用于支持农村综合改革试点、农业保险保费补贴、农作物秸秆综合利用等。

——教育支出拟安排257.69亿元，同口径增长8.7%。支持教育优先发展，完善教育经费保障机制。促进义务教育优质均衡发展、职业教育创新发展和高等教育内涵发展，提高省属高校生均财政拨款基本标准。健全政府扶困助学体系。此外，安排一般性转移支付用于补助经济薄弱地区义务教育学校教师绩效工资和农村义务教育学校公用经费等。

——科学技术支出拟安排70.07亿元，同口径增长9.7%。推进创新驱动发展，支持科技创新工程。整合设立基础研究计划、重点研发计划、科技成果转化计划、创新能力建设计划、政策引导类计划、苏南自主创新示范区建设等六大专项。支持科技金融业创新发展。支持省级高层次创新创业人才引进，保障科教与人才强省战略实施。

——文化体育与传媒支出拟安排28.03亿元，同口径增长14.6%。促进文化事业、文化产业健康繁荣发展。推进文化体育产业发展和文化艺术精品生产。支持省级重大公益性文化活动的开展、省级重点精神产品的创作、生产和推广。支持现代公共文化服务体系建设，促进地区间公共文化服务均等化。

——节能环保支出拟安排51.59亿元，同口径增长13%。支持加快绿色发展，建设美丽宜居家园。加大大气、土壤、水环境污染防治力度。继续安排太湖治理专项经费。支持城乡环境综合整治提升行动、建筑节能减排。此外，安排一般性转移支付对生态红线区域继续予以补偿等。

——商业服务业、资源勘探信息等支出拟安排 **102.95 亿元**，同口径增长 **8%**。支持新型装备制造、企业"互联网＋"提升计划和智能化工厂建设，促进战略性新兴产业创新发展、现代服务业优质高效发展。支持扩大产品出口。

（三）政府性基金预算草案

2016 年全省政府性基金收入预计 4540.31 亿元，下降 1.7％。加中央补助收入、地方政府专项债券收入、上年结转收入 2287.16 亿元，全省政府性基金收入总量预计 6827.47 亿元，减去调出进入一般公共预算、地方政府专项债务还本支出等 2227.47 亿元，其余 4600 亿元全部安排支出。

2016 年省级政府性基金收入预计 160 亿元，下降 6.9％。加中央补助收入、市县上解收入、地方政府专项债券收入、上年结转收入 1704.41 亿元，省级政府性基金收入总量预计 1864.41 亿元。减去补助市县支出 229.79 亿元、调出 1 亿元进入一般公共预算、地方政府专项债务转贷支出 1553.62 亿元后，其余 80 亿元全部安排支出。

（四）国有资本经营预算草案

2016 年全省国有资本经营收入预计 90.55 亿元，加上年结转收入 4.7 亿元，全省国有资本经营收入总量预计 95.25 亿元，减去调出 13.64 亿元进入一般公共预算后，其余 81.61 亿元全部安排用于对国有企业的资本金注入、政策性补贴等。

2016 年省级国有资本经营收入预计 19.97 亿元，加上年结转收入 0.04 亿元，省级国有资本经营收入总量预计 20.01 亿元，减去调出 3.8 亿元进入一般公共预算后，其余 16.21 亿元全部安排用于对国有企业的资本金注入、政策性补贴等。

（五）社会保险基金预算草案

2016 年全省社会保险基金收入预计 3882.1 亿元，支出预计 3610.61 亿元，收支相抵，本年结余为 271.49 亿元，加上上年滚存结余 5075.23 亿元，年末滚存结余 5346.72 亿元。

2016 年省级社会保险基金收入预计 261.54 亿元，支出预计 215.52 亿元，收支相抵，本年结余 46.02 亿元，加上上年滚存结余 538.45 亿元，年末滚存结余 584.47 亿元。

（六）省十二届人大四次会议前支出情况

根据预算法第五十四条规定，在本次大会审议批准前，省级安排支出 39.49 亿元，主要用于省级预算单位的基本支出和 2015 年结转的项目支出、省级经办的企业退休职工养老金发放等。

2016 年，中央可能会对税制和中央与地方事权财权进一步调整，届时，我们将及时修改完善省财政预算安排，并报省人大常委会审定。

三、努力完成 2016 年财政改革与预算收支任务

（一）支持打造"强、富、美、高"新江苏

一是推动"经济强"。加大对转型升级、科技创新、农业现代化工程支持力度。完善产业财政扶持政策，重点支持战略性新兴产业及养老、健康、信息消费等现代服务业加快发展。**二是加快"百姓富"**。围绕"七个更"，实施民生幸福工程，强化社会政策托底功能，增加教育、医疗卫生、社会保障等公共服务供给。**三是打造"环境美"**。完善财税支持政策，强化税费对资源节约与环境保护的激励约

束,有力推动生态文明工程建设。**四是**促进"社会文明程度高"。加大财政扶持力度,保障文化建设、社会管理创新等工程顺利实施。

（二）加快推进"三去一降一补"结构性改革

一是支持去产能、去库存、去杠杆。积极运用财政政策工具,支持化解过剩产能和房地产库存;逐步建立"借、用、还"相统一的政府债务管理机制,有效防范财政风险。**二是**支持降成本。落实国家减税清费政策,降低企业制度性成本与相关生产成本;推动完善社会保障、土地流转等政策,促进劳动力、资本等生产要素的合理流动。**三是**支持补短板。创新公共服务供给机制,通过特许经营、股权合作、设立基金等政策,拉动社会资本进入公共服务领域。强化财政综合扶贫投入体系,深入推进财政扶贫机制创新。继续加大对生态环境治理的财政投入力度。

（三）继续打好深化财税体制改革攻坚战

一是加强和改进预算管理。完善全面规范、公开透明的现代预算制度,加大"四本预算"统筹力度,扎实推进中期财政规划管理,全面推进预算绩效管理,继续积极盘活存量资金,着力推动重点领域资金整合,切实提高财政资金使用效益。**二是**落实税收制度改革。按照国家部署推进各项税制改革任务。**三是**进一步完善财政体制。进一步理顺省和市县收入划分,完善省对下转移支付制度,逐步推进省与市县事权和支出责任划分改革。

各位代表,今年是"十三五"开局之年。我们将在省委省政府的坚强领导下,按照省十二届人大四次会议的要求,全面贯彻落实新预算法,实实在在谋事创业,兢兢业业理财辅政,进一步求真务实,勇于担当,为建设经济强、百姓富、环境美、社会文明程度高的新江苏,谱写好中国梦的江苏篇章作出积极贡献!

第三章　关于江苏省 2015 年国民经济和社会发展计划执行情况与 2016 年国民经济和社会发展计划草案的报告

——2016 年 1 月 24 日在江苏省第十二届人民代表大会第四次会议上

省发展和改革委员会主任　陈震宁

各位代表：

受省人民政府的委托，我向大会报告 2015 年全省国民经济和社会发展计划执行情况与 2016 年国民经济和社会发展计划草案，请予审议，并请各位政协委员提出意见。

一、2015 年国民经济和社会发展计划执行情况

过去一年，全省上下全面贯彻党的十八大和十八届三中、四中、五中全会精神，以邓小平理论、"三个代表"重要思想、科学发展观为指导，深入贯彻习近平总书记系列重要讲话特别是视察江苏重要讲话精神，认真落实党中央、国务院决策部署和省委工作要求，坚持稳中求进工作总基调，主动适应经济发展新常态，牢牢把握经济社会发展主动权，妥善应对各种风险和挑战，全面展开"迈上新台阶、建设新江苏"工作布局，全省经济运行总体平稳、稳中有进、稳中有好，主要经济指标保持在合理区间，省十二届人大三次会议确定的年度主要目标任务完成情况较好。

——地区生产总值 70116.4 亿元，增长 8.5%；

——全社会研发投入 1788 亿元，占地区生产总值比重达到 2.55%；

——一般公共预算收入 8028.6 亿元，增长 11%；

——固定资产投资 45905.2 亿元，增长 10.5%；

——社会消费品零售总额 25876.8 亿元，增长 10.3%；

——外贸进出口总额 5456.1 亿美元，下降 3.2%；

——城镇居民人均可支配收入 37173 元，增长 8.2%；农村居民人均可支配收入 16257 元，增长 8.7%；

——居民消费价格涨幅 1.7%；

——预计单位地区生产总值能耗下降 6% 左右，单位地区生产总值二氧化碳排放量削减 4% 左右，化学需氧量排放量削减 2.5%，二氧化硫排放量削减 3%，氨氮排放量削减 2%，氮氧化物排放量削减 5%，均完成年度预期目标；

——城镇登记失业率 3%，城镇新增就业 139.8 万人；

——人口自然增长率 2.02‰。

上述指标中，全部约束性指标完成或超额完成计划目标，部分预期性指标完成情况与预期存在

差距。受市场需求总体不旺、部分行业产能过剩、企业投资意愿下降以及房地产去库存任务艰巨等因素制约,投资增速比上年有所回落;当前传统消费疲软,新的消费热点形成尚需时日,消费增长乏力状况尚未明显改观,加上一些新的消费业态尚未全部纳入现行统计体系,社会消费品零售总额增速低于预期目标;外贸进出口在一系列政策措施的综合作用下,总额占全国比重有所提高,下降幅度逐步收窄,但仍未能实现适度增长。

一年来,面对错综复杂的宏观经济环境和艰巨繁重的改革发展任务,全省上下认准目标不放松,攻坚克难求突破,务实创新促发展,执行国民经济和社会发展计划的工作绩效主要体现在六个方面:

(一)着力扩大有效需求,经济运行保持总体平稳

认真落实国家稳增长一系列重大政策措施,采取有力措施应对下行压力,保持经济运行在合理区间。积极扩大消费需求,务实推进六大领域消费工程,打造信息、健康、旅游等多点支撑的新兴消费增长格局,消费对经济增长的贡献率达到51.5%。着力培育新型消费业态,网络零售额约4300亿元,增长45%左右。切实增加有效投入,突出抓好国家11大类重大工程布局我省项目和省级重大项目。不断优化投资结构,民间投资占比达69.7%,省以上18个PPP试点项目共引入社会资本459亿元。工业技改投资增长25.6%,占工业投资比重达到54.2%。200个省级重大项目进展顺利,宁安铁路、南京轨道交通3号线、张家港东华页岩气制烯烃一期、侵华日军大屠杀遇难同胞纪念馆三期等项目竣工;沪通铁路、镇江中陆航星通用航空装备、徐州高氟地区健康饮水工程等项目顺利推进;徐宿淮盐铁路、常州中科院南方遗传研发中心、宿迁京东云数据中心及信息科技园等项目开工建设;江阴中芯3D集成芯片、常州东风乘用车、上合组织(连云港)国际物流园3个储备项目提前开工。积极推动外贸稳增长促转型,一般贸易出口占比提高到43.8%,服务贸易进出口增长10%以上,进出口总额占全国比重提高约0.7个百分点。大力支持实体经济发展,规上工业增加值达3.3万亿元,增长8.3%,规上工业利润总额约占全国的14%左右。金融服务实体经济力度加大,直接融资发行额超过1万亿元;新增小微企业贷款1895.6亿元,小微企业贷款余额增长10.7%。

(二)坚持创新驱动发展,转型升级步伐继续加快

加大创新驱动发展力度,深入实施转型升级和科技创新工程,加快经济发展动能转换,积极培育新增长点,推动产业迈向中高端。推动创新型省份建设,区域创新能力连续7年位居全国首位,科技进步贡献率达60%,发明专利授权量居全国第一,新增高技能人才数量连续4年列全国之首。新建21家产学研产业协同创新基地,省产业技术研究院累计转化技术成果1000多项。扎实推进苏南自主创新示范区建设,促进中关村相关政策在苏南落地。新建各类创新创业载体700多家,纳入省级以上备案的众创空间达207家。推动提速发展现代服务业,突出抓好十大重点行业和150个省级重点项目,服务业增加值34084.8亿元,增长9.3%,占比达到48.6%,超过第二产业,产业结构实现"三二一"标志性转变。着力培育生产性服务业核心竞争力,生产性服务业占比超过50%。125家省级服务业集聚区营业收入1.5万亿元,吸纳就业125万人。推动战略性新兴产业规模化发展,实施新型平板显示、新能源集成应用、关键材料升级换代等15个重大工程和28个重点专项,战略性新兴产业实现产值4.5万亿元,占比达29.4%。高新技术企业总数突破1万家,高新技术产业产值超过6万亿元,占规上工业比重达到40.1%。推动传统产业优化提升,制定实施中国制造2025江苏行动纲要,高端装备、智能制造、工业强基等一批重大工程专项取得积极进展。加快推动全省制造业布局优化调整,制订先进制造业发展水平统计评价方法,重点打造100家省级特色产业基地,规划提升20家省级先进制造业产业基地。推动信息化与工业化融合发展,区域两化融合水平总指数达到94左右。大力发展互联网经济,建成10个省级互联网产业园。积极化解过剩产能,淘汰落后技术装备。

（三）深入推进改革开放，发展动力活力持续增强

坚持以经济体制改革为主轴，着力抓好273项重点改革任务落地见效。出台国有企业、社会体制、生态文明体制等配套改革方案，在行政审批、财税、金融等多个领域推出重大改革举措。率先制定省级政府行政审批事项目录等5张清单，分两批取消下放行政审批事项81项，审批时限压缩到法定时间50%以下，非行政许可审批事项全部取消。扎实推进南通、苏州工业园区、盱眙、大丰相对集中行政许可权改革试点。商事制度改革成效明显，"先照后证"和"三证合一"登记制度改革稳步推进，全省新登记企业数增长40.6%，注册资本增长46.7%。加快推进税费改革，减免小微企业收费超过110亿元；"营改增"试点企业达47万户，累计减税570亿元。顺利实施地方政府债券置换工作，发行债券3194亿元。规范企业债券发行，成功发行34期，发行规模384.5亿元，居全国首位。推进科技和金融结合，扩大小微企业转贷方式创新试点。各项综合配套改革试点扎实推进。坚持扩大开放与深化改革互动并进。认真落实"一带一路"国家战略，发布行动计划，设立专项基金，建立部省协同机制，在沿线国家投资项目180余个，中哈（连云港）物流合作基地建设扎实推进。制定出台推进国际产能和装备制造合作行动方案，扎实推进柬埔寨西港特区和埃塞俄比亚东方工业园等国家级境外经贸园区建设，积极推动企业走出去，全省境外中方协议投资额103亿美元，增长42.8%。主动融入长江经济带建设大局，制定实施方案，开工建设长江南京以下12.5米深水航道二期工程，扎实推进南京区域性航运物流中心、通州湾江海联动开发示范区建设和沿江港口一体化改革试点，国家级南京江北新区成功获批。加强与上海自贸区对接互动，积极推广35项试点经验。苏州工业园区获批开展国家开放创新综合试验，国家级开发园区达到44个。实际利用外资242.8亿美元，其中战略性新兴产业、服务业利用外资占比均超过46%。率先在苏州、南通开展境外投资项目备案和企业备案"单一窗口"模式试点。

（四）注重统筹协调推进，城乡区域发展更趋均衡

大力发展现代农业，扎实推进新型城镇化，积极构建区域发展新格局。农业综合生产能力进一步提高，粮食生产实现"十二连增"，总产达3561.3万吨。设施农业、设施渔业面积占比分别达到17%以上和25.7%，高标准农田比重超过50%。农村经济新业态快速发展，农产品网上营销额超过200亿元。新型农业经营主体规模经营比重超过47%，家庭农场、农民合作社分别达到2.8万和7.2万家。90%的行政村开展农村土地承包经营权确权登记颁证工作，农村宅基地制度改革试点有序推进。农村实事工程进展顺利，新增农村饮水安全达标人口345万人，新建改建农村公路5176公里。有序推进国家新型城镇化综合试点，城镇化率达66.5%。城市基础设施建设进一步加强，海绵城市、地下管廊试点顺利开展，市县多规合一和中小城市综合改革试点取得初步成效。认真落实新一轮区域发展布局，苏南现代化建设示范区建设扎实推进；落实支持苏中发展的重点任务和政策措施，加大对苏中苏北结合部经济相对薄弱地区的支持力度，积极推进宁镇扬同城化，苏中特色发展融合发展势头良好；继续支持苏北发展振兴，深入推进"四项转移"和南北共建园区建设，六项关键工程三年推进计划全面完成，苏北新开工500万元以上产业转移项目2137个，新开工项目总投资和实际引资额分别达4304亿元和2332亿元，增长29.2%和10.1%；沿海开发六大行动阶段性目标顺利实现，苏北和沿海主要经济指标增幅继续高于全省平均水平。沿江地区全面融入长江经济带建设，转型发展步伐明显加快；部署推进沿东陇海线经济带建设，着力培育区域发展新的增长点。认真做好新一轮援疆援藏援青工作，积极推进苏陕挂钩协作、苏黔对口帮扶，年度援建任务圆满完成。深入实施长三角一体化战略，深化交通、能源、信息、科技、环保等专题合作，不断拓展省际合作协同发展新空间。

（五）推动绿色低碳发展，生态文明建设扎实推进

制定落实加强生态文明建设的政策措施，促进生态环境不断改善。加大节能减排力度，万元GDP能耗强度和四类主要污染物减排超额完成国家下达的年度目标任务。严格落实节能评估审查制度，严控"两高一资"项目准入，全年关停小火电机组52.6万千瓦。制定大气污染防治条例，实施1727项大气治理重点工程，PM2.5平均浓度比2013年考核基准数下降20.5%。深入开展水环境治理，太湖水质保持稳定，长江、淮河流域治污工作进展顺利，南水北调江苏段水质达到通水要求，100条城市臭黑河道完成集中整治，建制镇污水处理设施覆盖率达到90.4%。抓好城乡环境综合整治，累计整治自然村18万个，实施城市环境整治项目5.28万个。新增11个市县通过国家生态市县考核验收。加快绿色江苏建设，新增成片造林61万亩，林木覆盖率提高到22.5%，自然湿地保护率提高到42.9%。积极推进国家生态文明先行示范区建设，镇江、淮河流域示范区建设扎实推进，南京、南通获批列入国家第二批示范区。大力发展循环经济，《江苏省循环经济促进条例》颁布实行，88家省级以上产业园区开展循环化改造，获批国家级循环经济示范试点达24家，推进城市矿产、再制造等资源循环利用产业发展。积极应对气候变化，开展碳排放权交易市场建设，完善碳强度倒逼约束机制，碳排放强度年度下降率超过国家下达的考核任务。推进全国生态环境管理制度综合改革试点，在全国率先划定生态红线，出台监管考核细则和生态补偿办法，"绿评"范围扩大到县市和重点工业园区，率先建立党政同责的网格化环境监管体系，生态文明建设群众抽样调查满意率达86.5%。

（六）切实保障改善民生，人民生活得到持续改善

持续加大投入力度，全省公共财政支出75%以上用于民生，着力增加公共产品和公共服务的有效供给。认真落实促进居民增收政策措施，城乡居民收入稳步增长，农村居民收入增幅继续高于城镇居民。实施新一轮促进就业创业政策，新增农村转移劳动力达到21万人，失业人员再就业77.7万人，高校毕业生年终就业率96.7%。健全社会保障体系，主要险种参保率保持在95%以上，全民参保登记试点扎实推进，机关事业单位养老保险制度改革顺利启动。保障房建设加快推进，新开工保障性住房29.2万套，基本建成31.8万套，均超额完成年度目标任务。深入实施脱贫奔小康工程，农村411万低收入人口整体实现4000元脱贫目标。加快发展社会事业。促进各级各类教育提升水平、协调发展，实现县域义务教育基本均衡全覆盖，高中阶段毛入学率达99.1%。省级综合医改试点取得重要突破，实现公立医院综合改革、城乡居民大病保险等六个全覆盖，新型农村合作医疗人均财政补助提高到380元，基本公共卫生服务人均补助提高到44.6元。积极推进养老服务业发展，养老床位数达56万张，城市社区居家养老服务中心实现全覆盖。率先出台公共文化服务促进条例，服务设施覆盖率达到95%。全民健身活动广泛开展，11个省辖市和86个县（市、区）成为公共体育服务体系示范区。国家公祭在南京成功举办。军民融合发展取得新成效。深入推进平安江苏、法治江苏建设，社会治安综合治理工作绩效居全国前列，"阳光信访"深入推行，食品安全风险监测网络覆盖到县，安全生产形势总体平稳，社会安定和谐、人民安居乐业的良好局面得到巩固和发展。

在困难挑战明显增多的情况下，过去一年全省经济社会继续保持良好发展态势，实现了"十二五"圆满收官，为"十三五"发展打下了坚实基础。在看到显著发展绩效的同时，还要清醒地认识到当前我们正面对着深刻的结构性、体制性矛盾，全国普遍存在的若干共性问题在我省也不同程度存在，包括内需不足和外需不振交织、工业产品价格下降和部分要素成本上升叠加、中低端产品过剩和高品质服务供给不足并存等等，经济下行压力依然较大。从省情实际看，创新能力还不够强，新增长点支撑作用不足，发展动能尚需加快转换；部分行业产能过剩严重，部分企业生产经营困难，经济风险隐患有所凸显；城乡区域发展不够平衡，基本公共服务供给不足，收入差距仍然较大，人口老龄化加

快;资源约束趋紧,生态环境质量尚未根本好转;行政职能转变还不到位,制约发展的体制机制障碍仍然存在。这些矛盾和问题,需要在发展实践和实际工作中切实加以解决。

二、2016 年经济社会发展主要预期目标和重点工作任务

今年是全面建成小康社会决胜阶段的开局之年,是推进结构性改革的攻坚之年,也是"十三五"发展开局起步的关键之年。安排好今年国民经济和社会发展计划,对于保持经济社会持续稳健发展、实现"十三五"发展良好开局,具有十分重要的意义。综合分析把握各方面情况和因素,就今年国民经济和社会发展主要预期目标提出如下建议:

地区生产总值增长 7.5%—8%;

研发经费支出占地区生产总值比重达到 2.6%;

一般公共预算收入增长 8% 左右;

固定资产投资增长 10.5% 左右;

社会消费品零售总额增长 10% 左右;

外贸进出口力争实现正增长;

城乡居民收入增长与经济增长基本同步;

居民消费价格涨幅 3% 左右;

城镇登记失业率控制在 4% 以内,城镇新增就业 100 万人;

单位地区生产总值能耗下降 3.5%,单位地区生产总值二氧化碳排放量削减 2.1%,化学需氧量、二氧化硫、氨氮和氮氧化物排放量削减 1.5%、2%、1% 和 2%,PM2.5 浓度比 2013 年考核基准数下降 13%;

人口自然增长率 5‰ 左右。

提出上述年度经济增长预期目标建议,是基于必要性、可能性、主动性的综合考量,既坚持统筹安排、长短结合,注重年度计划与"十三五"目标任务相衔接,又坚持尽力而为、量力而行,为推进结构性改革留空间,体现了既积极奋进、又稳妥可行的方针原则。实现以上预期目标,必须认真贯彻落实中央决策部署和省委工作要求,牢固树立"五大发展理念",扎实推进"八项工程",深入实施"七大战略",全面把握"十个更加注重",坚持从供需两端发力,重点突出供给侧结构性改革,坚决落实去产能、去库存、去杠杆、降成本、补短板"五大任务",着力增加有效供给,不断提高全要素生产率,推动全省经济社会更高质量、更有效率、更加公平、更可持续发展。

(一)围绕推进供给侧结构性改革,深度调整优化产业结构

推动战略性新兴产业高端化规模化发展。 编制实施新一轮战略性新兴产业发展规划和推进方案,加快发展新一代信息技术、绿色低碳、高端装备与新材料等重点产业。发挥产业投资引导基金作用,继续推进实施 15 个重大工程和 28 个重点专项。落实新兴产业"双创"行动计划,大力培育大数据开放创新、工业机器人等新增长点,着力打造新兴产业集群。加快建设南京智能电网、泰州新型疫苗和特异性诊断试剂、盐城风电装备等国家级集聚区。制定落实重大技术产业化和重大产品首购首用政策,加强新技术新产品新模式的应用示范,加速产业迭代。

加快发展先进制造业。 实施"中国制造 2025"江苏行动纲要,以智能制造为突破口,促进"两化"融合,提高产业核心竞争力。实施企业制造装备升级计划和企业互联网化提升计划,加快推进智能制造工程和高端装备创新工程,深入开展智能车间、智能工厂创建活动,推动制造业数字化、网络化、智能化。支持常州智能制造和石墨烯产业发展。实施"互联网+"行动计划,建设一批云计算和互联

网数据中心、大数据产业园。支持无锡国家传感网创新示范区建设。调整优化制造业布局,重点推进重型装备、石化等重化工业江海联动、整体搬迁,积极引导纺织、轻工等传统优势产业转移。进一步规划提升一批省级先进制造业基地。推进南京等地率先开展城市重化工产业布局调整,提高新增制造业项目准入门槛。扎实开展质量品牌提升行动,推进质量强省和品牌强省建设。

创新发展现代服务业。实施现代服务业跨越发展五年行动计划,打造"江苏服务"品牌。启动实施生产性服务业"双百工程",培育一批具有较强影响力的生产性服务业集聚区和领军企业,推进150个服务业重点项目建设。实施服务型制造重点项目,培育100家制造业服务化示范企业,支持80个制造业服务化项目。推进互联网平台经济"百千万"工程,围绕六大重点领域,放大平台经济集聚辐射效应。坚持以民生需求为导向,提升生活性服务业品质内涵,推动向精细化高品质转变。

大力支持实体经济发展。切实加强经济运行调节和分析研判,保障生产要素有效供给,引导技术、劳动力、资金、土地等要素流向实体经济。以促进实体经济稳健发展为重点,认真落实结构性改革重点任务。扎实推进去产能,运用市场机制、经济手段、法治办法继续化解过剩产能,坚决淘汰落后产能,抓紧制定"僵尸企业"处置方案,加快兼并重组或依法破产,盘活存量资产和资源;扎实推进去库存,优化住房供给结构,加快发展住房租赁市场,有效释放合理需求;扎实推进去杠杆,着力化解政府债务风险,强化金融、企业联保、非法集资等重点领域的风险防控;扎实推进降成本,落实各项减税清费政策,制定实施降低实体经济企业成本行动方案;扎实推进补短板,针对服务实体经济发展的薄弱环节,有效落实软硬基础设施建设对策措施,不断优化实体经济发展环境。

(二)围绕保持经济运行在合理区间,着力促进稳健增长

更好发挥投资关键作用。积极扩大有效投入,实施总投资2.4万亿元的省级200个重大项目,确保完成年度投资5000亿元。突出全局性、基础性、战略性和补短板、促转型"三一一"重点领域,既快又好建设重大项目,重点推进治太、治淮等水利设施,地铁、地下综合管廊等市政设施,苏北铁路、内河高等级航道和过江通道等交通设施,风光电、油气输储等能源设施建设。着力优化投向、提高投效,抓好百项重点工业投资和百项重点技改项目。积极推进PPP等新型投融资模式,探索投贷结合、债贷结合,进一步激发民间资本投资活力和企业投资能力。加强统筹引导,适度控制同质化竞争投资,避免形成新的过剩产能。

持续扩大社会消费规模。依托"智慧江苏""健康江苏""畅游江苏"等载体平台,大力推进品质提升和供给创新,积极培育消费新热点新模式。加强信息基础设施建设,扩大电子商务、智能家居等信息消费,大力推进线上线下互动消费。鼓励民间和外商资本进入养老健康领域,增加有效供给扩大养老健康消费。大力发展个性化、智能化、定制式文化消费。落实带薪休假制度,顺势而为促进旅游消费。加大新能源汽车充电设施和停车场建设力度,落实轻型货车下乡政策和小排量汽车、新能源汽车税收优惠政策。推进实施现代物流业发展示范工程,创建一批国家级物流示范城市、示范园区。加强诚信体系建设,维护消费者合法权益。

促进外贸"优进优出"。落实完善稳定外贸增长政策措施,狠抓重点地区、重点市场和重点企业,加大国际市场开拓力度。深入推进出口基地和品牌建设,促进加工贸易创新升级,提升一般贸易产品附加值。促进跨境电商等新型贸易方式加快发展,推进海门叠石桥市场采购贸易方式、海关特殊监管区域贸易多元化试点。着力优化贸易结构,扩大服务贸易规模,大力发展服务外包。建设一批进口商品交易中心,扩大先进技术设备和关键零部件、紧缺能源资源和原材料进口,以进口带动出口。

（三）围绕增强产业核心竞争力，实施创新驱动发展战略

突出企业主体地位。 制定创新型企业培育行动计划实施方案，深化国家技术创新工程试点省建设，继续实施中小企业创新工程"四大行动"，高新技术企业数达到1.1万家，培育30家创新型领军企业。支持规模以上企业普建研发机构，鼓励开展基础性前沿性创新研究。支持企业加快设备更新和技术改造，落实企业研发费用加计扣除政策，扩大固定资产加速折旧实施范围。实施大众创业万众创新"六大行动计划"，积极打造众创众包众扶众筹支撑平台。

推进产业技术创新。 围绕建设具有全球影响力的产业科技创新中心，布局建设一批重大产业科技创新平台，完成无锡超级计算中心建设并试运行，启动未来网络实验设施建设。制定产业创新集群实施方案，实施200个以上重大技术突破项目、200个以上科技成果转化和战略性新兴产业项目。加快省产业技术研究院建设发展，建设一批产业科技创新基地。组织实施产学研协同创新和高校协同创新行动计划，全面实施自主创新能力"六大行动"和改革创新"五项试点"。加快苏南国家自主创新示范区建设，打造沿江产业技术创新带、沿海创新创业走廊。广泛集聚国际创新资源，支持企业建设5家海外研发中心。

增加创新资源供给。 推进科技体制改革，完善技术创新市场导向机制。实施产业人才高峰行动计划，引进50个双创团队、400名双创人才。实施创业江苏行动计划，纳入省级备案的众创空间达到250家。大力发展科技服务业，培育80家科技服务机构。完善科技人员股权和分红激励办法，提高科研人员成果转化收益分享比例。健全知识产权运用保护机制，建设江苏（国际）知识产权交易中心。

（四）围绕增强发展动力与活力，全面深化改革扩大开放

深化行政体制改革。 持续推进简政放权、放管结合、优化服务，开展相对集中行政许可权和综合行政执法改革试点。健全清单式投资动态管理体系，加快推进并联办理、多评合一，强化企业投资自主权。统筹推进预算改革、税制改革、事权和支出责任改革，建立全面规范、公开透明预算制度，完善地方政府举债融资体制。加强政务服务体系建设，推进平台一体化建设。组织实施行业协会商会与行政机构脱钩试点。

深化经济领域改革。 积极推进国有企业、国有资本采取混合所有制方式开展增量改革重组。建立国有资产出资人监管权力清单和责任清单，改建组建国有资本投资、运营公司。深入实施商事制度改革，落实放宽市场主体住所登记条件、全程电子化登记等改革举措。大力推进金融创新，以基金、创投和资产证券化等路径扩大有效融资，推动设立民营银行和企业应急转贷基金，扩大小微企业转贷方式创新试点。完善市场化价格形成机制，逐步放开竞争性领域商品和服务价格。稳妥有序推进村级集体资产股份量化改革，深入推进农村产权制度、农垦、林权和供销社综合改革。启动新一轮电力体制改革试点，推进石油、天然气、盐业等重点行业改革。

深化社会领域改革。 全面推进综合医改省试点，加强医疗、医保、医药联动，加快推进公立医院综合改革和社会办医试点。深入推进教育现代化示范区建设，完善考试招生制度和教育教学改革，大力发展职业教育，分类发展民办教育。完善文化事业管理体制和文化产业经营机制，促进文化产业与相关产业融合发展，培育一批重点文化产业园区。加快整合城乡居民基本医疗保险制度，推进机关事业单位养老保险制度改革。推进户籍制度改革，建立以常住人口为基础的社会公共资源配置机制。

全方位扩大对外开放。 落实我省实施"一带一路"战略任务，重抓新亚欧大陆桥经济走廊节点城市建设，建立健全对外交流合作综合服务体系平台。制定实施国际产能和装备制造合作三年行动计划，推进境外产业集聚区建设，培育一批本土跨国公司。进一步加快上合组织（连云港）国际物流园、中哈物流合作基地建设。积极对接和复制推广上海自贸区改革创新经验。扩大金融、旅游、电子商务等服务业领域开放,提高服务业利用外资质量。推进开发区管理体制和运营模式创新,加快苏州工业园区开放创新综合试验区和中韩(盐城)产业园建设,支持南京海峡两岸产业协同发展和创新驱动合作试验区建设,提升昆山深化两岸产业合作试验区、淮安台资企业转移集聚服务示范区建设水平。推广"清单化审核、备案化管理"外商投资企业设立审批方式,加快通关一体化建设。

(五)围绕促进城乡协调发展,加快推进新型城镇化和城乡发展一体化

大力发展现代农业。稳定发展优质粮油业,积极发展设施园艺业、规模畜牧业和特色水产业,新增高效设施农业 50 万亩、设施渔业 16 万亩。实施藏粮于地、藏粮于技战略,探索耕地轮作休耕试点,不断提高农业物质装备和生产技术水平,加强粮食收储设施和冷链物流体系建设。推进土地综合整治,规划建设高标准农田 300 万亩。大力培育新型农业经营主体,新增省级示范家庭农场 300 家,建设一批合作社联合社。推进新型职业农民培育整省试点。促进农村一二三产业融合发展,推动生产与加工、流通、服务有机结合。深入开展"互联网＋现代农业"行动,大力发展农村电商,积极推广"一村一品一店"。

切实加强城市工作。认真落实中央城市工作会议精神,研究制定我省实施意见。按照国家层面总体规划要求,协同建设长三角世界级城市群。制定实施新一轮省域城镇体系规划,优化全省城镇布局形态,加快建设沿江、沿海、沿东陇海线、沿运河城镇轴。加强市政基础设施建设,推进智慧城市、海绵城市、地下空间开发与综合管廊建设,疏浚整治城市河道 100 条,轨道交通运营里程力争突破 400 公里。全面提高城市管理水平,有效缓解交通拥堵,健全城市应急体系。

加快推进新型城镇化。落实国家新型城镇化综合试点,围绕 3 项基本任务和 9 项特色任务探索创新。突出以人为核心的新型城镇化,有序推进农民工市民化,不断完善居住证制度,加快提高户籍人口城镇化率,推动基本公共服务常住人口全覆盖。扩大经济发达镇行政管理体制改革试点,打造一批具有江苏特点的特色小镇。深入推进城乡发展"六个一体化",在农村基础设施、公共服务、就业社保等补短板上取得新成效。实施新一轮农村实事工程,新建改建农村公路 4000 公里、桥梁 7000 座。加强城镇基础设施建设,新增供水能力 50 万立方米/日、自来水厂深度处理能力 100 万立方米/日。

(六)围绕更高层次统筹区域发展,强化分类指导综合施策

深入推进三大区域协调发展。扎实推进苏南现代化建设示范区建设,加快南京江北新区开发建设。推动苏中特色发展、融合发展,重点实施跨江产业合作项目,加大对苏中苏北结合部经济相对薄弱地区支持力度,推进南通陆海统筹发展综合配套改革试验区建设、扬州跨江融合发展综合改革试点,支持泰州建设转型升级示范区。深入实施支持苏北发展各项关键工程,大力实施快速铁路网、区域供水等重点项目,支持徐州老工业基地振兴和宿迁区域协调发展改革试点。

着力培育区域经济发展新增长点。全面融入长江经济带建设,依托黄金水道,构建综合立体交通走廊和绿色生态廊道。着力抓好长江南京以下深水航道、南京区域性航运物流中心、长江下游江海联运港区和长江经济带转型升级示范开发区建设。加快建设沿沪宁线、沿江、沿海、沿东陇海线经济带,促进宁镇扬、锡常泰、(沪)苏通融合发展。更高起点推动沿海地区一体化发展,实施一批沿海重大项目。推动淮海经济区、淮河生态经济带规划建设,构建更加完善的城市群、城镇带之间的快速交通网络。

加强区域合作交流。拓展深化省际合作,更大范围吸纳集聚发展资源。协同推进长三角各项专题合作,完善区域合作协调机制。继续做好新一轮对口支援工作。更大力度推进军民融合深度发展。

实施精准扶贫精准脱贫。实施新一轮脱贫致富奔小康工程,按照"两个6%"原则,聚焦低收入人口、经济薄弱村、苏北重点片区和黄桥茅山革命老区,确保60万以上建档立卡农村低收入人口人均收入提高到6000元。推进社会扶贫、教育扶贫、健康扶贫、保障扶贫,健全"五方挂钩"帮扶机制,探索多渠道、多元化扶贫新路径。

(七)围绕建设美丽宜居新江苏,切实加强生态文明建设

全面落实主体功能区规划。突出加强生态空间管控和保护,对不同主体功能区实行差别化政策,重点生态功能区实行产业负面清单。实行最严格的节约集约用地制度,严守城市开发边界、耕地保护和生态保护红线。以主体功能区规划为基础,统筹规范各类空间性规划,扎实推进"多规合一"试点。

推动生产方式绿色化。实施能源和水资源消耗、建设用地等总量和强度双控行动。加大节能减排力度,严格项目准入、落后产能淘汰和清洁生产标准,严控"两高一资"行业发展,推动化石能源清洁高效利用,提高可再生能源消费比重。强化主要污染物减排,加强重点工业行业提标改造,实施煤电节能减排与升级改造行动计划,大幅削减燃煤电厂污染物排放量。启动实施循环发展引领计划,落实碳排放权交易市场建设实施方案,开展碳市场配额分配试点,推动企业循环式生产、产业循环式组合、园区循环式改造。

加强环境污染综合治理。深入推进大气污染防治行动计划,加大雾霾治理力度,强化机动车船等移动源污染治理和秸秆综合利用,实施重污染天气应急预案,推广新能源汽车6万辆。落实水污染防治工作方案,实施城市黑臭水体整治及滨水环境改善行动,制定实施新一轮太湖治理方案,促进湖体水质持续好转;加强长江、淮河流域水污染防治,建设南水北调沿线、通榆河清水廊道,抓好地下水和近岸海域污染防治。制定实施土壤污染防治行动计划,健全土壤环境监测网络,扩大典型污染土壤修复试点。加强农业面源污染防治,强化重金属和危险废物污染防治。

突出抓好生态建设。大力推进"绿色江苏"建设,全年新增成片造林25万亩,抚育森林100万亩。深入实施城市环境整治接续提升行动和村庄环境改善提升行动,新增城镇污水处理能力40万立方米/日、污水收集管网1500公里,推进16个试点县(区)村庄生活污水治理和1200个村庄环境综合治理,疏浚整治农村河道土方2.5亿立方米,解决211万农村居民饮水安全问题。积极开展生态环境保护制度综合改革试点,完善绿色发展评估制度,严厉打击各类违法行为。支持镇江生态文明综合改革试点和低碳城市建设。

(八)围绕补短板保基本托底线,切实保障和改善民生

持续增加城乡居民收入。进一步落实促进居民增收政策措施,不断拓宽城乡居民增收渠道。推进企业普建工资集体协商制度,完善适应机关事业单位特点的工资制度,健全工资决定和正常增长机制。着力提高居民经营性收入,多渠道提高财产性收入,稳步提高转移性收入。对丧失劳动能力的实施托底性保障政策,对因病致贫的提供医疗救助保障。

更大力度促进就业创业。实施更加积极的就业政策,注重化解就业结构性矛盾,加强对灵活就业、新就业形态的支持。突出抓好高校毕业生就业、困难群体再就业,新增城镇失业人员再就业36万人、就业困难人员就业5万人,开发2万个高校毕业生就业见习岗位。实施全民创业工程,完善创业扶持政策,落实高校毕业生就业促进和创业引领计划,支持农村富余劳动力返乡创业,扶持农民创业3万人。组织新生代农民工就业技能培训10万人。

加快完善更加公平可持续的社会保障制度。全面实施全民参保登记计划,完善职工养老保险个人账户制度,城乡居民基础养老金最低标准提高到每人每月115元,农村低保标准提高到每人每月365元以上。完善城乡居民大病保险运行机制,城乡居民医保财政补助标准提高到425元以上,基本

公共卫生服务补助标准提高到人均不低于50元,对医疗救助对象个人自负费用按70%以上的比例给予救助。筑牢以社会救助为重点的托底保障,对困难家庭和失能残疾人发放生活护理补助。推进住房保障和供应体系建设,扩大公租房租售转换试点,新开工城镇棚户区、城中村改造25万套,基本建成20万套,改造农村危房1.5万户。

不断提升社会事业发展水平。坚持教育优先发展和促进教育公平,完成义务教育薄弱学校改造项目500个,新建改扩建幼儿园300所,省级免费培训农村教师6万人。加快构建医疗分级诊疗体系,推行医疗服务市区一体化、县乡村一体化。实施文艺精品创作工程和文化惠民系列工程,完善公共文化服务体系,建成4000个基层综合性文化服务中心。加快公共体育服务体系示范区建设,推动公共体育设施免费开放,新建健身步道500公里,567个乡镇建成多功能运动场。大力发展多层次社会化养老服务,落实经济困难的高龄失能老人养老服务补贴制度,新建100个街道老年人日间照料中心、2000个社区老年人助餐点,建立500个残疾人之家。全面实施两孩政策,关心关爱妇女儿童,为100万农村妇女实施专项疾病免费筛查,全面落实困境儿童救助保护制度。加强和创新社会治理,深入推进"社政互动"和社区减负,改造提升300个社区综合服务中心。严格落实安全生产责任,推进食品药品安全专项整治,深入推进法治江苏、平安江苏建设,确保社会大局和谐稳定。

各位代表,做好今年经济社会发展各项工作,任务艰巨,责任重大。让我们紧密团结在以习近平同志为总书记的党中央周围,高举中国特色社会主义伟大旗帜,务实创新,锐意进取,奋发实干,努力实现"十三五"发展开好局、起好步,在新的起点上开创全省改革发展新局面,为"迈上新台阶、建设新江苏"、谱写好中国梦的江苏篇章作出新的更大贡献!

第二篇　江苏省省情概况

第一章 总体介绍

江苏,简称"苏",省会南京。位于中国大陆东部沿海中心,介于东经116°18′—121°57′,北纬30°45′—35°20′之间。江苏位于我国大陆东部沿海中心、长江下游,东濒黄海,东南与浙江和上海毗邻,西接安徽,北接山东。省际陆地边界线3383公里,面积10.26万平方公里,占全国的1.06%,人均国土面积在全国各省区中最少。

江苏跨江滨海,平原辽阔,水网密布,湖泊众多。海岸线954公里,长江横穿东西425公里,京杭大运河纵贯南北718公里。有淮、沂、沭、泗、秦淮河、苏北灌溉总渠等大小河流2900多条。全国五大淡水湖,江苏得其二,太湖2250平方公里,居第三,洪泽湖2069平方公里,居第四,此外还有高宝湖、高邮湖、邵伯湖、骆马湖、微山湖等大小湖泊290多个,其中50平方公里以上的湖泊12个。平原、水域面积分别占69%和17%,比例之高居全国首位。低山丘陵面积占14%,集中分布在西南和北部。连云港云台山玉女峰是全省最高峰,海拔625米。

江苏属于温带向亚热带的过渡性气候,基本以淮河为界。江苏省各地平均气温介于13—16℃,江南15—16℃,江淮流域14—15℃,淮北及沿海13—14℃,由东北向西南逐渐增高。最冷月为1月份,平均气温−1.0—3.3℃,其等温线与纬度平行,由南向北递减,7月份为最热月,沿海部分地区和里下河腹地最热月在8月份,平均气温26—28.8℃,其等温线与海岸线平行,温度由沿海向内陆增加。江苏省春季升温西部快于东部,东西相差4—7天;秋季降温南部慢于北部,南北相差3—6天。

第二章 自然地理

一、江苏地形

　　江苏地处东经 116°18′—121°57′，北纬 30°45′—35°20′之间。东濒黄海，西连安徽，北接山东，东南与浙江和上海毗邻。全省总面积 10.26 万平方千米，占全国总面积的 1.1％。其中平原面积 7.06 万平方千米，水面面积 1.73 万平方千米。主要由苏南平原、苏中江淮平原、苏北黄淮平原组成。江苏地形地势低平，跨江滨海，平原辽阔，水网密布，湖泊众多，成为江苏一大地理特点。江苏海岸线 954 公里，长江横穿东西 425 公里，京杭大运河纵贯南北 718 公里。有淮、沂、沭、泗、秦淮河、苏北灌溉总渠等大小河流 2900 多条。全国五大淡水湖，江苏得其二，太湖 2250 平方公里，居第三，洪泽湖 2069 平方公里，居第四，此外还有高宝湖、高邮湖、邵伯湖、骆马湖、微山湖等大小湖泊 290 多个，其中 50 平方公里以上的湖泊 12 个。平原、水域面积分别占 69％和 17％，比例之高居全国首位。

　　江苏是全国地势最低的一个省区，绝大部分地区在海拔 50 米以下，低山丘陵集中在北部和西南部，占全省总面积的 14.3％，主要有老山山脉、云台山脉、宁镇山脉、茅山山脉、宜溧山脉。连云港的市郊云台山玉女峰为全省最高峰，海拔 625 米。江苏第二高山：宜兴市张渚镇岭下村黄塔顶，最高峰海拔 611.5 米，苏南山区第一高峰。位于徐州市区东北 40 公里贾汪区境内的大洞山，海拔 361 米，又名茱萸山、九十九顶莲花山，属淮阴山脉，周围大小 100 余山头，连成一气，森林、灌丛、灌节丛、衡疏四种植被 300 多种植物分布其中，景深木秀，绿涛汹涌，被徐州市列为生态自然保护区。江苏处于亚热带向暖温带的过渡区，气候温和，雨量适中，四季分明。年均气温 13—16℃，多年平均降雨量 1002.7 毫米。

二、江苏水文

　　江苏省地处江淮沂沭泗五大河流下游，长江横穿江苏省南部，江水系江苏省最可靠的水资源。境内有太湖、洪泽湖、高邮湖、骆马湖、白马湖、石白湖、微山湖等大中型湖泊，以及大运河、淮沭河、串场河、灌河、盐河、通榆运河、灌溉总渠和通扬运河等各支河，河渠纵横，水网稠密。中国五大淡水湖，有两个位于江苏，太湖 2250 平方公里，居第三，洪泽湖 2069 平方公里，居第四，此外还有大小湖泊 290 多个，其中 50 平方公里以上的湖泊 12 个。全省大部分地区水系相当发达，共有大小河流和人工河道 2900 多条，陆域水面面积达 1.73 万平方公里，水面所占比例之大，在全国各省中居首位。其中尤其以长江以南的太湖平原和长江以北的里下河平原，大大小小的河流形成蛛网状，分布极为稠密，为大面积的水网密集地带。

　　长江是流经江苏最大的河流，呈东西向横穿江苏，省境内长度 425 公里，将江苏省分割为南北两部分。在江苏省境内，长江的支流有江苏省西南部的秦淮河，在南京市汇入长江。

三、江苏气候

　　江苏属于温带向亚热带的过度性气候。江苏省各地平均气温介于 13℃—16℃,江南 15℃—16℃,江淮流域 14℃—15℃,淮北及沿海 13℃—14℃,由东北向西南逐渐增高。最冷月为 1 月份,平均气温－1.0—3.3℃,其等温线与纬度平行,由南向北递减,7 月份为最热月,沿海部分地区和里下河腹地最热月在 8 月份,平均气温 26℃—28.8℃,其等温线与海岸线平行,温度由沿海向内陆增加。全省春季升温西部快于东部,东西相差 4—7 天;秋季降温南部慢于北部,南北相差 3—6 天。

第三章 资源环境

一、土地资源

全省耕地面积 7032 万亩,占全国的 3.85%,人均占有耕地 0.91 亩。沿海滩涂 1031 万亩,占全国的 1/4,是重要的土地后备资源。江苏是著名的"鱼米之乡"。农业生产条件得天独厚,农作物、林木、畜禽种类繁多。粮食、棉花、油料等农作物几乎遍布全省。种植利用的林果、茶桑、花卉等品种 260 多个,蔬菜 80 多个种类、1000 多个品种,江苏蚕桑闻名全国,名茶有"碧螺春"等。

二、水资源

江苏地处江、淮、沂沭泗流域下游和南北气候过渡带,滨江临海,河湖众多,水系复杂,特殊的地理位置和水系特点,给江苏带来丰富的水资源优势。江苏省多年平均径流深 259.8 毫米,地表水资源量 264.9 亿立方米,总水资源量 320.2 亿立方米。

三、矿产资源

江苏省地跨华北地台和扬子地台两大地质构造单元,有色金属类、建材类、膏盐类、特种非金属类矿产是江苏矿产资源的特色和优势。目前已发现的矿产品种有 133 种,探明资源储量的有 66 种,其中铌钽矿、含钾砂页岩、泥灰岩、凹凸棒石粘土、二氧化碳气等矿产查明资源储量居全国前列。

四、生物资源

江苏省野生动物资源为数较少,鸟类主要是野鸡、野鸭,沿海有丹顶鹤、白鹤、天鹅等珍稀飞禽,沿海地区还建有世界上第一个野生麋鹿保护区。植物资源非常丰富,约有 850 多种,尚有可利用和开发前途的野生植物资源 600 多种。水生动物资源极为丰富。东部沿海渔场面积达 10 万平方公里,其中包括著名的吕四、海州湾、长江口、大沙等四大渔场,盛产黄鱼、带鱼、鲳鱼、虾类、蟹类及贝藻类等水产品。内陆水面有 2600 多万亩,养殖面积 836 万亩。有淡水鱼类 140 余种,是全国河蟹、鳗鱼苗的主要产地。被称为"长江三鲜"的鲥鱼、刀鱼、河豚,"太湖三白"的白鱼、银鱼、白虾,都是水中珍品。

五、交通资源

(一)公路

江苏公路总里程和高速公路总里程均居中国各省首位。江苏省首轮规划的"四纵四横四联"高速公路网主骨架全面建成,包括宁盐高速公路、沪宁高速公路、京沪高速公路、苏嘉杭高速公路、连徐高速公路、宁靖盐高速公路、宁宿徐高速公路、宁杭高速公路、沿江高速公路、盐徐高速公路、徐济高速公路、沿海高速公路、宁连高速公路等,至2015年,通车里程将达到5200公里,基本建成"五纵九横五联"江苏高速公路网。

(二)航空

表1 江苏民用机场(12个,含2个合建,江苏省覆盖)

所 在 地	机 场	通 航 时 间
南京	南京禄口国际机场	1997年7月1日
	南京马鞍国际机场	在建
徐州	徐州观音国际机场	1997年11月8日
常州	常州奔牛国际机场	1986年3月15日
无锡	苏南硕放国际机场(与苏州合建)	2004年2月19日
盐城	盐城南洋国际机场	2000年3月29日
南通	南通兴东机场	1993年8月24日
淮安	淮安涟水机场	2010年9月26日
连云港	连云港白塔埠机场	1985年3月26日
扬州	扬州泰州机场(与泰州合建)	2012年5月8日
宿迁	宿迁通用机场	选址,即将建设
镇江	镇江大路机场	规划扩建成民用

(三)铁路

江苏铁路交通发达,现已江苏省覆盖,京沪铁路、陇海铁路两条铁路干线经过境内,京沪铁路主要呈东西向穿越江苏的南部,陇海铁路也呈东西向经过江苏的最北部,徐州则为两大干线交汇的枢纽。京沪铁路南京至上海段为中国最繁忙的铁路之一,高峰时段平均每5分钟就有列车通过。除此之外,还有新长铁路、宁芜铁路、宁启铁路、宁西铁路、宁杭城际和宁安城际客运专线。但是,江苏铁路存在苏南与苏中苏北分布不均的特点。待开工或已经开工的铁路有:连淮扬镇铁路(2013年已完成了立项审批,2014年确定将开工建设[31])、沪泰宁铁路(2020年)、通苏嘉城际铁路/沪通铁路(先行段2013年12月开工)、宁启铁路二线(南通—启东)、徐宿淮盐铁路(2014年开工)、徐淮宿城际铁路、盐连铁路、宁连铁路(待建)、徐连客运专线等。"十三五"末,江苏全省跨江达海、承东接西、辐射南北、方便快捷的快速铁路网构建完毕,将从根本上改变江苏铁路布局不均、在综合交通运输体系发展中相对滞后的现状。

(四)航运

江苏省东濒黄海,长江和京杭大运河呈十字形贯穿江苏省,太湖平原和里下河平原水网密布,水运历来在江苏省的交通体系中占有重要地位,江苏省绝大部分城市历史上均是依托水运优势得以发展繁荣。

江苏是港口大省,国家交通运输部公布的中国53个主要港口名录中,江苏有7个;在沿海25个主要港口中,江苏有5个。南京港是中国沿海主要港口,是国家重要的主枢纽港和对外开放一类口岸。连云港港是国家25个沿海主要港口、12个区域性中心港口之一。徐州港是国家28个内河主要港口之一。苏州港吞吐量居中国内河港口之首。2013年,连云港港集装箱吞吐量在中国沿海和内河港口中位列第九名,苏州港位居第十。

表2　江苏港口(21个,江苏省覆盖)

分　类	名　　单
海洋港口(黄海)	连云港港、大丰港、洋口港、吕四港
内河港口(长江、京杭大运河)	南京港、镇江港、常州港、徐州港(万寨港、邳州港、双楼港、孟家沟港)、如皋港、淮安港、宿迁港、江阴港、苏州港(张家港港区、常熟港区、太仓港区,其中太仓港区享受海港待遇)、南通港、淮安港、泰州港、扬州港(高邮港)

第四章 经济社会发展

2015 年,面对错综复杂的宏观经济环境和艰巨繁重的改革发展稳定任务,全省坚持稳中求进工作总基调,主动适应经济发展新常态,统筹做好稳增长、促改革、调结构、惠民生、防风险各项工作,经济社会发展总体平稳、稳中有进、稳中有好,主要经济指标保持在合理区间,综合实力再上新台阶,转型升级取得新进展,发展质量有了新提升,社会事业获得新进步,民生改善呈现新成效。

一、综合

经济运行总体平稳。全年实现地区生产总值 70116.4 亿元,比上年增长 8.5%。其中,第一产业增加值 3988 亿元,增长 3.2%;第二产业增加值 32043.6 亿元,增长 8.4%;第三产业增加值 34084.8 亿元,增长 9.3%。全省人均生产总值 87995 元,比上年增长 8.3%。全社会劳动生产率持续提高,全年平均每位从业人员创造的增加值达 147314 元,比上年增加 10584 元。产业结构加快调整。三次产业增加值比例调整为 5.7:45.7:48.6,实现产业结构"三二一"标志性转变。全年服务业增加值占 GDP 比重提高 1.6 个百分点。

表1　江苏经济在全国的地位

指　　标		数　　值	单　　位
地区生产总值	占全国	10.4	%
♯第三产业	占全国	10.0	%
人均地区生产总值	高于全国	高 38644	元
固定资产投资	占全国	8.3	%
社会消费品零售总额	占全国	8.6	%
进出口总额	占全国	13.8	%
♯出口总额	占全国	14.9	%
粮食产量	占全国	5.7	%
钢材产量	占全国	12.1	%
发电量	占全国	7.5	%
居民人均可支配收入	高于全国	高 7573	元
城镇常住居民人均可支配收入	高于全国	高 5978	元
农村常住居民人均可支配收入	高于全国	高 4835	元

数据来源:《江苏统计年鉴 2016》

全年实现高新技术产业产值 6.1 万亿元,比上年增长 7.6%;占规上工业总产值比重达 40.1%,比上年提高 0.6 个百分点。战略性新兴产业销售收入 4.5 万亿元,比上年增长 10.4%;占规上工业总产值比重达 29.4%,比上年提高 0.7 个百分点。经济活力继续增强。全年非公有制经济实现增加值 47398.7 亿元,比上年增长 8.8%,占 GDP 比重达 67.6%,其中私营个体经济占 GDP 比重为 43.4%,

分别比上年提高 0.2 个和 0.6 个百分点。年末全省工商部门登记的私营企业达 182.2 万户,当年新增 39.4 万户,注册资本 72965.4 亿元,比上年增长 30.7%;个体户 387.2 万户,当年新增 63.7 万户。新型城镇化成效显著。年末城镇化率为 66.5%,比上年提高 1.3 个百分点。区域发展更趋协调。苏南现代化建设示范区引领带动作用逐步显现,苏中融合发展、特色发展加快推进,苏北大部分指标增幅继续高于全省平均水平,苏中、苏北经济总量对全省的贡献率达 46.2%,比上年提高 1.4 个百分点;沿海开发有力推进,沿海地区实现生产总值 12521.5 亿元,比上年增长 10.1%,对全省经济增长贡献率达 19.4%。

就业形势趋向稳定。年末全省就业人口 4758.5 万人,第一产业就业人口 875.56 万人,第二产业就业人口 2046.16 万人,第三产业就业人口 1836.78 万人。城镇地区就业人口 3076.22 万人,城镇登记失业率 3.0%;促进失业人员再就业 77.74 万人,其中就业困难人员就业 13.34 万人;新增农村劳动力转移 20.97 万人。

消费价格温和上涨。全年居民消费价格比上年上涨 1.7%,其中城市上涨 1.7%,农村上涨 1.5%。分类别看,食品上涨 3.0%,烟酒及用品上涨 1.9%,衣着上涨 3.0%,家庭设备用品及维修服务上涨 2.8%,医疗保健及个人用品上涨 1.6%,交通和通信下跌 2.7%,娱乐教育文化用品及服务上涨 1.8%,居住上涨 0.9%。在食品中,粮食上涨 2.6%,肉禽及其制品上涨 5.3%,水产品上涨 1.8%,鲜菜上涨 10.3%,油脂下跌 5.3%,蛋下跌 7.2%。工业生产者价格低位运行。全年工业生产者出厂价格比上年下跌 4.7%,其中生产资料下跌 5.6%,生活资料下跌 0.4%。影响工业生产者出厂价格下跌较大的类别中,石油加工和炼焦加工业下跌 21.9%,黑色金属冶炼和压延加工业下跌 18.9%,化学纤维制造业下跌 12.3%,化学原料和化学制品制造业下跌 10.8%,有色金属冶炼和压延加工业下跌 8.3%。全年工业生产者购进价格下跌 7.9%;农业生产资料价格下跌 0.4%。

表 2 居民消费价格指数及其构成情况(以上年为 100)

指　　标	全　省	城　市	农　村
居民消费价格	101.7	101.7	101.5
食品	103.0	102.8	103.5
♯粮食	102.6	102.2	103.2
烟酒及用品	101.9	101.7	102.4
衣着	103.0	103.1	102.7
家庭设备用品及维修服务	102.8	103.0	102.1
医疗保健及个人用品	101.6	101.6	101.7
交通和通信	97.3	97.3	97.1
娱乐教育文化用品及服务	101.8	102.2	100.6
居住	100.9	101.2	100.0

数据来源:《江苏统计年鉴 2016》

全省经济社会发展仍面临一些结构性矛盾和深层次问题,如经济下行压力加大,创新能力不够强,新增长点支撑不足,部分行业产能过剩严重,部分企业生产经营困难,城乡区域发展不够平衡,基本公共服务供给不足,收入差距仍然较大,生态环境质量尚未根本好转等。

二、农林牧渔业

农业生产平稳。粮食总产实现"十二连增",全年总产量达 3561.3 万吨,比上年增产 70.7 万吨,增长 2.0％;夏粮 1271.7 万吨,增长 1.4％;秋粮 2289.7 万吨,增长 2.4％。全年粮食播种面积 542.5 万公顷,比上年增加 4.9 万公顷;棉花面积 9.4 万公顷,减少 3.8 万公顷;油料面积 47.5 万公顷,减少 2.4 万公顷;蔬菜面积 143.1 万公顷,增加 5.9 万公顷。

林牧渔业总体稳定。全年造林面积 4.1 万公顷,比上年下降 30％。全年猪牛羊禽肉产量 359.2 万吨,比上年下降 2.7％;禽蛋总产量 196.2 万吨,增长 0.8％;牛奶总产量 59.6 万吨,下降 1.9％;水产品总产量 522.1 万吨,增长 0.6％,其中淡水产品 372.9 万吨,海水产品 149.2 万吨,分别增长 1.2％和下降 0.8％。

现代农业加快推进。高标准农田比重超过 50％,农业科技进步贡献率提高到 65％,家庭农场、农民合作社分别达到 2.8 万家和 7.2 万个,农村产权交易市场建设进展顺利。全省有效灌溉面积达 402.6 万公顷,新增有效灌溉面积 3.4 万公顷,新增节水灌溉面积 21.4 万公顷;新增设施农业面积 4.2 万公顷;年末农业机械总动力 4827.5 万千瓦,比上年增长 3.8％。

表 3　主要农产品产量情况

产 品 名 称	产量(万吨)	比上年增长(％)
粮食	3561.3	2.0
棉花	11.7	−26.7
油料	143.1	−2.4
♯油菜籽	106.3	−3.4
花生	35.1	0.7
蚕茧	5.0	−12.6
茶叶	1.4	−0.8
水果(含瓜果类)	934.3	8.4
猪牛羊禽肉	359.2	−2.7
水产品	522.1	0.6

数据来源:《江苏统计年鉴 2016》

三、工业和建筑业

工业运行保持稳定。全年规模以上工业增加值比上年增长 8.3％,其中轻工业增长 7.6％、重工业增长 8.6％。分经济类型看,国有工业增长 1.6％,集体工业增长 10.4％,股份制工业增长 10％,外商港澳台投资工业增长 6％。在规模以上工业中,国有控股工业增长 2.1％,私营工业增长 11％。

企业效益稳步改善。全年规模以上工业企业实现主营业务收入 148283.8 亿元,比上年增长 4.8％;利税 15907.1 亿元,增长 9.3％;利润 9617.1 亿元,增长 9.1％。企业亏损面 13.8％,比上年末上升 0.9 个百分点。规模以上工业企业总资产贡献率、主营业务收入利润率和成本费用利润率分别为 16.8％、6.5％和 7％。

表4　主要工业产品产量情况

产品名称	单位	产量	比上年增长（%）
纱	万吨	568.76	3.0
布	亿米	95.68	5.2
化学纤维	万吨	1430.62	7.9
卷烟	亿只	1046.09	0.7
彩色电视机	万台	1626.20	33.1
家用电冰箱	万台	907.65	−9.2
房间空调器	万台	404.29	−21.4
发电量	亿千瓦时	4351.78	0.2
粗钢	万吨	10995.17	10.4
钢材	万吨	13560.81	6.5
十种有色金属	万吨	39.76	30.1
水泥	万吨	18013.66	−7.3
硫酸	万吨	371.77	4.2
纯碱	万吨	279.86	−12.2
乙烯	万吨	154.34	−0.7
化肥(折100%)	万吨	203.76	−3.8
汽车	万辆	121.75	−3.9
♯轿车	万辆	67.56	−9.3
民用钢质船舶	万载重吨	2185.47	6.1
太阳能电池	万千瓦	2236.74	21.8
发电设备	万千瓦	651.58	−5.9
微型电子计算机	万台	5911.59	−15.3
集成电路	亿块	369.52	12.1
程控交换机	万线	0.80	−58.9

数据来源：《江苏统计年鉴2016》

先进制造业增势良好。全年规模以上工业中，汽车制造业实现产值7128.8亿元，比上年增长9.6%；医药制造业产值3551.6亿元，增长14.5%；专用设备制造业产值5943.4亿元，增长6%；电气机械及器材制造业产值16910.3亿元，增长8.7%；通用设备制造业产值8803.8亿元，增长6.2%；计算机、通信和其他电子设备制造业产值19334.4亿元，增长9.4%。

建筑业稳定发展。全年实现建筑业总产值24785.8亿元，比上年增长0.8%；竣工产值20431.4亿元，增长8.0%；竣工率达82.4%；全省建筑企业实现利税总额1750.4亿元，增长1.4%；建筑业劳动生产率为29.7万元/人，增长0.2%；建筑业企业房屋建筑施工面积215592万平方米，增长1.2%；竣工面积76823.9万平方米，与上年持平，其中住宅竣工面积56384.4万平方米，增长1.6%。

四、固定资产投资

固定资产投资平稳增长。全年完成固定资产投资 45905.2 亿元,比上年增长 10.5%。其中,国有及国有经济控股投资 10004.9 亿元,增长 7.4%;港澳台及外商投资 3902.4 亿元,下降 6.1%;民间投资 31997.8 亿元,增长 14.0%,占固定资产投资比重达 69.7%。分类型看,完成项目投资 37751.5 亿元,比上年增长 13.3%;房地产开发投资 8153.7 亿元,下降 1.1%。

投资结构持续调优。第一产业投资 232.2 亿元,比上年增长 12.2%;第二产业投资 22891 亿元,增长 12.8%;第三产业投资 22782 亿元,增长 8.3%。第二产业投资中,工业投资 22757.5 亿元,增长 12.4%,其中制造业投资 21210.6 亿元,增长 11.0%。高新技术产业投资 7535.5 亿元,增长 9.7%,占工业投资比重达 33.1%。

重点项目扎实推进。全年新开工项目 44962 个,比上年增长 25.6%;完成投资 26972.2 亿元,增长 20.2%。其中,亿元项目 4536 个,下降 2.6%;完成投资 10006.3 亿元,与上年持平。200 个省级重大项目进展顺利。

五、国内贸易

消费品市场平稳运行。全年实现社会消费品零售总额 25876.8 亿元,比上年增长 10.3%。按经营单位所在地分,城镇消费品零售额 23252.3 亿元,增长 10.2%;乡村消费品零售额 2624.5 亿元,增长 10.9%。按消费类型分,商品零售额 23456.7 亿元,增长 10.3%;餐饮收入额 2420.1 亿元,增长 10.5%。在限额以上企业商品零售额中,粮油、食品、饮料、烟酒类增长 9.5%,服装、鞋帽、针纺织品类增长 8.2%,金银珠宝类增长 5.6%,日用品类增长 6.7%,五金、电料类增长 10.6%,书报杂志类增长 11.1%,家用电器和音像器材类增长 9.5%,中西药品类增长 14.2%,通讯器材类增长 18.1%,文化办公用品类增长 17.7%,家具类增长 14.5%,石油及制品类下降 2%,建筑及装潢材料类增长 19%,汽车类增长 4.7%。

六、开放型经济

进出口小幅下降。全年进出口总额 5456.1 亿美元,比上年下降 3.2%。其中,出口总额 3386.7 亿美元,下降 0.9%;进口总额 2069.5 亿美元,下降 6.7%。出口总额中,对美国出口 728 亿美元,比上年增长 3.7%;对欧盟出口 607.9 亿美元,下降 4.3%;对日本出口 280.8 亿美元,下降 9%;对韩国出口 166.8 亿美元,增长 0.2%;对东盟出口 351.1 亿美元,增长 2.6%;对台湾省出口 137.8 亿美元,下降 3%;对香港特别行政区出口 347.9 亿美元,下降 0.2%;对俄罗斯出口 34.7 亿美元,下降 29%;对印度出口 96.3 亿美元,增长 11.8%;对拉丁美洲出口 189.3 亿美元,下降 1.4%;对非洲出口 87 亿美元,下降 6.4%。

表 4　进出口贸易主要分类情况

指　　标	绝对数(亿美元)	比上年增长(%)
出口总额	3386.7	−0.9
#一般贸易	1552.5	−2.0

续　表

指　标	绝对数(亿美元)	比上年增长(%)
加工贸易	1479.6	-0.8
♯工业制成品	3285.6	-1.1
初级产品	51.0	-9.0
♯机电产品	2247.5	1.5
♯高新技术产品	1310.9	1.3
♯国有企业	307.4	0.4
外商投资企业	1938.9	-2.5
私营企业	1068.2	1.3
进口总额	2069.5	-6.7
♯一般贸易	835.8	-7.3
加工贸易	817.1	-5.5
♯工业制成品	1749.5	-4.9
初级产品	253.4	-23.3
♯机电产品	1268.2	-1.7
♯高新技术产品	907.6	0.4
♯国有企业	142.2	-12.3
外商投资企业	1434.3	-5.1
私营企业	455.9	-8.0

数据来源:《江苏统计年鉴2016》

境外投资加快发展。全年新批外商投资企业2580家,新批协议外资393.6亿美元;实际到账注册外资242.7亿美元,比上年下降13.8%。新批及净增资9000万美元以上的外商投资大项目235个。全年新批境外投资项目879个,比上年增长19.4%;中方协议投资103亿美元,比上年增长42.8%。

开发区经济稳定发展。全省开发区实现业务总收入18.7万亿元,比上年增长12%;一般公共预算收入3850亿元,比上年增长13.5%;全省开发区实现进出口总额4395亿美元,占全省总量的80.6%;其中,出口总额2671亿美元,占全省总量的78.9%;实际到账注册外资193亿美元,占全省总量的79.5%。

七、交通运输、邮政电信业和旅游业

交通运输业基本平稳。全年旅客运输量、货物运输量分别比上年增长-1.3%和2.5%,旅客周转量、货物周转量分别增长1.0%和5.0%。完成规模以上港口货物吞吐量20.8亿吨,比上年增长3.1%,其中外贸货物吞吐量4.0亿吨,增长4.7%;集装箱吞吐量1605.5万标准集装箱,增长7.0%。年末全省公路里程15.9万公里,比上年新增1283.8公里。其中,高速公路里程4539.1公里,新增50.8公里。铁路营业里程2679.2公里,铁路正线延展长度4569.7公里。年末民用汽车保有量1247.9万辆,净增143.9万辆,比上年末增长13.0%。年末个人汽车保有量1076.9万辆,净增141.2

万辆,比上年末增长 15.1%。其中,个人轿车保有量 773.9 万辆,净增 108.2 万辆,比上年末增长 16.3%。

表6 各种运输方式完成运输量

运输方式	货物周转量		货运量		旅客周转量		客运量	
	绝对数(亿吨公里)	比上年增长(%)	绝对数(万吨)	比上年增长(%)	绝对数(亿人公里)	比上年增长(%)	绝对数(万人)	比上年增长(%)
总计	7374.0	5.0	209120.7	2.5	1566.4	1.0	153942.6	−1.3
铁路	303.7	−12.3	5065.7	−16.8	613.5	8.1	16115.9	7.6
公路	2054.0	3.8	117526.0	2.7	835.0	−1.9	134553.0	−2.0
水路	4392.0	7.6	73641.0	4.2	2.7	−10.9	2392.1	−6.7
民航	1.0	−4.4	7.0	−1.3	115.2	8.5	881.6	8.9
管道	623.3	1.2	12881.0	1.0	—	—	—	—

数据来源:《江苏统计年鉴 2016》

注:民航运输量数据仅指东航江苏公司完成数。

邮政电信业较快发展。全年邮政电信业务总量 2280.6 亿元,比上年增长 35.7%。分业务类型看,邮政行业业务总量 516 亿元,增长 43.7%;电信业务总量 1764.6 亿元,增长 33.5%。邮政电信业务收入 1244.3 亿元,比上年增长 7.9%。分类型看,邮政行业业务收入 407.2 亿元,增长 36.0%;电信业务收入 837.1 亿元,下降 2.0%。年末局用交换机总容量 1758.8 万门。年末固定电话用户 1973 万户,比上年末减少 160.6 万户。分城乡看,城市电话用户 1218 万户,乡村电话用户 755 万户。年末移动电话用户 8227.3 万户,比上年末增加 156.9 万户。年末电话普及率达 128.1 部/百人。长途光缆线路总长度 3.9 万公里,新增 2591.8 公里。年末互联网宽带接入用户 1625.4 万户,新增 102 万户。

旅游业较快增长。全年接待境内外游客 62238.7 万人次,比上年增长 8.4%;实现旅游业总收入 9050.1 亿元,增长 11.1%。接待入境过夜旅游者 305 万人次,增长 2.7%。其中:外国人 200.8 万人次,增长 1.9%;港澳台同胞 104.2 万人次,增长 4.1%。旅游外汇收入 35.3 亿美元,增长 16.3%。接待国内游客 61933.7 万人次,增长 8.4%,实现国内旅游收入 8769.3 亿元,增长 11.5%。

八、财政、金融业

财税实力明显增强。全年完成一般公共预算收入 8028.6 亿元,比上年增长 11%;上划中央四税 5005.2 亿元,增长 9.2%;基金预算收入 4618.1 亿元,比上年下降 14.7%。

表7 财政收入分项情况

指　　标	绝对数(亿元)	比上年增长(%)
一般公共预算收入	8028.6	11.0
#增值税(25%)	1046.9	6.0
营业税	2442.8	17.2
企业所得税(40%)	917.6	11.8
个人所得税(40%)	360.9	17.8

续　表

指　标	绝对数（亿元）	比上年增长（%）
契税	370.1	−7.9
上划中央四税	5005.2	9.2
♯国内消费税	677.0	17.2
增值税（75%）	2484.3	4.5
基金预算收入	4618.1	−14.7

数据来源：《江苏统计年鉴2016》

财政支出结构不断优化。全年一般公共预算支出 9681.5 亿元，比上年增长 14.3%。一般公共预算支出中，教育支出 1718.8 亿元，比上年增长 14.2%；公共安全支出 517 亿元，增长 9.1%；社会保障和就业支出 835.9 亿元，增长 17.8%；城乡社区事务支出 1518.1 亿元，增长 24.3%；科学技术支出 365.5 亿元，增长 11.8%。

金融信贷规模稳步扩大。年末全省金融机构人民币存款余额 107873 亿元，比年初增加 11766.8 亿元，比上年末增长 11.7%。其中，住户存款比年初增加 2861.5 亿元，同比少增 1.1 亿元；非金融企业存款比年初增加 3961.9 亿元，同比多增 934.0 亿元。年末金融机构人民币贷款余额 78866.3 亿元，比年初增加 9285.1 亿元，比上年末增长 13.4%。其中，中长期贷款比年初增加 5960.8 亿元，同比多增 428.2 亿元；短期贷款比年初增加 1524.7 亿元，同比多增 756.2 亿元。

表8　2015年末金融机构人民币存贷款情况

指　标	绝对数（亿元）	比年初增加（亿元）	比上年末增长（%）
各项存款余额	107873.0	11766.8	11.7
♯住户存款	40563.0	2861.5	— —
非金融企业存款	38933.3	3961.9	—
各项贷款余额	78866.3	9285.1	13.4
♯短期贷款	30678.4	1524.7	—
中长期贷款	42744.7	5960.8	—
♯消费贷款	15471.8	3288.3	—
♯住房贷款	13355.0	2695.1	—

证券交易市场稳定发展。全年证券市场完成交易额 60.4 万亿元。分类型看，证券经营机构股票交易额 35.1 万亿元，增长 262.1%；期货经营机构代理交易额 30.5 万亿元，增长 55.3%。年末全省境内上市公司 276 家，省内上市公司通过首发、配股、增发、可转债、公司债在上海、深圳证券交易所筹集资金 1214 亿元，比上年增加 512.5 亿元。江苏企业境内上市公司总股本 2154.3 亿股，比上年增长 34.9%；市价总值 36720.5 亿元，增长 87.1%。年末全省共有证券公司 6 家，证券营业部 683 家；期货公司 10 家，期货营业部 135 家；证券投资咨询机构 2 家。

保险行业快速发展。全年保费收入 1989.9 亿元，比上年增长 18.2%。分类型看，财产险收入 672.2 亿元，增长 10.9%；寿险收入 1083.9 亿元，增长 18.2%；健康险和意外伤害险收入 233.8 亿元，增长 45.4%。全年赔付额 732.6 亿元，比上年增长 18.8%。其中，财产险赔付 403 亿元，增长 19.8%；寿险赔付 268.2 亿元，增长 15.7%；健康险和意外伤害险赔付 61.4 亿元，增长 26.2%。

九、科学技术和教育

科技创新能力不断增强。区域创新能力连续七年保持全国第一。全省科技进步贡献率达60%，比上年提高1个百分点。全年授权专利25万件，其中发明专利3.6万件。全年共签订各类技术合同2.5万项，技术合同成交额达700亿元，比上年增长6.8%。全省企业共申请专利27.5万件。

高新技术产业较快发展。组织实施省重大科技成果转化专项资金项目182项，省资助资金投入15.3亿元，新增总投入119亿元。全省按国家新标准认定高新技术企业累计达1万家。新认定省级高新技术产品9802项，已建国家级高新技术特色产业基地139个。

科研投入比重提高。全社会研究与发展(R&D)活动经费1788亿元，占地区生产总值比重为2.55%，比上年提高0.05个百分点。全省从事科技活动人员120.3万人，其中研究与发展(R&D)人员74.6万人。全省拥有中国科学院和中国工程院院士96人。全省各类科学研究与技术开发机构中，政府部门属独立研究与开发机构达144个。全省已建国家和省级重点实验室97个，科技服务平台290个，工程技术研究中心2989个，企业院士工作站329个，经国家认定的技术中心95家。

教育事业全面发展。全省共有普通高校137所。普通高等教育本专科招生44.86万人，在校生171.57万人，毕业生48.41万人；研究生教育招生5.1万人，在校生15.56万人，毕业生4.28万人。高等教育毛入学率达52.3%，比上年提高1.3个百分点。全省中等职业教育在校生达68万人（不含技工学校）。九年义务教育巩固率100%，高中阶段教育毛入学率99.1%，基本普及高中阶段教育。特殊教育招生0.4万人，在校生2.3万人。全省共有幼儿园6759所，比上年增加1687所；在园幼儿250.7万人，比上年增加16.6万人。

表9 各类教育招生和在校生情况

指 标	招生数		在校生数		毕业生数	
	绝对数（万人）	比上年增长（%）	绝对数（万人）	比上年增长（%）	绝对数（万人）	比上年增长（%）
研究生教育	5.10	3.9	15.56	3.3	4.28	2.6
普通高等教育	44.86	0.8	171.57	1.0	48.41	1.1
普通高中教育	31.95	−0.1	97.80	−5.4	36.88	−7.0
普通初中教育	63.43	2.7	186.72	0.8	61.21	−0.4
小学教育	91.96	3.5	499.64	6.0	64.69	4.0

十、文化、卫生和体育

公共文化服务水平提升。年末全省共有文化馆、群众艺术馆287个，公共图书馆114个，博物馆301个，美术馆23个，综合档案馆118个，向社会开放档案43.1万件。共有广播电台14座，中短波广播发射台和转播台21座，电视台14座，广播综合人口覆盖率和电视综合人口覆盖率均为100%。有线电视用户2285.5万户，与上年基本持平。生产故事影剧片19部。全年报纸出版26.8亿份，杂志出版1.2亿册，图书出版5.5亿册。

卫生事业快速发展。年末共有各类卫生机构32015个。其中医院、卫生院2622个，卫生防疫防治机构165个，妇幼卫生保健机构109个。各类卫生机构拥有病床40.7万张，其中医院、卫生院拥有病床37.9万张。共有卫生技术人员48.7万人，其中执业医师、执业助理医师18.3万人，注册护士20

万人,卫生防疫防治机构卫生技术人员 7352 人,妇幼卫生保健机构卫生技术人员 8244 人。新型农村合作医疗人口覆盖率达 98％以上。县级公立医院综合改革全面启动。

体育事业持续发展。江苏体育健儿在重大比赛中获世界冠军 14 项,获金牌 199 人次,获银牌 182 人次,获铜牌 134 人次。全民健身活动广泛开展,圆满举办第二届夏季青年奥林匹克运动会,成功举办第十八届省运会和第九届省残运会。

十一、环境保护、节能降耗和安全生产

生态建设成效显著。制定生态文明建设规划,划定全省生态红线保护区域。年末全省设立自然保护区 31 个,其中国家级自然保护区 3 个,面积达 56.7 万公顷。深入开展工业废气、机动车尾气、城市扬尘等各类污染物综合治理,建立大气污染防治区域联防联控机制,实现燃煤大机组脱硫脱硝全覆盖,PM2.5 平均浓度同比下降 12.1％。深入开展重点流域治理,太湖流域水质持续改善,南水北调江苏段水质达标。加强绿色江苏建设,林木覆盖率提高到 22.5％,国家生态市(县、区)达到 35 个。

节能减排顺利推进。大力实施节能减排重点工程,鼓励发展循环经济,严格控制高耗能项目,加快淘汰落后产能,推动重点耗能企业能效提升。全省电力行业关停小火电机组 52.6 万千瓦。单位 GDP 能耗下降、化学需氧量、二氧化硫、氨氮、氮氧化物排放削减均完成年度目标任务。

安全生产形势良好。事故起数和死亡人数实现"双下降",全年发生各类生产经营事故 3121 起,死亡 2055 人,比上年分别下降 5.51％和 7.18％。亿元 GDP 生产安全事故死亡率为 0.073,比上年下降 8.75％。

十二、人民生活和社会保障

人口总量增长缓慢。年末全省常住人口 7976.3 万人,比上年末增加 16.24 万人,增长 0.2％。在常住人口中,男性人口 4014.65 万人,女性人口 3961.65 万人;0—14 岁人口 1064.09 万人,15—64 岁人口 5912.89 万人,65 岁及以上人口 999.32 万人。全年人口出生率 9.05‰,比上年下降 0.4 个千分点;人口死亡率为 7.03‰,提高 0.01 个千分点;人口自然增长率 2.02‰,比上年下降 0.41 个千分点。

居民生活水平不断提高。根据城乡一体化住户抽样调查,全年全省居民人均可支配收入 29539 元,比上年增长 8.7％。按常住地分,城镇居民人均可支配收入 37173 元,增长 8.2％;农村居民人均可支配收入 16257 元,增长 8.7％。全体居民人均可支配收入中位数 25095 元,比上年增长 10.1％。全省居民人均可支配收入中,按五等份分组,低收入组人均可支配收入 8485 元,增长 12.3％;中低收入组人均可支配收入 16614 元,增长 10.8％;中等收入组人均可支配收入 25122 元,增长 9.9％;中高收入组人均可支配收入 36374 元,增长 6.1％;高收入组人均可支配收入 68590 元,增长 6.3％。全省居民人均消费支出 20556 元,比上年增长 7.3％。

社保体系逐步完善。城乡居民医疗和养老保险基本实现全覆盖,社会保险主要险种覆盖率达 95％以上。年末全省企业职工基本养老保险(含参保离退休人员)、城镇职工基本医疗保险(含参保退休人员)、失业保险参保人数分别达 2653.58、2428.25 和 1490.91 万人,分别比上年末增长 3.4％、2.8％和 3.4％。年末享受企业职工基本养老保险离退休人员 640.09 万人,享受城镇职工基本医疗保险退休人员 610.33 万人。年末城乡居民基本养老保险参保人数 1315.84 万人,领取基础养老金人数 1022.96 万人。年末城镇居民基本医疗保险参保人数(含人社部门经办的新型农村合作医疗)为 1586.75 万人,比上年末增长 10.5％。保障性安居工程建设有序推进,全省新开工保障性住房 29.22 万套,基本建成 31.78 万套,分别完成年度目标的 109.8％和 113.5％。

2015 年,江苏保障改善民生十件实事全面完成。

（1）民生托底保障方面。全省城乡居民基本养老保险基础养老金最低标准由每人每月 90 元提高到 105 元,比国家最低标准高 35 元,共有 1023 万城乡居民享受这一待遇。农村低保标准最高的苏州市每人每月达到 750 元,最低的连云港灌云县为 340 元,完成了每人每月 335 元以上的年度目标任务。共保障孤儿 18464 人,所有市、县（区）集中和散居养育孤儿基本生活保障最低标准为每人每月 1600 元和 950 元,分别提高了 140 元和 80 元。农村五保对象集中供养 89202 人,分散供养 108750 人,供养标准为每人每年 8735 元和 7665 元,分别提高了 815 元和 795 元。城乡低保内重度残疾人护理补贴标准分别提高到 1440 元和 960 元,共有 11.6 万名残疾人受惠。

（2）大气污染防治方面。已建成省市两级重污染天气监测预警系统,并与全国环境空气质量预报平台正式联网,向社会发布未来 24 小时空气质量预报。预计全年推广应用新能源汽车 19000 辆,整治燃煤小锅炉 8277 台,均超额完成年度目标任务。推广秸秆综合利用 12 项重点技术,推进 20 个秸秆综合利用示范县建设,秸秆机械化还田达 1400 多万亩,多种形式利用超过 700 万吨。

（3）污水处理和饮用水安全方面。新增城镇生活污水处理能力 82 万立方米/日,累计建成生活污水收集配套管网 2650 余公里。新增自来水深度处理能力 133.5 万立方米/日,累计达到 1105.5 万立方米/日,占总供水能力的 40%。新增区域供水覆盖乡镇 118 个,覆盖率达到 97%,其中,苏北地区乡镇覆盖率为 94%。

（4）就业创业方面。实现新增城镇失业人员再就业 77.74 万人,就业困难人员就业 13.34 万人,扶持大学生创业 2.58 万人,开发 2.57 万个高校毕业生就业见习岗位。

（5）教育惠民方面。完成义务教育薄弱学校改造项目 620 个,改造新建中小学和幼儿园校舍 210 万平方米。省级免费培训 6.5 万名农村教师。省财政安排补助经费 351.91 万元,实行残疾学生从学前到大学全过程免费教育。

（6）健康与养老服务方面。城乡居民医保财政补助水平分别提高到人均 448 元和 404 元。人均基本公共卫生服务经费标准提高到 44.6 元。城乡居民大病保险实现全覆盖,重特大疾病患者政策范围内个人负担水平降低 10 个百分点左右。培训基层卫生人员 11570 人。培训应急救护师资 1122 人、救护员 110015 人、开展救护知识普及性培训 964421 人。新建 2000 个社区居民养老服务中心,城市社区居家养服务中心实现全覆盖。苏南、苏中、苏北按照社区总数的 15%、10%、5% 完成全年新建 2000 个社区老年人助餐点的目标任务。

（7）关爱妇女儿童方面,依托各级培训示范基地,重点开展各类女性创业就业技能培训,免费实训 2 万名农村妇女。引导社会组织为 1 万名妇女儿童提供专业化社会服务。全省未成年人社会保护信息系统正式运行,试点工作扩大至所有县（市、区）。

（8）公共文化方面。基本完成 12 套中央电视节目无线数字化全覆盖任务。新建无线接入点（AP）数 25 万个,13 个省辖市城区主要公共区域实现无线网络信号全覆盖。安排近 450 万元启动补助资金,圆满完成 3000 个农家书屋与县级图书馆资源共享、通借通还任务。城市社区建成"10 分钟体育健身圈",新建健身步道 1290 公里。

（9）便民出行方面。新建改建农村公路 5674 公里,桥梁 8134 座。累计开通镇村公交的乡镇 631 个,开通率达到 58%,惠及全省近一半的农村群众出行。新建成 3 条城市轨道交通线路,总里程超过 83 公里。基本实现省辖市城区公共交通"一卡通",并与北京、天津等 33 个城市实现了互联互通。

（10）扶贫攻坚方面。对有劳动能力的低收入人口,通过产业帮扶、小额贷款、扶持就业等方式帮助增收脱贫;对没有劳动能力的低收入人口,通过社会保障实施兜底,全省 411 万 4000 元以下低收入人口实现脱贫。

第五章 人口与行政区划

一、人口结构

2015 年 11 月 1 日零时,全省常住人口为 7973 万人,同第六次全国人口普查 2010 年 11 月 1 日零时的 7866 万人相比,五年共增加 107 万人,增长 1.36%,年平均增长率为 0.27%。

全省常住人口中,平均每个家庭户的人口为 2.94 人,与 2010 年第六次全国人口普查持平。

全省常住人口中,男性人口为 4013 万人,占 50.33%;女性人口为 3960 万人,占 49.67%。总人口性别比(以女性为 100,男性对女性的比例)由 2010 年第六次全国人口普查的 101.54 下降为 101.34。

全省常住人口中,0—14 岁人口为 1064 万人,占 13.35%;15—64 岁人口为 5910 万人,占 74.13%;65 岁及以上人口为 999 万人,占 12.53%。与 2010 年第六次全国人口普查相比,0—14 岁人口的比重上升 0.34 个百分点,15—64 岁人口的比重下降 1.97 个百分点,65 岁及以上人口的比重上升 1.64 个百分点。

全省常住人口中,具有大学(指大专以上)文化程度的人口为 1230 万人;具有高中文化(含中专)程度的人口为 1356 万人;具有初中文化程度的人口为 2741 万人;具有小学文化程度的人口为 1744 万人(以上各种受教育程度的人包括各类学校的毕业生、肄业生和在校生)。

与 2010 年第六次全国人口普查相比,每 10 万人中具有大学文化程度的由 10815 人上升为 15427 人;具有高中文化程度的由 16143 人上升为 17007 人;具有初中文化程度的由 38670 人下降为 34379 人;具有小学文化程度的由 24176 人下降为 21874 人。

表 1 江苏人口情况

指 标	数 值	单 位
年末常住人口	7976.30	万人
年末户籍人口	7717.59	万人
从业人员	4758.50	万人
出生人口	72.11	万人
死亡人口	56.02	万人
结婚人数	78.60	万对
离婚人数	22.93	万对
人口密度	744	人/平方公里
人口平均期望寿命(2010 年)	76.63	岁
男	74.60	岁
女	78.81	岁

二、行政区划

江苏现有 13 个省辖市,下辖 100 个县(市、区),其中 22 个县、23 个县级市、55 个市辖区。截至 2015 年底,全省共有 932 个乡镇、349 个街道办事处。

1996 年以来,经国务院批准,全省对省辖市行政区划进行了较大规模调整。1996 年,扬泰分设,撤县级泰州市,设地级泰州市;淮宿分设,撤县级宿迁市,设地级宿迁市。2000 年以来,全省调整了苏州、无锡、常州、南京、镇江、扬州、南通、徐州、淮安、连云港、盐城、泰州、宿迁 13 个省辖市市区行政区划。其中,2011 年,经国务院批准,对扬州市行政区划进一步进行调整,撤销县级江都市,设立扬州市江都区,撤销扬州市维扬区。2012 年经国务院批准,苏州市撤销沧浪区、平江区、金阊区,合并设立姑苏区,撤销了吴江市,设立吴江区;泰州市撤销了姜堰市,设立姜堰区。2013 年 2 月,南京市撤销秦淮区与白下区,合并设立新的秦淮区,撤销鼓楼区与下关区,合并设立新的鼓楼区,撤销高淳县、溧水县,分别设立高淳区、溧水区。2014 年连云港撤销赣榆县,设立赣榆区。2015 年常州金坛撤市设区。2015 年大丰撤市设区。

表 2　江苏行政区划　　　　　　　　　　　　　　　　(单位:个)

市　名	各级市单位数	县级单位数	县	县级市	市辖区	镇	乡	街道办事处	村民委员会	居民委员会
全　省	13	97	21	21	55	767	71	442	14486	7009
南 京 市	1	11			11	13		87	287	942
无 锡 市	1	7		2	5	30		51	628	593
徐 州 市	1	10	3	2	5	98		63	2041	646
常 州 市	1	6		1	5	36		25	648	377
苏 州 市	1	9		4	5	55		40	1039	1079
南 通 市	1	8	2	3	3	65		37	1310	599
连 云 港 市	1	6	3		3	50	10	29	1432	249
淮 安 市	1	8	4		4	85	22	17	1451	246
盐 城 市	1	9	5	1	3	96		24	1831	614
扬 州 市	1	6	1	2	3	62	4	14	1008	369
镇 江 市	1	6		3	3	31		24	490	270
泰 州 市	1	6		3	3	73	6	18	1425	454
宿 迁 市	1	5	3		2	73	29	13	896	571

1998 年以来,全省对布局不尽合理和规模偏小的乡镇、村进行了撤并。通过调整,江苏行政区划格局进一步优化,对推进新型城镇化建设、促进大中小城市和小城镇合理定位、协调发展起到了积极作用。不过,需要注意的是,区划调整不光要把好审核关,各级地方政府也应该采取相应的配套措施来应对行政区划变更后的问题,实现促发展惠民生。

表3　全省县级以上行政区划一览表

设区市	县(市、区)
南京(11个)	玄武区、秦淮区、建邺区、鼓楼区、浦口区、栖霞区、雨花台区、江宁区、六合区、溧水区、高淳区
无锡(8个)	崇安区、南长区、北塘区、锡山区、惠山区、滨湖区、江阴市、宜兴市
徐州(10个)	鼓楼区、云龙区、贾汪区、泉山区、铜山区、丰县、沛县、睢宁县、新沂市、邳州市
常州(7个)	天宁区、钟楼区、戚墅堰区、新北区、武进区、溧阳市、金坛区
苏州(9个)	姑苏区、虎丘区、吴中区、相城区、吴江区、常熟市、张家港市、昆山市、太仓市
南通(8个)	崇川区、港闸区、通州区、海安县、如东县、启东市、如皋市、海门市
连云港(6个)	连云区、海州区、赣榆区、东海县、灌云县、灌南县
淮安(8个)	清河区、淮安区、淮阴区、清浦区、涟水县、洪泽县、盱眙县、金湖县
盐城(9个)	亭湖区、盐都区、响水县、滨海县、阜宁县、射阳县、建湖县、东台市、大丰区
扬州(6个)	广陵区、邗江区、江都区、宝应县、仪征市、高邮市
镇江(6个)	京口区、润州区、丹徒区、丹阳市、扬中市、句容市
泰州(6个)	海陵区、高港区、兴化市、靖江市、泰兴市、姜堰区
宿迁(5个)	宿城区、宿豫区、沭阳县、泗阳县、泗洪县

第三篇　经济社会发展报告

第一章　2015 年江苏省经济和社会发展分析

一、国民经济运行概况

2015 年,面对错综复杂的宏观经济环境和艰巨繁重的改革发展稳定任务,全省坚持稳中求进工作总基调,主动适应经济发展新常态,统筹做好稳增长、促改革、调结构、惠民生、防风险各项工作,经济社会发展总体平稳、稳中有进、稳中有好,主要经济指标保持在合理区间,综合实力再上新台阶,转型升级取得新进展,发展质量有了新提升,社会事业获得新进步,民生改善呈现新成效。

经济运行总体平稳。全年实现地区生产总值 70116.4 亿元,比上年增长 8.5%,总量仅次于广东省,稳居全国第二。全省人均生产总值 87995 元,比上年增长 8.3%。全社会劳动生产率持续提高,全年平均每位从业人员创造的增加值达 147314 元,比上年增加 10584 元。

图 1 显示了 2010—2015 年江苏省地区生产总值的变动情况。从中可以看出,从 2010 年的41425 亿元,到 2015 年的 70116 亿元,江苏省地区生产总值名义增长 69.3%。但在经济新常态下,江苏 GDP 增速一直下滑,从 2010 年的高峰值 12.7% 下滑到 2015 年的 8.5%,但增速一直高于全国平均水平。"十二五"时期,江苏地区生产总值连跨三个万亿元台阶,超过 7 万亿元,年均增长 9.6%。

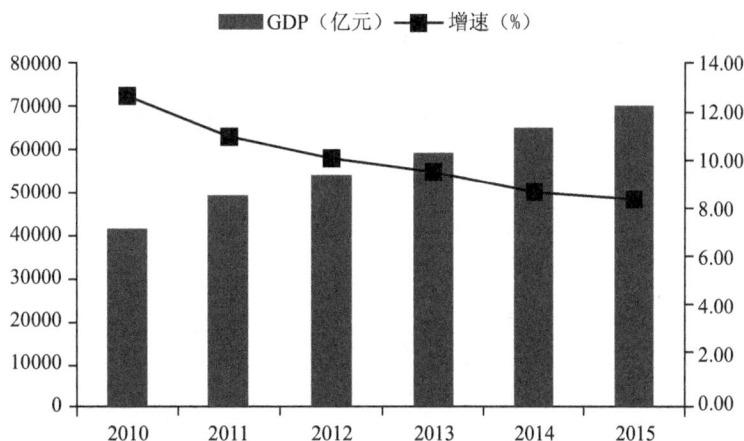

图 1　2010—2015 年江苏省地区生产总值及增速变动(单位:亿元、%)
数据来源:历年《江苏统计年鉴》

在 2015 年中国城市 GDP 排行榜中,江苏十三市全部进入前 100 名,是唯一所有省辖市都跻身全国百强的省份。其中,苏州第 7 名,南京第 11 名,无锡第 13 名,南通第 22 名,徐州第 32 名,常州第33 名,盐城第 38 名,扬州第 40 名,泰州第 46 名,镇江第 50 名,淮安第 71 名,连云港第 91 名。

产业结构加快调整。2015 年江苏第一产业增加值 3988 亿元,增长 3.2%;第二产业增加值32043.6 亿元,增长 8.4%;第三产业增加值 34084.8 亿元,增长 9.3%,全年服务业增加值占 GDP 比重提高 1.6 个百分点,高出第二产业 17 个百分点。其中,金融业增加值突破 1000 亿元,占地区生产总值的比重达到 11.5%,同比提升 0.4 个百分点;文化产业增加值占 GDP 的比重预计达到 6%,同比提高 0.19 个百分点。服务业投资占全社会投资比重达到 61.1%,同比提高 1.8 个百分点。

三次产业增加值比例由 2012 年的 6.3∶50.2∶43.5 调整到 5.7∶45.7∶48.6,实现产业结构"三二一"标志性转变。图 2 显示了 2010—2015 年江苏省三次产业增加值的变动情况。由图可见,江苏省三次产业增加值 2010—2015 年一直持续上升,显示出良好的发展趋势。

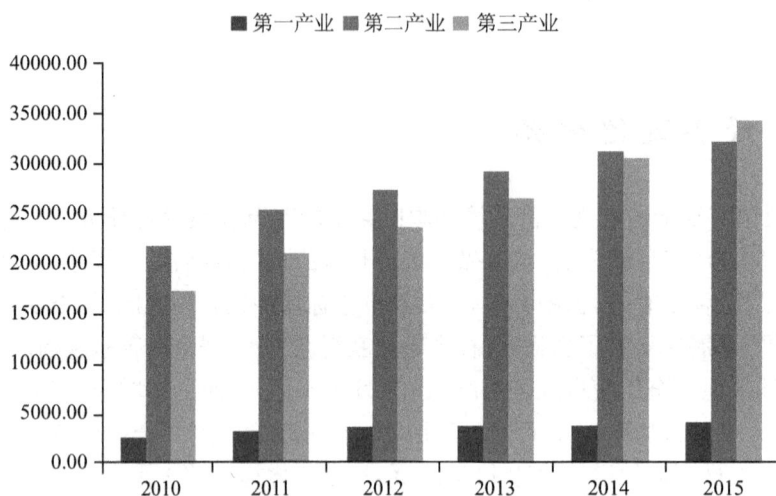

图 2　2010—2015 年江苏省三次产业增加值变动(单位:亿元)
数据来源:历年《江苏统计年鉴》

从三次产业增加值占 GDP 的比重来看,从 2010—2015 年,江苏省第二产业比重逐年下降,第三产业比重逐年上升,参见图 3。这体现出江苏产业结构持续优化,同时服务业发展水平和影响力不断提升。同时,从表 1 可以看出,2009 年和 2010 年,江苏第三产业保持着较高的增长势头,增速不仅超过平均水平还高出第二产业,但在 2011—2013 年,增速又开始落后与第二产业,到 2014 年时重新超越第二产业。2012 年以前,第二产业增速一直保持在 11% 以上,而第三产业则在 2012 年下滑到 9.7%,2015 年回弹到 9.3%。

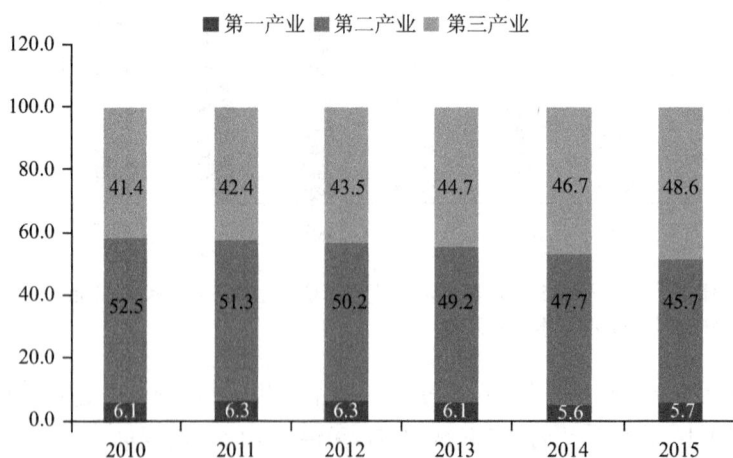

图 3　2010—2015 年江苏省三次产业增加值比重(单位:%)
数据来源:历年《江苏统计年鉴》

表1　江苏三次产业 GDP 总值及年实际增速(2009—2015 年)

指标\年份	GDP	总值(亿元)			GDP	年增速(%)		
		第一产值	第二产业	第三产业		第一产业	第二产业	第三产业
2009	34457.30	2261.86	18566.37	13629.07	12.45	4.47	12.55	13.59
2010	41425.48	2540.10	21753.93	17131.45	12.70	4.90	13.10	13.35
2011	49110.27	3064.78	25203.28	20842.21	10.97	4.01	11.69	11.09
2012	54058.22	3418.29	27121.95	23517.98	10.10	4.60	11.10	9.70
2013	59161.75	3646.08	29094.02	26421.65	9.60	3.10	10.00	9.80
2014	65088.3	3634.3	31057.5	30396.5	8.70	2.90	8.80	9.30
2015	70116.4	3988	32043.6	34084.8	8.50	3.20	8.40	9.30

数据来源:历年《江苏统计年鉴》

从地区生产总值的支出结构来看,2015 年江苏省实现最终消费 35041.4 亿元,占地区生产总值的 49.98%,其中居民消费 25245.2 亿元,政府消费 9796.3 亿元,分别占地区生产总值的 36.0% 和 13.97%;资本形成总额 30600.6 亿元,其中固定资本形成 29940.8 亿元,存货增加 659.8 亿元,比上年有明显下降,分别占地区生产总值的 42.7% 和 0.94%;货物和服务净出口 4474.3 亿元,占地区生产总值的 6.38%。表2反映了 2010—2015 年江苏省地区生产总值的支出结构,可以发现,2010—2015年间,江苏地区生产总值中最终消费的占比不断上升,其中居民消费上升明显,从 2010 年的 41.61% 提高到 2015 年的 49.98%,而资本形成总额与净出口的比重均出现不同程度的下降,其中资本形成总额占比下降 7.5 个百分点,由此反映出引导经济增长的"三驾马车"已经从投资和出口转向消费,大消费经济时代的来临反映出江苏产业转型升级的方向与迫切性。

表2　江苏省地区生产总值支出结构(2010—2015 年)

	总值(亿元)						比重(%)					
	2010 年	2011 年	2012 年	2013 年	2014 年	2015 年	2010 年	2011 年	2012 年	2013 年	2014 年	2015 年
地区生产总值	41425.5	49110	54058	59161.8	65088.3	70116.4	100	100	100	100	100	100
最终消费	17238.1	20649	22715	26622.8	31067.3	35041.4	41.61	42.10	42.02	45.00	47.70	49.98
居民消费	10942.8	13534	15386	18902.2	22510.6	25245.2	26.42	27.56	28.46	32.00	34.60	36.00
政府消费	6295.3	7115.1	7329	7720.61	8556.3	9796.3	15.20	14.49	13.50	13.00	13.10	13.97
资本形成总额	21173.3	25049	27258	28634.3	29799.7	30600.6	51.11	51.01	50.42	48.40	45.80	43.64
固定资本	20709.1	24522	26415	27711.1	28796.2	29940.8	49.99	49.93	48.86	46.80	44.20	42.70
存货资本	464.2	526.81	842.62	923.18	1003.5	659.8	1.12	1.07	1.50	1.60	1.50	0.94
净出口	3014.1	3411.9	4085.6	3904.67	4221.3	4474.3	7.28	6.95	7.56	6.60	6.50	6.38

数据来源:历年《江苏统计年鉴》

全年实现高新技术产业产值 6.1 万亿元,比上年增长 7.6%;占规上工业总产值比重达 40.1%,比上年提高 0.6 个百分点。战略性新兴产业销售收入 4.5 万亿元,比上年增长 10.4%;占规上工业总产值比重达 29.4%,比上年提高 0.7 个百分点。

在行业层面,2015 年江苏省第二产业中工业的增加值为 27996.43 亿元,占地区生产总值 39.9%,与上年相比,下降 1.5 个百分点。其中制造业增加值为 26434.83 亿元,占地区生产总值 37.7%,与上年相比,同样下降 1.5 个百分点。第三产业中的批发和零售业、金融业、房地产业增加值规模较大,分别为6992.68、5302.93和3755.45亿元,占地区生产总值的比重分别为9.97%、7.56%和5.36%,较2013年,只有金融业的占比呈现上升趋势。表3汇总了2010—2015年江苏分行业的增加值情况。

表3 2010—2015年江苏省各行业生产总值 （单位:亿元）

行　　业	2010 年	2011 年	2012 年	2013 年	2014 年	2015 年
地区生产总值	41425.5	49110.3	54058.2	59161.75	65088.32	70116.4
第一产业	2540.1	3064.8	3418.3	3646.08	3634.33	3986.05
农、林、牧、渔业	2540.1	3064.8	3418.3	3646.08	3835.16	4209.52
第二产业	21753.9	25203.3	27122.0	29094.02	30854.50	32044.45
工业	19277.7	22280.6	23908.5	25612.23	26962.97	27996.43
采矿业	275.8	296.3	327.5	245.00	251.44	186.80
制造业	18101.3	20978.5	22393.8	24227.18	25484.27	26434.83
电力、燃气及水的生产和供应业	900.5	1005.8	1187.2	1140.05	804.9	1374.80
建筑业	2476.3	2922.7	3213.5	3481.79	2101.4	4055.42
第三产业	17131.5	20842.2	23518.0	26421.65	30599.49	34085.88
批发和零售业	4447.5	5341.4	5704.7	6223.46	6559.03	6992.68
交通运输、仓储和邮政业	1768.3	2127.9	2352.4	2500.11	2591.15	2705.44
住宿和餐饮业	711.0	919.1	1045.2	1052.97	1094.45	1189.40
信息传输、计算机服务和软件业	605.3	910.9	1103.8	1341.62	1579.55	1870.81
金融业	2105.9	2600.1	3136.5	3808.79	4723.69	5302.93
房地产业	2601.0	2747.9	2992.8	3308.40	3564.44	3755.45
租赁和商务服务业	868.3	1191.3	1415.2	1861.56	2469.55	2845.33
科学研究、技术服务和地质勘查业	365.2	496.4	612.5	703.64	884.50	998.71
水利、环境和公共设施管理业	215.3	280.8	322.0	348.00	428.27	496.67
居民服务和其他服务业	447.9	568.8	686.0	803.20	1073.53	1259.45
教育	1022.7	1217.2	1420.5	1527.03	1866.58	2195.15
卫生、社会保障和社会福利业	500.7	664.5	731.6	819.03	1015.45	1230.89
文化、体育和娱乐业	220.8	268.0	303.0	383.38	536.56	635.64
公共管理和社会组织	1251.6	1507.9	1691.9	1740.46	2003.97	2376.46

　　数据来源:历年《江苏统计年鉴》

　　经济活力继续增强。全年非公有制经济实现增加值47398.7亿元,比上年增长8.8%,占GDP比重达67.6%,其中私营个体经济占GDP比重为43.4%,分别比上年提高0.2个和0.6个百分点。年末全省工商部门登记的私营企业达182.2万户,当年新增39.4万户,注册资本72965.4亿元,比上年增长30.7%;个体户387.2万户,当年新增63.7万户。新型城镇化成效显著。年末城镇化率为66.5%,比上年提高1.3个百分点。

　　区域发展更趋协调。苏南现代化建设示范区引领带动作用逐步显现,苏中融合发展、特色发展加快推进,苏北大部分指标增幅继续高于全省平均水平,苏中、苏北经济总量对全省的贡献率达

46.2%,比上年提高 1.4 个百分点;沿海开发有力推进,沿海地区实现生产总值12521.5 亿元,比上年增长 10.1%,对全省经济增长贡献率达 19.4%。图 4 反映了江苏省苏南、苏中、苏北 2015 年地区生产总值比重。

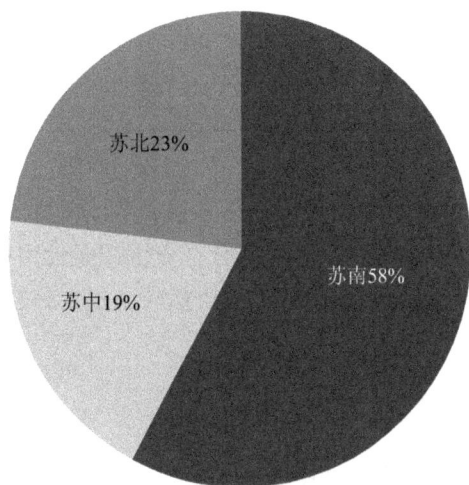

图 4　2015 年江苏省三大区域生产总值比重(单位:%)

数据来源:《江苏统计年鉴 2016》

就业形势趋向稳定。年末全省就业人口 4758.5 万人,第一产业就业人口 875.56 万人,第二产业就业人口 2046.16 万人,第三产业就业人口 1836.78 万人。城镇地区就业人口 3076.22 万人,城镇登记失业率 3.0%;促进失业人员再就业 77.74 万人,其中就业困难人员就业 13.34 万人;新增农村劳动力转移 20.97 万人。

消费价格温和上涨。全年居民消费价格比上年上涨 1.7%,其中城市上涨 1.7%,农村上涨 1.5%。分类别看,食品上涨 3.0%,烟酒及用品上涨 1.9%,衣着上涨 3.0%,家庭设备用品及维修服务上涨 2.8%,医疗保健及个人用品上涨 1.6%,交通和通信下跌 2.7%,娱乐教育文化用品及服务上涨 1.8%,居住上涨 0.9%。在食品中,粮食上涨 2.6%,肉禽及其制品上涨 5.3%,水产品上涨 1.8%,鲜菜上涨 10.3%,油脂下跌 5.3%,蛋下跌 7.2%。工业生产者价格低位运行。全年工业生产者出厂价格比上年下跌 4.7%,其中生产资料下跌 5.6%,生活资料下跌 0.4%。影响工业生产者出厂价格下跌较大的类别中,石油加工和炼焦加工业下跌 21.9%,黑色金属冶炼和压延加工业下跌 18.9%,化学纤维制造业下跌 12.3%,化学原料和化学制品制造业下跌 10.8%,有色金属冶炼和压延加工业下跌 8.3%。全年工业生产者购进价格下跌 7.9%;农业生产资料价格下跌 0.4%。

表 4　居民消费价格指数及其构成情况(以上年为 100)

指　　标	全　省	城　市	农　村
居民消费价格	101.7	101.7	101.5
食品	103.0	102.8	103.5
♯粮食	102.6	102.2	103.2
烟酒及用品	101.9	101.7	102.4
衣着	103.0	103.1	102.7
家庭设备用品及维修服务	102.8	103.0	102.1

续　表

指　标	全　省	城　市	农　村
医疗保健及个人用品	101.6	101.6	101.7
交通和通信	97.3	97.3	97.1
娱乐教育文化用品及服务	101.8	102.2	100.6
居住	100.9	101.2	100.0

数据来源:《江苏统计年鉴2016》

全省经济社会发展仍面临一些结构性矛盾和深层次问题,如经济下行压力加大,创新能力不够强,新增长点支撑不足,部分行业产能过剩严重,部分企业生产经营困难,城乡区域发展不够平衡,基本公共服务供给不足,收入差距仍然较大,生态环境质量尚未根本好转等。

二、农林牧渔

农业生产平稳。粮食总产实现"十二连增",全年总产量达3561.3万吨,比上年增产70.7万吨,增长2.0%;夏粮1271.7万吨,增长1.4%;秋粮2289.7万吨,增长2.4%。全年粮食播种面积542.5万公顷,比上年增加4.9万公顷;棉花面积9.4万公顷,减少3.8万公顷;油料面积47.5万公顷,减少2.4万公顷;蔬菜面积143.1万公顷,增加5.9万公顷。

林牧渔业总体稳定。全年造林面积4.1万公顷,比上年下降30%。全年猪牛羊禽肉产量359.2万吨,比上年下降2.7%;禽蛋总产量196.2万吨,增长0.8%;牛奶总产量59.6万吨,下降1.9%;水产品总产量522.1万吨,增长0.6%,其中淡水产品372.9万吨,海水产品149.2万吨,分别增长1.2%和下降0.8%。

现代农业加快推进。高标准农田比重超过50%,农业科技进步贡献率提高到65%,家庭农场、农民合作社分别达到2.8万家和7.2万个,农村产权交易市场建设进展顺利。全省有效灌溉面积达402.6万公顷,新增有效灌溉面积3.4万公顷,新增节水灌溉面积21.4万公顷;新增设施农业面积4.2万公顷;年末农业机械总动力4827.5万千瓦,比上年增长3.8%。

表5　主要农产品产量情况

产品名称	产量(万吨)	比上年增长(%)
粮食	3561.3	2.0
棉花	11.7	−26.7
油料	143.1	−2.4
#油菜籽	106.3	−3.4
花生	35.1	0.7
蚕茧	5.0	−12.6
茶叶	1.4	−0.8
水果(含瓜果类)	934.3	8.4
猪牛羊禽肉	359.2	−2.7
水产品	522.1	0.6

数据来源:《江苏统计年鉴2016》

三、财　政

2015年,江苏财税实力明显增强。全年完成一般公共预算收入8028.6亿元,比上年增长11%;上划中央四税5005.2亿元,增长9.2%;基金预算收入4618.1亿元,比上年下降14.7%。收入总量成为全国仅有的两个收入超8000亿的省份之一。

全年完成公共财政预算收入8028.59亿元,比上年增长11.00%,增速较2014年提高近0.9百分点;上划中央四税5005.17亿元,增长9.20%,增速较2014年下滑1个百分点。在公共财政预算收入中,税收收入6610.12亿元,增长10.06%,较2014年下滑近0.8个百分点。营业税、个人所得税增速较快,分别达到17.18%和17.81%,而土地增值税、耕地占用税和契税则有不同程度的负增长。

表6反映了2010—2015年江苏省财政收入情况,从中可知,从2011—2015年的"十二五"期间,公共财政预算收入、税收收入分别增长55.92%、60.26%,增速与"十一五"期间相比,下滑较为明显。

表6　2010—2015年江苏省公共财政收入情况　　　　　（单位:亿元）

指　　标	2010年	2011年	2012年	2013年	2014年	2015年
公共财政预算收入	**4079.86**	**5148.91**	**5860.69**	**6568.46**	**7233.14**	**8028.59**
税收收入	3312.61	4124.62	4782.59	5419.49	6006.05	6610.12
增值税	562.6	650.8	708.75	859.26	987.54	1046.92
营业税	1023.92	1260.6	1659.67	1872.41	2084.66	2442.82
企业所得税	554.43	731.17	745.88	763.66	821.04	917.58
个人所得税	180.94	237.74	224.22	264.88	306.33	360.89
城市维护建设税	164.81	270.82	309.93	339.53	376.15	421.46
房产税	92.11	121.39	160.88	192.84	228.73	248.01
土地增值税	170.36	256.97	317.17	405.79	444.89	437.01
耕地占用税	58.98	54.33	57.96	42.91	34.74	31.76
契税	324.72	319.78	332.84	383.75	401.69	370.11
其他各项税收	179.75	221.02	265.29	294.46	320.27	333.56
非税收入	767.25	1024.29	1078.1	1148.98	1227.10	1418.47
专项收入	107.37	160.76	179.34	193.11	209.33	463.64
行政事业性收费收入	224.57	321.22	375.31	389.6	426.52	390.01
罚没收入	89.31	97.53	98.51	118.54	120.63	131.66
国有资本经营收入	257.53	285.63	234.91	241.1	242.34	0.00
其他各项收入	88.47	159.15	190.03	206.62	228.27	433.16
上划中央收入	**3134.39**	**3800.57**	**3922.35**	**4167**	**4583.29**	**5005.17**
消费税	361.21	431.46	453.3	506.78	577.83	676.98
增值税	1705.21	1964.85	2080.03	2178.15	2377.62	2484.31
企业所得税	796.56	1047.65	1052.69	1084.76	1168.33	1302.55
个人所得税	271.41	356.61	336.34	397.32	459.50	541.33

数据来源:历年《江苏统计年鉴》

图5描述了2010—2015年江苏省财政总收入、公共财政预算收入、税收收入的增速情况。由图可知,近些年,江苏财政收入增速一直有下滑趋势。其中,财政总收入增长在2010年最高时可以达到39.7%,而在2015年时下滑到11%。公共财政预算收入与税收收入变化趋势较为相似,在2011年后开始加速回落。

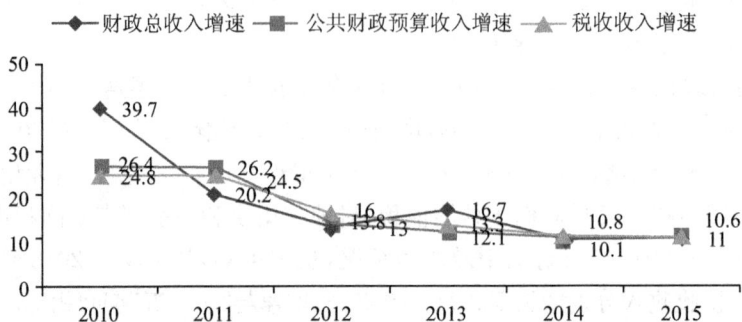

图5 2010—2015年江苏省财政收入增速(单位:%)

数据来源:历年《江苏统计年鉴》

财政支出结构不断优化。全年一般公共预算支出9687.58亿元,比上年增长12.54%。一般公共预算支出中,教育支出1746.22亿元,比上年增长13.82%;公共安全支出519.92亿元,增长8.86%;社会保障和就业支出838.06亿元,增长15.33%;城乡社区事务支出1535.59亿元,增长20.45%;科学技术支出371.96亿元,增长12.06%。

表7 2010—2015年江苏省公共财政预算支出情况 （单位:亿元）

指 标	2010年	2011年	2012年	2013年	2014年	2015年
公共财政预算支出	**4914.1**	**6221.7**	**7027.6**	**7798.5**	**8472.45**	**9687.58**
一般公共服务	631.2	748.5	820.4	859.4	856.70	845.68
公共安全	326.8	371.4	407.8	453.0	473.83	519.92
教育	865.4	1093.2	1350.6	1435.0	1504.86	1746.22
科学技术	150.4	213.4	257.2	302.6	327.10	371.96
文化体育与传媒	88.7	116.9	150.9	173.5	190.86	196.06
社会保障和就业	364.5	481.7	557.8	631.1	709.59	838.06
医疗卫生	249.7	349.9	418.1	475.9	560.93	649.31
环境保护	139.9	170.4	193.8	229.2	237.78	308.45
城乡社区事务	624.5	812.1	858.1	1006.8	1221.64	1535.59
农林水事务	489.2	618.1	754.1	868.3	899.31	1008.60
交通运输	276	391.7	436.6	448.6	496.93	547.81
资源勘探电力信息等事务	263	294.4	283.2	345.9	364.33	448.45
其他各项支出	444.9	560.2	539	569.2	628.59	671.47

数据来源:历年《江苏统计年鉴》

图6描述了2010—2015年江苏省财政支出增速情况。由图可知,公共财政预算支出在2010年和2011年保持20%以上的高速增长,但之后开始大幅回落,到2015年下滑到14.30%,但与2014年和2013年相比又有不同程度的提升。其中,一般公共服务降到-1.29%,联系两年呈现负增长,而

教育和社会保障、就业支出却表现出明显的增加,增幅达到 16.04% 和 18.11%。

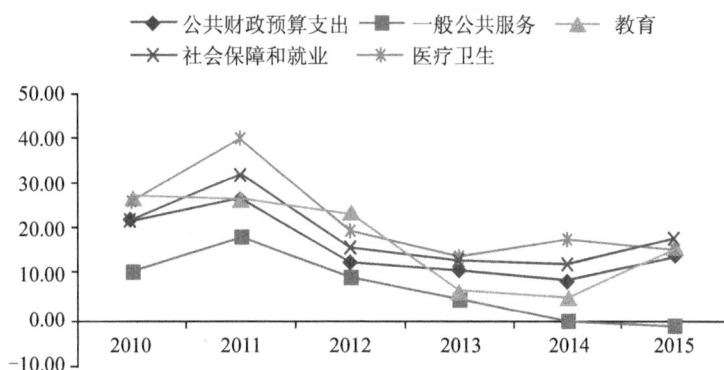

图 6 2010—2015 年江苏省财政支出增速(单位:%)

数据来源:历年《江苏统计年鉴》

2015 年,全省财政教育支出超 1700 亿元,在全国率先建立覆盖各级各类教育的经费保障机制,完善从幼儿园到大学全面覆盖的家庭经济困难学生资助体系。探索精准到户帮扶等更有效的方式,农村 411 万低收入人口整体实现 4000 元的脱贫目标。健全社会保障制度体系,全省财政社会保障支出超过 810 亿元。大力支持深化医疗卫生体制改革,全省财政医疗卫生支出超 600 亿元。支持推进住房保障体系建设,统筹安排省以上资金近 55 亿元支持保障性安居工程建设,全省保障性安居工程新开工 29.2 万套,基本建成 31.8 万套,超额完成全年任务。

2010—2014 年,江苏财政总收入占地区生产总值的比重一直维持在 28% 左右,但在 2015 年出现了明显下滑,只有 25.4%,与 2014 年相比,减少了 2.6 个百分点。而公共财政预算收入占地区生产总值的比重五年来一直呈现缓慢上升趋势,从 2010 年的 9.8% 提升到 2015 年的 11.5%。

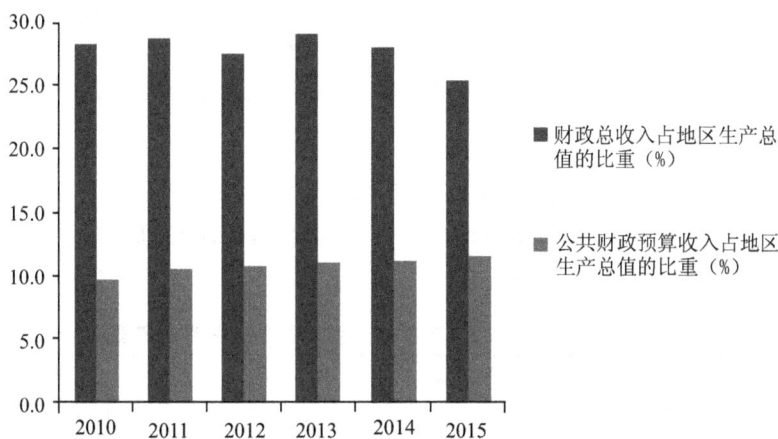

图 7 2010—2015 年江苏省财政支出增速(单位:%)

数据来源:历年《江苏统计年鉴》

四、固定资产投资

固定资产投资平稳增长。全年完成固定资产投资 45905.2 亿元,比上年增长 10.5%。其中,国有及国有经济控股投资 10004.9 亿元,增长 7.4%;港澳台及外商投资 3902.4 亿元,下降 6.1%;民间投资 31997.8 亿元,增长 14.0%,占固定资产投资比重达 69.7%。分类型看,完成项目投资 37751.5

亿元,比上年增长 13.3%;房地产开发投资 8153.7 亿元,下降 1.1%。

2015 年江苏省固定资产投资呈现出以下特点:

一是工业投资结构持续优化。全省完成高新技术产业投资 7965.1 亿元,同比增长 11.1%,比全部投资增速高 0.6 个百分点,其中软件业投资同比增长 40.7%、仪器仪表制造业投资同比增长 22.7%、新能源制造业和智能装备制造业同比分别增长 16.8%和 13.3%。全省高耗能行业投资同比增长 4.8%,低于全部投资增速 5.7 个百分点,占全部投资比重仅 9.3%,比上年回落 0.5 个百分点。

二是工业技术改造投资持续快增。全省完成工业技术改造投资 12345.6 亿元,同比增长 25.6%,增速比工业投资增速快 13.2 个百分点,占工业投资总量的比重达 54.2%,同比提升 5.7 个百分点。

三是服务业项目投资继续加快。全省服务业项目投资完成 14628.3 亿元,同比增长 14.2%,高于全部投资增速 3.7 个百分点,服务业项目投资占全部投资比重达 31.9%,占全部服务业投资比重达 64.2%,比上年分别提高了 1.1 和 3.3 个百分点,民生相关行业投资中卫生和社会工作投资增长 63%,批发和零售业投资增长 46.9%。

四是基础设施投资保持较快增长。2015 年,全省完成基础设施投资 7468.5 亿元,同比增长 14.2%,增速高于全部投资 3.7 个百分点,占全部投资比重达 16.3%,比上年提升 0.6 个百分点。

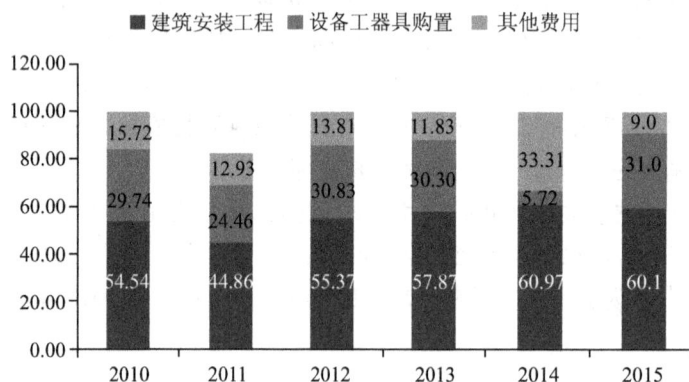

图 8　2010—2015 年江苏省固定资产投资构成情况(单位:%)
数据来源:历年《江苏统计年鉴》

2015 年,国有及国有经济控股投资 8901.58 亿元,增长 7.14%,较 2014 年有明显下降;外商及港澳台投资 3902.44 亿元,减少 6.10%,是 2010 年以来出现的首次负增长。按登记注册类型分的 2010—2015 年江苏省固定资产投资情况见表 8。

表 8　2010—2015 年江苏省按登记注册类型分固定资产投资　　　　　　(单位:亿元)

登记注册类型	2010 年	2011 年	2012 年	2013 年	2014 年	2015 年
合计	**21643**	**26314.7**	**31706.6**	**35982.5**	**41552.75**	**45905.17**
内资企业	18644.8	22972.6	27847.3	32020.8	37344.95	41912.57
国有企业	3927.4	4543.9	5556	6291.8	7648.24	8031.45
集体企业	807.6	1039.5	1309.7	1544.4	1718.23	1767.39
股份合作企业	89.3	85.1	70.6	82.2	95.06	91.72
联营企业	28	97.9	129.8	134.5	134.48	119.64
国有联营	10.2	31.4	42.3	39.1	46.43	53.93
集体联营	6.1	8.3	12.8	12.7	22.01	13.39

续 表

登记注册类型	2010 年	2011 年	2012 年	2013 年	2014 年	2015 年
国有与集体联营	7.4	33.3	44	53.4	22.67	15.81
其他联营企业	4.4	24.8	30.7	29.3	43.37	36.51
有限责任公司	4626.3	5616.7	6162.8	6458.8	7406.38	8568.94
国有独资公司	410.9	429.5	424.2	534.4	613.46	816.20
其他有限责任公司	4215.3	5187.2	5738.6	5924.4	6792.92	7752.74
股份有限公司	934.6	1305.1	1645.9	1567.0	1376.93	1210.16
私营企业	7749.7	9658.2	12033.9	14906.9	18133.48	21161.96
其他企业	481.9	626.2	938.7	1035.2	832.16	961.31
港、澳、台商投资企业	1263.9	1368.3	1599.8	1597.7	1679.36	1648.71
合资经营企业	455.7	498.9	550.3	587.9	456.58	509.09
合作经营企业	42.6	42.9	33.5	18.0	21.17	15.45
股份有限公司	688.7	766.8	895.3	911.3	1078.44	1045.86
独资经营企业	76.8	59.8	93.9	74.8	104.99	66.19
其他港澳台商投资			26.8	5.8	18.17	12.12
外商投资企业	1706.1	1935.1	2218.5	2315.3	2476.57	2253.73
合资经营企业	531.2	678	733.6	746.8	801.74	661.18
合作经营企业	45.5	31.6	29	42.2	35.44	31.13
独资企业	1064.4	1168.1	1397.3	1408.5	1545.07	1501.32
股份有限公司	65	57.3	53	74.5	73.76	29.58
其他外商投资			5.5	43.4	20.56	30.53
个体经营	28.3	38.7	41	48.7	51.88	90.15
个体户	25.3	28.3	36.6	45.4	46.73	86.13
个人合伙	3	10.4	4.4	3.3	5.15	4.03

数据来源:历年《江苏统计年鉴》

从资金来源看,自筹资金和国内贷款是江苏省固定资产投资的主要形式,参见表9。

表9 2010—2015 年按资金来源分江苏省固定资产投资 （单位:亿元）

资 金 来 源	2010 年	2011 年	2012 年	2013 年	2014 年	2015 年
国家预算内资金	282.1	344.9	448.1	529.2	627.26	806.89
国内贷款	3343.5	3751.2	4658.4	5091.0	5360.60	4810.95
利用外资	1154.9	1241.6	1216.8	1127.5	1152.05	926.17
自筹资金	17553.4	20652.6	25824.1	29444.3	33325.52	36305.15
其他资金来源	4912.6	4394.2	5262.7	6823.0	6232.21	7206.37

数据来源:历年《江苏统计年鉴》

2015 年江苏省自筹资金固定资产投资 36305.15 亿元,比 2014 年增长 8.94%;国内贷款固定资产投资 4810.95 亿元,比 2014 年大幅减少 10.25%,同时利用外资降幅更加猛烈,由 2014 年的 1152.05 亿元减少到 2015 年的 926.17 亿元,负增长 19.61%。2010—2015 年自筹资金和国内贷款固定资产投资的比重变动情况见图9。

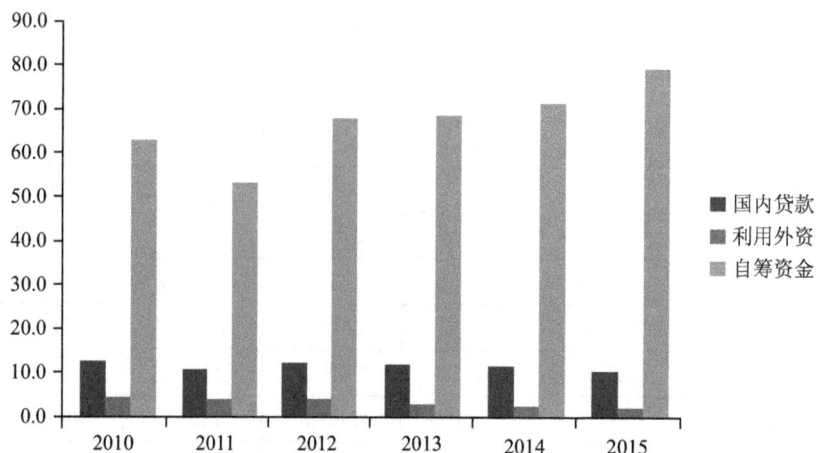

图9 2010—2015年自筹资金和国内贷款固定资产投资变动(单位:%)
数据来源:历年《江苏统计年鉴》

投资结构持续调优。第一产业投资232.2亿元,比上年增长12.2%;第二产业投资22891亿元,增长12.8%;第三产业投资22782亿元,增长8.3%。第二产业投资中,工业投资22757.5亿元,增长12.4%,其中制造业投资21210.6亿元,增长11.0%。高新技术产业投资7535.5亿元,增长9.7%,占工业投资比重达33.1%。

表10 2010—2015年江苏固定资产投资产业结构

	总值(亿元)			比重(%)		
	一产	二产	三产	一产	二产	三产
2010年	131.8	11518.5	9992.7	0.61	53.22	46.17
2011年	155.2	13927.2	12232.2	0.59	52.93	46.48
2012年	205.2	16631.1	14870.3	0.65	52.45	46.90
2013年	195.7	18412.5	17374.3	0.54	51.17	48.29
2014年	206.9	20298.5	21047.3	0.50	48.85	50.65
2015年	232.2	22891.0	22782.0	0.51	49.86	49.63

数据来源:历年《江苏统计年鉴》

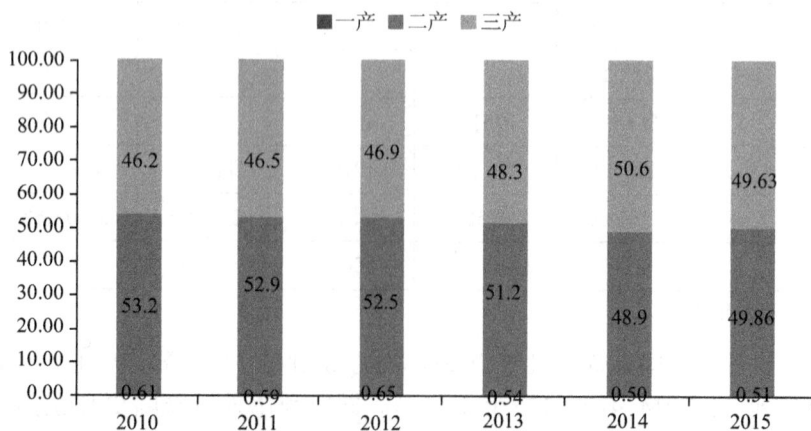

图10 2010—2015年江苏省三次产业固定资产投资比重(单位:%)
数据来源:历年《江苏统计年鉴》

　　图10描述了2010—2015年江苏省三次产业固定资产投资比重的变动情况。由图可以看出,第一产业固定资产投资比重小于1.0%,且呈现逐年下滑的趋势;2013年以前,第二产业固定资产投资比重在50.0%以上,但在2014年大幅下滑到50%以下,2015年又有所提高;第三产业固定资产投资比重存在上升势头,2010年开始超过46.0%,到2014年取代第二产业,成为江苏省投资比重最高的产业,也在2014年占比首次突破50%,但2015年又下滑到50%以下,略低于第二产业。表11汇总了江苏省各行业2015年固定资产投资额。

表11　2015年江苏省按行业分固定资产投资额　　　　(单位:亿元)

行　　业	投资额	建筑工程	安装工程	设备工器具购置	其他
总计	45905.17	24910.61	2660.29	14225.16	4109.11
农、林、牧、渔业	296.10	179.50	20.53	69.58	26.48
农业	142.24	87.42	13.55	28.72	12.55
林业	17.47	11.14	0.90	3.82	1.61
畜牧业	41.60	22.90	2.31	13.27	3.11
渔业	30.92	21.76	0.92	5.03	3.22
农、林、牧、渔服务业	63.86	36.27	2.85	18.74	5.99
采矿业	103.18	33.60	21.86	36.48	11.24
煤炭开采和洗选业	3.77	1.32	0.39	1.89	0.17
石油和天然气开采业	44.27	9.51	13.73	12.00	9.03
黑色金属矿采选业	14.92	6.14	1.13	7.21	0.45
有色金属矿采选业	3.16	1.10	0.18	1.57	0.33
非金属矿采选业	35.05	14.76	6.34	12.81	1.14
开采辅助活动	0.98	0.48	0.04	0.35	0.11
其他采矿业	1.03	0.30	0.06	0.65	0.02
制造业	21228.03	7568.79	1280.54	11439.70	939.01
农副食品加工业	530.62	201.43	33.78	269.29	26.11
食品制造业	324.21	124.99	15.87	164.31	19.04
酒、饮料和精制茶制造业	183.72	64.67	8.92	105.80	4.32
烟草制品业	17.75	8.74	2.31	6.48	0.22
纺织业	1181.46	363.65	62.64	716.06	39.11
纺织服装、服饰业	547.78	189.77	31.80	300.32	25.90
皮革、毛皮、羽毛及其制品和制鞋业	168.28	62.55	9.53	86.05	10.15
木材加工和木、竹、藤、棕、草制品业	376.08	151.43	18.11	180.57	25.96
家具制造业	234.86	105.29	8.58	110.12	10.88
造纸和纸制品业	262.66	73.61	12.61	166.62	9.82
印刷和记录媒介复制业	157.08	52.45	10.73	88.14	5.75

行　业	投资额	建筑工程	安装工程	设备工器具购置	其他
文教、工美、体育和娱乐用品制造业	270.24	106.50	14.58	137.36	11.80
石油加工、炼焦和核燃料加工业	160.10	58.62	12.25	86.39	2.84
化学原料和化学制品制造业	1822.39	710.04	158.01	865.94	88.40
医药制造业	571.17	269.19	39.47	231.02	31.49
化学纤维制造业	289.90	68.38	8.52	204.17	8.83
橡胶和塑料制品业	648.79	200.64	33.99	390.70	23.46
非金属矿物制品业	1126.75	404.64	69.40	601.18	51.53
黑色金属冶炼和压延加工业	436.33	126.39	34.63	260.74	14.56
有色金属冶炼和压延加工业	360.71	117.23	25.62	207.58	10.28
金属制品业	1304.85	470.14	81.75	705.47	47.49
通用设备制造业	2321.18	844.07	123.28	1262.14	91.69
专用设备制造业	1928.40	711.56	119.75	1001.85	95.25
汽车制造业	1178.14	396.27	66.92	645.63	69.33
铁路、船舶、航空和其他运输设备制造业	542.32	233.35	30.98	249.25	28.74
电气机械和器材制造业	2045.80	682.23	127.46	1145.75	90.36
计算机、通信和其他电子设备制造业	1629.52	509.15	90.66	963.32	66.39
仪器仪表制造业	354.42	133.68	17.44	189.63	13.67
其他制造业	157.00	89.00	5.74	50.73	11.53
废弃资源综合利用业	78.06	33.00	3.97	38.54	2.56
金属制品、机械和设备修理业	17.47	6.09	1.25	8.57	1.56
电力、热力、燃气及水生产和供应业	1444.68	512.03	172.28	676.80	83.56
电力、热力生产和供应业	1170.71	365.47	152.50	573.88	78.86
燃气生产和供应业	75.82	36.84	6.49	31.25	1.24
水的生产和供应业	198.14	109.72	13.29	71.67	3.46
建筑业	133.51	87.99	10.57	28.26	6.69
房屋建筑业	19.47	10.87	0.98	6.53	1.09
土木工程建筑业	80.16	56.94	5.95	13.78	3.49
建筑安装业	16.81	10.85	2.56	2.66	0.74
建筑装饰和其他建筑业	17.07	9.33	1.08	5.29	1.37
批发和零售业	1447.45	984.45	62.24	298.82	101.95
批发业	709.83	489.67	30.63	152.64	36.90
零售业	737.62	494.78	31.61	146.18	65.05

行　业	投资额	建筑工程	安装工程	设备工器具购置	其他
交通运输、仓储和邮政业	2428.95	1667.41	75.44	402.62	283.48
铁路运输业	22.18	20.36	0.12	1.38	0.32
道路运输业	1436.84	1035.97	37.88	148.82	214.18
水上运输业	342.30	199.64	13.23	106.75	22.67
航空运输业	8.63	4.49	0.41	3.53	0.19
管道运输业	33.53	26.43	0.82	6.24	0.04
装卸搬运和运输代理业	43.91	24.28	1.90	15.78	1.94
仓储业	507.29	335.85	19.42	114.41	37.61
邮政业	34.28	20.39	1.65	5.72	6.53
住宿和餐饮业	541.48	386.81	44.42	76.07	34.18
住宿业	294.73	233.06	15.54	33.43	12.71
餐饮业	246.75	153.76	28.88	42.65	21.47
信息传输、软件和信息技术服务业	662.86	381.15	58.75	183.18	39.78
电信、广播电视和卫星传输服务	128.53	38.46	33.27	55.00	1.79
互联网和相关服务	104.78	38.52	9.63	36.99	19.64
软件和信息技术服务业	429.55	304.16	15.85	91.18	18.35
金融业	150.83	107.21	6.60	22.41	14.61
货币金融服务	80.42	53.25	3.53	13.73	9.91
资本市场服务	25.93	17.01	2.73	5.40	0.79
保险业	6.05	4.49	0.10	1.25	0.21
其他金融业	38.44	32.46	0.24	2.04	3.70
房地产业	9687.54	6981.02	586.29	158.37	1961.86
房地产业	9687.54	6981.02	586.29	158.37	1961.86
租赁和商务服务业	1131.53	902.16	53.09	101.53	74.75
租赁业	26.65	12.57	1.60	10.82	1.67
商务服务业	1104.88	889.60	51.50	90.71	73.08
科学研究和技术服务业	592.31	385.27	28.35	138.04	40.64
研究和试验发展	206.10	139.30	8.64	37.06	21.10
专业技术服务业	214.23	129.91	11.97	62.06	10.29
科技推广和应用服务业	171.98	116.06	7.74	38.92	9.25
水利、环境和公共设施管理业	3868.82	3105.60	148.38	297.29	317.55
水利管理业	443.41	368.57	15.38	28.47	30.99

续 表

行 业	投资额	建筑工程	安装工程	设备工器具购置	其他
生态保护和环境治理业	114.96	77.46	5.49	25.96	6.04
公共设施管理业	3310.46	2659.57	127.51	242.86	280.52
居民服务、修理和其他服务业	263.49	191.32	11.34	48.18	12.65
居民服务业	174.74	135.20	7.54	25.04	6.96
机动车、电子产品和日用产品修理业	39.14	18.07	2.04	16.47	2.57
其他服务业	49.61	38.05	1.77	6.67	3.12
教育	543.29	401.22	14.94	91.64	35.49
教育	543.29	401.22	14.94	91.64	35.49
卫生和社会工作	450.55	341.69	14.18	74.91	19.77
卫生	371.67	282.17	9.64	68.02	11.84
社会工作	78.88	59.52	4.54	6.89	7.93
文化、体育和娱乐业	560.11	401.66	22.66	61.69	74.10
新闻和出版业	5.05	4.98		0.06	0.01
广播、电视、电影和影视录音制作业	48.98	36.37	2.08	8.12	2.41
文化艺术业	277.41	205.07	7.91	15.71	48.71
体育	77.39	59.58	2.20	7.08	8.54
娱乐业	151.27	95.65	10.48	30.72	14.42
公共管理、社会保障和社会组织	370.47	291.74	27.84	19.58	31.31
中国共产党机关	0.86	0.86			
国家机构	263.04	199.08	22.06	14.99	26.91
人民政协、民主党派社会保障	3.17	2.34	0.55	0.17	0.11
群众团体、社会团体和其他成员组织	37.46	28.99	3.53	2.41	2.53
基层群众自治组织	65.94	60.47	1.70	2.02	1.76

数据来源:《江苏统计年鉴2016》

重点项目扎实推进。全年新开工项目44962个,比上年增长25.6%;完成投资26972.2亿元,增长20.2%。其中,亿元项目4536个,下降2.6%;完成投资10006.3亿元,与上年持平。200个省级重大项目进展顺利。

五、就业与人民生活

人口总量增长缓慢。年末全省常住人口7976.3万人,比上年末增加16.24万人,增长0.2%。在常住人口中,男性人口4014.65万人,女性人口3961.65万人;0—14岁人口1064.09万人,15—64岁人口5912.89万人,65岁及以上人口999.32万人。全年人口出生率9.05‰,比上年下降0.4个千分点;人口死亡率为7.03‰,提高0.01个千分点;人口自然增长率2.02‰,比上年下降0.41个千分点。

表12 2010—2015 年江苏人口全省常住人口情况

年 份	总户数（万户）	总人口（万人）	按性别分				平均每户人数（人/户）	年平均人口（万人）	人口密度（人/平方公里）
			男		女				
			人口数	比重（%）	人口数	比重（%）			
2010	2564.59	7869.34	3964.31	50.38	3905.03	49.62	3.07	7839.80	767
2011	2572.90	7898.80	3977.69	50.36	3921.11	49.64	3.07	7884.07	770
2012	2588.23	7919.98	3987.91	50.35	3932.07	49.65	3.06	7909.40	772
2013	2593.31	7939.49	3997.09	50.34	3942.40	49.66	3.06	7929.74	774
2014	2601.33	7960.06	4007.09	50.34	3952.97	49.66	3.06	7949.78	775
2015	2617.80	7976.30	4014.65	50.33	3961.65	49.67	3.05	7968.18	744

数据来源：《江苏统计年鉴 2014》

就业形势总体稳定。年末全省就业人口 4758.50 万人，比 2014 年新增 2.3 万人。第一产业就业人口 875.56 万人，第二产业就业人口 2046.16 万人，第三产业就业人口 1836.78 万人。城镇地区就业人口 3076.22 万人，城镇登记失业率 3.00%；促进失业人员再就业 77.64 万人，其中就业困难人员就业 14.07 万人；新增农村劳动力转移 25.72 万人。

2015 年江苏省普通高校毕业生 55.2 万人，总量再创新高。研究生就业率超过 99% 的专业有：电气工程、机械设计及理论、计算机科学与技术、通信与信息系统；本科毕业生就业率较高的专业有：金融工程、大气科学、软件工程、材料成型及控制工程；专科毕业生就业率较高的专业有：商务管理、食品药品监督管理、会计与统计核算、航海技术。吸纳毕业生人数居前三位的行业是：制造业 10.5 万人，软件和信息技术服务业 5.1 万人，建筑业 3.6 万人。

表13 汇总了 2010—2015 年江苏省就业基本情况，从表中可以看出，从业人员、城镇从业人员、职工人数、城镇单位女性从业人员等指标五年来持续保持上升态势。2015 年末城镇登记失业人数维持在 36.01 万人左右，连续六年呈现下降趋势，年末城镇登记失业率也从 3.01% 略下降到 3.00%。

表13 2010—2015 年江苏省就业基本情况

指 标	2010 年	2011 年	2012 年	2013 年	2014 年	2015 年
从业人员合计（万人）	4754.7	4758.2	4759.5	4759.89	4706.8	4758.50
城镇就业人员（万人）	2809.6	2869.5	2922.4	2973.76	3029.46	3076.22
城镇单位从业人员（万人）	763.8	811.3	830.9	1503.97	1602.40	1552.08
国有单位	281.2	291.0	296.0	294.05	299.22	294.31
城镇集体单位	30.3	31.2	30.2	38.76	39.47	33.71
其他单位	452.2	489.1	504.8	1171.16	1263.71	1224.06
内资单位	243.5	267.3	278.4	744.16	800.37	789.10
股份合作单位	6.3	7.3	7.4	5.12	4.86	4.05
联营单位	1.1	1.2	1.5	1.46	1.53	1.13
有限责任公司	106.9	115.0	119.5	568.19	613.63	601.66
股份有限公司	59.3	69.9	67.8	156.85	166.32	169.38
其他	70.0	74.0	82.2	12.54	14.03	12.88

续 表

指 标	2010 年	2011 年	2012 年	2013 年	2014 年	2015 年
港澳台商投资单位	65.0	68.7	73.1	150.47	168.91	164.43
外商投资单位	143.7	153.1	153.3	276.53	294.43	270.53
私营企业(万人)	958.9	1007.6	1064.7	1236.10	1303.07	1459.36
个体企业(万人)	338.5	374.2	402.3	442.45	473.76	518.33
职工人数(万人)	710.6	774.4	792.6	1418.57	1512.79	1467.53
国有单位	264.0	276.9	280.9	276.26	281.13	275.97
城镇集体单位	27.4	27.8	27.6	35.04	35.34	30.43
其他单位	419.3	469.8	484.1	1107.27	1196.32	1161.13
城镇单位女性从业人员(万人)	319.0	335.2	338.6	468.29	525.14	529.34
年末城镇登记失业人数(万人)	40.7	41.5	40.5	37.61	36.57	36.01
年末城镇登记失业率(%)	3.2	3.2	3.1	3.03	3.01	3.00

数据来源:历年《江苏统计年鉴》

从就业人员的产业分布来看,2015 年江苏省第一产业从业人员 875.56 万人,比 2014 年减少 43.28 万人,占总就业人口总数 18.4%,减少 0.9 个百分点;第二产业从业人员 2046.16 万人,比 2014 年减少 1 万人;第三产业从业人员 1836.78 万人,比 2014 年增加 41,95 万人,增长 1.88%,是三次产业中就业人口增加最快的行业。

图 11 描述了 2010—2015 年江苏省从业人员的三次产业构成,可以看出,第一产业从业人员比重从 2009 年的 22.3%到 2015 年的 18.4%,有逐年下降的趋势;第二产业、第三产业从业人员比重分别从 2009 年的 42.0%、35.7%到 2014 年的 43.0%、38.6%,保持上升态势。长期来看,江苏三次产业的比较劳动生产率和就业比重的变化趋势是:第一产业的劳动生产率长期小于 1 但有所上升,同时就业比重在下降,且劳动力转移速度不断加快。第二产业的劳动生产率不断升高,高于社会平均水平,伴随着生产效率的提高,收入将高于其他行业从而对劳动力形成较大的吸引力。第二产业劳动生产率的增速随着时间的推移会不断放缓,导致其对生产效率的贡献变小,这将阻碍劳动者的进入,所以随着社会经济的发展,第二产业就业比重的增长趋势会逐渐趋于缓和。江苏第三产业的劳动生

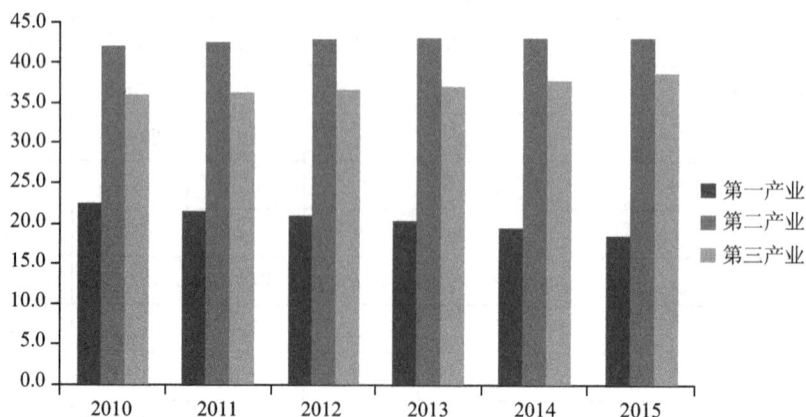

图 11 2010—2015 年江苏省从业人员产业分布(单位:%)
数据来源:历年《江苏统计年鉴》

产率虽然低于第二产业,但增长速度更快,并且在短时间内出现过爆发式增长的情况。第三产业就业比重不断上升,是劳动力转移的接受者。

2015 年,江苏省城镇单位(不含私营、个体)从业人员工资总额为 10194.24 亿元,比 2014 年增长 6.72%,超过同期 GDP 增速。从表 14 可以看出,比较各行业从业人员平均工资后发现,平均工资最高的三个行业是金融业,信息传输、计算机服务和软件业,以及电力、燃气及水的生产和供应业,其平均工资分别为 119198 元、117249 元和 113893 元;平均工资最低的三个行业分别是农、林、牧、渔业、住宿和餐饮业以及水利、环境和公共设施管理业其平均工资分别为 33957 元、42391 元和 54062 元。由此可见,江苏省行业间平均工资水平存在着明显差异。

表 14　2015 年江苏省城镇单位按行业分就业基本情况

行　业	年末从业人数(万人)	从业人员工资总额(亿元)	从业人员平均工资(元)
总计	1602.4	10194.24	66196
农、林、牧、渔业	6.30	20.50	33957
采矿业	11.77	67.10	60418
制造业	612.32	3777.68	62731
电力、热力、燃气及水生产和供应业	18.12	199.46	113893
建筑业	450.20	2226.49	55598
批发和零售业	59.36	369.38	63185
交通运输、仓储和邮政业	49.78	330.16	66981
住宿和餐饮业	19.76	73.32	42391
信息传输、软件和信息技术服务业	29.04	336.24	117249
金融业	33.32	399.83	119198
房地产业	22.14	151.06	66686
租赁和商务服务业	31.23	171.76	54677
科学研究、技术服务业	21.51	198.75	91213
水利、环境和公共设施管理业	14.96	83.02	54062
居民服务、修理和其他服务业	3.75	18.63	54116
教育	94.62	744.18	78115
卫生和社会工作	46.67	384.60	81693
文化、体育和娱乐业	7.77	60.44	77468
公共管理、社会保障和社会组织	69.80	581.65	82372

数据来源:《江苏统计年鉴 2016》,不含私营、个体单位

2015 年,江苏省职工平均工资为 66196 元,比 2014 年增加 4413 元,增速为 7.14%,增速明显高于上年。其中,国有单位、城镇集体单位、其他单位的职工平均工资分别为 79656 元、57558 元和 63189 元。其中,在岗平均工资最高的是股份有限公司,达到 71260 元,其次是外商投资企业 70491 元。图 12 描绘了 2010—2015 年江苏省职工平均工资变动情况,可以看出,近年来全部职工平均工资和各类型单位的职工平均工资都呈持续上涨态势,且国有单位职工工资稳定地高于全部职工平均工资水平。

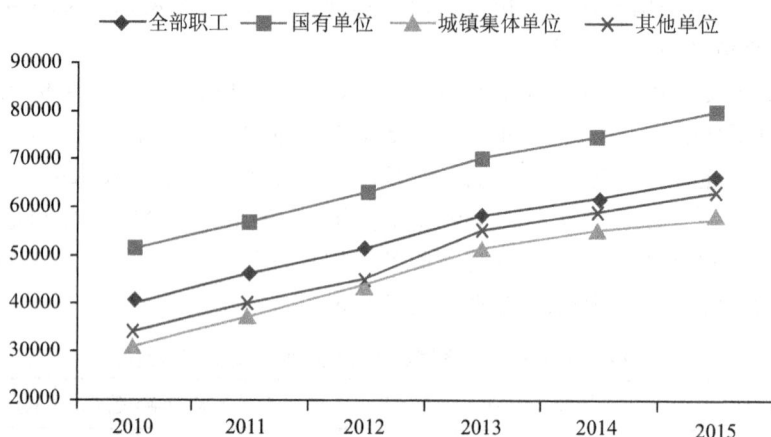

图 12　2010—2015 年江苏省职工平均工资变动情况(单位:元)
数据来源:历年《江苏统计年鉴》

居民生活水平不断提高。根据城乡一体化住户抽样调查,全年全省居民人均可支配收入 29539 元,比上年增长 8.7%。按常住地分,城镇居民人均可支配收入 37173 元,增长 8.2%;农村居民人均可支配收入 16257 元,增长 8.7%。全体居民人均可支配收入中位数 25095 元,比上年增长 10.1%。全省居民人均可支配收入中,按五等份分组,低收入组人均可支配收入 8485 元,增长 12.3%;中低收入组人均可支配收入 16614 元,增长 10.8%;中等收入组人均可支配收入 25122 元,增长 9.9%;中高收入组人均可支配收入 36374 元,增长 6.1%;高收入组人均可支配收入 68590 元,增长 6.3%。全省居民人均消费支出 20556 元,比上年增长 7.3%。

表 15 描述了 2010—2015 年江苏省居民收支状况,从中可以看出,城乡居民收入、支出近年来均呈稳步增加态势。城镇居民家庭恩格尔系数在有明显降低趋势,从 2010 年的 36.5% 下滑到 2015 年 34.7%。农村居民家庭恩格尔系数同样也逐年降低,从 2010 年的 38.1% 下滑到 2015 年 36.3%。城乡居民收入比从 2010 年的 2.52 一直下降到 2015 年的 2.39,表明江苏省城乡收入差距正显著缩小,但中间过程有不断反复。

表 15　2010—2015 年江苏省居民收支状况

指　　标	2010 年	2011 年	2012 年	2013 年	2014 年	2015 年
城镇居民人均可支配收入(元)	22944	26341	29677	32538	34346	37173
城镇居民生活消费支出(元)	14357	16782	18825	20371	23476	24966
农村居民人均纯收入(元)	9118	10805	12202	13598	14958	16257
农村居民生活消费支出(元)	6543	7693	8655	9607	11820	12883
城镇居民家庭恩格尔系数(%)	36.5	36.1	35.4	34.7	28.5	34.7
农村居民家庭恩格尔系数(%)	38.1	38.5	37.4	36.3	31.4	36.3
城乡居民收入比	2.52	2.44	2.43	2.39	2.30	2.39

数据来源:历年《江苏统计年鉴》

图 13 显示了 2010—2015 年江苏农村居民家庭人均纯收入和城市居民家庭人均可支配收入的实际增速情况。可以看出,农村居民家庭人均纯收入增速在 2010—2011 年间保持着稳定的增长势头,到 2011 年时达到近五年来的峰值 11.9%,但之后增速开始逐步放缓,到 2014 年下降到 7.5%,但 2015 年又反弹到 8.7%,与 2013 年持平。而城市居民家庭人均可支配收入则在近五年间,出现了一

定的波动,2010 年曾下降到 7.8%,虽然 2011、2012 年连续两年反弹到 9% 以上,到 2013 年后又开始下滑,到 2014 年时 6.5%,但 2015 年又有提高,达到 8.2%。总体来讲,自 2010 年后,农民居民家庭人均纯收入实际增速一直高于城市居民家庭人均可支配收入增速,这直接导致城乡收入比不断下滑。

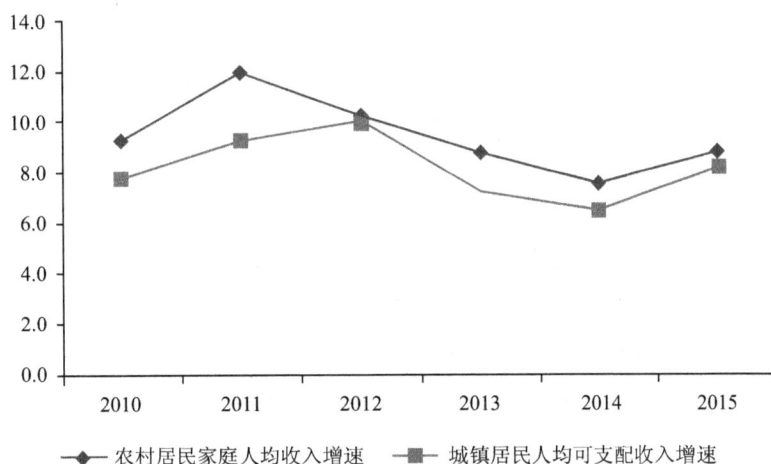

图 13　2010—2015 年江苏省城市与农村居民收入增速变化(单位:%)
数据来源:历年《江苏统计年鉴》

社保体系逐步完善。城乡居民医疗和养老保险基本实现全覆盖,社会保险主要险种覆盖率达 95% 以上。年末全省企业职工基本养老保险(含参保离退休人员)、城镇职工基本医疗保险(含参保退休人员)、失业保险参保人数分别达 2653.58 万人、2428.25 万人和 1490.91 万人,分别比上年末增长 3.4%、2.8% 和 3.4%。年末享受企业职工基本养老保险离退休人员 640.09 万人,享受城镇职工基本医疗保险退休人员 610.33 万人。年末城乡居民基本养老保险参保人数 1315.84 万人,领取基础养老金人数 1022.96 万人。年末城镇居民基本医疗保险参保人数(含人社部门经办的新型农村合作医疗)为 1586.75 万人,比上年末增长 10.5%。保障性安居工程建设有序推进,全省新开工保障性住房 29.22 万套,基本建成 31.78 万套,分别完成年度目标的 109.8% 和 113.5%。

消费品市场平稳运行。全年实现社会消费品零售总额 25876.8 亿元,比上年增长 10.3%。按经营单位所在地分,城镇消费品零售额 23252.3 亿元,增长 10.2%;乡村消费品零售额 2624.5 亿元,增长 10.9%。

表 16　2010—2015 年江苏省社会消费品零售总额　　　　　　　　　(单位:亿元)

项　　　目	2010 年	2011 年	2012 年	2013 年	2014 年	2015 年
社会消费品零售总额	13606.8	15988.4	18331.3	20796.5	23458.07	25876.8
批发和零售业	12207.2	14320.9	16448.8	18694.9	21229.55	23414.3
住宿业	127.2	161.9	178.4	173.2	187.67	198.91
餐饮业	1148.0	1359.3	1588.1	1788.4	2040.85	2263.56
其他行业	124.5	146.3	116.0	140.0		

数据来源:历年《江苏统计年鉴》

按消费类型分,商品零售额 23456.7 亿元,增长 10.3%;餐饮收入额 2420.1 亿元,增长 10.5%。在限额以上企业商品零售额中,粮油、食品、饮料、烟酒类增长 9.5%,服装、鞋帽、针纺织品类增长

8.2%,金银珠宝类增长 5.6%,日用品类增长 6.7%,五金、电料类增长 10.6%,书报杂志类增长 11.1%,家用电器和音像器材类增长 9.5%,中西药品类增长 14.2%,通讯器材类增长 18.1%,文化办公用品类增长 17.7%,家具类增长 14.5%,石油及制品类下降 2%,建筑及装潢材料类增长 19%,汽车类增长 4.7%。

消费价格温和上涨。全年居民消费价格比上年上涨 1.7%,其中城市上涨 1.7%,农村上涨 1.5%。分类别看,食品上涨 3.0%,烟酒及用品上涨 1.9%,衣着上涨 3.0%,家庭设备用品及维修服务上涨 2.8%,医疗保健及个人用品上涨 1.6%,交通和通信下跌 2.7%,娱乐教育文化用品及服务上涨 1.8%,居住上涨 0.9%。在食品中,粮食上涨 2.6%,肉禽及其制品上涨 5.3%,水产品上涨 1.8%,鲜菜上涨 10.3%,油脂下跌 5.3%,蛋下跌 7.2%。工业生产者价格低位运行。全年工业生产者出厂价格比上年下跌 4.7%,其中生产资料下跌 5.6%,生活资料下跌 0.4%。影响工业生产者出厂价格下跌较大的类别中,石油加工和炼焦加工业下跌 21.9%,黑色金属冶炼和压延加工业下跌 18.9%,化学纤维制造业下跌 12.3%,化学原料和化学制品制造业下跌 10.8%,有色金属冶炼和压延加工业下跌 8.3%。全年工业生产者购进价格下跌 7.9%;农业生产资料价格下跌 0.4%。

表17　居民消费价格指数及其构成情况(以上年为100)

指　　　标	全省	城市	农村
居民消费价格	101.7	101.7	101.5
食品	103.0	102.8	103.5
♯粮食	102.6	102.2	103.2
烟酒及用品	101.9	101.7	102.4
衣着	103.0	103.1	102.7
家庭设备用品及维修服务	102.8	103.0	102.1
医疗保健及个人用品	101.6	101.6	101.7
交通和通信	97.3	97.3	97.1
娱乐教育文化用品及服务	101.8	102.2	100.6
居住	100.9	101.2	100.0

数据来源:《江苏统计年鉴 2016》

六、科技和教育

科研投入比重提高。全社会研究与发展(R&D)活动经费 1788 亿元,占地区生产总值比重为 2.55%,比上年提高 0.05 个百分点。全省从事科技活动人员 120.3 万人,其中研究与发展(R&D)人员 74.6 万人。全省拥有中国科学院和中国工程院院士 96 人。全省各类科学研究与技术开发机构中,政府部门属独立研究与开发机构达 144 个。全省已建国家和省级重点实验室 97 个,科技服务平台 290 个,工程技术研究中心 2989 个,企业院士工作站 329 个,经国家认定的技术中心 95 家。

表18　2010—2015 江苏省科技活动基本情况

指　　　标	2010 年	2011 年	2012 年	2013 年	2014 年	2015 年
科技机构数(个)	6798	9061	17776	19393	21844	23101
科研单位	135	148	148	143	144	142

续　表

指　标	2010 年	2011 年	2012 年	2013 年	2014 年	2015 年
规模上工业企业		6518	16417	17996	20411	21542
♯大中型工业企业	2734	6726	7395	7231	7538	7432
高等院校	579	647	761	801	854	971
其他	3350	1552	450	453	435	446
科技活动人员数(万人)	73.7	81.6	98.2	109.46	115.00	111.99
R&D 经费内部支出(亿元)	858.0	1072.0	1288.0	1440.0	1630.0	1801.23
R&D 经费支出占地区生产总值比重(%)	2.1	2.2	2.3	2.4	2.5	2.57

数据来源:历年《江苏统计年鉴》

科技创新能力不断增强。区域创新能力连续七年保持全国第一。全省科技进步贡献率达 60%,比上年提高 1 个百分点。全年授权专利 25 万件,其中发明专利 3.6 万件。全年共签订各类技术合同 2.5 万项,技术合同成交额达 700 亿元,比上年增长 6.8%。全省企业共申请专利 27.5 万件。

表 19 汇总了 2010—2015 年江苏省专利授权情况,从中可以看出,发明、实用新型、外观设计的授权量均逐年增加,反映出江苏省科技发展的良好态势。其中发明所占比重从 2010 年的 21.32%逐年上升到 2015 年的 36.09%,与此同时,外观设计的比重则不断下降,由 2010 年的 56.87%减少到 2015 年的 27.89%,体现出江苏省科技创新质量的提升,参见图 14。

表 19　2010—2015 年江苏省专利授权情况　　　　　　　　　　　(单位:件)

项　目	2010 年	2011 年	2012 年	2013 年	2014 年	2015 年
授权量合计	138382	199814	269944	**504500**	**421907**	**428337**
♯发明	7210	11043	16242	141259	146660	154608
实用新型	41161	53414	77944	128898	124980	154281
外观设计	90011	135357	175758	234343	150267	119448
♯非职务	59588	71061	68424	145244	125796	
职务	78794	128753	201520	359256	296111	
大专院校	6038	8373	11234	26818	26771	33550
科研单位	688	1033	1128	4631	4919	5148
工矿企业	71781	118919	186220	325090	260501	275249
机关团体	287	428	2938	2717	3920	4677

数据来源:历年《江苏统计年鉴》

专利来源方面,2015 年职务申请授权的专利占 72.1%,非职务申请授权的专利占 27.9%。职务申请授权的专利中,工矿企业占 87%,大专院校、科研单位和机关团体比重分别为 10%、2%和 1%,参见图 15。

2015 年,江苏省 R&D 课题共 122629 项,比 2014 年增长 3.51%,增速有明显下降。其中规模上工业企业、高等院校分别承担 51720 项和 59887 项,分别占课题总数的 42.2%和 48.8%,是主要的研发载体。2010—2015 江苏省 R&D 课题情况见表 20。

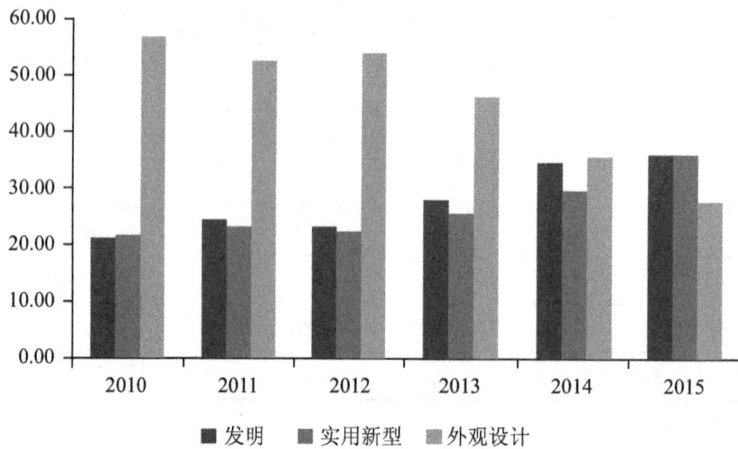

图 14　2010—2015 年江苏省三种专利授权量比重（%）
数据来源:历年《江苏统计年鉴》

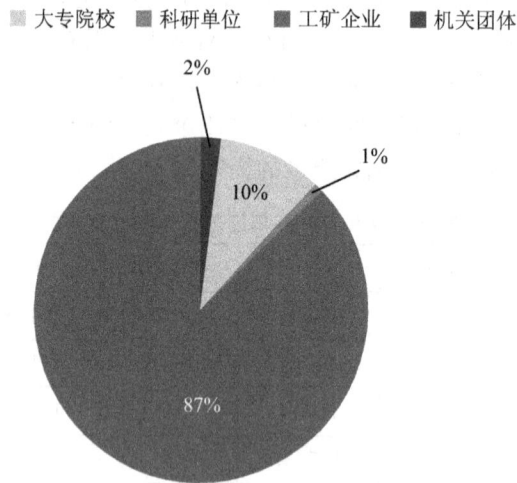

图 15　2015 年江苏省专利来源分布
数据来源:《江苏统计年鉴 2016》

表 20　2010—2015 江苏省 R&D 课题情况　　　　　　　　　　　　　　（单位:项）

指　　　标	2010 年	2011 年	2012 年	2013 年	2014 年	2015 年
R&D 课题	71815	79100	97602	107690	118467	122629
♯科研单位	3583	3989	4831	5430	5657	6490
高等院校	44668	39700	44383	48980	55018	59887
规模上工业企业		31933	44575	48559	53117	51720
♯大中型工业企业	10234	19005	24545	25966	26778	24782
其他	13330	3478	3813	4721	4675	4532
♯基础研究	16594	17609	19736	22669	25432	28340
应用研究	22650	22743	25708	28227	31285	33295
实验发展	32571	33640	52158	56794	61750	60994

数据来源:历年《江苏统计年鉴》

三类 R&D 课题中,基础研究、应用研究和实验发展分别为 28340、33295 和 60994 项,分别占 R&D 课题总数的 23%、27% 和 50%,见图 16。

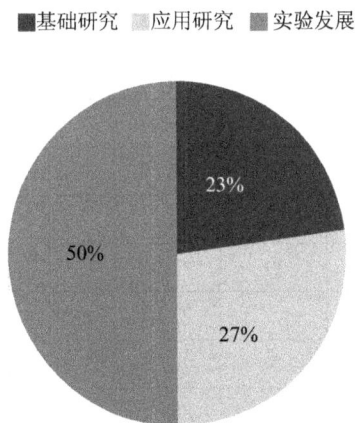

■基础研究 □应用研究 ■实验发展

图 16　2015 年江苏省 R&D 课题类型

数据来源:《江苏统计年鉴 2016》

科技服务业进一步发展。2015 年全省科技服务业总收入达 5013.8 亿元,同比增长 11%。全省规模以上科技服务机构共 5062 家,机构平均收入 8297 万元,拥有从业人员 71.1 万人,平均每家机构 140 人。技术市场较为活跃。全年共签订各类技术合同 3.3 万项,技术合同成交额 723.5 亿元,比上年增长 10.41%。

高新技术产业较快发展。组织实施省重大科技成果转化专项资金项目 182 项,省资助资金投入 15.3 亿元,新增总投入 119 亿元。全省按国家新标准认定高新技术企业累计达 1 万家。新认定省级高新技术产品 9802 项,已建国家级高新技术特色产业基地 139 个。高新技术产业化进程加快。2015 年全省高新技术产业实现产值 61373.61 亿元,比上年增长 7.62%,占规模以上工业企业总产值的 40.12%,比上年提高 0.66 个百分点。全省经认定的高新技术企业 10814 家,全年认定省高新技术产品 9802 项。高新技术产业开发区快速发展。2015 年,全省高新技术产业开发区实现总收入 48515.19 亿元、区内生产总值 14343.83 亿元、利税 3886.46 亿元、财政收入 3182.73 亿元、出口 1288.55 亿美元,技工贸总收入、区内生产总值、利税、财政收入、出口分别比上年增长 1.06%、9.09%、4.75%、10.58% 和 4.39%。高新技术产品的竞争力进一步增强。全省高新技术产品出口额达 1306 亿美元,占全省出口总额的比重达 38.6%。

表 21　2015 年江苏省各市科技进步统计监测一级指标得分与排序

	总　分		科技进步环境		科技投入		科技产出		科技促进可持续发展	
	得分	序	得分	序	得分	序	得分	序	得分	序
南京市	94.30	2	10.90	1	27.58	3	30.56	3	25.26	1
无锡市	93.10	3	8.68	4	30.17	1	32.06	2	22.19	7
徐州市	72.75	10	6.64	9	21.97	11	23.09	9	21.04	10
常州市	87.72	4	8.75	3	28.67	2	28.86	4	21.44	9
苏州市	97.72	1	9.51	2	26.56	5	38.02	1	23.64	2

续　表

	总　分		科技进步环境		科技投入		科技产出		科技促进可持续发展	
	得分	序	得分	序	得分	序	得分	序	得分	序
南通市	85.45	6	7.44	6	26.98	4	27.85	5	23.17	4
连云港市	72.20	11	6.57	10	22.76	8	22.18	12	20.69	11
淮安市	69.52	12	6.34	12	19.27	13	22.43	11	21.48	8
盐城市	73.43	9	6.46	11	25.63	7	22.46	10	18.89	12
扬州市	78.63	7	7.21	7	22.41	9	26.25	7	22.76	6
镇江市	85.86	5	8.13	5	26.36	6	27.84	6	23.53	3
泰州市	77.48	8	6.81	8	22.17	10	25.58	8	22.92	5
宿迁市	65.36	13	6.00	13	20.27	12	21.25	13	17.84	13

资料来源：江苏省科技厅

教育事业全面发展。全省共有普通高校 137 所。普通高等教育本专科招生 44.86 万人，在校生 171.57 万人，毕业生 48.41 万人；研究生教育招生 5.1 万人，在校生 15.56 万人，毕业生 4.28 万人。高等教育毛入学率达 52.3％，比上年提高 1.3 个百分点。全省中等职业教育在校生达 68 万人（不含技工学校）。九年义务教育巩固率 100％，高中阶段教育毛入学率 99.1％，基本普及高中阶段教育。特殊教育招生 0.4 万人，在校生 2.3 万人。全省共有幼儿园 6759 所，比上年增加 1687 所；在园幼儿 250.7 万人，比上年增加 16.6 万人。

表 22　2010—2015 年江苏省教育基本情况

指　标	2010 年	2011 年	2012 年	2013 年	2014 年	2015 年
学校数（所）						
普通高等学校	124	126	128	131	134	137
普通中等学校	3058	2975	2903	2886	2875	2885
中等专业学校	160	169	168	169	174	174
普通中学	2776	2721	2660	2651	2644	2660
＃高中	653	620	594	578	567	569
职业高中	122	85	75	66	57	51
小学	4498	4328	4128	4020	4023	4068
特殊教育	112	108	107	107	106	106
专任教师（万人）						
普通高等学校	10.2	10.4	10.6	10.83	10.45	10.72
普通中等学校	32.4	32.1	31.9	31.51	31.15	30.84
中等专业学校	2.4	2.7	2.8	2.97	3.03	3.04
普通中学	28.5	28.2	28.0	27.43	27.13	26.88
＃高中	9.8	9.7	9.7	9.73	9.65	9.54

指　　标	2010 年	2011 年	2012 年	2013 年	2014 年	2015 年
职业高中	1.5	1.2	1.2	1.11	0.99	0.92
小学	25.0	25.0	25.3	25.82	27.02	27.79
特殊教育	0.3	0.3	0.3	0.32	0.32	0.33
招生数（万人）						
普通高等教育	47.5	48.0	48.1	48.75	49.40	49.96
研究生	4.3	4.4	4.6	4.80	4.91	5.10
本专科生	43.3	43.6	43.5	43.95	44.49	44.86
普通中等学校	147.7	132.8	126.4	119.63	114.97	116.74
中等专业学校	22.8	20.6	19.7	18.51	17.40	17.72
普通中学	115.1	105.8	101.7	96.00	93.75	95.38
♯高中	44.0	40.9	37.7	42.59	31.98	31.95
职业高中	9.8	6.4	5.0	5.12	3.82	3.64
小学	73.1	76.2	79.5	85.13	88.89	91.96
特殊教育	0.5	0.4	0.4	0.35	0.34	0.38
在校学生（万人）						
普通高等教育	177.5	179.4	181.1	183.04	184.93	187.13
研究生	12.6	13.4	14.0	14.59	15.07	15.56
本专科生	164.9	165.9	167.1	168.45	169.86	171.57
普通中等学校	462.8	423.6	398.6	369.10	354.79	347.43
中等专业学校	68.3	63.6	63.1	56.68	54.00	51.89
普通中学	368.6	339.8	317.9	296.74	288.62	284.52
♯高中	135.7	128.7	120.9	110.99	103.42	97.80
职业高中	25.9	20.2	17.6	15.68	12.17	11.02
小学	398.8	409.6	422.8	435.37	471.48	499.64
特殊教育	3.0	2.6	2.5	2.31	2.24	2.31
毕业生数（万人）						
普通高等教育	50.9	51.1	50.9	51.41	52.04	52.69
研究生	3.0	3.3	3.8	4.03	4.17	4.28
本专科生	47.9	47.7	47.0	47.38	47.87	48.41
普通中等学校	166.5	157.4	141.7	138.52	124.98	120.18
中等专业学校	16.7	19.6	15.5	21.36	18.40	18.06
普通中学	140.0	130.4	119.7	110.11	101.12	98.09
♯高中	48.6	46.6	44.5	42.59	39.67	36.88
职业高中	9.7	7.4	6.5	7.05	5.46	4.03

续 表

指 标	2010年	2011年	2012年	2013年	2014年	2015年
小学	70.6	65.0	64.5	63.94	62.19	64.69
特殊教育	0.5	0.3	0.3	0.34	0.30	0.35

数据来源：历年《江苏统计年鉴》

2015年，江苏省每万人口中有大学生232.3人，中学生362.6人，小学生592.3人。其中，大学生和小学生人数比2013年有所增加，而中学生人数却略微减少。值得注意的是，江苏省每万人口在校中学生人数从2009年持续下降，见图17。

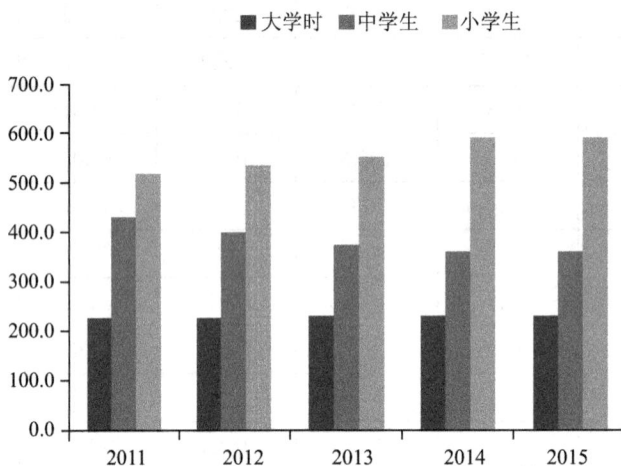

图17　2011—2015年江苏省每万人口在校学生数（单位：人）
数据来源：历年《江苏统计年鉴》

七、文化、卫生与环境保护

公共文化服务水平提升。年末全省共有文化馆、群众艺术馆287个，公共图书馆114个，博物馆301个，美术馆23个，综合档案馆118个，向社会开放档案43.1万件。

表23　2015年江苏省文化事业机构、人员情况

项 目	机构数（个）		从业人数（人）	
	2014年	2015年	2014年	2015年
总 计	18473	20263	151578	167883
艺术业	474	653	11805	16441
＃艺术展览、创作机构	76	77	665	683
＃艺术表演团体	287	369	8323	10529
＃艺术表演场馆	111	207	2817	5229
＃剧场、影剧院	92	135	1879	2822
图书馆业	114	114	3034	3183
＃少儿图书馆	9	8	104	98

续　表

项　目	机构数(个)		从业人数(人)	
	2014 年	2015 年	2014 年	2015 年
群众文化服务业	1395	1396	7022	6980
群众艺术馆、文化馆	115	115	2095	2125
文化站	1280	1281	4927	4855
♯乡镇文化站	919	912	3556	3443
艺术教育业	14	14	891	887
中等专业学校	8	8	757	700
其他教育机构	6	6	134	187
文化市场经营单位	15630	17240	86299	96708
文艺科研	9	9	104	93
其他文化类	495	299	35973	33122
文物业	417	423	7115	7406
文物保护管理机构	54	51	357	391
文物科研及其他文物机构	54	52	599	628
博物馆	301	312	5948	6181
综合性	75	78	2355	2749

数据来源:《江苏统计年鉴 2016》

共有广播电台 14 座,中短波广播发射台和转播台 21 座,电视台 14 座,广播综合人口覆盖率和电视综合人口覆盖率均为 100％。有线电视用户 2285.5 万户,与上年基本持平。生产故事影剧片 19 部。全年报纸出版 26.8 亿份,杂志出版 1.2 亿册,图书出版 5.5 亿册。

2010—2015 年江苏省图书、报刊与广电事业发展情况见表 24。

表 24　2010—2015 年江苏省图书、报刊与广电发展情况

指　标	2010 年	2011 年	2012 年	2013 年	2014 年	2015 年
出版图书种数(种)	14248	17763	20254	23353	23819	26359
出版图书总印数(万册)	51695	54820	51851	56579	55855	62300
出版期刊种数(种)	440	441	441	442	442	442
出版期刊总印数(万册)	10475	11601	12559	397675	11807	11431
出版报纸种数(种)	142	142	143	143	143	143
出版报纸总印数(万份)	271213	284608	289408	1340982	287810	263924
广播电台(座)	14	14	14	14	14	14
广播人口覆盖率(%)	100.0	100.0	100.0	100.0	100.0	100.0
电视台(座)	14	14	14	14	14	14
电视人口覆盖率(%)	99.9	99.9	99.9	99.9	99.9	100.0
有线电视入户率(%)	78.5	82.2	89.8	93.1	95.2	91.4

数据来源:历年《江苏统计年鉴》

卫生事业快速发展。年末共有各类卫生机构32015个。其中医院、卫生院2622个,卫生防疫防治机构165个,妇幼卫生保健机构109个。各类卫生机构拥有病床40.7万张,其中医院、卫生院拥有病床37.9万张。共有卫生技术人员48.7万人,其中执业医师、执业助理医师18.3万人,注册护士20万人,卫生防疫防治机构卫生技术人员7352人,妇幼卫生保健机构卫生技术人员8244人。新型农村合作医疗人口覆盖率达98%以上。县级公立医院综合改革全面启动。2014年江苏省卫生事业基本情况见表25。

表25　2015年江苏省卫生事业基本情况

项　　目	机构数（个）	床位数（张）	卫生工作人员（人）	♯卫生技术人员	♯医师
总　　计	31925	413612	618945	487005	189216
医院	1581	328500	371366	311831	102024
综合医院	1013	211493	246475	210379	68955
中医医院	104	40828	51233	44104	15519
中西医结合医院	25	6046	7915	6652	2371
专科医院	364	56470	59703	47662	14592
护理院	75	13663	6040	3034	587
基层医疗卫生机构	28841	76133	204340	147574	76687
社区卫生服务中心(站)	2782	19420	44305	37589	15934
卫生院	1035	56431	74736	62764	28221
村卫生室	15391		49650	15035	13943
门诊部	1100	176	13941	11361	5737
诊所、卫生所、医务室	8533	106	21708	20825	12852
专业公共卫生机构	1244	6530	37295	24339	9374
疾病预防控制中心	120		8116	6297	3745
专科疾病防治院(所、站)	44	1125	1503	1117	504
健康教育所(站、中心)	5		96	35	12
妇幼保健院(所、站)	109	5400	11843	9673	3777
急救中心(站)	39	5	1396	585	322
采供血机构	30		2018	1406	125
卫生监督所(中心)	108		3641	3247	
计划生育技术服务机构	789		8682	1979	889
其他卫生机构	259	2449	5944	3261	1131
疗养院	15	2449	1258	715	271
医学科学研究机构	8		364	155	82
医学在职培训机构	29		975	308	126

续　表

项　目	机构数（个）	床位数（张）	卫生工作人员（人）	♯卫生技术人员	♯医师
临床检验中心（所、站）	28		1483	800	44
统计信息中心	3		48	4	
其他	176		1816	1279	608

数据来源：《江苏统计年鉴2016》

　　体育事业持续发展。江苏体育健儿在重大比赛中获世界冠军14项，获金牌199人次，获银牌182人次，获铜牌134人次。全民健身活动广泛开展，圆满举办第二届夏季青年奥林匹克运动会，成功举办第十八届省运会和第九届省残运会。

　　生态建设成效显著。制定生态文明建设规划，划定全省生态红线保护区域。年末全省设立自然保护区31个，其中国家级自然保护区3个，面积达56.7万公顷。深入开展工业废气、机动车尾气、城市扬尘等各类污染物综合治理，建立大气污染防治区域联防联控机制，实现燃煤大机组脱硫脱硝全覆盖，PM2.5平均浓度同比下降12.1%。深入开展重点流域治理，太湖流域水质持续改善，南水北调江苏段水质达标。加强绿色江苏建设，林木覆盖率提高到22.5%，国家生态市（县、区）达到35个。2010—2015年江苏省环境保护基本情况见表26。

表26　2010—2015年江苏省环境保护基本情况

项　目	2011年	2012年	2013年	2014年	2015年
污染排放与处理利用情况					
废水					
工业废水排放量（亿吨）	24.63	23.61	22.06	20.49	20.64
城镇生活污水排放量（亿吨）	34.63	36.18	37.35	39.59	41.45
集中式治理设施污水排放量（亿吨）	0.02	0.03	0.03	0.03	0.04
化学需氧量排放量（万吨）	124.62	119.7	114.89	110.00	105.46
♯工业源	23.93	23.14	20.92	20.44	20.13
农业源	39.93	38.77	37.61	36.41	35.07
城镇生活源	60.23	57.25	55.87	52.79	49.96
集中式治理设施	0.53	0.54	0.49	0.37	0.29
氨氮排放量（万吨）	15.72	15.31	14.74	14.25	13.77
♯工业源	1.67	1.63	1.44	1.37	1.35
农业源	3.99	3.91	3.82	3.75	3.62
城镇生活源	9.99	9.7	9.43	9.08	8.76
集中式治理设施	0.07	0.07	0.05	0.05	0.03
废气					
二氧化硫排放量（万吨）	105.38	99.2	94.17	90.47	83.51
♯工业源	102.50	95.92	90.95	87.02	79.47

项　　目	2011 年	2012 年	2013 年	2014 年	2015 年
城镇生活源	2.85	3.25	3.20	3.43	4.03
集中式治理设施	0.02	0.03	0.03	0.03	0.01
氮氧化物排放量(万吨)	153.57	147.96	133.80	123.26	106.76
♯工业源	119.56	113.36	98.53	88.82	75.36
城镇生活源	0.62	0.65	0.61	0.64	0.86
机动车	33.35	33.9	34.62	33.74	30.50
集中式治理设施	0.04	0.05	0.04	0.05	0.05
烟(粉)尘排放量(万吨)	52.74	44.32	50.00	76.37	65.45
♯工业源	48.64	39.6	45.56	72.05	61.22
城镇生活源	1.2	1.85	1.71	1.82	1.94
机动车	2.88	2.85	2.7	2.48	2.27
集中式治理设施	0.02	0.02	0.03	0.03	0.02
工业固体废物					
一般工业固体废物产生量(万吨)	10475.50	10224.44	10855.87	10924.73	10701.01
一般工业固体废物综合利用量(万吨)	9997.24	9341.57	10501.86	10577.77	10206.98
♯综合利用往年贮存量	59.61	34.32	113.87	114.3	11.32
一般工业固体废物综合利用率(%)	94.89	91.06	95.73	95.82	95.28
一般工业固体废物处置量(万吨)	334.56	630.40	286.79	278.92	407.37
♯处置往年贮存量	17.44	16.10	16.04	0.70	0.12
一般工业固体废物贮存量(万吨)	220.02	302.87	197.14	182.75	98.09
自然生态保护与建设情况					
自然保护区个数(个)	31.00	31.00	31.00	31.00	31.00
♯国家级自然保护区	3.00	3.00	3.00	3.00	3.00
自然保护区面积(万公顷)	56.64	56.64	56.64	56.64	56.64
自然保护区面积占辖区面积(%)	5.5	5.5	5.5	5.5	5.5

数据来源:历年《江苏统计年鉴》

　　节能减排顺利推进。大力实施节能减排重点工程,鼓励发展循环经济,严格控制高耗能项目,加快淘汰落后产能,推动重点耗能企业能效提升。全省电力行业关停小火电机组 52.6 万千瓦。单位 GDP 能耗下降、化学需氧量、二氧化硫、氨氮、氮氧化物排放削减均完成年度目标任务。

　　安全生产形势良好。事故起数和死亡人数实现"双下降",全年发生各类生产经营事故 3121 起,死亡 2055 人,比上年分别下降 5.51% 和 7.18%。亿元 GDP 生产安全事故死亡率为 0.073,比上年下降 8.75%。

第二章　2015 年江苏省产业发展分析

一、第一产业发展分析

第一产业是国民经济的基础产业,主要包括农、林、牧、渔业及相关服务业。2015 年,江苏农林牧渔业实现增加值 3987.9 亿元,同比增长 3.2%,总体保持稳定增长。图 1 显示了 2010—2015 年江苏第一产业的发展情况,从中可以看出,在 2012 年前后,第一产业占 GDP 的比重有着明显的下滑,从 2012 年 6.3%下滑到 2015 年 5.7%,而这一占比在 2000 年是 12.2%。

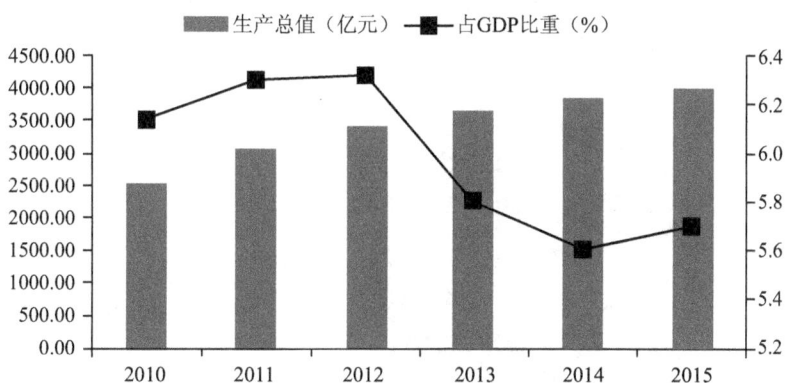

图 1　2010—2015 年江苏省第一产业增加值变动

数据来源:历年《江苏统计年鉴》。

在第一产业增速不断下滑的同时,第一产业对江苏经济 GDP 的贡献率和拉动作用也呈现出明显的下滑趋势。2015 年,江苏省第一产业贡献率为 1.7%,比 2012 年减少 0.1 个百分点;第一产业拉动为 0.1%,比 2011 年减少 0.1 个百分点。

表 1　第一产业对 GDP 贡献及拉动作用　　　　　　　　　　　　　　　　（单位:%）

	第一产业贡献率	第一产业拉动	第一产业年增速
2010 年	2.1	0.3	4.90
2011 年	2.2	0.2	4.01
2012 年	2.6	0.3	4.60
2013 年	1.8	0.2	3.10
2014 年	1.7	0.1	3.40
2015 年	1.7	0.1	3.20

数据来源:历年《江苏统计年鉴》。

注:产业贡献率指各产业增加值增量与 GDP 增量之比;产业拉动指 GDP 增长速度与各产业贡献率之乘积。

一是粮食产量"十二连增"。主攻粮食单产提高粮食综合生产能力,粮食总产一直位居全国前列。2015 年,全省粮食播种面积 8137.0 万亩,比上年增加 72.8 万亩,粮食平均亩产 437.7 公斤,比上年增加 4.8 公斤,增长 1.11 ％,粮食总产 3561.3 万吨,增长 2％。

二是农业科技贡献水平持续提高。2015 年农业科技进步贡献率达 65.2 ％,领先全国。

表 2　2010—2015 年江苏省第一产业分行业增加值　　　　　　（单位:亿元）

行　　　业	2010 年	2011 年	2012 年	2013 年	2014 年	2015 年
第一产业	2540.1	3064.8	3418.3	3646.08	6443.37	7030.76
农业	1556.2	1809.8	2031.3	2182.68	3362.81	3722.1
林业	43.9	51.2	55.2	59.87	118.18	129.09
畜牧业	373.4	476.7	490.5	489.12	1182.69	1262.09
渔业	444.9	584.4	682.3	738.21	1426.74	1517.51
农、林、牧、渔服务业	121.7	142.6	159.0	176.20	352.95	399.97

数据来源:历年《江苏统计年鉴》

从构成看,2015 年江苏省第一产业增加值中,农业占 52.9％,渔业占 21.6％,林业占 1.8％,畜牧业占18.0％,农林牧渔服务业占 5.7％,参见图 2。

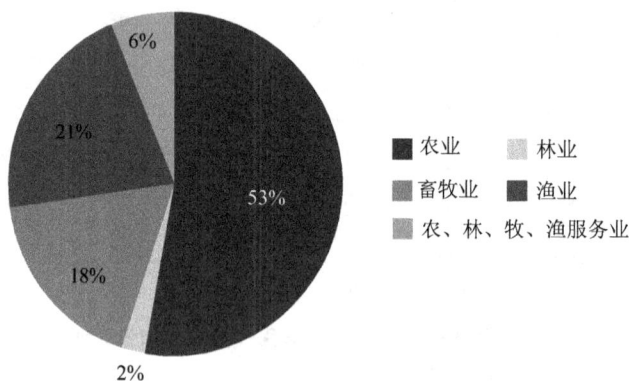

图 2　2015 年江苏省第一产业行业构成情况

数据来源:《江苏统计年鉴 2016》

三是种植结构保持优化态势。全省蔬菜播种面积为 2135.4 万亩,总产量为 5595.7 万吨,增长 3.3％,蔬菜已成为推动农业增加值持续增长的重要支撑。全省棉花播种面积为 141.4 万亩,比上年减少 56.3 万亩,下降 28.5％。油菜种植面积持续减少,2015 年全年油料面积为 713.2 万亩,比上年减少 35.6 万亩,减少 4.8％。

四是养殖业运行较为稳定。2015 年全省生猪出栏 2978.3 万头,同比下降 3.1％,生猪存栏 1780.3 万头,同比下降 1.1％,存出栏量降幅较三季度收窄 0.4 个百分点。预计 2015 年全省水产品总产量为 531.1 万吨,同比增长 2.4％,其中海水产品产量为 157.9 万吨,同比增长 4.9％,淡水产品产量为 373.2 万吨,同比增长 1.3％。

表 3　2010—2015 年江苏省农业基本情况

指　　　标	2010 年	2011 年	2012 年	2013 年	2014 年	2015 年
乡村户数(万户)	1483.26	1466.28	1444.65	1436.59	1430.61	1428.78
乡村劳动力(万人)	2670.68	2652.65	2620.82	2613.96	2604.86	2600.75

续　表

指　标	2010 年	2011 年	2012 年	2013 年	2014 年	2015 年
按性别分						
男	1401.55	1390.26	1373.68	1368.96	1365.53	1364.55
女	1269.13	1262.39	1247.14	1245.00	1239.33	1236.20
按行业分						
农林牧渔业	859.83	821.69	796.03	776.05	762.00	747.41
♯农业	707.28	672.09	643.16	622.56	608.98	598.87
工业	773.89	790.79	798.46	807.46	820.25	829.56
建筑业	367.42	372.52	377.65	383.69	383.60	383.60
交通运输、仓储业和邮电通讯业	111.74	113.15	114.55	114.56	114.29	114.50
批发、零售贸易业、餐饮业	199.60	208.22	213.40	217.76	217.37	219.47
金融、保险业	8.36	9.49	9.69	10.07	10.72	11.22
房地产、社会服务业	37.23	37.39	37.35	37.61	36.95	36.41
卫生、体育、社会福利业	12.89	13.63	13.90	14.00	14.29	14.69
教育、文化、艺术和广播电视事业	15.93	16.74	17.09	17.27	17.30	17.58
科学研究和综合技术服务事业	3.20	3.53	3.65	3.75	4.08	4.31
乡经济组织管理	12.08	11.94	12.23	12.33	12.47	12.76
其他	268.51	253.56	226.82	219.41	211.54	209.24
农作物总播种面积(千公顷)	7619.58	7663.25	7651.57	7683.64	7678.63	7745.04
♯粮食	5282.36	5319.20	5336.57	5360.78	5376.07	5424.64
主要农产品产量(万吨)						
粮食	3235.10	3307.76	3372.48	3422.98	3490.62	3561.34
棉花	26.08	24.68	22.04	20.93	15.95	11.69
油料	151.97	144.05	146.95	150.37	146.60	143.11
肉类产量	366.64	375.92	396.52	383.23	379.46	369.43
水产品产量	460.44	475.97	493.74	509.38	518.84	522.11

数据来源:历年《江苏统计年鉴》

　　五是高效农业建设成效显著。高标准农田建设稳步推进,2015 全省高标准农田建设比重达 52％左右,比 2010 年提高 15 个百分点;高效农业设施面积 1199.2 万亩,增长 5.5％,占耕地面积的比重达到 17.4％,比上年提高 0.9 个百分点。

表 4　2010—2015 年江苏省农业现代机械化情况

指　标	2010 年	2011 年	2012 年	2013 年	2014 年	2015 年
农业机械化情况						
农业机械总动力(万千瓦)	3937.34	4106.11	4214.64	4405.78	4649.98	4825.49
机耕面积(千公顷)	5537.78	5622.49	5845.67	5947.94	6100.16	6066.15

续　表

指　标	2010 年	2011 年	2012 年	2013 年	2014 年	2015 年
机播面积(千公顷)	3259.80	3476.19	3887.94	4371.78	4437.83	4576.06
♯机播小麦面积	1850.47	1934.98	2026.10	2099.42	2117.97	2148.19
机械植保面积(千公顷)	5202.20	5116.25	5400.50	6732.05	5736.80	5649.06
机械收获面积(千公顷)	4790.50	4903.66	4896.87	5114.39	5549.26	5142.77
农村电气化情况						
农村用电量(亿千瓦小时)	1472.89	1606.83	1696.41	1801.86	1834.93	1836.19
农用物资使用情况						
化肥施用量(折纯量)(万吨)	341.11	337.21	330.94	326.82	323.61	319.99
每亩耕地施用化肥(折纯量)(千克)	48.51	48.83	48.03	47.43	47.00	46.54
农用塑料薄膜使用量(万吨)	10.02	10.64	11.26	11.68	11.98	11.32
农用柴油使用量(万吨)	97.48	99.96	102.97	106.80	107.45	108.58
农药使用量(万吨)	9.01	8.65	8.37	8.12	7.95	7.81
农田水利情况						
有效灌溉面积(千公顷)			3704.17	3785.27	3890.53	3952.50
节水灌溉面积(千公顷)	1627.93	1733.33	1923.37	2005.43	2189.54	2336.09
除涝面积(千公顷)	2802.51	2778.25	2812.02	2853.25	2961.97	3017.69
水土流失治理面积(千公顷)	1155.27	1110.23	717.31	886.97	899.66	893.82
堤防长度(公里)	52262	51853	55105	55403	55387	55654
堤防保护面积(千公顷)	3494.30	3355.19	3257.81	3519.38	2767.32	2826.85

数据来源:历年《江苏统计年鉴》

二、第二产业发展分析

江苏省第二产业稳步发展。2015 年,全年实现增加值 32043.6 亿元,按不变价格计算,比 2014 年增长 8.4%;第二产业占地区生产总值的比重为 45.7%,比 2014 年下降 2 个百分点。

全年全部工业增加值 228974 亿元,比上年增长 5.9%。规模以上工业增加值增长 6.1%。在规模以上工业中,分经济类型看,国有控股企业增长 1.4%;集体企业增长 1.2%,股份制企业增长 7.3%,外商及港澳台商投资企业增长 3.7%;私营企业增长 8.6%。分门类看,采矿业增长 2.7%,制造业增长 7.0%,电力、热力、燃气及水生产和供应业增长 1.4%。

全年全社会建筑业增加值 46456 亿元,比上年增长 6.8%。全国具有资质等级的总承包和专业承包建筑业企业实现利润 6508 亿元,增长 1.6%,其中国有控股企业 1676 亿元,增长 6.0%。

从内部结构看,2015 年江苏省工业增加值占第二产业增加值的比重为 88%,其中采矿业,制造业以及电力、热力、燃气及水生产和供应业各占 1.2%、81.6%和 4.4%;建筑业增加值则占第二产业增加值的 12.8%。参见图 3。

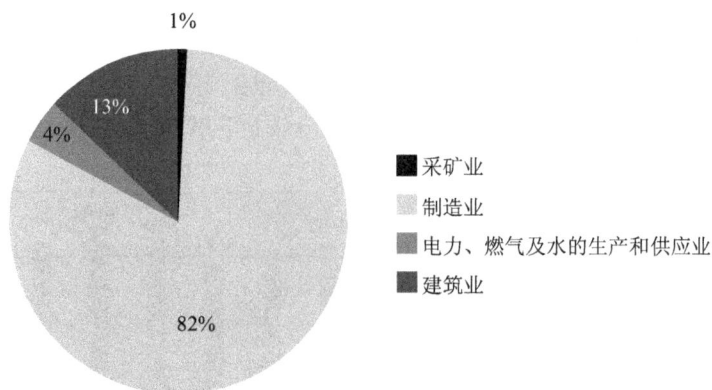

图3　2015年江苏省第二产业增加值构成

数据来源:《江苏统计年鉴2016》

观察各市情况发现,2015年第二产业增加值前三位是苏州、无锡、南京,三市工业增加值分别为7045.12亿元、4197.43亿元、3916.77亿元,分别占全省第二产业增加值的20.94%、12.47%、11.64%,与2014年相比,苏州和无锡有所下滑,而南京略微提升。第二产业增加值最小的是连云港和宿迁,分别为959.00亿元、1031.33亿元,占全省工业增加值比重分别为2.85%和3.07%,比重与2014年相比稍有增加。2010—2015年江苏省各市第二产业增加值见表5。

从2015年江苏各市第二产业增加值增速来看,连云港增速位列第一位,达到了11.28%,其次是宿迁10.92%、扬州10.52%。而第二产业相对比较发达的城市苏州和无锡的增速则是全省最低,分别为5.05%和4.82%。

表5　2010—2015年江苏省第二产业增加值　　　　　　　　　　　　　（单位:亿元）

市	2010年	2011年	2012年	2013年	2014年	2015年
南京	2327.9	2760.8	3170.8	3450.58	3623.48	3916.77
无锡	3208.8	3728.1	4012.0	4207.42	4095.89	4197.43
徐州	1490.9	1777.0	1968.5	2118.32	2246.24	2355.05
常州	1683.7	1950.8	2100.8	2250.80	2408.11	2516.04
苏州	5253.8	5957.7	6502.3	6849.59	6892.98	7045.12
南通	1908.6	2221.5	2414.1	2623.50	2812.33	2977.53
连云港	545.1	654.3	736.1	807.42	889.68	959.00
淮安	647.1	794.2	889.2	983.15	1085.96	1176.66
盐城	1096.6	1306.3	1472.9	1635.98	1782.41	1923.47
扬州	1229.3	1427.9	1554.5	1693.70	1885.75	2012.10
镇江	1120.6	1272.4	1419.5	1549.40	1631.1	1726.96
泰州	1125.9	1308.2	1434.5	1574.06	1697.45	1811.04
宿迁	479.1	614.5	716.9	815.61	933.24	1031.33

数据来源:历年《江苏统计年鉴》

三大区域工业增速有所放缓,但总体保持协同推进、运行平稳的良好局面。苏北、苏中工业发展的速度超过苏南地区,增速高于全省3个百分点以上,工业主要指标增幅继续高于全省平均水平。

苏北地区除徐州工业增速为9.3%，连云港、淮安、盐城、宿迁工业增速均大于11.5%。苏中地区南通、扬州、泰州分别增长10.7%、10.0%、11%，各月累计增速均在全省平均水平以上。苏南地区工业经济放缓、趋稳、转型、调整的发展特征更为明显。其中，无锡、苏州工业增速区间为4%—5%，南京、常州工业增速区间为7.9%—8.5%，镇江工业增速在10%上下小幅波动。

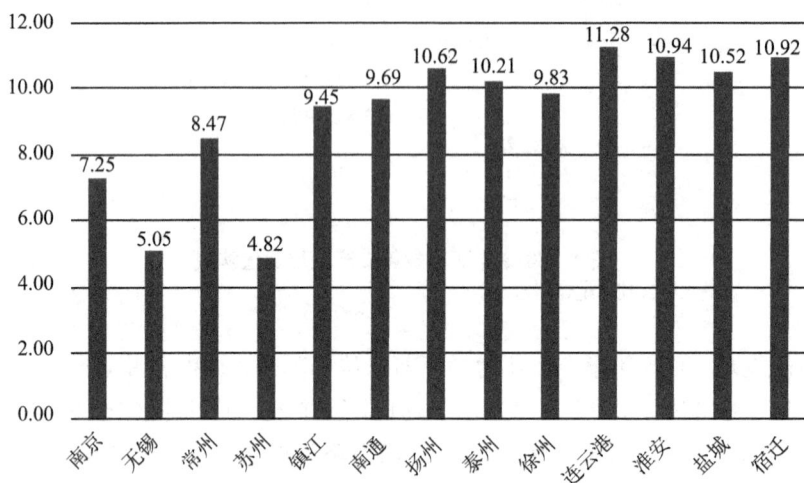

图4 2015年江苏省各市工业增加值增速（单位：%）
数据来源：《江苏统计年鉴2016》

2015年，江苏省城镇单位第二产业共有在岗职工989.94万人，与2014年相比增加了35万人。其中女性职工300.82万人，占30.39%。分行业看，制造业在岗职工585.52万人，占59.15%；建筑业在岗职工376.79万人，占38.06%；采矿业和电力、燃气及水的生产和供应业在岗职工分别为10.42万人、17.21万人，分别占1.05%和1.74%。从职工平均工资来看，电力、燃气及水的生产和供应业最高，达114595元；建筑业最低，为56694元。另外，国有单位的职工平均工资普遍高于非国有单位。2015年江苏省第二产业就业基本情况见表6。

表6 2015年江苏省第二产业就业情况

行　业	在岗职工人数（万）	#国有单位	女性职工数（万）	#国有单位	职工平均工资（元）	#国有单位
采矿业	10.42	1.53	2.52	0.50	61001	63236
制造业	585.52	4.94	260.12	1.47	62277	73765
电力、燃气及水的生产和供应业	17.21	8.82	4.36	2.06	114595	134967
建筑业	376.79	9.73	33.82	1.87	56694	53936

数据来源：《江苏统计年鉴2016》，统计仅限城镇单位

全年规模以上工业中，农副食品加工业增加值比上年增长5.5%，纺织业增长7.0%，化学原料和化学制品制造业增长9.5%，非金属矿物制品业增长6.5%，黑色金属冶炼和压延加工业增长5.4%，通用设备制造业增长2.9%，专用设备制造业增长3.4%，汽车制造业增长6.7%，电气机械和器材制造业增长7.3%，计算机、通信和其他电子设备制造业增长10.5%，电力、热力生产和供应业增长0.5%。六大高耗能行业增加值比上年增长6.3%，占规模以上工业增加值的比重为27.8%。高技术制造业增加值增长10.2%，占规模以上工业增加值的比重为11.8%。装备制造业增加值增长6.8%，占规模以上工业增加值的比重为31.8%。股份制企业、股份合作企业增速超过两位数，分别为10%、

10.8%,对稳定工业增长发挥了重要作用。外商港澳台投资企业增速保持在 6% 左右的中速区间。民营工业继续保持相对较高增速,私营工业企业完成增加值12541.8 亿元,增速达到 11%。用电量方面,工业用电量 3903.6 亿千瓦时,同比增长 0.8%。工业产销率方面,全省工业产销率为 98.1%,工业生产与销售环节有序衔接。

表 7　2010—2015 年江苏省工业基本情况

指　　标	2010 年	2011 年	2012 年	2013 年	2014 年	2015 年
工业增加值(亿元)	19277.7	22280.6	23908.5	25503.86	26962.97	228974
工业增加值占地区生产总值比重(%)	46.5	45.4	44.2	42.7	41.4	39.9
工业总产出(亿元)	86320.4	104736.4	111202.3	134648.9	143016.9	149841.41
工业固定资产投资(亿元)	12342.5	13771.1	16544.0	18412.48	20298.45	22757.45
工业生产者出厂价格指数(上年=100)	107.3	106.2	97.1	98.0	98.3	95.3
工业生产者购进价格指数(上年=100)	112.8	108.9	95.8	97.1	97.0	92.1
工业主要产品产量						
♯原煤(万吨)	2122.5	2100.3	2104.2	2011.2		1918.9
发电量(亿千瓦时)	3359.0	3755.6	3928.4	4288.9	4347.1	4351.78
钢材(万吨)	9123.0	9994.0	10989.2	12398.0	13255.2	13560.81
水泥(万吨)	15647.5	14899.7	16777.9	17991.9	19360.5	18013.66
农用化肥(万吨)	242.0	243.7	267.2	247.0	235.0	203.76
布(亿米)	88.5	67.7	80.3	81.1	79.0	95.68
化学纤维(万吨)	1027.2	1123.8	1275.0	1296.3	894.5	1430.62
汽车(辆)	728700	803758	886959	1072024.0	506188	1217487

数据来源:历年《江苏统计年鉴》

2015 年江苏省规模以上工业企业共有 48488 家,工业总产值 149841.41 亿元,其中新产品产值 24747.78 亿元,工业销售产值 147391.94 亿元,其中出口交货值 23214.06 亿元。2015 年江苏省规模以上工业企业基本情况见表 8。

表 8　2015 江苏省规模以上工业企业基本情况　　　　　　　　　　　　(单位:亿元)

项　　目	企业单位数(个)	工业总产值	新产品产值	工业销售产值	出口交货值
总　计	48488	149841.41	24747.78	147391.94	23214.06
按登记注册类型分					
内资企业	37926	98137.57	14488.72	96603.40	5404.94
国有企业	101	3356.44	143.00	3343.17	49.91
集体企业	224	867.61	47.01	817.28	18.09
股份合作企业	81	143.26	28.49	139.12	7.06
联营企业	13	23.19	2.88	23.11	0.68
有限责任公司	5877	24634.32	4558.54	24320.55	1502.55

项　　目	企业单位数（个）	工业总产值	新产品产值	工业销售产值	出口交货值
♯国有独资	162	2230.90	403.81	2227.74	102.68
股份有限公司	1167	8837.27	2173.81	8671.58	755.15
私营企业	30352	59973.47	7522.76	58991.25	3069.04
其他企业	111	302.02	12.24	297.34	2.46
港、澳、台商投资企业	3775	16802.86	3085.58	16541.81	4249.60
外商投资企业	6787	34900.97	7173.47	34246.73	13559.52
按轻重工业分					
轻工业	17977	41115.44		40392.47	6270.77
重工业	30511	108725.97		106999.47	16943.29
按企业规模分					
大型企业	1237	56432.29	13820.89	55513.92	14582.93
中型企业	5981	37555.06	6446.12	36925.42	5184.06
小微型企业	41270	55854.06	4530.84	54952.60	3447.07
按行业分					
采矿业	146	619.53	48.43	607.97	0.95
煤炭开采和洗选业	14	211.72	0.32	207.84	
石油和天然气开采业	2				
黑色金属矿采选业	16	57.35	14.80	56.97	
有色金属矿采选业	7	7.47	1.47	7.40	
非金属矿采选业	106	297.05	31.84	289.81	0.95
开采辅助活动	1				
其他采矿业					
制造业	47832	144190.80	24676.81	141770.96	23202.58
农副食品加工业	1660	4680.26	260.67	4614.11	127.11
食品制造业	414	970.69	72.97	946.01	112.66
酒、饮料和精制茶制造业	193	1098.66	165.42	1080.26	4.40
烟草制品业	6	551.29	5.52	550.67	0.08
纺织业	4632	7100.52	718.31	6976.34	814.44
纺织服装、服饰业	2495	4404.38	582.23	4346.83	940.61
皮革、毛皮、羽毛及其制品和制鞋业	628	1056.86	69.57	1034.39	210.15
木材加工和木、竹、藤、棕、草制品业	1325	2282.13	213.53	2257.45	136.29
家具制造业	282	336.81	22.43	332.90	90.90

续 表

项 目	企业单位数（个）	工业总产值	新产品产值	工业销售产值	出口交货值
造纸和纸制品业	591	1562.16	237.51	1556.01	107.94
印刷和记录媒介复制业	639	793.38	86.88	783.00	67.41
文教、工美、体育和娱乐用品制造业	1286	2012.96	183.68	1994.20	509.99
石油加工、炼焦和核燃料加工业	142	2182.76	97.39	2152.04	62.08
化学原料和化学制品制造业	3740	16810.32	2599.49	16573.10	1094.62
医药制造业	710	3534.78	815.19	3449.67	220.69
化学纤维制造业	798	2647.84	522.65	2597.88	204.03
橡胶和塑料制品业	2094	3006.70	335.69	2957.03	426.77
非金属矿物制品业	2795	4790.82	397.35	4723.32	194.61
黑色金属冶炼和压延加工业	1362	9263.25	1082.81	9153.52	530.28
有色金属冶炼和压延加工业	1049	4106.91	470.97	4029.72	169.85
金属制品业	3168	6203.16	713.92	6101.35	585.44
通用设备制造业	4239	8820.61	1628.06	8678.36	1169.15
专用设备制造业	3079	5921.75	1151.15	5845.96	728.95
汽车制造业	1662	6948.74	1164.44	6811.93	407.93
铁路、船舶、航空航天和其他运输设备制造业	912	3936.23	1096.48	3897.21	886.76
电气机械和器材制造业	4090	16266.32	4130.01	16014.64	2259.41
计算机、通信和其他电子设备制造业	2614	18896.93	5162.97	18390.31	10706.89
仪器仪表制造业	889	3423.85	654.20	3355.86	376.71
其他制造业	160	295.59	21.35	289.94	54.50
废弃资源综合利用业	146	248.21	12.88	241.74	0.89
金属制品、机械和设备修理业	32	35.95	1.12	35.24	1.05
电力、热力、燃气及水的生产和供应业	510	5031.08	22.53	5013.02	10.53
电力、热力的生产和供应业	292	4423.28	13.97	4413.86	
燃气生产和供应	99	459.31	0.73	452.48	10.53
水的生产和供应业	119	148.48	7.82	146.67	

数据来源：《江苏统计年鉴 2016》

企业效益稳步改善。全年规模以上工业企业实现主营业务收入 148283.8 亿元，比上年增长 4.8%；利税 15907.1 亿元，增长 9.3%；利润 9617.1 亿元，增长 9.1%。企业亏损面 13.8%，比上年末上升 0.9 个百分点。规模以上工业企业总资产贡献率、主营业务收入利润率和成本费用利润率分别为 16.8%、6.5% 和 7%。

表 9 规模以上工业企业主要经济效益指标 （单位：%）

项 目	企业亏损面	资产负债率	流动资产周转次数（次/年）	成本费用利润率	产品销售率	总资产贡献率
总 计	13.21	53.14	2.72	6.95	98.37	15.57
按登记注册类型分						
内资企业	10.76	54.90	2.86	6.85	98.44	16.60
国有企业	25.74	56.33	5.19	3.60	99.60	7.48
集体企业	8.93	57.98	1.98	5.69	94.20	11.44
股份合作企业	9.88	51.87	2.48	8.13	97.11	21.75
联营企业	23.08	50.40	2.63	0.34	99.68	8.62
有限责任公司	13.49	58.99	2.33	6.36	98.73	13.12
♯国有独资	19.75	59.96	1.49	5.95	99.86	13.84
股份有限公司	13.11	46.52	1.87	8.98	98.13	15.03
私营企业	10.11	54.30	3.41	6.95	98.36	20.47
其他企业	8.11	39.50	1.86	13.13	98.45	47.21
港、澳、台商投资企业	20.98	51.72	2.48	7.46	98.45	13.35
外商投资企业	22.59	48.85	2.48	6.98	98.13	13.77
按轻重工业分						
轻工业	11.70	50.78	2.85	7.28	98.24	18.25
重工业	14.10	53.93	2.67	6.82	98.41	14.66
按企业规模分						
大型企业	9.30	54.55	2.56	6.31	98.37	13.52
中型企业	11.19	52.07	2.77	8.34	98.32	17.57
小微型企业	13.62	52.10	2.87	6.68	98.39	16.72
按行业分						
采矿业	15.75	60.09	2.74	−1.48	98.13	3.62
煤炭开采和洗选业	35.71	64.78	2.36	−0.95	98.17	2.96
石油和天然气开采业						
黑色金属矿采选业	37.50	77.05	3.24	−4.55	99.34	−1.48
有色金属矿采选业	42.86	65.85	1.65	−0.79	99.01	3.29
非金属矿采选业	6.60	51.84	3.08	6.60	97.56	13.39
开采辅助活动						
其他采矿业	0.00	0.00	0.00	0.00	0.00	0.00
制造业	13.25	52.55	2.70	6.80	98.32	16.11
农副食品加工业	6.63	51.65	5.74	6.74	98.59	27.81
食品制造业	13.77	47.12	2.85	8.01	97.46	16.40
酒、饮料和精制茶制造业	12.44	50.42	1.83	17.87	98.33	22.31

项　　目	企业亏损面	资产负债率	流动资产周转次数（次/年）	成本费用利润率	产品销售率	总资产贡献率
烟草制品业	16.67	11.19	1.46	36.40	99.89	83.31
纺织业	11.83	55.56	3.03	5.30	98.25	15.36
纺织服装、服饰业	10.74	50.55	3.14	7.42	98.69	19.37
皮革、毛皮、羽毛及其制品和制鞋业	10.35	47.32	4.85	6.31	97.87	27.73
木材加工和木、竹、藤、棕、草制品业	3.47	40.08	5.14	8.08	98.92	31.00
家具制造业	15.25	49.90	2.48	5.37	98.84	12.30
造纸和纸制品业	12.86	50.69	1.88	5.47	99.61	8.23
印刷和记录媒介复制业	12.52	46.88	2.22	9.98	98.69	16.42
文教、工美、体育和娱乐用品制造业	8.16	50.64	4.00	6.95	99.07	24.01
石油加工、炼焦和核燃料加工业	20.42	58.37	5.05	4.19	98.59	40.44
化学原料和化学制品制造业	12.14	50.70	3.41	7.08	98.59	17.57
医药制造业	10.28	39.83	2.61	11.63	97.59	24.33
化学纤维制造业	26.19	59.36	2.61	4.07	98.11	9.26
橡胶和塑料制品业	13.37	43.80	2.49	7.04	98.35	14.71
非金属矿物制品业	15.64	55.78	2.42	6.75	98.59	14.49
黑色金属冶炼和压延加工业	20.48	61.32	3.57	3.41	98.82	10.33
有色金属冶炼和压延加工业	18.40	59.54	3.46	4.34	98.12	15.28
金属制品业	12.59	52.10	2.73	6.72	98.36	16.43
通用设备制造业	13.80	50.85	2.04	7.90	98.39	14.43
专用设备制造业	14.03	51.55	1.96	8.02	98.72	14.80
汽车制造业	14.92	59.14	2.36	10.04	98.03	20.95
铁路、船舶、航空航天和其他运输设备制造业	13.60	60.65	1.91	7.48	99.01	12.32
电气机械和器材制造业	12.15	54.14	2.20	7.35	98.45	15.00
计算机、通信和其他电子设备制造业	19.36	50.06	2.81	5.06	97.32	10.56
仪器仪表制造业	12.26	45.82	2.31	9.39	98.01	17.95
其他制造业	8.13	47.08	4.27	6.15	98.09	22.54
废弃资源综合利用业	28.77	56.66	3.48	5.43	97.39	14.49
金属制品、机械和设备修理业	12.50	57.16	3.64	7.30	98.01	19.69
电力、热力、燃气及水的生产和供应业	9.02	58.86	3.25	12.88	99.64	11.14
电力、热力的生产和供应业	7.53	57.70	4.98	12.74	99.79	12.42
燃气生产和供应	9.09	55.52	2.26	14.81	98.51	14.12
水的生产和供应业	12.61	66.69	0.37	11.40	98.78	2.82

数据来源：《江苏统计年鉴 2016》

2015 年，产业升级继续推进，结构转型红利持续释放，全省工业产值达到 152967.5 亿元，增长 6.2%。以电子信息、新能源汽车、医药制造等为代表的高新技术产业推动了工业整体技术水平提高和产业结构优化进程，成为工业经济重要的新增长点。2015 年，高新技术产业产值占规上工业产值的比重为 40% 左右。工业产值累计占比最高的十大产业中，电气机械及器材制造业、电子设备制造业、仪器仪表制造业等装备制造业产业增速均超过 8%。资源类行业中，煤炭开采和洗选业、有色金属矿采选业等六个行业呈现负增长，石油加工、炼焦和核燃料加工业、黑色金属冶炼和压延加工业等高耗能行业增速排在后十位，回落态势明显。中药饮片加工制造业产值增长 20.9%，生物药品制造业产值增长 17.7%，信息化学品制造产值增长 15.7%，医疗仪器设备及器械制造业产值增长 15.7%，计算机整机制造业产值增长 15.1%，通信设备制造业产值增长 14.7%，光伏设备及元器件制造业产值增长 14.3%，航空航天器及设备制造业产值增长 11.4%。

先进制造业增势良好。全年规模以上工业中，汽车制造业实现产值 7128.8 亿元，比上年增长 9.6%；医药制造业产值 3551.6 亿元，增长 14.5%；专用设备制造业产值 5943.4 亿元，增长 6%；电气机械及器材制造业产值 16910.3 亿元，增长 8.7%；通用设备制造业产值 8803.8 亿元，增长 6.2%；计算机、通信和其他电子设备制造业产值 19334.4 亿元，增长 9.4%。

图 5 显示了江苏省 2010—2015 年规模以上工业总产值增长情况及高新技术产业产值的占比。其中，我们可以看出，近五年来，江苏工业在稳步增长的同时，结构和产业层次都不断提升。高新技术产业产值占规模以上工业总产值的比重由 2010 年的 32.97% 提高到 2015 年的 40.96%。

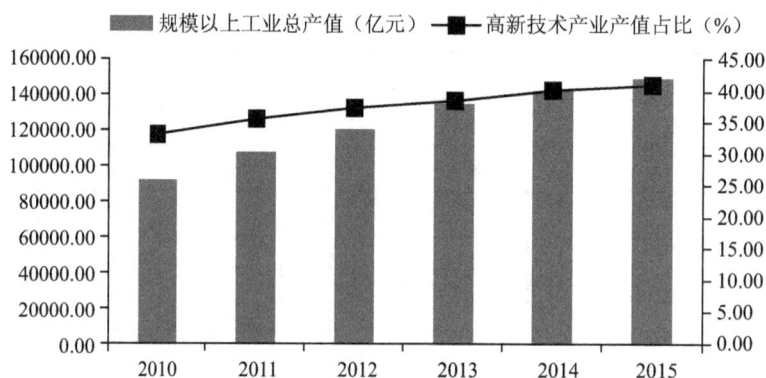

图 5　2010—2015 年江苏省工业总产值及高新技术产业产值占比情况
数据来源：《江苏统计年鉴 2016》

从全省高新技术产业分行业发展状况看，航空航天制造业实现工业总产值 316.28 亿元，占高新技术产业总产值的 0.51%；电子计算机及办公设备制造业实现工业总产值 2375.86 亿元，占 3.88%；电子及通信设备制造业实现工业总产值 13955.09 亿元，占 22.74%；生物医药制造业实现工业总产值 4170.23 亿元，占 6.79%；仪器仪表制造业实现工业总产值 1393.42 亿元，占 2.27%；智能装备制造业实现工业总产值 18182.56 亿元，占 29.63%；新材料制造业实现工业总产值 17289.21 亿元，占 28.17%；新能源制造业实现工业总产值 3690.95 亿元，占 6.01%。

表 10　2010—2015 年江苏高新技术产业分行业产值 （亿元）

项　目	2010 年	2011 年	2012 年	2013 年	2014 年	2015 年
总计	30354.84	38377.76	45041.48	51899.10	57277.28	61373.61
按行业分						

项　目	2010 年	2011 年	2012 年	2013 年	2014 年	2015 年
航空航天制造业	64.84	76.42	218.30	263.65	294.68	316.28
电子计算机及办公设备制造业	2634.34	2940.80	2260.06	2548.86	2349.71	2375.86
电子及通信设备制造业	7411.99	9114.40	11367.89	12288.74	13621.74	13955.09
生物医药制造业	1656.94	2123.22	2651.73	3184.23	3586.55	4170.23
仪器仪表制造业	1697.01	2233.28	1084.99	1190.99	1291.54	1393.42
高端装备制造业	5724.60	7332.90	12123.94	15561.06	17376.23	18182.56
新材料制造业	7486.61	9791.83	12214.01	13602.31	15378.60	17289.21
新能源制造业	3678.51	4764.90	3120.55	3259.25	3378.23	3690.95

数据来源:《江苏统计年鉴 2016》

全省高新技术产业主要分布在苏南及沿江地区,苏南五市高新技术产业产值 35405.76 亿元,占全省的 57.69%;苏中三市高新技术产业产值 14609.50 亿元,占全省的 23.80%;苏北五市高新技术产业产值 11358.35 亿元,占全省的 18.51%。

从江苏省各市的情况来看,2015 年工业增加值前三位是苏州、无锡、南京,三市工业增加值分别为 6490.4 亿元、3827.28 亿元、3395.26 亿元,分别占全省工业增加值的 21.92%、12.96% 和 11.47%。工业增加值最小的是宿迁和连云港,分别为 873.04 亿元和 767.27 亿元,占全省工业增加值比重分别为 2.95% 和 2.59%。2010—2015 年江苏省各市工业增加值见表 11。

表 11　2010—2015 年江苏省各市工业增加值　（单位:亿元）

市	2010 年	2011 年	2012 年	2013 年	2014 年	2015 年
南京	2005.21	2390.51	2748.46	2997.63	3119.12	3395.26
无锡	2986.52	3463.12	3717.88	3893.56	3747.59	3837.28
徐州	1268.61	1509.82	1666.62	1793.48	1883.7	1976.57
常州	1530.86	1768.91	1900.55	2036.27	2170.19	2269.99
苏州	4916.49	5555.33	6055.10	6370.37	6360.14	6490.44
南通	1568.49	1840.41	1992.11	2168.16	2307.63	2453.38
连云港	431.84	517.82	583.31	642.67	706.89	767.27
淮安	537.00	661.15	737.20	819.60	903.34	985.66
盐城	935.51	1111.50	1258.22	1405.02	1524.64	1653.9
扬州	1074.61	1240.87	1344.66	1468.79	1634.48	1749.58
镇江	1039.78	1175.63	1309.54	1431.04	1498.41	1588.95
泰州	981.02	1132.27	1237.05	1362.30	1462.03	1565.28
宿迁	386.37	502.57	589.82	679.18	780.91	873.04

数据来源:历年《江苏统计年鉴》

江苏省三个区域中,苏南 2015 年实现工业增加值 17581.88 亿元,占全省比重为 59%,比 2014 年下滑 2 个百分点;苏中、苏北分别实现工业增加值 5758.24 亿元、6256.47 亿元,占全省比重分别为 20%、21%。参见图 6。

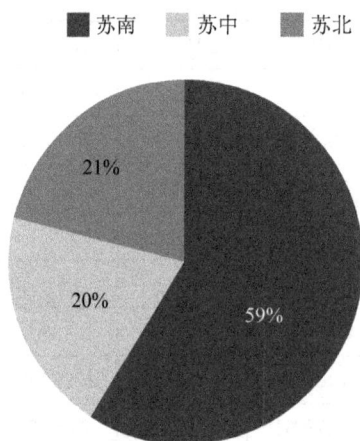

图6　2015年江苏省各区域工业增加值比重
数据来源：《江苏统计年鉴 2016》

2015年，全省工业完成投资 22757.5 亿元，增长 12.4％，比一季度回升 2 个百分点，与上半年基本持平。工业技改投资 12345.6 亿元，同比增长 25.6％，增幅快于工业投资 13.2 个百分点，占工业投资比重为 54.2％。投资比重大幅增加的行业主要是专用设备制造业、电器机械及器材制造业、通用设备制造业等行业，智能装备制造业、新能源制造业、软件业等高新技术产业投资分别增长 13.3％、16.8％、40.7％。苏北工业投资增速高出全省 8.2 个百分点，占全省投资比重由"十二五"初期的 28.8％提升至 35.6％，提升幅度达 6.8 个百分点。苏中工业投资增速高于全省 5 个百分点，占全省投资比重由"十二五"初期的 22.2％提升至 23.6％。苏南工业投资主要集中在中高端产业升级、自主创新能力提升等方面。

表12　2015年江苏省工业细分行业固定资产投资　　　　　（单位：亿元）

行　　业	投资额	建筑工程	安装工程	设备工器具购置	其他
采矿业	103.18	33.60	21.86	36.48	11.24
制造业	21228.03	7568.79	1280.54	11439.70	939.01
农副食品加工业	530.62	201.43	33.78	269.29	26.11
食品制造业	324.21	124.99	15.87	164.31	19.04
酒、饮料和精制茶制造业	183.72	64.67	8.92	105.80	4.32
烟草制品业	17.75	8.74	2.31	6.48	0.22
纺织业	1181.46	363.65	62.64	716.06	39.11
纺织服装、服饰业	547.78	189.77	31.80	300.32	25.90
皮革、毛皮、羽毛及其制品和制鞋业	168.28	62.55	9.53	86.05	10.15
木材加工和木、竹、藤、棕、草制品业	376.08	151.43	18.11	180.57	25.96
家具制造业	234.86	105.29	8.58	110.12	10.88
造纸和纸制品业	262.66	73.61	12.61	166.62	9.82
印刷和记录媒介复制业	157.08	52.45	10.73	88.14	5.75

行　业	投资额	建筑工程	安装工程	设备工器具购置	其他
文教、工美、体育和娱乐用品制造业	270.24	106.50	14.58	137.36	11.80
石油加工、炼焦和核燃料加工业	160.10	58.62	12.25	86.39	2.84
化学原料和化学制品制造业	1822.39	710.04	158.01	865.94	88.40
医药制造业	571.17	269.19	39.47	231.02	31.49
化学纤维制造业	289.90	68.38	8.52	204.17	8.83
橡胶和塑料制品业	648.79	200.64	33.99	390.70	23.46
非金属矿物制品业	1126.75	404.64	69.40	601.18	51.53
黑色金属冶炼和压延加工业	436.33	126.39	34.63	260.74	14.56
有色金属冶炼和压延加工业	360.71	117.23	25.62	207.58	10.28
金属制品业	1304.85	470.14	81.75	705.47	47.49
通用设备制造业	2321.18	844.07	123.28	1262.14	91.69
专用设备制造业	1928.40	711.56	119.75	1001.85	95.25
汽车制造业	1178.14	396.27	66.92	645.63	69.33
铁路、船舶、航空航天和其他运输设备制造业	542.32	233.35	30.98	249.25	28.74
电气机械和器材制造业	2045.80	682.23	127.46	1145.75	90.36
计算机、通信和其他电子设备制造业	1629.52	509.15	90.66	963.32	66.39
仪器仪表制造业	354.42	133.68	17.44	189.63	13.67
其他制造业	157.00	89.00	5.74	50.73	11.53
废弃资源综合利用业	78.06	33.00	3.97	38.54	2.56
金属制品、机械和设备修理业	17.47	6.09	1.25	8.57	1.56
电力、热力、燃气及水生产和供应业	1444.68	512.03	172.28	676.80	83.56
建筑业	133.51	87.99	10.57	28.26	6.69

数据来源:《江苏统计年鉴 2016》

　　江苏省工业 2015 年共有外商直接投资项目 915 个,与 2014 年相比下降了近 200 个,但协议注册金额 204.28 亿美元,比 2014 年增加约 50 亿美元;其中制造业外商直接投资项目 838 个,协议注册金额 175.11 亿美元。境外投资新批项目 224 个,中方协议额 22.79 亿美元;其中制造业境外投资新批项目 215 个,中方协议额 20.2 亿美元。2015 年江苏省工业外商直接投资和境外投资情况见表 13。

表 13　2015 年江苏省工业外商直接投资和境外投资情况

行　业	项目(个)	协议注册	实际使用
采矿业	2	3360	4410
制造业	838	1751125	1126708
农副食品加工业	17	13554	9220

续 表

行 业	项目(个)	协议注册	实际使用
食品制造业	20	23098	33822
饮料制造业	7	11009	5315
烟草制品业			
纺织业	17	25071	28071
纺织服装、鞋、帽制造业	28	29749	26660
皮革、毛皮、羽毛(绒)及其制品业	3	1140	1801
木材加工及木、竹、藤、棕、草制品业	5	7359	5240
家具制造业	9	17979	16911
造纸及纸制品业	7	71095	28401
印刷业和记录媒介的复制	2	-3052	7296
文教体育用品制造业	10	7499	2878
石油加工、炼焦及核燃料加工业	1	14246	11701
化学原料及化学制品制造业	32	81935	117855
医药制造业	25	198996	41739
化学纤维制造业	2	4945	526
橡胶制品业	8	15483	9782
塑料制品业	32	44174	31669
非金属矿物制品业	26	40358	18814
黑色金属冶炼及压延加工业		10599	7070
有色金属冶炼及压延加工业	4	19823	12265
金属制品业	52	53858	52628
通用设备制造业	134	133984	85055
专用设备制造业	109	171196	74809
交通运输设备制造业	79	148081	109117
电气机械及器材制造业	91	283649	138567
通信设备、计算机及其他电子设备制造业	84	278702	221234
仪器仪表及文化、办公用机械制造业	2	9511	7210
工艺品及其他制造业	20	35988	21678
废弃资源和废旧材料回收加工业	2	801	361
电力、热力、燃气及水的生产和供应业	38	161690	59440
建筑业	39	130033	57310

数据来源:《江苏统计年鉴2016》

建筑业稳定发展。全年实现建筑业总产值 24785.81 亿元,比上年增长 0.8%;竣工产值 20431.39 亿元,增长 7.4%;竣工率达 82.4%;全省建筑企业实现利税总额 1749.99 亿元,增长 1.4%;建筑业劳动生产率为 29.7 万元/人,增长 0.2%;建筑业企业房屋建筑施工面积 215591.97 万平方米,增长1.2%;竣工面积76823.92万平方米,与上年持平,其中住宅竣工面积56384.4万平方米,增长1.6%。

表14　2010—2015年江苏省建筑业发展基本情况

指　标	2010年	2011年	2012年	2013年	2014年	2015年
施工企业个数(个)	8949	9164	9254	9560	9220	9149
建筑业总产值(亿元)	12405.90	15122.74	18423.55	21990.84	24592.93	24785.81
♯建筑工程	11483.20	14136.16	17298.82	20512.05	23164.48	23278.24
安装工程	842.73	877.59	983.17	1290.11	1253.41	1321.50
固定资产折旧(亿元)	78.94	90.01	115.67	115.37	112.10	117.76
本年应付职工薪酬(亿元)	1760.64	2199.71	2802.85	3579.05	3917.02	3986.74
主营业务税金及附加(亿元)	357.45	433.76	531.08	638.74	709.84	721.82
竣工产值(亿元)	9851.91	11225.40	13857.12	16640.07	18917.21	20431.39
房屋建筑施工面积(万平方米)	119035.52	145451.48	166779.12	196739.85	213038.78	215591.97
♯本年新开工	62250.40	69732.86	75120.88	86375.22	84670.18	75967.02
投标承包面积	107026.96	127662.52	149296.98	175278.31	194232.16	194094.63
房屋建筑竣工面积(万平方米)	48560.07	54650.20	61241.69	69010.15	76795.04	76823.92
从事主营业务活动的从业人员平均人数(万人)	598.98	607.55	700.96	782.36	828.27	833.31
全员劳动生产率(元/人)	207117	248914	262833	281085	296918	297437
利润总额(亿元)	496.87	594.29	727.17	899.24	980.82	985.46
利税总额(亿元)	875.72	1061.27	1297.41	1568.90	1726.16	1749.99

数据来源:历年《江苏统计年鉴》

建筑业行业中,2015年共有施工企业个数9149个,这些企业大都集中在私营企业,共有5988家。建筑业总产值为24785.81亿元,其中房屋和土木工程建筑业总产值21845.76亿元,占建筑业总产值的88.1%,其中房屋工程、土木工程总产值分别为18445.24亿元、3400.52亿元,占建筑业总产值的74.4%和13.7%。2015年江苏省按行业分建筑业企业主要经济指标见表15。

表15　2015年江苏省建筑业企业主要经济指标

指　标	房屋建筑业	土木工程建筑业	建筑安装业	建筑装饰和其他建筑业	建筑装饰业
企业个数(个)	3598	2073	1512	1966	1264
♯亏损企业	116	95	112	142	88
建筑业总产值	18445.24	3400.52	1508.38	1431.67	1145.07
♯建筑工程	18130.25	3204.00	593.99	1350.00	1114.14
安装工程	194.18	150.11	906.79	70.41	25.29
竣工产值	15264.83	2612.43	1295.85	1258.28	1014.53
房屋建筑施工面积(万平方米)	208488.29	3749.01	2057.77	1296.90	72.21
♯本年新开工	73749.70	1436.94	608.17	172.21	30.96

续　表

指　标	房屋建筑业	土木工程建筑业	建筑安装业	建筑装饰和其他建筑业	建筑装饰业
投标承包面积	188131.53	3065.04	1749.35	1148.70	33.26
房屋建筑竣工面积（万平方米）	73820.93	1933.79	863.61	205.58	33.16
从事主营业务活动的从业人员平均人数（万人）	638.27	95.51	48.83	50.71	37.73
全员劳动生产率（元/人）	288990	356049	308887	282337	303484
资本金合计	1483.62	742.60	256.09	249.40	159.31
流动资产合计	7799.60	3643.78	1147.83	1073.37	777.81
♯存货	2180.56	717.85	240.24	165.92	101.73
固定资产合计	936.67	381.45	121.74	109.53	64.47
固定资产原价合计	1043.12	594.81	169.04	151.84	85.68
累计折旧	376.67	285.18	68.12	59.11	32.23
♯本年折旧	58.48	39.50	11.25	9.21	4.92
在建工程	130.60	31.52	12.99	8.89	5.94
资产总计	9449.25	4448.60	1386.64	1281.72	916.27
流动负债合计	5070.23	2626.99	818.96	682.66	503.34
非流动负债合计	267.67	175.69	6.79	16.50	9.93
所有者权益合计	5459.62	2839.60	837.52	710.09	521.14
主营业务收入	3988.77	1608.11	548.76	571.59	395.08
主营业务成本	14338.93	3484.97	1467.44	1381.36	1062.54
主营业务税金及附加	12685.67	2995.24	1262.29	1148.67	885.52
其他业务利润	517.64	116.25	43.40	44.53	34.24
销售费用	6.58	2.67	4.29	2.28	1.29
管理费用	39.49	16.01	8.85	14.63	11.61
♯税金	320.80	138.86	75.23	66.76	47.68
财务费用	21.43	7.33	2.99	2.33	1.52
营业利润	112.68	37.46	8.87	8.88	6.53
利润总额	646.15	178.49	74.06	81.92	61.24
应交所得税	646.77	180.60	74.98	83.11	61.97
本年应付职工薪酬	149.63	39.04	16.37	17.75	13.00

数据来源：《江苏统计年鉴2016》

　　从各市建筑业情况来看，南通、扬州和南京2015年建筑业总产值列前三位，分别为6144.55、3167.39和3028.32亿元，占全省建筑业总产值的比重分别为25.54％、13.08％和12.1％。2015年各市建筑业企业主要指标见表16。

表 16　2015 年江苏省各市建筑业企业主要指标

	建筑施工企业个（个）	从业人员数（万人）	建筑业总产值（亿元）	施工面积（万平方米）	竣工面积（万平方米）
总计	9149	752.48	24785.81	**213038.78**	**76795.04**
南京市	1478	83.96	3028.32	19565.64	6315.87
无锡市	576	20.18	601.62	4250.19	1761.79
徐州市	411	49.69	1361.22	11606.80	5274.97
常州市	621	47.07	1288.52	10747.96	3811.33
苏州市	1424	50.56	1955.62	11803.55	4006.64
南通市	895	153.74	6144.55	68200.55	20199.21
连云港市	292	24.94	629.68	5341.67	2608.14
淮安市	586	48.09	1323.70	11969.79	4364.40
盐城市	771	48.78	1343.76	10536.04	4366.78
扬州市	717	83.22	3167.39	24684.57	9332.67
镇江市	381	16.98	541.46	2412.24	954.19
泰州市	635	92.68	2662.55	24851.81	10897.85
宿迁市	362	32.60	737.42	7067.96	2901.19

数据来源:《江苏统计年鉴 2016》

三、第三产业发展分析

2015 年,江苏实现第三产业增加值 34084.8 亿元,同比增长 9.3％,第三产业增加值占 GDP 比重达 48.6％,较 2014 年提升 1.6 个百分点。全省规模以上服务业企业完成营业收入 9867.1 亿元,同比增长 12.4％,增速比上年同期回升 0.4 个百分点;实现营业利润 995.5 亿元,同比增长 16.3％。

表 17　2010—2015 年江苏省第三产业增加值　　　　　　　　（单位:亿元）

行　　业	2010 年	2011 年	2012 年	2013 年	2014 年	2015 年
第三产业	17131.5	20842.2	23518.0	26421.7	30599.5	34085.9
批发和零售业	4447.5	5341.4	5704.7	6223.5	6559.03	6992.68
交通运输、仓储和邮政业	1768.3	2127.9	2352.4	2500.1	2591.15	2705.44
住宿和餐饮业	711.0	919.1	1045.2	1053.0	1094.45	1189.40
信息传输、软件和信息技术服务业	605.3	910.9	1103.8	1341.6	1579.55	1870.81
金融业	2105.9	2600.1	3136.5	3808.8	4723.69	5302.93
房地产业	2601.0	2747.9	2992.8	3308.4	3564.44	3755.45
租赁和商务服务业	868.3	1191.3	1415.2	1861.6	2469.55	2845.33
科学研究和技术服务业	365.2	496.4	612.5	703.6	884.50	998.71
水利、环境和公共设施管理业	215.3	280.8	322.0	348.0	428.27	496.67
居民服务、修理和其他服务业	447.9	568.8	686.0	803.2	1073.53	1259.45

续　表

行　　业	2010 年	2011 年	2012 年	2013 年	2014 年	2015 年
教育	1022.7	1217.2	1420.5	1527.0	1866.58	2195.15
卫生和社会工作	500.7	664.5	731.6	819.0	1015.45	1230.89
文化、体育和娱乐业	220.8	268.0	303.0	383.4	536.56	635.64
公共管理和社会组织	1251.6	1507.9	1691.9	1740.5	2003.97	2376.46

数据来源:历年《江苏统计年鉴》

2015 年,服务业大部分行业营业收入继续保持增长态势,其中卫生和社会工作增速最快,达到了 21.2%。证券业、研发科技交流和推广服务业、邮政业、软件业增速均达 17%—18% 之间,商务服务业、保险业、航空运输业也实现了两位数以上的较快增长。批发零售、住宿餐饮增速和 2014 年相比基本保持稳定,分别为 6.61% 和 8.67%,增速较 2014 年下滑明显。房地产开发经营业和交通运输、仓储和邮政业增速较慢,分别只有 4.41% 和 5.36%。第三产业增加值分行业比重情况见图 7。

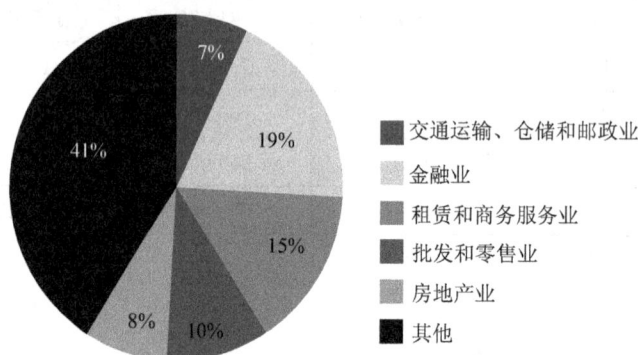

图 7　第三产业增加值分行业比重
数据来源:《江苏统计年鉴 2016》

结构明显优化,生产性服务业发展速度领先。2015 年,全省金融业、营利性服务业、非营利性服务业增加值分别增长 15.7%、13.6%、9.8%,增速分别快于服务业增速 6.4 个、4.3 个、0.5 个百分点。从服务业行业收入来看,包含快递业在内的邮政业、保险业增速领先,同比分别增长 36.0% 和 23.9%,商务服务业、软件业、科技服务业等生产性服务业也实现了两位数以上的较快增长。从服务业用电量来看,全省服务业用电量增长 7.2%,比上年加快 3.1 个百分点,高于全社会用电量增速 5.1 个百分点,其中信息传输、软件和信息技术服务业,科学研究、技术服务和地质勘探业用电量增长较快,分别增长 14.9% 和 12.1%。

居民生活消费类服务业较快增长。全省居民生活消费类服务业完成营业收入 774.5 亿元,增长 15.6%,高于规模以上服务业收入增速 3.2 个百分点,实现营业利润 47.5 亿元,增长 45.7%,高于规模以上服务业营业利润增速 29.4 个百分点。

"互联网+"相关产业发展迅猛。互联网和相关服务业、软件和信息技术服务业营业收入快速增长,分别增长 61.9%、20.7%,两个行业规上服务业企业户均营业收入较 2014 年提升 30.2%;带动快递业营业收入增长 48.2%,快递业务量增长 56%。

金融支撑力度明显增强。2015 年末,全省金融机构存款余额达 107873 亿元,同比增长 11.7%;贷款余额达 78866.3 亿元,同比增长 13.4%。

各市的第三产业规模差异明显。2015 年,苏州、南京和无锡的第三产业增加值规模最大,分别为 7243.24、5571.61 和 4183.11 亿元,占全省第三产业增加值的比重分别为 20.81%、16.04% 和

12.04,与 2014 年的 21.17％、15.83％和 12.62％相比,均有一定程度的降低。连云港、宿迁第三产业增加值规模较小,分别为 918.95、836.75 亿元,占全省比重分别为 2.65％和 2.41％。2010—2015 年江苏省各市第三产业增加值情况见表 18。

表 18　2010—2015 年江苏省各市第三产业增加值　　　　（单位:亿元）

市	2010 年	2011 年	2012 年	2013 年	2014 年	2015 年
南京	2660.5	3220.4	3845.7	4356.6	4983.0	5571.61
无锡	2479.6	3029.0	3418.9	3714.2	3971.2	4183.11
徐州	1168.4	1440.1	1665.6	1885.1	2244.1	2460.06
常州	1261.4	1518.4	1742.7	1972.0	2355.3	2610.56
苏州	3819.3	4581.5	5314.3	5951.6	6663.9	7243.24
南通	1290.9	1571.5	1825.5	2070.0	2500.8	2815.96
连云港	465.6	552.1	634.9	718.8	814.2	918.95
淮安	545.0	672.4	783.7	900.1	1082.4	1260.76
盐城	862.0	1048.2	1191.0	1350.3	1563.7	1772.5
扬州	838.8	1017.9	1173.6	1333.9	1584.8	1762.88
镇江	785.5	938.3	1095.1	1248.9	1499.9	1642.63
泰州	771.2	939.3	1075.4	1227.0	1464.2	1657.93
宿迁	397.9	496.6	578.4	655.7	751.1	836.75

数据来源:历年《江苏统计年鉴》

从增长速度来看,2015 年江苏各市中第三产业增加值增长最快的城市是盐城市,达到了12.52％,其次是连云港市 12.26％、南京市 11.28％、淮安市 11.27％、泰州市 11.20％、宿迁市11.11％,而增速最慢是无锡市 9.61％,其余地区的增速基本在 10％—11％之间。

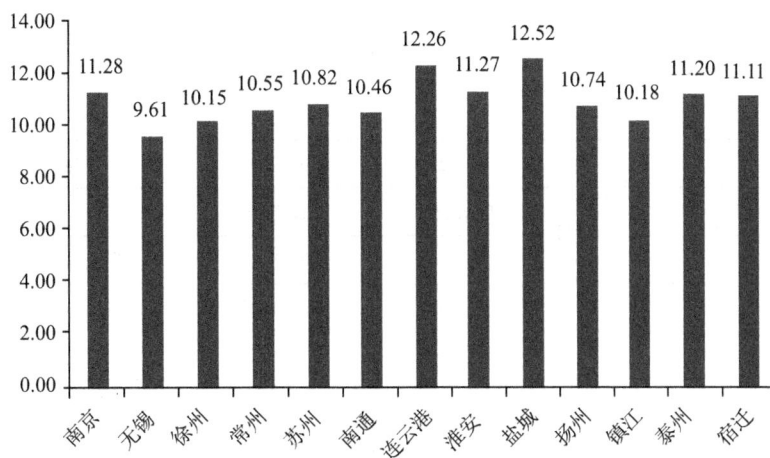

图 8　2015 年江苏省各市第三产业增加值增速(单位:％)

数据来源:《江苏统计年鉴 2016》

分区域看,2015 年苏南实现第三产业总产值 21251.15 亿元,占全省的 61.8％,与 2014 年相比基本持平;苏中、苏北分别实现第三产业总产值 6236.78、7249.06 亿元,分别占全省的 17.95％和20.87％。三大区域的第三产业增加值比重情况见图 9。

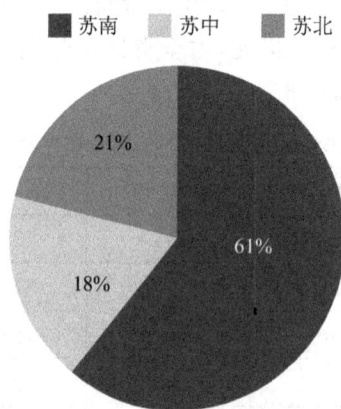

图 9　2015 年江苏省区域第三产业增加值比重（单位：%）

数据来源：《江苏统计年鉴 2016》

税收贡献加大，服务业税收增长明显快于上年。2015 年，全省实现服务业税收 5468.3 亿元，增长 13.2%，比上年加快 4.7 个百分点，高于全部税收增速 3.6 个百分点。分行业看，租赁和商务服务业、金融业税收增长较快，分别增长 34.9% 和 18.9%。随着服务业税收的较快增长，服务业税收收入占国税地税总收入的比重明显提升，达到 47.0%，比上年同期提高 1.5 个百分点，其中地税服务业税收收入占地税收入比重达到 68.1%，比上年同期提高 1.3 个百分点。

全省服务业项目投资完成 14628.3 亿元，同比增长 14.2%，高于全部投资增速 3.7 个百分点；服务业项目投资占全部投资比重达 31.9%，占全部服务业投资比重达 64.2%，比上年分别提高了 1.1 和 3.3 个百分点；民生相关行业投资中，卫生和社会工作投资增长 63%，批发和零售业投资增长 46.9%。

表 19　2015 年江苏省第三产业固定资产投资额　　　　　　　　　　（单位：亿元）

行　　业	投资额	#内资	#港澳台投资	#外商投资
第三产业	22699.68	21278.56	864.78	489.62
交通运输、仓储和邮政业	1447.45	1387.52	39.53	8.89
信息传输、软件和信息技术服务业	2428.95	2310.94	44.42	59.02
批发和零售业	541.48	493.82	8.48	9.40
住宿和餐饮业	662.86	625.45	19.34	18.08
金融业	150.83	150.78		0.05
房地产业	9687.54	8643.40	712.01	332.12
租赁和商务服务业	1131.53	1081.06	18.14	31.89
科学研究和技术服务业	592.31	569.37	2.36	20.57
水利、环境和公共设施管理业	3868.82	3859.58	5.27	2.27
居民服务、修理和其他服务业	263.49	257.10		1.28
教育	543.29	539.01	1.21	2.63
卫生和社会工作	450.55	440.82	8.85	0.88
文化、体育和娱乐业	560.11	550.22	4.25	2.48
公共管理和社会组织	370.47	369.49	0.92	0.06

数据来源：《江苏统计年鉴 2016》

2015 年,江苏省城镇单位(不含私营、个体)第三产业年末从业人数为 505.72 万人,比 2014 年增加近 2 万人,从业人员工资总额为 3902.02 亿元,与 2014 年相比有超过 25% 的涨幅。比较各行业从业人员平均工资后发现,平均工资最高的三个行业是金融业,信息传输、计算机服务和软件业,以及科学研究、技术服务业,其平均工资分别为 119198、117249 和 91213 元;平均工资最低的三个行业分别是水利、环境和公共设施管理业,居民服务、修理和其他服务业,以及住宿和餐饮业,其平均工资分别为 54062、54116 和 42391 元。由此可见,江苏省第三产业各行业间平均工资水平存在着明显差异。参见表 20。

表 20　2015 年江苏省第三产业就业基本情况

行　　业	年末从业人数（万人）	从业人员工资总额（亿元）	从业人员平均工资（元）
第三产业	505.72	3903.02	—
批发和零售业	58.60	369.38	63185
交通运输、仓储和邮政业	49.23	330.16	66981
住宿和餐饮业	17.34	73.32	42391
信息传输、软件和信息技术服务业	28.26	336.24	117249
金融业	35.05	399.83	119198
房地产业	22.65	151.06	66686
租赁和商务服务业	31.32	171.76	54677
科学研究、技术服务业	21.77	198.75	91213
水利、环境和公共设施管理业	15.45	83.02	54062
居民服务、修理和其他服务业	3.35	18.63	54116
教育	95.98	744.18	78115
卫生和社会工作	47.93	384.60	81693
文化、体育和娱乐业	7.77	60.44	77468
公共管理、社会保障和社会组织	71.02	581.65	82372

数据来源:《江苏统计年鉴 2016》,仅统计城镇单位(不含私营、个体单位)

力推服务业重大项目建设,东区总部经济产业园、多式联运化工物流港中心、国家传感信息中心(南长)一期等列入 2015 年省服务业重点项目投资计划的 150 个项目,完成年度投资 950 亿元以上。力推服务业集聚区转型发展,新认定江苏省常州健康养老服务业集聚区、江苏省吴中检验检测产业集聚区等 7 家省级集聚区,全省省级现代服务业集聚区达到 125 家,全年营业收入达 1200 亿元以上,同比增长 20%。力推服务业优强企业培育,进入全省"十百千"重点培育企业库企业增至 458 家,新认定创新示范企业 41 家,其中技术创新型 21 家,业态创新 11 家,品牌创新型 9 家,全省服务业创新示范企业达到 106 家。

服务业利用外资出现回落,服务外包继续保持较快增长势头。2015 年,服务业实际利用外资 1131591 万美元。服务外包合同总额 372.8 亿元,同比增长 26.0%,其中,离岸合同额 208.5 亿元,增长 25.0%。服务业外包执行总额 311.3 亿元,同比增长 30.3%,其中,离岸执行额 174.7 亿元,增长 26.9%。截至 12 月底,服务外包企业登记数为 8167 家,从业人数达 104.6 万人,同比分别增长 9.9% 和 8.7%。

表21 2015年江苏省第三产业外商直接投资情况

行　业	项目数（个）	项目数占比（%）	实际投资（万美元）	实际投资占比（%）
第三产业	1539	59.65	1131591	46.61
交通运输、仓储和邮政业	54	2.09	88463	3.64
信息传输、计算机服务和软件业	102	3.95	33792	1.39
批发和零售业	767	29.73	213520	8.80
住宿和餐饮业	51	1.98	10084	0.42
金融业	27	1.05	100797	4.15
房地产业	31	1.20	378331	15.59
租赁和商务服务业	282	10.93	225326	9.28
科学研究、技术服务和地质勘查业	149	5.78	49781	2.05
水利、环境和公共设施管理业	16	0.62	16134	0.66
居民服务和其他服务业	25	0.97	7296	0.30
教育	6	0.23	5	0.00
卫生、社会保障和社会福利业	1	0.04	5352	0.22
文化、体育和娱乐业	28	1.09	2710	0.11

数据来源：《江苏统计年鉴2016》

　　第三产业境外投资稳步发展。全年第三产业新批项目573个，占新批项目总数的65.11%；中方协议投资62.94亿美元，占中方协议投资总额的61.08%。其中，租赁和商务服务业、批发和零售业、房地产业是江苏省2015年境外投资的重点行业，中方协议投资占中方协议投资总额的比重分别为20.31%、20.81%、11.40%。表22反映了2015年江苏省境外投资主要行业分布情况。

表22 2015年江苏省境外投资主要行业

行　业	新批项目（个）	新批项目占比（%）	中方协议投资（万美元）	中方协议投资占比（%）
第三产业	573	65.11	629432	61.08
交通运输、仓储和邮政业	16	1.82	14920	1.45
信息传输、计算机服务和软件业	42	4.77	26370	2.56
批发和零售业	263	29.89	214429	20.81
住宿和餐饮业	8	0.91	2753	0.27
金融业				
房地产业	33	3.75	117456	11.40
租赁和商务服务业	137	15.57	209296	20.31
科学研究、技术服务和地质勘查业	41	4.66	18987	1.84
居民服务和其他服务业	5	0.57	2250	0.22
教育	17	1.93	23029	2.23
文化、体育和娱乐业	2	0.23	1480	0.14

数据来源：《江苏统计年鉴2016》

第三章 2015 年江苏省行业经济发展分析

一、金融业

2015 年,江苏省金融业平稳健康运行,社会融资规模增长适度,金融市场交易活跃。金融基础设施建设不断完善,金融生态环境持续优化。证券业实力明显提升,多层次资本市场建设迈上新台阶。保险业组织体系不断完善,保险资金运用取得新突破。

2015 年,江苏省金融业实现增加值 5302.93 亿元,比 2014 年增长 11.3％,比第三产业整体增速高出近 1.9 个百分点,增速与 2014 年相比有所下滑。从产业结构来看,金融业增加值占地区生产总值的比重达到 7.6％,比 2014 年提高 0.3 个百分点,金融业对地区经济总量贡献率在不断提高。金融业增加值占第三产业增加值的比重上升至 15.56％,比 2014 年提高 1 个百分点。2010—2015 年江苏省金融业增加值情况见图 1。

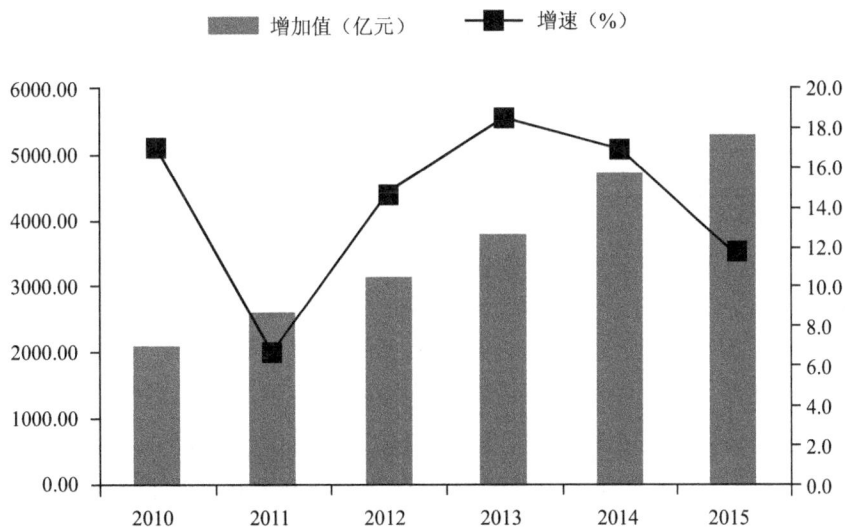

图 1　2010—2015 年江苏省金融业增加值
数据来源:历年《江苏统计年鉴》

　机构规模稳步增长,组织体系更趋完备。2015 年末,江苏省银行业金融机构资产总额达 13.5 万亿元,同比增长 11.6％。机构数量稳步增加,年末地方法人金融机构数量达 164 家,比年初新增 8 家(见表 1)。62 家农合机构改制工作圆满收官,6 家非银机构顺利筹建和开业,10 家台资银行落户江苏。盈利增长趋缓,全年银行业金融机构实现税后净利润 1450.8 亿元,比上年下降 4.5％。金融对实体经济支撑作用进一步增强,全年实现金融业增加值 5332.9 亿元,同比增长 15.7％,其中,银行业增加值在 70％以上。

表1 2010—2015年江苏省金融机构、人员基本情况

项 目	2010 年	2011 年	2012 年	2013 年	2014 年	2015 年
机构数（家）	11425	11661	12029	12330	12686	13024
♯国有商业银行	4561	4641	4768	4849	4839	4822
政策性银行	92	93	93	93	93	93
股份制商业银行	736	768	832	915	1074	1183
农村商业银行	1283	1975	2692	2932	3034	3132
农村信用社	1073	677	269	146	135	109
财务公司	6	7	9	11	12	13
信托投资公司	4	4	4	4	4	4
租赁公司	1	1	1	1	1	3
职工人数（人）	179177	191572	204366	215558	226183	236576
♯国有商业银行	92892	96267	99346	100229	102718	103548
政策性银行	2126	2165	2254	2341	2333	2331
股份制商业银行	24390	27527	30973	34570	37513	39932
农村商业银行	15278	25937	36592	41065	43469	46054
农村信用社	13411	8694	3989	2293	2090	1682
财务公司	126	177	227	292	325	360
信托投资公司	222	242	285	336	400	428
租赁公司	78	93	112	121	118	228

数据来源：历年《江苏统计年鉴》

各项存款增长平稳，存款稳定性有所增强。2015年末，全省金融机构本外币存款余额为11.1万亿元，同比增长11.6％，增速比上年末提高0.5个百分点，比年初增加12012.5亿元，同比多增2071.3亿元。分币种看，人民币存款增加较多，全年新增人民币存款11766亿元，同比多增2313.3亿元；外汇存款大幅少增，全年新增外汇存款7.6亿美元，同比少增70.5亿美元，主要是因为在全球经济复苏

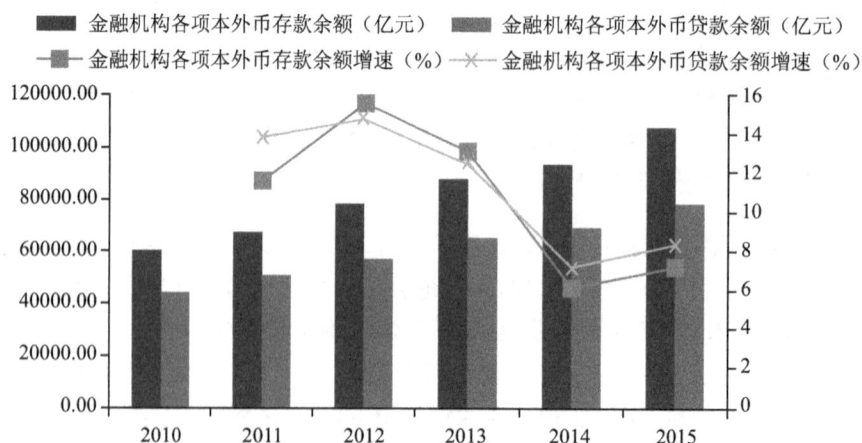

图2 2010—2015年江苏省金融机构本外币存贷款余额

数据来源：历年《江苏统计年鉴》

缓慢的背景下,国内进出口企业盈利能力下降导致相应外汇存款减少。受存款偏离度考核等因素影响,金融机构存款"季末冲高、季初回落"的现象有所改善。2015 年 7 月、10 月,全省人民币存款月环比分别仅减少 840 亿元和 356 亿元,明显低于历史同期 1000 亿元以上的月环比降幅。中小银行存款稳定性有所提高。《存款保险条例》实施以来,全省银行业金融机构经营秩序正常,各项存款平稳增长,未出现中小银行机构存款搬家现象。2015 年,全省农村金融机构新增人民币存款 1877 亿元,同比多增 306 亿元;年末人民币存款余额同比增长 14.7%,高出总体存款增速 3.1 个百分点。

贷款增长有所加快,新增贷款创历史新高。2015 年末,江苏省本外币贷款余额为 8.1 万亿元,同比增长 12.0%,增速比上年末提高 0.4 个百分点。全年新增本外币贷款 8669.2 亿元,同比多增1325.7 亿元(见图 3)。

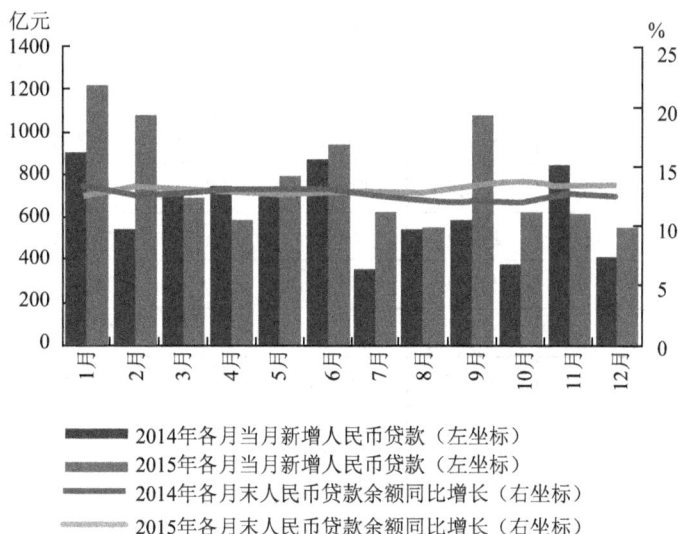

图 3　2014—2015 年江苏省金融机构人民币贷款增长
数据来源:人民银行南京分行

全年新增贷款较多主要受三方面因素影响:一是在稳增长力度加码、地方政府融资平台在建项目融资约束放松,以及住房政策频出利好的背景下,基础设施和房地产相关领域贷款增加较多。二是 2015 年以来,央行适时运用公开市场操作、中期借贷便利、降准等货币政策工具,保持了市场流动性充裕,商业银行信贷供给能力明显增强;三是在表外业务监管逐步规范的背景下,部分表外融资转入表内信贷,也推动了贷款的增长。

从币种结构看,人民币贷款增长较快,全年新增人民币贷款 9285.1 亿元,同比多增 1784.0 亿元,新增额创历史新高。外汇贷款持续回落。受美联储加息以及人民币汇率预期变化等因素影响,经济主体倾向减少外币负债,外汇贷款全年减少较多。

2015 年末,全省金融机构外汇贷款余额为 354.7 亿美元,同比下降 25.7%,增速创近三年新低,降幅比上年末扩大 20.2 个百分点。从期限结构看,短期贷款与票据融资此消彼长,中长期贷款维持高位增长。2015 年,全省短期贷款保持低位增长,年末本外币短期贷款余额同比仅增长 2.9%,比年初增加 889.4 亿元,同比多增 294.9 亿元。票据融资增长较快,年末票据融资余额增速高达 47.9%,比年初增加 1545.5 亿元,同比多增 420.5 亿元。中长期贷款增长较多,年末全省本外币中长期贷款余额增速为 17.7%,比年初增加 5957.4 亿元,同比多增 382.6 亿元。

从贷款投向看,基础设施贷款维持高位增长,制造业信贷投放继续缩减,房地产贷款增势平稳。2015 年,全省金融机构本外币基础设施行业贷款余额为 1.2 万亿元,同比增长 13.6%,全年新增

1420.9亿元,同比多增33.6亿元。受产能过剩、企业盈利能力下降等因素制约,制造业贷款继续缩减。2015年末,全省制造业本外币贷款余额为1.6万亿元,较年初下降434.5亿元。

表2　分行业金融机构贷款年末余额

行　　业	本外币（亿元）		人民币（亿元）		外汇（美元）	
	2014 年	2015 年	2014 年	2015 年	2014 年	2015 年
总计	69262.46	76605.13	66345.80	74261.76	476.66	360.87
农、林、牧、渔业	1500.84	1488.50	1499.32	1487.37	0.25	0.17
采矿业	100.46	107.36	99.16	106.81	0.21	0.08
制造业	16275.43	15839.77	14267.71	14287.81	328.11	239.00
电力、热力、燃气及水生产和供应业	1691.56	1994.42	1639.79	1916.77	8.46	11.96
建筑业	3112.24	3418.13	3106.85	3412.38	0.88	0.89
批发和零售业	5930.97	6049.68	5304.84	5607.48	102.33	68.10
交通运输、仓储和邮政业	3824.00	3993.95	3776.49	3950.83	7.76	6.64
住宿和餐饮业	480.30	474.14	480.30	474.14		
信息传输、软件和信息技术服务业	207.46	270.62	206.74	268.02	0.12	0.40
金融业	342.71	654.48	342.71	611.37		6.64
房地产业	5531.26	6080.13	5530.95	6079.54	0.05	0.09
租赁和商务服务业	6229.98	7630.99	6202.23	7621.83	4.54	1.41
科学研究和技术服务业	168.82	209.01	168.73	208.20	0.01	0.12
水利、环境和公共设施管理业	5042.38	6005.49	5042.17	6005.29	0.03	0.03
居民服务、修理和其他服务业	174.54	156.97	172.65	155.84	0.31	0.17
教育	426.72	405.50	426.72	405.50		
卫生和社会工作	507.90	590.84	506.46	589.62	0.24	0.19
文化、体育和娱乐业	351.26	434.79	350.65	434.10	0.10	0.11
公共管理、社会保障和社会组织	209.21	347.47	209.21	347.47		

数据来源:历年《江苏统计年鉴》

分月看,自7月份开始,制造业贷款连续6个月增量为负。受保障房建设速度加快、新型城镇化建设力度加大和部分城市房地产市场升温等因素影响,房地产行业贷款持续稳定增长。2015年末,全省金融机构本外币房地产贷款余额为2.1万亿元,同比增长19.4%,增速比上年末提高3.0个百分点。2015年,全省金融机构房地产贷款增加3322.4亿元,同比多增896.5亿元。从政策导向看,信贷结构更加侧重于调结构、惠民生。

在调结构方面,金融机构对现代服务业、科技、文化等新兴领域的支持力度不断加大,2015年末,全省服务业贷款余额占各行业贷款余额的60.5%,占比比上年末提高2.8个百分点,高新技术企业贷款余额3265亿元,推动当年工业技改投资同比增长25.6%,文化产业贷款余额1184亿元,同比增长22.6%,高出全部贷款增速10.6个百分点。

在扶持薄弱环节方面,人民银行南京分行充分发挥再贷款、再贴现的结构引导功能,在全国率先探索开展县域银行业金融机构新增存款更多用于当地贷款评价工作,积极引导金融机构加大对"三农"、小微企业的支持力度。2015年末,全省金融机构本外币小微企业贷款(不含票据融资)余额为

1.88 万亿元,同比增长 11.4%,增速比上年末上升 1.2 个百分点,本外币涉农贷款余额为 2.6 万亿元,扣除连云港赣榆撤县建区的影响,同比增长 8.5%,增速比上年末上升 1.8 个百分点。

存贷款利率明显下行。在贷款基准利率多次下调以及政府相关部门多措并举降低企业融资成本的背景下,金融机构存贷款利率明显下降。2015 年 12 月份,全省定期存款加权平均利率为 1.8803%,分别比 6 月份、9 月份下降 85.0 和 30.8 个基点。1—4 季度,全省金融机构新发放非金融企业及其他部门贷款加权平均利率分别为 6.8040%、6.5147%、6.1025% 和 5.6756%,其中,12 月加权平均利率为 5.5620%,比上年同期下降 122.9 个基点。利率市场化改革深入推进。省、市两级利率定价自律机制陆续建立并有序运转,在存款挂牌利率管理、差别化住房信贷政策落实等方面发挥了重要作用。市场化产品发行量不断扩大,全省 48 家地方法人机构通过合格审慎评估,累计备案同业存单 1671 亿元,实际发行 2311 亿元;备案大额存单 399 亿元,实际发行 77 亿元。

表 3　2015 年江苏省金融机构人民币贷款利率区间　　　　　　　　　　　(单位:%)

月　份		1 月	2 月	3 月	4 月	5 月	6 月
合　计		100.0	100.0	100.0	100.0	100.0	100.0
下　浮		4.7	4.8	6.1	6.8	9.5	6.8
基　准		18.8	18.7	18.0	16.4	14.3	18.2
上浮	小计	76.5	76.5	76.9	76.8	76.2	75.0
	(1.0—1.1]	23.2	24.8	22.3	22.4	17.9	17.8
	(1.0—1.3]	35.3	32.4	29.8	30.3	31.0	30.1
	(1.3—1.5]	9.6	10.3	12.6	12.0	13.8	14.2
	(1.5—2.0]	5.8	6.3	7.8	8.6	9.9	9.8
	2.0 以上	2.6	2.7	3.4	3.5	3.6	3.1
月　份		7 月	8 月	9 月	10 月	11 月	12 月
合　计		100.0	100.0	100.0	100.0	100.0	100.0
下　浮		6.2	7.2	6.7	6.5	7.3	6.7
基　准		15.6	15.2	16.7	17.7	15.0	20.5
上浮	小计	78.2	77.6	76.5	75.8	77.7	72.8
	(1.0—1.1]	18.5	17.9	19.3	20.3	18.8	18.9
	(1.0—1.3]	29.6	30.1	28.3	25.9	28.3	27.5
	(1.3—1.5]	14.3	13.6	11.9	12.1	12.4	11.3
	(1.5—2.0]	11.6	11.3	12.7	12.5	13.2	11.4
	2.0 以上	4.2	4.7	4.4	5.0	5.0	3.7

证券交易市场稳定发展。2015 年末,全省共有证券公司 6 家,证券营业部 683 家;期货公司 10 家,期货营业部 135 家;证券投资咨询机构 2 家。其中,华泰证券和国联证券年内在香港上市。全省 6 家证券公司总资产近 5000 亿元,全年实现营业收入 384.4 亿元,同比增长 114.8%;实现利润总额 164.8 亿元,同比增长 140.3%。私募基金蓬勃发展,全省共有 1115 家私募基金管理人登记备案,管理基金规模突破两千亿元,为中小微企业早期健康发展、治理结构加速完善提供重要支持。

全年证券市场完成交易额 60.4 万亿元。分类型看,证券经营机构股票交易额 35.1 万亿元,增长 262.1%;期货经营机构代理交易额 30.5 万亿元,增长 55.3%。年末全省境内上市公司 276 家,较上年新增 23 家，上市公司总数和新增上市公司数都占全国的十分之一。拟上市公司 190 家，数量居全国第一。截至 2015 年末，江苏省共有沪深上市公司 276 家，IPO 融资在全国位居前列。

省内上市公司通过首发、配股、增发、可转债、公司债在上海、深圳证券交易所筹集资金 1214 亿元，比上年增加 512.5 亿元。江苏企业境内上市公司总股本 2154.3 亿股，比上年增长 34.9％；市价总值 36720.5 亿元，增长 87.1％。2015 年，全省上市公司首发融资 107.7 亿元、再融资 1104.9 亿元。

表4　2010—2015 年江苏省证券业基本情况

项　　目	2010 年	2011 年	2012 年	2013 年	2014 年	2015 年
上市公司数（家）	169	214	236	235	254	276
#A 股	164	203	231	230	252	275
#B 股	5	5	5	5	5	4
辅导企业数（家）	153	204	244	206	175	193
证券公司数（家）	5	6	6	6	6	6
证券营业部数（家）	306	331	365	540	624	683
期货经纪公司（家）	11	11	11	10	10	10
期货经纪公司营业部（个）	74	87	101	119	125	135
证券投资咨询机构数（家）	3	3	2	2	3	3
证券从业人员数（人）	9278	11381	11280	9333	9391	10908
期货从业人员数（人）	1821	2199	2336	2636	2468	2279
证券投资者开户数（万户）	666	700	737	767	811	1075
期货投资者开户数（户）	135600	159100	195338	210026	223885	242964
上市公司募集资金总额（亿元）	791.77	670	344	283.69	701.45	1213.98
发行	470.70	477	135	0	93	108
配股	54.78	9.03	5.71	0.00	4.70	9.93
增发	194.89	137.28	82.46	79.84	550.43	1061.31
公司债	21.40	47.00	120.30	203.90	53.32	35.05
上市公司总资产（亿元）	10259.40	11036.57	12489.34	10848.16	22963.26	30964.62
上市公司净资产（亿元）	3628.08	4103.76	4360.70	5373.23	7008.93	8768.52
上市公司总股本（亿股）	899.01	1136.70	1250.60	1379.89	1596.57	2153.45
市价总值（亿元）	13824.31	10514.50	11394.27	12787.24	19630.99	36720.48
上市公司净利润（亿元）	447.72	474.63	525.25	424.42	587.80	738.74
上市公司每股收益（元）	0.51	0.48	0.42	0.36	0.35	0.33
证券经营机构证券交易量（亿元）	76897.17	59694.48	41877.16	62452.24	98654.91	351317.58
期货经营机构代理交易量（亿元）	215753.23	178479.60	197158.93	212668.01	196768.34	305574.82

数据来源：历年《江苏统计年鉴》

多层次资本市场建设迈上新台阶。全年新增新三板挂牌公司 480 家，总数达到 651 家，取得了"两年 600 家，一年翻一番"的佳绩。南京证券、东海证券、创元期货等一批金融企业加入新三板行列，提升了全省新三板挂牌公司整体质量。同时，在新三板通过多种方式进行融资的企业数量大幅增加,融资总额超过 100 亿元。区域性资本市场创新发展,省股权交易中心已有 385 家挂牌企业,累计为广大中小企业融资也超过 100 亿元。

截至 2015 年末,江苏省共有法人保险机构 5 家,全年实现保费收入 1989.91 亿元,同比增长 18.2%,赔付支出 732.59 亿元,同比增长 15.8%。分险种看,财产险保费收入 672.19 亿元,同比增长 9.8%,人身险保费收入 1317.7 亿元,同比增长 22.3%(见表 5)。

表 5 2010—2015 年江苏省保险业基本情况

指 标	2010 年	2011 年	2012 年	2013 年	2014 年	2015 年
保费收入(亿元)	1162.67	1200.02	1301.28	1446.08	1683.76	1989.91
财产险	311.91	379.92	440.92	518.61	606.29	672.19
♯企业财产保险	28.22	33.66	36.71	39.77	41.48	41.85
家庭财产保险	1.62	1.89	2.36	2.65	2.53	4.33
机动车辆保险	236.92	285.03	328.91	393.49	465.69	531.15
人身意外伤害险	25.96	31.08	35.20	41.88	48.47	54.22
健康险	44.39	47.93	59.29	76.41	112.27	179.58
寿险	780.41	741.09	765.87	809.17	916.72	1083.92
各项赔款和给付(亿元)	251.78	324.41	386.97	527.02	616.78	732.59
财产险	134.41	178.49	240.08	303.23	336.30	403.04
♯企业财产保险	9.78	14.06	16.91	25.05	18.46	35.33
家庭财产保险	0.35	0.48	0.59	0.53	0.57	1.92
机动车辆保险	109.88	146.61	191.94	246.34	277.02	315.95
人身意外伤害险	7.01	8.36	10.02	11.18	13.45	15.26
健康险	17.99	28.60	17.85	24.00	35.16	46.09
寿险	92.38	108.95	119.03	188.62	231.87	268.21
保险公司数(家)	76	86	90	90	93	95
♯财产保险公司	32	38	39	39	39	40
人寿保险公司	44	48	51	51	54	55
♯中资保险公司	52	59	63	63	62	64
外资保险公司	24	27	27	27	31	31
保险公司分支机构(家)	5600	5881	5718	5743	5900	5894
从业人员数(万人)	22.70	23.05	22.80	23.49	27.34	39.64

数据来源:历年《江苏统计年鉴》

保险资金投资力度进一步加大。截至 2015 年末,江苏省保险资金投资余额 1867.9 亿元,涉及保障房、城乡一体化建设、基础设施建设等一批重大项目。保险业共承办全省 93 个基本医保统筹区中 75 个统筹区的大病保险项目,统筹区覆盖率达 81%,服务人口 4853 万人,赔付金额超过 8 亿元。服务"三农"取得新成效。全省主要种植物农业保险覆盖面均超过 90%,累计开办了 49 个政策性农业保险险种,并开发了 17 个具有江苏特色的农产品保险。2015 年,农险保费及农险基金达 32 亿元,支付赔款超过 17.85 亿元。

二、房地产业

2015年,江苏省房地产市场较2014年明显有所升温,虽然前三季度房地产市场持续回落,但四季度房地产政策调整后房地产市场明显回暖,实现增加值3755.45亿元,增速达到5.7%,是近三年来的新高。2010—2015年江苏省房地产业增加值情况见图4。

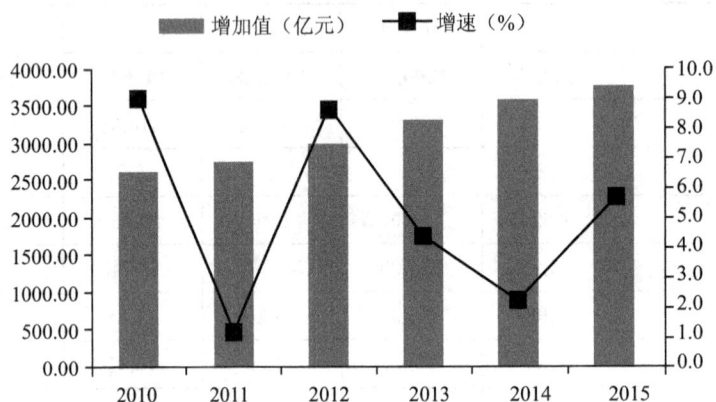

图4 2010—2015年江苏省房地产业增加值

数据来源:历年《江苏统计年鉴》

表6 2010—2015年江苏省房地产开发投资基本情况

项　　目	2010年	2011年	2012年	2013年	2014年	2015年
投资完成额(亿元)	4299.4	5567.9	6206.1	7241.45	8240.22	8153.68
按构成分						
♯建筑安装工程	2897.2	3748.6	4402.1	5248.90	6025.88	6186.30
设备工器具购置	41.1	175.3	140.4	171.70	129.41	118.93
按工程用途分						
住宅	3158.5	4094.0	4354.6	5171.50	5924.51	6080.21
♯90平方米以下	733.1	909.7	1009.5	1178.06	1293.62	1773.41
♯140平方米以上	744.8	1233.6	1047.3	1087.79	1034.88	1248.38
办公楼	154.6	204.6	260.1	324.18	378.47	344.07
商业营业用房	611.1	737.3	976.1	1119.95	1286.71	1130.91
其他	375.2	532.1	615.3	625.83	650.53	598.50
按资金来源分						
国内贷款	1515.7	1630.0	1890.7	2373.97	2249.68	1877.93
利用外资	92.8	84.7	61.6	109.41	80.79	44.91
自筹投资	2031.4	2635.0	3087.5	3932.97	4154.86	3416.80
其他投资	4382.5	3960.9	4817.1	6265.69	5614.83	6700.36
房屋建筑面积(万平方米)						

续　表

项　　目	2010 年	2011 年	2012 年	2013 年	2014 年	2015 年
施工面积	35106.9	40500.3	45097.5	52574.17	57637.72	58118.44
♯住宅	26347.1	30260.4	33412.2	38756.78	41579.79	42315.98
竣工面积	8696.3	8448.2	9848.4	9711.60	9620.47	10296.96
♯住宅	6553.5	6476.8	7687.1	7584.17	7259.11	7930.21
商品房销售情况(万平方米)						
房屋销售面积	9485.5	7970.5	9019.2	11454.77	9846.84	11414.05
♯住宅	8112.4	6767.3	7923.4	10191.52	8800.93	10275.95
♯90 平方米以下	1583.1	1321.7	1578.8	1794.78	1755.71	1896.76
♯140 平方米以上	1816.9	1364.8	1267.9	1426.71	1142.38	1533.98

数据来源:历年《江苏统计年鉴》

截至 2015 年底,江苏省房地产开发企业共 6642 家,比 2014 年减少 187 家,其中内资企业减少 159 家。年平均从业人数 17.96 万人,同比增加 1 万人,其中内资企业增加 0.95 万人。表 7 汇总了 2000—2015 年江苏省房地产开发企业经营情况。

表 7　2000—2015 年江苏省房地产开发企业经营情况

指　　标	2000 年	2005 年	2010 年	2013 年	2014 年	2015 年
企业个数(个)	1930	3810	6070	6784	6829	6642
内资	1636	3384	5450	6164	6215	6056
♯国有	585	248	252	216	203	201
集体	482	192	124	49	37	35
港澳台商投资	197	277	352	392	408	396
外商投资	97	149	268	228	206	190
平均从业人数(万人)	5.74	8.47	13.17	17.92	16.93	17.96
内资		7.54	11.61	15.80	14.90	15.85
♯国有		0.63	0.59	0.70	0.60	0.70
集体		0.33	0.19	0.10	0.08	0.09
港澳台商投资		0.59	0.87	1.32	1.26	1.41
外商投资		0.34	0.69	0.80	0.77	0.70
土地开发及购置(万平方米)						
本年土地成交价款(亿元)		319.02	613.85	1084.21	1094.55	530.42
待开发土地面积	928.335	3981.34	3798.79	5872.50	5373.41	4044.91
本年购置土地面积	1395.98	2848.80	2055.71	4207.74	3454.27	1693.35
资产负债(亿元)						
实收资本		953.90	4061.51	6852.90	7969.53	8815.06
资产总计	1201.82	5679.81	19791.32	37223.68	42842.86	46749.11

续　表

指　标	2000 年	2005 年	2010 年	2013 年	2014 年	2015 年
累计折旧	13.25	34.48	128.74	248.39	249.42	264.16
♯本年折旧	2.75	8.45	33.70	57.31	52.75	52.22
负债总计	958.47	4343.07	14233.81	27375.39	32032.01	35200.59
所有者权益	243.36	1336.74	5557.51	9848.29	11810.85	11548.52

数据来源:历年《江苏统计年鉴》

三、旅游业

旅游业是国民经济的战略性产业,资源消耗低,带动系数大,就业机会多,综合效益好。从当前和今后一个时期的国际国内环境来看,随着工业化、信息化、城镇化、市场化、国际化的深入发展,高速交通体系的快速完善,特别是人均国民收入的稳步增加而持续增长的大众化和多样性消费需求,都为江苏旅游业发展提供了新的机遇。同时旅游业对转变发展方式、拉动有效需求、优化产业结构具有积极的促进作用和带动作用,与江苏省实施城乡发展一体化、经济国际化等战略息息相关。

2015 年在新常态下主动探索作为,全省旅游业发展呈现出量质并举、转型升级的良好势头,"畅游江苏"体系建设和品牌打造取得了新成效,旅游业在国民经济和社会发展中的贡献度不断提高。全年接待境内外游客 62238.7 万人次,比上年增长 8.4%;实现旅游业总收入 9050.1 亿元,增长 11.1%。接待入境过夜旅游者 305 万人次,增长 2.7%。其中,外国人 200.8 万人次,增长 1.9%;港澳台同胞 104.2 万人次,增长 4.1%。旅游外汇收入 35.27 亿美元,增长 16.3%。接待国内游客 61933.7 万人次,增长 8.4%,实现国内旅游收入 8769.31 亿元,增长 11.5%。图 5 描述了 2010—2015 年江苏省旅游业收入变动情况。

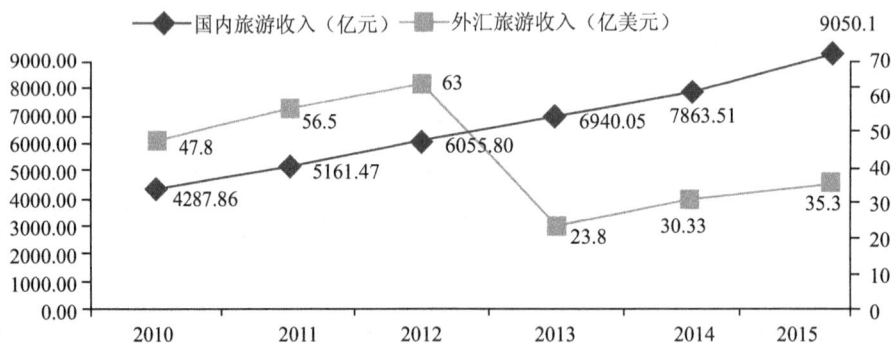

图5　2010—2015 年江苏省旅游业收入变动

数据来源:历年《江苏统计年鉴》

2011—2015 年,五年来,全省接待境内外游客年均增长 11.5%;旅游总收入年均增长 14.1%;旅游业增加值按现价计算年均增长 14.1%,高于全省经济发展平均水平。

载体建设步伐加快,产品供给日益丰富。2015 年,纳入统计的 47 家省级以上旅游度假区共接待游客 1.09 亿人次,实现营业收入 274.63 亿元,实现旅游就业 14.7 万人,旅游度假区正成为我省旅游业新的重要增长点。"十二五"期间全省新增 4A 以上景区 106 家,A 级景区总数达到 624 家,其中5A 景区达到 20 家,位居全国第一。旅游度假区建设快速推进,省级旅游度假区总数达到 45 家,新增国家级旅游度假区 3 家,总数达到 5 家,位列全国第一,50 家旅游度假区管辖面积达到 3840.49 平方公里。经初步测算,"十二五"期间,全省国家级、省级旅游度假区新增 3000 万元以上的旅游项目 335 个,计划总投资 1708 亿元,实际完成投资 1063 亿元。2010—2015 年江苏省旅游业基本情况参见表 8。

表 8   2010—2015 年江苏省旅游业基本情况

指 标	2010 年	2011 年	2012 年	2013 年	2014 年	2015 年
旅行社数(个)	1857	1986	2117	2204	2251	2336
星级饭店数(个)	902	893	890	970	873	791
入境旅游人数(万人次)	653.6	737.3	791.5	280.8	297.1	305.0
外国人	473.5	537.9	575.2	133.4	197.0	200.8
香港同胞	57.0	65.6	71.5	12.9	14.42	14.04
澳门同胞	7.2	7.5	8.1	5.1	0.62	0.71
台湾同胞	115.9	126.4	136.7	81.2	85.02	89.42
国内旅游人数(亿人次)	3.6	4.1	4.6	5.1	5.7	6.2
旅游外汇收入(亿美元)	47.8	56.5	63.0	23.80	30.32	35.27
国内旅游收入(亿元)	4287.9	5161.5	6055.8	6940.5	7863.51	8769.31

数据来源:历年《江苏统计年鉴》

从江苏省各市情况来看,苏州和南京旅游业规模和比重最大。2015 年苏州、南京接待国内旅游人数分别为 10606.45 万人次、9992.66 万人次,占全省的 17.12% 和 16.13%;国内旅游收入分别为 1728.79 亿元、1612.15 亿元,占全省的 19.71% 和 18.38%。2015 年苏州、南京接待海外旅游人数分别为 1512029 人次、588100 人次,占全省的 49.57% 和 19.28%;旅游外汇收入分别为 200183 万美元、63999 万美元,占全省的 56.75% 和 18.21%。表 9 汇总了江苏省各市 2010—2015 年旅游业收入情况。

表 9   2010—2015 年江苏省各市旅游业收入

项 目	2010 年	2011 年	2012 年	2013 年	2014 年	2015 年
旅游外汇收入(万美元)	**98062**	**119960**	**136216**	**40063**	**55293**	**352729**
南京	48146	59839	68138	26985	32994	63999
无锡	15287	18694	21045	2193	2975	35783
徐州	34707	42138	47439	7590	10160	3861
常州	125059	146998	164723	135687	170463	12066
苏州	36066	39916	42995	11196	10792	200183
南通	10747	12869	14434	1668	1876	11668
连云港	2475	2703	3056	888	1313	2064
淮安	4535	5556	6477	2533	4511	1558
盐城	45988	52348	55921	3711	4919	5866
扬州	46966	52181	55819	3130	4640	5588
镇江	7931	9440	10855	1990	2791	5992
泰州	2375	2655	2854	355	546	3255

项　　目	2010 年	2011 年	2012 年	2013 年	2014 年	2015 年
宿迁	98062	119960	136216	40063	55293	846
国内旅游收入(亿元)	**4287.9**	**5161.5**	**6055.8**	**6940.05**	**7863.51**	**8769.31**
南京	852.4	1013.4	1169.0	1317.48	1470.00	1612.15
无锡	703.9	844.8	974.9	1100.40	1229.85	1356.25
徐州	215.8	264.8	311.8	360.47	423.46	485.99
常州	320.8	391.7	482.0	557.39	639.98	718.35
苏州	917.8	1084.8	1254.4	1419.09	1574.81	1728.79
南通	202.3	252.2	299.3	348.16	400.60	453.04
连云港	153.6	188.3	221.6	257.25	297.42	338.70
淮安	118.6	146.2	172.7	200.12	231.63	264.02
盐城	99.1	120.3	142.8	166.09	195.21	226.27
扬州	271.8	330.2	392.5	454.42	525.21	592.00
镇江	285.6	345.6	410.1	474.53	543.93	614.12
泰州	113.3	136.9	160.9	186.19	213.63	241.54
宿迁	32.9	42.1	63.9	98.47	117.79	138.08

数据来源:历年《江苏统计年鉴》

　　2015 年,江苏省更加注重区域旅游合作,推进苏南、苏中、苏北优势互补、协调发展。支持苏南创新发展,积极探索旅游新业态、新产品和运营管理新机制。加大对苏中、苏北地区的规划、资金和政策支持,鼓励旅游业跨越式发展。从区域情况来看,苏南、苏中、苏北地区 2014 年分别实现旅游外汇收入 27.35、1.85、1.12 亿美元,分别占全省的 90.2%、6.1%和 3.7%;实现国内旅游收入 4868.9、988.8、1081.4 亿元,分别占全省的 70.16%、14.24%和 15.60%。图 6、图 7 描绘了 2010—2015 年江苏省苏南、苏中、苏北地区旅游外汇收入、国内旅游收入比重的变动情况,可以看出,苏南的旅游外汇收入比重在五年中呈现"先降后升"特点,而国内旅游收入比重则"先升后降"。

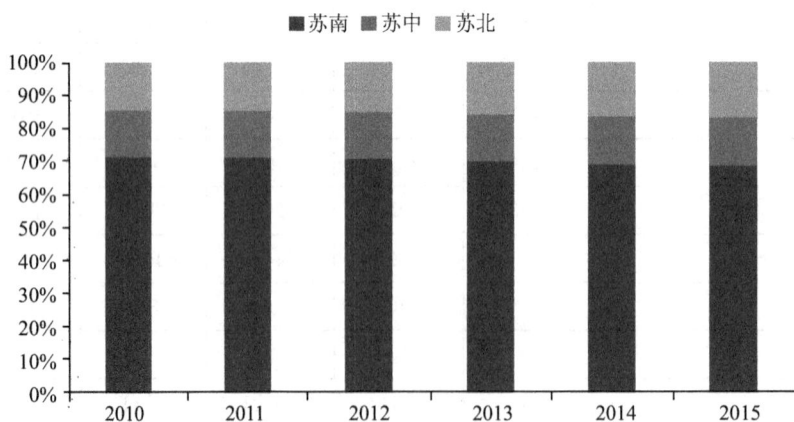

图 6　2010—2015 江苏省各区域国内旅游收入比重

数据来源:历年《江苏统计年鉴》

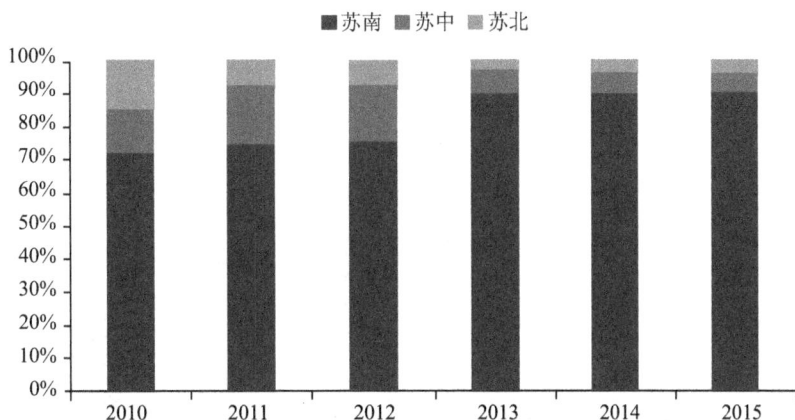

图7　2010—2015 江苏省各区域旅游外汇收入比重

数据来源：历年《江苏统计年鉴》

　　五年来，苏中、苏北旅游业总收入年均增速达到 16.2％，比全省平均增速高 2.1 个百分点，总量翻了一番，在全省旅游总收入中的占比达到 30.7％，比"十一五"末提升 2.7 个百分点。淮安周恩来故里旅游景区和盐城大丰麋鹿园成功晋升国家 5A 级景区，实现了苏北地区 5A 级景区零的突破。推动建立区域旅游合作联盟，支持"苏锡常"、"宁镇扬"和"徐连盐"等市旅游部门联合打造旅游新线路。积极推进长三角区域旅游合作，先后两次承办了长三角旅游合作联席会议，形成了长三角旅游发展合作协议和"苏州共识"，拓展了江苏的客源地，促进了与沪浙皖两省一市的交流合作。

四、信息传输、软件和信息技术服务业

　　信息传输、软件和信息技术服务业是关系到国民经济和社会发展全局的基础性、战略性、先导性产业，具有技术更新快、产品附加值高、应用领域广、渗透能力强、资源消耗低、人力资源利用充分等突出特点，对经济社会发展具有重要的支撑和引领作用。按国民经济行业分类（GB/T 4754—2011），信息传输、软件和信息技术服务业属于 I 门类，涵盖 63（电信、广播电视和卫星传输服务）、64（互联网和相关服务）和 65（软件和信息技术服务业）等三个行业大类。

　　2015 年，江苏省信息传输、软件和信息技术服务业实现增加值 1579.55 亿元，比 2014 年名义增长 18.44％，增速较 2013 年上升 2 个百分点，高于第三产业整体增速。从产业结构来看，信息传输、软件和信息技术服务业增加值占地区生产总值的比重为 2.7％，比 2014 年提高 0.3 个百分点；占第三产业增加值的比重上升至 5.40％，提高 0.33 个百分点。2010—2015 年江苏省信息传输、软件和信息技术服务业增加值情况见图8。从中可以看出，江苏信息传输、软件和信息技术服务业占第三产业的比重在近五年来一直保持持续上升趋势，从 2009 年的 3.86％提高到 2015 年的 5.40％，增加了近 1.54 个百分点，显示出该产业发展的势头良好，且对整体服务业的影响越来越大。

　　作为信息传输、软件和信息技术服务业所涵盖的三个行业大类之一，软件和信息技术服务业是江苏省重点发展的战略性新兴产业。2014 年全省软件与信息服务业累计完成软件业务收入 6439 亿（其中软件产品 1765 亿，同比增长 13.7％），同比增长 24.4％，继续保持全国领先地位。企业总数突破 5000 家，涌现出联创集团、焦点科技、苏宁云商、同程网、金智科技、擎天科技等一批重点企业。全省有 10 家企业进入 2014 年中国软件业务收入前百家企业名单，列全国第 3 位。2014 年，江苏全省软件企业认定和软件产品登记数量双双创出历史新高，新认定软件企业 797 家，比上年增加 139 家，增幅为 21.1％；新登记软件产品 5404 个，首次突破 5000 个，比上年增加 985 个，增幅为 22.3％。

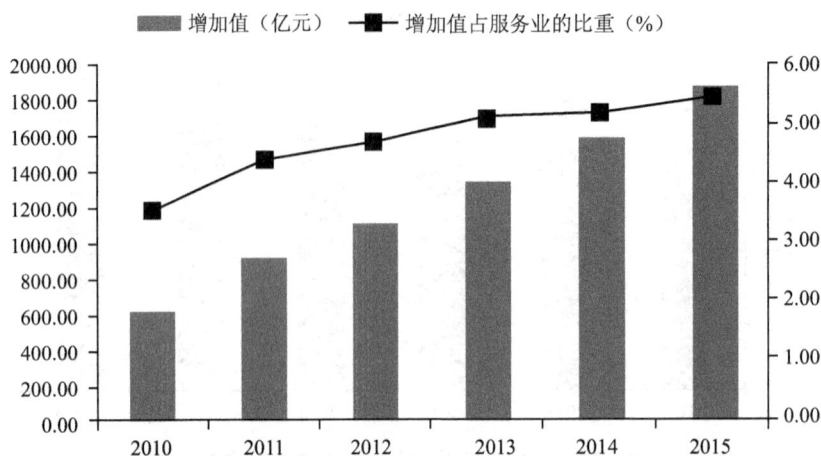

图8　2010—2015年江苏省信息传输、软件和信息技术服务业增加值

数据来源：历年《江苏统计年鉴》

表10　2015年全国软件业最终核实统计数据

指 标 名 称	单 位	2015年完成	增速%
企业个数	个	38222	3.0
软件业务收入	亿元	42848	15.7
其中：（一）软件产品收入	亿元	13656	11.9
（二）信息技术服务收入	亿元	22211	18.7
（三）嵌入式系统软件收入	亿元	6981	14.1
软件业务出口	亿美元	495	1.7
利润总额	亿元	5766	19.5
税金总额	亿元	1978	14.8
从业人员年末数	万人	574	5.2

数据来源：中国工业与信息化部，经作者整理、计算

表11　2015年主要省份软件业最终核实统计数据　　　　　　　　　　　（单位：万元）

单 位 名 称	（一）软件产品收入	（二）信息技术服务收入	（三）嵌入式系统软件收入
北京市	18419803	29427239	118710
天津市	2461160	5467309	1140373
辽宁省	10747253	16736210	3130251
吉林省	1025110	2203139	584567
上海市	9954801	17202127	1836610
江苏省	16518427	22813075	22394408
浙江省	8015827	14467882	1892461

续　表

单 位 名 称	（一）软件 产品收入	（二）信息 技术服务收入	（三）嵌入式 系统软件收入
福建省	5515805	7787021	1851997
山东省	12666816	12200561	6019396
湖北省	4348201	3575705	588057
广东省	15305893	25941481	18939531

数据来源：中国工业与信息化部

2015 年全年江苏省预测实现软件业务 7300 亿元，与上年相比增长 18％，收入再上新台阶。预计占全国软件业务收入的比重为 17％。（备注：2015 年第三季度，江苏省软件和信息服务业累计完成软件业务收入 5314 亿元，占全国比重为 17％。）江苏省软件产业结构基本形成了软件产品、信息技术服务、嵌入式系统软件齐头并进（31％、39％、30％）的局面；根据 2015 年前三季度的软件业务收入类型来看，软件产品收入占总收入的 28％，信息技术服务收入占 39.9％，嵌入式系统软件收入占 32.1％，信息技术服务收入占全省软件业务收入的比重近 40％，开始形成领跑的态势。

江苏省软件和信息服务业在电力自动化、通信管理、智能交通、电子政务、电子商务服务、互联网服务等方面涌现出一批如南瑞集团、金智科技、联创集团、三宝科技、华为科技、南京亚信、中兴软件、擎天科技、焦点科技、苏宁易购、苏州蜗牛、同程网、途牛网等知名企业，在国内同行业占有明显的技术优势和市场优势。

表 12　2015 年中心城市软件业最终核实统计数据　　　　　　　　　（单位：万元）

单位名称	企业个数	软件业务收入
合计	20908	243914689
大连市	1764	15068197
宁波市	708	3859993
厦门市	1022	9217448
青岛市	1298	13014088
深圳市	2097	42176299
沈阳市	1639	14831215
长春市	591	3079950
哈尔滨	417	982187
南京市	1759	30940236
杭州市	675	25537982
济南市	1762	20611389
武汉市	2420	10060759
广州市	1695	22595572
成都市	1733	20542004
西安市	1328	11397369

数据来源：中国工业与信息化部

2016 年全国百强软件企业 2015 年全年软件业务收入合计 8660 亿元，其中华为以 1786 亿元的软件业务收入居榜首。软件业务收入规模超 100 亿元的企业有 11 家，超 50 亿元的企业有 22 家。百强企业利润总额 2308 亿元，软件业务利润率超 20％。此次入围"百强"的江苏企业是：南京南瑞集团公司、国电南京自动化股份有限公司、江苏省通信服务有限公司、南京联创科技集团股份有限公司、江苏金智集团有限公司和江苏国光信息产业股份有限公司。

五、公 共 服 务 业

公共服务业是指为满足全体公民的公共消费需求而提供公共产品和公共服务的产业，其涵盖范围比较广泛，《江苏省"十二五"规划纲要》把义务教育、公共就业服务、社会保障、基本医疗卫生、公共文化体育、福利救助、社会公共安全等纳入基本公共服务，因此本节所界定的公共服务业包括国民经济行业分类（GB/T 4754—2002）中，代码为 M（科学研究、技术服务和地质勘查业）、N（水利、环境和公共设施管理业）、P（教育）、Q（卫生、社会保障和社会福利业）、R（文化、体育和娱乐业）、S（公共管理和社会组织）的六个行业。

2015 年，江苏省公共服务业持续增长，产业规模不断扩大。各行业增加值分别为：科学研究、技术服务和地质勘查业 998.71 亿元，水利、环境和公共设施管理业 496.67 亿元，教育 2195.15 亿元，卫生、社会保障和社会福利业 1230.89 亿元，文化、体育和娱乐业 635.64 亿元，公共管理和社会组织 2376.46 亿元。

表 13 汇总了 2011—2015 年江苏省公共服务业分行业增加值变化情况。不难发现，除教育外，各行业 2015 年增加值较 2011 年基本上都实现了翻番，说明近年来江苏省公共服务业保持着持续发展的态势。

表 13　2011—2015 年江苏省公共服务业各行业增加值　　　　　　　（单位：亿元）

指　　标	2011 年	2012 年	2013 年	2014 年	2015 年
科学研究、技术服务和地质勘查业	496.4	612.5	703.6	884.50	998.71
水利、环境和公共设施管理业	280.8	322.0	348.0	428.27	496.67
教育	1217.2	1420.5	1527.0	1866.58	2195.15
卫生、社会保障和社会福利业	664.5	731.6	819.0	1015.45	1230.89
文化、体育和娱乐业	268.0	303.0	383.4	536.56	635.64
公共管理和社会组织	1507.9	1691.9	1740.5	2003.97	2376.46

数据来源：历年《江苏统计年鉴》

与 2014 年相比，2015 年江苏省公共服务业各行业增加值的增速（可变价）分别为：科学研究、技术服务和地质勘查业 12.91％，水利、环境和公共设施管理业 15.97％、教育 17.60％，卫生、社会保障和社会福利业 21.21％，文化、体育和娱乐业 18.47％，公共管理和社会组织 18.58％。图 9 描述了 2010—2015 年江苏省公共服务业各行业增速情况。从中可以看出，各个公共服务业的年增速还是呈现出较为明显的下降趋势。

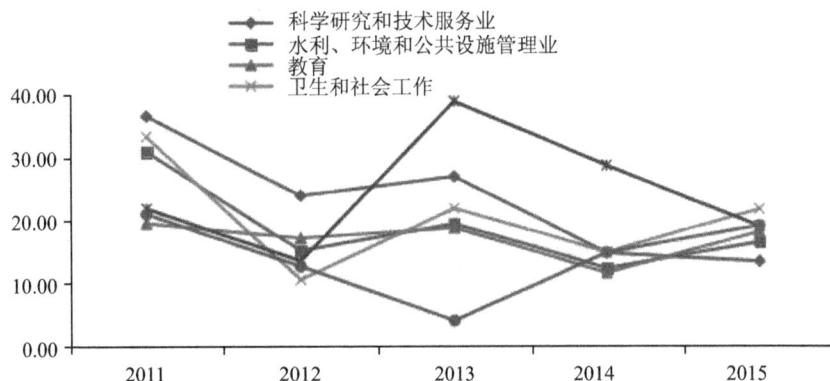

图9　2010—2015年江苏省公共服务业增速

数据来源:历年《江苏统计年鉴》

六、现代物流业

现代物流业是将运输、储存、装卸、搬运、包装、流通加工、配送、信息处理等基本功能根据实际需要有机结合的活动的集合,是融合运输业、仓储业、货代业和信息业的复合型生产服务业。现代物流业作为我国经济发展的重要产业和新的经济增长点,在促进经济增长,提高经济运行质量,改善国民经济结构等方面发挥着重要作用。作为东部最发达省份之一,江苏省独特的区位优势和雄厚的经济基础为江苏省发展现代物流业创造了有利条件。

2015年,全省物流需求稳中有增,运行效率继续提高。社会物流总额同比增长超过8%。全省社会物流总额实现230955亿元,同比增长8.1%。其中,工业品物流总额、进口物流总额、农产品物流总额、外省市商品购进额、单位与居民物品物流总额、再生资源物流总额分别占81.8%、5.6%、1.2%、11.0%、0.2%和0.2%。"十二五"期间,社会物流总额年均增长11.4%,低于"十一五"期间年均16.9%的增幅。

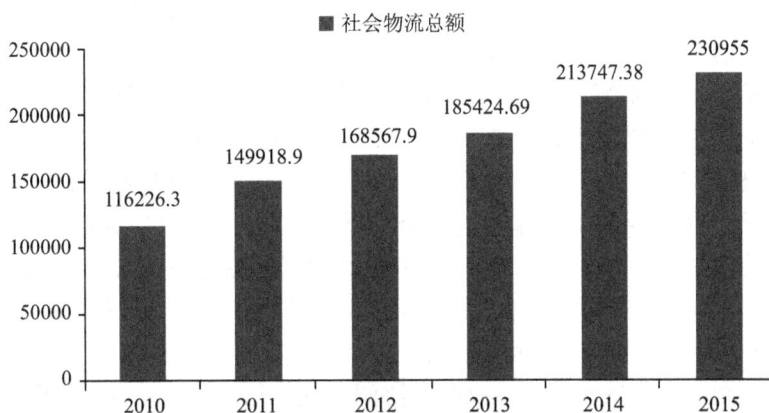

图10　2010—2015年江苏省物流总额(单位:亿元)

数据来源:历年《江苏省物流业统计公报》,经作者整理、计算

社会物流总费用同比增长超过5%。全省社会物流总费用10412亿元,同比增长5.4%。其中,运输费用、保管费用、管理费用分别占51.9%、37.6%和10.5%。社会物流总费用与GDP的比率为14.8%,比去年底下降0.3个百分点。"十二五"期间,社会物流总费用年均增长8.5%,社会物流总费

用与 GDP 的比率累计下降 0.7 个百分点。

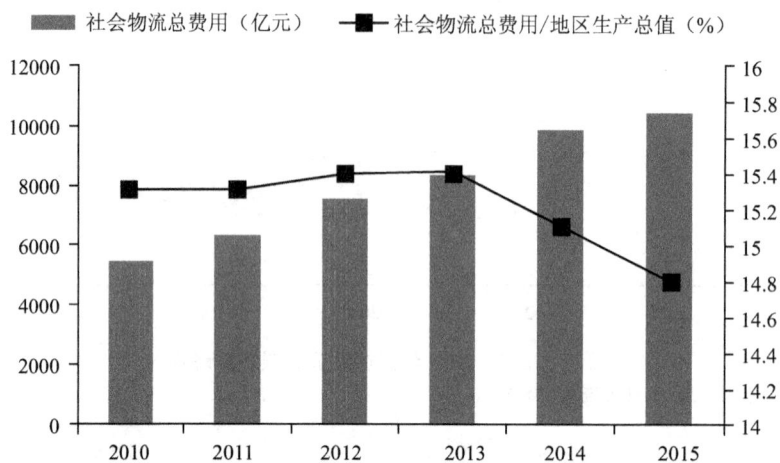

图 11　2010—2015 年江苏省社会物流总费用(单位:亿元)

数据来源:历年《江苏省物流业统计公报》,经作者整理、计算

物流业增加值同比增长超过 8%。全省物流业增加值实现 4720 亿元,按可比价格计算同比增长 8.8%,占全省 GDP 的比重为 6.7%,占全省服务业增加值的比重为 13.8%。"十二五"期间,物流业增加值年均增长 10.5%,占 GDP 的比重累计提高了 0.2 个百分点,占服务业的比重累计下降了 2.1 个百分点。

重点监测物流企业运营情况总体平稳。161 家省重点物流企业年平均物流业务收入为 30947 万元,同比增长 8.2%;平均业务成本为 28964 万元,同比增长 9.4%;平均业务利润额为 2217 万元,同比增长 5.9%,利润率为 7.7%;平均缴纳税金为 269 万元,同比下降 4.0%。7 家企业出现亏损,亏损面为 4.3%。2015 年全省物流业景气指数(LPI)平均值为 54%,反映物流经营活动比较活跃,物流经济运行总体平稳。

2015 年,江苏物流业总体呈现平稳增长的态势,综合物流指数为 0.5127,比上年增长了 5.73%。其中,物流行业基础条件及效益指数为 0.5271,增长 4.86%;物流发展对环境影响指数为 0.5041,增长 2.01%;物流发展与经济总量关系指数为 0.4832,增长 8.83%。反映出江苏物流基础设施进一步完善,物流质量持续提高,经济对物流业的拉动作用更加明显,物流业对经济社会的支撑作用进一步加强。

十二五期间,全省综合物流指数从 2011 年的 0.4471 增长到 2015 年的 0.5127,年均增长 2.91%,物流行业发展指数从 2011 年的 0.4477 增长到 2015 年的 0.5413,年均增长 3.32%,反映全省物流业总体保持了平稳增长态势。从各区域来看,苏南地区综合物流指数和物流行业发展指数最高,但苏北、苏中地区增长较快。其中 2011—2015 年苏中、苏北地区的综合物流指数年均增长分别为 3.31% 和 2.36%,快于苏南的 1.92%,物流行业发展指数年均增长分别为 3.96% 和 3.07%,远高于苏南的 1.06%。苏中、苏北与苏南的综合物流指数差距已由 2011 年的 0.1818 和 0.2263 缩小到 2015 年的 0.1547 和 0.2068,反映三大区域间的物流业趋于协同发展。从主要城市来看,苏州、南京、无锡的综合物流指数和物流行业发展指数最高,但其他城市发展也较为迅速。其中盐城、宿迁、镇江市的物流指数年均增长 4%,排在全省前三位。泰州、盐城、淮安物流行业发展指数年均增长分别为 8.07%、7.37% 和 7.17%,镇江和南通分别为 5.32% 和 4.37%。与 2013 年相比,2015 年全省物流业总体平稳增长,增速略有下滑。钢铁、煤炭等大宗生产资料物流受产能过剩、需求乏力影响,业务下滑。即使是快递、快运等近年来增速较高的企业,增长幅度也有所放缓。电子、快消、医药、冷链等生活资料物流需求较旺,上升势头明显。特别是电子商务物流、快递和配送、跨境电子商务、加盟和结盟、车货匹配平台、农村物流等新兴业态和创新型业务发展迅猛。

七、高新技术产业

按照《江苏省高新技术产业统计分类目录》(2012 年修订)所确定的统计口径,江苏省高新技术产业包括以下九个行业:航空航天制造业、电子计算机及办公设备制造业、电子及通信设备制造业、生物医药制造业、仪器仪表制造业、智能装备制造业、新材料制造业、新能源制造业以及软件业。软件业统计参见第四节,本节主要分析其余八个制造业行业的发展状况。

图 12 显示了江苏省 2010—2015 年规模以上工业总产值增长情况及高新技术产业产值的占比。其中,我们可以看出,近五年来,江苏工业在稳步增长的同时,结构和产业层次都不断提升。高新技术产业产值占规模以上工业总产值的比重由 2010 年的 32.97% 提高到 2015 年的 40.96%。

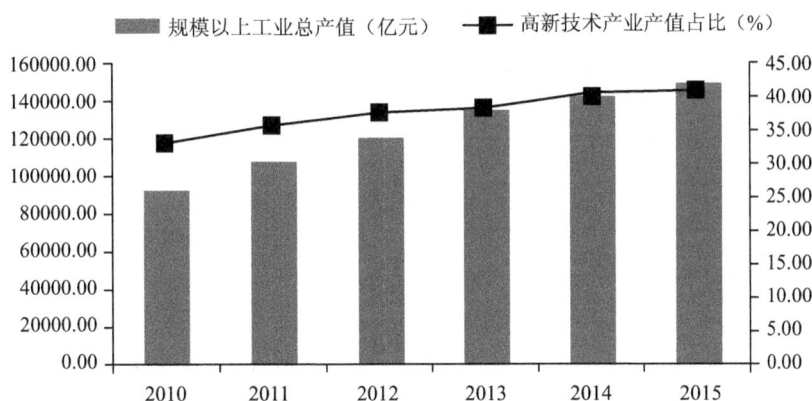

图 12 2010—2015 年江苏省工业总产值及高新技术产业产值占比情况

数据来源:《江苏统计年鉴 2016》

从全省高新技术产业分行业发展状况看,航空航天制造业实现工业总产值 316.28 亿元,占高新技术产业总产值的 0.51%;电子计算机及办公设备制造业实现工业总产值 2375.86 亿元,占 3.88%;电子及通信设备制造业实现工业总产值 13955.09 亿元,占 22.74%;生物医药制造业实现工业总产值 4170.23 亿元,占 6.79%;仪器仪表制造业实现工业总产值 1393.42 亿元,占 2.27%;智能装备制造业实现工业总产值 18182.56 亿元,占 29.63%;新材料制造业实现工业总产值 17289.21 亿元,占 28.17%;新能源制造业实现工业总产值 3690.95 亿元,占 6.01%。

表 14 2010—2015 年江苏高新技术产业分行业产值 (单位:亿元)

项　　　目	2010 年	2011 年	2012 年	2013 年	2014 年	2015 年
总计	**30354.84**	**38377.76**	**45041.48**	**51899.10**	**57277.28**	**61373.61**
按行业分						
航空航天制造业	64.84	76.42	218.30	263.65	294.68	316.28
电子计算机及办公设备制造业	2634.34	2940.80	2260.06	2548.86	2349.71	2375.86
电子及通信设备制造业	7411.99	9114.40	11367.89	12288.74	13621.74	13955.09
生物医药制造业	1656.94	2123.22	2651.73	3184.23	3586.55	4170.23
仪器仪表制造业	1697.01	2233.28	1084.99	1190.99	1291.54	1393.42
高端装备制造业	5724.60	7332.90	12123.94	15561.06	17376.23	18182.56

续　表

项　目	2010 年	2011 年	2012 年	2013 年	2014 年	2015 年
新材料制造业	7486.61	9791.83	12214.01	13602.31	15378.60	17289.21
新能源制造业	3678.51	4764.90	3120.55	3259.25	3378.23	3690.95

数据来源:《江苏统计年鉴 2016》

全省高新技术产业主要分布在苏南及沿江地区,苏南五市高新技术产业产值 35405.76 亿元,占全省的 57.69%;苏中三市高新技术产业产值 14609.50 亿元,占全省的 23.80%;苏北五市高新技术产业产值 11358.35 亿元,占全省的 18.51%。

从江苏省各市的情况来看,2015 年工业增加值前三位是苏州、无锡、南京,三市工业增加值分别为 6490.44、3827.28、3395.26 亿元,分别占全省工业增加值的 21.92%、12.96% 和 11.47%。工业增加值最小的是宿迁和连云港,分别为 873.04 亿元和 767.27 亿元,占全省工业增加值比重分别为 2.95% 和 2.59%。2010—2015 年江苏省各市工业增加值见表 15。

表 15　2010—2015 年江苏省各市工业增加值　　　　　　　　　　（单位:亿元）

市	2010 年	2011 年	2012 年	2013 年	2014 年	2015 年
南京	2005.21	2390.51	2748.46	2997.63	3119.12	3395.26
无锡	2986.52	3463.12	3717.88	3893.56	3747.59	3837.28
徐州	1268.61	1509.82	1666.62	1793.48	1883.7	1976.57
常州	1530.86	1768.91	1900.55	2036.27	2170.19	2269.99
苏州	4916.49	5555.33	6055.10	6370.37	6360.14	6490.44
南通	1568.49	1840.41	1992.11	2168.16	2307.63	2453.38
连云港	431.84	517.82	583.31	642.67	706.89	767.27
淮安	537.00	661.15	737.20	819.60	903.34	985.66
盐城	935.51	1111.50	1258.22	1405.02	1524.64	1653.9
扬州	1074.61	1240.87	1344.66	1468.79	1634.48	1749.58
镇江	1039.78	1175.63	1309.54	1431.04	1498.41	1588.95
泰州	981.02	1132.27	1237.05	1362.30	1462.03	1565.28
宿迁	386.37	502.57	589.82	679.18	780.91	873.04

数据来源:历年《江苏统计年鉴》

江苏省三个区域中,苏南 2015 年实现工业增加值 17581.88 亿元,占全省比重为 59%,比 2014 年下滑 2 个百分点;苏中、苏北分别实现工业增加值 5758.24 亿元、6256.47 亿元,占全省比重分别为 20% 和 21%。参见图 13。

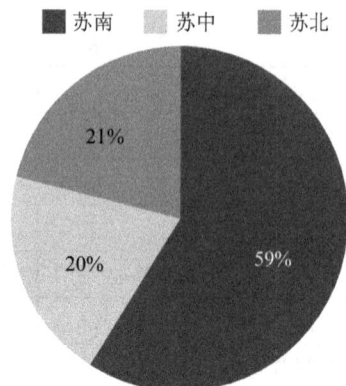

图 13　2015 年江苏省各区域工业增加值比重

数据来源:《江苏统计年鉴 2016》

第四章　2015 年江苏省外向型经济发展分析

一、对外贸易

2015 年,面对国际市场复苏乏力,贸易摩擦不断增多等不利因素,江苏外贸进出口值 33870.6 亿元,位居全国第二,出口实现了正增长,传统优势出口行业表现稳健,高新技术产品逆势增长,新型贸易业态崭露头角,在"寒冬"中绽放出一抹春色。

2015 年,江苏外贸进出口低位增长。全年实现全年进出口总额 5456.1 亿美元,比上年下降 3.2%。其中,出口总额 3386.7 亿美元,下降 0.9%;进口总额 2069.5 亿美元,下降 6.7%。图 1 描述了 2010—2015 年江苏省进出口额的变动情况。

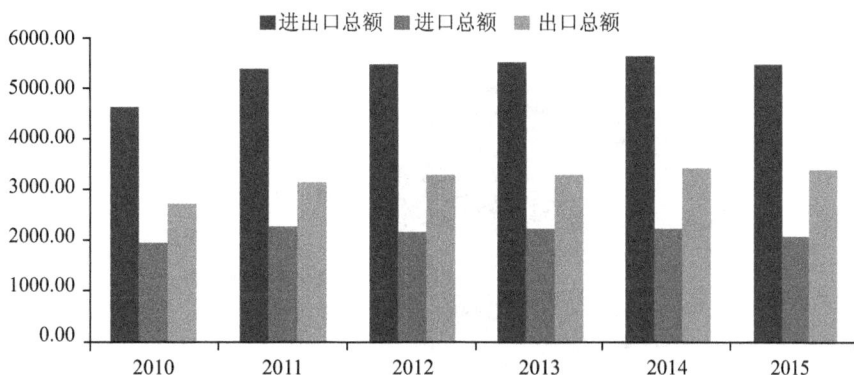

图 1　2010—2015 年江苏省进出口额变动(单位:亿美元)
数据来源:历年《江苏统计年鉴》

近年来,江苏省进出口增速经历较大波动。2009—2010 年增速由负转变为正,并达到近五年的高点,接近 40%。但此后连续下滑,虽然 2014 年进出口总额实现正的 2.3% 增速,但在 2015 年又出现负增长。参见图 2。

2015 年江苏省进出口、出口、进口均好于全国平均水平,其中:进出口总额下降 3.2%,降幅比全国浅 4.8 个百分点,在沿海主要省市中仅次于浙江省;出口方面,江苏省下降 0.9%,降幅比全国浅 1.9 个百分点,在沿海主要省市中仅好于上海。外贸传统出口"三雄"的 IT、船舶、光伏多年低迷格局有所改变,再度成为稳增长的重要支撑。便携式电脑等 IT 行业订单回流,苏州地区龙头代工企业生产订单饱和,全省出口便携式电脑 1204.6 亿元,增长 0.9%;平板电脑 365.2 亿元,增长 8.8%;主要为 IT 产品零件的自动数据处理设备出口 433 亿元,增长 5.1%。船舶行业虽然尚未走出资金链紧张、后继订单不足的经营压力,但去年迎来集中交船期,全省出口船舶 462.9 亿元,增长 15.1%。光伏行业虽然不断遭遇贸易摩擦,但众多企业一手抓紧欧美日市场,一手开拓东盟、印度等新市场,行业景气程度和盈利能力都有提高,全年出口太阳能电池 408 亿元,增长 1.3%。去年这三个行业出口对江苏省出口增长贡献率达到 616.3%。三大行业的稳健生产,还带动了集成电路、电脑零配件、船用发动机和电子设备、多晶硅等多种商品的进口。

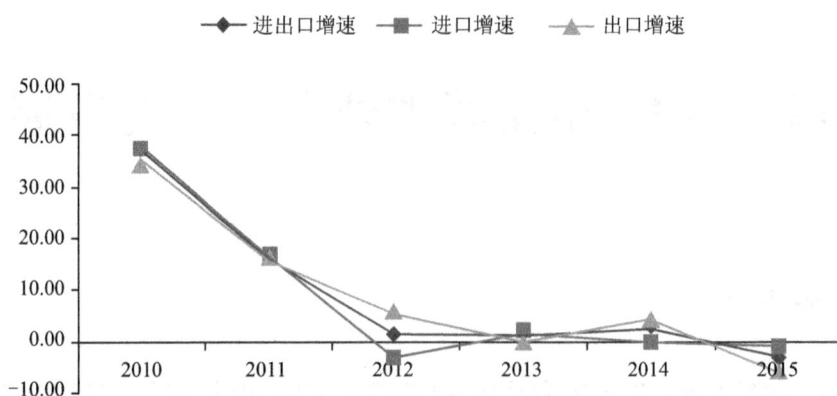

图2 2010—2015年江苏省进出口增速变动

数据来源:历年《江苏统计年鉴》

一般贸易走势疲弱,加工贸易趋向平稳。2015年全省一般贸易方式进出口2388.3亿美元,下降3.9%,占全省进出口总额43.8%,占比较去年同期下降0.3个百分点。其中,一般贸易出口下降2.0%,进口下降7.3%。同期,加工贸易方式进出口2296.7亿美元,下降2.6%,占全省进出口总额42.1%,占比增长0.3个百分点。其中,出口下降0.8%,进口下降5.5%。

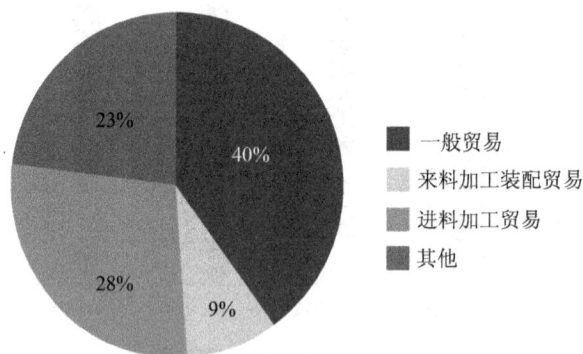

图3 2015年江苏省按贸易方式分进口贸易结构

数据来源:《江苏统计年鉴2016》

2015年江苏省一般贸易出口额为1552.49亿美元,占出口总额的46%,比2013年增加约2个百分点;来料加工装配贸易、进料加工贸易出口额分别为164.36亿美元、1315.19亿美元,分别占出口总额的5%和39%,见图4。

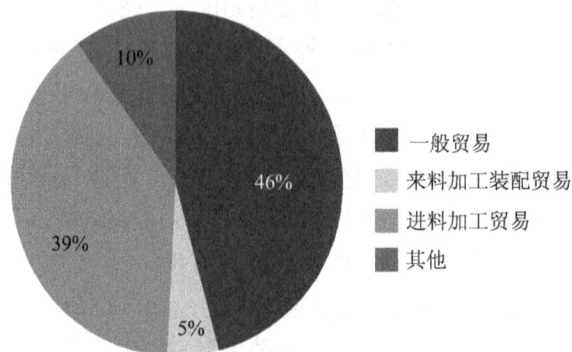

图4 2015年江苏省按贸易方式分出口贸易结构

数据来源:《江苏统计年鉴2016》

在江苏省 2015 年进出口商品类型中,初级产品进口 253.4 亿美元,占进口总额的 12.65%,而初级产品出口 50.99 亿美元,仅占出口总额的 1.53%,表现出明显的不平衡。初级产品进口以非食用原料(燃料除外)和矿物燃料、润滑油及有关原料为主,分别占进口总额 9.09% 和 2.08%。工业制成品进口 1749.47 亿美元,占进口总额的 87.35%,而工业制成品出口 3285.58 亿美元,占出口总额的 98.47%。工业制成品进口中,机械及运输设备、化学成品及有关产品两项比重较大,分别占进口总额的 49.42% 和 13.46%。工业制成品出口中,机械及运输设备、杂项制品两项比重较大,分别占出口总额的 56.64% 和 18.54%。2015 年江苏省进出口商品类型参见表 1。

表 1　2015 年江苏省进出口商品类型

商品类型	进口金额 (万美元)	进口比重 (%)	出口金额 (万美元)	出口比重 (%)
总　计	20028665	100.00	33365671	100.00
初级产品	2534000	12.65	509857	1.53
食品及活动物	161218	0.80	231475	0.69
活动物	547	0.00	1093	0.00
肉及肉制品	61415	0.31	2789	0.01
乳品及蛋品	10556	0.05	206	0.00
鱼、甲壳及软体类动物及其制品	631	0.00	15038	0.05
谷物及其制品	6120	0.03	9658	0.03
蔬菜及水果	57702	0.29	108641	0.33
糖、糖制品及蜂蜜	2752	0.01	8852	0.03
咖啡、茶、可可、调味料及其制品	8477	0.04	12937	0.04
饲料(不包括未碾磨谷物)	4756	0.02	30545	0.09
杂项食品	8262	0.04	41716	0.13
饮料及烟类	9732	0.05	1902	0.01
＃饮料	9732	0.05	1601	0.00
非食用原料(燃料除外)	1820600	9.09	215152	0.64
生皮及生毛皮	22049	0.11	19	0.00
油籽及含油果实	22009	0.11	115	0.00
生橡胶(包括合成橡胶及再生橡胶)	74403	0.37	17960	0.05
软木及木材	200157	1.00	8689	0.03
纸浆及废纸	361000	1.80	1000	0.00
纺织纤维(羊毛条除外)及其废料	253087	1.26	106247	0.32
天然肥料及矿物(煤、石油及宝石除外)	43039	0.21	11106	0.03
金属矿砂及金属废料	824016	4.11	13901	0.04
其他动、植物原料	20841	0.10	56116	0.17
矿物燃料、润滑油及有关原料	415774	2.08	55414	0.17
煤、焦炭及煤砖	39230	0.20	7757	0.02

续　表

商品类型	进口金额（万美元）	进口比重（%）	出口金额（万美元）	出口比重（%）
石油、石油产品及有关原料	195542	0.98	47221	0.14
天然气及人造气	181002	0.90	436	0.00
动植物油、脂及蜡	126677	0.63	5915	0.02
动物油、脂	1626	0.01	5150	0.02
植物油、脂	121345	0.61	285	0.00
已加工的动植物油、脂及动植物蜡	3706	0.02	480	0.00
工业制成品	17494665	87.35	32855814	98.47
化学成品及有关产品	3379824	16.87	2315512	6.94
有机化学品	1693434	8.46	897289	2.69
无机化学品	124978	0.62	135539	0.41
染料、鞣料及着色料	58368	0.29	107749	0.32
医药品	217039	1.08	161405	0.48
精油、香料及盥洗、光洁制品	39859	0.20	84101	0.25
制成肥料	8115	0.04	66063	0.20
初级形状的塑料	573293	2.86	323306	0.97
非初级形状的塑料	302300	1.51	212296	0.64
其他化学原料及产品	362439	1.81	327766	0.98
按原料分类的制成品	1516499	7.57	5454410	16.35
皮革、皮革制品及已鞣毛皮	25087	0.13	14459	0.04
橡胶制品	76586	0.38	194931	0.58
软木及木制品(家具除外)	15838	0.08	288076	0.86
纸及纸板;纸浆、纸及纸板制品	56199	0.28	251827	0.75
纺纱、织物、制成品及有关产品	240671	1.20	1999537	5.99
非金属矿物制品	154657	0.77	307651	0.92
钢铁	284855	1.42	1114600	3.34
有色金属	383098	1.91	271123	0.81
金属制品	279510	1.40	1012205	3.03
机械及运输设备	9898339	49.42	18898514	56.64
动力机械及设备	305412	1.52	658575	1.97
特种工业专用机械	803814	4.01	826415	2.48
金工机械	273001	1.36	129934	0.39
通用工业机械设备及零件	837595	4.18	1542089	4.62
办公用机械及自动数据处理设备	634793	3.17	4360447	13.07

续　表

商 品 类 型	进口金额（万美元）	进口比重（%）	出口金额（万美元）	出口比重（%）
电信及声音的录制及重放装置设备	575094	2.87	3512750	10.53
电力机械、器具及其电气零件	6151769	30.71	6004055	17.99
陆路车辆（包括气垫式）	273371	1.36	1035549	3.10
其他运输设备	43489	0.22	828700	2.48
杂项制品	2695754	13.46	6185859	18.54
活动房屋；卫生、水道、供热及照明装置	22968	0.11	219291	0.66
家具及其零件；褥垫及类似填充制品	17164	0.09	582454	1.75
旅行用品、手提包及类似品	3111	0.02	147117	0.44
服装及衣着附件	39134	0.20	2322557	6.96
鞋靴	74034	0.37	210357	0.63
专业、科学及控制用仪器和装置	1889119	9.43	1404751	4.21
摄影器材、光学物品及钟表	378581	1.89	261917	0.78
杂项制品	271643	1.36	1037415	3.11

数据来源：《江苏统计年鉴2016》

　　机电产品出口小幅增长，传统劳动密集型产品出口下降。2015年，全省机电产品出口2247.5亿美元，增长1.5%，占全省出口总值的66.4%，占比较去年同期增长1.6个百分点。同期，七大类传统劳动密集型产品出口566.0亿美元，下降3.2%，占全省出口总值的16.7%，同比下降0.4个百分点。全省主要出口产品中，船舶出口74.7亿美元，增长14.0%；平板电脑和便携式电脑分别出口58.6亿美元和193.8亿美元，合计增长1.4%；钢材110.7亿美元，下降11.1%；太阳能电池65.6亿美元，增长0.1%；液晶显示板88.5亿美元，下降1.0%。

　　国有和外资企业下滑明显，民营企业降幅较小。2015年，全省民营企业进出口1524.1亿美元，下降1.7%。其中，出口增长1.3%，进口下降8.0%。同期，外商投资企业进出口3373.2亿美元，下降3.6%。其中，出口下降2.5%，进口下降5.1%。国有企业进出口449.6亿美元，下降4.0%。其中，出口增长0.4%，进口下降12.3%。图5和图6反映了不同经济类型企业进口额占江苏省2015年进口和出口总额的比重。

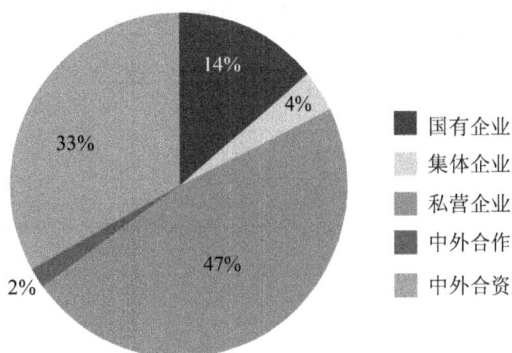

图5　2015年江苏省按经济类型分进口贸易结构

数据来源：《江苏统计年鉴2016》

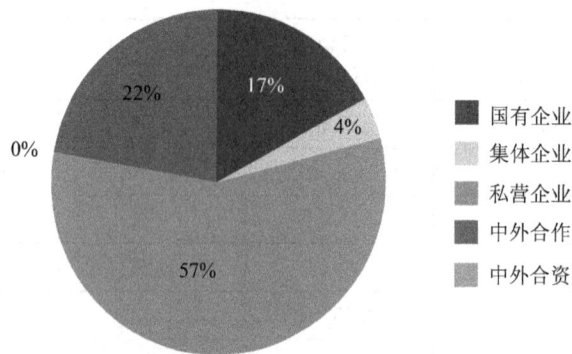

图6　2015年江苏省按经济类型分出口贸易结构
数据来源:《江苏统计年鉴2016》

对美国、东盟出口增长,主要市场进口全线下滑。2015年,江苏省对美国、东盟和韩国出口分别增长3.7%、2.6%和0.2%。美国超越欧盟重新成为江苏省第一大贸易伙伴,东盟超越韩国、日本成为第三大贸易市场。同期,对日本出口和进口分别下降9.0%和13.3%。当前,江苏省前五大贸易伙伴分别为:美国867.6亿美元,欧盟847.3亿美元,东盟596.5亿美元,韩国585.0亿美元,日本528.2亿美元。当期,对香港出口和进口分别下降0.2%和16.5%。

从进出口商品的国家和地区来看,亚洲是江苏省对外贸易的主要来源地和目的地。2015年,江苏省对亚洲的进出口总额为3035.54亿美元,占进出口总额的55.64%,与2014年相比,金额有所下滑,但比重几乎没变。其中对亚洲进口总额1455.51亿美元,占进口总额比重为70.33%;对亚洲出口总额1580.03亿美元,占出口总额比重为46.65%。欧洲和北美洲也是重要的对外贸易来源地和目的地,江苏省2015年对欧洲和北美洲的进出口总额分别为925.83亿美元和948.55亿美元,分别占进出口总额的16.97%和17.39%,其中值得注意的是,在对外贸易疲软的情况下,江苏2015年对美洲的进出口贸易总额实现正增长。2015年,江苏省最重要的3个贸易伙伴国是美国、韩国、日本,分别占江苏省进出口总额的15.90%、10.72%和9.68%,与2014年相比,韩国取代日本成为中国的第二大贸易伙伴国。前三位的进口来源地是韩国、中国台湾、日本,分别占江苏省进口总额的20.21%、14.33%和11.95%。前三位的出口目的地是美国、中国香港、日本,分别占江苏省出口总额的21.50%、10.27%和8.29%,与2014年相比,中国香港取代日本成为江苏第二大出口地。另外,亚太经合组织、欧洲联盟、东南亚国家联盟等区域一体化组织也在江苏省对外贸易发展中,扮演着重要角色。参见表2。

表2　2015年江苏省进出口商品主要国家和地区

国家(地区)	金额(万美元)			比重(%)		
	进出口	进口	出口	进出口	进口	出口
亚洲	30355414	14555096	15800319	55.64	70.33	46.65
♯巴林	12831	3762	9069	0.02	0.02	0.03
孟加拉国	288883	5401	283483	0.53	0.03	0.84
缅甸	66321	744	65577	0.12	0.00	0.19
柬埔寨	84656	11506	73150	0.16	0.06	0.22
塞浦路斯	13199	19	13179	0.02	0.00	0.04

续　表

国家(地区)	金额(万美元)			比重(%)		
	进出口	进口	出口	进出口	进口	出口
中国香港	3524518	45555	3478963	6.46	0.22	10.27
印度	1089289	126288	963001	2.00	0.61	2.84
印度尼西亚	745603	255650	489954	1.37	1.24	1.45
伊朗	212165	61238	150927	0.39	0.30	0.45
以色列	128461	32735	95726	0.24	0.16	0.28
日本	5281906	2473708	2808198	9.68	11.95	8.29
科威特	105384	67766	37618	0.19	0.33	0.11
中国澳门	20561	207	20355	0.04	0.00	0.06
马来西亚	1198194	669363	528831	2.20	3.23	1.56
巴基斯坦	161616	15359	146257	0.30	0.07	0.43
菲律宾	555582	251884	303697	1.02	1.22	0.90
卡塔尔	122527	83810	38717	0.22	0.40	0.11
沙特阿拉伯	534354	287755	246599	0.98	1.39	0.73
新加坡	1243447	519578	723869	2.28	2.51	2.14
韩国	5849986	4182164	1667822	10.72	20.21	4.92
斯里兰卡	44746	4427	40319	0.08	0.02	0.12
叙利亚	7855	55	7801	0.01	0.00	0.02
泰国	1144950	533141	611809	2.10	2.58	1.81
土耳其	314344	21760	292585	0.58	0.11	0.86
阿拉伯联合酋长国	435557	57264	378293	0.80	0.28	1.12
越南	910393	206841	703553	1.67	1.00	2.08
中国台湾	4344067	2965719	1378348	7.96	14.33	4.07
非洲	1025487	155410	870077	1.88	0.75	2.57
♯喀麦隆	15955	7987	7968	0.03	0.04	0.02
埃及	111683	2001	109682	0.20	0.01	0.32
加蓬	8151	6000	2151	0.01	0.03	0.01
摩洛哥	30522	3357	27166	0.06	0.02	0.08
尼日利亚	115818	6157	109661	0.21	0.03	0.32
南非	248598	58716	189883	0.46	0.28	0.56
欧洲	9258347	2644028	6614319	16.97	12.78	19.53
♯比利时	354705	92480	262225	0.65	0.45	0.77
丹麦	118479	27955	90524	0.22	0.14	0.27
英国	1076308	185545	890763	1.97	0.90	2.63

续 表

国家(地区)	金额(万美元)			比重(%)		
	进出口	进口	出口	进出口	进口	出口
德国	2098657	1004265	1094392	3.85	4.85	3.23
法国	595682	188677	407005	1.09	0.91	1.20
爱尔兰	59874	13554	46321	0.11	0.07	0.14
意大利	581531	186073	395457	1.07	0.90	1.17
荷兰	1412581	127685	1284897	2.59	0.62	3.79
希腊	74137	3273	70865	0.14	0.02	0.21
葡萄牙	41247	6532	34715	0.08	0.03	0.10
西班牙	403555	86320	317235	0.74	0.42	0.94
奥地利	109242	72612	36631	0.20	0.35	0.11
芬兰	124222	55658	68564	0.23	0.27	0.20
匈牙利	142451	31565	110886	0.26	0.15	0.33
挪威	106379	49581	56798	0.19	0.24	0.17
波兰	278772	24964	253809	0.51	0.12	0.75
罗马尼亚	72080	10979	61101	0.13	0.05	0.18
瑞典	288481	181241	107240	0.53	0.88	0.32
瑞士	165188	100103	65085	0.30	0.48	0.19
俄罗斯联邦	410778	63371	347408	0.75	0.31	1.03
乌克兰	68367	29166	39201	0.13	0.14	0.12
捷克	245795	52265	193530	0.45	0.25	0.57
拉丁美洲	2800262	906979	1893283	5.13	4.38	5.59
#阿根廷	186011	75363	110649	0.34	0.36	0.33
巴西	1010193	551116	459077	1.85	2.66	1.36
智利	246664	74115	172550	0.45	0.36	0.51
哥伦比亚	105917	3571	102345	0.19	0.02	0.30
危地马拉	27057	3702	23355	0.05	0.02	0.07
墨西哥	653509	78504	575005	1.20	0.38	1.70
巴拿马	81223	48	81175	0.15	0.00	0.24
秘鲁	121448	26734	94714	0.22	0.13	0.28
乌拉圭	65232	36698	28534	0.12	0.18	0.08
委内瑞拉	27728	1481	26247	0.05	0.01	0.08
北美洲	9485545	1647856	7837689	17.39	7.96	23.14
#加拿大	796430	251221	545210	1.46	1.21	1.61
美国	8676316	1396635	7279681	15.90	6.75	21.50

国家(地区)	金额(万美元)			比重(%)		
	进出口	进口	出口	进出口	进口	出口
大洋洲	1633275	782139	851136	2.99	3.78	2.51
♯澳大利亚	1328826	683275	645551	2.44	3.30	1.91
新西兰	132483	62595	69888	0.24	0.30	0.21
巴布亚新几内亚	23161	17034	6128	0.04	0.08	0.02
附:东南亚国家联盟	5965438	2454704	3510734	10.93	11.86	10.37
欧洲联盟	8473473	2394898	6078575	15.53	11.57	17.95
亚太经济合作组织	38823474	16385804	22437670	71.16	79.18	66.25

数据来源:《江苏统计年鉴2016》

从城市来看,2015年江苏十三个城市中,进出口总额最高的是苏州,达到3053.5亿美元,远高出排在第二位的无锡的684.67亿美元,因此苏州的外贸依存度也高达131.12%,表现出极强的外向型经济特征。外贸依存度排在第二位的城市是无锡50.06%,其次是南京34.11%,而徐州的外贸依存度只有6.34%,全省最低。宿迁的进出口总额25.99亿美元,位列十三个城市的末尾,其次是淮安41.30亿美元。

表3　2015年江苏省各市进出口情况　　　　　　　　　(单位:亿美元)

	进出口总额	出口	进口	外贸依存度(%)
南京	532.40	315.03	217.38	34.11
无锡	684.67	422.32	262.35	50.06
常州	280.41	212.56	67.85	33.12
苏州	3053.50	1814.59	1238.90	131.12
镇江	100.64	68.73	31.90	17.90
南通	315.79	228.26	87.53	31.99
扬州	103.38	77.11	26.27	16.03
泰州	102.29	63.77	38.52	17.28
徐州	54.13	43.89	10.23	6.34
连云港	80.45	40.60	39.85	23.19
淮安	41.30	30.09	11.21	9.37
盐城	81.19	51.24	29.95	12.00
宿迁	25.99	18.50	7.49	7.61

数据来源:《江苏统计年鉴2016》

苏南部分地区增长乏力,苏中、苏北增长较快。2015年,苏南五市合计进出口4651.62亿美元,与2014年相比,减少250亿美元。无锡、南京、镇江进出口均实现正增长,分别增长4.3%、1.6%、2.5%;苏州和常州分别下降0.4%和2.4%。同期,苏中和苏北地区分别进出口521.46亿美元和283.06亿美元,分别比江苏省进出口平均增幅高出3.2个和8.7个百分点;其中苏北地区的连云港、盐城、淮安和宿迁增幅分别高达19.6%、14%、10.8%和11.9%。

二、利用外资

近年来,江苏省外商直接投资规模稳步扩大,从 2009 年 23253 亿美元一直增加,至 2011 年突破 300 亿美元大关。但 2012 年后,由于世界宏观经济的影响,以及欧美企业在我国出现 FDI 回流的趋势,江苏省利用外资规模不断下滑,从 2012 年的 357.60 亿美元,减少到 2015 年的 242.75 亿美元,比 2014 年大幅减少 13.84%,2010—2015 年江苏省外商直接投资规模变动见图 7。

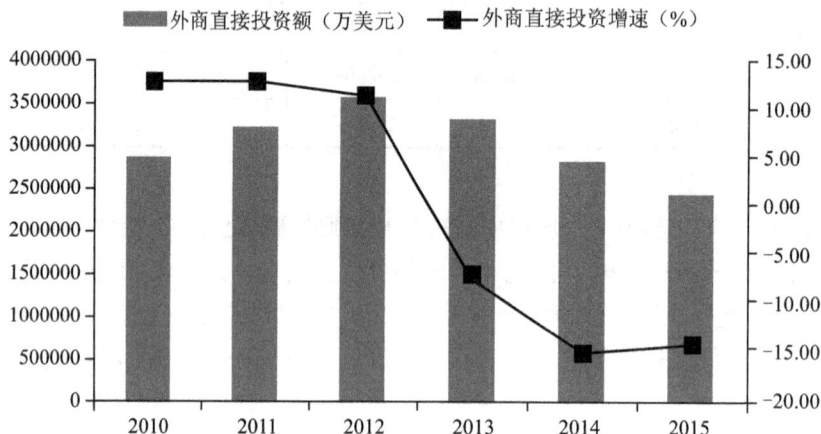

图 7　2010—2015 年江苏省外商直接投资规模及增速

数据来源:历年《江苏统计年鉴》

江苏吸引 FDI 不断减少的原因可以归纳为:第一,欧美企业的投资意愿和能力有所下降。由于金融危机导致投资获利空间收窄、投资风险剧增,加上国内劳动力成本上升、土地等资源供应趋紧、融资困难、人民币汇率上升等多重压力,使欧美企业投资行为趋于谨慎,投资意愿和能力明显下降。与此同时,危机造成的资金链断裂,也大大降低了发达经济体企业的投资能力。第二,发达国家资本回流倾向明显增强。在经历了 2008 年金融危机的沉重打击和长期经济下滑之后,欧美发达国家纷纷提出回归实体经济和制造业再造等口号,鼓励资本回流。在美国,2012 年 2 月,奥巴马政府表示要在 2015 年前把美国的出口提高一倍,甚至建议在海外投资设厂的跨国公司应当向美国支付基本的最低税金,用来为选择留在美国并雇佣美国人力的公司减税,以激励企业重夺全球尖端科技制造业的领先地位。特别是第三次工业革命将对利用外资形成新的冲击。以互联网技术和可再生能源的结合为基础、以数字化制造为标志的第三次工业革命,作为一种新的经济模式,将对世界经济格局产生影响,可能进一步导致技术密集型和劳动密集型的产业向发达国家"回溯"。第三,投资和贸易保护主义抬头影响外资企业在江苏发展。受金融危机的影响,发达经济体由于市场需求不足,经济发展和就业受到制约。各国之间争夺市场的竞争势必加剧,这就使得各种贸易保护主义措施明显增加,全球国际贸易和投资环境进一步恶化。江苏外贸依存度较高,国际投资和贸易保护主义的加强在很大程度上影响外商来华投资的信心和决心,进而影响外资企业扩大生产和经营的规模,甚至有可能导致外商撤资。第四,发展中国家和新兴经济体利用外资竞争更趋激烈。金融危机后,发展中国家和新兴经济体呈现巨大活力,流向亚洲、拉丁美洲和加勒比地区的外商直接投资保持在历史高位,非洲的外商直接投资流入量也较 2011 年有所增加。不少新兴经济体如印度、巴西、俄罗斯等国通过调整吸引外资政策以及不断改善投资环境,对国际资本的吸引力显著增强。目前,新兴经济体外商直接投资流量占 GDP 比重均高于世界平均水平并呈稳步上升态势。这将意味着,今后江苏利用外资的竞争会更趋激烈。

从行业层面来看,制造业是 2015 年江苏省外商直接投资最为集中的行业,其外商直接投资项目数达 838 个,占项目总数的 32.48%,占比较 2014 年下滑 5 个百分点;实际投资金额为 11.27 亿美元,占投资总额的 46.41%,占比与 2014 年相比下滑 4 个百分点。此外,房地产业、通信设备、计算机及其他电子设备制造业、电气机械及器材制造业是利用外资规模较大的三个行业,其 2015 年外商实际投资金额分别为 37.83、22.21、15.15、13.86 亿美元。值得注意的是,虽然江苏 2015 年实际利用外资金额有所下降,但在行业大类中,相比于制造业,服务业的降幅较低,不到 8%。这体现出江苏省利用外资政策导向的变化,通过放宽市场准入、改革管理模式、优化市场环境,进一步扩大服务业对外开放领域,提高服务业利用外资水平,形成以服务经济为主导,先进制造业和现代服务业协调并进的外资产业结构。表 4 汇总了 2015 年江苏省分行业外商直接投资情况。

表 4　2015 年江苏省按行业分外商直接投资情况

行　业	项目(个)	协议注册	实际使用
总　计	2580	3936089	2427469
农、林、牧、渔业	124	164848	48010
采矿业	2	3360	4410
制造业	838	1751125	1126708
农副食品加工业	17	13554	9220
食品制造业	20	23098	33822
饮料制造业	7	11009	5315
烟草制品业			
纺织业	17	25071	28071
纺织服装、鞋、帽制造业	28	29749	26660
皮革、毛皮、羽毛(绒)及其制品业	3	1140	1801
木材加工及木、竹、藤、棕、草制品业	5	7359	5240
家具制造业	9	17979	16911
造纸及纸制品业	7	71095	28401
印刷业和记录媒介的复制	2	−3052	7296
文教体育用品制造业	10	7499	2878
石油加工、炼焦及核燃料加工业	1	14246	11701
化学原料及化学制品制造业	32	81935	117855
医药制造业	25	198996	41739
化学纤维制造业	2	4945	526
橡胶制品业	8	15483	9782
塑料制品业	32	44174	31669
非金属矿物制品业	26	40358	18814

续　表

行　业	项目(个)	协议注册	实际使用
黑色金属冶炼及压延加工业		10599	7070
有色金属冶炼及压延加工业	4	19823	12265
金属制品业	52	53858	52628
通用设备制造业	134	133984	85055
专用设备制造业	109	171196	74809
交通运输设备制造业	79	148081	109117
电气机械及器材制造业	91	283649	138567
通信设备、计算机及其他电子设备制造业	84	278702	221234
仪器仪表及文化、办公用机械制造业	2	9511	7210
工艺品及其他制造业	20	35988	21678
废弃资源和废旧材料回收加工业	2	801	361
电力、热力、燃气及水的生产和供应业	38	161690	59440
建筑业	39	130033	57310
交通运输、仓储和邮政业	54	118400	88463
信息传输、计算机服务和软件业	102	54799	33792
批发和零售业	767	496772	213520
住宿和餐饮业	51	14807	10084
金融业	27	157085	100797
房地产业	31	269044	378331
租赁和商务服务业	282	426794	225326
科学研究、技术服务和地质勘查业	149	112045	49781
水利、环境和公共设施管理业	16	25402	16134
居民服务和其他服务业	25	22524	7296
教育	6	30	5
卫生、社会保障和社会福利业	1	11825	5352
文化、体育和娱乐业	28	151115	2710

数据来源:《江苏统计年鉴2016》

　　截至2015年末,江苏省登记的外商投资企业共53551个,与2014年相比增加近5000家企业,实际投资总额达7821.54亿美元。制造业是外商投资企业最集中的行业,企业数达28463个,占外商投资企业总数的53.15%,实际投资额达4983.64亿美元,占外商投资企业投资总额的63.72%。服务业细分行业来看,信息传输、计算机服务和软件业和科学研究、技术服务和地质勘查业这两个行业的外商投资企业也较多,企业数分别占外商投资企业总数的14.78%和5.91%。实际投资额较多的行业是房地产业以及科学研究、技术服务和地质勘查业,这两个行业分别占外商投资企业实际投资总额的 9.97％和 6.54％。表 5 反映了 2015 年末江苏省登记外商投资企业的行业分布情况。

表 5　2015 年末江苏省登记外商投资企业行业分布

行　业	企业数（个）	企业数占比（％）	实际投资额（万美元）	实际投资占比（％）
总　计	53551	100.00	78215363	100.00
农、林、牧、渔业	824	1.54	808206	1.03
采矿业	18	0.03	144504	0.18
制造业	28463	53.15	49836360	63.72
电力、燃气及水的生产和供应业	525	0.98	1854180	2.37
建筑业	643	1.20	1360333	1.74
交通运输、仓储和邮政业	2737	5.11	416409	0.53
信息传输、计算机服务和软件业	7915	14.78	3421762	4.37
批发和零售业	1919	3.58	589682	0.75
住宿和餐饮业	929	1.73	2138817	2.73
金融业	958	1.79	667519	0.85
房地产业	1796	3.35	7796088	9.97
租赁和商务服务业	2823	5.27	3046993	3.90
科学研究、技术服务和地质勘查业	3167	5.91	5111704	6.54
水利、环境和公共设施管理业	129	0.24	427235	0.55
居民服务和其他服务业	398	0.74	288740	0.37
教育	36	0.07	12665	0.02
卫生、社会保障和社会福利业	26	0.05	120055	0.15
文化、体育和娱乐业	234	0.44	166800	0.21
其他	11	0.02	7309	0.01

数据来源：《江苏统计年鉴 2016》

　　江苏目前正积极发展为先进制造配套的金融保险、商贸物流、电子商务、研发 设计、会计审计、信息科技等服务业,鼓励发展基于网络的平台 经济、文化创意、工业设计等新兴业态,引导制造业企业延伸服务链 条,增加服务环节,推动制造业由生产型向生产服务型转变。鼓励和拓展健康美容、养生 养老、医疗服务、教育培训、文化娱乐、休闲旅游等民生服务业利用外资,推动生活性服务业向精细化、个性化和高品质转变,促进居民消费结构升级。

　　从企业类型来看,独资经营企业是江苏省外商直接投资的主体,其 2015 年投资额 185.62 亿美元,与 2014 年相比减少了 3.8 亿美元,约占外商直接投资总额的 76.46％。此外,合资经营企业、合作经营企业、外商投资股份制企业在 2015 年的投资额分别为 46.04、1.44 和 9.65 亿美元,金额与 2014年相比都有所上升,分别占江苏省外商直接投资总额的 18.96％、0.59％和 3.98％。图 8 描述了这四类外商直接投资企业 2010—2015 年投资金额占比的变动情况。由图可见,独资经营企业的直接投资额所占比重从 2010 年的 81.5％到 2015 年的 76.47％,表现出明显的下降趋势,其他各类型企业直接投资额占比则上下波动。

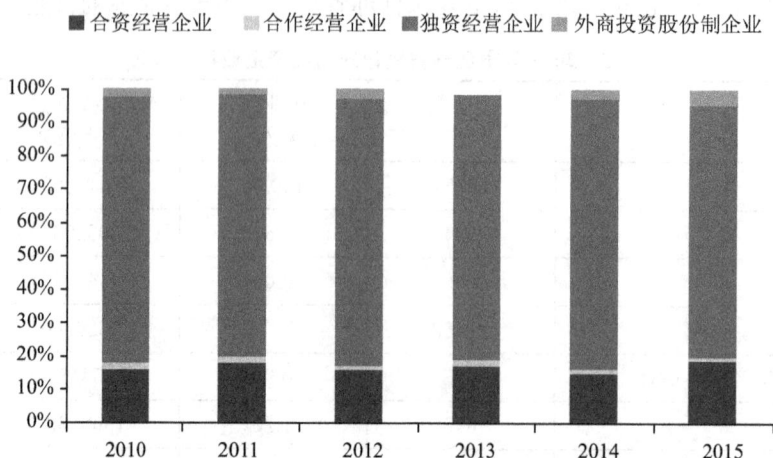

■合资经营企业　■合作经营企业　■独资经营企业　■外商投资股份制企业

图8　2010—2015年江苏省各类型企业外商直接投资额比重

数据来源:历年《江苏统计年鉴》

2015年,亚洲成为江苏省外商直接投资的主要来源地,其项目个数达1815个,占项目总数的70.35%;实际投资金额达1762.87亿美元,占全部实际投资金额的72.62%。亚洲国家(地区)中,中国香港、中国台湾、日本、新加坡、韩国等都是重要的投资来源地。其中中国香港投资项目数达905个,占项目总数的35.08%;实际投资金额1428.01亿美元,占全部实际投资金额的58.83%。另外,拉丁美洲和欧洲也是重要来源地,其2015年实际投资金额占全部外商直接投资的比重分别为7.82%和2.76%。表6反映了2015年江苏省按国家(地区)分外商直接投资的情况。

表6　2015年江苏省按国家(地区)分外商直接投资

国家(地区)	项目数 (个)	项目数比重 (%)	实际投资 (万美元)	实际投资比重 (%)
合计	**2580**	100.00	**2427469**	100.00
亚洲	**1815**	70.35	**1762865**	72.62
♯中国香港	905	35.08	1428006	58.83
中国澳门	7	0.27	1856	0.08
中国台湾	364	14.11	41550	1.71
印度尼西亚	9	0.35	9202	0.38
日本	109	4.22	104383	4.30
马来西亚	24	0.93	35988	1.48
菲律宾	4	0.16	315	0.01
新加坡	88	3.41	70418	2.90
韩国	245	9.50	64183	2.64
泰国	4	0.16	1020	0.04
非洲	**62**	2.40	**15811**	0.65
欧洲	**258**	10.00	**190022**	7.83
♯比利时	3	0.12	309	0.01

续　表

国家(地区)	项目数 (个)	项目数比重 (%)	实际投资 (万美元)	实际投资比重 (%)
丹麦	4	0.16	1551	0.06
英国	48	1.86	27572	1.14
德国	77	2.98	31489	1.30
法国	20	0.78	76909	3.17
爱尔兰	1	0.04	1215	0.05
意大利	27	1.05	3824	0.16
卢森堡	1	0.04	4327	0.18
荷兰	15	0.58	9310	0.38
希腊	0	0.00	5	0.00
葡萄牙	0	0.00	201	0.01
西班牙	10	0.39	2098	0.09
芬兰	3	0.12	3164	0.13
瑞士	14	0.54	7254	0.30
拉丁美洲	**236**	9.15	**67116**	2.76
北美洲	54	2.09	4728	0.19
♯加拿大	181	7.02	43829	1.81
美国	**142**	5.50	**73061**	3.01
大洋洲	54	2.09	9540	0.39
♯澳大利亚	**60**	2.33	165307	6.81

数据来源:《江苏统计年鉴2016》

三、对外经济合作

2015年,江苏全年新批境外投资项目880个,比上年增长19.57%。中方协议投资103.01亿美元,大幅增长42.84%。其中企业项目851个,比2014年增加153个;机构项目29个,比2014年减少9个。企业项目中,独资子公司项目621个,合资子公司项目184个,联营公司项目45个。2015年的新批项目中,有170个参股并购类项目、7个风险投资类项目。新批项目中,贸易型项目有315个,非贸易型项目有565个,分别比2014年增加38和94个。图9反映了2010—2015年新批项目数的变动情况,从图中可以看出,企业新批项目数从2010—2015年一直持续上升,而机构新批项目数则存在较大的波动。

2015年,江苏省境外投资金额103.05亿美元,比2014年增加30.89亿美元。其中企业境外投资额103.01亿美元,比2014年增加30.90亿美元;机构境外投资额337万美元,比2014年减少80万美元。企业项目中,独资子公司境外投资额79.86亿美元,合资子公司境外投资额19.83亿美元,联营公司境外投资额0.33亿美元。2015年,参股并购类项目实现境外投资19.99亿美元,风险投资类项目实现境外投资0.775亿美元,分别比2014年增加8.96亿美元和减少1.02亿美元。图10反映了

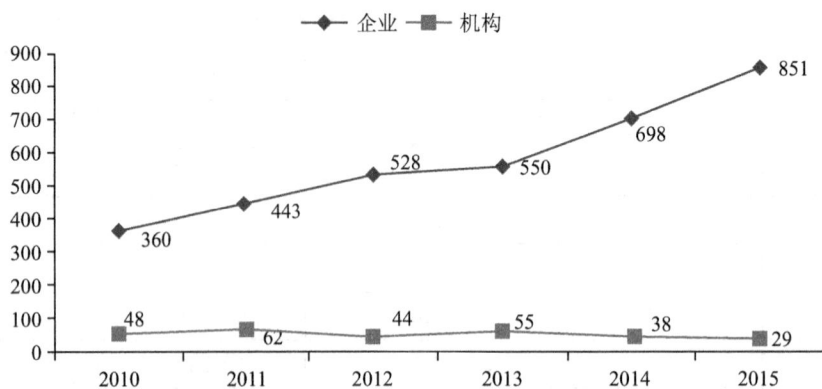

图9　2010—2015年江苏省境外投资新批项目数
数据来源：历年《江苏统计年鉴》

2010—2015年境外投资金额的变动情况，投资额从2010年的21.76亿美元，一直持续上升至2015年的103.05亿美元，六年间增加近5倍多。

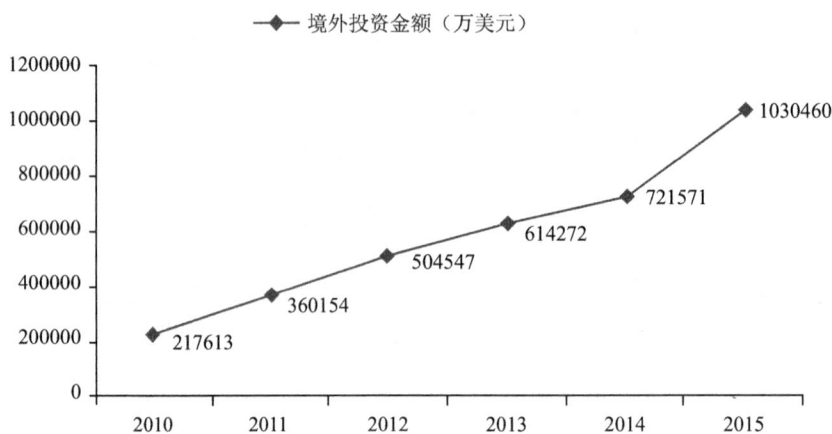

图10　2010—2015年江苏省境外投资额
数据来源：历年《江苏统计年鉴》

　　在参与江苏省境外投资的各类企业中，民营企业占据重要地位，其2015年境外投资额占境外投资总额的77%，比2014年提高近1个百分点。外资企业、国有及国有控股企业、集体企业境外投资额占江苏省境外投资总额的比重分别为13%、6%和4%。参见图11。

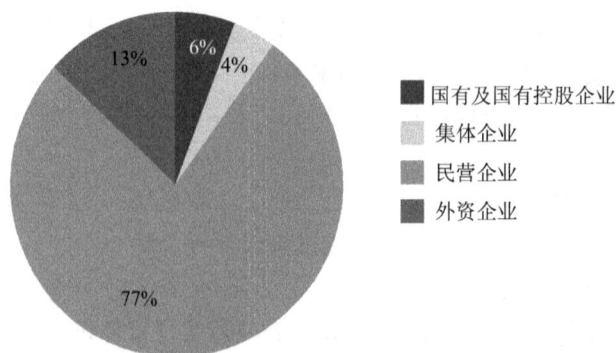

图11　2015年江苏省境外投资企业类型
数据来源：《江苏统计年鉴2016》

在 2015 年江苏省境外投资总额中,贸易型项目境外投资额为 22.57 亿美元,占 21.9％;非贸易项目境外投资额为 80.47 亿美元,占 78.1％。图 12 反映了 2010—2015 年非贸易型项目境外投资额及其比重的变动情况。不难发现,非贸易型项目境外投资额比重 2009—2012 年来持续下滑,虽然在 2013 年有所企稳回升,投资额出现大幅增长的趋势,但比重在 2014 年还是下滑了近 2 个百分点,之后 2015 年又上升 1 个百分点。

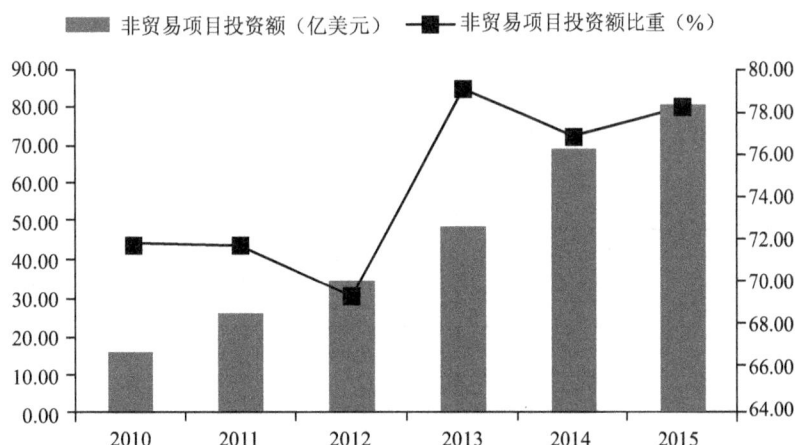

图 12　2010—2015 年江苏省境外投资非贸易型项目比重

数据来源:历年《江苏统计年鉴》

2015 年,亚洲成为江苏省境外投资的主要目的地,其新批项目个数达 469 个,占新批项目总数的 53.3％;中方协议投资达 594900 万美元,占全部中方协议投资的 57.73％。亚洲国家(地区)中,中国香港、印度尼西亚、新加坡等都是重要的境外投资目的地。其中对中国香港新批项目数达 240 个,占新批项目总数的 27.27％;中方协议投资 335883 万美元,占全部中方协议投资的 32.60％。而对印度尼西亚、美国、泰国的中方协议投资分别达到 74627、107655、25179 万美元,占中方协议投资比重分别为 7.24％、10.45％、3.44％。表 7 反映了 2015 年江苏省按国家(地区)分的境外投资情况。

表 7　2015 年江苏省境外投资主要国家(地区)

国家(地区)	新批项目数 (个)	新批项目数比重 (％)	中方协议投资 (万美元)	中方协议投资比重 (％)
全　部	880	100.00	1030460	100.00
亚洲	469	53.30	594900	57.73
巴林				
孟加拉国	5	0.57	1765	0.17
缅甸	7	0.80	12501	1.21
柬埔寨	16	1.82	4680	0.45
塞浦路斯				
朝鲜	1	0.11	278	0.03
中国香港	240	27.27	335883	32.60
印度	15	1.70	2651	0.26

国家(地区)	新批项目数 (个)	新批项目数比重 (%)	中方协议投资 (万美元)	中方协议投资比重 (%)
印度尼西亚	17	1.93	74627	7.24
伊朗				
以色列	3	0.34	6133	0.60
日本	21	2.39	21494	2.09
老挝	2	0.23	1350	0.13
中国澳门	4	0.45	813	0.08
马来西亚	17	1.93	23549	2.29
蒙古	4	0.45	16776	1.63
尼泊尔				
巴基斯坦	6	0.68	28000	2.72
菲律宾	3	0.34	2057	0.20
卡塔尔				
沙特阿拉伯	5	0.57	23	0.00
新加坡	27	3.07	2386	0.23
韩国	21	2.39	−452	−0.04
斯里兰卡	1	0.11	3400	0.33
泰国	9	1.02	25179	2.44
土耳其				
阿拉伯联合酋长国	6	0.68	2022	0.20
越南	8	0.91	2581	0.25
中国台湾	10	1.14	2481	0.24
东帝汶				
哈萨克斯坦	6	0.68	16678	1.62
吉尔吉斯斯坦	2	0.23	3561	0.35
土库曼斯坦				
乌兹别克斯坦	6	0.68	1270	0.12
其他				
非洲	41	4.66	71453	6.93
阿尔及利亚	2	0.23	1	0.00
安哥拉	2	0.23	750	0.07
喀麦隆				
乍得				
刚果				

国家(地区)	新批项目数 (个)	新批项目数比重 (%)	中方协议投资 (万美元)	中方协议投资比重 (%)
埃及				
赤道几内亚	2	0.23	2100	0.20
埃塞俄比亚	5	0.57	7671	0.74
加蓬				
几内亚	2	0.23	11970	1.16
肯尼亚	3	0.34	1100	0.11
毛里塔尼亚				
毛里求斯				
莫桑比克	5	0.57	3607	0.35
纳米比亚	1	0.11		
尼日利亚	6	0.68	13592	1.32
塞内加尔				
塞舌尔	4	0.45	4330	0.42
南非	1	0.11	1000	0.10
苏丹				
坦桑尼亚	3	0.34	20850	2.02
乌干达				
赞比亚	3	0.34	625	0.06
津巴布韦				
欧洲	78	8.86	47991	4.66
比利时	1	0.11	130	0.01
丹麦	1	0.11	215	0.02
英国	9	1.02	3910	0.38
德国	16	1.82	5300	0.51
法国	11	1.25	1844	0.18
意大利	5	0.57	1109	0.11
卢森堡	1	0.11	4000	0.39
荷兰	9	1.02	4410	0.43
西班牙	2	0.23	1404	0.14
阿尔巴尼亚				
奥地利				
保加利亚	1	0.11	169	0.02
芬兰	3	0.34	71	0.01

国家(地区)	新批项目数 (个)	新批项目数比重 (%)	中方协议投资 (万美元)	中方协议投资比重 (%)
匈牙利	2	0.23	350	0.03
挪威				
波兰	1	0.11	1000	0.10
罗马尼亚				
瑞典	2	0.23	6000	0.58
瑞士	1	0.11	10	0.00
俄罗斯联邦	8	0.91	17505	1.70
乌克兰				
克罗地亚				
捷克				
塞尔维亚				
拉丁美洲	55	6.25	117250	11.38
阿根廷				
巴西	7	0.80	12989	1.26
开曼群岛	21	2.39	35151	3.41
智利	3	0.34	1070	0.10
古巴				
厄瓜多尔	1	0.11	50	0.00
墨西哥	1	0.11	9950	0.97
秘鲁				
英属维尔京群岛	17	1.93	56912	5.52
北美洲	200	22.73	127332	12.36
加拿大	12	1.36	15755	1.53
美国	185	21.02	107655	10.45
其他	3	0.34	3922	0.38
大洋洲	37	4.20	71483	6.94
澳大利亚	33	3.75	64663	6.28
斐济	1	0.11	6000	0.58
瓦努阿图				
新西兰	2	0.23	810	0.08
萨摩亚	1	0.11	10	0.00

数据来源:《江苏统计年鉴2016》

2015 年,江苏省境外投资涵盖了三次产业。第一产业新批项目 20 个,占新批项目总数的
2.27%;中方协议投资 12460 万美元,占中方协议投资总额的 1.20%。第二产业新批项目 287 个,占
新批项目总数的 32.61%;中方协议投资 38.86 亿美元,占中方协议投资总额的 37.71%。其中,采矿
业、制造业、电力、燃气及水的生产和供应业以及建筑业新批项目占新批项目总数的比重分别为
1.48%、25.23%、1.82%和 4.09%,中方协议投资占中方协议投资总额的比重分别为 7.05%、24.94%、
1.70%和 4.02%。第三产业新批项目 573 个,占新批项目总数的 65.11%;中方协议投资 62.20 亿美
元,占中方协议投资总额的 61.08%。其中,租赁和商务服务业、批发和零售业、房地产业是江苏省
2015 年境外投资的重点行业,中方协议投资占中方协议投资总额的比重分别为 20.31%、20.81%、
11.40%。表 8 反映了 2015 年江苏省境外投资主要行业分布情况。

表 8　2015 年江苏省境外投资主要行业情况

行　业	新批项目 (个)	新批项目占比 (%)	中方协议投资 (万美元)	中方协议投资占比 (%)
第一产业	20	2.27	12406	1.20
农业	20	2.27	12406	1.20
林业	6	0.68	1940	0.19
畜牧业	3	0.34	2599	0.25
农、林、牧、渔服务业	3	0.34	1664	0.16
第二产业	287	32.61	388572	37.71
采矿业	13	1.48	72696	7.05
煤炭开采和洗选业	5	0.57	28000	2.72
黑色金属矿采选业				
有色金属矿采选业	6	0.68	43866	4.26
非金属矿采选业	1	0.11	650	0.06
其他采矿业	1	0.11	180	0.02
制造业	222	25.23	256947	24.94
农副食品加工业	2	0.23	678	0.07
食品制造业	5	0.57	7804	0.76
饮料制造业	2	0.23	99	0.01
纺织业	13	1.48	14275	1.39
纺织服装、鞋、帽制造业	18	2.05	10801	1.05
皮革、毛皮、羽毛(绒)及其制品业	2	0.23	538	0.05
木材加工及木、竹、藤、棕、草制品业	4	0.45	1310	0.13
家具制造业	2	0.23	1852	0.18
造纸及纸制品业	2	0.23	237	0.02
印刷业和记录媒介的复制	2	0.23	118	0.01
文教体育用品制造业				
石油加工、炼焦及核燃料加工业				

行　业	新批项目 （个）	新批项目占比 （%）	中方协议投资 （万美元）	中方协议投资占比 （%）
化学原料及化学制品制造业	9	1.02	5132	0.50
医药制造业	19	2.16	10840	1.05
化学纤维制造业				
橡胶制品业	5	0.57	2350	0.23
塑料制品业	8	0.91	4154	0.40
非金属矿物制品业	5	0.57	24016	2.33
黑色金属冶炼及压延加工业	1	0.11	2550	0.25
有色金属冶炼及压延加工业	6	0.68	45273	4.39
金属制品业	13	1.48	9940	0.96
通用设备制造业	13	1.48	18050	1.75
专用设备制造业	37	4.20	23429	2.27
交通运输设备制造业	8	0.91	12411	1.20
电气机械及器材制造业	18	2.05	49842	4.84
通信设备、计算机及其他电子设备制造业	20	2.27	7187	0.70
仪器仪表及文化、办公用机械制造业	2	0.23	150	0.01
工艺品及其他制造业	5	0.57	3525	0.34
废弃资源和废旧材料回收加工业				
电力、燃气及水的生产和供应业	16	1.82	17550	1.70
建筑业	36	4.09	41379	4.02
第三产业	573	65.11	629432	61.08
交通运输、仓储和邮政业	16	1.82	14920	1.45
信息传输、计算机服务和软件业	42	4.77	26370	2.56
批发和零售业	263	29.89	214429	20.81
住宿和餐饮业	8	0.91	2753	0.27
金融业				
房地产业	33	3.75	117456	11.40
租赁和商务服务业	137	15.57	209296	20.31
科学研究、技术服务和地质勘查业	41	4.66	18987	1.84
水利、环境和公共设施管理业	5	0.57	2250	0.22
居民服务和其他服务业	17	1.93	23029	2.23
教育	2	0.23	1480	0.14
文化、体育和娱乐业	9	1.02	3462	0.34

数据来源：《江苏统计年鉴 2016》

江苏省内各地区对 2015 年江苏省境外投资中的贡献各不相同。图 13 显示,苏南、苏中、苏北全年境外投资额分别为 68.31 亿美元、16.81 亿美元和 17.93 亿美元,占全省境外投资总额的比重分别为 66%、16% 和 18%。从表 9 可以看出,南京、苏州、无锡是江苏省境外投资最多的市,2015 年中方协议投资金额分别为 20.62 亿美元、20.48 亿美元和 17.48 亿美元,占全省境外投资总额的比重分别为 20.01%、19.87% 和 16.96%。相对而言,苏北各市境外投资较少,例如宿迁的中方协议投资金额为 0.18 亿美元,占全省境外投资总额的比重仅为 0.18%。

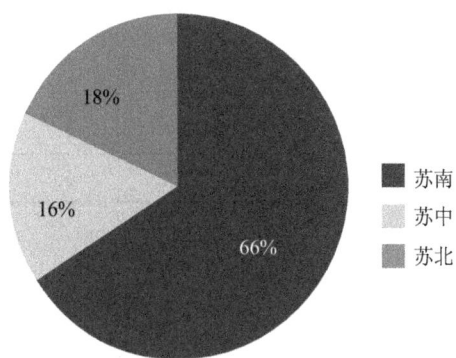

图 13 2015 年江苏省分地区境外投资情况

数据来源:《江苏统计年鉴 2016》

表 9 2014 年江苏各市境外投资情况

市	新批项目（个）	新批项目占比（%）	中方协议投资（万美元）	中方协议投资占比（%）
南京市	170	19.32	206155	20.01
无锡市	115	13.07	174764	16.96
徐州市	31	3.52	73526	7.14
常州市	67	7.61	75530	7.33
苏州市	252	28.64	204754	19.87
南通市	78	8.86	113910	11.05
连云港市	23	2.61	50962	4.95
淮安市	6	0.68	6660	0.65
盐城市	25	2.84	46295	4.49
扬州市	25	2.84	38859	3.77
镇江市	44	5.00	21908	2.13
泰州市	38	4.32	15317	1.49
宿迁市	6	0.68	1821	0.18

数据来源:《江苏统计年鉴 2016》

除境外投资外,对外承包工程和对外劳务合作也是江苏省对外经济合作的重要内容。2015 年,江苏省对外承包工程和对外劳务合作的合同金额分别为 77.96、5.19 亿美元,实际完成营业额分别为 87.61、7.46 亿美元,年末在外人数则分别为 3.79、6.39 万人。表 10 反映了 2010—2015 年江苏省对外承包工程和对外劳务合作的基本情况。从表 10 可知,从 2010—2015 年,江苏省对外承包工程合同金额和实际完成营业额持续增长,呈现较为稳定的发展趋势,同时年末在外人数保持基本稳定。

而从 2010 年到 2015 年,江苏省对外劳务合作合同金额和实际完成营业额呈先减少再增加再减少的情况。

表 10　2010—2015 年对外承包工程和对外劳务合作情况

项　　目	2010	2011	2012	2013	2014	2015
对外承包工程合同金额(亿美元)	54.5	59.5	72.0	86.6	96.6	77.96
对外承包工程实际完成营业额(亿美元)	52.0	59.9	64.7	72.6	79.5	87.61
对外承包工程年末在外人数(万人)	3.6	3.5	3.6	3.6	3.7	3.79
对外劳务合作合同金额(亿美元)	7.6	6.5	6.2	7.6	12.1	5.19
对外劳务合作实际完成营业额(亿美元)	7.7	7.4	7.7	8.9	8.5	7.46
对外劳务合作年末在外人数(万人)	6.0	5.4	5.1	5.2	6.0	6.39

数据来源:历年《江苏统计年鉴》

第四篇
江苏省经济社会发展
比较研究报告

第一章 江苏省综合经济在全国的地位与变化分析

一、综合

　　江苏省位于中国的东部沿海,与上海、浙江共同构成的长江三角洲城市,其依靠着独特的地理优势,人均GDP、地区发展与民生指数(DLI)均位于全国省域第一,已步入"中上等"发达国家水平。2015年,江苏省紧紧围绕"四个全面"战略布局,坚持稳中求进工作总基调,主动适应经济发展新常态,统筹推进改革发展稳定各项工作,经济社会发展总体平稳、稳中有进,主要经济指标保持在合理区间,综合实力再上新台阶。

　　2015年江苏省实现地区生产总值70116.4亿元,比2014年增长8.5%,位列中国省份第二,其中,第一产业增加值3988亿元,增长3.2%;第二产业增加值32043.6亿元,增长8.4%;第三产业增加值34084.8亿元,增长9.3%,第三产业的增幅较大。全省人均生产总值87995元,比2014年增长8.3%。人均GDP达87995元,位列中国省份第四,比全国平均值高出近34851元。全社会劳动生产率持续提高,全年平均每位从业人员创造的增加值达147314元,比2014年增加10584元。产业结构加快调整。三次产业增加值比例调整为5.7∶45.7∶48.6,实现产业结构"三二一"标志性转变。

表1　江苏主要经济指标占全国的比重(2011—2015)

指　　标	2015 年			2011 年		
	全国	江苏	占全国的比重(%)	全国	江苏	占全国的比重(%)
土地面积(万平方公里)	960	10.3	1.1	960	10.3	1.1
年末总人口(万人)	137462	7976	5.8	134735	7898.8	5.9
地区生产总值(亿元)	676707.8	70116.4	10.4	471564	49110.3	10.4
第一产业	60863	3986.1	6.6	47712	3064.8	6.4
第二产业	274277.8	32044.5	11.7	220592	25203.3	11.4
第三产业	341566.9	34085.9	10.0	203260	20842.2	10.3
人均生产总值(元)	53144	87995	高34851	35083	62290	高27207
公共财政预算收入(亿元)	82982.7	8028.6	9.7	52433.9	5148.9	9.8
♯固定资产投资(不含农户)	551590	45905.2	8.3	301932.8	26314.7	8.7
♯房地产开发	95979	8153.7	8.5	61739.8	5567.9	9.0
社会消费品零售总额(亿元)	300930.8	25876.8	8.6	183918.6	15988.4	8.7
进出口总额(亿美元)	39569	5456.1	13.8	36420.6	5397.6	14.8
♯出口	22749.5	3386.7	14.9	18986.0	3126.2	16.5
卫生机构床位数(万张)	701.5	48.3	6.9	516	29.6	5.7

指　标	2015 年			2011 年		
	全 国	江 苏	占全国的比重（％）	全 国	江 苏	占全国的比重（％）
卫生技术人员（万人）	800.8	48.7	6.1	620.3	35.1	5.7
♯执业（助理）医师	303.9	18.9	6.2	246.6	13.5	5.5
城镇居民人均可支配收入（元）	31790.3	37173	高 5382.7	21810	26341	高 4531
农村居民人均纯收入（元）	10772	16257	高 5485	6977	10805	高 3828

数据来源：历年《江苏统计年鉴》、《中国统计摘要 2016》

二、GDP 与人均 GDP

（一）地区生产总值

2015 年,面对复杂多变的宏观经济环境和艰巨繁重的改革发展稳定任务,江苏省坚持稳中求进工作总基调,统筹做好稳增长、促改革、调结构、重生态、惠民生、防风险各项工作,新常态下经济社会发展总体稳定、稳中有进,主要经济指标增幅保持在合理区间,综合实力再上新水平,结构调整实现新进展,发展质量有了新提升,改善民生取得新成效。

江苏 GDP 总量从 2008 年的 30982 亿元增加到 2015 年的 70116.4 亿元,名义上增幅只有126.3％。近几年江苏省 GDP 总量的增幅并没有很大,主要着重在调整产业结构,着力发展第三产业,并且可以看出第三产业 GDP 从 2008 年的 19718.6 亿元增加到 2015 年的 34085.9 亿元,增幅达到 72.9％。另外,与全国其他省份的 GDP 相比,对 2015 年 GDP 排名前六的省份进行考察,从 GDP排名来看,2015 年江苏排名全国第二,位居广东之后,排名第三至六位依次是山东、浙江、河南与四川。

表 2　全国及各地区 GDP 情况（2008—2015）　　　　（单位:亿元）

	排名	排名变化	2008 年	2015 年	名义增幅（％）	年平均增幅（％）
广东	1	—	36796.7	72812.6	97.9	10.2
江苏	2	—	30982	70116.4	126.3	12.4
山东	3	—	30933.3	63002.3	103.7	10.7
浙江	4	—	21462.7	42886.5	99.8	10.4
河南	5	—	18018.5	37010.3	105.4	10.8
四川	6	↑3	12601.2	30103.1	138.9	13.3
河北	7	↓1	16012	29806.1	86.2	9.3
湖北	8	↑3	11328.9	29550.2	160.8	14.7
湖南	9	↑1	11555	29047.2	151.4	14.1
辽宁	10	↓2	13668.6	28743.4	110.3	11.2
全国			316751.7	676707.8	113.6	11.5

数据来源：历年《中国统计年鉴》、《中国统计摘要 2016》

　　从 GDP 名义增幅来看,2008—2015 年间江苏 GDP 的名义增幅达到 126.3%,不仅超过广东和其他前六名的省份,略高于全国 113.6% 的增幅水平;但与四川、湖北和湖南等排名靠后的省份比,该指标处于下风,原因是后发地区的经济基数较低,增长空间较大,所以增速一般都较快。

　　从历年 GDP 实际增幅来看,2008 年至 2015 年间全国及各地区 GDP 实际增幅呈现小幅下降趋势。2015 年江苏 GDP 实际增速为 7.7%,比 2014 年降了 1.2 个百分点。低于湖北(7.9%),但高于湖南(7.4%)、广东(7.4%)、浙江(6.8%)、山东(6.0%)等省份地区,在 GDP 总量排名前 6 的省份中,排名第二。

　　2008—2015 年间江苏表明江苏 GDP 实际年平均增速为 12.4%,高于全国(11.5%)水平,较之 2014 年该指标有所上升,说明江苏省的产业结构调整,对其整个的经济发展起到了很大的促进作用。名义增幅与实际增幅名列前茅的事实,表明江苏经济总量在全国的发展速度还是领先的,其与广东的差距在不断缩小(见表 2,图 1)。

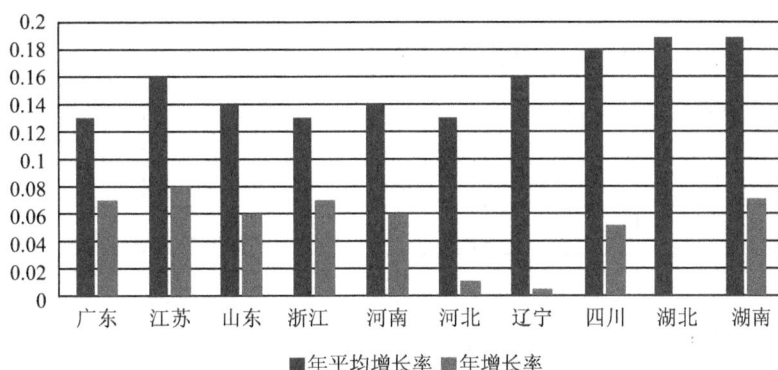

图 1　2015 年各地区 GDP 实际增幅
数据来源:历年《中国统计年鉴》、《中国统计摘要 2016》

　　从 GDP 规模占全国的比重来看,历年排名前 6 的省份 GDP 之和占全国的比重基本维持在 46%—60%,2015 年时占比为 46.7%。

　　2008 年江苏 GDP 占全国 GDP 的比重为 9.8%,2011 年增加到 10.4%,2010 年以后一直维持在 10%,而同期其他经济强省的比例都出现不同程度的下滑,其中 2015 年广东 GDP 占比较 2008 年下降了 0.9 个百分点,山东为 0.5 个百分点,排名前 6 的省份中,江苏、四川、湖北、湖南等省份的 GDP 总量占全国的比重具有上升趋势,GDP 占比的不断提升反映出江苏在全国经济地位的持续上升以及为中国经济增长做出的巨大贡献,也表明雄厚的经济基础加之较快的经济增速,使得江苏经济在全国的地位越来越重要(见图 2)。

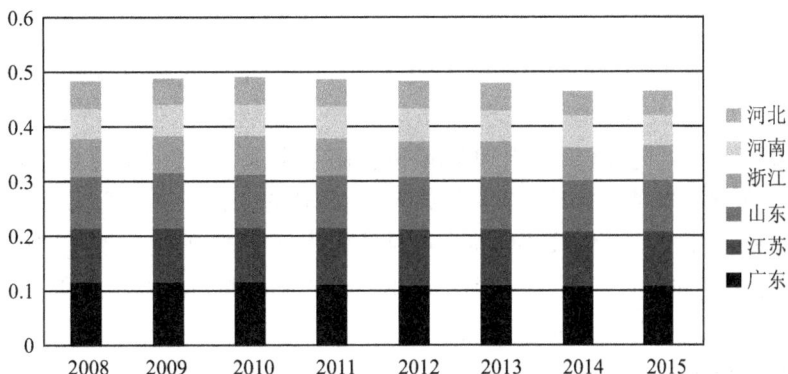

图 2　历年中国部分地区 GDP 规模占全国比重
数据来源:历年《中国统计年鉴》、《中国统计摘要 2016》

(二) 人均 GDP

从人均地区生产总值(人均 GDP)角度来看,2015 年江苏人均 GDP 为 87995 元,位居全国第四,仅次于天津(107960 元)、北京(106284 元)和上海(103141 元)三个直辖市,是全国同期水平 49351 元的 1.8 倍,是位列第五位的浙江(77644 元)的 1.1 倍。

2008—2015 年间,江苏人均 GDP 名义增幅为 119.9%,在人均 GDP 排名前十的省份中,该指标位列第二,仅次于广东,高于全国水平。

从人均 GDP 排名来看(见表 3),江苏 2015 年排名较 2008 年上升了 1 位,而同属于经济规模大省的广东、山东和浙江 2015 年排名分别为第八位、第十位和第五位,且分别较 2008 年下降了二、二和一个位次。江苏人均 GDP 排名基本与本省 GDP 规模在全国的排名吻合,这反映出江苏作为全国经济大省,不仅总量规模位居全国前列,人均规模也名列前茅的事实。

表 3　全国及各地区人均 GDP 情况(2008—2015)　　　　　　　　　　(单位:元)

	排名	排名变化	2008 年	2015 年	名义增幅 (%)	年平均增幅 (%)
天津	1	↑2	58656	107960	84.1	9.1
北京	2	—	64491	106284	64.8	7.4
上海	3	↓2	66932	103141	54.1	6.4
江苏	4	↑1	40014	87995	119.9	11.9
浙江	5	↓1	41405	77644	87.5	9.4
内蒙古	6	↑1	34869	71903	106.2	10.9
福建	7	↑3	31739	67966	114.1	11.5
广东	8	↓2	29755	67503	126.9	12.4
辽宁	9	—	37638	65524	74.1	8.2
山东	10	↓2	32936	64168	94.8	10.0
全国			26129	49351	88.9	9.5

数据来源:历年《中国统计年鉴》、《中国统计摘要 2016》

考察人均 GDP 实际增幅情况(见图 3),可以看出不同省份和地区人均 GDP 增速也呈现出与 GDP 增速相类似的特征:中、西部地区普遍高于东部地区。这一方面由于中、西部地区底子薄,进步空间大;另一方面是因为以江苏为代表的东部沿海地区的发展属于对外开放型,近期受到国际经济不稳定因素的影响较大。

从各地区近年来人均 GDP 变化情况来看(见表 4),2009 年江苏人均 GDP 实际增幅为 11.4%,受金融危机影响,2008、2009 年连续两年下滑,虽然 2010 年微弱回升,但 2011 年再次下滑至 11.4%,2015 年进一步下降为 6.00%。但 2015 年江苏增速仍高于全国 5.4% 的增速水平,且位于人均 GDP 较高省份的中上游位次。2009—2015 年间,江苏人均 GDP 的变化轨迹与全国及其他省份(地区)情况是一致的,上海和北京的人均 GDP 在 2009 年时领先优势明显,但之后由于增速明显慢于全国其他省份,因此与之后省份的差距不断缩小,但与其他省份不同的是,在 2010 年以后,北京和上海的人均 GDP 增速明显出现上升趋势,这主要可能是由于这两个城市在近些年积极调整经济结构,服务业比重超过 75% 以上,通过产业结构升级转型,GDP 增速开始明显回暖。

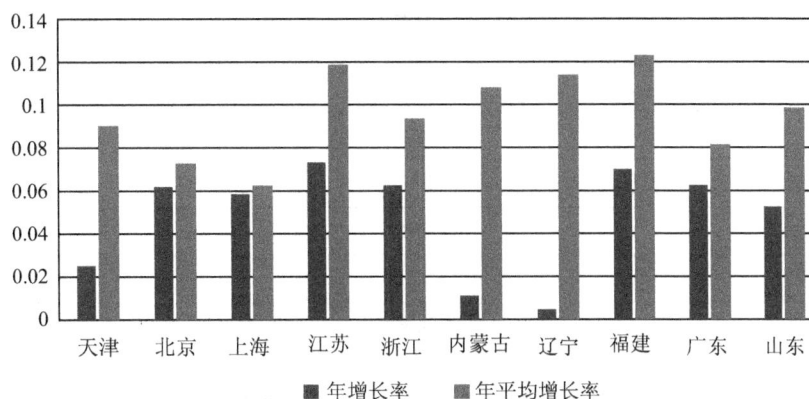

图 3　2015 年各地区人均 GDP 实际增幅

数据来源:历年《中国统计年鉴》、《中国统计摘要 2016》

表 4　历年中国及各地区人均 GDP 实际增幅　　　　　　　　　　　　　　　(％)

	2009 年	2010 年	2011 年	2012 年	2013 年	2014 年	2015 年
天津	7.4	17.5	13.0	3.7	4.7	2.4	5.9
北京	4.5	11.1	7.0	1.6	5.5	3.0	2.6
上海	4.1	10.8	5.1	−1.9	3.9	4.3	6.3
江苏	11.4	20.3	14.1	4.1	7.5	5.9	6.00
浙江	6.6	18.8	10.9	1.5	5.8	3.4	7.5
内蒙古	14.8	20.0	18.5	4.6	3.5	2.1	6.4
辽宁	11.5	21.4	16.0	5.9	6.7	2.5	1.2
福建	13.2	20.6	14.6	5.7	7.4	6.4	0.5
广东	5.5	14.2	9.9	1.0	6.0	5.1	7.1
山东	9.8	15.3	11.5	3.8	7.1	4.3	6.4
全国	9.4	20.6	16.0	5.3	7.1	4.7	5.4

数据来源:历年《中国统计年鉴》、《中国统计摘要 2016》

东部沿海地区,是我国各大区域中率先发展起来的地区。目前我国一般意义上的东部沿海地区包含 10 个省市,而国内目前较为成型的三大城市圈也均位于这一区域。近些年来,东部地区的经济发展速度与中西部地区相比已经没有优势,甚至还落后于后者,但因其基础好,经济总量大,在国内的领先地位是无可动摇的。分布于其中的 10 省市中有一半是 GDP 规模位于全国前十的地区,并且大多数省份经济结构和发展方式有较多的相似性。2015 年东部 10 省(市)地区生产总值合计为 372778.2 亿元,占全国规模的 51.5％,比 2014 年略微下降了近 3.5 个百分点。

表 5　东部省(市)2015 年 GDP 与人均 GDP 情况

	GDP(亿元)	GDP 增速
广东	72812.6	7.4
江苏	70116.4	7.7
山东	63002.3	6.0

续　表

	GDP(亿元)	GDP 增速
浙江	42886.5	6.8
河北	29806.1	4.5
天津	16538.2	5.2
上海	24965	5.9
福建	25979.8	8.0
北京	22968.6	7.7
海南	3702.8	5.8

数据来源:历年《中国统计年鉴》、《中国统计摘要 2016》

结合江苏位于中国东部地区的事实,从区域范围来看,2015 年江苏经济发展在东部地区仍处于领先位置。2015 年江苏 GDP 规模占东部地区的 18.8%,仅次于广东 19.5%,位列东部地区第二(见图 4)。

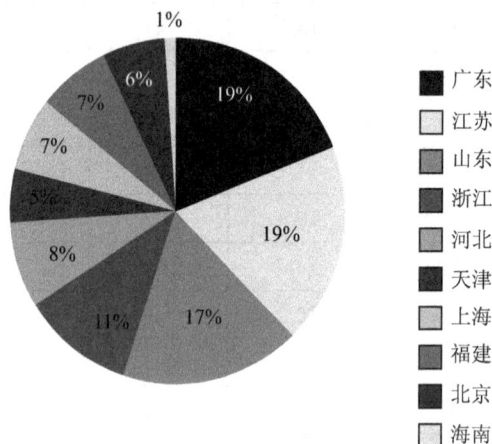

图 4　2015 年东部地区各省(市)GDP 规模占比
数据来源:《中国统计摘要 2016》

三、财政金融

(一)财政

伴随着总体宏观经济的快速发展,江苏省的财政收支不断增加,金融规模不断提高,金融市场不断深化,总体呈现出增长的发展态势,但明显受到国际和国内宏观经济的影响。2015 年江苏财政收入稳定增长,全年公共财政预算收入 8028.6 亿元,比上年增长 11.0%;上划中央四税收入 5005.2 亿元,比上年增长 9.2%。公共财政预算支出 9687.6 亿元,比上年增长 0.01%。公共财政预算支出中,教育支出 26204.7 亿元,比上年增长 13.7%;交通运输支出 12347.3 亿元,增长 18.7%;社会保障和就业支出 19001.4 亿元,增长 19.0%;城乡社区事务支出 15912.3 亿元,增长 22.8%;科学技术支出 5817.1 亿元,增长 9.5%。

从基本财政状况来看,全国乃至大部分省份和地区的地方财政一般预算收入呈现出明显增加,江苏这一指标从 2008 年的 2731.4 亿元上升到增加到 2015 年的 8028.6 亿元。

2015 年江苏地方财政一般预算收入为 8028.60 亿元,位居全国第二,仅次于广东(9364.8 亿元),排名较 2008 年没有变化。紧随其后的依次是山东(5529.3 亿元)、上海(5519.5 亿元)、浙江(4809.5 亿元)和北京(4723.9 亿元)。

从增速来看,2015 年江苏地方财政一般预算收入增速达到 11.0%,高于全国 8.4% 的增速,低于广东省 16.1%、上海 20.4%、北京 17.3%、湖北 17.1%、天津 11.6% 和浙江 16.7%,但高于山东 10.0%、四川 9.4% 和河南 9.9%。2008—2015 年间江苏地方财政一般预算收入名义增幅为 193.9%,不仅超过全国平均水平,也比其他发达省市要高。年平均增长率达到 16.7%,略高出全国平均水平。财政收入增速指标普遍高于其他比较省份的事实与江苏经济增速快于这些省份是一致的。2015 年江苏地方财政一般预算支出增速为 13.3%,六年间江苏平均增速为 16.0%,在财政支出大省中增速位居中游,这主要是由于支出结构相对比较稳定导致的。

表 5　全国及各地区地方财政基本状况(2008—2015)　　　　　(单位:亿元)

	排名	排名变化	2008 年	2015 年	名义增幅 (%)	年平均增长率 (%)
广东省	1	—	3310.3	9364.8	182.9	16.0
江苏省	2	—	2731.4	8028.6	193.9	16.7
山东省	3	↑1	1957.0	5529.3	182.5	16.0
上海市	4	↓1	2358.8	5519.5	134.0	12.9
浙江省	5	—	1933.4	4809.5	148.8	13.9
北京市	6	—	1837.3	4723.9	157.1	14.4
全国			28649.8	82982.7	189.7	16.4

数据来源:历年《中国统计年鉴》、《中国统计摘要 2016》

从地方财政规模占全国地方财政规模比重来看,2015 年江苏地方财政一般预算收入和支出占比分别为 9.7% 和 6.4%。江苏财政收入规模占比与其经济规模占全国的比重基本相一致,同时历年来占比的稳定性也反映出江苏在积极应对风险和挑战中财政综合实力的不断增强。

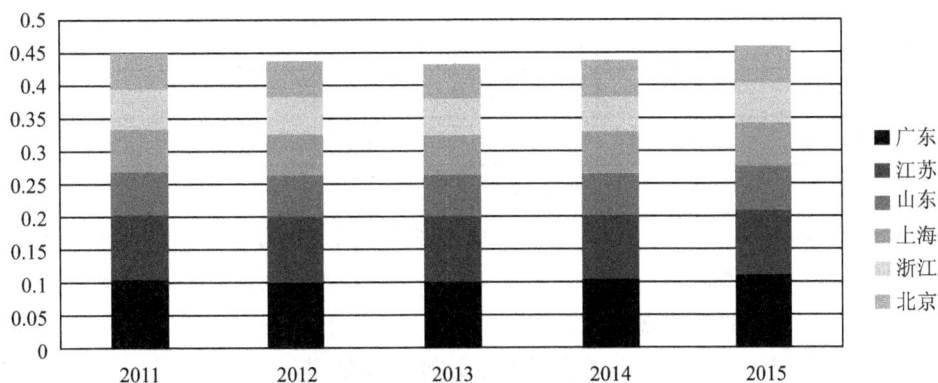

图 5　历年中国地区地方财政一般预算收入占全国比重

数据来源:历年《中国统计年鉴》、《中国统计摘要 2016》

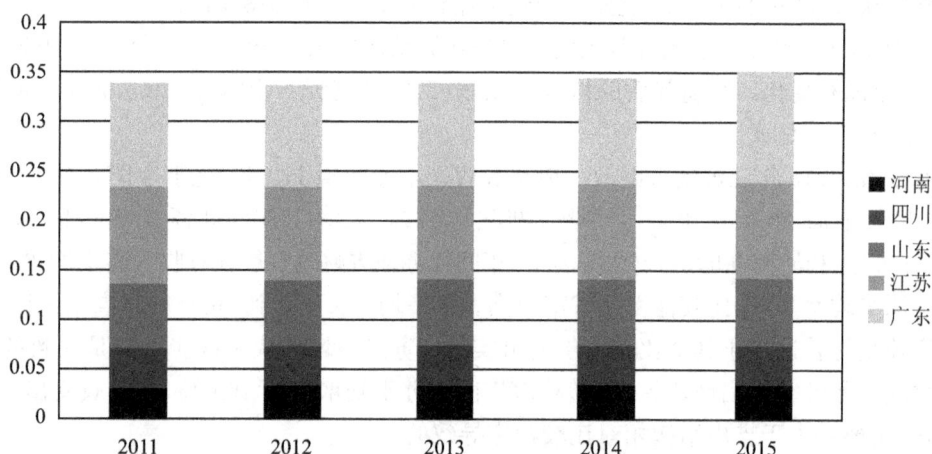

图 6　历年中国部分地区地方财政一般预算支出占全国比重
数据来源：历年《中国统计年鉴》、《中国统计摘要 2016》

（二）金融

2015 年末全省金融机构人民币存款余额 107873.0 亿元，比年初增加 14137.4 亿元，比上年末增长 15.1%。其中，储蓄存款比年初增加 3982.4 亿元，比上年末增长 10.9%；财政性存款比年初增加 59.8 亿元，同比少增 305.6 亿元。年末金融机构人民币贷款余额 78866.3 亿元，比年初增加 9293.7 亿元，比上年末增长 13.4%，年末主要农村金融机构（农村信用社、农村合作银行、农村商业银行）人民币贷款余额 120321 亿元，比年初增加 13433 亿元。全部金融机构人民币消费贷款余额 189520 亿元，增加 35869 亿元，其中，个人短期消费贷款余额 41008 亿元，增加 8497 亿元；个人中长期消费贷款余额 148512 亿元，增加 27373 亿元。

从全国范围看，2015 年末，存款余额和当年增量列广东和北京之后，居全国第三位；贷款余额和当年增量列广东和浙江之后，居全国第三位（表6）。

表 6　2015 年江苏与全国部分地区基本金融状况（本外币：亿元）

	北京	上海	广东	山东	浙江	江苏
金融机构存款余额	128573.0	103760.6	160388.2	76795.5	90302	111329.9
居民储蓄存款	27703.9	23384.7	55008.7	36772.7	34787	40951.0
金融机构贷款余额	58559.4	53387.2	95661.1	59063.3	76466	81169.7

数据来源：2016 年各省（市）国民经济与社会发展统计公报

从增速来看，江苏金融机构货币供应量增长出现平稳回落态势，受金融危机和后续的全球和国内宏观经济下行影响，江苏金融机构本外币存款年末余额、贷款年末余额增速都出现了前期明显下滑至 2015 年又开始上升。江苏存款增速从 2011 年的 11.4% 上升到 2012 年的 14.8%，再到 2015 年又上升到 14.9%。从全国范围来看，江苏存款余额增速变化情况与全国及部分经济发达省份的波动都比较大（见图7）。2015 年，江苏存款余额为 111329.9 亿元，较 2014 年增长了 14.9%，高于同期全国平均水平（12.4%）。江苏贷款增速从 2011 年的 13.6% 下降到 2014 年的 12.0%，2015 年贷款余额为 81169.7 亿元，较 2014 年上升了 12 个百分点。同样从全国范围来看，贷款余额增速在 2012 年之后出现了小程度的下滑，但北京增速小幅回升，其中江苏 2012 年的贷款余额为 13.7% 的增速低于同期全国水平（15%）。说明经济开始放缓增长的事实，还有其他经济不发达省份经济增长比较快。

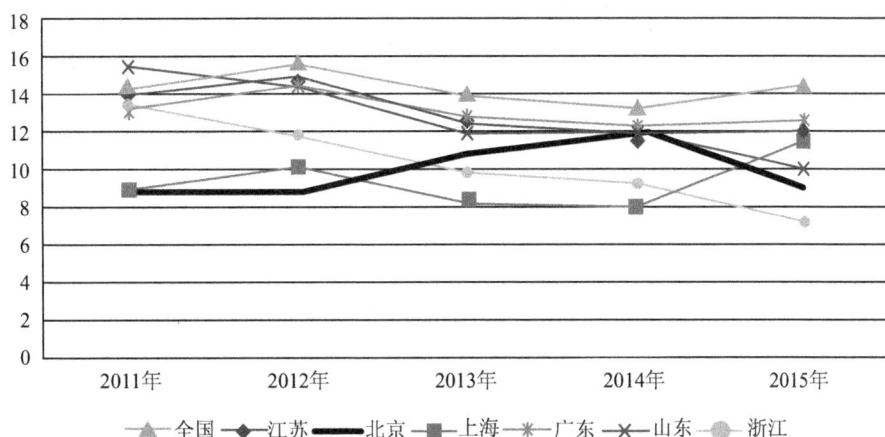

图7　2011—2015 年全国及部分地区金融机构存款余额增速（%）
数据来源：历年《中国统计年鉴》、各省份经济运行公报（2016）

　　从金融机构贷款余额来看，2015 年末，江苏省的贷款余额增速达到 12.0%，较前几年增幅较大，与其他省份相比，低于广东（12.6%），但高于上海（11.4%）、山东（10.1%）、北京（9.2%）等地区。全国近几年金融贷款余额增速在 2012 年开始下滑，直到 2015 年增速普遍开始上升，且增幅很大。（见图8）。

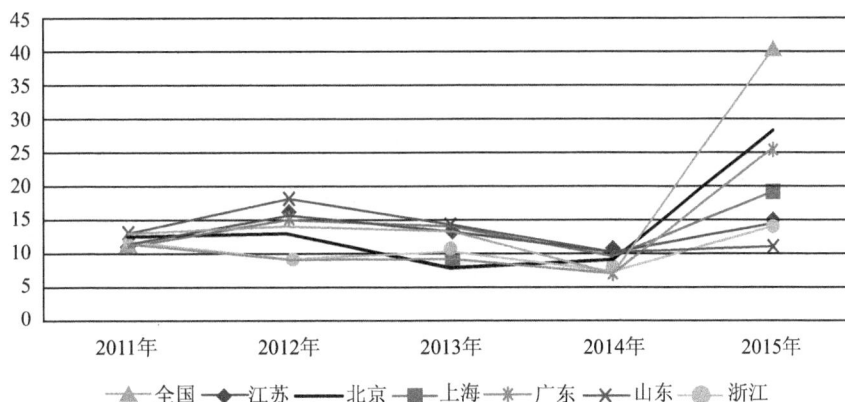

图8　2011—2015 年全国及部分地区金融机构贷款余额增速（%）
数据来源：历年《中国统计年鉴》、各省份经济运行公报（2016）

四、固定资产投资

　　2015 江苏固定资产投资较快增长。全年完成固定资产投资（不含农户）45905.2 亿元，比上年增长 10.5%。民间投资 33101.1 亿元，增长 13.8%，占固定资产投资比重达 72.1%。分类型看，完成项目投资 35440.0 亿元，比上年增长 7.1%；房地产开发投资 8153.7 亿元，减少 1.1%，但从总量规模来看，位列全国第二位，仅次于山东（48312.5 亿元）排在其后的依次是河南（35660.4 亿元）、广东（30343.1 亿元）、河北（29448.2 亿元）与浙江（27323.3 亿元）。

表7　江苏及部分地区固定资产投资额情况(2011—2015年)

	2011年		2012年		2013年		2014年		2015年	
	金额	占比	金额	占比	金额	占比	金额	占比	金额	占比
山东	26749.7	8.6	31256	8.3	36789.1	8.2	42495.5	8.3	48312.5	8.6
江苏	26692.6	8.6	30854.2	8.2	36373.3	8.2	41938.6	8.2	46246.9	8.2
河南	17769	5.7	21450	5.7	26087.5	5.9	30782.2	6.0	35660.4	6.4
广东	17069.2	5.5	18751.5	5.0	22308.4	5.0	26293.9	5.1	30343.1	5.4
河北	16389.3	5.3	19661.3	5.3	23194.2	5.2	26671.9	5.2	29448.2	5.2
浙江	14185.3	4.6	17649.4	4.7	20782.1	4.7	24262.8	4.7	27323.3	4.9

数据来源:历年《中国统计年鉴》、《中国统计摘要2016》

　　2011—2015年间,六省固定资产投资额总和占全国的比重基本维持在37%—39%。从固定资产投资增速来看,2011—2015年间全国及主要省份固定资产投资增速都出现了不同程度的下降,其中江苏名义增速由2011年的15.1%,上升至2013年的17.9%,而后下降到2015年10.3%,五年间平均增速达到14.8%,比同时期全国平均少0.3%的增速。

　　2015年河北省固定资产投资额占GDP比重高达97.0%,是这些省份中的最高值。江苏省固定资产投资占GDP比重65.5%。但与同为经济大省和强省的广东相比要高出24.3个百分点,这反映出三驾马车中的"投资"对江苏的经济贡献度要明显高于其他省份。

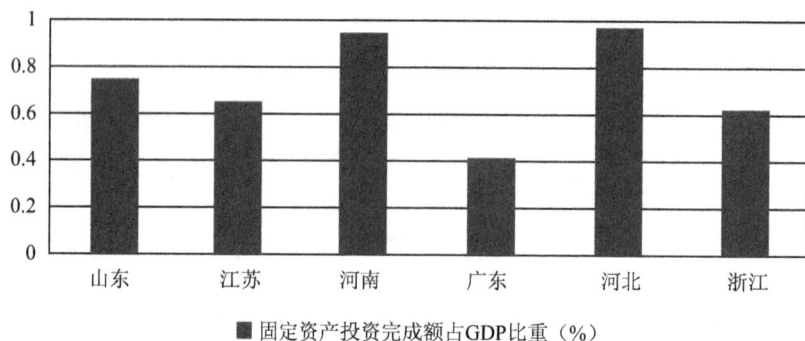

■固定资产投资完成额占GDP比重(%)

图9　2015年江苏及部分省份固定资产投资完成额占GDP比重(%)
数据来源:历年《中国统计年鉴2016》、《江苏统计年鉴2016》

　　2015年江苏省的投资结构优化改善。第一产业投资232.2亿元,比上年增长12.2%;第二产业投资22891.0亿元,增长12.8;第三产业投资22782.0亿元,增长8.2%。第二产业投资中,工业投资22757.5亿元,比上年增长12.3%,其中制造业投资21228.0亿元,增长10.9%;房地产业投资9687.5亿元,占工业投资比重达42.3%。主要工业行业中,通用设备制造业投资2321.2亿元,增长11.9%。第三产业中,水利、环境和公共设施管理业投资3868.8亿元,增长9.4%;交通运输仓储和邮政业投资2428.95亿元,增长12.3%。

　　从固定资产投资内部结构来看,房地产开发投资作为其主要组成部分,受房地产调控限购、限贷等政策持续实施的影响,2015年江苏全年房地产开发投资达到8153.7亿元,在全国所有省份中排名第二,仅次于广东的8538.5亿元。

表8　2015年全国及部分省份房地产投资情况

	房地产开发 （亿元）	房地产销售面积 （万平方米）	房地产销售额 （亿元）
全国	95978.9	128495	87280.8
江苏	8153.7	11414.1	8396.2
浙江	7111.9	5985.3	6299.5
山东	5892.2	9727.0	5408.0
辽宁	3558.6	3916.2	2255.0
河南	4818.9	8556.3	3945.6
河北	4285.3	5854.7	3371.6
广东	8538.5	11681.0	11442.8

数据来源:《江苏统计年鉴2016》

五、居民收入与城乡差距

伴随着经济总量的不断提高,江苏地区民生得到持续显著改善,人均可支配收入大幅提高,即使面对着金融危机与全球经济疲软的外部冲击,居民收入仍然稳步增长。2015年江苏全体居民人均可支配收入为27172.8元,位于全国第五位,前四位分别是上海、北京、浙江和天津。

其中,江苏城镇居民名义人均可支配收入达到34346.3元,较2009年增长了近13794元,增幅达到67.1%,位列全国第四位,是同期全国平均水平的1.3倍。城镇居民人均可支配收入位居其前的省份依次是上海(48841元)、北京(48532元)、浙江(40393元);但从增幅来看,2014年江苏该指标较2009年增长了67.1%,增幅比例为位居第三,也超出全国60%的增幅水平。2009—2014年间江苏城镇居民可支配收入年平均增幅为10.8%,超出同期全国水平(9.9%),也超过浙江(10.4%)、广东(8.3%)和天津(8.0%)。

2015年江苏农村人均纯收入16257元,是同期全国水平的1.4倍。位列全国第五位,排在其前面的省份依次是上海(23205元)、浙江(21125元)、北京(20226元)和天津(18482元)。2015年江苏农民人均纯收入较2009年增长了103.1%,略低于同期全国增幅(109.0%),2009—2015年间年平均增速为17.2%,略低于全国平均增幅18.2%(表9)。可见江苏在近年来所做的民生工作以及其惠及民生的社会效应令人瞩目。

表9　全国及各地区人均可支配收入变化(2009—2015)

	城镇居民人均可支配收入					农民人均纯收入			
	2009年	2015年	增幅 （%）	平均增幅 （%）		2009年	2015年	增幅 （%）	平均增幅 （%）
上海市	28838	52961.9	83.7	13.9	上海市	12483	23205	85.9	14.3
北京市	26739	52859.2	97.7	16.3	浙江省	10007	21125	111.1	18.5
浙江省	24611	43714.5	77.6	12.9	北京市	11669	20226	73.3	12.2
江苏省	20552	37173.5	80.9	13.5	天津市	8688	18482	112.7	18.8
广东省	21575	34757.2	61.1	10.2	江苏省	8004	16257	103.1	17.2

续　表

	城镇居民人均可支配收入					农民人均纯收入			
	2009 年	2015 年	增幅（%）	平均增幅（%）		2009 年	2015 年	增幅（%）	平均增幅（%）
天津市	21402	34101.3	59.3	9.9	广东省	6907	13360	93.4	15.6
全国	17175	31194.8	81.6	13.6	全国	5153	10772	109.0	18.2

数据来源：历年《中国统计年鉴》《江苏统计年鉴 2016》

　　城乡收入差反映的是我国经济发展中存在的不平衡问题，农业对工业的补贴是过去 30 年来中国大部分地区采取的发展战略，但随着新型城镇化进程的提出，工业开始反哺农业。从图 10 可以看出，人均收入靠前的六个省份，其城乡收入比均低于全国平均水平。其中，在 2009 年城乡收入比最低的是北京市，到 2015 年时是天津市。从 2009—2015 年，所有省份的城乡收入比都呈现出下降趋势，北京除外。江苏省的城乡收入比在六省市中仅次于广东和北京，和上海相当，但低于全国平均水平。

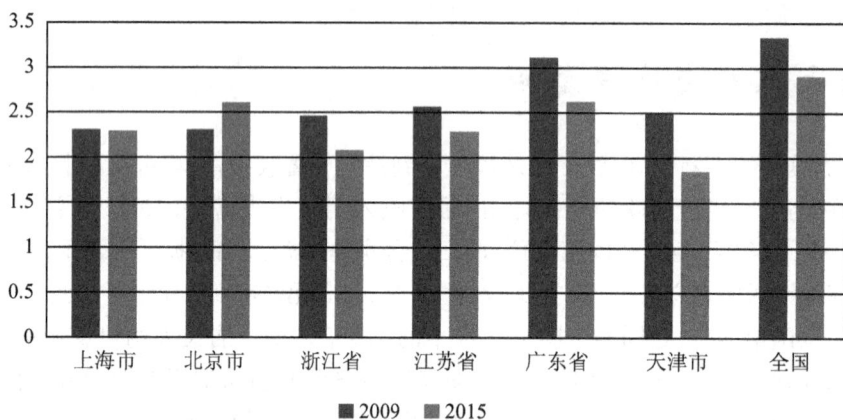

图 10　江苏及其他省份城镇与农民收入比（2009—2015）
数据来源：历年《中国统计年鉴》《江苏统计年鉴》(2016)

　　由于可支配收入水平决定了消费支出水平，因此可支配收入上的区域差异直接导致了人均消费支出地区差异。2015 年江苏全省居民人均消费支出 20555.6 元，比上年增长 7.3%。是全国水平的 1.3 倍，与全国其他省份比较，可以发现，2015 年江苏全省居民人均消费支出落后于上海（34783.6元）、北京（33802.8 元）、天津（24162.5 元）。基本与人均可支配收入的全国排名状况一致。

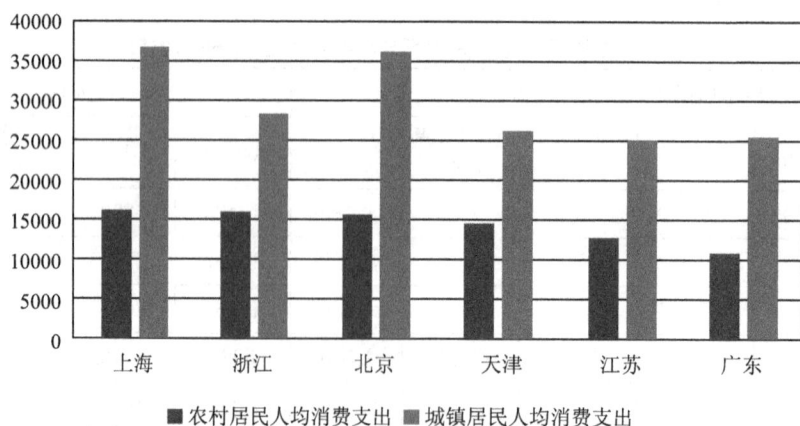

图 11　2015 年全国部分地区城乡居民人均消费支出　单位：元
数据来源：历年《中国统计摘要 2016》

从全国范围来看,各地区不仅存在着区域差异,而且存在着显著的城乡差异,无论是江苏、上海等发达省市,还是青海、甘肃等欠发达省份,农村居民的人均纯收入和人均生活费支出都明显低于同地区的城镇居民。

六、物价水平

2011 年,受国际输入性通胀和国内灾害性天气、翘尾等多种因素影响,江苏省居民消费价格持续高位运行,全年消费者价格比上一年上涨了 5.3%,涨幅上涨了 1.5%。针对价格总水平过快上涨的严峻形势,江苏省各级价格部门认真落实中央"把稳定价格总水平放在更加突出的位置"的要求,切实履行价格调控监管职能。经济增长下行压力和物价上涨压力并存,部分农产品供求紧平衡格局依然难以改变,流通环节多、费用高等问题仍很突出,而资源、土地、劳动力等要素价格面临长期的上涨趋势,已成为推动价格上涨的刚性因素。此外,近年来在资源性产品及公用事业领域积累了较多价格矛盾,需要进一步择机疏导,这将增加下游企业成本,对价格总水平也将会起到一定的推升作用。

居民消费价格温和上涨。全年居民消费价格比上年上涨 1.7%,涨幅同比下降 0.5 个百分点,略低于全国的平均水平 107.1。2015 年六个经济发达省市中,上海的 CPI 指数最高,达到 102.4,其次是北京(101.8)、江苏(101.7)和福建(101.7),浙江最低,只有 101.4。从 2009—2015 年的趋势来看,江苏省物价上涨只有在 2011 年和 2013 年低于全国总体水平,在 2010 年和 2011 年都出现了物价水平的较大幅度上涨,而 2009 年出现了负增长,这也与金融危机有关,2011 年的物价上涨与国家应对经济危机所采取的扩张性政策不无联系。通常来看,江苏省农村的物价水平上涨幅度高于城市,且2010 年以来高于全国农村物价上涨水平,在城乡收入差距日益增大、农村社会保障制度不完善的情况下,农村对物价上涨的抵御程度低于城市,物价上涨过快会对社会稳定和健康发展带来不利影响。江苏省的 CPI 在 2011 年增长后,2012 年和 2013 年持续维持在 102 左右,并且低于全国平均水平,但高于山东和浙江。

表 10　江苏及全国部分省份 CPI 指数变化(2009—2015 年)

	2009 年	2010 年	2011 年	2012 年	2013 年	2014 年	2015 年
北京	98.5	102.4	105.6	103.3	103.3	101.6	101.8
上海	99.6	103.1	105.2	102.8	102.3	102.7	102.4
江苏	99.6	103.8	105.3	102.6	102.3	102.2	101.7
浙江	98.5	103.8	105.4	102.2	102.3	102.1	101.4
广东	97.7	103.1	105.3	102.8	102.5	102.3	101.5
山东	100	102.9	105	102.1	102.2	101.9	101.2
全国	99.3	103.3	105.4	102.6	102.6	102	101.4

数据来源:历年《中国统计摘要 2016》和《江苏统计年鉴》(2016)
注:上一年＝100

2015 年,江苏在八大类商品中:食品烟酒上涨 6.2%,衣着上涨 2.2%,生活用品及服务上涨3.3%,医疗保健上涨 5.88%,交通和通信上涨 4.0%,娱乐教育文化用品及服务上涨 8.3%,居住上涨10.3%。全年工业生产者出厂价格比上年下跌 3.0%,其中纺织业下跌 0.7%,化学原料及化学制品业下跌 9.6%,医药制造业下跌 0.6%,化学纤维制造业下跌 5.8%,黑色金属冶炼及压延加工业下跌12.3%,有色金属冶炼及压延加工业下跌 4.9%,电气机械及器材制造业下跌 1.4%;工业生产者购进价格下跌 5.0%;农业生产资料价格下降 0.4%。

表 11　2015 年全国和东部部分省份消费者价格指数

地区	居民消费价格指数	食品	烟酒及用品	衣着	家庭设备用品及服务	医疗保健和个人用品	交通和通信	娱乐教育文化	居住
全国	101.4	102.3	102.1	102.7	101	102	98.3	101.4	100.7
江苏	101.7	103	101.9	103	102.8	101.6	97.3	101.8	100.9
北京	101.8	101.6	102	103.6	99.9	100.2	102.8	100.8	102.6
天津	101.7	101.7	101.9	103	101	99.8	97.4	104.2	102.6
上海	102.4	102.9	104.2	107.8	100.9	99.3	97.6	100.3	104.6
浙江	101.4	103.3	103.3	101.8	100.9	102.7	96	101.4	100.8
山东	101.2	101.2	101.8	103.5	101.7	101.6	98.4	101.9	100.8
广东	101.5	103.5	101.7	102.3	100.9	101.8	97.9	101.4	100
福建	101.7	102.3	102.3	102.9	100.8	104.5	98.3	101.2	101.3

数据来源:《中国统计摘要 2016》

注:上一年=100

七、就业

2015 年江苏省就业形势总体稳定。年末全省就业人口 4758.5 万人,第一产业就业人口 875.6 万人,第二产业就业人口 2046.2 万人,第三产业就业人口 1836.8 万人。城镇地区就业人口 3076.2 万人,城镇登记失业率 3.0%;城镇单位女性从业人员 529.3 万人。

由表 12 中可以看出,江苏省第一产业从业人员占比不断下降,由 2006 年的 28.6% 下降到 2015 年的 18.4%,第二产业和第三产业的从业人员所占比例不断上升,这与全国就业人员构成的变化趋势相同,全国从事第一产业的人员占比由 2006 年的 42.6% 下降到 2015 年的 28.3%。

江苏省的第二产业依然是吸纳就业的主要部门,从事第二产业人员占比达到 43%,高于第三产业从业人员 38.6%,而全国看来,第三产业的从业人员占比最大,2015 年第二产业的从业人员(29.3%)超过了第一产业(28.3%),表明江苏省的工业依然是经济发展和保障就业的重要部门。

表 12　江苏省和全国按三次产业分从业人员构成占比(2006—2015 年)

年份	江苏省			全国		
	第一产业	第二产业	第三产业	第一产业	第二产业	第三产业
2006	28.6	38.4	33	42.6	25.2	32.2
2007	26.3	39.7	34	40.8	26.8	32.4
2008	25.1	40.2	34.7	39.6	27.2	33.2
2009	23.7	41.1	35.2	38.1	27.8	34.1
2010	22.3	42	35.7	36.7	28.7	34.6
2011	21.5	42.4	36.1	34.8	29.5	35.7
2012	20.8	42.7	36.5	33.6	30.3	36.1
2013	20.1	42.9	37	31.4	30.1	38.5

年份	江苏省			全国		
	第一产业	第二产业	第三产业	第一产业	第二产业	第三产业
2014	19.3	43.0	37.7	29.5	29.9	40.6
2015	18.4	43.0	38.6	28.3	29.3	42.4

数据来源:《江苏统计年鉴 2016》,《中国统计摘要 2016》

2015 年江苏省的社会保障体系继续完善。城乡居民医疗和养老保险基本实现全覆盖,社会保险主要险种覆盖率达 95% 以上。年末全国参加城镇职工基本养老保险人数 35361 万人,比上年末增加 1236 万人。参加城乡居民基本养老保险人数 50472 万人,增加 365 万人。参加城镇基本医疗保险人数 66570 万人,增加 6823 万人。其中,参加职工基本医疗保险人数 28894 万人,增加 598 万人;参加城镇居民基本医疗保险人数 37675 万人,增加 6225 万人。参加失业保险人数 17326 万人,增加 283 万人。年末全国领取失业保险金人数 227 万人。参加工伤保险人数 21404 万人,增加 765 万人,其中参加工伤保险的农民工 7489 万人,增加 127 万人。参加生育保险人数 17769 万人,增加 730 万人。年末全国共有 1708.0 万人享受城市居民最低生活保障,4903.2 万人享受农村居民最低生活保障,农村五保供养 517.5 万人。全年资助 5910.3 万城乡困难群众参加基本医疗保险。按照每人每年 2300 元(2010 年不变价)的农村扶贫标准计算,2015 年农村贫困人口 5575 万人,比上年减少 1442 万人。

江苏省 2015 年城镇失业率为 4.1%,与全国平均水平保持一致,在长三角区域,也低于上海市的 4.2%,就业政策取得良好效果。从历年来看,江苏省城镇登记失业率一直处于与全国水平持平状态,而上海城镇登记失业率则一直高于全国水平,在长三角也是历年最高的。但相较而言,广东省的城镇登记失业率一直以来都较低,不仅低于长三角地区省份,也是全国最低的地区。

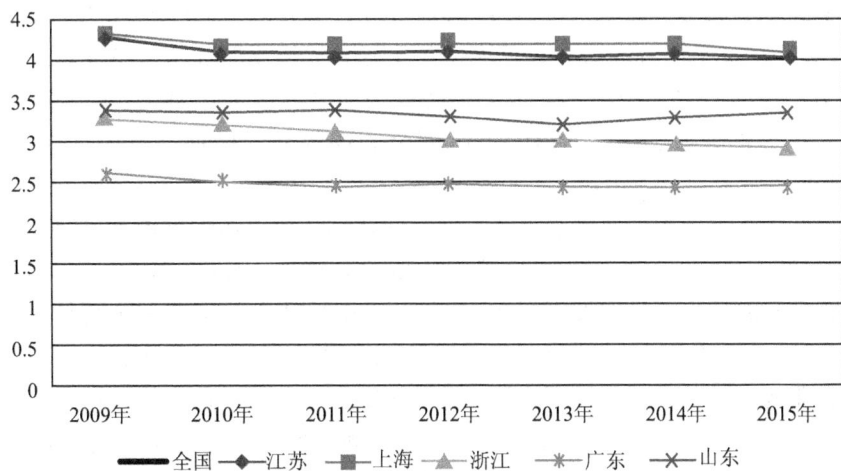

图 11　全国和部分地区历年城镇登记失业率(2009—2015 年)
数据来源:历年《中国统计年鉴》,上海、江苏、浙江、广东、山东国民经济和社会发展统计公报

第二章　江苏省产业经济在全国的地位与变化分析

一、产业结构

江苏产业结构调整在国家宏观调控的大背景下,一直在积极主动地进行之中。从整体上讲,江苏产业发展经历了一个由小到大、由弱到强的发展过程,形成了一套独具特色的发展之路。

经济发展水平上的地区差异同样也体现在不同省份间的三次产业结构上,按照一般规律,经济发展程度越高,农业(即第一产业)增加值在 GDP 中的比例越低,服务业增加值在 GDP 中的比例越高。江苏呈现出明显的工业化后期阶段特征,农业占比很低,并且不断下降,从 2004 年的 8.5% 下降到 2011 年的 6.2%,2012 年小幅回升至 6.3% 后 2013 年又回落到 6.1%,到 2015 年时进一步下滑到5.7%;第二产业(工业和建筑业)比重也在不断下降,从 2004 年的 56.6% 下降到 2011 年的 51.3%,2015 年时只有 45.7%,十年来下降近 10.9 个百分点,而服务业(即第三产业)从 2004 年的 34.9% 增加到 2015 年的 48.6%,增加了近 14 个百分点,这也是江苏第三产业的产值首次超过第二产业的产值,服务业越来越成为经济增长的主要动力。但对比全国来看,江苏此项进程稍显缓慢,全国第三产业贡献率在 2014 年首次超过了第二产业。

与全国 9.0∶40.5∶50.5 的三次产业构成比例相比较,可以看出江苏的第一产业比低于全国水平,约为全国平均水平的 0.6 倍,与东部地区基本持平,第二产业比重略高,第三产业比重不够高,工业仍是带动江苏经济增长的主要动力,产业层次有待进一步升级。同时与同属于东部地区的北京、上海相比,江苏服务业占比较为落后。2015 年,全省实现服务业增加值 34084.8 亿元,比上年增长9.3%,快于地区生产总值增速 0.8 个百分点。服务业增加值占 GDP 比重达到 48.6%,比上年同期提高 1.9 个百分点。全省金融业、营利性服务业、非营利性服务业增加值分别增长 15.7%、13.6%、9.8%,增速分别快于服务业总体增速 6.4、4.3、0.5 个百分点。

从 1995 年起,江苏重工业首次超过了轻工业,同时商业、交通运输邮电业、金融保险业等服务行业也得到长足发展。在这个阶段,实现了江苏产业结构的第二次转型,确立了以出口为导向的外向型经济发展道路。回顾近十多年的发展历程,江苏经济增长基本稳定在一个高位平台上,农业在持续的结构调整中保持了一定的增长速度。工业和建筑业增长强劲,在进入新世纪后,苏南招商引资工作在世界制造业基地转移的大背景下突飞猛进,国有企业和乡镇企业改制进一步推开,民营经济逐渐显露峥嵘,在江苏发展进程中掀起了新一轮增长浪潮。第三产业的发展引起了政府和各方的高度关注,各地纷纷出台了鼓励和促进第三产业发展的政策措施,在民间资本的大力推动下,房地产、商务服务等一些新兴服务业快速崛起,交通通信、金融保险等基础服务行业得到改进和加强,教育、卫生、文化事业蓬勃发展,展现出勃勃生机。江苏经济正面临着第三次转型的机遇。

十多年来,江苏三次产业结构实现了"二一三"到"二三一"的历史性转变,可贵的是这种转变没有以牺牲农业为代价,相反发达地区采取了以工补农的经济和社会政策,农业基础进一步加强,农业经济结构得到了改善,农业、农村、农民工作得到了切实改进和加强。在工业化进程推进到一定阶段,三产发展应时而起,是以满足人民生活水平和生活质量不断提高为基础发展起来的,是经济和谐发展的一种标志。而工业的发展则是利用自身优势抓住世界经济格局调整的机遇,是一种快速调整

的发展。江苏正在走上新型工业化的道路,三次产业结构呈现出一种工业化、合理化、高度化的发展
势头。

表1　全国及部分地区三产产业比重变化(2013—2015)

	2013 年			2014 年			2015 年		
	第一产业	第二产业	第三产业	第一产业	第二产业	第三产业	第一产业	第二产业	第三产业
全国	10.0	43.9	46.1	9.2	42.6	48.2	9.0	40.5	50.5
东部	6.2	47.9	45.9	5.8	45.5	48.8	6.2	48.9	44.9
北京	0.8	22.3	76.9	0.7	21.4	77.9	0.6	19.6	79.8
山东	8.7	50.1	41.2	8.1	48.4	43.5	7.9	46.8	45.3
上海	0.6	37.2	62.2	0.5	34.7	64.8	0.6	41.3	58.0
天津	1.3	50.6	48.1	1.3	49.4	49.3	1.3	46.7	52.0
浙江	4.8	49.1	46.1	4.4	47.7	47.9	4.3	45.9	49.8
江苏	6.1	49.2	44.7	5.6	47.7	46.7	5.7	45.7	48.6
广东	4.9	47.3	47.8	4.7	46.2	49.1	4.6	44.6	50.8

数据来源:《江苏统计年鉴2016》、《中国统计摘要2016》

二、农业

江苏是我国东部经济大省之一,也是我国的产粮大省,2008年金融危机至今的六年间,江苏保
持了农业增长、农业增效、农民增收的好势头。近年来,更是在农业方面实行了供给侧改革以及"互
联网+"等多项政策,在以需求为导向调节农业结构的同时也进一步推动了农业的现代化进程。从
地区生产总值来看,2015年江苏农业的生产总值达到了3987.9亿元,位居全国第三位,排在第一名
和第二名的依旧是山东(4979.1亿元)和河南(4209.6亿元)。与2010年相比,农业生产总值增加了
57%,"十二五"期间年平均增长了3.6%,生产总值的增长幅度高于全国的增长幅度54.7 %,也是农
业生产总值靠前的地区中增长幅度最高的。

表2　中国部分地区第一产业 GDP 情况(2010—2015)　　　　　　　(单位:亿元)

	排名	2010 年	2015 年	增幅(%)
山东	1	3588.3	4979.1	38.8
河南	2	3263.2	4209.6	29.0
江苏	3	2540.1	3987.9	57.0
四川	4	2483.0	3677.3	48.1
河北	5	2562.8	3439.5	34.2
全国		39354.6	60863.0	54.7

数据来源:《江苏统计年鉴2016》、《中国统计摘要2016》

2015 年江苏农林牧渔业总产值达到了7030.8亿元,仅次于山东(9549.6亿元)与河南(7641.3亿
元),位居全国第三。山东农业发展历史悠久,有着优越的地理环境优势,并且在近年的发展过程中
农业综合生产能力稳步提高,农业科技支撑能力不断增强,农业产业化和标准化深入发展,同时外向
型发展优势明显。山东2015 年农林牧渔业产值增速达到了4.3%,较2014年有所提高。与2014年

相比,2015 年山东农业增加了 164.12 亿元,增长幅度为 3.4%;林业增加了 8.37 亿元,增长幅度为 6.3%;牧业增加了 104.9 亿元,增长幅度为 4.3%。而江苏近两年农林牧渔业的增长速度明显放缓。

表3　2011—2015 年江苏及部分省份农林牧渔业总产值增速(按可比价计算)　　　(单位:%)

	2011 年	2012 年	2013 年	2014 年	2015 年	五年平均增速
山东	3.8	4.5	3.8	4.0	4.3	4.08
河南	3.8	4.5	4.4	4.2	4.6	4.30
江苏	4.2	4.8	2.6	3.1	2.6	3.46
四川	4.6	4.5	3.5	4.0	3.6	4.04
河北	3.9	4.0	3.3	4.0	2.7	3.58
全国	4.5	4.9	4.0	4.2	4.4	4.40

数据来源:《江苏统计年鉴 2016》《中国统计摘要 2016》

选取全国农林牧渔业总产值排名前五位的省份进行比较(山东、河南、江苏、四川、河北),可以发现,2008 年山东、河南、江苏、四川、河北农林牧渔业总产值占全国的比重分别为 9.7%、8.1%、6.2%、6.7% 和 6.0%,中间虽然有波动,但波幅很小,到 2015 年五省比例分别为 8.9%、7.1%、6.6%、6.0% 和 5.6%,与 2008 年相比,呈现小幅下降之势,只有江苏小幅上升了 0.4 个百分点。

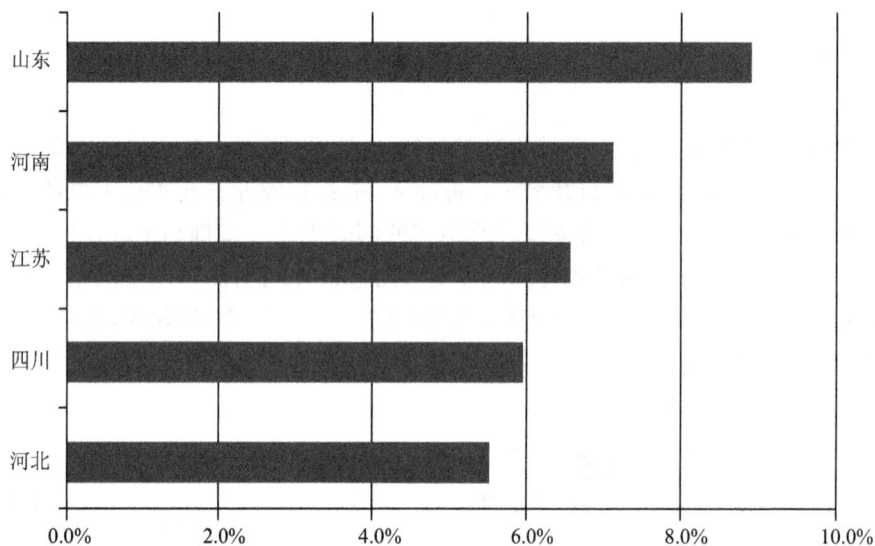

图1　2015 年山东、河南、江苏、四川、河北农林牧渔业总产值占全国的比重(%)

从地区农业内部产业结构来看(见表4),2015 年江苏农林牧渔业产值和农业服务业的产值结构为 56∶2∶19∶23。相对于全国来说,江苏渔业比重分别高出 12%,但林业和畜牧业分别低了 2% 和 10%,农业比重则与全国平均水平相当;与其他省份相比,江苏畜牧业占比也明显偏低,但渔业占比明显偏高,农业服务业也位居前列。这种结构上的差异一方面是有自然条件决定的,如江苏自古就被称为鱼米之乡,地区河道密布,水资源丰富,因此渔业较为发达;另一方面,与农业发展形态也有关系,江苏由于经济发达,导致了都市农业、观光农业也普遍发达,因此农业服务业相对发达。

表4 2015年全国及部分地区农业内部结构 （单位：亿元、%）

	农 业		林 业		牧 业		渔 业	
	绝对值	比重	绝对值	比重	绝对值	比重	绝对值	比重
全 国	4929.9	54.1	139.9	1.5	2523.2	27.7	1524.7	16.7
山 东	4610.7	63.0	134.3	1.8	2445.3	33.4	123.6	1.7
河 南	3722.1	56.1	129.1	1.9	1262.1	19.0	1517.5	22.9
江 苏	3335.5	53.2	205.8	3.3	2515.6	40.1	210.5	3.4
四 川	3441.4	60.7	121.5	2.1	1904.1	33.6	198.7	3.5
河 北	57635.8	56.1	4436.4	4.3	29780.4	29.0	10880.6	10.6

数据来源：《江苏统计年鉴2016》、《中国统计摘要2016》

从主要农产品产量结构来看，2015年江苏粮食产量达到3561.3万吨，较2013年增产了70.7万吨，产量位居全国第五，与2014年相比排名下降一位；油料产量达到143.1万吨，油料产量位居全国第九，较2014年减产3.5万吨，同时排名也下降了两位；棉花产量为11.7万吨，与2014年相比减产了4.3万吨，排在全国第八位。从表5可以看出，相对于其他省份来说，江苏粮食和油料作物产量相对较高，而在肉类、奶类和棉花上产量相对较少，这和表4所反映的农业内部产业结构基本一致的。

表5 2015年全国及部分地区主要农业产品产量 （单位：万吨）

地 区	粮 食	油 料	棉 花	肉 类	奶 类
全 国	62143.9	3537.0	560.3	8625.0	3870.3
黑龙江	6324.0	18.3		228.7	574.4
河 南	6067.1	599.7	12.6	711.1	352.3
山 东	4712.7	324.1	53.7	774.0	284.9
吉 林	3647.0	76.4		261.1	52.8
江 苏	3561.3	143.1	11.7	369.4	59.6
安 徽	3538.1	227.9	23.4	419.4	30.6
四 川	3442.8	307.6	1.0	706.8	67.5
河 北	3363.8	151.5	37.3	462.5	480.9
湖 南	3002.9	242.9	14.5	540.1	9.7
内蒙古	2827.0	193.6	0.0	245.7	812.2

数据来源：《江苏统计年鉴2016》、《中国统计摘要2016》

三、工 业

近年来，在产能普遍过剩的大背景下，江苏响应中央去产能号召，积极地推动产业转型升级。出台了一系列的政策，以合理配置资源，如工业用地政策，工业用电政策等。2015年江苏第二产业产值达到了32044.45亿元，较2014年增加了1189.95亿元，增长幅度达到了3.9%。全年规模以上工业总产值达到了 149841.41 亿元,比 2014 年增长了 4.8%,增长幅度小于之前的年份。轻、重工业协调发展,规模以上重工业、轻工业分别实现总产值 41115.44 亿元和 108725.97 亿元,与 2014 年相比分别增长了 8.1%和 3.6%;重工业占比达到 72.6%,所占比重较稳定。私营企业、股份企业表现较好,总资产贡献率分别达到了 20.47%和 35.78%,分别高于总的资产贡献率 4.9%和 21.21%。产品产销衔接良好,总的产品销售率达到了 98.37%,基本与 2014 年持平,其中集体企业的产品销售率是所有企业分类中最低的仅有 94.2%,这也反映了集体企业需提高效率完善管理结构。2015 年企业利润增速放缓,规模以上制造业企业实现利润总额 9110.88 亿元,增长幅度为 3.1%,不足 2014 年的四分之一。

苏浙沪鲁粤四省一市中,江苏、山东、广东规上工业总量位居前三位,浙江、上海工业规模相对较小。2015 年排名前五的省市中,除江苏和广东之外,其他三个城市(山东、河南、浙江)规上工业利润总额都低于 2014 年的利润总额,江苏、广东依旧处于增长状态,增幅分别为 6.2%、2.8%。山东重工业在全国占有很大比重,然而 2015 年受产能过剩的影响,重工业的发展一直处于低迷状态,这也使得以重工业为主的山东工业利润总额下降,增速为 −2.6%。浙江、上海着重发展的是以技术为主的第三产业,所以工业的比重较低,2015 年的利润总额也低于 2014 年,增速分别为 −0.3%、−0.6%。

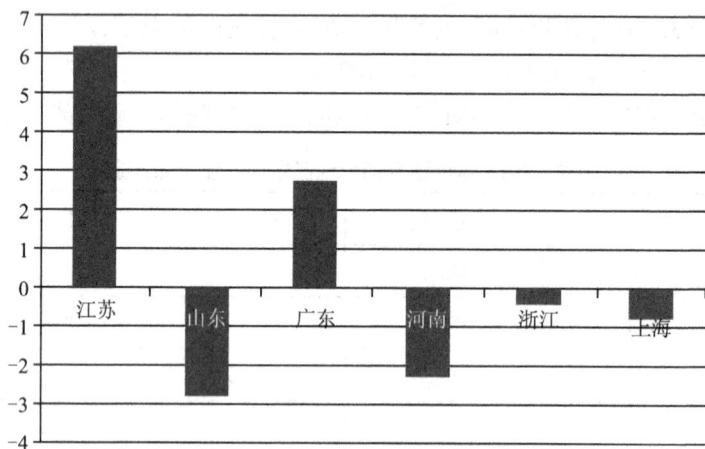

图 2 2015 年东部规模以上工业利润总额增速对比

数据来源:《江苏统计年鉴 2016》、《中国统计摘要 2016》

2015 年江苏全部工业增加值达到了 27996.43 亿元,与 2014 年相比增加了 1033 亿元,增幅为 4%,低于"十二五"期间的年平均增长速度(10%)6 个百分点,这也一方面进一步反映了经济的下行压力,另一方面反映了江苏积极进行产业结构升级,从以第二产业为主转向以第三产业为带动力促进经济的发展。

就全国范围来看,2015 年江苏规模以上工业利润总额达到了 9617.1 亿元,位列全国第一位,超出排在第二位的山东 999.9 亿元。江苏、山东和广东三省的工业利润总额分别由 2008 年的 3972.93、3923.56、3272.6 亿元增加到 2012 年的 7250.20、8016.35、5464.9 亿元,按名义价格计算,2012 年的工业利润总额分别较 2008 年增长了 82.5%、104.3%和 66.9%。

2008—2015 年间,江苏、广东和山东三省工业利润总额的增幅分别为 142.1%、119.6%和 120.3%。与广东和山东相比,江苏工业规模增长速度明显较快,并且要高于全国增长水平(107.9%)。

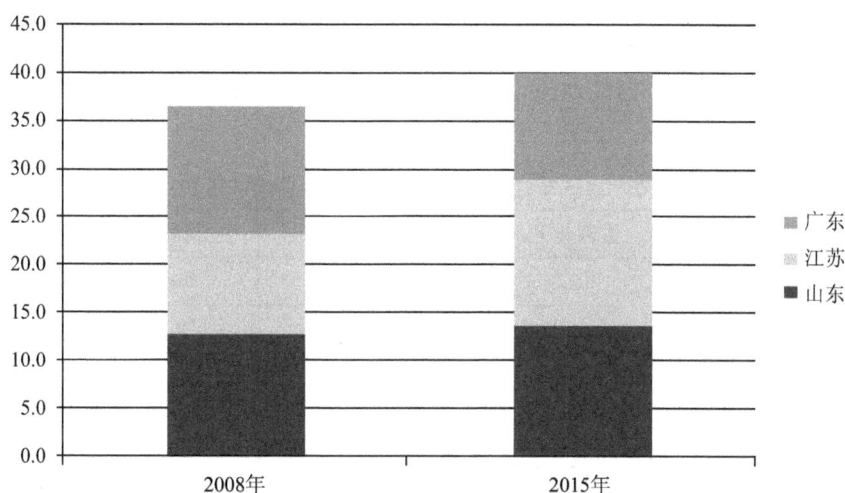

图 3　2008—2015 年江苏及全国部分地区工业利润总额占全国比重　单位：%
数据来源：《江苏统计年鉴 2016》《中国统计摘要 2016》

表 6　中国及部分地区工业利润总额情况（2008—2015）　　　（单位：亿元）

	排名	2008 年	2015 年	增加额	名义增幅（%）
江苏	1	3972.93	9617.1	5644.17	142.07
山东	2	3923.56	8617.2	4693.64	119.63
广东	3	3272.60	7208.8	3936.2	120.28
河南	4	2287.78	4840.6	2552.82	111.59
浙江	5	1634.20	3717.7	2083.5	127.49
上海	6	967.24	2635.4	1668.16	172.47
湖北	7	909.03	2233.1	1324.07	145.66
福建	8	896.11	2208.7	1312.59	146.48
河北	9	1369.84	2181.4	811.56	59.24
江西	10	507.96	2128	1620.04	318.93
全国		30562.37	63554	32991.63	107.95

数据来源：《江苏统计年鉴 2016》《中国统计摘要 2016》

从工业企业主要经济指标和效益指标统计数据来看：首先，江苏主营业务收入总量居全国第一，增幅居前。2015 年，随着江苏经济的快速增长，江苏工业企业主营业务收入增速也在高位运行，总量达到 148283.8 亿元，与第二名山东的差距为 1397.1 亿元，二者之间的差距比 2014 年增加了 297.1 亿元。2015 年全省有 120 家工业企业营业收入超百亿元，比 2014 年度减少八家。在全省规模以上工业企业中，它们只占总数的 0.25%，截至 2015 年末，百强民企拥有资产总额 22866 亿元，比上年增长 22.7%。

2015 年江苏企业亏损面 13.21%，比 2014 年上升了 0.31 个百分点，其中外商投资和港澳台商投资工业企业企业亏损面最高达到了 22.01%，这也迫使江苏企业积极的采取措施转型升级，改变以依靠招商引资为主的发展模式。规模以上工业企业总资产贡献率、主营业务收入利润率和成本费用利润率分别为 15.57%、6.6% 和 6.95%，与 2014 年相比较，总资产贡献率下降了 0.93 个百分点，主营业务收入利润率和成本费用利润率分别上升了 0.4 个和 0.25 个百分点。

2015 年在经济增长速度换挡期、结构调整阵痛期和前期刺激政策消化期"三期叠加"的宏观背景下，多数省份都出现了企业亏损的现象，其中江苏省亏损企业亏损总额达到了 730.2 亿元，占全国的比重 8.01%，在全国位列第一。

表7　2015 年江苏及部分省份工业企业经济指标　　　　　　　　　　（单位：亿元）

地区	主营业务收入	主营业务成本	销售费用	利润总额	亏损企业亏损总额
全国	1103300.7	945359.2	28740	63554	9115.5
江苏	148283.8	127321	3634.1	9617.1	730.2
山东	146886.7	128905	2896.1	8617.2	496.2
广东	117461.7	99329.8	4020.1	7208.8	507.6
河南	72381.4	63351.3	1324.5	4840.6	413
浙江	62740.5	53198.9	1678.2	3717.7	372.1
河北	44843.9	39487.5	809.3	2181.4	492.1
湖北	42470.2	36326.7	1278	2233.1	259.8
福建	39106.6	33728.7	988.5	2208.7	255.7
安徽	38364.4	33626.2	934.6	1852.7	277.2
四川	37876.3	32039.4	1120.1	2044	343.9
辽宁	37123.7	32264.5	882.8	1191.1	612.7
湖南	35152.2	29644.3	1011.8	1548.6	186.4
上海	33468	27025	1303.4	2635.4	335
江西	32459.4	28591.1	551.3	2128	65.5
天津	27958.9	23937.3	626	2002.9	215.3
吉林	22045.9	18626.8	857.3	1171.5	242
重庆	20370.3	17241.4	587.1	1396.8	149
广西	20078.4	17076.3	468.1	1175.4	165.9

数据来源：《江苏统计年鉴 2016》、《中国统计摘要 2016》

江苏工业虽然亏损企业亏损总额位列第一，但其利润总额也位列第一。这主要是因为，一方面沿海有些省份终端消费产品的比重比江苏高很多，出口比重也比江苏大，但是因为是终端产品，竞争很大，利润空间受到压缩，此外，出口也不是特别景气。而且，随着行业分工越来越细化，竞争激烈，利润越来越低，不少省份主导产业是加工制造产业，利润空间比较小。另一方面，而江苏近年来工业总量和利润在快速上升，可能与产业选择有关，江苏的工业科技含量相对较好，主要是技术密集型产业，市场需求逐年上升，利润空间比较大。

江苏除了在工业规模和工业的产业结构上与其他工业大省有差异外，另一个非常重要的差异是工业生产中的外资使用程度。江苏一直是我国吸引外资的重要地区，而外资最主要的投资领域是制造业，外资企业成为江苏工业生产的重要主体，而临近的浙江等省份由于自身经济发展特点，引入外资规模有限，外资企业在工业（制造业）生产中的份额相对较小。2015 年江苏外资企业比例依旧较高，达到 21.8%，但比 2014 年减少了 13.1 个百分点。而且 2015 年外商投资企业的亏损面较高，利润总额也仅有 3366.29 亿元，总资产贡献率为 13.63%。我国的制造业自 2008 年已经出现外资撤出的现象,撤出的外资有相当一部分如服装纺织业流向了人力成本更为低廉的东南亚。相比之下,2015年江苏省大中型工业企业和私营企业得到了很大的发展,大中型企业和私营企业的利润总额分别达到了6280.67亿元、3871.90亿元,总资产贡献率也分别达到了15.01%、20.49%。这与近两年来江苏的政策导向有一定的关系。近两年江苏为发展民营经济出台了一系列的政策文件,推动产学研一体化的同时鼓励其实现"五个发展"和"五个转变",并且对其发展也有一定政策偏向。2015年江苏省科研机构数达到了23101个,比2014年多了1257个,其中大中型工业企业占到了7432个,占比32.2%,超过了1/3。

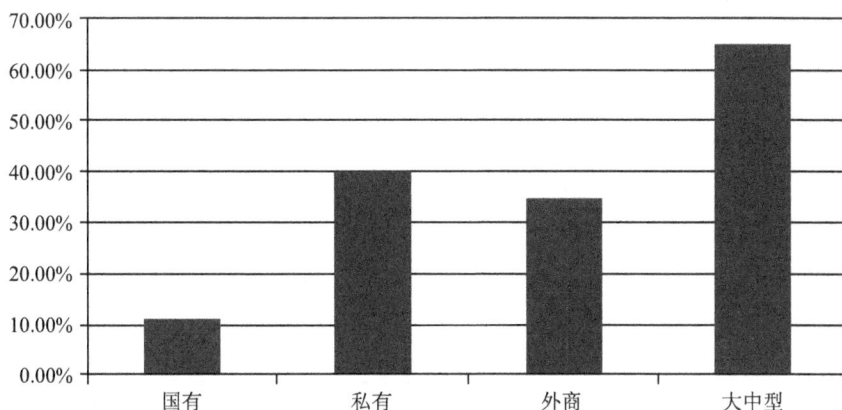

图4　江苏省不同类型工业企业利润总额占比
数据来源:《江苏统计年鉴2016》、《中国统计摘要2016》

四、服务业

"十二五"时期,是江苏深入贯彻落实科学发展观、加快转变经济发展方式的攻坚时期,也是全面建成更高水平小康社会并向基本实现现代化迈进的关键时期。加快发展现代服务业对于江苏推进经济转型升级和实现"两个率先"具有十分重要的意义。2010年江苏提出以实施服务业提速计划为抓手,促进生产服务业集聚化、生活服务业便利化、基础服务业网络化、公共服务业均等化,逐步实现由制造为主向服务为主的转变,树立"江苏服务"的崭新形象。2015年作为"十二五"规划的收官之年,更应大力发展服务业,服务业对其他产业、对人民生活的服务能力和服务质量需要增强。2015年第三产业的生产总值达到了34085.88亿元,比2014年增加了3486.39亿元,增幅为11.4%,高出地区生产总值增速3.7个百分点。服务业已成为江苏拉动经济快速增长的重要力量。但是,与国内服务业发达省市相比,江苏服务业发展还存在一定的差距。服务业提质更值得关注,比如金融业成为支柱产业,2015年实现总产值5302.93亿元,是"十一五"末的2.5倍。现代物流业、科技服务业、软件和信息服务业、文化产业等也高歌猛进。2015年江苏省规模以上服务业企业个数达到了16541家,比2014年增加了493家。

从服务业GDP规模来看,2015年江苏服务业GDP达到34084.8亿元,排名全国第二位,仅次于广东的36956.2亿元,高于山东(28537.4亿元)、浙江(21346.6亿元)。江苏服务业发展规模与广东的差距较大,2015年达到2871.4亿元,与2014年相比差距扩大了247.61亿元,但与2006年3346.3亿元的差距相比,可以发现两省服务业规模上的差距在逐渐缩小。江苏服务业增加值的全国排名基本与GDP排名一致,由此可见,江苏服务业总量、服务业发展水平与地区经济的发展基本一致。从各年服务业GDP占全国的比重来看,2006年之后,服务业GDP规模排名前十的省份占比之和基本维持在 65% 左右，其中 2015 年江苏占比为 10.1%，占全国十分之一强，较 2006 年上升了 1.4 个百分点，反映出江苏第三产业对于全国第三产业增长起到越来越重要的作用。

表8　中国部分地区服务业 GDP 情况（2010—2015）　　　　（单位：亿元）

地区	2010 年	2011 年	2012 年	2013 年	2014 年	2015 年	2010—2015 年增幅（%）
全国	180743.43	214579.91	243029.98	275887.04	306038.2	338789.1	87.4
北京市	10600.84	12363.18	13669.93	14986.43	16627.04	18301.9	72.6
辽宁省	6849.37	8158.98	9460.12	10486.56	11956.19	12976.8	89.5
上海市	9833.51	11142.86	12199.15	13445.07	15275.72	16914.5	72.0
江苏省	17131.45	20842.21	23517.98	26421.64	30599.49	34084.8	99.0
浙江省	12063.82	14180.23	15681.13	17337.22	19221.51	21346.6	76.9
广东省	20711.55	24097.7	26519.69	29688.97	33223.28	36956.2	78.4
山东省	14343.14	17370.89	19995.81	22519.23	25840.12	28537.4	99.0
湖北省	6053.37	7247.02	8208.58	9398.77	11349.93	12736.8	110.4
河南省	6607.89	7991.72	9157.57	10290.49	12961.67	14611.3	121.1
湖南省	6369.27	7539.54	8643.6	9885.09	11406.51	12760.2	100.3

数据来源：《江苏统计年鉴 2016》《中国统计摘要 2016》

从各年服务业 GDP 增速来看，受金融危机影响 2008 年之后，各主要经济大省的增速都呈现下滑趋势。2015 年江苏服务业 GDP 较 2014 年增长了 11.4%，增幅比 2014 年增加了 1.39 个百分点，增长幅度居全国上游，高于浙江（11.1%）、广东（11.2%）、北京（10.1%）以及全国平均（10.7%）增速。从总量上看，2015 年江苏规上服务业企业营业收入总量达到了 11570.9 亿元，较 2014 年增加了 892.3 亿元，增幅为 8.4%。从行业特点看，数据表明，交通运输仓储和邮政业总量占优，占全部单位数 27.97%，营业收入占总体比重为 29.9%；信息传输、软件和信息技术服务业单体规模最大，平均单体规模到 1.59 亿元，大幅超出全省平均规模 6849.46 万元的水平，但与 2014 相比，平均单体规模减少了 0.51 亿元；2015 年租赁和商务服务业单位个数仅有 1350 家，与 2014 年相比骤减了 2309 家，主营业务收入也从 2014 年的 2874.2 亿元骤减到 237.4 亿元，减幅达到了 91.7%；其他营利性服务业除卫生社会工作文化以及文化体育娱乐业两者主营业务收入减少以外，其他服务业发展迅速，三大营利性服务业中居民服务、修理和其他服务业增速全国领先。2015 年江苏服务业 GDP 较 2010 年名义增长了 99%，江苏服务业平均增速也超过同期第一产业和第二产业的平均增速，反映出江苏服务业发展的强劲势头。

表9　历年中国及各地区服务业增加值指数（可比价格，上年＝100）

年份	全国	北京	上海	江苏	浙江	山东	广东
2007	116.0	115.4	118.8	116.4	115.31	114.56	113.8
2008	110.4	112.5	111.7	113.4	111.7	113.9	109.8
2009	109.6	110.2	112.2	113.6	112.5	111.2	110.8
2010	109.8	109.3	105.7	113.3	112.3	113.5	110.6
2011	109.4	108.7	109.6	111.1	109.5	111.3	110

年份	全国	北京	上海	江苏	浙江	山东	广东
2012	108.1	107.8	110.6	109.6	109.3	109.8	109.2
2013	108.26	107.6	108.8	109.8	108.7	109.2	109.9
2014	107.85	107.5	108.8	110.01	108.59	108.9	107.99
2015	106.3	106.9	106.9	108.5	108	108	108

数据来源:《江苏统计年鉴 2016》、《中国统计摘要 2016》

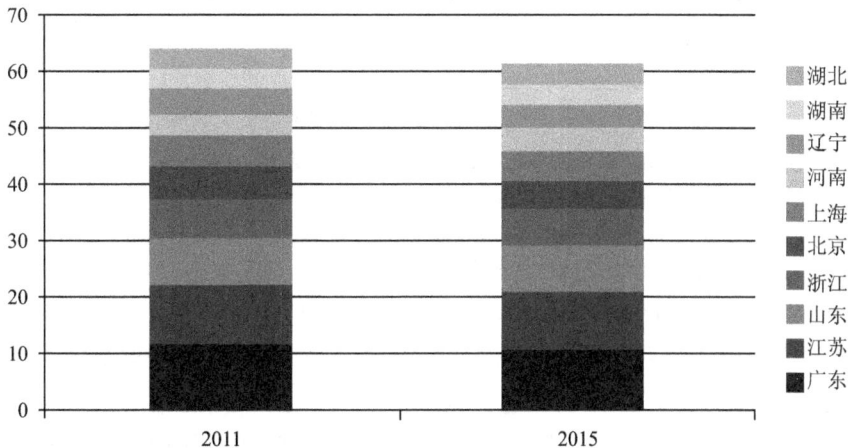

图 5　历年各地区第三产业 GDP 占全国比重

数据来源:《江苏统计年鉴 2016》、《中国统计摘要 2016》

从服务业占 GDP 的比重来看,考察 2011—2015 年间全国及各主要省份服务业占 GDP 比重,可以发现该指标都呈现小幅下降趋势,其中 2015 年江苏第三产业占 GDP 的比重较 2011 年下降了 0.2 个百分点,降幅明显低于广东(1.0 个百分点)和浙江(0.7 个百分点)。这反映出自 2015 年以来,在宏观经济处于"三期叠加"的背景下,江苏服务业的发展也受到了一定影响,在这样一个背景下,政府也大力鼓励各个企业加快产业结构转型,促进产业优化升级。同时,服务业的贡献下降也与人口红利逐渐减弱有关。2015 年江苏服务业占 GDP 比重为 48.6%,略低于全国 50.5% 的平均水平。与全国其他省份在服务业占 GDP 比重相比较,江苏排名全国第十一位,这一比重明显偏低。同一时期,北京服务业的增加值占 GDP 比重为 79.7%、上海为 67.8%、广东为 50.8% 和浙江为 49.8%,均高于江苏。与服务业发达省份相比,江苏省现代服务业企业普遍体量较小、产业雷同、竞争力弱,资源分散、同质化发展的现象比较突出。新兴业态布局分散,规模效应尚不明显,缺少龙头企业和知名品牌,集聚区集聚功能和产业带动能力还需持续提高。制造业企业大量服务资源还未真正向社会开放,仍以官办服务机构为主,服务效率相对较低。在研发创新方面,电子商务、创新型孵化器、互联网资讯等领域与北京、上海、广东、浙江等地相比较为滞后。此外,江苏省科技服务业存在政策体系不完善、业务领域发展不平衡、科技服务机构自我发展能力较弱等问题,在很大程度上制约了产业的发展。

"十二五"以来,江苏省出台了一系列关于加快发展现代服务业的文件,不断完善推进现代服务业发展的政策体系,服务业重点产业的领先优势逐步明朗。一是金融业影响力明显提升。2010 年至 2015 年,全省金融业增加值由 2105 亿元提高到 5302.93 亿元,年均增长超过 20%,增加值占 GDP 比重由 5% 提高到 7.6%,且与 2014 年相比绝对值增加了 579.24 亿元,增幅为 12%。江苏银行综合实力跻身全国城市商业银行前三甲,华泰证券进入国内证券行业第一方阵,金融业已成为江苏省现

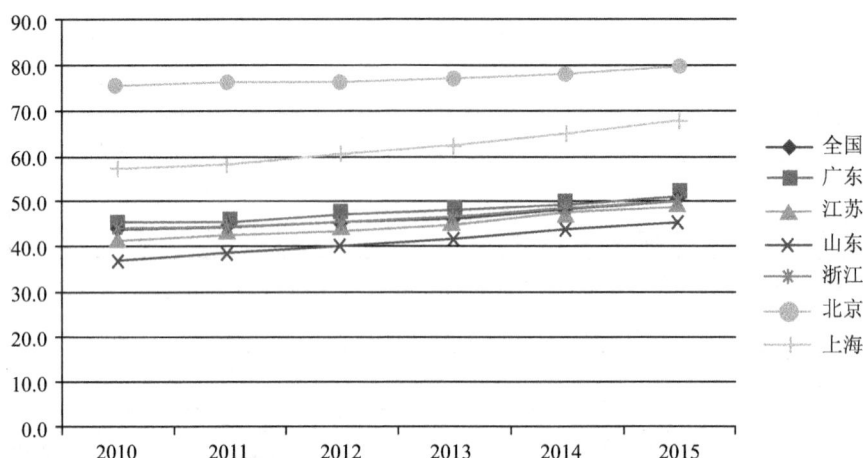

图6 2010—2015年全国及部分地区服务业GDP占总GDP比重 单位：%
数据来源：《江苏统计年鉴2016》、《中国统计摘要2016》

代服务业的"第一板块"和全省经济的支柱产业。二是现代物流业服务功能持续增强。全省综合运输网络初步形成，带动了物流业的快速发展，2015年前三季度，全省实现社会物流总额186052.39亿元，比上年同期增长9.7%，增速回落1.1个百分点，物流需求基本平稳，需求结构分化较为明显。其中工农业物流需求增速平稳，工业品物流总额为137763.39亿元，同比增长10%，比上年同期回落0.4个百分点，占社会物流总额比重为74.1%；国际物流需求降幅有所收窄，进口货物物流总额为9951.08亿元，同比下降4.2%，增速下降6.6个百分点，但比上半年上升了4个百分点；电子商务、快递业快速增长进一步拉升了消费物流需求，单位与居民物品物流总额继续保持高速增长态势，同比增长47.8%，增速上升17.9个百分点，比上半年上升12.6个百分点；外省市商品购进额同比增长13.5%，增速下降2.9个百分点，比上半年略有下降，占社会物流总额的比重为19.3%。三是旅游业质态明显提高。大力推进旅游强省建设，利用南京青奥会契机，全面构建"畅游江苏"旅游体系。"十二五"以来，全省旅游总收入年均增长3.2%，全省目前国家5A级景区、旅行社及持证导游数量均居全国第一。四是软件和信息服务业快速崛起。2015年信息传输、软件和信息技术服务业生产总值达到了1870.81亿元，占第三产业总产值的5.5%，与2014年相比绝对值增加了291.26亿元，增幅为18.4%。企业总数突破5000家，涌现出联创集团、焦点科技、苏宁云商、同程网、金智科技、擎天科技等一批重点企业。全省有11家企业进入2015年中国软件业务收入前百家企业名单，与2014年相比增加了一家企业。文化、体育和娱乐业2015年生产总值为635.64亿元，与2014年相比增加了99.08亿元。影视动漫、出版发行、广告服务等文化创意产业产值均居全国前列。

表10 2015年全国及部分地区传统服务业情况

	批发和零售业		交通运输、仓储和邮政业	
	总值	比重（%）	总值（亿元）	比重（%）
全国	66203.8	9.8%	30364.1	4.5%
北京市	2400.3	10.5%	957.9	4.2%
上海市	3826.4	15.3%	1130.9	4.5%
江苏省	6992.7	10.0%	2705.4	3.9%
浙江省	5202.2	12.1%	1598.7	3.7%

续 表

	批发和零售业		交通运输、仓储和邮政业	
	总值	比重(%)	总值(亿元)	比重(%)
山东省	8464.1	13.4%	2434.5	3.9%
广东省	8134.4	11.2%	2901.9	4.0%

数据来源:《江苏统计年鉴 2016》、《中国统计摘要 2016》

传统服务业占比的下降主要是由于现代服务业在服务业中地位提升所导致,2008—2015 年,江苏现代服务业占服务业的比重由 57.6% 上升到 64.3%。2015 年江苏金融业总值为 5302.93 亿元,占服务业比重达到 15.56%,与 2014 年相比有所提升,但仅上涨了 0.12 个百分点,这或许与 2015 年的股市动荡有关,这也体现了保持经济稳定的重要性;房地产业总值为 3755.45 亿元,占比达到 11.01%,与 2014 年相比占比减少了 1.69 个百分点,可见政府对房地产业的调控起到了一定的作用,借此来控制房价过快的上涨。目前江苏省房地产、商业等传统服务业对外开放程度较高,但金融、医疗、教育等高端服务业领域拓展不够,与享有国家试点政策和改革红利的上海、广东以及天津等地相比还存在一定差距。传统服务业比重偏大,批发零售、餐饮等传统业态仍占据主导地位,金融、电子商务、科技信息等生产性服务业落后于制造业,且在服务业中占比较低,研发、设计、创意等服务业供给不足。软件和信息服务、金融、教育等行业的地区差距相当明显,农村服务业基础比较薄弱,城市服务业发展水平有待持续提升。

表 11 2015 年全国及部分地区现代服务业情况

	网上零售业		房地产业	
	总值(亿元)	比重(%)	总值(亿元)	比重(%)
全国	38773.2	5.8	87280.8	13.0
北京市	4650.7	20.2	3517.6	15.3
上海市	3965.6	15.9	5093.5	20.4
江苏省	3302.3	4.7	8396.2	12.0
浙江省	6929.2	16.2	6299.5	14.7
山东省	1266.2	2.0	5408	8.6
广东省	8939.7	12.3	11442.8	15.7

数据来源:《江苏统计年鉴 2016》、《中国统计摘要 2016》

根据马斯洛需求理论,人们在满足了基本的生理需求之后,会追求更高层次的满足。江苏经济发展到今天,人们会更注重服务的质量以及服务种类的多样性。江苏省"十三五"规划中将服务业发展的目光转移到了养老服务业上。江苏是全国最早进入老龄化的省份,也是全国老龄化程度最高的省份。2015 年底,全省 60 周岁以上户籍老年人口达到 1648.3 万人,占户籍人口的 21.36%,比全国高出 5 个百分点,其中 65 周岁以上老年人口 1115 万人,占全省户籍人口的 14.45%;80 周岁以上老年人口 254.96 万人,占老年人口总数的 15.47%。目前,江苏老年人口呈现基数大、增速快、寿龄高、空巢和失能比例高的特点。预计到 2020 年,全省 60 岁以上老年人口将达到 1950 万人,占总人口的比例将达到 25%,到 2030 年将超过 30%。故江苏在"十二五"成果的基础上进一步发展养老服务业。在"十三五"规划中江苏计划到 2020 年,城乡社区居家养老服务基本实现全覆盖,城市街道开展日间照料服务,城市社区提供助餐服务,城乡标准化社区居家养老服务中心建成率分别达到 80%、

40%以上,以县(市、区)为单位居家呼叫服务和应急救援服务信息网络实现全覆盖。千名老年人拥有养老床位数达到 40 张以上。社会力量举办或经营床位数占总床位的比例达到 70%以上。2011年,全省有各类养老机构 2033 所,养老床位达 18 万多张,全省五保户集中供养率达到了 65%。而到2015 年底,全省共有各类养老床位 58 万张(其中养老机构床位 44.5 万张),按户籍人口测算,千名老年人拥有养老床位数达到 35.2 张。全省共建成城乡社区居家养老服务中心 1.9 万多家,实现城市社区居家养老服务中心基本全覆盖,苏南、苏中、苏北农村社区居家养老服务中心覆盖率分别达到90%、80%、70%。同时建成省级健康养老服务业集聚区 1 个,在证交所挂牌养老服务企业 5 家,投资建成 20 亿元以上的养老服务项目 5 个。一系列的举措体现了养老服务业在接下来的几十年里有着巨大的发展空间。

第三章 江苏省开放型经济在全国的地位与变化分析

一、对外贸易

江苏作为外向型经济发展的大省，很早就确立了出口导向型的外向经济发展战略，以贸易立省的江苏，对外贸易在其经济中具有非常重要的作用。2014年在经济下行压力加大的情况下，江苏多举措激发市场主体活力，保持经济运行稳中向好。2014年实现了进出口难中有进、稳中提质，进出口值占同期全国进出口总值(4.303万亿美元)的约13.1％，相比去年下降了0.1％。

从总体情况来看，江苏对外贸易一直保持了较为高涨的势头，但是伴随着欧债危机负面影响持续发酵引致的外需大幅减少，江苏外贸经历了重大考验。2015年江苏进出口总额5456.14亿美元，比上年减少了3.22％。其中，出口3386.68亿美元，下降了0.94％；进口2069.45亿美元，下降6.74％。从增速来看，2015年江苏对外贸易的增长情况远不如浙江和上海等地。2015年浙江出口表现突出，获得了1.2％的增长，其余各地区均出现负的增长。这表明总体而言，中国的对外贸易处于低迷形势之下，日本、欧盟等传统市场依旧不容乐观。

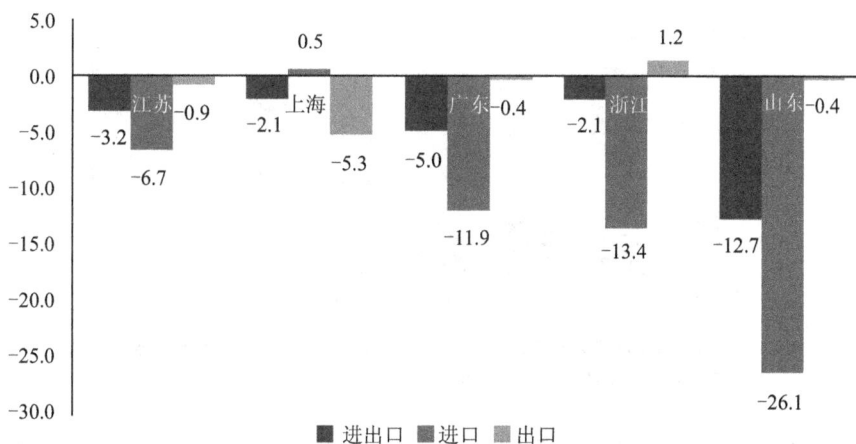

图1　2015年江苏及其他省份进出口增长情况（％）
数据来源：《江苏统计年鉴2016》、各省份统计公报

如表1所示，从进出口规模来看，从2010—2015年，江苏连续五年进出口总额位居全国第二，仅次于广东。但增幅只有13.03％，在全国前七大贸易省份中，位列倒数第一，其次就是山东，增幅为23.08％。因此年均增长率同样只有2.25％，排名也是倒数第一，而上海为5.07％。增幅和年均增幅较高的省份是福建，分别为60.56％和11.76％，其次是山东和浙江。

表1　江苏及全国其他省份进出口总额的变化情况（2010—2015 年）

	排名	排名变化	2010（亿美元）	2015（亿美元）	增幅（％）	年平均增幅（％）
广东	1	—	8340.0	11658.6	29.11	5.21
江苏	2	—	4987.8	5810.4	13.03	2.25
上海	3	—	3654.4	4230	27.63	5.07
浙江	4	—	2872.5	3595.7	23.63	4.86
山东	5	—	2251.6	2795.4	23.08	4.81
福建	6	—	1105.5	1479.2	60.56	11.76
全国			29740	39569	40.69	8.79

数据来源：《江苏统计年鉴 2016》、历年《中国统计年鉴》

如图 2 所示，2010—2015 年间主要外贸大省进出口规模占全国比重之和一直维持在 80％左右，但呈现下滑趋势，反映出外贸进出口虽然普遍集中于东部沿海省份，但近年来中、西部地区外贸进出口规模在不断上升的事实。其中 2015 年江苏进出口规模占全国比重为 14.7％，较 2014 年上升 1.6个百分点，较 2010 年下降 0.1 个百分点，其他主要外贸大省占比也出现下滑。其中，上海同样下滑1.8 个百分点、广东下滑 1.7 个百分点、北京下滑 0.9 个百分点。而浙江、福建和山东，分别仅仅增加了 0.1、0.8 和 0.2 个百分点。

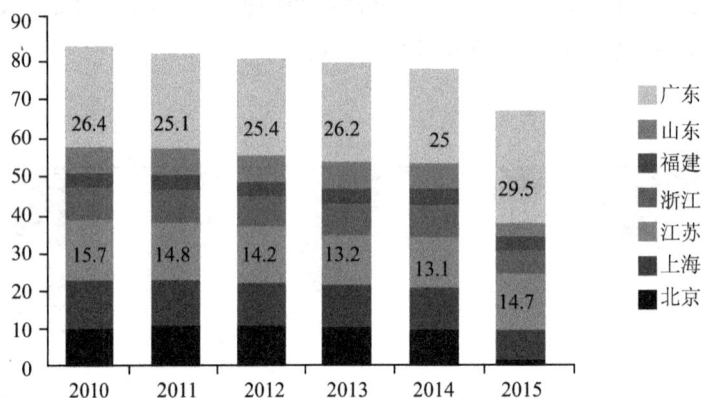

图2　2010—2015 年间主要外贸大省进出口规模占全国比重
数据来源：《江苏统计年鉴 2016》、历年《中国统计年鉴》

如表 2 所示，从 2008—2015 年这八年间，江苏出口总额从 2380.3 亿美元上升至 3386.7 亿美元，名义增幅达到 41.52％，高于同期全国 37.02％的水平，年均增幅为 17.04％，同样高于同期全国平均水平 14.97％。与全国贸易强省相比，江苏虽然自 2006 年以来一直出口额位居全国第二位，仅次于广东，但就出口增速而言仅高于上海、北京，位列倒数第三。江苏出口形势不容乐观的主要原因在于，第一：由于加工贸易产品和劳动密集型产品在江苏出口产品中占有较大比重，而这些产品在国际上只能较低价格销售，而劳动力工资提升、原材料价格上涨、人民币升值、资源价格改革等因素导致成本提升时，这些产品提价空间有限，导致竞争力降低。第二：笔记本电脑及关联产业向省外转移已对江苏省出口造成负面影响。江苏全省出口低位增长，当然有产业结构调整、增长适度回调背景，但一个重要原因是近年苏南特别是昆山，笔记本电脑产能及与之联动的 IT 加工制造业向中西部地区转移。以重庆为例，该市作为加工贸易梯度转移重点承接地，以西永微电园和两江新区计算机制造基地为中心,辐射带动周边区县的计算机配套产业发展的"计算机整机＋配套零部件"业已形成产业链,实现集群化发展。

表2 江苏及全国其他省份出口额的变化情况(2008—2015年)

	排名	排名变化	2008(亿美元)	2015(亿美元)	增幅(%)	年平均增幅(%)
广东	1	—	2793	6435.1	130.40	18.17
北京	2	—	2141.9	546.7	74.48	−23.90
上海	3	↑1	1529.1	1959.4	28.14	5.08
江苏	4	↓1	1542.4	3386.7	119.60	17.04
山东	5	—	652.1	1440.6	120.92	17.18
浙江	6	↑1	568.3	2766	386.71	37.23
天津	7	↓1	383	511.8	33.63	5.97
全国			11325.7	22749.5	100.87	14.97

数据来源:《江苏统计年鉴2016》、历年《中国统计年鉴》

从出口规模来看,2008—2015年主要外贸大省出口规模占全国比重之和呈现不断下降趋势(见图3),而2014年出现大幅上升,2015年又出现一定的下滑。2013年为77.95%,2014年则上涨为91.4%,2015年又下跌至77.49%,可见外贸大省出口规模的比重呈现不稳定状态。其中江苏占比从2010年的17.15%下降为2015年的14.89%,降幅达到2.26个百分点,仅次于上海2.85个百分点的降幅。在出口大省中,还有北京的出口份额同样出现下滑,从2010年的3.51%,降为2015年2.4%,山东的出口份额从2010年的6.61%下降到2015年的6.33%。除此以外,其他省份都有不同程度的提高,其中,福建增幅最高达到0.28个百分点,其次是浙江为0.47个百分点。2015年,总体上外贸大省的出口份额都比上一年下降了不少,其中广东省下降的最多,下降了4.68个百分点;而江苏省、浙江省、上海分别下降了2.55、1.78、2.11个百分点。

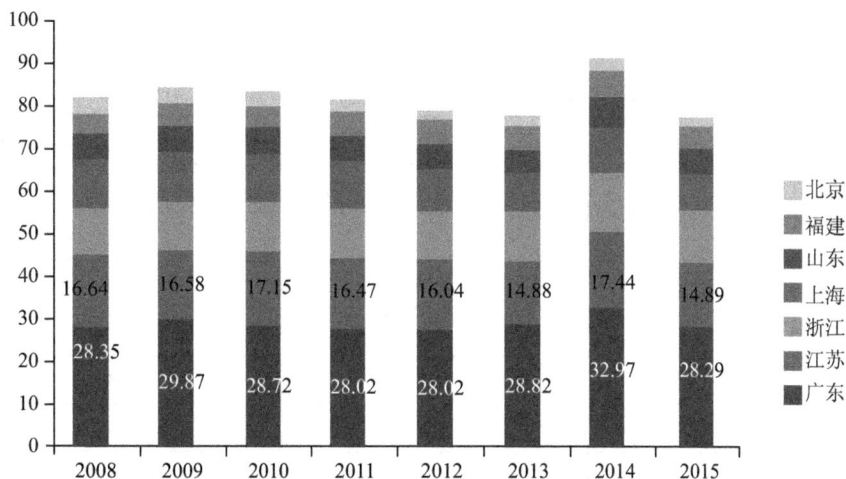

图3 2008—2015年全国及部分地区出口占全国的比重(%)
数据来源:《江苏统计年鉴2016》、历年《中国统计年鉴》

从出口增幅来看,2008—2015年间,江苏省出口年均增幅为7.47%,低于福建(11.50%)、浙江(10.97%)、广东(7.74%)、山东(9.40%),但高于北京(2.01%)与上海(4.99%)。在2009年普通遭遇出口负增长之后，2010 年和 2011 年连续两年有所回暖，但 2012 年后再次陷入低速增长区。2014 年，各主要出口大省的增速依旧比较低，大多数省份的增速与 2013 年的相差不多，几乎持平。2015 年，各主要出口大省（广东、江苏、上海、山东、福建、北京）的增速均出现了负增长，增速相比 2014 年要稍微下滑，江苏出口增速落后于浙江，只有 −0.9％，也比 2014 年的 3.6％下滑了很多，但从发展趋势上看，可以期望在未来 5—10 年内，江苏在出口方面仍能保持较大的总量规模。但是 2015 年受世界经济整体下滑的影响，江苏省的出口也出现了小幅的下滑。

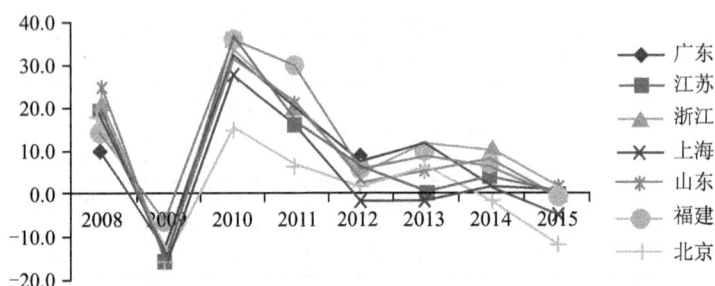

图 4　2008—2015 年全国及部分地区出口增幅（％）
数据来源：《江苏统计年鉴 2016》、历年《中国统计年鉴》

由于受国内经济增速下滑与国际贸易纠纷事件的增多的影响，2015 年江苏进口额为 2069.5 亿美元，2014 年比 2013 年减少了 1 亿美元，而 2013 年则比 2012 年增加了 24 亿美元。但纵观 2008 年危机后至今，江苏进口规模总体趋势呈现向上攀升，稳居全国第四，是第五名山东的 1.7 倍（表 3）。2010—2015 年，江苏进口的名义增幅达到 6％，年平均增幅为 1.17％，不仅低于同期全国平均水平，也在进口额前七的省份中位列倒数第二，而增幅最高的是天津，达到 41.4％，其次是上海（34.6％）。江苏进口增速慢于全国的主要原因是贸易自主能力不断增强，一般贸易规模接近加工贸易，加工贸易占比逐年下降。2014 年，江苏省以一般贸易方式进出口 2485.34 亿美元，增长 6.6％，占同期进出口总值的 44.1％；同期，以加工贸易方式进出口 2357 亿美元，增长 0.9％，占同期江苏省进出口总值的 41.81％，为 2005 年以来连续第九年比重下降，显示出江苏外贸进出口中曾经加工贸易一枝独秀的局面已经改变。2015 年受世界经济衰退的影响出现了进一步的下降。

表 3　江苏及全国其他省份进口额的变化情况（2008—2015 年）

		排名变化	2008（亿美元）	2015（亿美元）	增幅（％）	年平均增（％）
广东	1	—	3314.6	3793.6	14.5	2.74
北京	2	—	2459	2649.5	7.7	1.50
上海	3	↑1	1881.7	2533	34.6	6.12
江苏	4	↓1	1952.4	2069.5	6.0	1.17
山东	5	—	847.0	976.9	15.3	2.89
浙江	6	—	730.0	707.5	−3.0	−0.6
天津	7	—	446.8	631.6	41.4	7.2
全国			**13951**	**16819.5**	**20.6**	**12.88**

数据来源：《江苏统计年鉴 2016》、历年《中国统计年鉴》、《中国统计摘要 2016》

从进口规模来看，2008—2015 年主要外贸大省出口规模占全国比重之和也呈现不断下降趋势（见图 5），2015 年为 62.85％，比 2008 年（84.85％）下降了 22 个百分点。其中江苏占比从 2008 年的

13.62％下降为 2015 年的 7.47％,降幅达到 6.15 个百分点,广东占比从 2008 年的 24.66％,下降到 2015 年的 15.35％,下降了 9.31 个百分点,是所有进口大省中降幅最高的。在进口大省中,还有上海、山东、浙江和北京的进口份额同样出现下滑,分别从 2008 年的 13.50％、5.76％、5.02％ 和 18.91％,降为 2015 年的 8.94％、4.75％、3.01％ 和 13.75％。在进口大省中只有天津的进口份额增加,从 2008 年的 3.38％升到 2015 年的 8.58％。

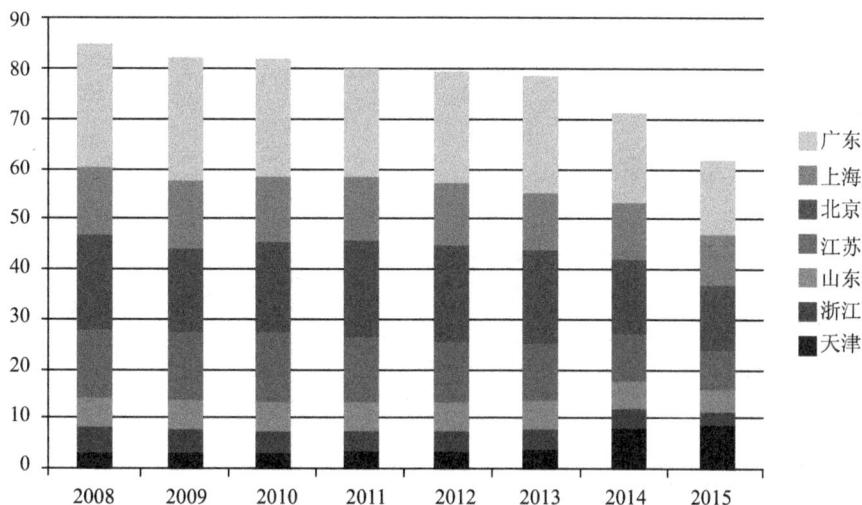

图 5　2008—2015 年全国及部分地区进口占全国的比重(％)

数据来源:《江苏统计年鉴 2016》、历年《中国统计年鉴》

如图 6 所示,从进口增幅来看,2008—2015 年间,江苏进口年均增速为 5.25％,低于山东 (11.52％)、北京(7.6％)、天津(80.25％)、广东(7.87％)。在 2009 年普遍遭遇进口负增长之后,2010 年和 2011 年连续两年有所回暖,但 2012 年后再次陷入低速增长区。2015 年,各主要进口大省的增速依旧比较低,甚至出现了负增长,相比 2013 年的增速普遍下降,而江苏进口增速落后与天津上海等地,高于浙江、北京、山东、广东等地。

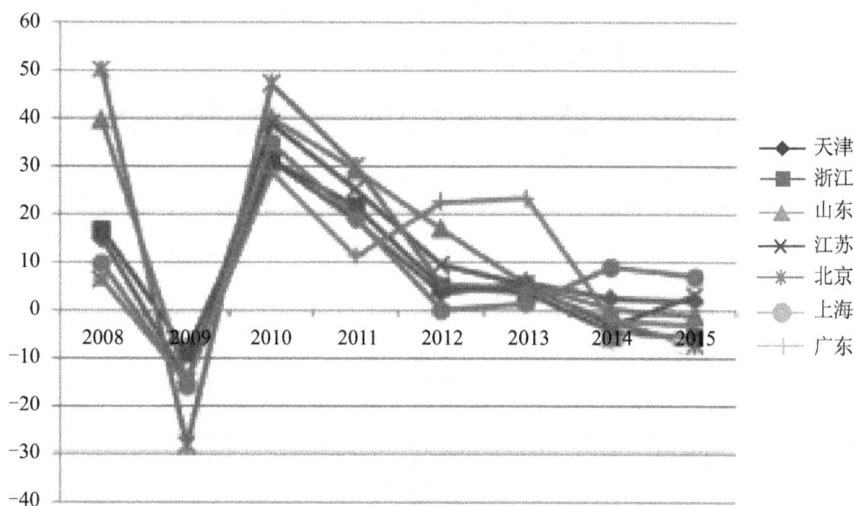

图 6　2008—2015 年全国及部分地区进口增幅(％)

数据来源:《江苏统计年鉴 2016》、历年《中国统计年鉴》

图 7 则给出了近六年间江苏及其他省市外贸依存度的走势，可以清楚地看出，江苏的外贸依存度一直较高，各年份均超出全国水平。经过 2008 年金融危机和国家实施"四万亿投资计划"拉动内需后，全国各地区的外贸依存度都有所下降，江苏省的外贸依存度也相应回落。该指标从最高时期的 76.12% 下降到 2015 年的 48.48%，低于上海（112.11%）、北京（86.69%）、广东（87.52%）和浙江（50.46%），但仍远高于全国平均水平 34.07%，这也反映出江苏在转变经济增长方式上所做出的努力。尽管近几年来江苏经济对外贸的依赖程度有所下降，但对外贸易仍然对江苏经济发展具有重要影响。

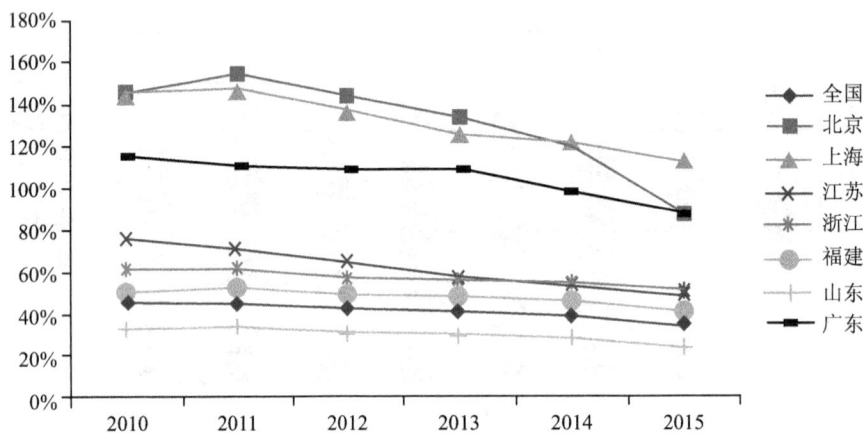

图 7 2010—2015 年全国及部分地区外贸依存度变化（%）
数据来源：《江苏统计年鉴 2016》、历年《中国统计年鉴》

从外贸主体来看，外资企业在江苏省的出口总额中一直占据了大半份额。外资企业涌入江苏主要是利用其廉价的劳动力和要素资源，在中国投资生产后再对外出口，因此导致江苏外企出口占总出口的比重一直较高（见表 4）。2008 年，江苏出口额中外资企业出口比例高达 71.3%，高于全国 55.2% 的平均水平，位居全国首位。最近八年间，由于国内企业逐渐打开国际市场、金融危机导致国外市场需求低迷等原因，外贸大省中的外资企业出口比例都出现不同程度的下滑。2015 年江苏外资企业出口占比下滑到 57.25%，这一比例虽然低于上海（66.53%），但仍比全国平均水平（44.19%）高出 13.06%，外资企业对江苏省出口的主导作用也没有因此得到根本改变。

表 4 2014—2015 年江苏及其他省份出口额中外资企业比例（%）

	2014 年		2015 年	
	出口额（万美元）	占比	出口额（万美元）	占比
北京	2074065	33.26	1475583	26.99
上海	14144621	67.31	13104906	66.53
江苏	19878022	58.14	19388612	57.25
浙江	6257983	22.89	5665116	20.47
福建	4259253	37.54	3997276	35.37
山东	6228652	43.03	5613097	38.96
广东	35607492	55.10	33304019	51.75

数据来源：《江苏统计年鉴 2016》、历年《中国统计年鉴》

从贸易方式来看,加工贸易在江苏进出口贸易中具有重要地位。外资企业利用当地的廉价劳动力和要素资源切入全球价值链,大大促进了江苏省加工贸易的发展。加工贸易占总出口的比重在2015年即已达到43.7%,与广东齐平,高于全国35.1%的平均水平。从图8可以看出,近几年来随着省内企业一般贸易出口的增加,该比重呈小幅下降态势,但2015年仍达到43.7%,高于全国35.1%的平均水平。这说明加工贸易仍然是江苏对外贸易的主要方式。

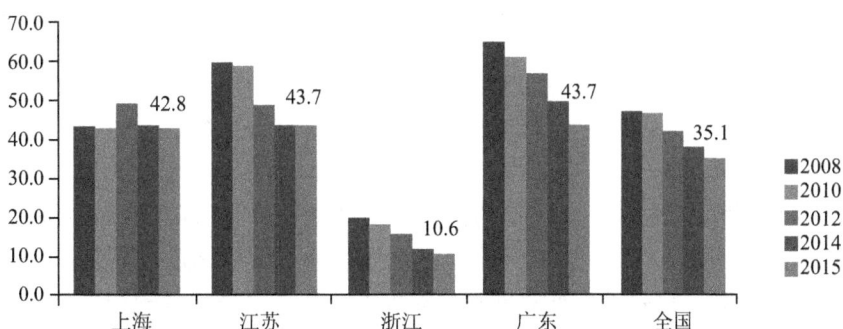

图8　历年全国及部分地区出口额中加工贸易比例(%)
数据来源:历年各省国民经济与社会发展统计公报,《全国统计年鉴2016》

考察进口额中加工贸易比例,可以发现主要经济大省的该指标在2012年都大幅下降。2015年江苏进口额中加工贸易比例为40.92%,较2008年59.64%的水平下降较多,排在广东(41.94%)之后,但高于全国26.6%的平均水平。

另一方面,从加工贸易的出口与加工贸易进口的比值来看,江苏省的起点就较低,2000年该比值仅为1.19,而全国该比值为1.49。2000—2008年间江苏省加工贸易的出口与进口的比值一直在全国排名垫底,不但与上海、浙江差距较大,也赶不上广东的水平。这意味着江苏省加工贸易出口的附加值偏低的问题较为严重。尽管近年来随着各地区出口品产业升级,加工贸易出口与进口的比值不断上升,江苏省也有所增加,2015年该比值达到1.748,显示了江苏省加工贸易的附加值在提高,虽然稍高于全国一般水平,但与上海(2.42)、浙江(2.691)的水平仍有不小差距,说明其附加值较低的现象仍然较为突出。

表5　2013—2015年江苏对外贸易主要指标(亿美元)

指　　标	2013年	2014年	2015年
进出口总额	5508.44	5637.62	5456.14
进口总额	2219.88	2218.93	2069.45
出口总额	3288.57	3418.69	3386.68
协议注册外资项目	3453	3031	2580
协议注册外资	472.68	431.87	393.61
实际使用外资	332.59	281.74	242.75
境外投资情况			
新批项目数(个)	605	736	880
贸易行项目	210	277	315
非贸易型项目	395	459	565

续　表

指　　标	2013 年	2014 年	2015 年
中方协议金额	61.43	72.13	103.05
贸易型项目	12.9	16.7	22.6
非贸易型项目	48.5	55.5	80.5

数据来源：广东省，江苏省，上海市历年国民经济与社会发展统计公报

　　总的来说，江苏省的出口仍然在快速增长，早已超过危机前的水平。但随着国内市场的成熟和开拓，江苏省的外贸依存度和出口依存度缓慢下降。出口结构中外资出口额也在稳定增长，但外资占总出口的比例已经逐年下降，本土企业出口比例相应增加。江苏省的加工贸易总额也在增长，但占总出口的比重缓慢下降，反映了一般贸易的比重在不断增长；加工贸易附加值偏低的问题有所好转，但并没有得到根本性改善。无论是外资出口比重还是加工贸易比重，仍然占到总出口的一半以上，远远高于全国平均水平，反映了江苏对外贸易对外资和加工贸易的依赖程度仍然较深。此外，高技术产业出口总量仍在快速增长，但高技术产业占总出口的比例近两年来渐趋稳定，出口结构得到优化。

　　2015 年江苏对欧盟、美国、日本、中国香港出口额分别为 607.8575 亿美元、727.9681 亿美元、280.8198 亿美元和 347.8963 亿美元，分别比上年下降了 4.28%、增长 3.74%、下降 9.01% 和下降 0.16%；对东盟、韩国、中国台湾省出口额分别为 351.0734 亿美元、166.78 亿美元和 137.8348 亿美元，分别增长 2.59%、增长 0.25% 和下降 6.42%；对拉丁美洲、非洲、俄罗斯出口额分别为 189.33 亿美元、87.01 亿美元和 34.74 亿美元，分别下降 1.354%、下降 6.42% 和下降 29.02%。

　　2015 年广东省的第一大出口贸易伙伴国是中国香港，达到 12768.6 亿元，占到广东总出口的份额接近 40.4%，其次是美国、欧盟和东盟。2015 年上海市的第一大出口贸易伙伴国是美国，达到 2829.6 亿元，占到总出口的近 28.3%，其次是欧盟、日本和东盟。而江苏出口的最大贸易伙伴国是美国，达到 727.9681 亿美元，其次是欧盟 607.86 亿美元。与广东和上海相比，江苏的出口地集中度并不高，更加显示出市场的多元化，这对于抵御外部市场的不稳定风险具有一定的优势。

　　服务贸易作为对外贸易的重要组成形式，在江苏对外贸易中的地位越来越重要。"十二五"期间的 2011—2013 年，江苏服务贸易进出口额同比增长超过 20%，到 2013 年服务贸易出口达到 335.33 亿美元，进出口总额占对外贸易的比重从 2010 年的 4.7% 迅速提高到 11.4%。2015 年全省服务进出

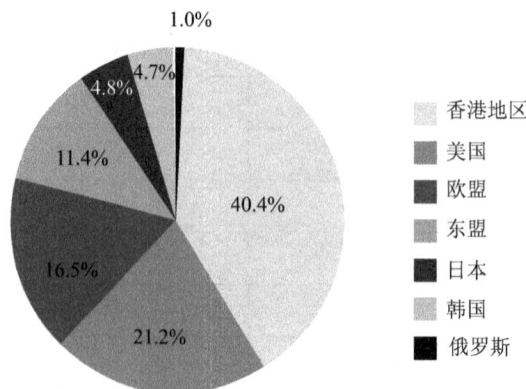

图 9　广东省 2015 年主要贸易伙伴分布（%）

数据来源：广东省 2015 年国民经济与社会发展统计公报

注：按出口值计算

1.1%
3.8%
5.3%
22.5%
12.0%
13.7%
13.3%

美国
欧盟
日本
东盟
中国香港
韩国
中国台湾
俄罗斯

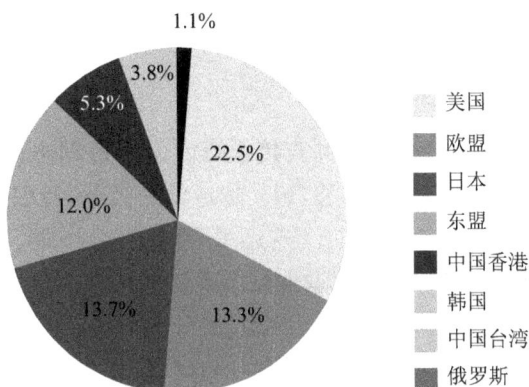

图 10　上海 2015 年主要贸易伙伴分布（%）

数据来源:上海市 2015 年国民经济与社会发展统计公报
注:按出口值计算

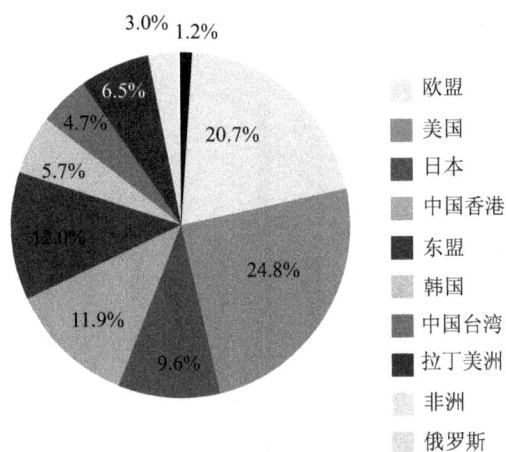

3.0% 1.2%
6.5%
4.7%
5.7%
20.7%
12.0%
11.9%
24.8%
9.6%

欧盟
美国
日本
中国香港
东盟
韩国
中国台湾
拉丁美洲
非洲
俄罗斯

图 11　江苏 2015 年主要贸易伙伴分布（%）

数据来源:江苏 2015 年国民经济与社会发展统计公报
注:按出口值计算

口总额 116.70189 亿美元,同比增长 30.74%;其中,出口额 50.12 亿美元,同比增长 21.46%,进口额 66.59 亿美元,同比增长 38.72%。全省服务进出口占货物进出口的 2.14%。成为江苏加快对外贸易转型升级的主要抓手。而且服务贸易内部结构也在不断优化,不仅运输、旅游、工程承包与劳务输出等劳动密集型服务出口继续扩大,文化创意、信息技术、商业服务、中医药服务等新兴资本技术密集型服务占江苏服务贸易出口总额的比重有所提升。

服务贸易的发展速度大大超过同期货物贸易,从发展趋势和潜力来看,服务贸易增长率已经成为"十二五"期间江苏经济转型的重要指标。

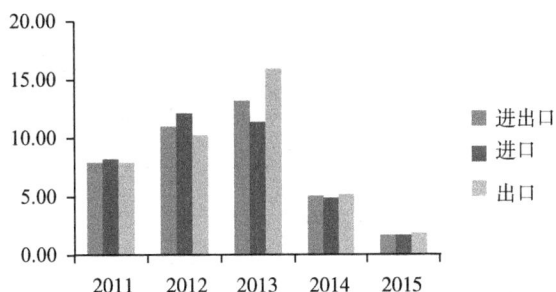

进出口
进口
出口

图 12　2011—2015 年江苏服务贸易规模占全国比重（%）

数据来源:《江苏统计年鉴 2016》、历年《中国统计年鉴》

二、利用外资

早在 20 世纪 90 年代,江苏便以吸引外商直接投资流入来带动出口增长。在 21 世纪初中国加入 WTO 后,江苏积极迎接国际制造业的转移,FDI 加速流入江苏,吸引外资额呈直线上升态势。自 2003 年起,江苏的实际利用外资额即已超过广东,连续 10 年居全国第一。金融危机后,江苏省利用其毗邻上海的区位优势、优良的投资环境,以及业已形成的外向型产业集聚,仍然保持了外资利用额稳定增长,实际利用外资额从 2008 年的 251.2 亿美元上升到 2012 年的 357.6 亿美元,稳居全国首位(见图 13)。从商务部公布数据来看,与 2012 年相比,2013 年和 2014 年江苏在全国的领先优势有所缩小,与位居第二的广东相比,江苏实际利用外资较广东多 13 亿美元,而 2013 年时这一数值为 83.08 亿美元,2012 年时这一数据为 122.1 亿美元。2015 年实际利用外资下降到全国第二,被广东超过 26.1 亿美元。

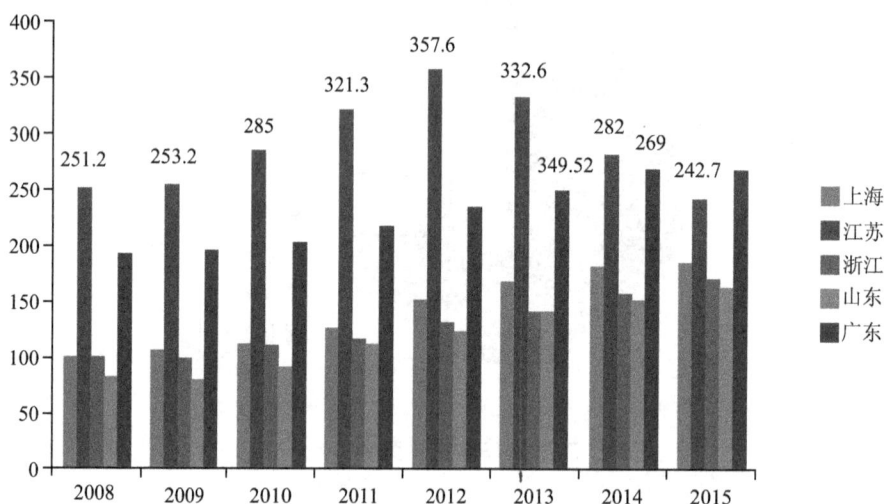

图 13　历年全国部分地区实际利用外资金额(亿美元)
数据来源:《江苏统计年鉴 2016》、历年《中国统计年鉴》

2013 年后受到全球经济复苏动力不足和投资政策不确定性的影响,全球外商直接投资比上年有所下降。跨国企业大多倾向于消化过剩产能,巩固资产负债表,而不是进行扩张性投资。因此,无论是合同外资还是实际利用外资,江苏在 2015 年时都出现负增长,其中合同外资金额大幅下降 15.1%,实际使用外资更是大幅下降 13%,而其他发达地区却没有出现负增长(如表 6)。

表 6　2015 年全国主要省市利用外商直接投资情况

地　区	合同外资		实际使用外资	
	金额(亿美元)	增长(%)	金额(亿美元)	增长(%)
广东	430.59	18.6	269	0
山东	200.2	12.7	170.1	6.2
江苏	296.9	−15.1	242.7	−13
浙江	224	0.1	170	7.4
上海	589.4	86.5	184.6	1.6

数据来源:商务部统计数据

由图 14 可以看出,金融危机后主要外贸大省吸引外资占全国的比重基本维持在 80% 左右。2015 年广东、江苏、上海、浙江和山东实际利用外资总和占全国的比重达到 81.5%,与 2014 年相比,下降了 5.63 个百分点。考察 2015 年各省该指标的数值,可以发现,除去浙江和山东以外,上述省份的占比都较 2014 年有所下降,其中江苏下降的幅度最大,达到了 4.34 个百分点。2008—2015 年间,江苏实际利用外资额占全国的比重由 27.2% 下降到 19.2%,2015 年首次被广东超越 2.1 个百分点。

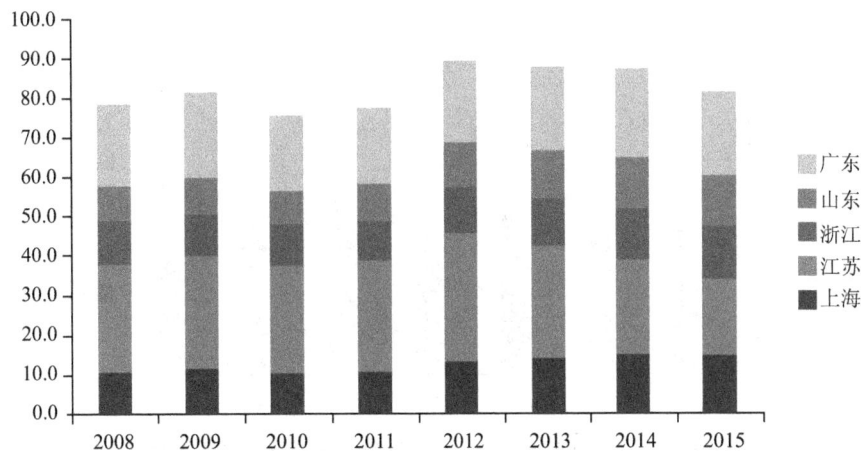

图 14　2008—2015 年部分地区实际利用外资额占全国比重(%)

数据来源:《江苏统计年鉴 2016》、历年《中国统计年鉴》

从实际利用外资增速来看(见图 15),2009—2012 年间江苏增速较为平稳,平均增速为 9.35%,超出全国平均水平 4.5 个百分点,同时也超过同期浙江(6.87%)与广东(5.31%)的增速。2015 年由于世界经济增速放缓,外资流入中国的势头放缓,本年全国实际利用外资增速为 5.5%,沿海地区除了浙江,其他地区增速下滑明显,尤其是江苏出现负增长,而上海和广东增速都有不同程度的下降。2013 年江苏增速为 -6.99%,是 2009 年以来首次为负,而广东(5.96%)、浙江(8.33%)、上海(10.50%)、山东(13.77%)。到 2015 年,江苏省的实际利用外资额出现了负的增长率,可见江苏省实际利用外资情况不容乐观。

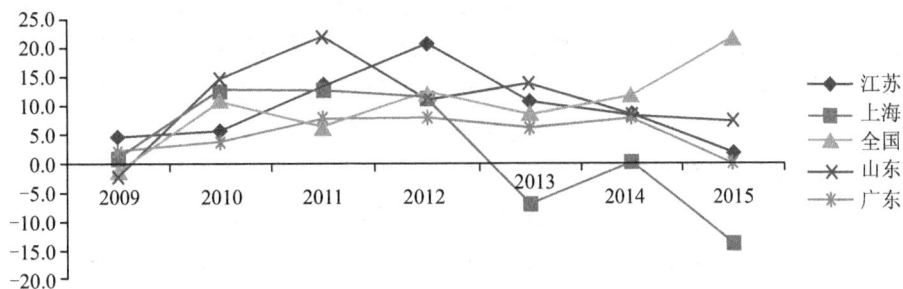

图 15　历年全国及部分地区历年实际利用外资额增速(%)

数据来源:《江苏统计年鉴 2016》、历年《中国统计年鉴》

从外商直接投资的产业构成来看,江苏服务业外资流入的比重不断上升,2013 年江苏服务业外商直接投资为 139.6 亿美元,首次超过上海(135.67 亿美元),服务业外商直接投资占总体外商直接投资的比重由 2008 年的 24.6% 上升到 2011 年的峰值 36.5%,之后 2012 年回落至 31.3%,2015 年有大幅增加到 46.6%,总体向上的趋势十分明显。与全国及其他省份比较,可以发现江苏服务业外商直接投资比重仍然偏低(见图16)。2009—2015年江苏平均比重为36.39%,不仅低于上海(82.2%)、广东(43.58%)和浙江(48.89%),也低于全国水平(51.91%),略高于山东(35.77%)。2015年江苏该指标为46.6%,低于同期上海(86.3%)、浙江(57.1%)、广东(56.9%)、全国(64.3%),仅仅高于山东(37.2%)。但是可以预见,随着服务业在国民经济与世界贸易中的比重增加、服务需求的增长以及市场环境的不断宽松和开放,未来江苏服务业将取代制造业,成为外资流入的主要行业。

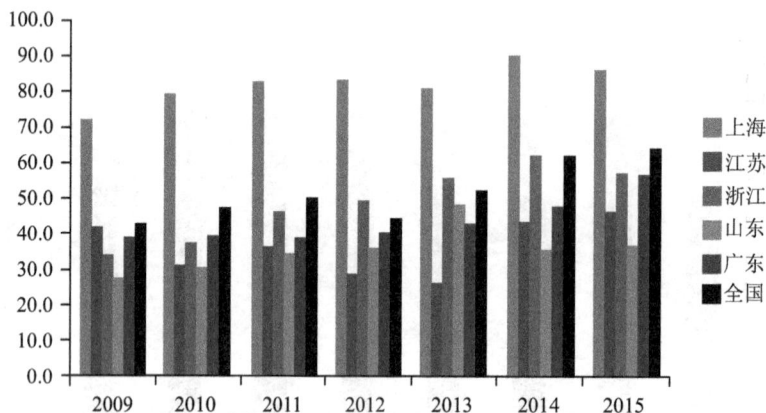

图16　历年全国及部分地区服务业外商直接投资占总体外商直接投资比重(%)
数据来源:《江苏统计年鉴2016》、历年《中国统计年鉴》

三、境外投资

　　江苏早期的对外开放主要是通过"引进来"的方式,本土企业对外投资较少。从21世纪开始,为了更好地利用国外自然资源、先进技术和人才,开拓国外市场,在更广阔的空间里促进经济结构调整和资源优化配置,江苏省顺应对外直接投资大发展的趋势,积极开展对外直接投资。从对外投资总量来看,2008—2015年间,江苏对外投资快速发展,规模持续增大,就中方投资规模而言,在2008年突破6亿美元的基础上,2009、2010、2011、2012、2013、2014、2015年境外投资额分别突破10亿美元、20亿美元、30亿美元、50亿美元、60亿美元、70亿美元和100亿美元。2013年江苏境外中方投资规模为64.1亿美元,首次位居全国第一。其中,2013年南京市共核准转报境外投资项目18个,中方投资总额54740.55万美元。南京市境外投资呈现以下主要特点:一是服务业项目为主要投资产业方向。18个项目中,二产项目2个,中方投资总额6822.25万美元;服务业项目16个,中方投资总额47918.3万美元,分别占项目总数和中方投资额的87.5%和88.9%。二是民营企业为境外投资主体。18个项目中,民营企业投资项目15个、中方投资总额47693.3万美元;分别占项目总数和中方投资额的83.3%和87.1%。三是亚、欧、美洲为主要投资地。赴亚洲、欧洲、美洲投资项目数分别为8、4、4个,中方投资总额分别为13405.5万美元、11639.42万美元、27513.63万美元。四是并购参股成为企业参与国际竞争的重要选择。朗诗集团股份有限公司在香港收购深圳科技控股有限公司股权项目等5个项目都是通过收购境外企业股权或资产,实现对其完全控股或参与境外企业运营。2015年南京新增境外投资项目170个(含增资),与2014年相比增长55%;中方协议投资总额突破20亿美元大关,达到20.6亿美元,跃居全省第一,较上年同期增长40.6%。2015年南京市企业在"一带一路"扬帆加速前进。房屋建筑、道路桥梁、水泥生产线、电力通讯、石化装置等外经企业积极参与基础设施互联互通建设,在"一带一路"沿线26个国家签订承包工程项目97个,新签合同额19.59亿美元,完成营业额 15.2 亿美元,分别占全市总量的 51％和 46％。赴"一带一路"沿线国家投资 24 个项目,较前年同期增加了 11 个,中方协议投资额为 2.3 亿美元,占总额的 11％,同比增长了 3.3 倍。国别涉及文莱、缅甸、柬埔寨、印度、印度尼西亚、马来西亚、以色列、蒙古、巴基斯坦、新加坡、斯里兰卡、泰国、越南、乌兹别克斯坦等 14 个国家。

2015 年江苏境外投资加快发展。全年新批外商投资企业 2580 家,新批协议外资 393.6 亿美元;实际到账注册外资 242.7 亿美元,比上年下降 13.8％。新批及净增资 9000 万美元以上的外商投资大项目 235 个。全年新批境外投资项目 879 个,比上年增长 19.4％;中方协议投资 103 亿美元,比上年增长 42.8％。2015 年,广东新增对外协议投资 259.5 亿美元,增长 104.9％,其中制造业实际对外投资增长 1.6 倍,电气制造业大涨 11 倍;上海全年备案和核准对外直接投资项目 1338 项,比上年增长1.3 倍,对外直接投资中方投资额 398.97 亿美元,增长 2.8 倍;浙江对外承包工程完成营业额 401 亿元,比上年增长 26.4％;全省外派劳务人员实际收入总额 9.5 亿元,经审批和核准的境外投资企业和机构共计 760 家,比上年增加 183 家,对外直接投资额 908 亿元,增长 1.5 倍,实际投资 350.5 亿元,增长 54.9％;山东实际对外投资 57.8 亿美元,比上年增长 31.0％,对外承包工程新签合同额 119.8 亿美元,完成营业额 101.7 亿美元,分别增长 13.0％和 10.0％,派出各类劳务人员 60764 人,增长 1.4％,离岸服务外包执行额 66.1 亿美元,增长 20.1％。

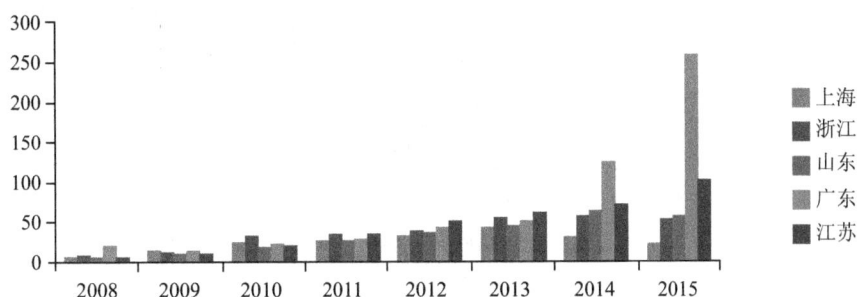

图 17　历年全国部分地区中方对外投资额规模(亿美元)
数据来源:《江苏统计年鉴 2016》、历年《中国统计年鉴》

这五年也是江苏对外投资发展最为迅速的时期,2009—2015 年虽然江苏省对外投资增长的速度从 2010 年开始下降,但增速始终为正值,与其他贸易大省相比,呈现快速扩大趋势。

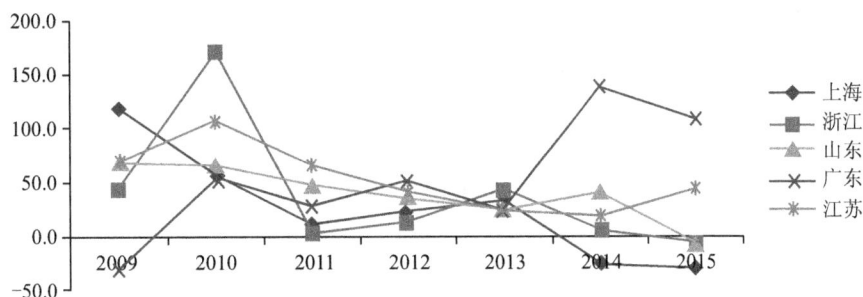

图 18　历年全国部分地区中方对外投资额增速(％)
数据来源:《江苏统计年鉴 2016》、历年《中国统计年鉴》

四、对外经济合作

从对外经济合作的构成来看,江苏对外经济合作的主要内容包括对外承包工程和对外劳务合作。江苏乃至全国的对外承包工程的发展速度均远高于对外劳务合作,从而使得对外承包工程的规模和比重不断扩大。从图19可以看出江苏对外承包工程的规模在不断上升,2015年江苏对外承包工程完成营业额87.61亿美元,同比增长10.15%,规模位居全国第三,仅次于广东(198.8亿美元)和山东(101.7亿美元)。

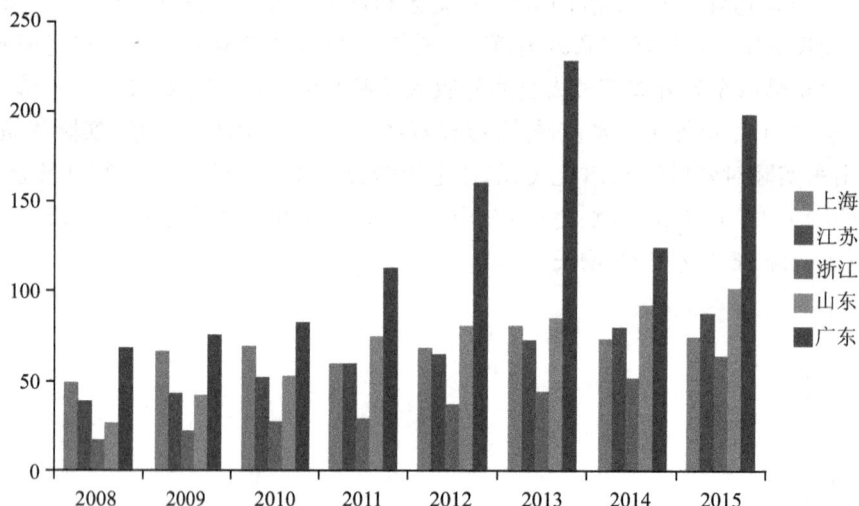

图19 历年全国部分地区对外承包工程营业额(亿美元)
数据来源:历年各省国民经济与社会发展统计公报

金融危机后的六年间,江苏对外承包工程完成营业额从2008年的38.8亿美元上升到2015年的87.61亿美元,增长了近2.26倍。七年间年平均增长率达到10.65%,与全国水平相比增速稍显落后。

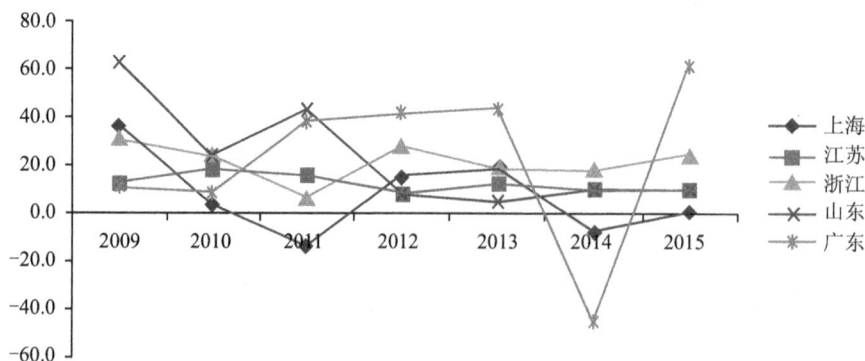

图20 历年全国部分地区对外经济技术合作的承包工程营业额增速(%)
数据来源:江苏商务厅统计数据

从图21可以发现2008—2015年各地区对外经济技术合作的承包工程营业额比重呈现总体上升趋势,但江苏占全国的比重从2008年的6.85%下降到2015年的5.69%,同期,山东、浙江都相对增加,而上海和广东同样呈现下降趋势。

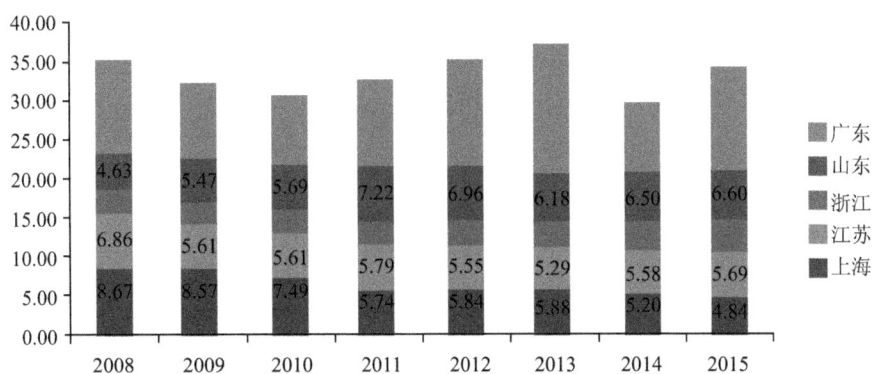

图 21　历年全国部分地区对外经济技术合作的承包工程营业额比重(%)

数据来源:江苏商务厅统计数据

第五篇
江苏省区域经济发展报告

第一章 苏南、苏中、苏北地区经济社会发展比较

江苏是中国经济最发达的省份之一,但是和中国经济一样,江苏经济发展并不平衡,呈现出明显的地区差异,其中苏南地区包括苏州、无锡、常州、镇江、南京五市,经济发达,已经进入到工业化后期阶段,力争在全国率先实现基本现代化;苏中地区包括扬州、泰州和南通三市,进入到工业化中期阶段,和苏南地区相比尚有很大差距;苏北地区包括徐州、连云港、宿迁、淮安、盐城五个省辖市,经济相对于苏南和苏中地区较落后,加快推进工业化发展,是其目前经济发展的重要途径。

2015年,苏南转型升级步伐加快,苏中整体发展水平提升,苏北全面小康社会建设取得新成效。全年苏南、苏中、苏北地区生产总值分别比上年增长8.2%、10%和10.2%,苏北高于江苏省1.7个百分点;一般公共预算收入分别增长9.2%、13.9%和12.9%,苏北高于江苏省1.9个百分点;固定资产投资分别增长3.1%、16.6%和19.7%,苏北高于江苏省9.2个百分点;社会消费品零售总额分别增长9.7%、10%和12.1%,苏北高于江苏省1.8个百分点。沿海发展战略有力推进,沿海开发建设取得新进展。沿海地区生产总值、一般公共预算收入、固定资产投资分别比上年增长10.1%、13.4%、17.5%,高于江苏省平均1.6、2.4、7个百分点。

沿江、沿海、沿东陇海线"三沿"联动,成为我国东部地区新的经济增长极。长三角区域一体化、江苏沿海发展战略、苏南现代化建设示范区、苏南创新示范区等国家战略的实施,与"一带一路"和长江经济带建设两大国家战略叠加影响,江苏省区域协调发展迎来新机遇。2015年江苏区域发展新布局,一是以铁路为基础的重大公共基础设施完善联通,尤其是过江通道的加密、纵向铁路网的形成,将淡化以长江天堑为标志的自然屏障造成的地区差异,形成生产要素、经济流的环状网络,加快区域差异的缩小甚至消失。二是苏中与苏南、沿江八市融合发展步伐加快,进而形成新的经济共同体。三是支持苏北发展的力度进一步加强,苏北不是减速而是加速前行。

一、总体经济发展

（一）GDP 和人均 GDP

2015年苏南转型升级步伐加快,苏中整体发展水平提升,苏北全面小康社会建设取得新成效。全年苏南、苏中、苏北地区生产总值分别比上年增长8.2%、10%和10.2%,苏北高于江苏省1.7个百分点。

"十二五"时期,苏南提升、苏中崛起、苏北振兴实现重大突破,苏南现代化建设示范区引领带动作用日益显现,南京江北新区成功获批,苏中融合发展特色发展加快推进,苏北发展六项关键工程取得阶段性成效,苏中、苏北经济总量占全省比重提高2.4个百分点。

2011—2015年,苏南、苏中、苏北地区名义生产总值年均分别增长8.79%、10.98%和11.42%。在苏南经济发展质量和效益不断提升的同时,苏中、苏北对全省经济增长的贡献率由39%提高到44.6%,三大区域各展所长、优势互补、协调发展的局面逐步形成。苏南、苏中和苏北地区GDP总量

分别从 2011 年的 29635.09 亿元、9133.14 亿元和 10744.32 亿元增加到 2015 年的 41518.7 亿元、13853.14 亿元和 16564.3 亿元,名义上分别增长了 28.62%、34.07%和 35.14%,其中 2015 年分别实现 GDP 增速 8.2%、10.0%和 10.1%。

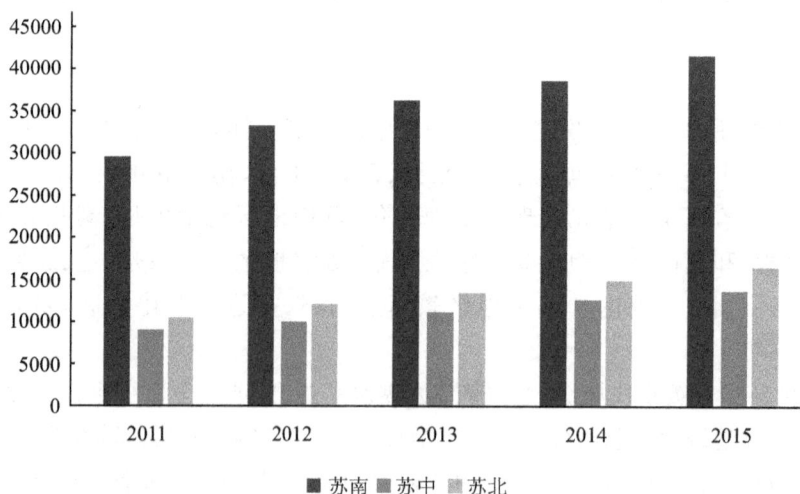

图 1　三地区名义 GDP 规模(亿元)

数据来源:历年《江苏统计年鉴》

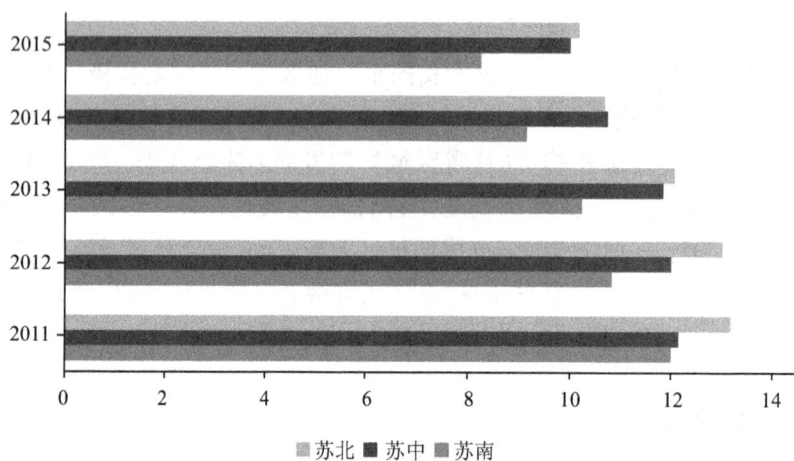

图 2　三地区实际 GDP 增速(%)

数据来源:历年《江苏统计年鉴》

自 2007 年底苏南五市以市为单位率先全面达小康以后,苏南人民已开启率先基本实现现代化的新征程,与此同时,一种全新的发展模式——"现代苏南模式"逐步形成并展现其风采,推动经济转型升级,大力发展高新技术产业、总部经济和生产性服务业,规模总量继续领跑全省,发展质量效益不断提升。苏南的土地面积分别仅占江苏和全国的 26.2%和 0.3%,而人口数却分别达到江苏和全国的 41.7%和 2.4%,其人口稠密程度在全国首屈一指。人口密度很大程度上跟经济发展水平呈正相关关系,苏南 2015 年的 GDP 总量分别达到江苏和全国的 57.71%和 6.05%,其中第二产业 GDP总量分别达到江苏和全国的 57.66%和 6.09%,均远远高于其土地面积和人口数占江苏和全国的比例。这一系列数据,都可以反映出苏南经济,尤其是制造业发展水平处于江苏和全国的领先地位。但 2008 年以来,受国际金融危机和世界整体经济形势低迷的持续影响,苏南的制造业也呈现出下行态势。2011—2015年,苏南规模以上工业增加值的各年同比增长率分别为15.5%、12.4%、9.3%、9.4%和7.6%,增速呈现出明显的放缓态势。

苏中抢抓沿江开发机遇,积极推进跨江融合发展,整体发展水平实现新的提升。以南通为例,去年地区生产总值、公共财政预算收入、规模以上工业增加值、工业用电量等多个经济指标增幅高于全省平均水平。其中,在江海联动、陆海统筹、转型升级等方面表现突出的南通被称为苏中新一轮发展中的"领头雁"。2013年8月设立的上海自贸区让靠江靠海靠上海的南通看到了新机遇。南通提出要积极策应上海自贸区建设,抓住创建陆海统筹发展综合配套改革试验区的契机加快发展。

苏北五市以苏北振兴、沿海开发和沿东陇海产业带开发开放为重要契机,立足自身产业发展基础和禀赋,在"一中心"、"一基地"中找准定位,深入推进两化融合发展,做大做强优势主导产业,培育壮大战略性新兴产业,加快传统产业改造升级,大力发展现代服务业,形成具有区域特色和较强竞争力的现代产业体系。总量规模持续扩大苏北主要经济指标增速连续9年高于全省、全国平均水平;一般公共预算收入由2010年的786亿元提高到2015年的1885.93亿元,四年翻了一番。2015年,盐徐连淮宿五市GDP分别达到5319.88亿元、2160.64亿元、2745.09亿元、4221.50亿元和2126.19亿元。苏北五市增速较去年同期均有所放缓,但仍处于平稳运行,均高于全省9%的平均增速,分别增长9.5%、10.8%、10.3%、10.5%、10.0%。

苏南地区为长三角经济发达地区,其经济总量巨大,在整个江苏省GDP中占据绝对领先地位,2011年苏南、苏中和苏北GDP占江苏总量的59.85%、18.44%和21.70%。由于苏北地区在2008年以后增速高于苏南和苏中,使得其在江苏经济中的份额有所上升,到2015年升至23.92%,苏南降至57.72%,苏中保持为19.26%。但是三地区比例变化不大,显示区域发展不平衡仍然十分明显。

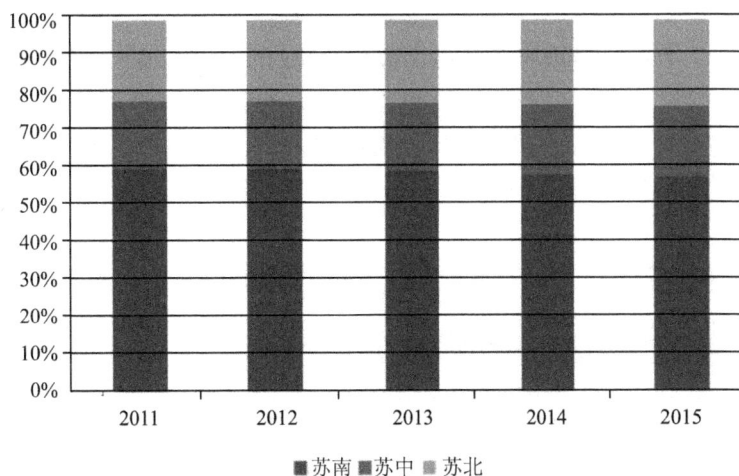

图3　三地区GDP占江苏比例(%)

数据来源:历年《江苏统计年鉴》

从人均GDP的角度来看,苏南、苏中和苏北三地区保持了持续快速增长,分别从2011年的90622元、55788元、36094元增加到2015年的125002元、84368元和55127元(图4),分别增长了37.94%、51.23%和52.73%,苏北增速快于苏中、苏中增速快于苏南。因此,苏北与苏中地区,人均GDP与苏南的差距呈现逐年缩小的趋势。从三地区人均GDP名义增速,总体来看除2012年之外,增速比较稳定,但是苏中和苏北地区增速明显高于苏南,其中苏北2008年以后增速高于苏中地区,显示了苏北地区发展具有的后发优势。

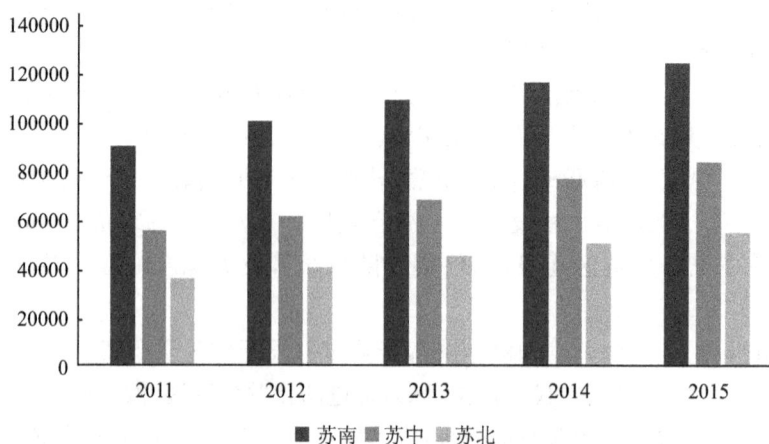

图 4　三地区人均 GDP(元)
数据来源:历年《江苏统计年鉴》

从具有比较意义的人均指标看:2011 年苏南人均 GDP 比苏中、苏北分别高 34834 元和 54528 元,2015 差距扩大到 40634 元和 69875 元。从图 5,我们可以看到,苏中和苏北地区相对于苏南的比例稳步提高,2011 年时,苏中、苏北地区的人均 GDP 分别是苏南地区的 61.56% 和 39.83%,到 2015 年时上升到 67.49% 和 44.10%,这说明在苏南保持快速增长的同时,苏中和苏北奋起直追,虽然经济总量的比例上变化不大,但是人均水平有了明显提高,反映了在各级政府和全省人民的努力下,江苏经济出现了明显的收敛趋势,经济发展逐渐趋于平衡。但是同时也必须看到,虽然苏中、苏北和苏南的相对差距在缩小,但是绝对差距却在扩大,2015 年苏中、苏北人均 GDP 分别低于苏南 40633.86 元和 69875.15 元,高于 2011 年的 34834 元和 54528 元,三地区经济平衡发展仍然任重道远。

分县(市)看,2015 年人均 GDP 最高的昆山市是最低的灌云县的 4.97 倍。2010 年苏南农民收入比苏中、苏北分别高 3352 元和 5254 元,2015 差距扩大到 5898 元和 8919 元;2015 年农民收入最高的江阴市是最低的灌南县的 2.28 倍。区域发展绝对差距仍在拉大,苏中和苏北部分地区发展基础还很薄弱,城乡建设才目对滞后,农村条件需要改善。

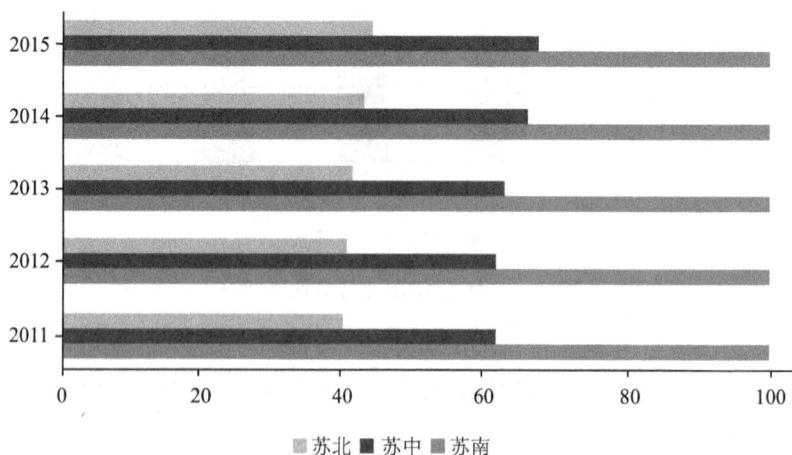

图 5　苏南、苏中、苏北人均 GDP 相对比例(苏南=100)
数据来源:历年《江苏统计年鉴》

（二）财政金融

1. 财政

伴随着总体宏观经济的快速发展,苏南、苏中和苏北三个地区的财政收支不断增加,金融规模不断提高,金融市场不断深化,总体呈现出增长的发展态势,但明显受到国际和国内宏观经济的影响,并且地区间的差异依然十分明显。

从基本财政状况来看,三地区的财政总收入、地方财政一般预算收入和地方财政一般预算支出都呈现出明显增加,苏南三项指标分别从 2010 年的 7413.56、2355.52 和 2297.04 亿元增加到 2015 的 7503.77、4179.92 和 4228.66 亿元,苏中地区三项指标分别从 2010 年的 1556.06、624.13 和 734.15 亿元增加到 1949.44、1278.95 和 1621.65 亿元,苏北则从 2010 年的 2149.54、785.9 和 1194.88 亿元增加到 2716.62、1885.93 和 2842.94 亿元。从地方财政一般预算收入和预算支出来看,2011 年之前三地区的增速相对比较稳定,这主要是由于地方分税制和支出结构相对比较稳定导致的。2012 年、2013 年、2014 年和 2015 年三地区的增速都出现了不同程度的下降,这与三地区经济增速的趋势大致相同。

2015 年,苏南、苏中、苏北及沿海一般公共预算收入分别达 4179.9、1278.9、1885.9 和 1394.9 亿元,是"十一五"末的 1.8 倍、2 倍、24 倍和 2.2 倍,2011—2015 年年均增长 12.2%、15.4%、19.1% 和 175%;一般公共预算收入占地区生产总值的比重分别为 10.1%、93%、11.4% 和 11.1%,比"十一五"末提高 1、1.2、20 和 22 个百分点。

苏北地区的盐城市 2015 年完成一般公共预算收入 477.5 亿元,增长 14.2%,增幅全省第一,地方财政收入首次跻身全国地级市前十强。

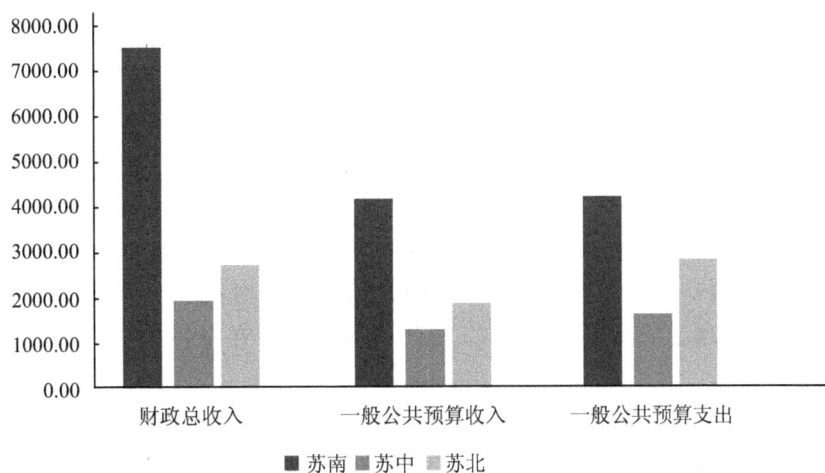

图6　2015 年三地区基本财政状况（亿元）

数据来源:历年《江苏统计年鉴》

2015 年江苏省一般公共预算收入完成 8028.59 亿元,比上年增长 11%,成为全国两个收入超 8000 亿元的省份之一,其中税收占比 82.3%。全年完成一般公共预算支出 9681.47 亿元,增长 14.3%,支出进度较往年明显加快。

从表 1 中可以发现,苏南财政总体平衡,但是苏中和苏北地区一般预算支出明显高于一般预算收入,即存在着对苏中和苏北地区的财政转移支付。根据资料显示,从 2001—2008 年,省级向苏北地区累计投入各类扶持资金 1917 亿元,其中省财政转移支付和专项补助总额 733 亿元。每年财政转移支付金额从前几年的不足10亿元增加到2008年160多亿元。而2009年国家通过《江苏沿海地区发展规划》,使得江苏省沿海开发正式上升为国家战略。国家和江苏省政府对苏北和苏中沿海地区发展提供更多的优惠政策和支持,这都有利于地方支出的增加。

表1 江苏各地市 2011 年和 2015 年财政总收入情况

市县	2011 年			2015 年			五年变化		
	收入	排名	贡献度(%)	收入	排名	贡献度(%)	排名±	增额	年均增长(%)
南京	1958	2	14.57	2009	2	16.51	0	50.96	0.64
无锡	1722	3	12.82	1423	3	11.69	0	−299.28	−4.66
常州	978	4	7.28	754	6	6.20	−2	−223.34	−6.28
苏州	3328	1	24.77	2875	1	23.62	0	−453.51	−3.60
镇江	531	10	3.95	442	11	3.64	−1	−88.78	−4.47
南通	952	5	7.08	946	4	7.77	+1	−5.88	−0.15
扬州	501	11	3.73	515	8	4.23	+3	14.22	0.70
泰州	623	8	4.64	488	10	4.01	−2	−134.80	−5.91
徐州	789	6	5.88	838	5	6.88	+1	48.11	1.49
连云港	462	12	3.44	386	12	3.17	0	−76.24	−4.40
淮安	562	9	4.18	510	9	4.19	0	−51.93	−2.39
盐城	754	7	5.61	651	7	5.35	0	−103.08	−3.61
宿迁	276	13	2.06	332	13	2.73	0	55.41	4.68

数据来源:历年《江苏统计年鉴》

2011—2015 年,江苏公共财政收入的区域结构已悄然变化:苏州、南京和无锡仍稳居中国二线发达城市前列和江苏第一方阵,但财政收入对全省贡献下降幅度最大。昔日欠发达的宿迁、盐城、淮安、连云港和徐州等苏北五市异军突起,年均增长率分列全省前五位。2015 年南通以总量 946 亿元首超常州。苏北地区的徐州市也在 2015 年超过常州,一般公共财政预算收入 530.68 亿元,首次突破五百亿元,总量稳居全省第五位,一般公共预算收入增长 12.3%,连续九年高于全省平均增幅。沿江其他区域增长放缓,常州、镇江、扬州和泰州四市在全省排位均下跌,镇江已被挤出中国城市 50 强。

江苏各地公共财政收入变化及其趋势,折射出在全球金融危机背景下,苏南及沿江各市产业升级所面临的挑战。外向型经济较为薄弱的苏北各地公共财政收入迅猛增长,得益于投资拉动与产业经济的快速增长,但其深层机理在于地产黄金十年形成的南北地租级差,牵动社会乃至国际资本转向苏北洼地,而苏北交通基础设施的持续改善则是推动南北经济一体化、驱动产业落户的加速器。

尽管苏北和苏中地区财政指标增速高于苏南地区,但是由于经济总量上的巨大差异,导致无论是财政总收入、一般预算收入还是一般预算支出,和苏南有巨大的差异,2015 年,苏南在三个指标上分别是苏中的 3.8、3.3、2.6 倍和苏北的 2.8、2.2、1.5 倍。

从苏南、苏中和苏北内部来看,也存在着明显的地区差异,苏南内部,苏州占比 38.3%,其次分别是南京(26.8%)、无锡(19.0%)、常州(10.05%)和镇江(5.90%)。与 2014 年相比,无锡、常住、镇江公共财政一般预算收入的占比有所下滑。

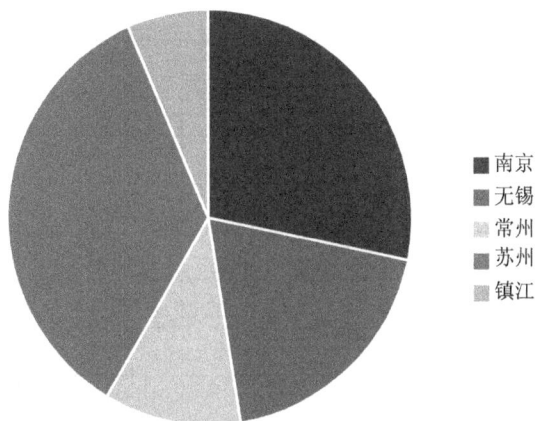

图 7 苏南财政总收入中各市所占比例(%)
数据来源:2016 年《江苏统计年鉴》

2015 年苏州全市完成地方公共财政预算收入 1560.8 亿元,增收 116.9 亿元,增长 8.1%,其中税收收入完成 1338.6 亿元,增长 7.6%,税收占地方公共财政预算收入的比重为 85.8%,收入总量、增量、税收占比继续保持全省第一。南京全市一般公共预算收入完成 1020.03 亿元,按年初人代会预算口径剔除转列的 11 项基金后,同口径增长 9.3%,完成预算的 101%,税比 82.2%。财力 1198 亿元,支出 1045.2 亿元,增长 13.5%,财政收入增速与经济增速相匹配,超过全省平均水平;收入结构科学合理、质量进一步提升,税比 82.2%,达到了省下 82% 的目标,税收增幅 10.8%。2015 年无锡市累计完成一般公共预算收入 830 亿元,增幅 8.1%,与苏州并列苏南五市第三位,并列全省第 11 位,排名较上年提高一位。其中,实现税收收入 668.18 亿元,增幅 7.7%,列苏南五市第 3 位,税收收入占一般公共预算收入的比重为 80.5%,列全省第 11 位,较上年提高一位。常州财政收入平稳增长,全年实现一般公共预算收入 466.28 亿元,增长 7.5%,其中税收收入 373.7 亿元,增长 7.3%,税收占比达到 80.1%。镇江全年实现财政总收入 711.98 亿元,比上年增长 8.5%。其中,一般公共预算收入 302.85 亿元,增长 9.0%。在一般公共预算收入中,税收收入 245.40 亿元,增长 7.2%,占比重 81.0%。

表 2 苏南地区 2015 年公共财政预算收入分类情况

指　　标	南京	无锡	常州	苏州	镇江
一般公共预算收入	1020.03	830.00	466.28	1560.76	302.85
税收收入	838.67	668.18	373.70	1338.61	245.40
增值税	159.82	152.04	70.80	306.78	34.45
营业税	228.14	210.55	113.84	308.54	110.89
企业所得税	126.31	98.81	42.57	250.86	22.54
个人所得税	66.67	40.90	23.19	95.25	13.90
城市维护建设税	71.60	52.72	26.08	92.42	16.29
房产税	30.99	31.10	17.89	70.78	7.74
土地增值税	63.10	17.50	15.27	84.93	14.89
耕地占用税	3.41	3.17	2.38	4.98	2.19
契税	52.47	24.61	35.65	58.90	11.36

续　表

指　　标	南京	无锡	常州	苏州	镇江
其他各项税收	36.16	36.78	26.03	65.17	11.15
非税收入	181.36	161.82	92.58	222.15	57.45
专项收入	75.33	49.14	27.40	99.30	18.05
行政事业性收费收入	46.70	28.14	22.33	41.81	18.24
罚没收入	16.69	12.41	10.08	17.08	5.83
国有资本经营收入	0.00	0.00	0.00	0.00	0.00
其他各项收入	42.64	72.13	32.77	63.96	15.33
上划中央收入	988.93	592.84	288.17	1314.26	139.65
消费税	344.59	16.14	5.98	20.22	4.33
增值税	354.86	367.13	183.54	774.87	80.65
企业所得税	189.47	148.21	63.86	376.29	33.81
个人所得税	100.01	61.36	34.79	142.88	20.86

数据来源:《江苏统计年鉴 2016》

2015 年,苏州地方公共财政预算支出 1527.17 亿元,比上年增长 17.1%。其中城乡公共服务支出 1195.8 亿元,比上年增长 19.6%,城乡公共服务支出占公共财政预算支出的 78.3%。南京全年一般公共预算支出 1045.57 亿元,比上年增长 13.5%。其中,住房保障支出增长 44.0%、教育支出增长 29.3%、社会保障和就业支出增长 21.8%、交通运输支出增长 21.6%、医疗卫生与计划生育支出增长 18.5%,增幅均高于一般公共预算支出平均水平。无锡市本级一般公共预算总支出 282.9 亿元,完成年度调整预算的 106.9%。其中:市本级直接列支的一般公共预算支出 156.1 亿元,比上年增长 10.9%,上解中央和省支出 28.5 亿元,对县区转移支付支出 39.8 亿元,地方政府置换债券转贷资金支出 39.7 亿元,安排预算周转金和预算稳定调节基金 18.8 亿元。常州全年一般公共预算支出 485.33 亿元,增长 10.2%。一般公共预算支出中教育支出 79.21 亿元,增长 12.2%;科学技术支出 23.5 亿元,增长 8.4%;社会保障和就业支出 55.26 亿元,增长 8.3%;医疗卫生与计划生育支出 39.2 亿元,增长 22.4%。镇江全年完成财政总支出 626.52 亿元,比上年增长 10.4%。其中,一般公共预算支出 348.73 亿元,增长 12.2%。在一般公共预算支出中,民生类支出 250 亿元,占比重 71.0%,比上年提高 2.2 个百分点。

表 3　苏南地区 2015 年公共财政预算支出分类情况

指　　标	南京	无锡	常州	苏州	镇江
一般公共预算支出	1045.57	821.86	485.33	1527.17	348.73
一般公共服务	83.38	64.53	41.85	123.72	35.07
公共安全	64.64	47.79	28.25	91.02	20.91
教育	178.17	126.46	79.21	230.56	64.44
科学技术	52.03	35.97	22.75	88.33	12.27
文化体育与传媒	26.06	14.35	6.85	28.67	8.46
社会保障和就业	115.78	67.92	55.26	143.55	26.25

续　表

指　　标	南京	无锡	常州	苏州	镇江
医疗卫生	72.54	45.66	38.51	79.91	21.76
节能环保	31.57	34.44	14.68	71.43	16.73
城乡社区事务	202.68	201.76	87.77	356.19	65.11
农林水事务	56.17	43.07	41.16	100.43	32.23
交通运输	48.89	59.10	12.55	70.37	6.52
资源勘探电力信息等事务	51.78	27.11	6.89	54.57	10.16
其他各项支出	61.88	53.70	49.60	88.42	28.82

数据来源:《江苏统计年鉴2016》

　　2015年,南通全年一般公共预算收入625.64亿元,增长13.8%,其中,增值税下降1.8%,营业税增长28.4%,企业所得税增长30.6%,契税下降7.6%,财政收入总量、增幅、税收占比各项指标均居苏中第一。2015年扬州全市一般公共预算收入完成336.75亿元,同比增长14.1%,增幅位居全省第二位。其中:税收收入274.67亿元,增幅13.4%,税收占比81.6%。2015年泰州全市完成一般公共预算收入316.56亿元,占预算的105.4%,比2014年实绩增长13.9%,其中,税收收入256.89亿元、非税收入59.67亿元。

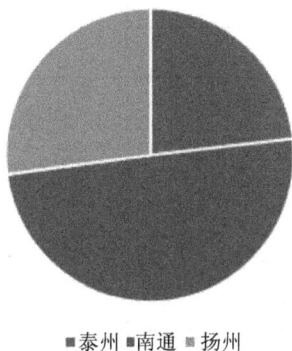

■泰州 ■南通 ■扬州

图8　苏中财政总收入中各市所占比例(%)
数据来源:《江苏统计年鉴2016》

　　2015年,南通全年一般公共预算支出748.97亿元,增长15.2%。地方公共财政预算支出中,用于社会保障与就业、科学技术、教育、医疗卫生、环境保护等民生方面的财政投入达561.7亿元,占一般公共预算支出的比重达到75.0%,比上年提高1个百分点。扬州全市公共财政预算支出442.78亿元,增长16.2%,其中一般公共服务支出55.75亿元,增长6.7%;教育支出75.29亿元,增长10.8%;科学技术支出12.94亿元,增长31.8%;社会保障和就业支出33.40亿元,增长17.2%;医疗卫生与计划生育支出32.38亿元,增长30.2%;节能环保支出15.98亿元,增长111.3%。泰州市全年公共财政预算支出429.90亿元,增长16.5%,公共财政预算支出中,公共安全支出25.48亿元,增长10.5%;教育支出68.95亿元,增长15.9%;科学技术支出8.03亿元,增长4.9%;文化体育与传媒支出6.72亿元,下降7.4%;社会保障和就业支出37.25亿元,增长17.3%;医疗卫生支出39.63亿元,增长26.5%;节能环保支出10.07亿元,下降6.2%;城乡社区事务支出57.24亿元,增长27.8%;交通运输支出9.71亿元,增长6.6%。

表4 苏中地区 2015 年公共财政预算收入与支出分类情况

指　标	南通	扬州	泰州
一般公共预算收入	625.64	336.75	316.56
税收收入	521.08	274.67	256.89
增值税	64.19	42.64	45.91
营业税	205.88	100.96	101.30
企业所得税	58.50	25.01	24.92
个人所得税	45.90	9.21	9.52
城市维护建设税	27.80	18.29	17.51
房产税	15.61	9.47	7.10
土地增值税	36.37	36.09	14.49
耕地占用税	4.35	2.40	3.17
契税	32.83	16.53	18.23
其他各项税收	29.65	14.07	14.74
非税收收入	104.56	62.08	59.67
专项收入	32.04	19.20	19.90
行政事业性收费收入	31.83	14.94	14.45
罚没收入	10.06	4.01	7.25
国有资本经营收入	0.00	0.00	0.00
其他各项收入	30.63	23.93	18.07
上划中央收入	320.14	178.43	171.95
消费税	8.11	19.24	17.84
增值税	155.43	107.87	102.44
企业所得税	87.75	37.51	37.38
个人所得税	68.85	13.81	14.29
一般公共预算支出	748.97	442.78	429.90
一般公共服务	74.84	55.75	47.62
公共安全	40.21	26.70	25.48
教育	164.36	75.29	68.95
科学技术	24.27	13.19	11.21
文化体育与传媒	12.53	8.43	7.92
社会保障和就业	71.94	33.76	37.25
医疗卫生	63.57	32.38	39.63
节能环保	15.53	15.98	10.07

续　表

指　　标	南通	扬州	泰州
城乡社区事务	103.64	62.19	57.24
农林水事务	80.48	42.53	56.23
交通运输	12.27	11.95	9.71
资源勘探电力信息等事务	23.03	23.40	25.61
其他各项支出	62.30	41.23	32.98

数据来源:《江苏统计年鉴2016》

2015 年,徐州一般公共预算收入 530.68 亿元,完成年度预算 102.1％,增长 12.4％,其中:税收收入 429.13 亿元,增长 11％;非税收入 101.55 亿元,增长 18.2％。2015 年,盐城市各级财税部门主动应对经济下行压力,积极培植财源,强化税收征管,实现了财政收入稳定增长,全市完成一般公共预算收入 477.5 亿元,增长 14.2％,增幅全省第一。2015 年连云港市一般公共预算收入完成 291.8 亿元,比上年同期增加 30 亿元,增长 11.5％。其中,税收收入完成 237.5 亿元,税收收入占一般公共预算收入的比重为 81.4％。宿迁市 2015 年一般公共预算收入 235.7 亿元,完成预算的 101.1％,比上年执行数(下同)增长 12.2％,其中税收收入 197 亿元,增长 9.0％,税收占比 83.6％;非税收入 38.7 亿元,增长 31.7％,主要是受 7 项政府性基金转列一般公共预算以及部分非税集中入库较多影响,增长较快。2015 年淮安市一般公共预算收入实现 350.3 亿元,月均入库达 29 亿元,完成年度目标数 349.1 亿元的 100.3％,增幅达 13.5％,高于全省平均增幅 2.5 个百分点,居苏北第二位。

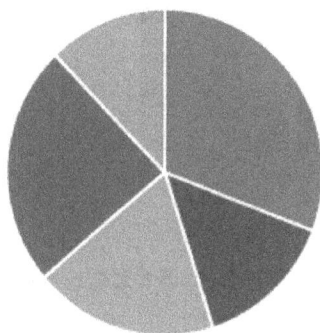

■徐州■连云港■淮安■盐城■宿迁

图 9　苏北财政总收入中各市所占比例(％)
数据来源:《江苏统计年鉴2016》

2. 金融

2015 年,江苏全年社会融资规模增量 15.4 万亿元,按可比口径计算,比上年少 4675 亿元。年末全部金融机构本外币各项存款余额 139.8 万亿元,比年初增加 15.3 万亿元,其中人民币各项存款余额 135.7 万亿元,增加 15.0 万亿元。其中,苏南地区金融机构人民币存款余额 73665.10 亿元,占全省比重 68.29％,苏中地区 18820.25 亿元,占全省比重 17.45％,苏北地区 15387.67 亿元,占全省比重 14.26％。

从金融市场来看,三个地区金融机构货币供应量增长出现平稳回落态势,受金融危机和后续的全球和国内宏观经济下行影响,苏南地区存款余额增速从 2008 年的 55％下滑到 2009 年的 32％,之后增速持续下滑到 2011 年 10％,2012 年回升至 15％,但 2015 年再次回落到 13.5％;苏中地区从

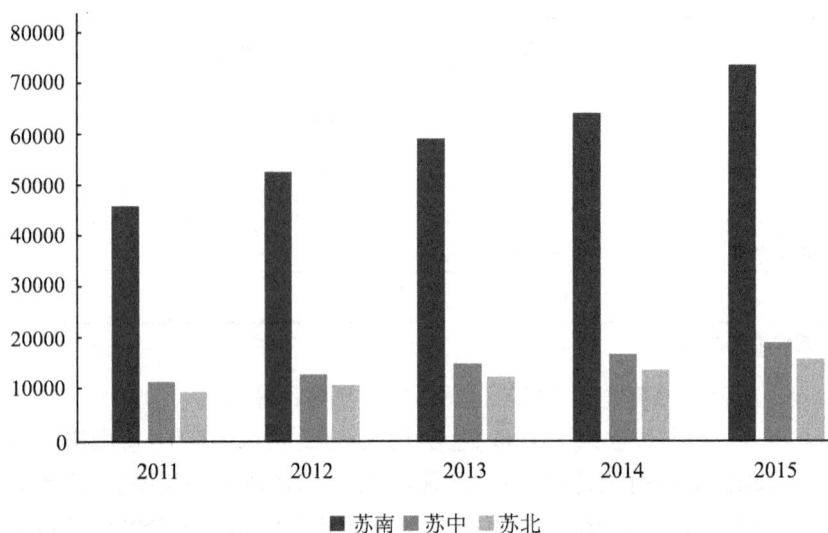

图 10　2015 年苏南、苏中、苏北金融机构存款余额（亿元）

数据来源：历年《江苏统计年鉴》

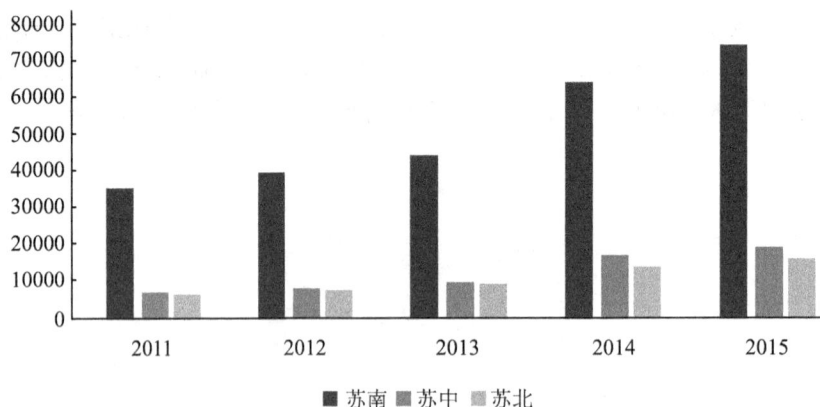

图 11　2015 年苏南、苏中、苏北金融机构贷款余额（亿元）

数据来源：历年《江苏统计年鉴》

2008 年的 107％大幅下降到 2009 年的 33％，再降到 2011 年的 13％，2013 年回升至 16％，2015 年又下落到 11.98％；苏北地区则从 2008 年的 110％降到 2009 年的 28％，再到 2011 年的 14％，2012 年小幅上升至 15％，2015 年则又下滑至 12.7％，下降速度明显超过苏南地区。贷款余额虽然总体也呈现出下滑态势，但是 2009 年增速相对于 2008 年有明显增加，苏南从 2008 年的 18％增加到 33％，苏中和苏北则分别从 19％和 17％增加到 37％和 43％。造成这种贷款增加的主要原因是政府在应对金融危机时所采取的贷款"宽松政策"和实施"四万亿"的财政刺激计划，使得银行贷款不断增加，但是由于刺激计划的时效性，再加上全球经济的下行压力使得 2011 年至 2015 年贷款余额增速明显下滑，凸显了企业贷款投资意愿不足。此外，可以看到，苏南地区贷款余额增速下降幅度超过苏中和苏北，这可能由于苏南经济更多的依赖出口和外资企业，受到外部需求冲击的负面影响更大导致的，而苏北和苏中地区相对来说，受外部需求的影响相对较小。

　　由于苏南在经济规模和发展水平上的巨大优势，苏南的金融规模也明显大于苏中和苏北地区，到 2015 年底，苏南金融机构存款余额 73665.1 亿元，其中居民储蓄存款 22468.48 亿元，金融机构贷款余额 55087.34 亿元,分别是苏中和苏北地区相应指标的 3.9 倍、4.8 倍和 4.7 倍、4.9 倍,地区差异十分明显。

表5　2015年三地区基本金融状况(亿元)

指　标	苏　南	苏　中	苏　北
各项存款	450.53	56.36	25.46
境内存款	444.57	56.15	24.87
住户存款	46.69	8.04	5.03
活期存款	23.83	4.79	3.07
定期及其他存款	22.85	3.25	1.96
非金融企业存款	377.66	45.92	19.67
活期存款	147.56	21.08	9.68
定期及其他存款	230.10	24.85	9.99
广义政府存款	11.29	1.36	0.15
财政性存款	0.00	0.00	0.00
机关团体存款	11.29	1.36	0.15
非银行业金融机构存款	8.94	0.83	0.01
境外存款	5.95	0.21	0.59
各项贷款	307.12	29.66	17.94
境内贷款	283.14	29.14	17.94
住户贷款	0.32	0.03	0.02
短期贷款	0.28	0.03	0.02
消费贷款	0.28	0.03	0.02
经营贷款	0.00	0.00	0.00
中长期贷款	0.03	0.00	0.00
消费贷款	0.03	0.00	0.00
经营贷款	0.00	0.00	0.00
非金融企业及机关团体贷款	282.82	29.11	17.91
短期贷款	215.78	21.16	11.62
中长期贷款	65.63	6.87	6.28
票据融资	0.02	0.01	0.00
融资租赁	0.00	0.00	0.00
各项垫款	1.38	1.07	0.01
非银行业金融机构贷款	0.00	0.00	0.00
境外贷款	23.98	0.52	0.00

数据来源:历年《江苏统计年鉴》

(三)居民收入和城乡差异

城镇化率明显提高。按照产城融合、城乡统筹的发展路径,有力推动新型工业化与新型城镇化良性互动,持续促进新型城镇化与农业现代化协调发展,城镇化水平显著提高。2015年,苏南、苏中、苏北及沿海城镇化率分别为75.3%、62.4%、59.1%和60.8%,比"十一五"末提高4.5个、6.3个、7.3个和7.1个百分点。各地推动农民集中居住力度加大,使大量乡村人口集中到本乡镇范围的小城镇居住,原来的众多自然村逐渐消失。城乡居民稳步增收。2015年,苏南、苏中及苏北城镇居民人均可支配收入分别为46222元、34758元和26349元,是2010年的1.7倍、1.5倍和1.0倍;农村居民人均可支配收入分别为22760元、16862元和13841元,是2010年的1.8倍、1.0倍和1.8倍。2015年,沿海城乡居民人均可支配收入分别为31151元和15636元,比上年提高6974元和2966元。"十二五"时期,城乡收入差距持续缩小。2015年,苏南、苏中及苏北城乡居民收入比分别为2.03、2.06、1.9,比"十一五"末缩小0.02、0.02、0.03。

表6　三地区城镇居民人均可支配收入(元)

年　份	苏　南	苏　中	苏　北
2010	27780	20748	16020
2011	31762	24052	18415
2012	35827	27095	20822
2013	39224	29706	22933
2014	42753	31969	24177
2015	46222	34758	26349

数据来源:历年《江苏统计年鉴》

苏南地区农村人均纯收入从2010年的12978元增加到2015年的22760元,增加了75.4%,苏中从2010年的9626元增加到2015年的16862元,增加了75.2%,苏北从2010年的7724元增加到2015年的13841元,增加了79.2%(表7)。苏中和苏北农村居民纯收入增幅超过苏南,使得它们和苏南的相对差距有所缩小,分别从2010年的74.2%和59.5%变为2015年的74.1%和60.8%。

表7　三地区农村居民人均纯收入(元)

年　份	苏　南	苏　中	苏　北
2010	12978	9626	7724
2011	15213	11396	9246
2012	17160	12877	10502
2013	19107	14375	11769
2014	20954	15476	12670
2015	22760	16862	13841

数据来源:历年《江苏统计年鉴》

由于可支配收入水平决定了消费支出水平,因此可支配收入上的区域差异直接导致了人均消费支出地区差异,2015年苏南地区城镇居民人均消费支出和农村居民人均生活费支出分别达到28477元和15524元,而苏中为21861元和12062元,苏北为16105元和9792元,苏中和苏北分别是苏南的76.8%、77.7%和56.6%、63.1%,而这一比值在2012年是77%、74%和64%、54%。

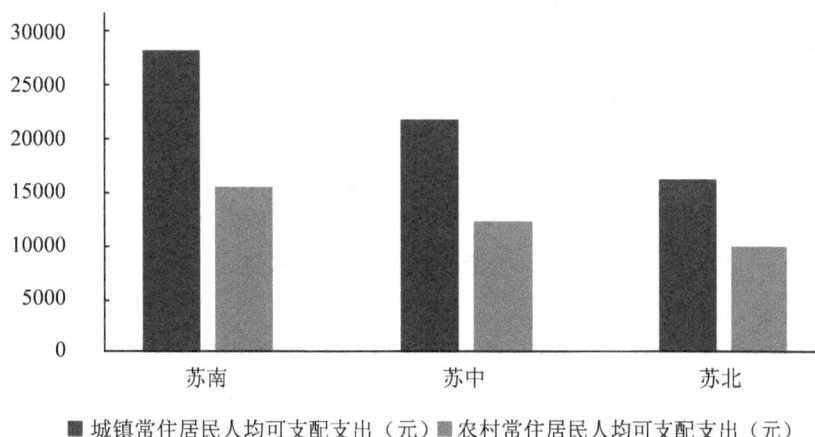

图 12　三地区城乡居民人均消费支出(元)

数据来源:2016 年《江苏统计年鉴》

图 13 显示了江苏 13 个省辖市的城乡人均可支配收入状况,总体来看,苏南地区省辖市的人均可支配收入高于苏中地区各市,苏中地区各市高于苏北各市。在 13 个市中,苏州市的人均可支配收入最高,其次是无锡市,最低的是宿迁市,这和人均 GDP 的分布状况是相似的。

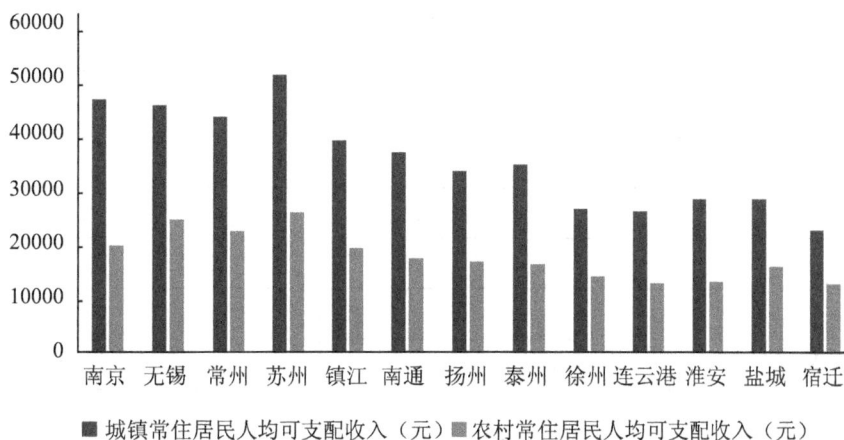

图 13　2015 年江苏各市城乡人均可支配收入(元)

数据来源:2016 年《江苏统计年鉴》

按照江苏省定全面小康标准,2010 年苏中地区的省辖市、县级地区都达到了省定全面小康标准,2011 年底,苏北地区的省辖市实现"零突破",徐州率先达到省定全面小康标准,25 个全面小康指标中,有 24 个达到或超过省定目标值,其中核心指标全部达标。2012 年,盐城成为苏北第二个达标省辖市。截至 2015 年底,江苏 13 个省辖市中已有 10 个达到省定全面小康标准,已达标的县(市、区)为 49 个,占纳入监测的 62 个县级地区的 79%。目前,苏南地区正在努力建设更高水平的小康社会,开启基本实现现代化新征程,苏中紧随苏南,不断提高小康水平。苏北全面小康工作加速推进,按照现行全面小康建设指标体系,苏北在已有 2 个省辖市、15 个县(市、区)达标的基础上,又有 1 个省辖市、8 个县(区)提出小康验收。

苏北的 12 个省定重点扶贫县,特别是全面小康综合评分排在末位的五县——泗洪、泗阳、灌南、灌云、睢宁,"人均 GDP"、"城乡居民人均收入"、"第三产业比重"等核心指标以潜在发展速度要到 2022 年才能达到标准值的 100%。因此,建议从加快县域经济发展与精准扶贫两个方面着手,实现定向扶持,力争在"十三五"末期一个不少地把苏北各县带进全面小康社会。在加快县域经济发展方面,建议一用"滴灌行动5年计划",即针对苏北的12个省定重点扶贫县,由省政府主导,在产业、财政、金融、税收、投资等政策方面采取进一步的优惠政策与措施,定点定向扶持,项目安排优先;二用"涓滴行动5年计划",一方面对苏北的12个省定重点扶贫县,组织苏南地区的企业与投资机构通过联办开发区加强投资,另一方面苏北通过发展生态旅游与观光农业等,吸引外地民众前来消费,从而带动苏北的发展和富裕。在精准扶贫方面,要进一步强化政策力度,通过设立专项基金扶贫、金融扶贫、互助资金扶贫、厂商扶贫、合作社扶贫等多种形式,让苏北贫困地区农民有更多创业增收机会。

江苏各地区不但存在着明显的区域差异,而且存在着显著的城乡差异,无论是苏南、苏中还是苏北,农村居民的人均纯收入和人均生活费支出都明显低于同地区的城镇居民。其中,苏南地区基本维持在46%—48%的水平,而苏中地区从2007年的43%上升至2015年的48.4%,苏北从2007年的39%上升至2015年的51.3%,导致苏北地区城乡居民可支配收入比例上升的直接原因在于苏北地区农村居民人均纯收入增幅高于苏北城镇居民可支配收入增幅,根源可能在于苏北地区外出务工收入对于苏北农村居民收入的贡献在加强。

表8　三大区域主要经济指标（2015）

指　标	苏　南	苏　中	苏　北
年末常住人口(万人)	3324.08	1642.52	3009.70
土地面积(平方公里)	28084	22928	54865
地区生产总值(亿元)	41518.70	13853.14	16564.30
第一产业	865.26	815.69	1869.76
第二产业	19402.30	6800.67	7445.52
第三产业	21251.20	6236.78	7249.03
＃工业	17582.00	14001.00	6256.40
人均地区生产总值(元)	125002	84368	55127
地区生产总值指数(上年＝100)	108.2	110.0	110.1
粮食产量(万吨)	528.02	980.91	2394.98
油料产量(万吨)	22.69	59.11	64.25
棉花产量(万吨)	0.60	4.25	5.84
规模以上工业利润总额(亿元)	4460.52	2460.89	2726.72
固定资产投资额(亿元)	22220.01	9926.59	13758.57
社会消费品零售总额(亿元)	15003.57	4618.06	6255.14
进出口总额(亿美元)	4651.62	521.46	283.05
＃出口	2833.23	369.13	184.31
实际使用外资(亿美元)	155.63	42.30	45.36
一般公共预算收入(亿元)	4179.92	1278.95	1885.93
一般公共预算支出(亿元)	4228.66	1621.65	2842.94

续　表

指　标	苏　南	苏　中	苏　北
金融机构存款余额(亿元)	73665.10	18820.25	15387.67
♯住户存款	22468.48	9734.66	8359.83
金融机构贷款余额(亿元)	55087.34	12321.09	11457.91
居民人均可支配收入(元)	39476	26760	20312
城镇常住居民人均可支配收入(元)	46222	34758	26349
农村常住居民人均可支配收入(元)	22760	16862	13841

数据来源:2016 年《江苏统计年鉴》

二、产业结构

(一)三次产业结构

江苏经济发展水平上的地区差异同样也体现在三个地区的三次产业结构上,按照一般规律,经济发展程度越高,农业(即第一产业)增加值在 GDP 中的比例越低,服务业增加值在 GDP 中的比例越高。

苏南地区呈现出明显的工业化后期阶段特征,农业比重很低,并且不断下降,从 2005 年的 3.0% 下降到 2015 年的 2.1%,第二产业(工业和建筑业)比重也在不断下降,从 2005 年的 59.7% 下降到 2015 年的 46.7%,下降了超过 10 个百分点,而服务业从 2005 年的 37.4% 增加到 2015 年的 51.2%,增加了近 14 个百分点,服务业越来越成为经济增长的主要动力。苏南三次产业结构由 2010 年的 2.3∶54.0∶43.7 调至 2015 年的 2.1∶46.7∶51.2。

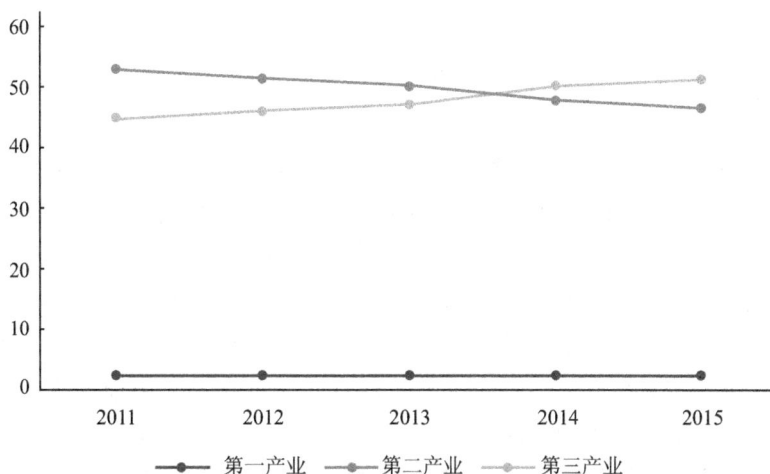

图 14　苏南地区三次产业结构(%)

数据来源:历年《江苏统计年鉴》

传统的"苏南模式",以苏州为代表,随着经济的继续向前发展,外向化、结构调整、产权改革和城市化相继赋予"苏南模式"以新的内涵,苏南地区由此抓住了国际产业资本加速向长三角地区转移的机遇,积极实施招商引资战略,区域经济得到迅速的发展,同时,积极招商引资,吸引外资的投入,从

"三来一补"到生产研发,不断提高外企的质量,增加高新科技企业的比重,提高了净出口的产值,提升了苏南地方经济总量,促进了地方经济的增长。2015年,江苏深入实施现代服务业"十百千"行动计划,服务业增加值占地区生产总值的比重提高1.2个百分点。苏南五市则不断加快服务业提档升级,为经济新常态下引领服务业更好更快向中高端发展,推进产业结构优化升级和持续健康发展提供有力支撑。苏南现代服务业发展壮大,生产性服务业做大做强,生活性服务业健康发展,同时构建区域金融中心和电子商务示范基地。

苏中地区则呈现出工业化中期阶段特征,农业比重从2005年10.6%下降到2015年的5.9%,服务业比重从2005年的33.8%增加到2015年的45.0%,第二产业比重在2009年以后有所下降,到2015年下滑到49.1%。第二产业比重大于第三产业,且第一产业比重相对较低,这是苏中产业结构的特点。苏中三次产业结构由2010年的7.5∶55.1∶37.5调整至2015年的5.9∶49.1∶45。从实际情况看,苏中地区工业经济起步较早,玩具、机电、医药、汽车等传统产业具有明显优势,是支撑苏中经济增长的特色产业,也是提高区域竞争力的重要基础,南通海工产业、扬州汽车产业、泰州生物医药业均在全国处于领先水平。

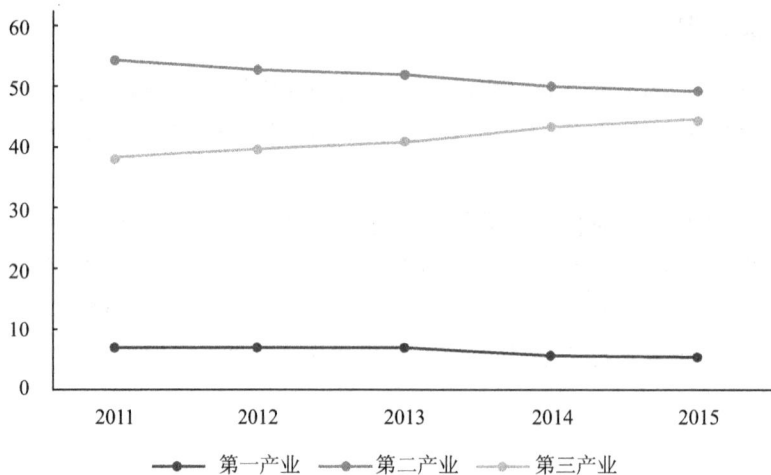

图15 苏中地区三次产业结构(%)

数据来源:历年《江苏统计年鉴》

苏北地区则显示出新型工业化发展特征,农业比重持续下降,从2005年的20.2%下降到2015年的11.6%,按照一般产业结构演化趋势,农业比重的明显下降对应着工业比重的大幅提高,但是我们看到,苏北第二产业比重并没有明显提高,农业比重的下降主要对应着服务业的不断提高,从2005年的34.1%提高到2015年的43.8%。在优势产业方面,苏北新能源建设稳步推进,利用资源环境优势及港沿功口交通便利,大力发展太阳能、风能发电及相关产业链。苏北地区具有丰富的土地资源、较为充分的劳动力、相对充裕的环境容量,等等,这些优势是苏南和苏中地区无法比拟的。为此,苏北地区必须立足自身比较优势,实施错位发展,主动承接苏南、上海等地以及国际产业转移,积极打造具有较强竞争力的现代产业体系。在先进制造业的发展上,要依托自身要素禀赋优势和产业发展基础,积极培育提升一批市场竞争力强、产业配套能力好、科技含量高的特色产业基地。在现代服务业的发展上,要积极围绕制造业发展,提升生产服务业配套服务水平;立足苏北生态环境优美、文化底蕴深厚、旅游资源丰富的优势,重点发展特色旅游、文化休闲等生活服务业。

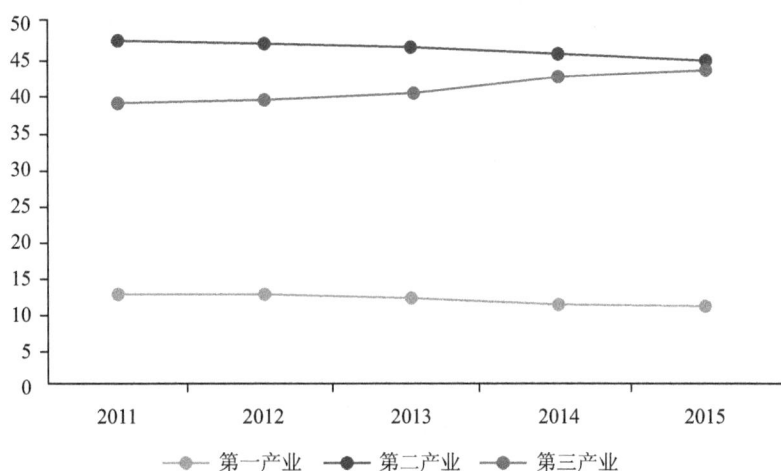

图 16　苏北地区三次产业结构（%）

数据来源:历年《江苏统计年鉴》

（二）农业

"十二五"时期,以农业现代化工程为抓手,着力转变农业发展方式,持续推进农业结构调整,全面深化农村改革,全省农业农村经济保持良好发展势头,现代农业建设加快推进。苏北地区由于其区域大,耕地面积辽阔,再加上工业相对没有苏南和苏中地区发达,农业在其 GDP 中的比重高,使得江苏省农业主产区域是苏北地区。然而,当前经济发展进入新常态,农业发展面临农产品价格和生产成本"双重挤压",遭受资源与环境"双重约束",苏北农业转方式调结构、推进转型升级、加快现代化进程的压力倍增。

苏南和苏中地区受限于耕地面积,农业总产值相对较小,但是三地区农业 GDP 占江苏的比例总体比较稳定,2010 年苏南、苏中和苏北地区分别占 24.49%、24.27% 和 51.24%,中间虽有所波动,但波动幅度很小,到 2015 年三地区比例分别为 24.37%、22.97% 和 52.66%,与 2014 年相比变动并不大（表 9）。

表 9　三地区农业 GDP 在江苏的比例（%）

年　份	苏　南	苏　中	苏　北
2010	24.49	24.27	51.24
2011	24.97	23.84	51.18
2012	25.14	23.70	51.16
2013	25.30	23.52	51.18
2014	24.42	23.21	52.27
2015	24.37	22.97	52.66

数据来源:历年《江苏统计年鉴》

从增长幅度来看,按照可比价格计算,从 2011—2015 年,苏南和苏中地区农业增加值增幅很稳定,保持在 4% 左右,苏北地区除了 2010 年出现过 11.7% 的高速增长外,其余年份均保持在 5% 的增幅,总体来看,苏北农业增速快于苏南和苏中,但是差异很小。

表 10　三地区农业增加值指数（按可比价计算，上年＝100）

年　份	苏　南	苏　中	苏　北
2010	104.2	104.3	111.7
2011	104.3	104.0	104.1
2012	104.7	104.7	104.6
2013	103.1	103.5	103.2
2014	102.4	104.2	104.6
2015	102.8	103.2	103.5

数据来源：历年《江苏统计年鉴》

现代农业是继传统农业之后的一个农业发展新阶段。其内涵是以统筹城乡社会发展为基本前提，以科技进步为驱动力，以市场为导向，通过政府的宏观调控，实现农业产业化、集约化、商品化的生产与经营，提高农产品的市场竞争力和农业整体效益的新型产业形式。按照现代农业发展的要求，江苏各地区加快农业产业结构调整，优化农业生产要素合理配置，种植业和渔业产出规模逐年递增，畜牧业发展趋势呈生产规模逐步收缩调整，产业转型升级蓄势推进的新格局。从三个地区农业内部产业结构来看，2015 年苏南农林牧渔和农业服务业的产值结构为 52.4：4.85：11.4：22.2：9.0，苏中产值结构比为 47.4：1.3：19.77：24.5：7.0，苏北产值结构为 54.4：2.4：24.8：14.0：4.3。相对于苏南来说，苏北农业、牧业比重分别高出 2.4 个和 12.7 个百分点，但林业、渔业和农业服务业分别低 2.6、8 和 4.6 个百分点，苏中牧业高 11.8 个百分点，种植业、林业和农业服务业分别低 3.8、3.8 和 2.2 个百分点。这种结构上的差异一方面是有自然条件决定的，如苏南和苏中地区河道密布，水资源丰富，渔业发达，而苏北地区土地平整，种植业有优势；另一方面，与农业发展形态也有关系，苏南地区由于城市密集，经济发达，都市农业、观光农业发达，导致农业服务业相对发达。

表 11　2015 年三地区农业总产值（亿元）

	苏　南	苏　中	苏　北
农林牧渔业总产值	1590.09	1504.04	3658.44
农业	833.74	713.47	1990.63
林业	77.23	19.25	88.86
牧业	182.46	297.37	908.88
渔业	353.54	368.10	512.39
农林牧渔服务业	143.12	105.84	157.69

数据来源：《江苏统计年鉴 2016》

从主要农产品产量结构来看，相对于苏北来说，苏南和苏中地区渔业和油料作物产量相对较高，而在肉类和粮食、棉花上产量相对较少，这和表 12 所反映的农业内部产业结构是一致的。

表 12　2015 年三地区主要农业产品产量（万吨）

	苏　南	苏　中	苏　北
粮食	528.02	980.91	2394.98
油料	22.69	59.11	64.25
棉花（吨）	6007	42533	58409.00

	苏　南	苏　中	苏　北
肉类	51.46	93.06	284.42
猪肉	30.20	58.39	156.55
牛肉	0.19	0.16	5.21
羊肉	0.82	3.61	10.75
水产品	89.16	169.11	263.83

数据来源:《江苏统计年鉴 2016》

就业结构也能够反映三个地区农业在经济发展中的作用,2015 年苏南农业从业人员 110.72 万人,占总就业人数的 6.8%,而苏中和苏北农业从业人员占所在地区从业人员的比例分别为 21% 和 31%,明显高于苏南地区,这反映了苏中和苏北农业在经济结构中仍比较重要。

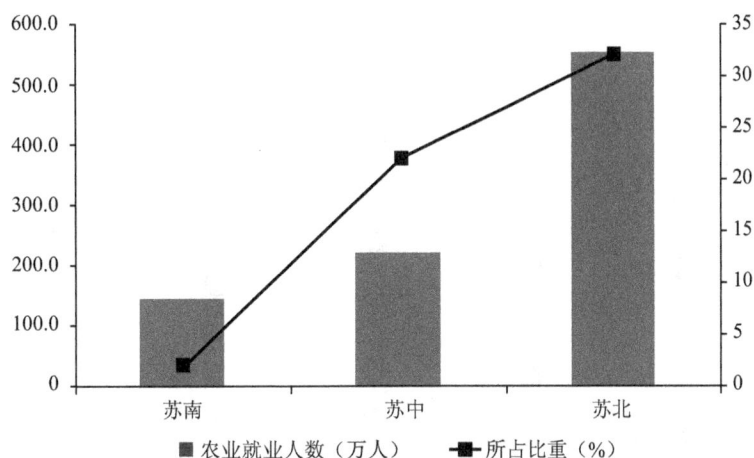

图 17　2015 年三地区农业从业人员人数及其在所有从业人员中的占比

数据来源:《江苏统计年鉴 2016》

从江苏 13 个省辖市来看,农业从业人员比重最低的是苏州和无锡,最多的是宿迁和徐州,总体上,苏南地区该指标低于苏中,苏中则低于苏北,基本上和经济发展程度成反比,即经济越发达,农业人员从业比例越低。

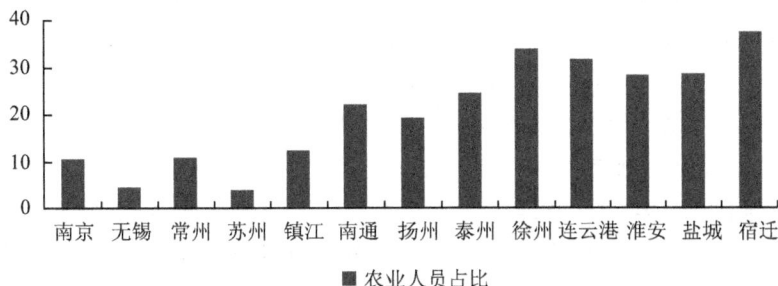

图 18　十三市农业人员在所有从业人员中的占比(%)

数据来源:《江苏统计年鉴 2016》

（三）工业

苏南地区工业尤其是制造业十分发达,目前逐步迈入工业化后期阶段,从产业结构来看,第二产业(主要是工业)在国民经济中的比重不断下降,但是苏南地区工业发展速度并没有放缓,工业转型和产业升级突飞猛进,初步形成了以南京智能电网、软件,无锡物联网、集成电路,常州光伏、智能装备,苏州纳米、生物医药,镇江新材料等先进制造业产业格局。2015 年,苏南工业增速保持在 5％—10％的增长区间,特别是装备制造业和以高附加值为特征的战略性新兴产业保持了较快增速。

"十二五"期间苏南工业总量上继续保持快速发展,作为"十二五"时期的收官之年,2015 年继续保持稳定增长,实现工业增加值 17582 亿元,实际增长 6.1％。2015 年苏南地区高新技术产业产值高达 3.4 万亿元,占规模以上工业比重达 43.9％,高新技术产品出口占出口总额的 43.8％。南京高新区的软件产业、苏州工业园区的纳米技术产业、无锡高新区的软件产业、常州高新区的太阳能光伏产业、石墨烯产业等已形成先发优势,产业创新链条日益完善,成为苏南乃至整个江苏转变发展方式与调整经济结构的重要引擎。

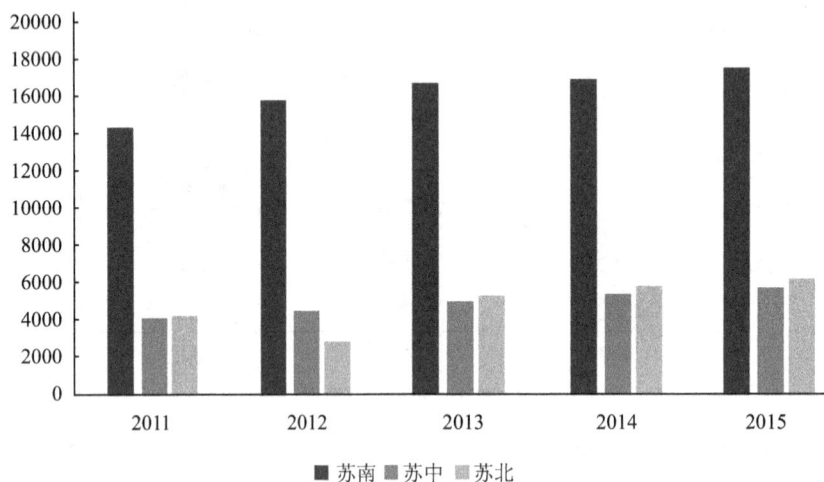

图 19　三地区工业增加值（亿元）

数据来源：历年《江苏统计年鉴》

苏中地区抓住沿江与沿海开发的重大机遇,积极接受国际国内制造业的转移,努力构筑产业发展的新优势,经济增长不断加快,承南启北的纽带作用正逐步得到发挥。凭借沿江、沿海两大经济起飞平台,以及崭新的服务理念和操作方式,加快了发达地区和苏南资源相对紧缺的产业向苏中有规划、有梯度地转移,新兴产业不断形成。加上苏中地区的纺织、机电、医药、汽车、建筑等传统产业优势,苏中工业无论是产业结构和产业总量均有明显提升。目前,苏中地区形成了南通家纺产业、海工装备、船舶产业、泰州医药、船舶制造和扬州石油化工、汽车及零部件等特色产业集群,有力地提升了苏中的工业水平。到 2015 年,苏中实现工业增加值 5768.24 亿元,比 2014 年增加 9.9％。

苏北地区新的工业增长点持续发力,加之汽车、风电、新材料、食品、医药等地方产业带动,苏北五市工业指标增幅继续高于全省平均水平,规模以上工业增加值完成 6256.4 亿元,同比增长 10.6％,增速高于全省平均水平 2.2 个百分点。从产业结构来看,苏北各地工业尤其是制造业结构不断优化,形成了各地具有特色的产业集群,其中徐州工程机械产业、连云港新医药产业、盐城汽车产业、新能源产业以及淮安的石油机械产业、宿迁的酿酒产业都成为江苏乃至全国重要的产业集群,带动苏北工业的发展和升级。

表 13　三地区工业增加值指数（按可比价计算，上年＝100）

年　份	苏　南	苏　中	苏　北
2010	113.6	114.5	116.8
2011	112.1	112.9	116.0
2012	109.4	112.4	115.4
2013	109.4	112.7	114.0
2014	107.7	111.2	110.6
2015	106.1	109.9	110.6

数据来源：历年《江苏统计年鉴》

从三地区工业增速角度来看（表 13），近五年来，苏北、苏中工业增速均超过苏南地区，其中苏北增速最快，这使得苏北工业增加值在江苏工业中的比重不断提高，从 2010 年的 18.10％提高到 2015 年的 20.6％，增长了近 2.5 个百分点，苏中从 2010 年的 18.43％增加到 2015 年 19.48％，增加了 1 个百分点，苏南则从 63.47％下降到 69.4％（表 14）。

表 14　三地区工业增加值占江苏的比例（％）

年　份	苏　南	苏　中	苏　北
2010	63.47	18.43	18.10
2011	62.76	18.42	18.81
2012	62.57	18.19	19.23
2013	61.80	18.47	19.73
2014	60.28	19.27	20.55
2015	59.34	19.48	21.13

数据来源：历年《江苏统计年鉴》

尽管苏北、苏中工业增速超过苏南，但是它们与苏南之间的差距还是十分巨大的，这从三个地区的工业增加值总量上可以看得出来，2015 年，苏南地区工业增加值为苏中地区的 2.8 倍，为苏北地区的 3.04 倍。除了工业增加值，从工业总产值、资产额、主营业务收入和利润总额等指标上也可以看到这种巨大差异。

表 15　2015 年三地区工业总产值及经营状况（亿元）

	苏　南	苏　中	苏　北
工业企业单位数（个）	24851	10707	12944.00
工业总产值（亿元）	77209.71	33772.66	36326.49
＃内资企业	40773.55	24452.52	30252.22
外商港澳台商投资企业	36436.16	9320.13	6074.28
＃国有控股企业	7359.79	2895.19	2099.81
＃大中型企业	54486.26	18800.52	18150.34
＃轻工业	18305.37	9609.11	13200.96
＃制造业	75773.28	33260.71	35312.26
资产总计（亿元）	1360.30	438.99	551.51

	苏 南	苏 中	苏 北
负债合计(亿元)	65959.02	18461.29	20463.52
主营业务收入(亿元)	35972.67	9727.13	9949.44
♯主营业务税金及附加	75745.07	33089.03	35686.38
利税总额(亿元)	65176.89	28376.69	30012.94
♯利润总额	4460.52	2460.89	2726.72

数据来源:《江苏统计年鉴 2016》

从江苏十三省辖市情况来看,工业总产值规模最大的是苏州,达到 30249.25 亿元,其次是无锡(14549.87 亿元)、南京(12905.13 亿元)。从增速来看,苏北、苏中工业发展的速度超过苏南地区,增速高于全省 3 个百分点以上,工业主要指标增幅继续高于全省平均水平。苏北地区除徐州工业增速为 9.3%,连云港、淮安、盐城、宿迁工业增速均大于 11.5%。苏中地区南通、扬州、泰州分别增长 10.7%、10.0%、11%,各月累计增速均在全省平均水平以上。苏南地区工业经济放缓、趋稳、转型、调整的发展特征更为明显。其中,无锡、苏州工业增速区间为 4%—5%,南京、常州工业增速区间为 7.9%—8.5%,镇江工业增速在 10% 上下小幅波动。

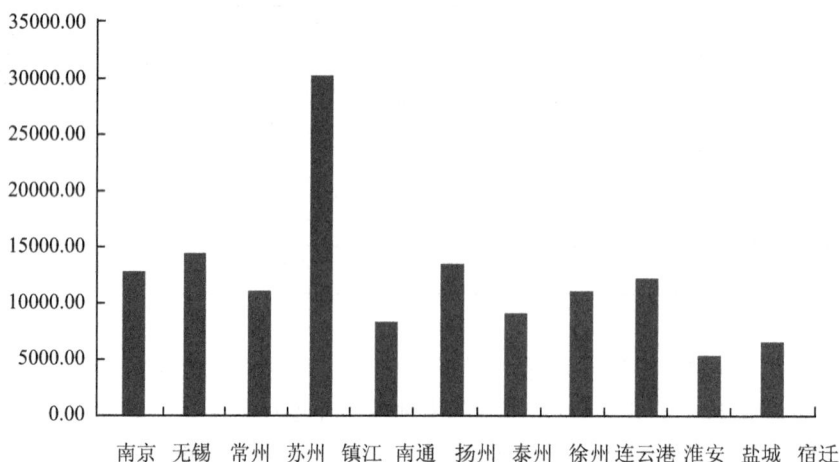

图20 2015 年江苏十三市工业总产值(亿元)

数据来源:《江苏统计年鉴 2016》

"十二五"期间,苏北五市纷纷加快结构调整步伐,新型工业化成效显著。徐州针对资源枯竭型城市实际,聚焦提质增效升级,装备制造、能源等七大产业规模均超过千亿元,新兴产业产值由 2010 年的 460 亿元增至 2015 年的 4320 亿元。关停 57 家小钢铁企业,主城区化工企业基本实现退城入园;连云港医药创新能力全国领先,恒瑞医药、正大天晴、豪森药业、康缘药业等四大药企名列中国医药企业创新力 20 强,新医药年产值超过 400 亿元;淮安总投资 80 亿元的智慧谷一期投运在即,有效支撑了优势特色产业集聚集群发展。2013 年起,重点培育壮大盐化新材料、电子信息、特钢、食品和高端装备制造、新能源汽车及零部件"4+2"先进制造业,实现产值将占规模以上工业的 58%,两年提高 9 个百分点。去年,苏北地区服务业增加值达 6397 亿元,占 GDP 比重达 42.2%,比 2010 年提高 3.1 个百分点。

苏南、苏中和苏北除了在工业规模和工业的产业结构上有差异外,另一个非常重要的差异是工业生产中的外资使用程度。苏南地区一直是我国吸引外资的重要地区,而外资最主要的投资领域是制造业,外资企业成为苏南地区工业生产的重要主体,而苏中和苏北地区由于外资规模有限,外资进入时间相对较短,外资企业在工业(制造业)生产中的份额相对较小。图21显示了三地区工业总产值中内外资企业比例,非常明显地看到,苏南地区外资企业比例非常高,达到47.19%,而苏中地区外资企业比例为27.60%,苏北地区为16.72%。

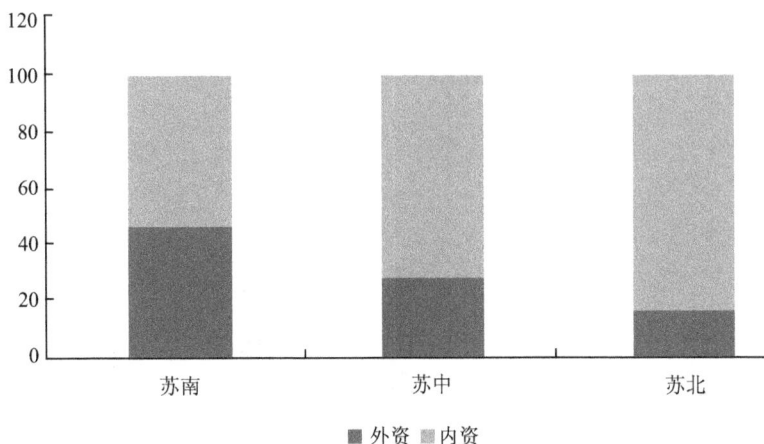

图21　2015年工业总产值中的内外资比例(%)

数据来源:2016年《江苏统计年鉴》

(四) 服务业

加快发展现代服务业是省委、省政府做出的一项重大战略决策。从2005年开始,江苏省政府高度重视现代服务业发展,力图通过服务业发展来实现经济转型和增长方式转变。在省委省政府的带领下,各地政府也制定和出台了一系列文件支持和促进现代服务业快速发展,在政策的大力扶持下,江苏三地区的服务业都出现了快速发展。

苏南地区已经进入到工业化后期阶段,凭借着其雄厚的经济基础,再加上政府尤其是江苏省政府的大力支持,(如2011年10月,江苏省委、省人民政府印发了《转型升级工程推进计划》,明确将重点培育宁苏锡等地现代服务业示范区,重点培育南京软件谷、昆山花桥商务服务集聚区、无锡太湖国际科技园等20—30家省级现代服务业示范区,支持南京开展国家服务业综合改革试点等),苏南现代服务业规模不断增加,产业结构不断优化。

2015年苏南地区服务业实现增加值21251.2亿元,比2014年增加1777.77亿元,名义增幅达到9.13%,实际增幅为10.6%。2015年苏州、南京、常州、无锡四地的服务业增加值占GDP比重均已超过45%,增加值年均增长13.2%,高于同期GDP增幅5.7个百分点,低于全国服务业增幅3.8个百分点,成为东部沿海地区提速最快的地区。

苏南各市服务业在总量稳步攀升的同时,不断加快转型升级步伐,内部结构更趋优化。批发零售业、住宿餐饮业、交通运输业等传统服务业发展平稳;新兴服务业如信息服务、商务服务、文化创意和电子商务等产业发展成为亮点。目前在苏州、无锡、南京已经开始出现一批具有各自特色的现代服务业集聚区,如无锡动漫产业、南京软件产业、苏州研发设计和创意产业等局出现了具有较大规模的产业园区和聚集区,除了特色和优势服务产业形成集群效应之外,苏南各地区的服务业集聚区发展迅速,集聚效应逐渐凸显。

到2015年底,苏南已经拥有近百家省级现代服务业集聚区。现代服务业集聚区凭借功能互补、资源共享、功能集聚、规模经济等优势,业已成为推进现代服务业发展的重要载体。集聚区有中央商务区、创意产业园、科技创业园、软件园、现代物流园、产品交易市场、服务外包等多种形态,各集聚区细分产业、错位竞争,主导产业销售收入和利润在区内占比均达80%以上。苏南地区的南京等五市严格按照省里提出的"重点突破电子商务、云计算服务、物联网服务、数字文化、工业设计、环境服务六个现代服务业新兴产业,把加快发展现代服务业作为产业结构调整的重中之重,重点在高端化、集聚化、国际化上下功夫"的目标任务。在巩固提升传统商贸服务业发展水平的基础上,加快现代服务业发展步伐,突破发展生产性服务业、提升发展消费性服务业、培育发展民生性服务业,推进服务业结构优化、水平提升。

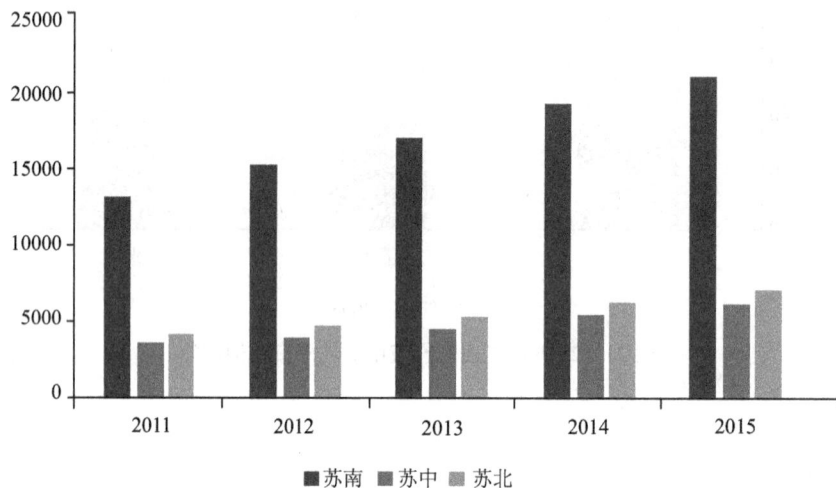

图22　2015年三地区服务业增加值(亿元)

数据来源:2015年《江苏统计年鉴》

苏中地区充分利用沿江和沿海开发战略实施所带来的历史机遇,大力发展现代服务业,提升服务业产业结构。苏中各地延续"十二五"初期的时机,努力实施"十二五"的服务业发展规划,践行未来五年内服务业重点发展方向和发展策略,并出台了一系列的专门计划对服务业发展进行扶持,对服务业发展的政策支持持续加码。2015年苏中实现服务业增加值6236.78亿元,比2014年增加687.01亿元,名义增幅为12.37%,实际增幅为10.7%。

2015年泰州市服务业增加值为2816亿元,增长10.5%,高于全市GDP增速0.9个百分点,服务业对全市经济增长的贡献率为42.5%,拉动GDP增长4.1个百分点,对全市经济的支撑作用不断增强。全市围绕转型升级工程,着力优化产业结构,大力发展现代服务业的各项举措得到体现,服务业增加值占GDP的比重为45.8%,比2014年同期提高1.6个百分点,提升幅度在13市列第二位,三次产业结构由上年的6.0∶49.8∶44.2优化为5.8∶48.4∶45.8。2015年,泰州市完成服务业增加值1643.56亿元,同比增长11.2%,高于前三季度0.7个百分点。其中,金融业、营利性服务业增势强劲,增加值分别增长12.1%、16.5%。省级现代服务业集聚区达九家,兴化、高港获批省级农村电子商务示范县。2015年,扬州市服务业增加值1762.94亿元,总量排名全省第八位。按可比价计算,增长10.8%,高于GDP增速0.5个百分点,高于省均1.5个百分点,增速排名全省第七位。服务业增加值占比继续超过工业,为43.9%,比上年同期提高1个百分点。三次产业比重由2014年的6.1∶51.0∶42.9调整为2015年的6.0∶50.1∶43.9。经测算,服务业对经济增长的贡献率为40.7%,拉动GDP增长4.2个百分点。

伴随着服务业规模的提高,苏中地区的服务业聚集区的发展步伐加快,服务业集聚发展的效应初步显现。南通市级以上服务业集聚区已由2007年的21家(省级3家、市级18家)发展到

2015 年的 41 家(省级 7 家、市级 34 家),年均增长近 20%。这 41 家省、市级集聚区涵盖了中心商务区、软件与服务外包集聚区、科技服务集聚区、现代物流集聚区、文化创意集聚区、旅游休闲集聚区、市场与商贸集聚区 7 种形态,较 2007 年增加了三种形态,体现了服务业聚集区结构的不断优化。2013 年,扬州新认定服务业集聚区 12 个,全市市级以上服务业集聚区达到 38 个(其中省级服务业集聚区 8 个),覆盖金融、科技、商贸、旅游、软件与信息、物流、文化、商务等八大产业,38 个集聚区集聚企业 12464 家,增长 7.7%,吸纳就业 20.82 万人,增长 14.5%。全年预计完成固定资产投资 154.05 亿元,增长 33.5%,实现营业收入 1030.06 亿元,增长 19.1%,上缴税收 32.77 亿元,增长 34.5%。

苏北地区经济的快速增长为苏北五市现代服务业的发展提供了基础,同时苏北各地政府发布一系列政策,将服务业发展放在显著重要的位置,积极推动服务业的发展。2015 年苏北实现服务业增加值 7249.03 亿元,比 2014 年增长 793.45 亿元,名义增幅 12.29%,实际增速为 11.3%。

"十二五"时期,徐州市坚持把发展现代服务业作为产业转型升级的重要方向,服务业发展呈现出增长较快、结构优化、后劲增强、贡献提高的良好态势,重点发展现代物流、金融服务、科技服务等生产性服务业。连云港市则优先发展现代物流业、旅游休闲业、商贸流通业三大主导产业,创新提升金融保险、商务会展、科技服务、电子商务四大重点产业,培育壮大文化创意、互联网平台、软件信息、养老、服务外包五大新兴产业,统筹发展教育、健康、体育、家庭服务等公共服务业。2015 年,淮安实现服务业增加值 1260 亿元,占 GDP 比重达 45.9%,较 2012 年提高 6.6 个百分点,年均提高 1.32 个百分点,构建"4+3"服务业特色产业体系,明确做强物流、金融、旅游、商贸四大基础服务业,做大电子商务、健康养生、文化创意三大新兴服务业。

表 16　三地区服务业增加值指数(按可比价计算,上年=100)

年　份　地　区	2010	2011	2012	2013	2014	2015
苏　南	113.5	112.5	112.3	111.6	109.1	110.6
苏　中	113.8	113.2	112.5	112.8	110.7	110.5
苏　北	113.8	113.9	113.1	113.1	110.6	111.3

数据来源:历年《江苏统计年鉴》

从服务业实际增速来看,三地区差异并不大,基本上维持在一个水平上,使得三地区服务业增加值占江苏的比例基本上没有大的变化,2005 年苏南、苏中和苏北地区占比分别为 64.61%、16.73% 和 18.66%,到 2015 年变为 61.17%、17.95% 和 20.86%,苏北地区份额稍有增加,但变化很小,苏中则保持不变。

表 17　三地区服务业增加值占江苏的比例(%)

年　份	苏　南	苏　中	苏　北
2010	63.45	16.72	19.83
2011	63.20	16.78	20.02
2012	63.33	16.74	19.37
2013	62.97	16.91	20.12
2014	61.86	17.63	20.51
2015	61.17	17.95	20.86

数据来源:历年《江苏统计年鉴》

从江苏十三个省辖市来看,服务业增加值规模最大的是苏州,南京和无锡次之,苏北的连云港和宿迁规模最小,虽然苏州服务业产值总体规模最大,但是由于其制造业高度发达,服务业比重并不是很高,服务业占GDP比例最高的是南京,2015年达到57.3%,明显高于苏州,这与南京独特的地理、历史、教育等优势是密不可分的。

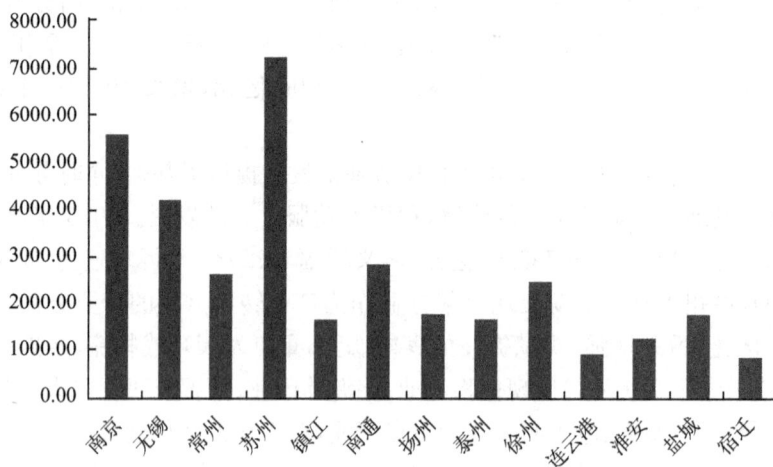

图 23　2015 年江苏十三市服务业增加值(亿元)

数据来源:《江苏统计年鉴 2016》

表 18　江苏十三市服务业占 GDP 比例(%)

	2010 年	2011 年	2012 年	2013 年	2014 年	2015 年
南　京	51.9	52.4	53.4	54.4	56.5	57.3
镇　江	39.5	40.6	41.6	42.7	48.4	49.1
常　州	41.4	42.4	43.9	45.2	48	49.5
无　锡	42.8	44	45.2	46.0	48.4	49.9
苏　州	41.4	42.7	44.2	45.7	46.1	46.9
南　通	37.2	38.5	40	41.1	44.2	45.8
扬　州	37.6	38.7	40	41.0	42.9	43.9
泰　州	37.6	38.8	39.8	40.8	43.4	45.0
徐　州	39.7	40.5	41.5	42.5	45.2	46.2
连云港	39	39.1	39.6	40.3	41.4	42.5
淮　安	39.3	39.8	40.8	41.8	44.1	45.9
盐　城	37	37.8	38.2	38.9	40.8	42.1
宿　迁	37.4	37.6	38	38.4	38.9	39.4

数据来源:历年《江苏统计年鉴》

从服务业人员就业角度来看,2015年苏南地区42.47%的从业人员从事服务业工作,而苏中和苏北只有34.48%和36.51%(图24),从十三个省辖市数据看到,南京市服务业从业人员比例最高,达到56.45%,明显高于其他地区,这和南京市服务业比重很高是一致的。

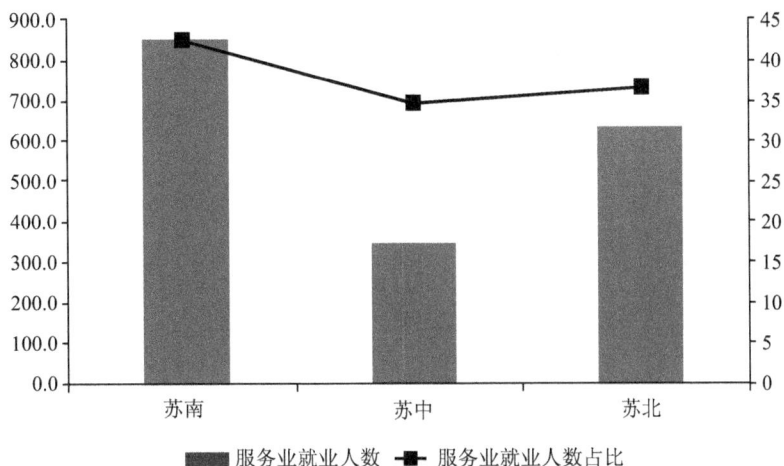

图 24　2015 年三地区服务业从业人员人数及其在所有从业人员中的占比（人、%）
数据来源：《江苏统计年鉴 2016》

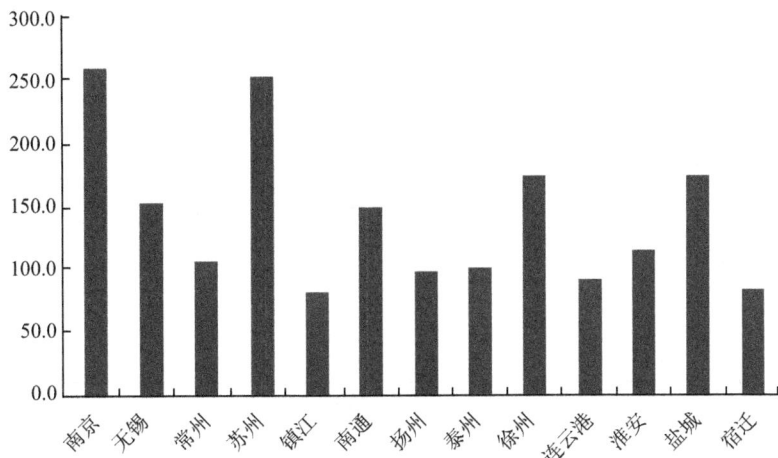

图 25　2015 年十三市服务业从业人员在所有从业人员中的占比（%）
数据来源：《江苏统计年鉴 2016》

三、对外经济

（一）出口

江苏经济尤其是苏南经济是高度开放型的经济，出口在国民经济中占据十分重要的作用，是经济增长的重要拉动力。2008 年金融危机所造成的外需不足给江苏出口造成了巨大影响，2009 年江苏出口额出现了明显下降，不过，随着政府采取了诸多措施，以及外需的回暖，2010 年江苏出口呈现恢复性增长态势并逐步迈上新台阶。2015 年江苏全年进出口总额 5456.1 亿美元，比上年下降 3.2%。其中，出口总额 3386.7 亿美元，下降 0.9%；进口总额 2069.5 亿美元，下降 6.7%。其中，苏南、苏中和苏北分别实现出口 2833.34 亿美元、369.13 亿美元和 184.31 亿美元。与 2014 年相比，苏南和苏北地区呈现小幅下滑的态势，而苏中地区略微上升。

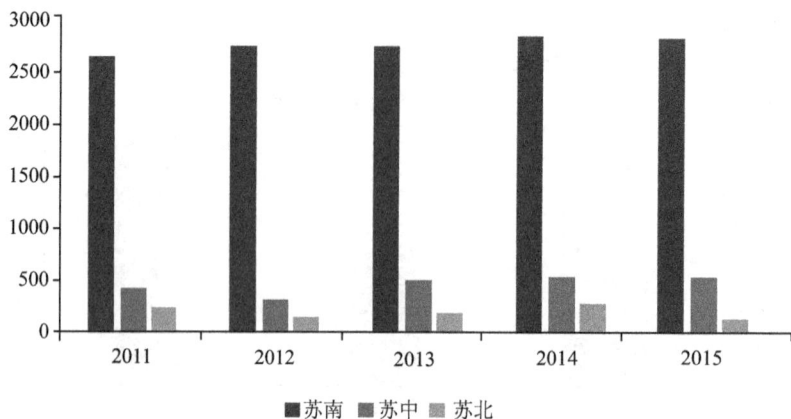

图 26　三地区出口规模（亿美元）

数据来源：历年《江苏统计年鉴》

2015 年，苏州、常州和镇江进出口情况均好于全省平均水平，但同属苏南的无锡、南京降幅较大。苏中三市普遍表现较好，苏北各市既有以 9.1％的进出口增幅居全省之首的盐城，也有以30.1％的降幅落后全省的宿迁。

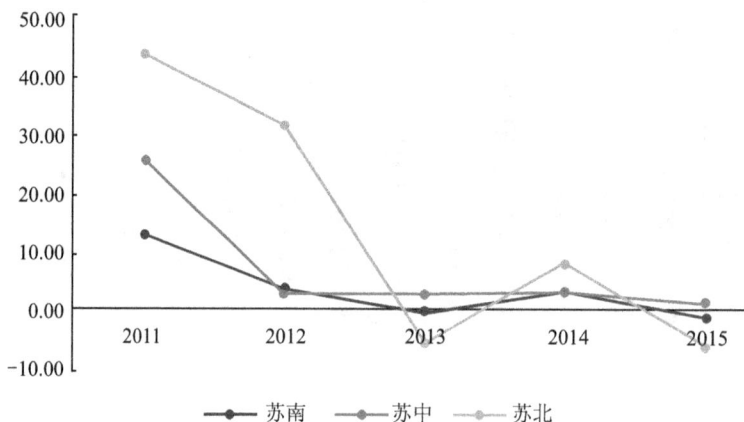

图 27　三地区出口增速（％）

数据来源：历年《江苏统计年鉴》

盐城市对外贸易保持增长态势，进出口商品总值 503.5 亿元人民币，同比增长 9.1％，连续 10 个月增速列全省各省辖市首位。其中出口持续显著增长，出口商品总值 317.7 亿元，同比增长 17.7％，增幅列全省第一。

苏州积极应对国际金融危机、欧债危机对开放型经济带来的严峻挑战，以新思路、新平台、新载体、新举措加速推进开放型经济结构转型和优势重塑。对外贸易规模继续保持领先。2011 年全市进出口总额突破 3000 亿美元，2015 年达到 3053.5 亿美元，年均增长 2.2％，尽管增长速度比"十一五"期间回落12.1 个百分点，但外贸发展方式加快转变。一般贸易出口比重由 2010 年的 20.2％提升至 2015 年的 29.3％。2015 年服务贸易规模达到 125 亿美元。服务外包接包合同额和离岸执行额年均增长在 40％左右。使用外资稳中提质。"十二五"以来实际使用外资年均 84 亿美元，保持全国重点城市前列。外资重点投向战略性新兴产业、先进制造业、现代服务业等领域，资本密集型、技术密集型、知识密集型项目比重提高，跨国公司地区性、功能性总部成引资重点。2015 年服务业使用外资占实际使用外资的 38.1％，比"十一五"末提高 10.9 个百分点。年末具有地区总部特征或共享功能的外资企业超过 200 家。"走出去"步伐明显加快。中方境外协议投资额从 2010 年的 4.7 亿美元增至 2015 年的 20.5 亿美元,年均增长 34.3%,对外投资规模实现全省"十二连冠"。

　　传统上,苏南形成的外向型经济模式使其对出口和外资依赖程度比较高,而苏中和苏北地区外向型程度相对较低,这使得苏南地区出口占江苏的比例高于其 GDP 占江苏的比例,以 2015 年为例,苏南地区 GDP 占江苏的 57.72%,但是出口上苏南占到江苏的 83.66%,苏中和苏北 GDP 分别占江苏的 19.26% 和 23.02%,但出口仅占江苏的 10.90% 和 5.44%,苏北和苏中地区对出口的依赖程度相对较低。

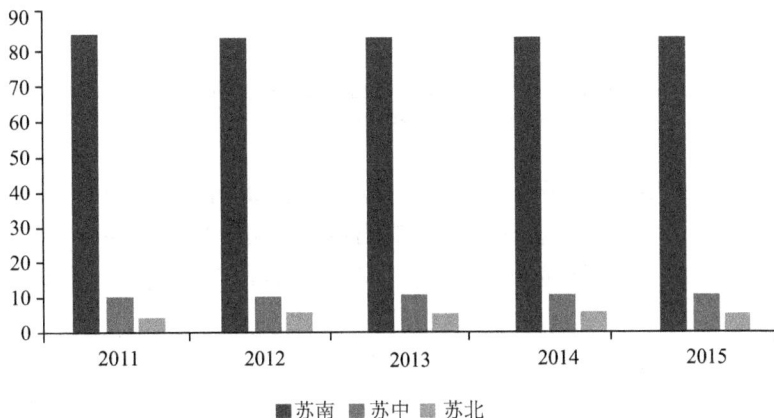

图 28　三地区出口占江苏省比例(%)

数据来源:历年《江苏统计年鉴》

　　虽然苏中和苏北出口规模相对较小,但是这两个地区也一直在积极吸引外商直接投资,希望通过出口拉动经济增长,利用其后发优势,呈现出高于苏南的增长速度。由于增幅上超过苏南地区,所以它们在江苏出口中的比例也在提高,2015 年苏中和苏北地区出口占江苏省比例分别比 2010 年提高了 1.2 个和 1.7 个百分点。

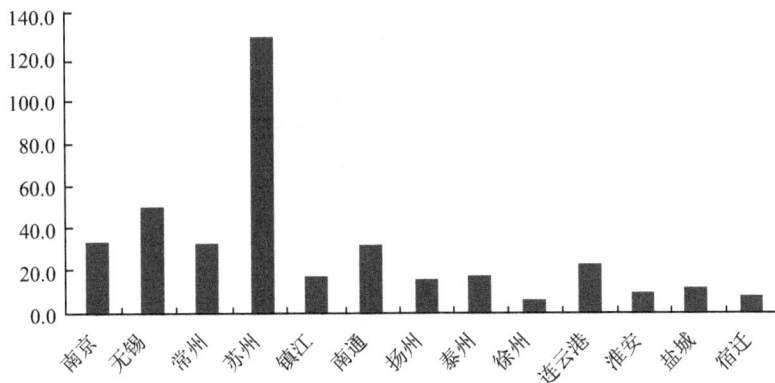

图 29　2015 年江苏各市的外贸依存度(%)

数据来源:《江苏统计年鉴 2016》

　　江苏地区差异不仅体现在苏南、苏中和苏北三个地区上,同样也体现在地区内部,从苏南内部结构来看,苏州出口占到苏南五市的 64.05%,南京和无锡只占到 11.12% 和 14.91%,而镇江仅占到 2.31%,这远远低于它们在苏南 GDP 中的份额,苏州出口所占比例如此之高,除了其地理位置、国家政策等原因之外,外资企业尤其是出口型外资企业大量聚集有很大的关系,如昆山的台资企业聚集等。

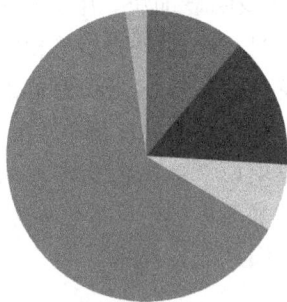

■南京 ■无锡 ■常州 ■苏州 ■镇江

图30　2015年苏南各市出口占苏南比例(％)
数据来源:《江苏统计年鉴2016》

2015年苏州市外贸进出口18957.1亿元人民币,比上年(下同)下降0.9％。其中,机电产品出口8870.9亿元,增长2.3％,占全市出口的78.8％。对出口增长贡献较大的主要是手机等通信设备,出口1188.8亿元,增长45.8％;单项货值最大的笔记本电脑出口5731.2万台、货值1407.3亿元,分别下降1.7％和2.1％。

苏中出口相对苏南的苏州"一家独大"来说比较均衡,不过南通占据61.9％的份额也高于其GDP份额。从1982年南通港水运口岸对外开放,到近五年如东洋口港、启东港、南通兴东机场口岸开放先后获得国务院批准并通过国家验收,南通拥有两个江港口岸、两个海港口岸、一个空港口岸,形成全方位、立体式的口岸开放格局,位列全省第一。2015年南通外贸出口总值228.26亿美元,全市已从初期以劳动密集型、出口加工型为主,逐步向特色产业、科技和资本含量较高的先进制造业转变,初步形成以装备制造业、电子信息、新能源、新材料、生物医药、现代纺织为代表的支柱产业。

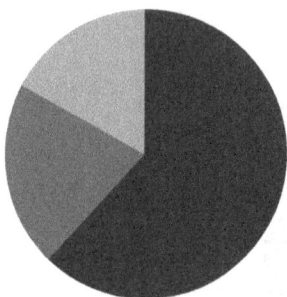

■南通 ■扬州 ■泰州

图31　2015年苏中各市出口占苏中比例(％)
数据来源:《江苏统计年鉴2016》

苏北地区中除了连云港利用其港口城市优势外,各市出口比例和GDP比例大致吻合。盐城市对外贸易保持增长态势,进出口商品总值503.5亿元人民币,同比增长9.1％,连续10个月增速列全省各省辖市首位。其中出口持续显著增长,出口商品总值317.7亿元,同比增长17.7％,增幅列全省第一。盐城市民营企业实现进出口总值278.6亿元,同比增长17.5％,占全市进出口总值55.3％,比重比上年同期提升4个百分点。其中出口222.1亿元,同比增长25.1％,对全市出口增长起到主要推动作用。

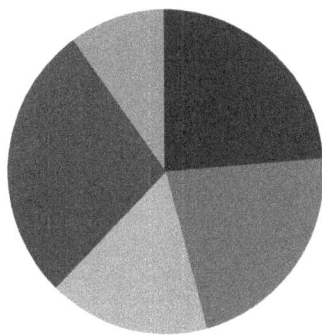

图 32　2015 年苏北各市出口占苏北比例（%）
数据来源：《江苏统计年鉴 2016》

（二）进口

由于受到金融危机的影响，江苏进口在 2009 年出现了下滑，不过之后出现了明显的反弹和回升，但随之又出现了衰退，到 2015 年，江苏进口总额为 2069.45 亿美元，与 2014 年相比减少 149.48 亿美元，其中苏南地区进口 1818.39 亿美元，占江苏进口的 87.87%，苏中和苏北进口 152.33 亿美元和 98.74 亿美元，分别占江苏进口的 7.36% 和 4.77%，和出口一样，江苏进口同样表现出明显的地区差异，而且进口的集中程度高于出口。然而在增速上，2015 年只有苏北地区实现正增长，苏南和苏中都出现不同幅度的下降。

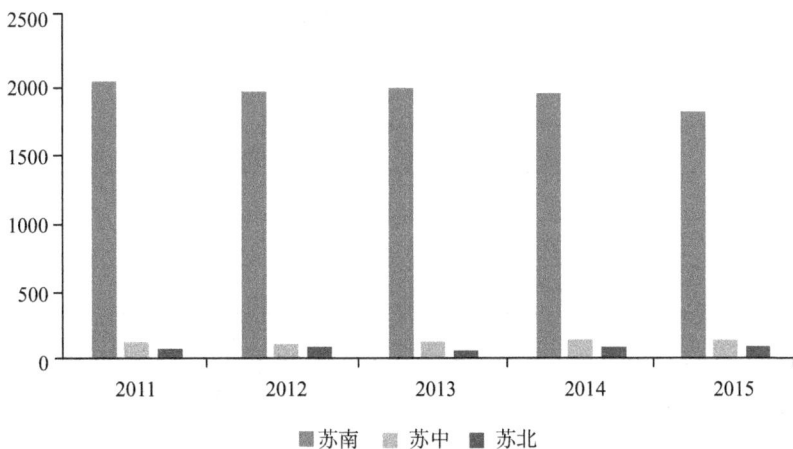

图 33　历年三地区进口规模（亿美元）
数据来源：历年《江苏统计年鉴》

（三）外商直接投资

近年来，发达国家"再工业化"的"制造业回流"效应逐渐显现。数据显示，2012 年至 2013 年，欧洲与日本对江苏省实际外商直接投资额均出现小幅下降。美国的直接投资波动更加显著，自奥巴马政府正式提出重振制造业战略（2009 年）起，对江苏省的实际外商直接投资额逐年下降。2015 年苏南地区吸引 FDI155.63 亿美元，与 2011 年相比，减少 53.84 亿美元，降幅达到 25.7%。苏中地区，虽然在吸引 FDI 的总量上与苏南有较大差距，但依旧遭遇 FDI 大幅下滑的困境，降幅约为 25.25%。

苏北地区,年吸引 FDI 只占苏南地区的 30%,但降幅较为轻微,只有 6.91%。

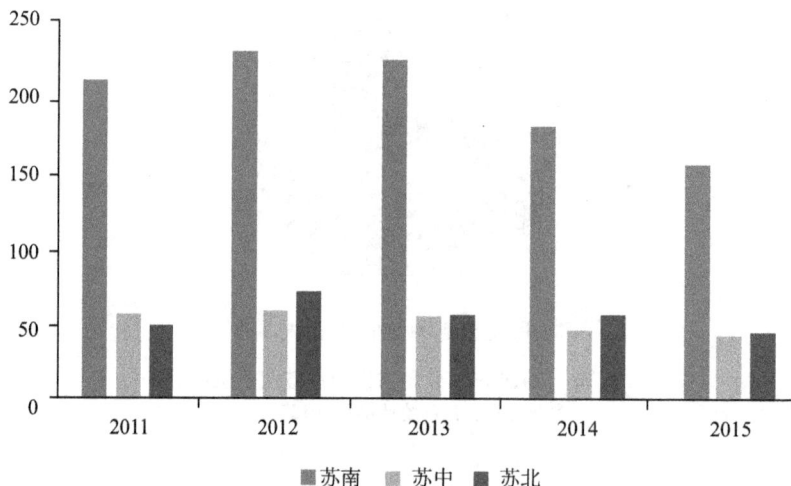

图 34 2015 年江苏三地区实际外商直接投资规模(亿美元)
数据来源:历年《江苏统计年鉴》

江苏内部,制造业正发生"三位叠加"效应:传统制造业受挑战,中坚 IT 业在动荡,新兴产业正孵化。受国际市场需求萎缩、贸易摩擦频发、产能相对过剩等因素影响,制造业遭遇挑战。在这样的经济运行环境中,江苏外企生存压力大增。南京海关人士表示,人工成本、汇率成本、融资成本、环保成本、摩擦成本等都构成了外贸企业生存压力。因此,在此背景下,苏南、苏中 2013 年以来吸引 FDI 逐年下降,2014 年降幅较大,2015 年有所收窄。苏北地区虽然在 2012 年吸引 FDI 有一次较大的增长,但从 2013 年开始依旧呈现负增长,且在 2015 年减少幅度是三个地区中最大的。

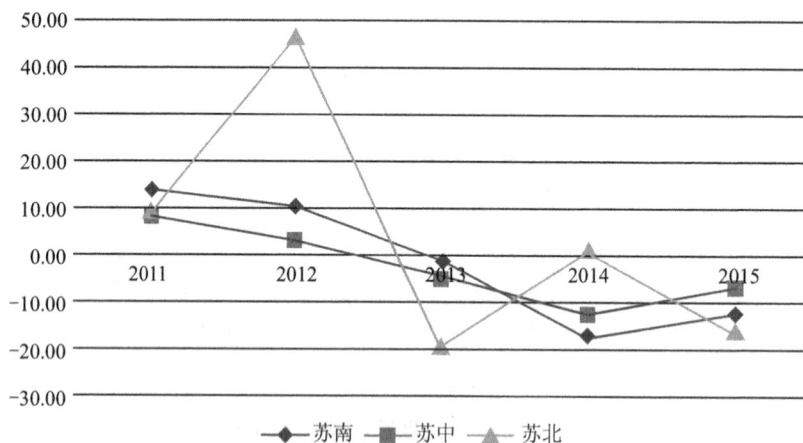

图 35 三地区实际外商直接投资增速(%)
数据来源:历年《江苏统计年鉴》

未来 5 到 10 年,江苏应对发达国家"再工业化"、在更高水平上参与国际竞争,必须改变以加工出口贸易为导向、建立在引进技术和模仿创新基础上的发展模式,从优化原始创新体系,突破转型升级的技术障碍;顺应"互联网+"趋势,大力推进智能制造;提升企业创新水平,培育世界一流企业;完善人才激励机制,营造宜居宜研的创新氛围四个方面着手,实现生产自主装备与产品、推动江苏制造业向中高端发展的目标。

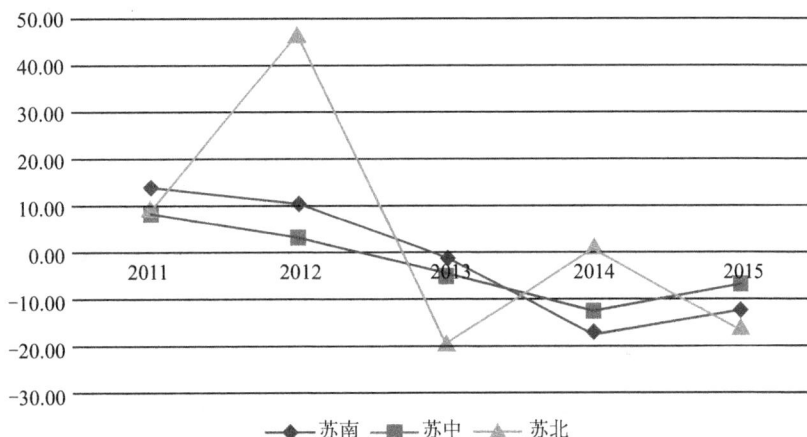

图36　苏南各市实际外商直接投资规模(亿元)

数据来源:历年《江苏统计年鉴》

从苏南内部结构来看,苏南地区外商直接投资规模最大的是苏州,2015年达到60亿美元,与2011年相比减少了30.16亿美元,降幅达到33.45％。苏州因为发达的制造业,一直是我国吸引外商直接投资企业最多的地区,但2013年以来,外商对苏州的投资呈现出新的变化——制造业投资不断减少,但服务业投资有所提高。外商对苏州第三产业投资主要集中在批发零售业、住宿餐饮、信息技术、金融、租赁和商务服务、房地产和科学研究和技术服务业,三年中,每个行业均有不同程度下降,只有餐饮业一直呈现增长态势。

苏南地区中,吸引FDI第二多的城市是南京,2015年时达到33.35亿美元,与苏州所不同的是,近五年来,从总量上来说,南京对FDI的吸引力度并没有出现大幅的下降,反而在2015年时,还出现了正增长。

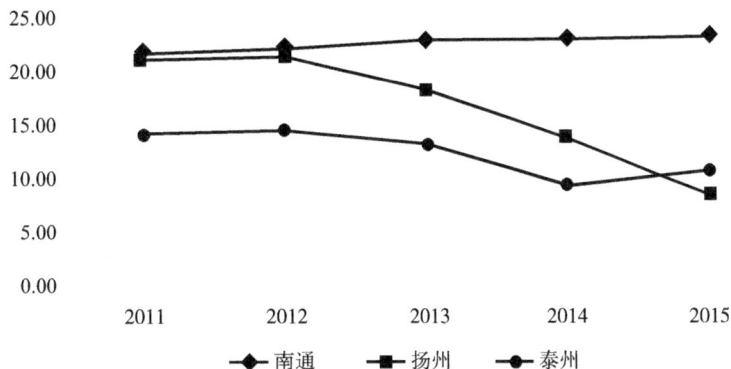

图37　苏中各市实际外商直接投资规模(亿元)

数据来源:历年《江苏统计年鉴》

从苏中内部结构来看,2011—2015年,扬州和泰州两地吸引FDI有出现不同程度的下滑,特别是扬州,2015年实际利用外资资金只有8.48亿美元,比2014年减少5.4亿美元,与2011年相比,减少12.54亿美元。但是,苏中地区的南通市,却一直保持着较为稳定的增长,2015年实际利用外资23.16亿美元,与2011年相比,增加1.49亿美元。

南通市"十二五"前四年实际利用外资89.8亿美元,年均增长3.0％,虽增势有所回落,但占全省的比重却由7.2％提高到8.2％,实现引进外资份额不减少、位次不后移、质量有提升的发展态势。南通全市实际到账注册外资的三次产业结构由 2005 年的 2.5∶85.6∶11.9 调整为 2015 年的 2.0∶55.3∶42.7。

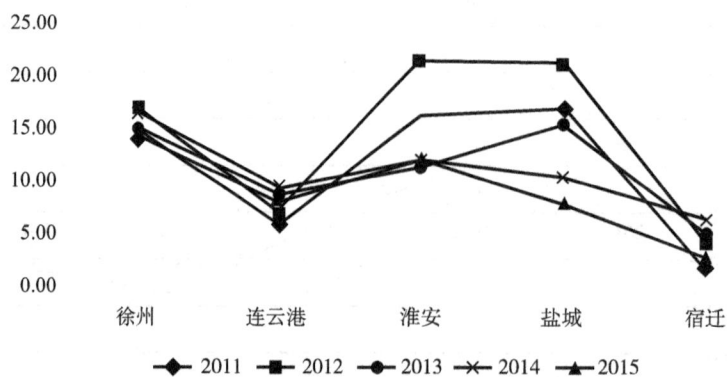

图 38　苏北各市实际外商直接投资规模（亿元）

数据来源：历年《江苏统计年鉴》

　　从苏北内部结构来看，利用外资规模出现了明显分化，2011—2015 年苏北五市中，连云港和宿迁吸引 FDI 出现了正增长，分别从 2011 年的 6.10 和 1.90 亿美元，增加到 2015 年的 8.01 和 2.98 亿美元，但之间都表现出波动。徐州市是苏北五市中吸引 FDI 最多的城市，2015 年达到 14.28 亿美元，比 2014 年下降 2.3 亿美元。其次是淮安市，12.14 亿美元。

第二章　江苏沿海区域

一、整体概况介绍

江苏沿海北起苏鲁交界的绣针河口,南抵长江口,大陆岸线全长954公里。江苏沿海三市主要是指南通、连云港和盐城。沿海开发区域包括连云港、盐城和南通三市市区以及赣榆、东海、灌云、灌南、响水、滨海、射阳、大丰、东台、海安、如东、海门、启东等13个县(市)。沿海开发影响范围包括连云港、盐城和南通三市的全部区域。2015年沿海三市人口2125.36万,面积35095.56平方公里,地区生产总值12521.54亿元,分别占全省的27.5%、33.1%和17.4%,人均地区生产总值65947元,相当于全省平均水平的66.6%。沿海开发区区域人口1666.60万,面积28887平方公里,地区生产总值10521.29亿元,分别占全省的21.6%、27.3%和14.6%,人均地区生产总值69237元,相当于全省平均水平的69.9%。

江苏沿海区域位于我国沿海地区中部,是我国沿海、沿江、沿陇海线生产力布局主轴线的交汇区域。南部毗邻我国最大的经济中心上海,是长江三角洲的重要组成部分;北部拥有新亚欧大陆桥东桥头堡连云港,是陇海—兰新地区的重要出海门户;东与日本、韩国隔海相望。该地区人均土地面积2.31亩,比全省平均水平多0.23亩;沿海滩涂面积1031万亩,约占全国的1/4。海洋生物资源种类多、数量大,吕四渔场和海州湾渔场为全国重要渔场,海洋资源综合指数居全国第四位,是全国海洋资源富集区域之一。岸线资源优良,具备在淤泥性海岸建设深水海港的技术条件,连云港港可布局建设30万吨级航道和码头。该地区区劳动力资源较为丰富,产业基础良好。农业开发历史悠久,生产条件优越,产业化和规模化经营水平较高,是黄淮海平原和江淮地区国家粮食主产区的重要组成部分;工业初具规模,纺织、机械、汽车、化工等已成为主导产业;建筑业较为发达,旅游业特色鲜明,海洋产业在部分领域具备明显的比较优势;服务业发展水平逐步提升,现代物流等生产性服务业处于加速发展阶段,生活性服务业发展模式不断创新。作为全国主要港口的连云港港和南通港辐射带动能力不断增强,南通、盐城和连云港三个机场的运输能力快速增长,新长铁路、沿海高速公路、苏通大桥等相继建成通车,区域综合交通体系初步形成;能源结构逐步优化、供给充足;水利设施较为完善,水资源供给和防洪保安能力显著增强。

2005年11月江苏省委十届九次全会正式提出把"三沿"开发进一步拓展为"四沿"开发。沿海开发,是江苏继沿沪宁线、沿江、沿东陇海线经济带之后,又一次重要的生产力战略布局。江苏省委、省政府以《中华人民共和国国民经济和社会发展第十一个五年规划纲要》及《江苏省国民经济和社会发展第十一个五年规划纲要》为编制依据,出台了《江苏省沿海开发总体规划》(2005—2015年)。该规划将江苏沿海开发地区的战略定位为区域性国际航运中心、新能源和临港产业基地、农业和海洋特色产业基地、重要的旅游和生态功能区。2009年国务院通过《江苏沿海地区发展规划》(2009—2020年),使得江苏沿海地区发展从"地方战略"升级到"国家战略",按照该规划,江苏沿海地区将建设我国重要的综合交通枢纽,沿海新型的工业基地,重要的后备土地资源开发区,生态环境优美、人民生活富足的宜居区,成为我国东部地区重要的经济增长极和辐射带动能力强的新亚欧大陆桥东方桥头堡。

二、沿海区域综合经济发展现状

(一)经济规模不断增长

中国经济最发达的地方是沿海地区,而江苏经济最不发达的地区也是沿海地区。沿海本应成为江苏经济"增长极",但由于江苏经济发展存在着"浅内陆省"的倾向,江苏沿海经济成为中国沿海经济的"断裂带",是整个沿海经济带发展的"凹地"。2004年以来在江苏省强力推进区域共同发展战略和市场机制作用下,沿海地区抢抓沿海开发和长三角区域一体化两大国家战略的叠加机遇,经济建设取得了显著成效,总量规模大幅攀升,为全省区域共同发展新添了强劲引擎。

2015年沿海开发地区实现地区生产总值10521.29亿元,与2011年(7230.47亿元)相比,增长了45.51%,人均地区生产总值则从44966元提高到69237元,增幅达到53.98%。沿海三市的地区生产总值增长幅度为51.55%,比沿海开发区的45.51%略高;而沿海三市人均地区生产总值增幅为51.08%,比沿海开发区的53.98%略低。按可比价格计算,沿海开发地区的地区生产总值和人均地区生产总值的年均增长率为8.35%和10.29%;沿海三市的地区生产总值和人均地区生产总值的年均增长率为9.74%和9.63%。这一数值都要高于全省的平均水平8.57%和9.15%,表明江苏的沿海地区在全省的经济发展中比较领先的。

表1　沿海地区经济 GDP 与人均 GDP(2011—2015 年)

	地区生产总值(亿元)			人均地区生产总值(元)		
	2011 年	2015 年	增幅(%)	2011 年	2015 年	增幅(%)
沿海三市合计	8262.07	12521.54	51.55%	43650	65947	51.08%
沿海开发区合计	7230.47	10521.29	45.51%	44966	69237	53.98%
南通市市区	1594.08	2264.63	42.07%	69703	96864	38.97%
海安县	425.45	680.44	59.93%	49598	78551	58.38%
如东县	425.45	672.69	58.11%	42843	68506	59.90%
启东市	520.17	803.14	54.40%	53629	84099	56.82%
海门市	590.33	915.02	55.00%	65226	101298	55.30%
连云港市区	507.23	1185.34	133.69%	48149	57212	18.82%
赣榆县	283.07			29846		
东海县	245.67			25845		
灌云县	192.22	300.13	56.14%	23496	37542	59.78%
灌南县	182.33	281.63	54.46%	29358	44682	52.20%
盐城市市区	778.38	1734.81	122.87%	48207	74521	54.59%
响水县	161.16	244.30	51.59%	31696	48646	53.48%
滨海县	238.00	361.30	51.81%	24948	38359	53.76%
射阳县	287.98	407.61	41.54%	32132	45737	42.34%
东台市	447.92	670.23	49.63%	45292	67916	49.95%

数据来源:各年《江苏统计年鉴》

注:2011年连云港市区包括了赣榆县、东海县的数据。

从沿海开发区域内部各城市来看,如同全省情况一样,存在着严重的地区发展不平衡,自南向北,梯度落差较大。2015年,国民生产总值超过2000亿元的地区只有南通市区,达到2264.63亿元。连云港市区的国民生产总值只有南通市区的一半左右。连云港市区的国民生产总值刚超过1100亿元,才略高于南部沿海市(县)启东和海门市。南部市(县)的发展规模普遍要高于北部市(县),海安县、如东县、启东市和海门市的GDP均超过600亿元,最高的海门市达到了915.02亿元。而北部市(县)只有东台市的GDP超过600亿元,为670.23亿元,最低的是响水县只有244.30亿元。南通及所属四个县(市)的发展在江苏沿海地区具有龙头地位,而南通又是江苏沿江区域,所以可以很好地利用其特殊的地理位置,加强江海联动,加强与长三角的联系,进而带动整个江苏沿海地区的发展。虽然沿海地区北部城市的经济发展水平要落后于南部的南通地区,从2011—2015年的增幅来看,苏北和苏南的增速都比较接近。其中,苏中增速比较快的几个县是海安县和如东县,增速达到了59.93%和58.11%。相比之下,苏北的增速有所减缓,增速最快的是灌云县为56.14%。2015年人均国民生产总值最高的城市是海门市,超过10万元,高于全省平均水平88165元,其次是南通市区96864元。人均GDP高于全省平均水平的沿海城市也就只有南通市和海门市,其他城市都在88165元以下。除了盐城市区,其他北部所有市(县)的人均GDP均低于沿海地区平均水平69237元,其中最低的是灌云县,只有37542元。其他低于40000元的还有滨海县38359元。同样,人均GDP的增幅还是北部地区比南部地区要稍大,其中增幅最多的是灌云县,达到了59.78%,而最低的是连云港市区只有18.82%。低于沿海地区人均GDP增幅的还有南通市区38.97%、灌南县52.20%、响水县53.48%、滨海县53.76%、射阳县42.34%和东台市49.95%。

(二)增速全面"领跑"全省

图1是沿海开发区域2008年以来,GDP与各产业年增长速度与全省水平的一个比较。从中可以发现,2009年国务院通过《江苏沿海地区发展规划》,从"地方战略"升级到"国家战略"后,沿海地区国民生产总值、第二产业、工业和第三产业的增速速度全面"领先"全省平均水平。其中,GDP增速高于全省平均值,2010年达到10%,高出全省水平1.07个百分点,而2011年以后,GDP增速有所下降,但仍高于全省平均值。沿海地区的第二产业发展势头一直很强劲,2008年以来,其增速和工业增速大多高于全省平均水平。沿海地区一个中心城市位于苏中,其余两个中心城市位于苏北,因此既不是全省的服务业中心,经济发展水平也还没有达到向服务业转型的时期,因此第三产业发展起步较晚,也相对比较落后,但在目前沿江地区加速起飞的发展阶段,加上一系列扶持沿海和苏北现代服务业的政策措施,使得2011年后沿海地区的服务业发展也开始迎来了快速增长时期,全面超越全省平均水平。总的来说,2009—2013年连续五年,沿海地区的经济发展速度令人惊讶,这也显示出江苏沿海大开发战略对这些地区带来的发展动力和初步成效。

2011—2015年江苏沿海地区国民生产总值、人均国民生产总值、第二产业和第三产业的年均增长率分别达到了11.38%、13.49%、8.16%和17.51%,同期全省平均值为9.6%、10.35%、9.8%和10.0%。除了第二产业年均增长率,其他三个指标都超越全省水平,沿海地区的人均GDP增速要高出GDP增速2.11个百分点。人均GDP增速高于GDP增速可能得意于两个方面的原因:一是江苏沿海地区经济增长较快,但人口资质较好,人口负担有所减轻。二是产业结构有所提升,技术进步加快,人均劳动生产率得以提高。沿海地区经济越落后的地方增速反而越快,因为这些地区的发展潜力和要素回报率会更高。从表2可以看出,沿海地区GDP、人均GDP、第二产业和第三产业的年均增长率最快的城市主要集中在连云港市区和经济最为落后的灌南县和灌云县。第二产业增速与往年相比有放缓趋势。GDP年均增长率最慢的城市是南通市区、射阳县和东台县,其中射阳县只有10.39%,射阳县也是唯一经济发展比较落后但增速却不高的北部市(县)。连云港市区的人均GDP

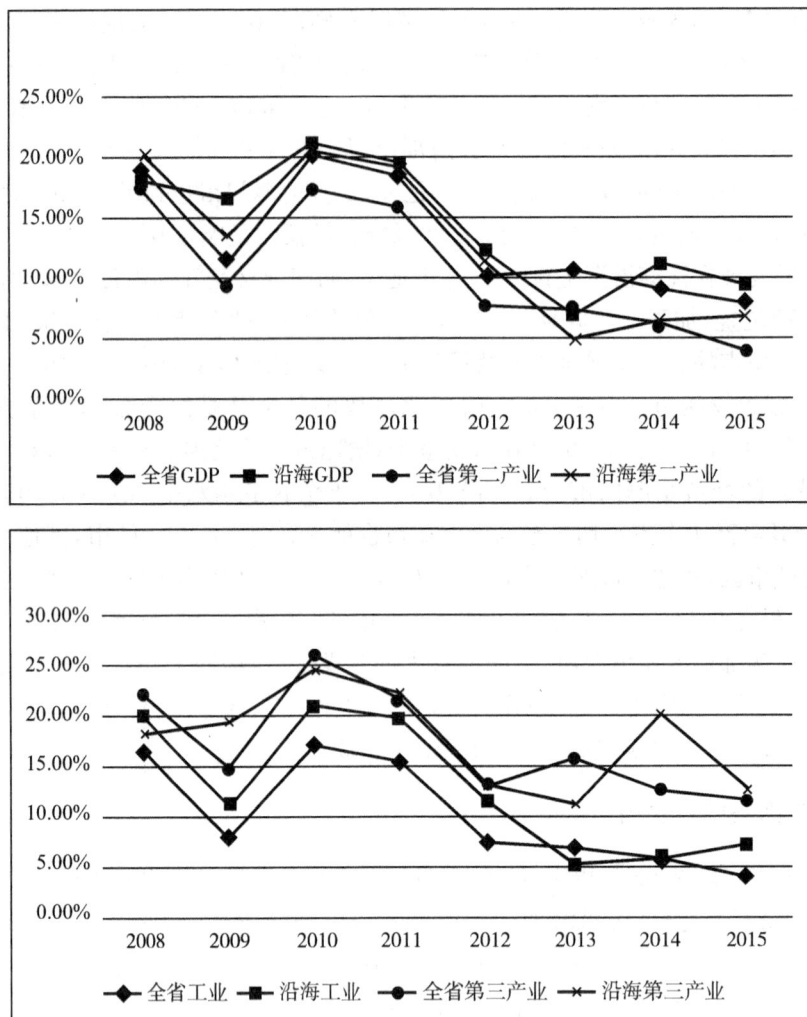

图1 沿海地区GDP、各产业增速与全省的比较

数据来源:各年《江苏统计年鉴》

年增长率最低,只有4.71%,相较于其余两个中心城市市区要偏低不少,盐城市区达到了13.65%,南通市区也只有9.74%。第二产业增速最低的地区主要是南通市区和射阳县,均没有超过7%,此外海门市和东台市也比较低。连云港市区和盐城市区增长速度比较快,都超过了20%。

表2 沿海各城市主要经济指标年均增长率(2011—2015年,%)

	GDP增速	人均GDP增速	第二产业增速	第三产业增速
全省	9.6	10.35	9.8	10.0
沿海地区合计	11.38	13.49	8.16	17.51
南通市区	10.52	9.74	6.45	16.00
海安县	14.60	14.59	10.44	22.85
如东县	14.53	14.98	10.27	23.23
启东市	13.60	14.20	10.11	21.57
海门市	13.75	13.83	8.86	23.78

	GDP 增速	人均 GDP 增速	第二产业增速	第三产业增速
连云港市区	33.42	4.71	24.67	38.92
灌云县	14.03	14.95	11.97	21.32
灌南县	13.62	13.05	12.44	17.63
盐城市区	30.72	13.65	26.92	35.43
响水县	12.90	13.37	10.69	21.02
滨海县	12.95	13.44	10.69	19.29
射阳县	10.39	10.59	6.33	17.61
东台市	12.41	12.49	8.98	19.31

数据来源:各年《江苏统计年鉴》

注:2011 年连云港市区包括了赣榆县的数据。

(三)绝对数指标依旧落后全省平均水平

虽然沿海地区近几年经济加速发展领跑全省,但由于基础薄弱,主要经济指标的绝对数与全省平均水平仍然存在不小的差距。表 3 是沿海各城市主要经济指标绝对数以及占全省的比重情况。

首先分析沿海开发区域的地区生产总值、第一产业、第二产业和第三产业的占比情况,2015 年这四个指标分别为 15.01%、23.42%、15.40%和 13.65%,而人口与土地面积的占比有 20.86%和 25.79%。可见,只有第一产业的产值比重与其人口和土地面积的份额相匹配,其余都明显较低,在全省经济中的地位并不突出,这也从一方面说明实施沿海开发的必要性。再结合图 2,我们发现,2009—2015 年间,沿海地区 GDP 占全省的比重先是不断上升,从 2009 年的 14.54%,上升到 2012 年的 14.98%,仅在 2012 年后又开始有所下降,到 2015 年时达到了 15.01%,总的来说波动不是很大,但近四年有上升的势头。沿海地区一直都是江苏重要的农产品基地,2009 年以来,其第一产业产值占全省的份额一直都围绕在 26%上下波动,2012 年曾经下滑到 25.07%,但之后又有所回升。第二产业是沿海地区发展势头最为强劲的产业,2009 年后第二产业和工业产值占全省的比重就持续呈现出不断提高的趋势,其中,第二产业从 2009 年的 13.96%提高到了 2012 年的 15.28%,随后两年又呈现出略微下降的态势,到 2015 年又开始回升。工业则从 2009 年的 12.99%提高到 2012 年的 14.44%,随后有略有下降,2014 年之后开始回升。在苏南发达地区和沿江地区城市不断向服务业转型的过程中,沿海地区的服务业产值占全省的比重是在下降的,从 2009 年的 13.19%%减少到 2013 年的 12.65%。但之后也出现回升趋势。这一变化基本反映了江苏区域发展的战略,即苏南地区以制造业、服务业"双轮驱动",苏中和苏北地区积极承接产业转移,重点发展优势制造业,可见,各个地区的产业正在慢慢地步入成熟。

表 3 沿海各城市主要经济指标占全省的比重情况(2011 年和 2015 年)

指 标	2011 年		2015 年	
	数值	占全省比重	数值	占全省比重
地区生产总值(亿元)	7230.47	14.72%	10521.29	15.01%
第一产业	773.65	25.24%	933.60	23.42%
第二产业	3721.32	14.77%	4936.19	15.40%

续　表

指　标	2011 年		2015 年	
	数值	占全省比重	数值	占全省比重
第三产业	2735.50	13.12％	4651.50	13.65％
规模以上工业总产值(亿元)	13762.68	12.78％	22823.54	15.23％
固定资产投资额(亿元)	4458.32	16.94％	8275.55	18.03％
♯房地产开发投资	713.01	12.81％	1145.59	14.05％
社会消费品零售总额(亿元)	2522.91	15.78％	3941.14	15.23％
进出口总额(亿美元)	344.89	6.39％	437.81	8.02％
♯出口	224.77	7.19％	286.39	8.46％
地方财政一般预算收入(亿元)	725.78	14.10％	1187.01	14.78％
地方财政一般预算支出(亿元)	955.14	15.35％	1596.32	16.48％
金融机构存款余额(亿元)	8212.84	12.50％	14217.17	13.18％
金融机构贷款余额(亿元)	5298.78	11.07％	9531.16	12.09％

数据来源:各年《江苏统计年鉴》

　　沿海地区其他经济指标的绝对值与全省平均水平相比显著落后的有其外向型经济发展水平。2015 年沿海开发区域的进出口总额为 437.81 亿美元、出口总额为 286.39 亿美元,只占到全省水平的 8.02％和 8.46％,与一般认为的沿海地区的贸易地位是极不相符的。这主要是由于从客观条件来看,江苏的海岸线虽然有 1000 多公里,但大部分属于淤涨型海岸,难以泊船,因此江苏沿海地区长期以来内陆化倾向明显,缺乏开放积淀,经济的关联度更多是倾向于内陆,没能利用海洋,形成经济、文化的纽带。

表 4　沿海地区 GDP、各产业占全省的比重情况(2009—2015 年)

年　份 指　标	2009	2010	2011	2012	2013	2014	2015
GDP	14.54％	14.63％	14.72％	14.98％	14.50％	14.79％	15.01％
第一产业	27.39％	27.50％	25.24％	25.07％	25.19％	24.17％	23.42％
第二产业	13.96％	14.36％	14.77％	15.28％	14.95％	14.98％	15.40％
工业	12.99％	13.42％	13.91％	14.44％	14.23％	14.25％	14.68％
第三产业	13.19％	13.07％	13.12％	13.17％	12.65％	13.49％	13.65％

数据来源:各年《江苏统计年鉴》

　　总体来说,表 3 所列的经济指标,绝大多数指标的占比数值都有了一定的提高,这显示出沿海地区的经济地位在整个江苏都有所提高。其中固定资产投资额提高的百分点最多,其次是地方财政一般预算收入和地方财政一般预算支出。这说明在江苏沿海战略升级为"国家战略"后,对沿海地区建设的投入不断加大,2015 年,江苏省集中力量组织实施沿海开发港口功能提升、沿海产业升级、临海城镇培育、滩涂开发利用、沿海环境保护和重大载体建设"六大行动",进一步推动沿海地区科学发展,着力解决一批事关沿海开发的重大关键问题,给江苏沿海地区海洋经济的发展打好了坚实的基础。

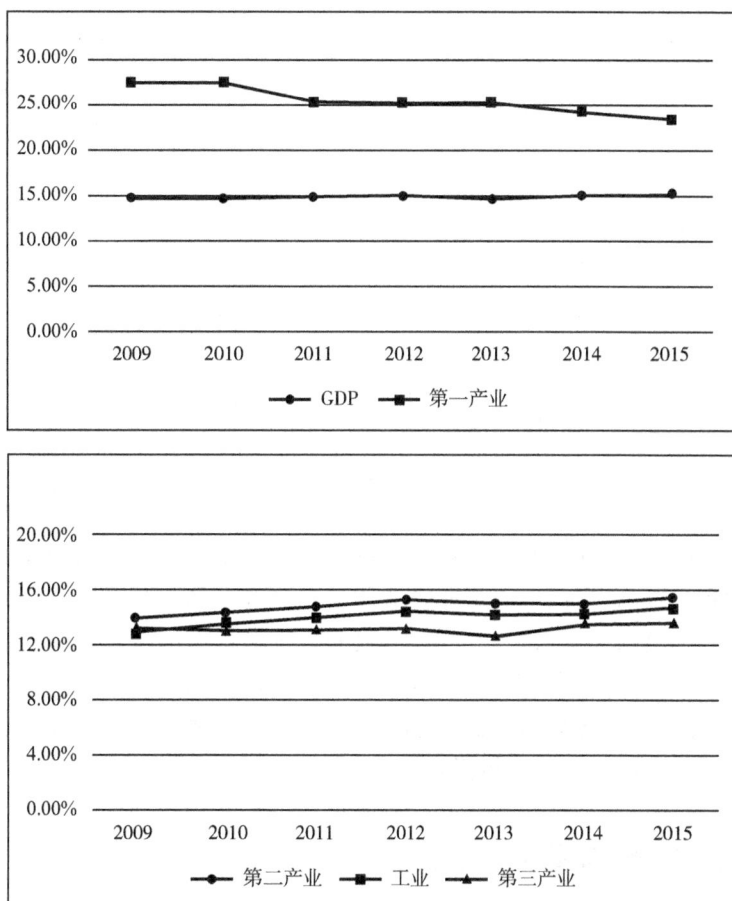

图2　沿海地区GDP、各产业占全省的比重情况（2009—2015年）
数据来源：各年《江苏统计年鉴》

（四）区域内县（市）经济发展不如沿江地区

沿海地区的县（市）包括南通的海安县、如东县、海门市和启东市，连云港的赣榆县、东海市、灌云县和灌南县，盐城地区的响水县、滨海市、射阳县、大丰市和东台市。从表5可以看出，GDP、工业增加值、人均GDP、人均地方一般预算收入、规模以上工业企业利税总额、出口总额、外商直接投资总额、农村居民人均可支配收入、城镇居民人均可支配收入等经济指标在全省42个县（市）的排名中，南通地区的四个县（市）位于中游偏上，盐城地区的五个县（市）位于中游偏下，而连云港地区的四个县（市）排名靠后，相较于沿江地区的县（市）经济发展要落后不少。

表5　区域内县（市）经济主要指标在全省中的排名（2015年）

名称	GDP	工业增加值	人均GDP	人均地方一般预算收入	规模以上工业企业利税总额	出口总额	外商直接投资总额	农村居民人均可支配收入	城镇居民人均可支配收入
海安县	15	11	13	14	11	13	9	15	14
如东县	16	13	17	17	9	11	8	18	15
启东市	10	15	12	9	13	8	16	11	13
海门市	8	12	10	7	4	12	13	10	11

续 表

名称	GDP	工业增加值	人均GDP	人均地方一般预算收入	规模以上工业企业利税总额	出口总额	外商直接投资总额	农村居民人均可支配收入	城镇居民人均可支配收入
东海县	30	27	36	24	28	32	31	32	28
灌云县	38	37	42	28	36	38	37	41	40
灌南县	39	39	32	20	34	36	35	42	36
响水县	40	33	30	37	22	25	30	34	32
滨海县	35	35	41	31	39	30	27	30	31
射阳县	29	38	31	42	41	39	39	14	30
东台市	17	25	19	11	30	17	26	12	20

数据来源:《江苏统计年鉴2016》

在整个沿海地区十三个县(市)中,海门市的各项经济指标排名是最靠前的。其 GDP、人均GDP、人均地方一般预算收入、规模以上工业企业利税总额和农村居民人均可支配收入都挤进了前10。其次是启东市,大部分指标排名在 10—15 名之间。排名最后的是连云港地区的灌云县和灌南县,其中灌云县的人均 GDP、农村居民人均可支配收入和城镇居民人均可支配收入,灌南县的 GDP、人均 GDP、农村居民人均可支配收入均排在全省 42 个县(市)中的倒数。盐城地区的东台市在沿海北部县(市)中经济发展情况较好,各项指标基本排名处于全省中游水平。

三、沿海地区产业经济发展现状

(一)产业结构高度化趋势,工业主导地位继续加强

随着江苏沿海地区生产力水平的提高和经济社会的发展,三次产业内部结构已发生了积极的变化。沿海地区三次产业结构比例由 2009 年的 12.4:51.8:35.9 调整为 2015 年的 8.9:46.9:44.2,呈现出第一产业比重下降,第二产业、第三产业比重在上升,第二产业已占最大比重,产业结构正向合理化方向演变,这也预示着沿海地区工业进程正在加速。与全省 5.7:45.7:48.6、沿江地区 3.0:47.8:49.2 和长三角地区 4.3:43.3:52.4 的三次产业构成比例相比较,可以看出,沿海地区的第一产业比重遥遥领先其他各经济带,高于全省平均水平,是沿江地区的将近 3 倍,第二产业比重略高,第三产业比重不够高,工业是带动这一地区经济增长的主要动力,产业层次还较低。近年来,江苏沿海地区产业基础条件不断改善,产业利好政策不断出台,以高新技术、资本密集型企业为代表的新型产业纷纷落户沿海地区,推动了沿海地区第二产业的大发展,也推动了农业产业化的进程。沿海地区产业内部结构所发生的变化,符合三次产业内部结构变化的一般规律,产业发展步入快车道。

表6 沿海地区三次产业结构变化(2009—2015 年)

指标 \ 年份	2009	2010	2011	2012	2013	2014	2015
第一产业	12.4	11.5	10.7	10.6	10.1	9.1	8.9
第二产业	51.8	51.5	51.5	51.2	50.2	48.0	46.9
第三产业	35.9	36.9	37.8	38.2	39.7	42.9	44.2

数据来源:各年《江苏统计年鉴》

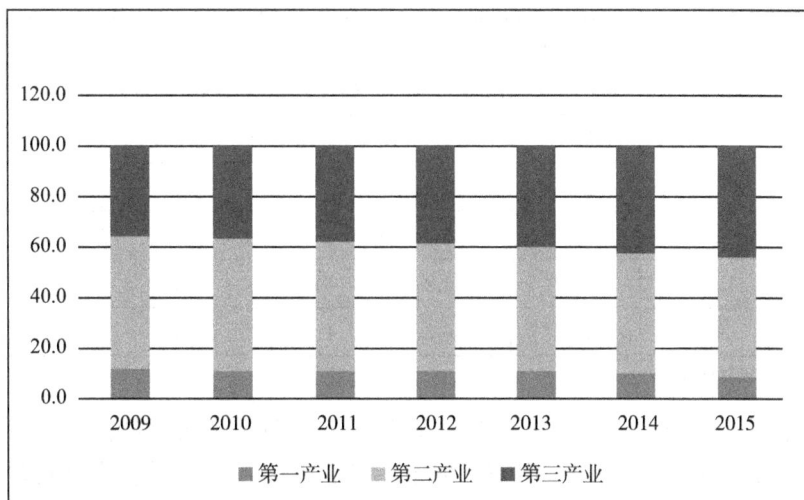

图3　沿海地区三次产业结构情况（2009—2015 年）
数据来源：各年《江苏统计年鉴》

表 7 是沿海地区 2015 年三次产业产值和就业结构情况。在沿海地区所有城市中，2015 年第一产值占 GDP 的比重最高的城市是灌云县，达到了 20％，射阳县也接近 20％，除此以外，响水县、滨海县、灌南县的第一产值比重也较高。说明这些地区的农业经济占整个国民经济的重要性还很大，产业结构比较落后，社会经济发展和工业化程度不够高。三个市区，南通市区的第一产业产值比重最低只有 2.6％，其次是盐城市区 9.0％，最后是连云港市区 9.5％，相比较于苏南五市市区只有 2.6％的第一产业而言，这一比重还是过高。第二产业在沿海地区各城市的经济地位都非常重要，基本在50％上下，最高的是海门市 51.5％，最低的是射阳县 36.2％。沿海地区的苏北城市中，除了盐城市区的第二产业占比超过 50％外，其他市（县）都低于 50％，可见在整个沿海地区中南部的南通地区产业结构要大大优于北部地区。第三产业产值占 GDP 的比重在整个沿海地区都偏低，只有南通市区、连云港市区超过 45％，其他地区都在 45％以下，最低的灌南县只有 34.3％。

表 7　沿海地区三次产业产值和就业结构（2015 年，％）

	三次产业占 GDP 比重				三次产业就业人口占总就业人数的比重		
	第一产业	第二产业	♯工业	第三产业	第一产业	第二产业	第三产业
沿海三市合计	9.2	46.8	38.9	44.0	25.2	39.1	35.8
沿海地区合计	8.9	46.9	39.1	44.2	24.3	39.3	36.4
南通市区	2.6	47.6	39.7	49.9	12.9	43.5	43.6
海安县	7.9	47.5	38.4	44.6	21.0	52.8	26.3
如东县	9.7	46.8	39.0	43.5	21.7	49.5	28.8
启东市	8.1	48.5	38.2	43.4	27.4	43.6	28.9
海门市	5.7	51.5	42.7	42.8	25.6	48.3	26.1
连云港市区	9.5	43.4	33.5	47.0	24.2	35.5	40.2
灌云县	20.0	44.5	33.7	35.6	38.8	26.9	34.3
灌南县	17.1	48.6	42.1	34.3	41.5	30.0	28.4

续　表

	三次产业占GDP比重				三次产业就业人口占总就业人数的比重		
	第一产业	第二产业	♯工业	第三产业	第一产业	第二产业	第三产业
盐城市区	9.0	51.0	44.0	40.0	19.8	36.8	43.4
响水县	16.5	46.5	40.7	37.0	29.6	34.2	36.2
滨海县	15.5	41.2	35.5	43.3	30.8	32.7	36.4
射阳县	19.2	36.2	34.2	44.5	28.9	33.8	37.3
东台市	13.1	41.7	36.3	45.2	25.9	35.1	39.0

数据来源:2016年《江苏统计年鉴》

从三次产业的就业结构来看,江苏沿海区域的南部地区,即南通市区的四个市(县),第二产业是吸收劳动力的最主要产业部门。其中,海安县的第二产业就业人口占到总就业人数达到52.8%,是沿海地区所有城市中最高的,也是唯一超过50%的城市。在沿海北部地区的一些经济发展较落后的市(县)中,农业反而成为劳动力最重要的流向,例如,灌云县、灌南县、滨海县普遍存在第一产业就业人口比重过高(超过30%)的现象,表现沿海北部的产业发展水平与南部地区的差距还很大,但充裕的农村劳动力也将成为这些地区的一大优势,在苏南逐渐丧失轻工产业的比较优势的情况下,沿海北部地区应该做好充分准备积极承接区域产业转移,加快追赶步伐。

(二)工业生产快速增长、效益平稳攀升

从上文的分析中可以看出江苏沿海地带工业化进程明显加快,第二产业产值占地区生产总值的比重相对较高。纺织、机械,汽车、化工等已成为沿海地区的主导产业,南通的造船业,连云港的化学工业,盐城的纺织业、汽车制造业具有重要地位。以风力发电,核电为基础的新能源产业和现代医学产业发展势头良好。

表8　沿海地区工业经济主要指标变化情况(2009—2015年)

指标＼年份	2009	2010	2011	2012	2013	2014	2015
工业总产值(亿元)	9102.41	11518.64	13762.68	16530.23	18554.44	20872.75	22823.54
主营业务收入(亿元)	8876.79	11222.65	13078.78	16352.6	18610.17	20731.08	21556.29
单位产值利税率	10.77	11.32	12.02	12.51	12.7	12.7	12.9

数据来源:各年《江苏统计年鉴》

图4是2009—2015年沿海地区规模以上工业企业运行的相关指标走势图。可以看出,工业生产持续增长,总产值从2009年的9102.41亿元上升到了2015年的22823.54亿元,主营业务收入从8876.79亿元提高到了21556.29亿元,按可比价格计算,年均增长率分别达到了24.26%和22.97%,高于同期GDP增速,也高于苏南地区和全省平均水平。在工业生产快速增长的同时,企业效益平稳攀升,2015年规模以上工业企业完成利税总额1773.42亿元,是2009年的1.8倍。单位产值利税率也从10.77%稳步攀升到12.9%,保持持续增长态势。

2015年沿海三市规模以上工业企业数量达到了9923个,完成工业总产值27202.09亿元、主营业务收入26717.96亿元,实现利润总额2014.23亿元。其中,南通市规模以上工业增加值11755.9亿元,按可比价计算,比上年增长8.28%。工业产值中,装备制造业产值11548.5亿元,增长8.37%。全市规模以上工业主营业务收入11570.48亿元,增长7.96%;利润总额935.18亿元,增长0.04%。

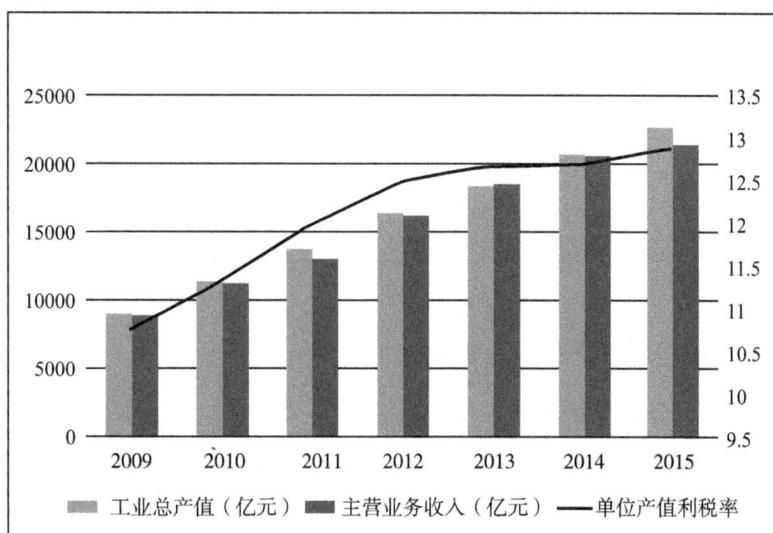

图 4　沿海地区工业经济主要指标变化情况（2009—2015 年）

数据来源：各年《江苏统计年鉴》

连云港市 2015 年以加快国家创新型试点城市建设为主线，深入实施创新驱动战略，推进科技创新工程，加快培育创新主体，完善科技服务体系，推动高新技术产业平稳较快发展，对全市经济转型升级起到积极的支撑作用。规模以上工业增加值 4503.31 亿元，较上年增长 11.71％，2015 年所有沿海地区的城市中，南通市区的工业总产值最高，达到了 4400.82 亿元，其次是盐城市市区 3609.03 亿元、连云港市区 3247.29 亿元和海安县 1992.15 亿元。南通的四个沿海市（县）的工业经济规模要远远高于其他城市的市（县），全部突破 1600 亿元。而沿江北部市（县）的工业经济规模都普遍偏低，超过 700 亿元的只有东台市（948.78 亿元），最低的灌南县只有 619.80 亿元。

表 9　沿海地区工业经济运行情况（2015 年）

地　区	规模以上工业企业个数（个）	工业总产值（亿元）	制造业	主营业务收入（亿元）	利润总额（亿元）
沿海三市合计	9923	27202.09	26683.89	26717.96	2014.23
沿海地区合计	7901	22823.54	22337.92	21556.29	1773.42
南通市市区	1566	4400.82	4306.17	4305.56	318.95
海安县	871	1992.15	1983.34	1956.87	141.97
如东县	677	1860.27	1813.26	1847.23	146.21
启东市	505	1631.36	1579.65	1584.10	121.24
海门市	623	1871.30	1866.08	1876.72	206.81
连云港市区	772	3247.29	3117.70	3224.86	287.28
灌云县	263	636.22	620.31	600.27	39.97
灌南县	175	619.80	619.40	613.33	43.08
盐城市区	1207	3609.03	3561.56	3482.27	272.47
响水县	174	718.52	686.87	710.29	81.15

续　表

地　区	规模以上工业企业个数(个)	工业总产值(亿元)	制造业	主营业务收入(亿元)	利润总额(亿元)
滨海县	229	657.39	651.07	640.92	32.16
射阳县	294	630.61	595.20	620.99	30.13
东台市	545	948.78	937.31	92.89	52.02

数据来源:各年《江苏统计年鉴》

（三）高新技术产业与新兴产业加速崛起

江苏沿海三市的高新技术产业总产值自2009年以后一直都保持着高速的增速,南通、连云港和盐城的年均增长率分别达到了11.93％、13.98％和20.07％,比规模以上工业总产值的增长率要高出不少,也比苏南地区、沿江地区的同期增长率要高。其中,南通的高新技术产业产值在沿海三市中一直遥遥领先,2015年接近6000亿元,达到6048.45亿元,是盐城市2455.42亿元的2.46倍和连云港市1936.90亿元的3.12倍。高新技术产业快速增长的背后是其对各市工业结构的调整与升级,2009年,南通、连云港和盐城的高新技术产业占工业总产值的比重只有30.32％、28.99％和15.7％,到了2015年这一比重上升到了51.45％、43.01％和37.41％,成为工业生产中最重要的一股力量。盐城市的高新技术产业发展相对比较落后,产业发展慢、比重低的原因主要来自于两个方面的原因:一是盐城市的产业层次原来就比较低,其优势和支柱产业都不属于高新技术产业,如传统的汽车及其零部件制造业、纺织业。而且在沿海大开发过程中重点布局的造船和风电等产业也不属于高新技术产业。二是盐城市主要的高新技术企业是重化工业,在《江苏沿海开发战略》中明确指明了江苏沿海地区要发展生态化工业,因此,盐城市除了响水县和滨海县的化工园区得到了发展外,其他地区的化工业都在萎缩。

表10　沿海三市高新技术产业发展情况(2009—2015年)

高新技术产值(亿元)	2009年	2010年	2011年	2012年	2013年	2014年	2015年
南通市	1847.78	2599.99	3250.83	3836.8	4816.5	5404.0	6048.45
连云港市	381.05	646.28	868.7	1144.58	1830.0	1699.3	1936.90
盐城市	485.31	687.54	908.46	1302.54	1774.4	2045.0	2455.42
占规模以上工业总产值比重(%)	2009年	2010年	2011年	2012年	2013年	2014年	2015年
南通市	30.32	35.22	37.45	38.65	42.4	43.2	51.45
连云港市	28.99	33.38	33.02	33.53	44.3	34.3	43.01
盐城市	15.7	17.46	20.84	23.45	27.5	28.3	37.41

数据来源:各年《江苏统计年鉴》

2015年南通市完成高新技术产业产值6048.45亿元,增长11.93％,占规模以上工业比重达到51.45％,同比提高8个百分点。新兴产业发展势头强劲,海洋工程装备、新能源、新材料、生物技术和新医药、智能装备和节能环保等六大新兴产业完成产值4552.4亿元,增长10.6％,占规模以上工业的比重达到33.1％,与上年持平。盐城市高技术产业发展加快。2015年,全市高新技术产业实现产值2455.4亿元,比上年增长20.1％,占全市规模以上工业产值的比重为28.8％,分别比上年提高4.8个和1.2个百分点。2015年,高新技术产业产值对全市规模以上工业增长贡献率达40.4％,比上年提高8.1个百分点。连云港市以推进国家创新型城市建设和高新区升格发展为契机,加快创新资源集聚,强化创新载体支撑,着力打造了新医药、硅材料、高性能纤维及复合材料、装备制造四大国家级产业基地,有力优化了产业结构,促进了高新技术产业的聚集发展。高新产业快速发展。2015年高新技术产业产值2181.15亿元,增长19.0%;总量占全市规模以上工业总产值的39.1%,增幅高出5.8个百分点,对全市工业总产值增长的贡献率达53.4%,拉动全市工业总产值增长7.1个百分点。临港产业平稳发展。产业集中程度不断提高,2015年石化产业和装备制造业产值均超过千亿,分别达到1201.53亿元、1053.72亿元;冶金业产值接近千亿,为974.19亿元。以上三大产业产值占全市规模以上工业总产值的57.9%。工业产值过亿元企业854家,较上年增加110家;亿元以上企业占规模以上工业企业的比重为52.2%,较上年高3.6个百分点。

表 11　沿海三市高新技术产业和新兴产业基本情况(2015 年)

	高新技术产业		新兴产业	
	产值(亿元)	增速(%)	主要优势新兴行业	产值(亿元)
南通	6048.45	11.93	海洋工程装备、新能源、新材料、生物技术和新医药、智能装备和节能环保	4552.4
连云港	1936.90	13.98	新材料、新医药、新能源	1201.53
盐城	2455.42	20.07	节能环保、海洋生物、新材料产业	1364.3

数据来源:南通、连云港和盐城市《2015 年国民经济运行与统计年报》

(四) 地区优势产业结构相似性高

从优势产业结构相似性来看,按 2015 年沿海三市各制造业规模以上企业工业总产值占比来排序,连云港市排在前五位的优势产业分别为化学原料及化学制品制造业、黑色金属冶炼及延压加工业、非金属矿物制品业、医药制造业、农副食品加工业。南通市排在前五位的优势产业分别为电气机械和器材制造业、化学原料和化学制品制造业、纺织业、通用设备制造业、计算机、通信和其他电子设备制造业、金属制品业。盐城市排在前五位的优势产业分别为汽车制造业、化学原料及化学制品制造业、通用设备制造业、纺织业、专用设备制造业、农副产品加工业、非金属矿物制品业。可见,沿海三市在优势产业上存在有一定的相似性。其中,化学原料及化学制品制造业是三地共同的支柱产业,这主要与三地的自然条件和工业历史相关,也与后来的产业布局指导有一定的联系。南通与盐城的优势产业结构最为相似,产值排名前五大的产业有三个是相同的。

四、沿海地区开放型经济发展现状

2015 年沿海地区进出口总额为 437.81 亿美元,占全省比重为 8.02%,其中出口为 286.39 亿美元;实际利用外商直接投资分别为 35.38 亿美元,占全省比重为 8.46%。沿海地区外向型经济发展近几年保持着高速增长,承接国际资本和产业转移的步伐加快,后发优势开始显现,正在成为江苏省开放型经济新的增长极为地区经济的稳定发展和综合实力的提高做出了贡献。

(一) 对外贸易规模不断扩大,成为全省新的出口增长极

2009—2015 年江苏沿海地区的进出口贸易总额与出口总额在 2015 年之前都保持着增长趋势。但 2015 年有所下降,进出口总额和出口总额从 2009 年的 229.87 亿美元和 149.89 亿美元,增长到 2015 年的 437.81 亿美元和 286.39 亿美元,年均增长率分别达到了 17.83% 和 18%。

表 12　沿海地区对外贸易发展情况（2009—2015 年）

绝对值（亿美元）	2009 年	2010 年	2011 年	2012 年	2013 年	2014 年	2015 年
进出口总额	229.87	300.84	344.89	359.79	389.37	471.94	437.81
出口总额	149.89	190.04	224.77	230.56	256.81	312.30	286.39
实际外商直接投资额	40.88	44.65	37.01	45.08	40.45	40.06	35.38
占全省的比重（%）	2009	2010	2011	2012	2013	2014	2015
进出口总额	6.78	6.46	6.39	6.56	7.07	8.37	8.02
出口总额	7.52	7.02	7.19	7.02	7.81	9.14	8.46
实际外商直接投资额	16.15	15.67	11.52	12.61	12.16	14.22	14.57

数据来源：各年《江苏统计年鉴》

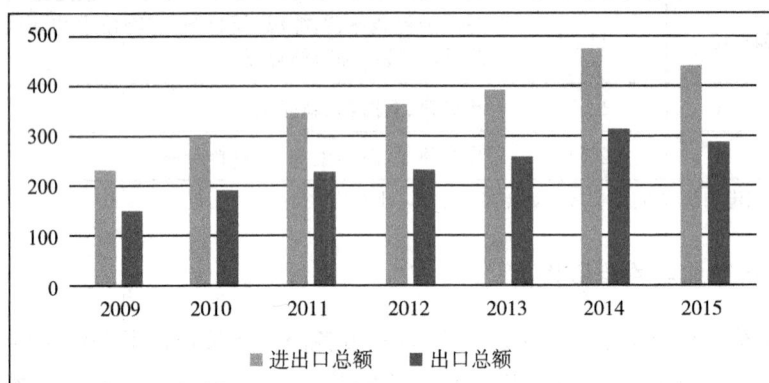

图 5　沿海地区进出口总额和出口总额及增长率变化情况（2009—2015 年）
数据来源：各年《江苏统计年鉴》

　　从沿海地区的内部城市来看，2015 年进出口总额和出口总额都最高的城市是南通市区，占到整个沿海地区的 43.72% 和 47.17%，加上海安县、如东县、启东市和海门市，南通沿海地区的进出口总额和出口总额的占比达到了 65.16% 和 70.59%，是整个沿海地区对外贸易的绝对主体。这也反映出江苏沿海地区南北部开放型经济的巨大差异，连云港市区和盐城市区 2015 年的进出口总额是 72.17 亿美元和 57.50 亿美元，远落后于南通。从 2009—2015 年的年均增长率来看，沿海北部地区的增长率总体高于南部城市。除了灌云县、响水县的进出口总额年均增长率较低，分别为 6.26% 和 9.30%，其他县（市）增长率都比较高，特别是滨海县达到了 69.64%。

表 13　沿海地区开放型经济主要指标及增长率情况（2009—2015 年）

	2015 年（亿美元）			2009—2015 年年均增长率（%）		
	进出口 总额	出口 总额	实际外商 直接投资额	进出口 总额	出口 总额	实际外商 直接投资额
沿海地区合计	437.81	286.39	35.38	17.83	18.00	0.92
南通市区	191.43	135.10	11.23	12.78	15.10	14.21
海安县	16.16	13.64	3.01	23.67	22.00	20.55
如东县	24.46	14.41	3.17	38.44	22.51	5.82
启东市	30.67	24.81	1.37	15.11	17.21	1.87

续　表

	2015 年(亿美元)			2009—2015 年年均增长率(%)		
	进出口总额	出口总额	实际外商直接投资额	进出口总额	出口总额	实际外商直接投资额
海门市	22.54	14.19	2.20	26.65	18.37	−5.27
连云港市区	72.17	33.80	6.75	19.10	20.05	9.54
灌云县	1.98	1.79	0.33	6.26	7.18	−13.04
灌南县	2.51	2.08	0.37	31.71	27.82	−12.67
盐城市区	57.50	31.17	4.77	45.38	46.76	11.34
响水县	4.37	3.88	0.56	9.30	16.86	0.14
滨海县	3.84	3.04	0.64	69.64	55.26	−3.20
射阳县	3.07	1.67	0.26	24.47	21.06	−11.52
东台市	7.12	6.81	0.70	30.33	37.83	−10.71

数据来源:各年《江苏统计年鉴》

(二)FDI 持续下滑,外资形势不容乐观

从图 6 江苏沿海地区 2009—2015 年的实际外商直接投资额及增长率的变化情况可以看出,沿海地区吸引 FDI 的规模明显上升,2009 年实际外商直接投资为 33.94 亿美元,2010 年就激增到 40.37 亿美元,增长率高达 20.38%,2011 年实际外商直接投资额开始下滑到 37.01 亿美元,2012 年实际外商直接投资总额又提高至 45.08 亿美元,增长率高达 21.79%。2013 年之后就开始一路下降到 2015 的 35.08 亿美元。在沿海所有地区中,2015 年吸引实际外商直接投资额最多的是南通市区,有 11.23 亿美元,其次是连云港市区 6.75 亿美元、盐城市区 4.77 亿美元。沿海北部一些市(县)在 2015 年获得的外资直接投资额都不足 2 亿美元,最低的射阳县只有 0.26 亿美元,灌云县也只有 0.33 亿美元。

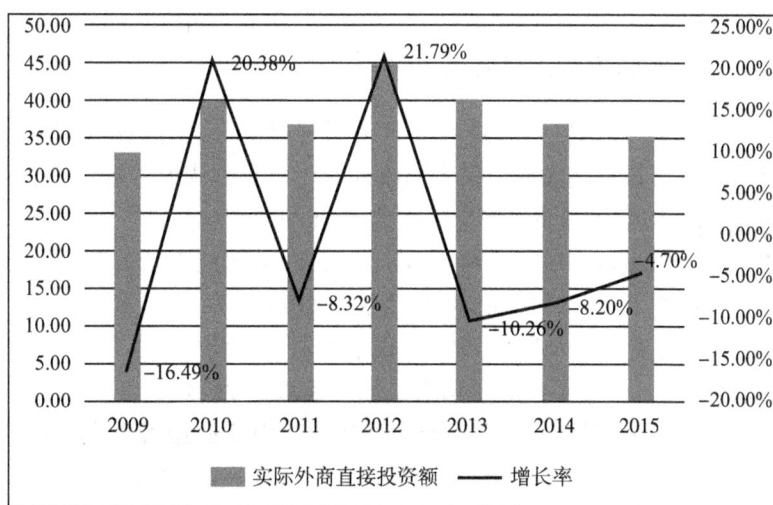

图 6　沿海地区实际外商直接投资额及增长率变化情况(2009—2015 年)
数据来源:各年《江苏统计年鉴》

（三）对外贸易地位在全省偏低

图7是沿海地区进出口总额、出口总额和实际外商直接投资额占全省比重的变化情况。其中2009—2015年间，进出口总额和出口总额的比重有所增加，分别从6.24％和6.91％提高到8.02％和8.46％，但相比较于该地区GDP和工业总产值占全省的比重，对外贸易的地位在省内偏低。实际外商直接投资总额占全省的比重虽然基本保持在10％以上，2009—2015年都超过同期GDP和工业总产值比重。2009—2015年间，沿海地区吸引的FDI占全省的份额呈现有增有减的趋势，2011年下降比较明显，从2010年的14.17％下降到11.52％，之后开始逐年上升到2015年的14.58％。这表明在沿海大开发战略的背景下，江苏沿海地区并没有成为外资特别青睐和省内外资转移的目的地。

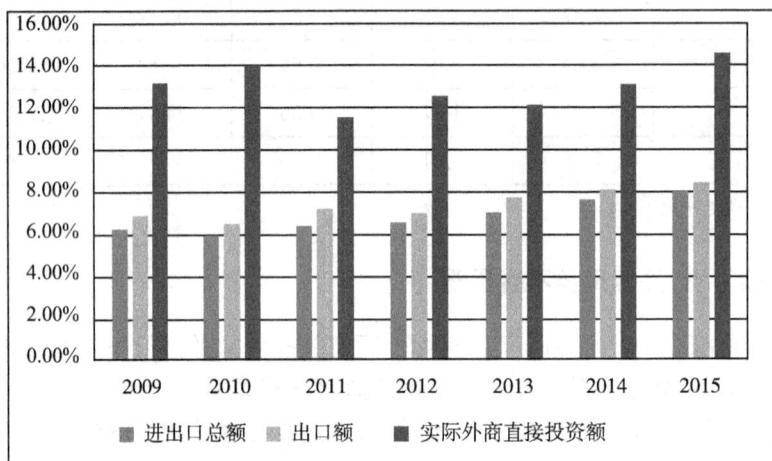

图7　沿海地区进出口总额、出口总额和FDI占全省比重变化情况
数据来源：各年《江苏统计年鉴》

五、沿海地区人民生活发展现状

（一）收入水平不断上涨，农村居民收益更多

在沿海开发战略引领下，人民群众富裕程度有了明显提高，幸福感明显增强，居民收入持续增加。图8和图9是沿海三市城镇与农村居民人均收入变化情况。从绝对数量来看，在沿海三市中南通市的城镇与农村居民人均收入最高，2015年达到了36291元和17267元，比2009年分别增长了86.40％和98.56％，年均增长率为10.97％和12.17％。其次是盐城市，2015年盐城市的城镇与农村居民人均收入达到了28200元和15748元，年均增长率分别为11.26％和12.87％。最后是连云港市，2015年城镇居民人均可支配收入为25728元，而农村居民人均纯收入只有12778元，突破12000元大关，但连云港农村居民人均纯收入的年均增长率却是最高的，有13.16％。与沿江八市相比，沿海三市的居民收入要低出不少，但增长率普遍要高。从图8中我们还可以发现，2009年后沿海三市城镇与农村居民人均收入的增速开始加快，可见，江苏沿海大开发战略升级成为"国家战略"后对人民生活水平提高的作用更加显现，可以说沿海开发惠及民生的社会效应同样令人瞩目。

表14　沿海地区居民收入水平变化情况（2009—2015年）

城镇居民人均可支配收入（元）	2009年	2010年	2011年	2012年	2013年	2014年	2015年
南通	19469	21825	25094	28292	31059	33374	36291
连云港	13886	15790	18483	20816	22985	23595	25728
盐城	14891	16935	19414	21941	24119	25854	28200
农村居民人均纯收入（元）	2009年	2010年	2011年	2012年	2013年	2014年	2015年
南通	8696	9914	11730	13231	14754	15850	17267
连云港	6111	7039	8434	9589	10745	12067	12778
盐城	7650	8751	10511	11898	13344	14891	15748

数据来源：各年《江苏统计年鉴》

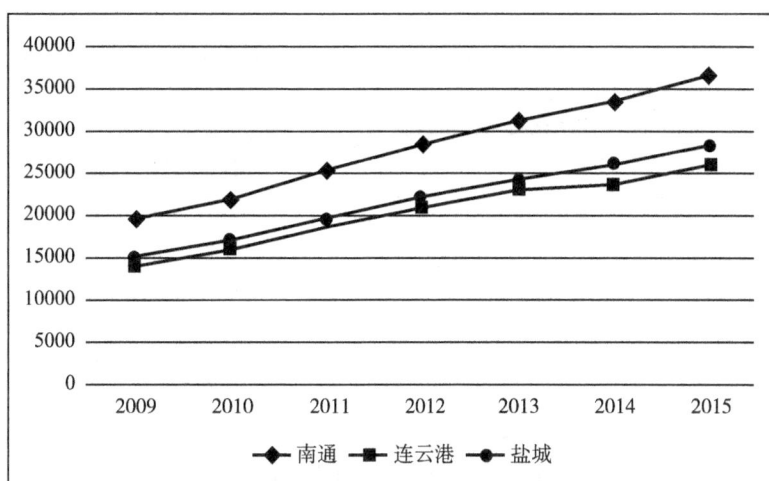

图8　沿海三市城镇居民人均收入变化情况（2009—2015年）

数据来源：各年《江苏统计年鉴》

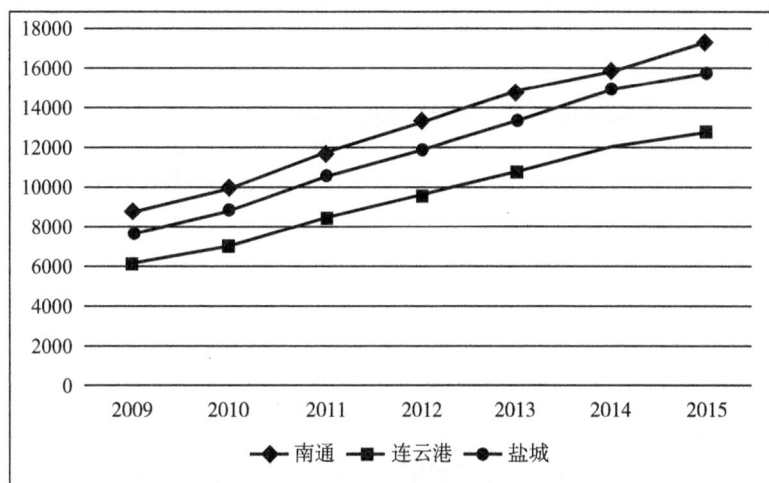

图9　沿海三市农村居民人均收入变化情况（2009—2015年）

数据来源：各年《江苏统计年鉴》

　　沿海三市城镇居民恩格尔系数波动存在一定的差异性。总体上说,沿海三市城镇和农村的恩格尔系数处于下降趋势,其中,南通市一度由2011年的37.7和36.2下降到2015年的28.7和29.6。连云港市则由2011年的37.7和36.7下降到2015年的32.7。在2011年到2013年间,南通市和盐城市的城镇恩格尔系数十分接近,由于2013年出现了较大幅度的通货膨胀,尤其是食品价格涨幅明显,盐城市2013年有一个小幅度的回升。三市的农村居民的恩格尔系数一直都保持逐年下降的情况,并且连云港和盐城市2015年城镇居民的恩格尔系数跟农村居民的恩格尔系数相同或略高,这与沿海八市的情况相似。说明盐城和连云港城镇居民的食品消费支出受价格变化影响较小,而农村居民则较大。根据联合国的标准,恩格尔系数在59%以上为贫困,50%—59%为温饱,40%—50%为小康,低于40%为富裕。目前,发达国家的恩格尔系数基本上在10%—20%。因此按照联合国的恩格尔系数标准来说,沿海三市的城镇居民和农村居民都处在相对富裕的水平。

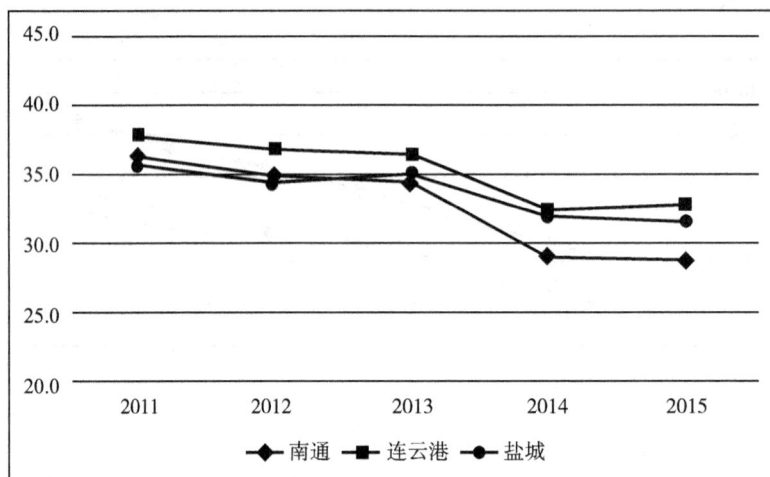

图10　沿海三市城镇居民恩格尔系数变化情况(2011—2015年)
数据来源:各年《江苏统计年鉴》

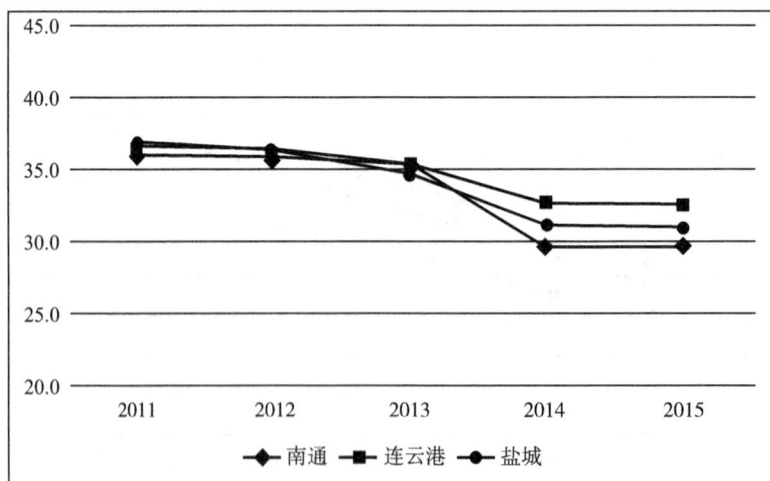

图10　沿海三市农村居民恩格尔系数变化情况(2011—2015年)
数据来源:各年《江苏统计年鉴》

（二）人民生活全面提高

沿海大开发战略除了在收入水平上给予民众实惠外，人均可支配收入、人均住房面积等指标的提升反映了人民生活水平的全面提高。南通市区是沿海地区所有城市中城镇居民人均收入最高的，在市（县）的比较中海门市、启东市、如东县和海安县排在前四位，都超过了 34000 元，其次是东台市。最低的是灌云县，只有 21240 元。在所有市（县）中东台市的农村居民人均纯收入增长最多，从 2011 年的 12056 元，提高到 2015 年的 18097 元。海门市也是所有市（县）中 2015 年农村居民人均纯收入最高的，这几乎是收入最低的灌南县的 1.7 倍多。居住水平是衡量一个国家或地区生活质量的指标之一，也是反映社会发展水平和文明程度的重要标志。沿海地区城镇居民人均住房建筑面积与农村居民人均住房建筑面积的全面增加，则反映了沿海大开发战略的对居民生活质量和居住环境的提升。其中，如东县的城镇人均住房面积最多，为 53.9 平方米，而响水县只有 33.2 平方米，东台市的增长率最快，从 2011 年的 36.3 平方米涨到了 2015 年的 51.7 平方米，位居第二；农村人均住房面积最多的也是启东市，为 61.2 平方米，是农村人均住房面积最低的射阳县的 1.6 倍。

表 15　沿海地区人民生活主要指标变化情况（2011—2015 年）

	城镇居民人均可支配收入（元）		农村居民人均纯收入（元）		城镇居民人均住房建筑面积（平方米）		农村居民人均住房面积（平方米）	
	2011	2015	2011	2015	2011	2015	2011	2015
海安县	41974	34445	11216	16549	43.2	49.6	50.7	55.5
如东县	23773	34338	10786	15827	44.4	53.9	53.0	60.4
启东市	23889	34566	12535	18287	39.3	42.9	52.4	61.2
海门市	26339	37404	13453	18986	38.7	45.0	57.0	60.0
灌云县	14047	21240	7839	11881	37.4	40.7	41.3	45.1
灌南县	16394	22657	7451	11408	48.9	49.9	39.1	49.1
响水县	16112	23642	8673	13088	36.6	33.2	33.0	43.7
滨海县	16879	24451	9197	13683	34.2	42.7	40.7	53.5
射阳县	17129	24460	10377	15136	35.4	41.6	39.2	37.2
东台市	21093	30330	12056	18097	36.3	51.7	52.3	58.9

数据来源：《江苏统计年鉴 2011》、《江苏统计年鉴 2016》

第三章　江苏沿江区域

一、整体概况介绍

　　沿江地区是江苏省乃至长江三角洲地区产业发展条件最优越的地区。该区域是以上海为龙头的长江三角洲的重要组成部分,交通便利,辐射势能强劲,经济腹地广阔,消费市场巨大,是经济社会发展的上乘区域和贴近市场的理想投资区域,开发条件优良,现状经济基础好。其中,淡水资源丰沛,长江过境江苏多年平均径流量 9730 亿立方米;岸线资源优良,拥有 1175 公里长江岸线以及 142.3 公里可建万吨港口泊位的主江岸线;土地平坦,自然生态约束较小,空间开发适应性强,山地、湿地以及水面等不适宜开发土地仅占 20%;劳动力充足且素质较高,1996 年已普及九年义务教育,劳动者平均受教育年限超过九年。区位、水、土、岸线以及劳动力资源的综合叠加,产生优势发展要素整合的共振效应,使沿江地区成为江苏省乃至长江三角洲地区产业发展条件最为优良的区域。

　　江苏沿江八市,包括苏南地区的南京、无锡、苏州、常州和镇江,以及苏中地区的南通、扬州和泰州,是长江三角洲城市群的重要组成部分,更是江苏经济发展的先发区域和主要支撑。土地面积 4.83 万平方公里,占江苏的 48.1%、长三角的 22.9%;2015 年末总人口 3324.08 万人,占江苏的 62.27%、长三角的 31.18%。

　　2001 年,江苏省委、省政府制定了《江苏省沿江开发总体规划》(2003—2010 年)。规划中指出江苏拥有长江岸线的地区是沿江开发的核心区域。本区包括南京、镇江、常州、扬州、泰州、南通 6 个市区和句容、扬中、丹阳、江阴、张家港、常熟、太仓、仪征、江都、泰兴、靖江、如皋、通州、海门、启东 15 个县(市)①,是江苏经济社会发展较为发达的地区。2014 年该区域人口 2732.43 万人,面积 2.81 万平方公里,国内生产总值 33970.74 亿元,分别占全省的 35.6%、27.4% 和 52.2%,人均国内生产总值 99052 元,是全省平均水平的 1.33 倍。规划中制定的目标到 2010 年江苏沿江地区的国民生产总值达到 12800 亿元,已经提前在 2007 年就已经实现。该规划将江苏沿江开发的战略定位为:区域性国际制造业基地,走新型工业化道路的先行区,长江流域对外开放的重要门户,缩小江苏南北差距的重要纽带。

　　经过近 10 年的开发,截至 2015 年底,江苏沿江地区集聚了 98 个省级开发区、37 个国家级开发区、出口加工区和物流园区,集中了全省 90% 以上的大型冶金、石化企业和 60% 的电力企业,装备制造、化工、冶金、物流四大产业集群初步形成。以机械、成套设备、汽车和船舶产业为重点,形成机械基础件、关键零部件——先进重大技术装备的装备制造业产业链。以石油化工为龙头,形成基础石化原料—精细化工、合成材料的化工产业链。以特种钢为重点,形成钢冶炼—特种钢材—金属制品的冶金产业链。同时,积极发展了电子、纺织、医药、造纸等优势产业。建立了社会化、专业化、信息化、规模化的现代物流服务体系,形成市场—第三方物流—生产企业—用户供应链,构建南京、苏州、无锡三大物流枢纽和一批专业物流中心。随着新一轮沿江开发的加速推进,为进一步加快沿江地区

---

　　①　2009 年通州并入南通市,2010 年江都并入扬州市。

的发展带来了极其宝贵的契机和更广阔的空间。沿江地区作为江苏经济社会发展核心区域、先导区域的地位更加强化。

二、沿江区域综合经济发展现状

（一）经济总量规模不断扩大

在20多年的发展过程中,江苏沿江区域抢抓机遇,加快发展,经济不断实现新跨越,综合实力增强。经济总量迅速扩张,占全省份额明显提升,增长极的辐射带动作用日益显著。2015年,沿江八市及沿江开发区域完成地区生产总值为55371.87亿元和36963.47亿元,按可比价格计算,比2012年的43575.2亿元和27386.39亿元,分别增长了27.1%和34.97%。2011年,沿江开发区域中仅有南京市区、江阴市、常州市区、常熟市、镇江市区、扬州市区、常州市区、张家港市和南通市区的地区生产总值超过1000亿元,到2015年,南京市区、常州市区、江阴市、张家港市、太仓市、常熟市、扬州市区、南通市区、镇江市区、丹阳市、泰州市区均超过1000亿元。2011—2015年间,地区生产总值增幅最高的沿江开发区域中的城市是泰州市区,增幅达132.4%,其次是南京市区、常州市区和句容市,增幅均超过60%。

沿江八市及沿江开发区域的人均地区生产总值从2011年的79001元和81802元,分别提高到2015年的111560元和114552元,增幅达到了41.21%和40.04%。在沿江开发区域的所有市县中,2015年张家港市的人均地区生产总值最高,达到了177990元,随后是江阴市、太仓市、扬中市、常熟市、镇江市区、南京市区、常州市区、丹阳市、扬州市区、靖江市和海门市,这11市的人均地区生产总值均超过10万元。发达的县域经济是江苏沿江地区经济发展的最大推动力之一,"江阴现象"、"张家港精神"、常熟"富民兴市"等成为这些地区经济特色和发展经验的概括。2011—2015年间,人均地区生产总值增幅最大的是句容和如皋两市,大幅增长了58.95%和57.27%。可以发现在这五年时间内,整个南通地区(包括如皋市、启东市、海门市)和镇江地区(包括镇江市区和丹阳市、扬中市、句容市)的人均地区生产总值增幅都较为显著。

表1 江苏沿江八市及沿江开发区域经济总量情况

	地区生产总值（亿元）			人均地区生产总值（元）		
	2011年	2015年	增幅（%）	2011年	2015年	增幅（%）
沿江八市	38768.22	55371.87	42.83%	79001	111560	41.21%
沿江开发区域	24356.01	36963.47	51.76%	81802	114552	40.04%
南京市区	5538.93	9720.77	75.50%	76724	118171	54.02%
江阴市	2335.87	2880.86	23.33%	145456	176119	21.08%
常州市区	2715.043	4535	67.03%	81897	115150	40.60%
常熟市	1710.453	2044.88	19.55%	113133	135431	19.71%
张家港市	1860.28	2229.82	19.86%	148727	177990	19.68%
太仓市	867.53	1100.08	26.81%	121656	155162	27.54%
南通市区	1594.08	2264.63	42.07%	69703	96864	38.97%
启东市	520.17	803.14	54.40%	53629	84099	56.82%
如皋市	520.67	812.46	56.04%	41178	64761	57.27%

	地区生产总值(亿元)			人均地区生产总值(元)		
	2011 年	2015 年	增幅(%)	2011 年	2015 年	增幅(%)
海门市	590.33	915.02	55.00％	65226	101298	55.30％
扬州市区	1744.78	2639.82	51.30％	72572	109000	50.20％
仪征市	333.4065	408.19	22.43％	59214	72329	22.15％
镇江市区	1023.31	1573.74	53.79％	84897	128139	50.93％
丹阳市	724.9	1070.25	47.64％	75185	109276	45.34％
扬中市	300.05	475.8	58.57％	89194	139184	56.05％
句容市	291.89	468.5	60.51％	47193	75014	58.95％
泰州市区	658.95	1531.41	132.40％	74838	94441	26.19％
靖江市	538.98	748.32	38.84％	78683	108973	38.50％
泰兴市	486.39	740.77	52.30％	45258	68781	51.98％

数据来源:各年《江苏统计年鉴》

(二)经济地位十分显要

沿江开发区域在江苏经济发展全局中占有举足轻重的地位。2011—2015 年,沿江开发区域的国民生产总值占全省 GDP 的比重在小幅下降后又有所上升,最高的年份是 2013 年达到 52.9％,超过江苏经济总量的一半,最低的年份是 2011 年,只有 49.6％。第二产业占全省的比重有缓慢上升的趋势,从 2011 年的 51.61％提高到 2015 年的 55.09％。其中,工业占全省的份额在三次产业中最高,2015 年时已达 56.38％,2011—2015 年间,呈现出小幅上升趋势。第三产业占全省的比重呈现明显的波动上升趋势,2015 年时沿江开发区域第三产业占全省比重已达 53.45％。

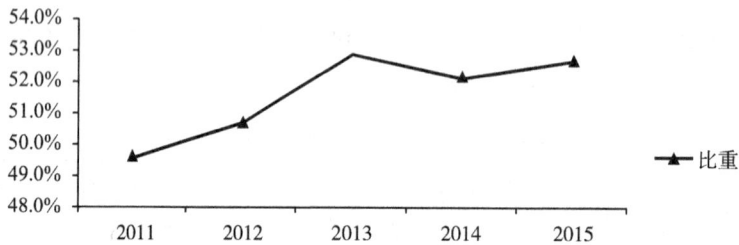

图 1　沿江开发区域经济总量占全省比重(2011—2015 年)
数据来源:各年《江苏统计年鉴》

表 2　沿江开发区域经济各项指标占全省比重(2011—2015 年)

年　份 指　标	2011	2012	2013	2014	2015
GDP	49.59％	50.66％	52.90％	52.19％	52.72％
第二产业	51.61％	52.48％	54.68％	54.17％	55.09％
第三产业	50.87％	52.39％	54.42％	53.13％	53.45％
工业占比	52.99％	53.88％	56.00％	55.15％	56.38％

数据来源:各年《江苏统计年鉴》

2015 年江苏沿江开发区域规模以上工业总产值占全省的 48.9%，其中制造业比重略高，达到 49.8%。固定资产投资额、社会消费零售品总额、公共财政预算收入分别占到全省的 46.7%、51% 和 43%。金融机构存、贷款余额均超过全省的一半以上，分别高达 56.4% 和 55%。进出口总额 2204.92 亿元，其中出口 1394.22 亿元，占到全省的 40.4% 和 41.2%。实际使用外商 135.04 亿美元，占全省的份额为 55.6%。

可以说，从各项指标来看，沿江开发区域对江苏的经济地位至关重要，很多核心的经济指标都接近或者超过全省的 50%，占到"半壁江山"。而该地区的人口和土地面积却只占全省的 36.2% 和 28.4%。沿江地区作为江苏经济社会发展核心区域、先导区域的地位更加强化。

表 3　沿江开发区域主要经济指标占全省比重（2015）

指　标	全　省	沿江开发区域	沿江开发区域占全省比重（%）
年末户籍人口（万人）	7717.59	2794.35	36.2
土地面积（万平方公里）	10.72	3.05	28.4
地区生产总值（亿元）	70116.38	36963.47	52.7
第一产业	3986.05	1090.94	27.4
第二产业	32044.45	17653.07	55.1
♯工业	34085.88	18219.46	53.5
第三产业	27996.43	15783.47	56.4
规模以上工业总产值（亿元）	149841.41	73281.81	48.9
♯制造业	144190.80	71862.66	49.8
固定资产投资额（亿元）	45905.17	21447.58	46.7
♯房地产开发投资	8153.68	4037.32	49.5
社会消费品零售总额（亿元）	25876.77	13199.35	51.0
进出口总额（亿美元）	5456.14	2204.92	40.4
♯出口	3386.68	1394.22	41.2
实际使用外资（亿美元）	242.75	135.04	55.6
公共财政预算收入（亿元）	8028.59	3452.09	43.0
公共财政预算支出（亿元）	9687.58	3713.57	38.3
金融机构存款余额（亿元）	107873.03	60875.06	56.4
♯居民储蓄存款	40562.97	21138.77	52.1
金融机构贷款余额（亿元）	78866.34	43365.36	55.0

数据来源：2016 年《江苏统计年鉴》。

（三）经济增长速度有高有低

得益于良好的政策环境、自身增长动力的增强，沿江开发区域的经济增长速度持续保持高速。2011—2015 年，GDP、人均 GDP、第二产业、第三产业的年均增长率分别为 12.45%、10.28%、9.58% 和 15.86%。其中，GDP 增速高于全省平均水平 1.3 个百分点，"领跑"全省。第二产业增速也高于全省平均水平，超过 1.45 个百分点，第三产业增超过全省平均水平 1.05 个百分点。但人均 GDP 增速落后全省平均水平 0.6 个百分点。这反映出江苏近几年经济呈现出"南温北快"的特点,经济基础最为薄弱的苏北地区在国民经济生产总值及人均 GDP、第三产值上都表现出更高的增长率。

表 4　沿江开发区域与全省相关经济指标年均增长率(2011—2015 年)(%)

	GDP 增速	人均 GDP 增速	第二产业增速	第三产业增速
全省	11.16	10.88	8.13	14.81
沿江开发区域	12.45	10.28	9.58	15.86
南京市区	16.10	12.38	14.27	17.38
江阴市	7.68	6.93	6.10	10.02
常州市区	14.45	9.96	10.37	19.20
常熟市	7.23	7.17	5.58	9.32
张家港市	6.95	6.69	4.20	10.89
太仓市	8.67	8.35	6.27	12.05
南通市区	10.23	9.30	7.59	13.69
启东市	13.38	13.51	11.20	19.18
如皋市	13.58	13.61	10.47	19.42
海门市	12.88	12.76	9.37	19.54
扬州市区	24.00	8.82	21.15	26.57
仪征市	8.35	8.11	3.39	15.74
镇江市区	13.32	12.56	9.89	17.82
丹阳市	12.08	11.41	9.47	15.84
扬中市	14.15	13.55	11.60	18.18
句容市	14.11	13.85	10.88	19.11
泰州市区	24.14	7.28	20.02	29.03
靖江市	11.39	10.83	8.96	14.97
泰兴市	12.74	13.30	9.90	17.46

数据来源:各年《江苏统计年鉴》
注:按当年价格计算

从城市来看,2011—2015 年间,泰州市区、扬州市区、南京市区三市的 GDP 年均增长率在沿江开发区域所有城市中最高,而张家港市、常熟市、江阴市最低,均没有超过 8%。苏中地区过去一直落后于苏南沿江,但随着沿江高速公路、苏北铁路以及润扬大桥的相继建成通车,苏中地区的交通条件明显改善,区位优势和成本优势日益显现,在经济增长速度上已逐步开始表现出与苏南地区的趋同性。人均 GDP 增速排在最前的三座城市依次是句容市、泰兴市和如皋市,排在末尾的城市则是江阴市、张家港市。随着中心城市的经济结构转型,工业在城市中的地位开始逐步被服务业取代,制造业将向周边地区转移,因此从表 4 中可以看出,沿江开发区域中的中心城市为江阴市、常州市区、常熟市、张家港市、太仓市、南通市区、海门市和句容市的第二产业增速都要低于平均水平,相反,泰州市区、扬州市区、启东市、如皋市等县市的第二产业增速要普遍高于平均水平,其中扬州市区年均增长率甚至超过了 20%。服务业自 2005 年后一直是江苏经济较发达地区发展的一个重点,因此 2011—2015 年第三产业的年均增长率高于第二产业和 GDP 的增速,其中沿江开发区域为 15.86%,略高于全省平均水平的 14.81%。在所有沿江开发区域的城市中,扬州市区和泰州市的第三产业年均增长率位列前茅,超过了 20%,增速最慢的是常熟市,没有超过 10%。

表5　沿江开发区域与全省主要经济指标年增长率比较(2011—2015 年,%)

GDP	2011 年	2012 年	2013 年	2014 年	2015 年
沿江开发区域	18.18	12.44	14.28	13.44	8.81
全省	10.97	10.1	9.6	9.15	7.72
第二产业	2011 年	2012 年	2013 年	2014 年	2015 年
沿江开发区域	16.02	9.44	11.77	10.02	5.61
全省	11.69	11.1	10	9.06	3.86
第三产业	2011 年	2012 年	2013 年	2014 年	2015 年
沿江开发区域	21.27	16.2	16.7	16.12	12.06
全省	11.09	9.7	9.8	8.78	11.39

数据来源:各年《江苏统计年鉴》
注:按当年价格计算

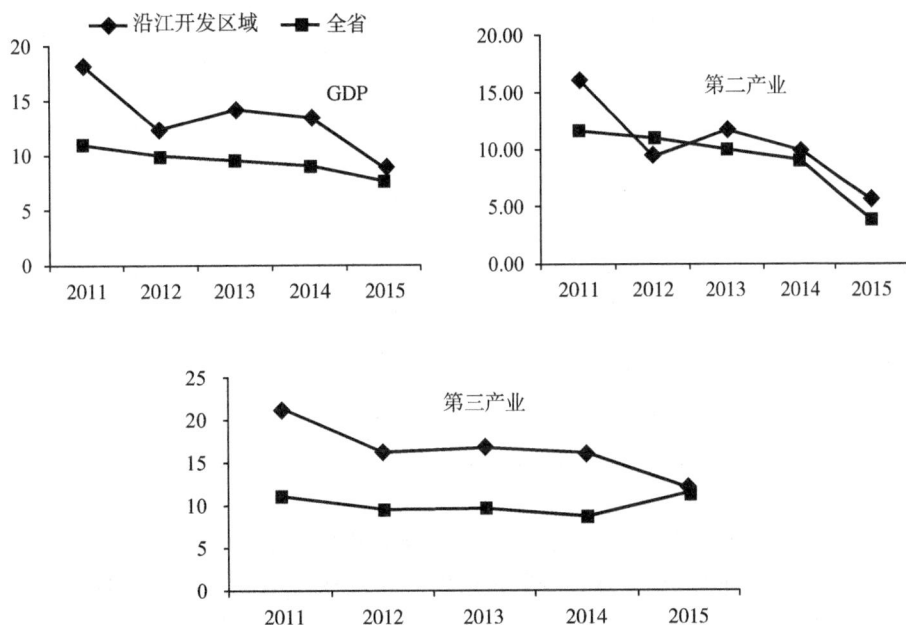

图2　沿江开发区域 GDP、第二产业、第三产业增速与全省的比较(2011—2015 年)
数据来源:各年《江苏统计年鉴》
注:按当年价格计算

图 2 是沿江开发区域的 GDP、第二产业和第三产业生产总值 2011—2015 年间的年增长率与全省的比较,可以看出,沿江开发区域表现出较为明显的领先优势。近五年沿江开发区域的 GDP 增速超过全省水平。沿江开发区域的第二产业增速仅在 2012 年低于全省平均水平,是江苏工业经济在遭遇全球经济危机后较重要的支撑地区。沿江开发区域的第三产业增速也均高于全省平均水平。沿江开发区域在 GDP、第二和第三产业增速上表现出一定的优势,这主要由于近些年在推进江苏区域均衡发展的过程中,苏北五市的经济发展显示了强劲的增长势头,加上苏南地区产业升级与转型来到了"瓶颈"时期,发展后劲略显不足。

(四)县(市)经济较为发达

沿江地区的县(市)包括苏州的常熟市、张家港市和太仓市,无锡的江阴市,南通的启东市、如皋市和海门市,镇江的丹阳市、扬中市、句容市,泰州的靖江市和泰兴市,扬州的仪征市。从表6可以看出,GDP、人均GDP、公共财政预算收入、规模以上工业企业利润总额、出口总额、实际使用外资、农村居民人均纯收入、城镇居民人均可支配收入等经济指标在全省44个县(市)的排名中都十分靠前。尤其是江阴市、常熟市和太仓市大部分指标都能进入前五名。在沿江开发区域十三个县市中,江阴市的农村居民人均可支配收入在全省44个县(市)中排名首位。

表6 区域内县(市)经济主要指标在全省中的排名(2015年)

名称	GDP	人均GDP	公共财政预算收入	规模以上工业企业利润总额	出口总额	实际使用外资	农村居民人均纯收入	城镇居民人均可支配收入
江阴市	2	3	2	2	4	2	1	2
常熟市	4	6	4	6	3	3	3	4
张家港市	3	2	3	10	2	4	4	3
太仓市	6	4	5	12	5	5	5	5
启东市	10	12	9	13	8	16	11	13
如皋市	9	22	8	23	7	12	21	18
海门市	8	10	7	23	12	13	10	11
仪征市	28	15	27	17	33	38	17	16
丹阳市	7	7	12	7	9	6	8	8
扬中市	23	5	33	21	20	17	17	7
句容市	24	14	26	25	22	10	14	10
靖江市	11	8	15	8	10	11	13	12
泰兴市	12	16	19	3	14	7	16	17

数据来源:2016年《江苏统计年鉴》

南通地区的三个沿江县(市)经济发展也较好,在全省中的排名中游靠前,并且相比较于南通其他的沿海地区(海安县、如东县)要稍好。丹阳市虽然总量指标并不突出,但人均指标都在全省前10名,是沿江地区经济发展不错的县(市)。相比较而言,仪征市、句容市和泰兴市在整个沿江地区的县(市)中经济较靠后,但大部分指标在全省的排名也都在20名以内。

三、沿江地区产业经济发展现状

(一)产业结构不断优化

沿江开发区域的产业结构层次经过多年的调整,正逐步向高度化方向转换。以高新技术为主导、现代制造业为主体、大企业为支柱、现代物流业相配套的沿江工业走廊已初步形成。沿江八市三次产业结构比例由2011年的3.4∶53.2∶43.4调整为2015年的3.0∶47.3∶49.6;沿江开发区域三次产业比例由2011年的3.1∶53.4∶43.5调整为2015年的3.0∶47.8∶49.3,呈现出第一、第二产业比重下降,第三产业比重上升的格局。从 2011—2015 年间,沿江开发区域的第三产业比重一直呈现不断上升的态势,与此对应的是第二产业的比重在不断下降,其中工业产值的份额从 2011 年 48.5％下降到 2015 年的 42.7％(如图 3 所示)。与全省 5.6：45.7：48.6、长三角地区 4.3：43.3：52.4 和全国 9：40.5：50.5 的三次产业构成比例相比较,可以看出,沿江八市及沿江开发区域的农业比重较低,第二产业比重较高,第三产业比重不够高,工业是带动这一地区经济增长的主要动力。这一结构特征与该地区大力推进工业结构的高加工度化和资本技术密集型工业的发展密切相关,是经济发展特定阶段的必然结果。

表 7　沿江开发区三次产业结构变化(2011—2015 年)

	2011 年	2012 年	2013 年	2014 年	2015 年
第一产业	3.1	3.0	3.4	2.9	3.0
第二产业	53.4	52.0	50.7	49.2	47.8
工业	48.5	47.0	45.8	43.8	42.7
第三产业	43.5	45.0	45.9	47.9	49.3

数据来源:各年《江苏统计年鉴》

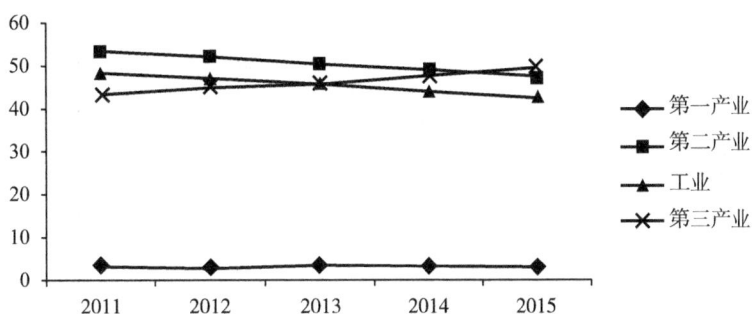

图 3　沿江开发区域三次产业占国民生产总值的比重(2011—2015 年,％)
数据来源:各年《江苏统计年鉴》

从沿江开发区域的内部城市来看,句容、启东和泰兴三市的第一产业比重最高,分别为 8.82％、8.15％和 6.63％,远高于沿江开发区域的平均水平。海门市的第一产业比重也较高,均超过 5％。表明这些地区的农业发展对当地的国民经济还有不小的作用,工业化进程要落后于区域中的其他城市。除了南京市区外,沿江开发区域内其他城市的第二产业比重差别不大,都集中在 50％上下,其中最高的是江阴市 55％,其次是张家港 53.40％和扬中市 52.51％。江阴市的工业比重在所有城市中最高,达到了 52.59％,其次是张家港市 50.80％。南京市区是沿江开发区域中唯一第三产业比重超过 50％的城市,达到了 57.32％,这表明南京市区在产业结构的调整升级中走在了前列,全市经济正在向服务主导型的产业结构迈进。近五年来,南京市区的服务业发展速度明显加快,增加值年均增长率近 15％,高于同期 GDP 增长水平,实现了"三二一"经济结构的战略转变。常熟市区、南通市区和仪征市的第三产业比重在 50％左右,海门市的第三产业比重略低为 42.80％,泰州市区是五个市区中最低的,只有 44.09％。苏南沿江工业较发达县市的第三产业比重基本均超过 40％,普遍高于沿江开发区域中的苏中县市。总的来说,在当前服务业正在逐渐成为经济结构战略性调整的主导产业和促进经济增长的支柱产业的背景下,沿江开发区域的第三产业虽然在加速发展,但与发达的制造业相比,存在"滞后"的问题。

表8　沿江开发区域三次产业产值和就业结构(2015 年,%)

地　区	三次产业占 GDP 的比重				三次产业就业人数占比		
	第一产业	第二产业	第三产业	工业	第一产业	第二产业	第三产业
沿江八市	3.04	47.32	49.64	42.17	11.61	48.58	39.81
沿江开发区域	2.95	47.76	49.29	42.70	11.23	46.06	42.71
南京市区	2.39	40.29	57.32	34.93	5.52	35.59	58.89
江阴市	1.61	55.00	43.40	52.59	5.01	62.35	32.64
常州市区	2.21	47.39	50.40	43.18	8.27	50.99	40.74
常熟市	1.99	52.05	45.96	49.48	3.82	61.72	34.46
张家港市	1.36	53.40	45.24	50.80	5.78	60.53	33.69
太仓市	3.38	51.32	45.30	48.11	5.74	58.83	35.43
南通市区	2.58	47.57	49.85	39.69	12.91	43.51	43.58
启东市	8.15	48.45	43.40	38.19	27.45	43.62	28.93
如皋市	7.44	49.43	43.13	41.04	26.17	46.71	27.11
海门市	5.66	51.54	42.80	42.67	25.61	48.31	26.07
扬州市区	3.32	50.08	46.60	44.14	10.46	45.77	43.76
仪征市	5.31	45.67	49.01	38.49	22.52	45.98	31.49
镇江市区	1.83	49.46	48.71	44.20	8.18	39.60	52.22
丹阳市	4.76	50.54	44.70	48.42	9.44	53.79	36.77
扬中市	2.49	52.51	45.00	50.56	6.35	54.63	39.02
句容市	8.82	47.78	43.40	42.80	25.28	40.14	34.58
泰州市区	3.63	52.27	44.09	44.30	15.81	42.15	42.04
靖江市	2.75	51.33	45.93	46.09	17.79	49.94	32.27
泰兴市	6.63	48.32	45.05	41.99	26.50	40.29	33.21

数据来源:2016 年《江苏统计年鉴》

从三次产业就业人数占比的情况来看,第二产业依旧是沿江开发区域吸纳就业的最主要产业。在五个市区和十三个县市中,只有南京市区和镇江市区的第三产业就业人数占比超过 50%,高于第二产业。江阴市、常熟市和张家港市三市的第二产业就业人数占比在 60% 以上,是沿江开发区域所有城市中最高的。

(二)工业产值规模不断扩大,企业效益稳步攀升

2011—2015 年,沿江开发区域的规模以上企业工业总产值保持着逐年递增的趋势,从 52717.29 亿元,增长到 73281.81 亿元,占全省的 48.9%,年均增长率接近 16.15%。在产值不断扩大的同时,企业的效益也在稳步攀升。

表9 沿江开发区域工业经济主要指标情况(2011—2015年,亿元)

	2011年	2012年	2013年	2014年	2015年
工业总产值	52717.29	57760.58	66247.79	70920.39	73281.81
制造业	51430.04	56372.55	64835.94	69358.96	71862.66
主营业务收入	52332.58	57147.40	65778.31	70144.41	71953.10
利税总额	5459.60	5770.33	6979.14	7478.18	

数据来源:各年《江苏统计年鉴》

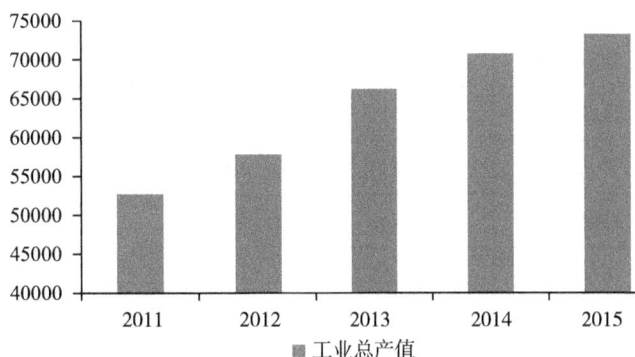

图4 沿江开发区域工业总产值(2011—2015年)
数据来源:各年《江苏统计年鉴》

2011年沿江开发区域规模以上工业企业总产值占全省的比重为49.0%,到2015年下降到48.9%,显示出沿江地区的工业对江苏的支撑作用出现平稳状态。目前,沿江地区已经按照产业集群、资源集约、生态优先、和谐发展的原则,产业空间划分为10个产业集中区,包括南京浦口产业集中区、宁南沿江产业集中区、宁扬化工产业集中区、南京栖霞-丹徒产业集中区、镇江产业集中区、扬镇沿江产业集中区、常澄滨江新城产业集中区、高港-泰兴产业集中区、澄靖-皋张产业集中区、通常太产业集中区,重点发展化工、冶金、机械装备等沿江基础产业。沿江地区已经成为江苏开发开放和转型升级的主阵地,汽车、船舶、机械装备、石油化工四大产业85%以上的规模企业在沿江地区集聚,战略性新兴产业80%以上的规模企业在沿江地区落地生根。

2015年在沿江开发区域的五大市区城市中,南京市区的规模以上工业企业总产值最高,12905.13亿元,占全省8.61%,其次是常州市区、江阴市、扬州市区,最后是泰州市区和镇江市区。十三个县市中,苏南沿江的江阴市规模以上工业企业总产值高达5744.96亿元,这一数值介于常州市区和扬州市区之间,超过其他四个市区城市,是所有县市中最高的。张家港市和常熟市规模以上工业企业总产值也相当高,分别达到4485.74亿元和3612.54亿元。句容、扬中两市的规模以上工业企业总产值刚刚超过千亿元,排在沿江开发区域中的末尾。2011—2015年,沿江开发区域规模以上工业企业总产值年均增长率为8.58%。其中,泰州市区是所有城市中增速最快的,达到了28.58%,几乎是增速最慢的江阴的近4倍。泰兴的年均增长率也较快,超过20%,随着苏中交通条件的不断改善,其承南启北、江海联动的区位优势开始突出,在沿江开发和沿海开发的过程中,苏中的工业发展速度尤其耀眼。

表10　沿江开发区域各城市工业经济发展情况（2011—2015 年）

地　区	2011 年		2015 年		
	工业总产值（亿元）	占全国的比重（%）	工业总产值（亿元）	占全国的比重（%）	工业总产值年均增速（%）
沿江开发区域	52717.29	48.96%	73281.81	48.91%	8.58%
南京市区	**9372.36**	**8.70%**	**12905.13**	**8.61%**	**8.32%**
江阴市	5953.02	5.53%	5744.96	3.83%	−0.89%
常州市区	**6446.64**	**5.99%**	**9888.90**	**6.60%**	**11.29%**
常熟市	3251.66	3.02%	3612.54	2.41%	2.67%
张家港市	4461.91	4.14%	4485.74	2.99%	0.13%
太仓市	1706.25	1.58%	1993.08	1.33%	3.96%
南通市区	**3166.83**	**2.94%**	**4400.82**	**2.94%**	**8.57%**
启东市	1036.53	0.96%	1631.36	1.09%	12.01%
如皋市	1157.30	1.07%	1759.43	1.17%	11.04%
海门市	1201.98	1.12%	1871.30	1.25%	11.70%
扬州市区	**4506.82**	**4.19%**	**5618.18**	**3.75%**	**5.67%**
仪征市	944.67	0.88%	1462.10	0.98%	11.54%
镇江市区	**2157.98**	**2.00%**	**3274.49**	**2.19%**	**10.99%**
丹阳市	1604.94	1.49%	2512.23	1.68%	11.85%
扬中市	729.66	0.68%	1255.91	0.84%	14.54%
句容市	715.08	0.66%	1361.19	0.91%	17.46%
泰州市区	**1796.95**	**1.67%**	**4912.12**	**3.28%**	**28.58%**
靖江市	1434.14	1.33%	2002.83	1.34%	8.71%
泰兴市	1072.56	1.00%	2589.50	1.73%	24.65%

数据来源：各年《江苏统计年鉴》

（三）高新技术产业带动制造业结构升级

　　传统的观点认为工业结构的发展路径遵循着劳动密集型—资本密集型—技术密集型。高新技术产业的带动效应大，可以促进传统产业的整体进步，催生新兴产业，使主导产业、关联产业和基础产业之间形成体系。沿江八市和沿江开发区域抢抓国际制造业向长三角地区转移的机遇，着力于建设国际制造业生产基地，冶金、化工、电力、造纸、机械和运输仓储物流等沿江产业加速增长，基础产业带和高新技术产业群的集聚效应显现。集中了电子信息、生物与医药、光机电一体化、新材料等一批高水平的高新技术产业群，带动了沿江制造业产业层次的显著提升。

表 11 沿江八市 2011—2015 年高新技术产业发展情况

地　区	高新技术产业产值（亿元）	占规模以上工业总产值份额（%）	2011—2015 年均增长率（%）
南京市	5918.94	45.87%	12.10%
无锡市	6211.38	42.69%	7.32%
常州市	4975.62	44.82%	16.45%
苏州市	13962.32	46.16%	9.49%
南通市	6048.45	44.75%	18.80%
扬州市	4032.30	43.86%	12.05%
镇江市	4337.49	51.61%	21.67%
泰州市	4528.76	40.94%	24.01%

数据来源：各年《江苏统计年鉴》

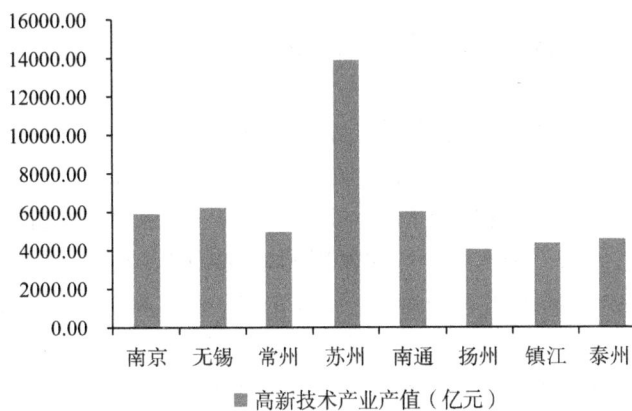

■高新技术产业产值（亿元）

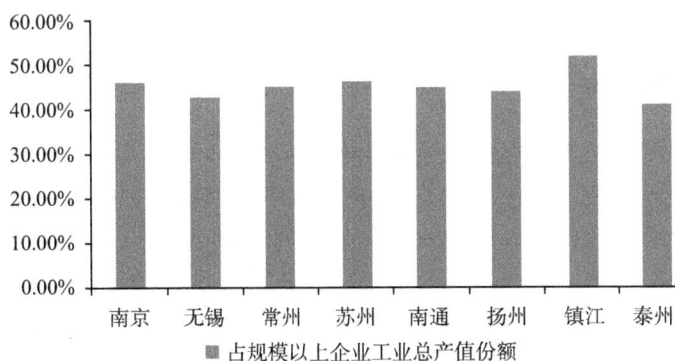

■占规模以上企业工业总产值份额

图 5 沿江八市高新技术产业发展情况（2015 年）

数据来源：2016 年《江苏统计年鉴》

图 5 显示出沿江八市高新技术产业近五年来的总体规模情况，从中可以看出高新技术产业产值的增加速度是相当快的，年均增长率达到了 15.24%，大大超过了同期工业产值的增长。同时，高新技术产业占规模以上工业总产值的比重也在逐步攀升，从 2011 年的 38.76% 增加到 2015 年 45.07%。沿江八市是江苏重要的高新技术产业带，其 2015 年的高新技术产业产值占到全省的 89.60%。

2015 年，沿江八市中苏州市的高新技术产业产值遥遥领先于其他城市，也是唯一产值突破 10000 亿元并逼近 15000 亿的城市。2011 年来，苏州市充分发挥开放型经济的优势，积极承接国际高技术产业的转移，形成了以产业集群为特征，以产业功能区为增长极，沿"两轴三带"展开的高新技术产业发展新格局，高新技术产业产值实现年均增长率 16.45％。电子信息产业、装备制造产业、新材料产业、生物技术与新医药产业和新能源产业是苏州高新技术产业的五大主导产业。其中电子信息产业是苏州第一大支柱产业，占苏州高新技术产业总产值近 70％，目前已经形成了软件、集成电路和新型电子元器件、计算机及外部设备、网络及通讯类产品、数字化视听电子产品等五大门类近百个产品集群的规模化生产能力。无锡、南京、南通排在第二方阵，三市 2015 年高新技术产业共实现产值 6110.66、5740.94 和 5404.03 亿元，五年来的年均增长率分别为 7.32％、12.10％和 18.80％。排在第三方阵的是常州、扬州、镇江和泰州，均在 4000 亿元以上。但第三方阵的城市年均增长率都普遍较高，全部超过 15％，最高的泰州达到了 24.01％的年均增长，其次是镇江，达到了 21.67％。从高新技术产业占规模以上工业企业总产值的份额来看，镇江在沿江八市中最高，达到了 51.61％，在整个沿江八市中表现夺目。

四、沿江地区开放型经济发展现状

沿江开发区域是江苏经济发展的重心区，包括苏南地区的南京、苏州、无锡、常州、镇江五市和苏中地区的南通、扬州、泰州三市，是长江三角洲城市群的重要组成部分，也是江苏经济发展的先发区域和主要支撑。2015 年沿江开放区域城市进一步整合各种发展要素，创造新的沿江发展优势，主动与上海相呼应，积极融入到长三角地区一体化发展的大战略中，经济开放度水平再上新台阶。2015 年，沿江八市和沿江开放区域进出口总额为 5173.08 亿美元和 2204.92 亿美元，占全省比重为 94.81％和 40.4％，其中出口为 3202.37 亿美元和 1394.22 亿美元；实际利用外资分别为 197.92 亿美元和 135.04 亿美元，占全省比重为 81.53％和 55.6％。沿江地区外向型经济发展一直保持着快速增长，基本形成了全方位、多层次、宽领域的对外开放格局，为地区经济的稳定发展和综合实力的提高做出了贡献。

（一）对外贸易规模持续扩大，但增速不断放缓

2011—2014 年，沿江开发区域的对外贸易总额从 2209.28 亿美元，上升到 2279.46 亿美元，2015 年又小幅度下降到 2204.92 亿美元。其中，出口总额从 2011 年的 1246.01 亿美元，提高到 2015 年的 1394.22 亿美元，年均增长 2.85％。沿江八市的进出口总额从 2011 年的 4492.33 亿美元，上升到 2014 年的 5343.66 亿美元，到 2015 年下降到 5173.08 亿美元，年均增长率为 3.59％。其中，出口总额从 2605.9 亿美元，提高到 2015 年的 3202.37 亿美元，年均增长 5.29％。进出口贸易总额和出口总额的增长速度都高于同期 GDP 水平。2015 年，沿江开发区域的进出口总额和出口额占全省的比重达到 40.4％和 41.2％。沿江八市的进出口总额和出口额占长三角地区的 38.54％和 39.48％。可见，沿江开发区域和沿江八市在江苏及长三角地区都具有举足轻重的贸易地位。但从年增长率来看，2011—2015 年间，无论是沿江开发区域还是沿江八市的对外贸易总额和出口额的增速都呈现出不断下降的趋势，只有在 2010 年经历过国际金融动荡，贸易额突然萎缩后出现大幅反弹，其余年份增速都不断放缓，2013 年的增速反而为负。沿江八市在 2011 年后出口增速为负的，到 2013 年时出口增速从 18.77％降到 0.43％，对国外市场的依赖也使得沿江八市 2011—2015 年国际经济形势不容乐观，出口增速再次出现负增长，对该地区的宏观经济冲击不小。

表 12　沿江区域及沿江八市外向型经济发展情况（2011—2015 年）

沿江开放区域	2011 年	2012 年	2013 年	2014 年	2015 年
外贸进出口总额(亿美元)	2209.28	2177.04	2188.33	2279.46	2204.92
出口(亿美元)	1246.01	1284.28	1282.71	1365.29	1394.22
FDI(亿美元)	155.74	171.1	178.76	142.28	135.04
出口增速(%)	24.83	3.07	—0.12	6.44	2.12
沿江八市	2011 年	2012 年	2013 年	2014 年	2015 年
外贸进出口总额(亿美元)	4492.33	5189.81	5244.02	5343.66	5173.08
出口(亿美元)	2605.9	3095.03	3108.35	3223.42	3202.37
FDI(亿美元)	238.48	286.73	282.65	226.51	197.92
出口增速(%)	—12.61	18.77	0.43	3.7	—0.65

数据来源:各年《江苏统计年鉴》

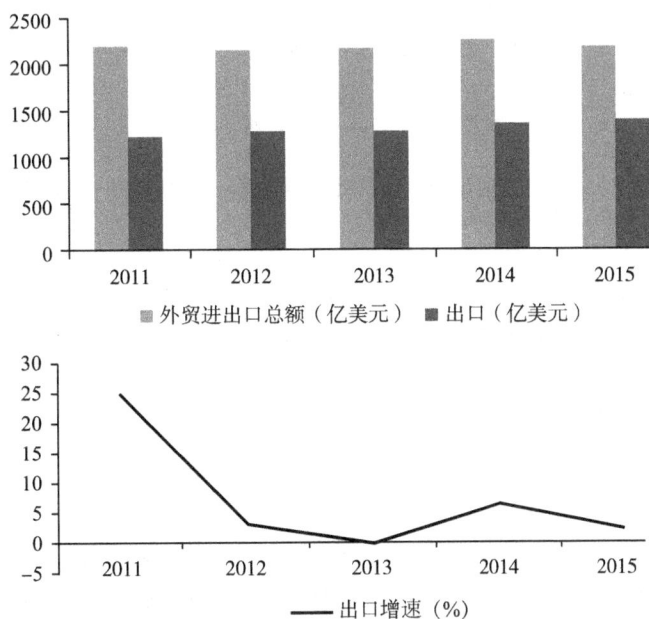

图 6　沿江开发区域进出口总额及出口额规模与增速（2011—2015 年）
数据来源:各年《江苏统计年鉴》

（二）外贸依存度低于全省平均水平

长期以来,理论界一直把外贸依存度作为衡量一国(地区)经济开放度的重要指标。外贸依存度是一国(区)对外贸易总额与国内生产总值的比值,用于衡量一国(地区)经济对国际市场的依赖程度。根据对有关统计资料进行整理,2011—2015 年沿江开发区域平均对外贸易依存度水平为45.98%,比江苏平均水平 52.3%低近 6.32 个百分点。沿江八市因为包括了苏州和无锡的所有地区,外贸依存度提高到 70.04%,高于省内平均水平,这说明沿江八市的经济开发程度处于领先地位,但存在明显的地区不平衡,苏中地区的外向型经济要远落后于苏南地区,因此沿江开发区域的对外贸易依存度在全省平均水平之下。

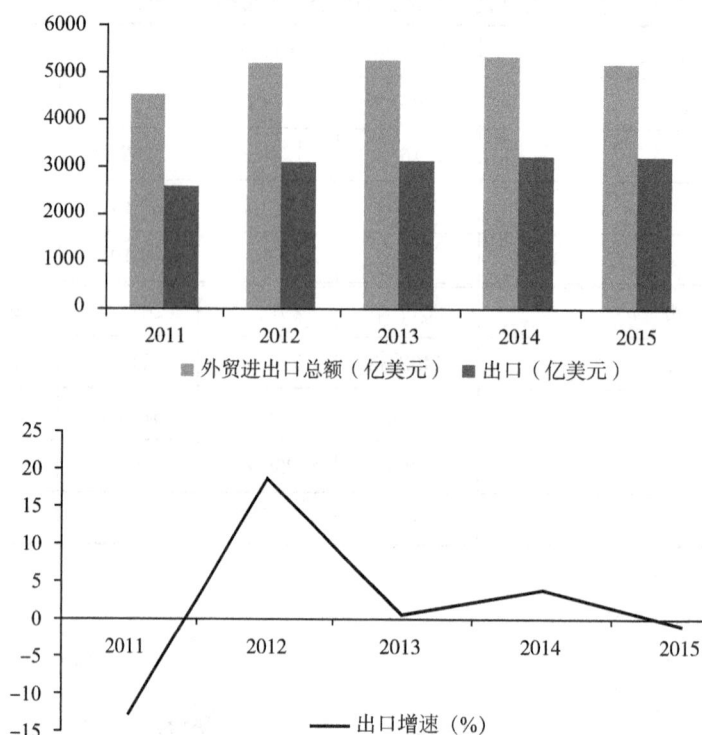

图 7　沿江八市进出口总额及出口额规模与增速(2011—2015 年)
数据来源:各年《江苏统计年鉴》

　　从沿江开发区域的单个城市来看,各地区的外贸依存度差异明显,较高的城市都集中在苏南地区。2011—2015 年,平均而言,张家港的外贸依存度高达 96.12%,是所有沿江开发区域中最高的城市,其次是太仓和常熟,分别为 70.68% 和 65.59%。就这五年间的每年趋势而言,各地区的外贸依存度普遍呈下降趋势,其中下降幅度最大的也是张家港,从 2011 年的 116.07%,下降到 2015 年的 80.63%。苏南沿江地区抢抓了率先发展乡镇企业、浦东开发开放和国际产业转移三次重大战略机遇,不仅在 20 世纪 80 年代创造了闻名遐迩的"苏南模式",而且在改革与建设进程中创新出工业化、城市化、信息化、国际化互动并进的"新苏南发展模式",经济开放度也走在江苏的前列。依存度最低的城市是句容和扬中,都不超过 10%。但我们也看到,沿江地区的区位优势及相应的优惠政策,也促进了镇江及苏中三市的出口贸易的发展,这些地区的外贸依存度都表现出不同程度的增长,但增长的幅度还是要普遍低于苏南沿江地区。

表 13　沿江开发区域各城市贸易依存度(2011—2015 年,%)

外贸依存度	2011 年	2012 年	2013 年	2014 年	2015 年	2011—2015 年平均
长三角地区	82.57	75.27	69.50	77.70	60.62	73.13
全省	70.99	64.00	18.64	59.38	48.48	52.30
沿江八市	86.03	75.18	68.11	63.50	57.39	70.04
沿江开发区域	58.59	50.18	43.31	41.20	36.64	45.98
南京市区	66.05	53.30	43.10	39.90	33.66	47.20
江阴市	57.80	47.97	45.77	49.70	43.31	48.91

外贸依存度	2011 年	2012 年	2013 年	2014 年	2015 年	2011—2015 年平均
常州市区	60.83	54.93	49.07	43.10	36.86	48.96
常熟市	74.78	66.66	58.25	61.70	66.56	65.59
张家港市	116.07	98.39	93.01	92.50	80.63	96.12
太仓市	90.56	83.42	78.84	79.50	71.07	80.68
南通市区	65.71	58.21	53.20	51.50	51.93	56.11
启东市	30.92	21.73	30.42	25.50	23.46	26.41
如皋市	37.73	38.38	29.73	26.50	23.08	31.08
海门市	17.33	16.11	15.70	14.90	15.13	15.83
扬州市区	30.99	26.95	21.03	19.70	18.39	23.41
仪征市	16.09	15.89	15.04	13.50	5.60	13.22
镇江市区	39.82	42.03	30.79	27.30	24.09	32.81
丹阳市	20.89	20.15	17.28	16.90	16.09	18.26
扬中市	19.08	8.43	7.20	7.70	7.26	9.93
句容市	11.80	11.45	9.87	8.10	6.93	9.63
泰州市区	35.89	29.49	22.53	21.40	17.12	25.29
靖江市	52.21	36.87	25.20	25.20	24.54	32.80
泰兴市	23.62	23.64	25.24	24.30	20.18	23.40

数据来源:各年《江苏统计年鉴》

　　2014 年沿江开发区域的实际外商直接投资额为 142.28 亿美元,占全省的 51.75%,沿江八市的实际直接投资额为 226.51 亿美元,占长三角地区的 45.19%。2015 年沿江开发区域实际使用外资额为 135.04 亿美元,占全省的 55.6%,沿江八市的实际使用外资为 242.7469 亿美元,占全省的 81.53%,占长三角地区的 37.27%。外资存量的增加促使外资经济成分在国民经济中所占的比重快速上升。

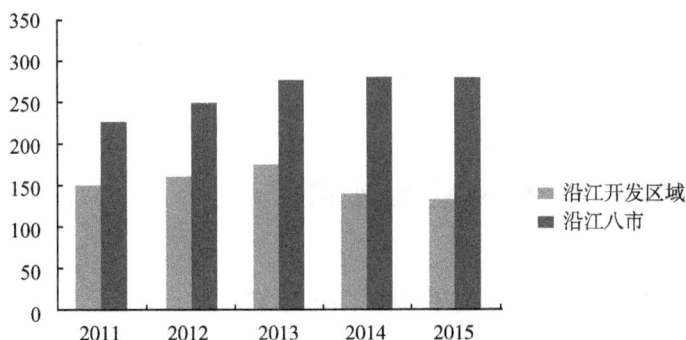

图 8　沿江开发区域和沿江八市 FDI 情况(2011—2015 年,单位:亿美元)

数据来源:各年《江苏统计年鉴》

从表 14 可以看出,沿江开发区域各城市的实际使用外资表现出了极大的差异,2015 年南京市区实际使用外资额 33.35 亿美元,占苏南地区 21.43%、全省 13.74%,是所有沿江开发区域中实际使用外资最高的城市。其次是常州市区 23.81 亿美元、南通市区 11.23 亿美元。而实际使用外资额最低的城市仅征市没有超过 1 亿美元,仅为 0.27 亿美元。沿江开发区域中苏中城市实际使用外资最多的是南通市区,其次是扬州市区和泰州市区。总的来说,沿江开发区域中市区城市比县市城市吸引了更多的 FDI。外向型经济较为发达的常熟、江阴、张家港、丹阳等市 2013 年的 FDI 都在 6 亿美元以上,在江苏所有县市中排在第二、三、四、五位。但与昆山市的 17.54 亿美元相比,还是差距较大的。

表 14 沿江开发区域各城市实际使用外资额及在所在区域中比重的情况(2015 年)

	实际使用外资 (亿美元)	占苏南/苏中 地区的比重(%)	占全省的比重 (%)
南京市区	33.35	21.42664376	13.73672503
江阴市	10.11	6.49631622	4.164819773
常州市区	23.81	15.29799869	9.807621009
常熟市	8.05	5.170785243	3.315015448
张家港市	6.50	4.177520526	2.67822863
太仓市	5.01	3.219146659	2.063810505
南通市区	11.23	26.54680851	4.625870237
启东市	1.37	3.244680851	0.565396498
如皋市	2.41	5.703073286	0.993779609
海门市	2.20	5.208747045	0.907641607
扬州市区	7.52	17.76619385	3.095818744
仪征市	0.27	0.629078014	0.10961895
镇江市区	5.64	3.621222246	2.32158311
丹阳市	3.31	2.123654967	1.361485479
扬中市	1.31	0.840044414	0.53855654
句容市	2.80	1.801476211	1.154935118
泰州市区	4.36	10.30756501	1.796127703
靖江市	2.56	6.058865248	1.055777549
泰兴市	3.2433	0.076673759	0.013360659

数据来源:2016《江苏统计年鉴》

五、沿江地区人民生活发展现状

(一)人均收入持续上升,但增速低于同期 GDP 水平

江苏沿江区域的国民经济和社会事业在近十年里得到了迅速发展,城乡人民生活水平不断提高,人均收入持续上升。从收入绝对额来看,2015 年沿江八市城镇居民人均可支配收入最高的是苏州,达到了 50390 元,首次超过 50000 元,也是江苏省唯一超过 50000 元的城市。其次超过 40000 元

的有南京(46104 元)、无锡(45129 元)、常州(42710 元);超过 35000 元的包括,镇江(38666 元)和南通(36291 元)属于第一层次;苏中三市中南通城镇居民人均可支配收入最高,为 36291 元,其次是泰州,扬州最低。按 2009 年不变价格来看,2011—2015 年沿江八市的城镇居民人均可支配收入变化趋势如图 9 所示,在位次排序上,有一处变化:2013 年之前无锡超过南京,但在 2014 年被后者赶超,2015 年南京继续保持超越状态。沿江八市的城镇居民人均可支配收入自 2011 年以后每年都保持正增长,但增速却有所放缓。2005、2006 两年,沿江八市城镇居民人均可支配收入全部有两位数增长,平均增速达到了 13.9％和 12.6％,但 2011、2012 年两年,只有扬州、苏州和泰州的增速超过 10％。2011—2015 年的城镇居民人均可支配收入年均增长率较为缓慢,各个城市差距不大。

表 15　沿江八市城镇居民可支配收入(2011—2015 年)(按当年价格)

	2011 年	2012 年	2013 年	2014 年	2015 年
南京	31099.8	35092	38531	42568	46104
无锡	31638.1	35663	38999	41731	45129
常州	29558.9	33326	36611	39483	42710
苏州	34616.7	39079	42748	46677	50390
镇江	26636.9	30045	32977	35752	38666
南通	25093.7	28292	31059	33374	36291
扬州	22834.7	25712	28145	30322	32946
泰州	23597	26574	29112	31346	34092

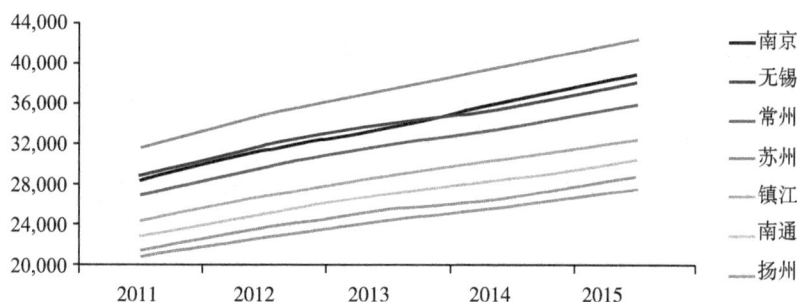

图 9　沿江八市城镇居民可支配收入(2011—2015 年)

数据来源:各年《江苏统计年鉴》
注:按 2009 年不变价格计算

农村居民人均纯收入也同样表现出不断增长的态势。从绝对数额来看,2015 年沿江八市中苏州、无锡的农村居民人均纯收入最高,分别达到了 25580 元和 24155 元,其次是常州 21912 元、南京 19483 元,泰州、扬州、南通排在倒数三位,均没有超过 18000 元。可见,沿江八市中苏南和苏中在人均收入中表现出了极大的差距,并且这种差距随着时间的变化有不断扩大的趋势,2011 年农村居民人均收入最低的泰州是排在最高的苏州的 64.12％,2015 年增加到了 64.15％。2011—2015 年间,沿江八市农村居民人均收入的排位并没有发生任何变化,并且这八市的年均增长率都比较接近,增速最快的是南京 10.44％,最慢的是无锡 10.11％。农村居民人均收入的年均增速低于同期水平的城镇居民人均可支配收入,这反映出沿江八市城乡居民的收入差距在进一步扩大。

表 16　沿江八市农村居民人均纯收入（2011—2015 年）（当年价格）

	南京	无锡	常州	苏州	镇江	南通	扬州	泰州
2011 年	11867.4	14882.3	13433.7	15595.67	11611	10619.8	10155	10001
2012 年	13047.4	16332.6	14769	17115.3	12811	11675.2	11194	11024
2013 年	14231.4	17723.2	16049.6	18576.33	13996	12701.6	12237	12037
2014 年	14876.9	18756	16959.2	19846	14840	13327	12875	12699
2015 年	16169.2	20046.5	18185	21229.13	15946	14330.1	13792	13619

数据来源:各年《江苏统计年鉴》

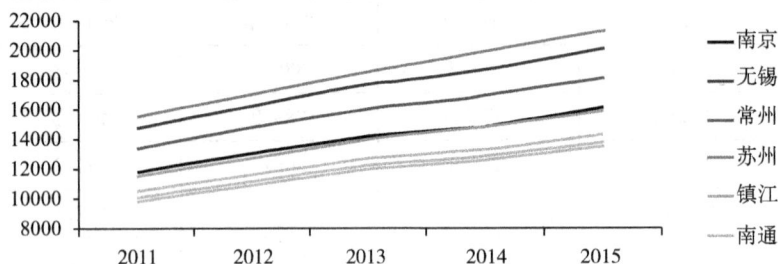

图 10　沿江八市农村居民人均纯收入（2011—2015 年）
数据来源:各年《江苏统计年鉴》
注:按 2009 年价格不变

（二）恩格尔系数不断下降

恩格尔系数指食品支出金额在居民生活消费总支出金额中所占的比例。一般说来,恩格尔系数的降低意味着居民的消费支出中用于购买食品的比重减少了,由此可表明社会整体的生活水准得到了提高。沿江八市城镇居民恩格尔系数的平均值从 2011 年的 36.37％ 下降到 2015 年的 34.75％,高于全省平均水平持平 34.7％。农村居民恩格尔系数的平均值从 2011 年的 35.84％ 下降到 2015 年 30.08％,低于全省平均水平 30.51％。同时从图 11 中我们可以发现,在 2011 年后农村居民的恩格尔系数低于城市,这是因为城镇居民的食品消费支出受价格上涨影响较大,而农村居民则较小。2012 年以后农村居民的恩格尔系数高于城镇居民,尤其是 2014 年和 2015 年两者的差距较为明显,且两者都有大幅度的下降,说明人们生活水平明显改善。根据联合国的标准,恩格尔系数在 59％ 以上为贫困,50％—59％ 为温饱,40％—50％ 为小康,低于 40％ 为富裕。目前发达国家的恩格尔系数基本上在 10％—20％。因此按照联合国的恩格尔系数标准来说,沿江八市的城镇居民和农村居民都处在相对富裕的水平。

细看 2015 年沿江开发区内部城市收入及恩格尔系数情况（如表 17 所示）可以发现,在城镇居民人均可支配收入上,常熟、张家港、江阴、太仓,处于第一层次,收入均超过 50000 元,南京市区、常州市区和扬中三地紧随其后,收入超过 40000 元,处于第二层次,其余城市排在第四层次,但收入也都超过 30000 元。城镇居民恩格尔系数最低的是南京市区,只有 26.0％,最高的是丹阳,达到了 35.8％。农村居民人均纯收入最高的依旧是江阴、常熟、张家港和太仓四市,超过 25000 元;最低的城市是如皋市,只有 15532 元。农村居民恩格尔系数最高的是句容市 32.8％,最低的是泰兴市 21.8％,只有启东市和南京市区超过全省平均水平。沿江开发区域中所有县市的城乡居民收入比均低于全省平均水平 2.39,启东市最低 1.89,南京市最高 2.37。

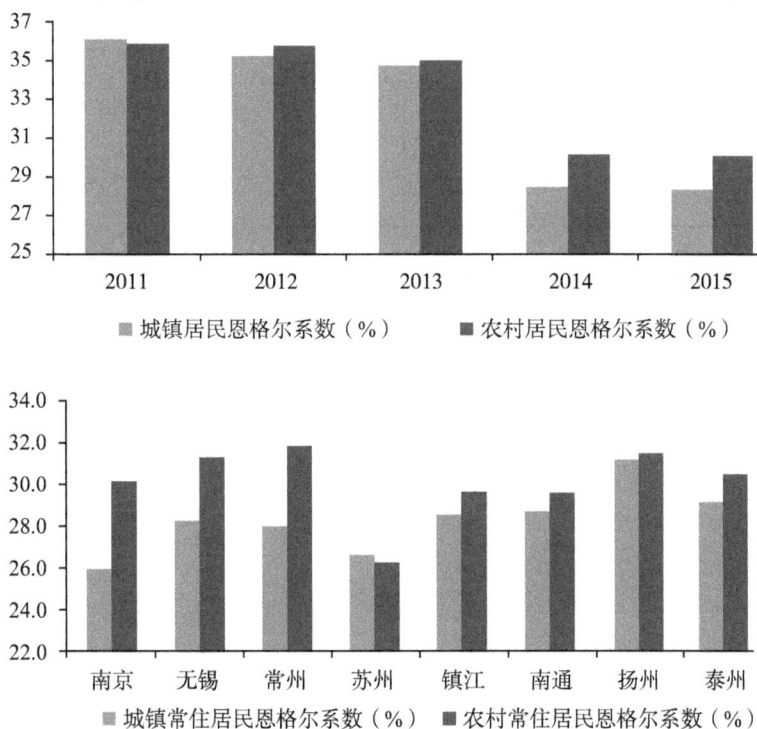

图 11 沿江八市城镇居民与农村居民恩格尔系数(2011—2015 年)
数据来源:各年《江苏统计年鉴》

表 17 沿江开发区内各城市收入及恩格尔系数情况(2015 年)

沿江开发区域	城镇居民人均可支配收入(元)	城镇居民恩格尔系数(%)	农村居民人均纯收入(元)	农村居民恩格尔系数(%)	城乡居民收入比(以农民收入为1)
南京市区	46104	26.0	19483	30.1	2.37
江阴市	50701	29.3	26012	30.2	1.95
常州市区	42710	28.0	21912	31.7	1.95
常熟市	50413	28.7	25811	28.9	1.95
张家港市	50618	28.7	25715	28.4	1.97
太仓市	50134	30.2	25643	30.9	1.96
南通市区	36291	28.7	17267	29.2	2.10
启东市	34566	30.5	18287	32.1	1.89
如皋市	33792	29.6	15532	31.4	2.18
海门市	37404	29.4	18986	29.6	1.97
扬州市区	32946	31.2	16619	31.6	1.98
仪征市	33808	32.4	16138	31.3	2.09
镇江市区	38666	28.6	19214	29.1	2.01
丹阳市	38574	35.8	19892	31.1	1.94
扬中市	42407	32.4	21886	32.4	1.94

沿江开发区域	城镇居民人均可支配收入(元)	城镇居民恩格尔系数(%)	农村居民人均纯收入(元)	农村居民恩格尔系数(%)	城乡居民收入比(以农民收入为1)
句容市	37548	30.3	17355	32.8	2.16
泰州市区	34092	29.2	16410	30.5	2.08
靖江市	36790	30.0	18045	31.5	2.04
泰兴市	33800	28.6	16392	21.8	2.06

数据来源:2016 年《江苏统计年鉴》

第四章　沿东陇海线区域

一、整体概况介绍

东陇海铁路沿线地区是沿东陇海线产业带的建设区域。该区包括徐州、连云港两个市区和邳州、新沂、东海三个县(市)。2015年人口976.40万,面积1.1764万平方公里,区内生产总值5728.70亿元,分别占全省的12.7%、10.97%、8.17%,人均GDP为66620元,超过苏北平均水平,为全省平均水平的75.63%,三次产业增加值结构为4.45∶26.501∶26.34,三次产业从业人员结构为1.30∶1.50∶1.85。

沿东陇海线位于江苏省最北端,地处长江三角洲地区与环渤海地区的中间地带,交通大动脉陇海铁路和连霍高速公路横贯东西,京沪铁路和京沪高速公路纵贯南北,使本区西连广阔的中原和西部地区,北通我国政治文化中心北京,南与经济中心上海相连,东与日本、韩国隔海相望,区位优势明显,战略地位重要。该区自然环境优良,人居条件较好;土地、淡水、非金属矿产和海洋资源较为丰富,特别是非农用地资源独特,开发条件较好;教育基础扎实,文化底蕴较深,劳动力资源丰富,在矿业、机械、海洋、农业等领域拥有较强的科研力量。特别是改革开放以来,本区经济发展步伐不断加快,人民生活水平不断提高,形成了较好的农业基础,一定的工业优势和产业规模,商贸流通较为发达,交通、通信、电力、水利等基础设施条件较为完备,基本形成了支撑本区产业发展的基础设施体系。初步形成了以资源加工为主的加工工业,以工程机械、食品、化工、医药、纺织为主的支柱行业,以新医药、新材料、新能源等一批高附加值新型工业为主的产业发展体系。但囿于历史条件、基础薄弱、经济结构等多重因素,两市总体上看发展不快,经济实力仍然较弱,经济发展与先进地区的横向差距相当明显,属于全省整体经济的相对"低洼"地带,是江苏经济快速发展的主要"瓶颈"。

2005年,江苏省委、省政府在区域共同发展战略、加快苏北振兴重要举措,国家西部大开发、陇兰经济带建设战略的背景下,提出了建设沿东陇海线产业带,并规划制定了《江苏省沿东陇海线产业带建设总体规划》(2005—2010年)。该规划对沿东陇海线产业带建设的战略定位是:新兴的产业密集带、苏北地区对外开放的先导区、全省经济发展的重要增长极。目前,沿东陇海线产业带已经形成资源型加工、机械、化工、医药四大产业集群。以具有比较优势的农副产品资源和非金属矿产资源为基础,形成资源——初加工——制造的资源型加工产业链。以工程机械、重型汽车为重点,形成优质基础件——关键零部件——高水平辅机——整机组装的机械产业链。以盐化工和农用化工为重点,形成基础化工原料——化学中间体——精细化工的化工产业链。以拥有自主知识产权的医药研发和生产为重点,形成基础原料——中间体——制成品——药品包装的医药产业链。

二、沿东陇海线综合经济发展现状

东陇海线经徐州自西向东依次穿越徐州市区、邳州市、新沂市、东海县和连云港市区,与沿海经济带交汇。长期以来,徐连两市经济发展相对滞后,是江苏经济快速发展的主要"瓶颈"。但徐州、连云港两市位于沿海经济带与陆桥经济带的交汇处,具有良好的区位条件和资源优势,近些年通过推进沿东陇海线产业带建设,快速振兴徐连经济,已成为全省培育的新区域经济增长极,提升了苏北发展水平,进而促进全省区域共同发展。

(一)经济总量大幅提升

2015年沿东陇海地区实现地区生产总值5728.70亿元,与2010年(3023.58亿元)相比,增长了89.47%,人均地区生产总值则从40643元提高到66620元,增幅达到63.91%。按可比价格计算,沿东陇海地区的地区生产总值和人均地区生产总值的年均增长率为13.73%和10.52%。这一数值都要高于全省的平均水平8.57%和9.15%,与沿海地区的GDP与人均GDP增长率(9.74%和9.63%)相比,地区生产总值增长速度具有一定的优势,在全省的经济发展中比较抢眼。

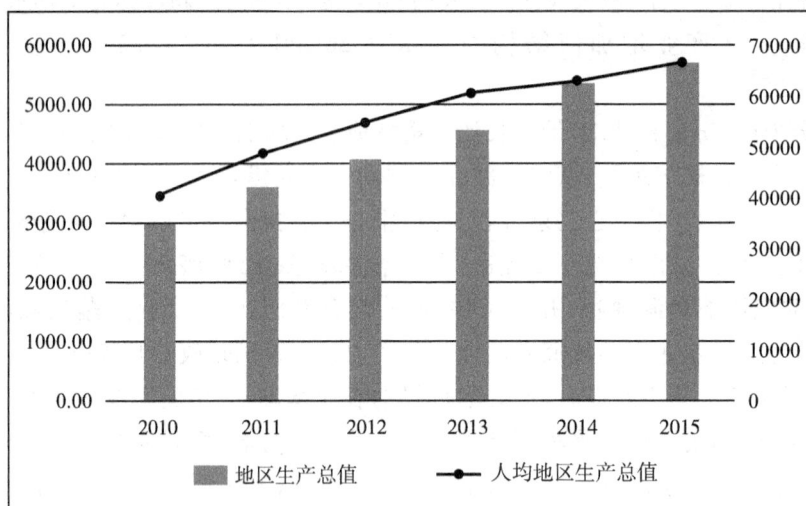

图1 沿东陇海地区GDP与人均GDP变化情况(2010—2015年)
数据来源:各年《江苏统计年鉴》
注:按增速计算按2000年不变价格

自2004年以来,沿东陇海地区生产总值的规模就持续增大,在2004年1033.78亿元,2009年突破2000亿元大关,2015年达到了5728.70亿元。人均地区生产总值同样也保持着持续向上的趋势,2004年是14110.06元,2007年突破20000元,2010年突破30000元,2015年达到了66620元。

从沿东陇海地区的内部城市来看,2015年实现地区国民生产总值最高的城市是徐州市区,达到了2910.48元,占整个沿东陇海线地区GDP的50.8%,而连云港市区只有1185.34亿元的地区国民生产总值,是徐州市区的二分之一不到。徐州市区加上新沂市和邳州市的GDP占整个沿东陇海线地区的72.44%,可见徐州地区是该经济地带最重要的组成部分,有着举足轻重的地位。连云港的东海县在2015年只取得了393.54亿元的地区生产总值,是整个沿东陇海线地区中最低的城市,而2010年GDP垫底的仍是东海县。但连云港市区的地区生产总值增幅较高,达到了171%,从2010年的437.39亿元,提高到2015年的1185.34亿元。2015年沿东陇海线地区人均地区生产总值最高的城市是徐州市区,为90287元,其次是连云港市区57212元,从增幅来看,连云港市区人均GDP的增幅只有34.04%,远低于沿东陇海线的平均水平,也是该地区所有城市中最低的,而徐州市区的增幅却有56.36%,可见相比较于连云港的经济发展,徐州在近几年更加突出。人均地区生产总值最低的是东海县,只有40947元,其次是邳州市51015元,但东海县和邳州市的人均GDP的增幅很大,分别到达了97.85%和102.55%,仅次于新沂市的112.03%。

表1 沿东陇海地区GDP与人均GDP(2010—2015年)

地　区	地区生产总值(亿元)			人均地区生产总值(元)		
	2010年	2015年	增幅(%)	2010年	2015年	增幅(%)
东陇海合计	3023.58	5728.70	89.47	40643	66620	63.92
徐州市区	1779.47	2910.48	63.56	57742	90287	56.36
新沂市	241.20	507.63	110.46	26360	55891	112.03
邳州市	365.39	731.71	100.25	25186	51015	102.55
连云港市区	437.39	1185.34	171.00	42683	57212	34.04
东海县	200.14	393.54	96.63	20696	40947	97.85

数据来源:各年《江苏统计年鉴》

注:2010年徐州市区的数据包括了当时的铜山县。

(二)2010年后经济加速增长,增速超过全省平均水平

从表2中可以很清楚地看出,2010年后沿东陇海地区的经济开始加速增长,连续四年的经济增长率超出全省平均水平。尤其是2011年,当年GDP的增长率高达13.65%,比全省平均水平高出1个百分点,相当令人瞩目。2012年沿东陇海地区的GDP增速为10.65%,高于全省水平7.29%、沿江地区9.59%,沿海地区9.14%。但到了2015年增速开始下滑,低于全省和沿江、沿海地区。我们发现与整个苏北地区的经济发展情况相比,同属于该地区的沿东陇海经济带并不突出,无论是GDP增速还是人均GDP增速都要低于苏北地区平均水平。在江苏省加大统筹力度,提出实施区域共同发展战略,加大对苏北发展的政策支持力度后,近三年来,全省呈现出"南升北快"的良好格局,在此背景下沿东陇海地区不断加速增长,逐步缩小与苏南、沿海和沿江地区的差距。

表2 沿东陇海地区GDP、人均GDP增长率与全省及其他经济带的比较(%)

GDP	2011年	2012年	2013年	2014年	2015年	年均增长率
东陇海地区	13.65	10.65	11.40	10.77	6.95	10.68
全省平均水平	12.58	7.29	9.44	8.93	8.26	9.30
苏北地区	14.38	10.52	11.29	11.75	9.86	11.56
沿海地区	13.30	9.14	7.00	11.21	9.81	10.09
沿江地区	12.24	9.59	14.28	8.55	9.34	10.80
人均GDP						
东陇海地区	13.40	10.05	10.70	9.94	6.28	10.07
全省平均水平	11.95	6.94	9.16	8.65	7.97	8.93
苏北地区	15.12	10.48	11.07	11.35	8.90	11.38

数据来源:各年《江苏统计年鉴》

注:按2000年不变价格计算

(三)经济规模较小,占全省比重有所上升

沿东陇海地区的人口和土地面积占全省的比重大约在10%左右,然而从表3中可以看出,2015年包括GDP、规模以上工业总产值、社会消费品零售额、进出口总额、实际外资直接投资额、地方财政一半预算收支等经济指标占全省的比重都在10%以下,而且与沿江和沿海地区相比,差距也非常大,这说明沿东陇海地区的经济规模还较小,在全省中的地位较低。

2015年沿东陇海地区的固定资产投资额达到了4784.57亿元,占全省比重10.35%,是所有指标中占全省比重最高的。这说明随着各政府对沿东陇海产业带的重视程度在提高,有关部门对沿线区、县(市)的港口、工业园区等基础设施的建设力度也明显增强。而三个外向型经济指标的比重都偏低,2015年沿东陇海地区进出口总额和出口总额分别为120.25亿美元和72.38亿美元,只占全省的2.14%和7.9%。江苏作为长三角地区和全国的出口大省,外向型经济相当发达,然而东陇海地区的对外贸易发展相对比较落后。这主要由于连云港港口发展的滞后及徐州身处江苏腹地,与外部的交流相对较少,沿线经济外向扩张能力较弱,经济对外贸易依存度低。近几年,沿东陇海地区加快对外开放步伐,全方面吸引外商直接投资,随着基础环境的不断优化以及区域内产业转移的深入,2015年共利用实际外资直接投资额为19.18亿美元,占全省的比重7.9%。

表3 沿东陇海地区主要经济指标及占全省的比重情况(2015年)

指　标	全　省	东陇海地区	占全省比重
地区生产总值(亿元)	70116.38	5728.70	8.17%
第一产业	3986.05	444.69	11.16%
第二产业	32044.45	2649.63	8.27%
第三产业	34085.88	2634.38	7.73%
规模以上工业总产值(亿元)	149841.41	13332.23	8.90%
固定资产投资额(亿元)	46246.87	4784.57	10.35%
♯房地产开发投资	8153.68	543.82	6.67%
社会消费品零售总额(亿元)	25876.77	2489.95	9.62%
进出口总额(亿美元)	5456.14	120.25	2.20%
♯出口	3386.68	72.38	2.14%
实际外商直接投资(亿美元)	242.75	19.18	7.90%
地方财政一般预算收入(亿元)	8028.59	598.20	7.45%
地方财政一般预算支出(亿元)	9687.58	809.71	8.36%
金融机构存款余额(亿元)	107873.03	5505.36	5.10%
金融机构贷款余额(亿元)	78866.34	4040.73	5.12%

数据来源:各年《江苏统计年鉴》

沿东陇海地区由于经济基础较差,与苏南、苏中地区存在着不小的差距,虽然经济总量规模在全省中的地位较低,但随着赶超脚步的不断加快和不断深入推进的省内区域均衡发展战略,沿东陇海地区主要经济指标占全省的比重有所提高(如图2)。其中,地区国民生产总值的比重从2011年的7.37%提高到2014年的8.27%。但在2015年的时候却有所下降,下降到8.17%。近几年,沿东陇海

地区的工业经济发展势头一直较好,因此第二产业占全省的比重呈现出上升的势头,从 2011 年的 7.36%提高到了 2015 年的 8.27。而第三产业的比重在 2011 年上升到 7.26%,之后发展一直较为缓慢,到 2015 年占全省的 7.73%。

表 4　沿东陇海地区主要经济指标占苏北及全省的比重情况(2011—2015 年,%)

	2011 年	2012 年	2013 年	2014 年	2015 年
苏北					
GDP	33.68	33.72	33.75	35.53	34.58
第二产业	36.02	36.20	36.20	37.14	35.59
第三产业	35.97	35.77	35.62	37.20	36.34
全省					
GDP	7.37	7.60	7.74	8.27	8.17
第二产业	7.36	7.72	7.91	8.35	8.27
第三产业	7.26	7.38	7.43	7.85	7.73

数据来源:各年《江苏统计年鉴》

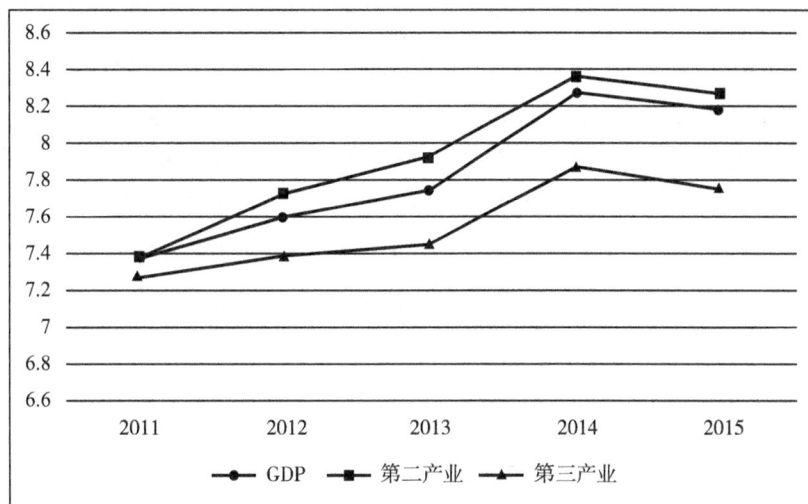

图 2　沿东陇海地区主要经济指标占全省比重情况(2011—2015 年)
数据来源:各年《江苏统计年鉴》

　　图 3 是沿东陇海地区主要经济指标占苏北比重的变化情况。其中,沿东陇海地区的 GDP 占苏北的比重从 2011 年 33.68%首先持续上升到 2014 年的 35.53%,2015 年有所下降到 34.58%。第三产业首先从 2011 年的 35.97%下降到 2012 年的 35.77%,随后持续到 2014 年的 37.20%。2015 年又下降到 36.34%。而第二产业占苏北地区的比重则相对稳定,基本持平。这显然是由于在 2009 年后苏北地区加快经济增长步伐,虽然沿东陇海地区的增速也大幅提速,但低于苏北的平均水平,才导致其在区域经济中的地位有所下降。从绝对值来看,沿东陇海地区是整个苏北经济版图中最重要的一部分的地位并没有下降多少,其经济总值还在占到了苏北的三分之一以上。

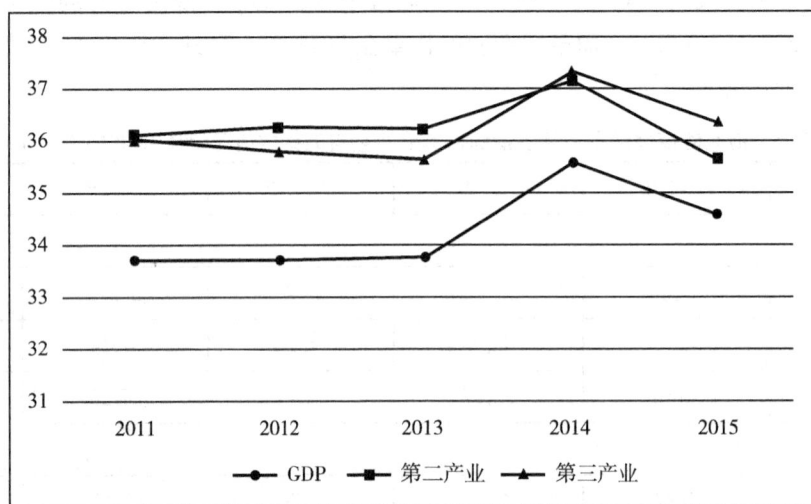

图 3　沿东陇海地区主要经济指标占苏北比重情况(2011—2015 年)
数据来源:各年《江苏统计年鉴》

(四)区域内县(市)经济在全省中排名靠后

沿东陇海线地区包括三个县(市),分别是徐州地区的新沂市、邳州市和连云港地区的东海县。从表 5 可以看出,GDP、工业增加值、人均 GDP、人均地方一般预算收入、规模以上工业企业利税总额、出口总额、外商直接投资总额、农村居民人均可支配收入、城镇居民人均可支配收入等经济指标在全省 45 个县(市)的排名中,沿东陇海地区的三个县(市)排名都比较靠后,其中,邳州市在 GDP、工业增加值、人均地方一般预算收入、规模以上工业企业利润总额、外商直接投资总额上挤进过前 15 位,其他指标都在 16 位之外。新沂市很多指标都在 25 位后面,而东海县几乎所有指标都在 30 位后面。

表 5　区域内县(市)经济主要指标在全省中的排名(2015 年)

	新沂市	邳州市	东海县
GDP	21	14	30
工业增加值	16	8	27
人均 GDP	23	26	36
人均地方一般预算收入	20	13	24
规模以上工业企业利润总额	16	5	28
出口总额	35	15	32
外商直接投资总额	41	14	31
农村居民人均可支配收入	33	29	32
城镇居民人均可支配收入	35	26	27

数据来源:2016 年《江苏统计年鉴》

三、沿东陇海地区产业经济发展现状

东陇海产业带建设,不仅能够促进徐连两市加快发展,带动苏北地区的发展,而且可以调动苏北各市的积极性和创造性,形成"你追我赶"、"争先进位"的良好发展态势。同时还能进一步呼应沿江开发,有利于承接沿沪宁线、沿江产业的梯度转移,实现全省南北上游产品与下游产品的延伸对接,对构筑江苏国际制造业基地是一个有力支撑。对全国而言,加快东陇海产业带建设,使中西部地区在有了面向远东和欧洲陆路通道的基础上,又有了一条面向世界的出海大通道,实现了双向开放,为打破陇兰地区既不沿边又不沿海的封闭状态创造了条件,有利于推动陇兰经济带快速隆起,进一步加快中西部地区的开放开发。

(一)产业结构调整稳步推进

随着江苏沿东陇海线地区生产力水平的提高和经济社会的发展,三次产业内部结构已发生了积极的变化。沿东陇海线地区三次产业结构比例由 2011 年的 6.93：51.23：41.84 调整为7.76：46.25：45.99,呈现出第二产业比重下降,第一产业、第三产业比重在上升的趋势,产业结构正向合理化和更高层次的方向演变,这也预示着沿东陇海线地区产业结构在不断优化。这也预示着沿海地区工业进程正在加速。与全省 5.7：45.7：48.6、沿江地区 3.0：47.8：49.2 和长三角地区4.3：43.3：52.4的三次产业构成比例相比较,可以看出,沿东陇海线地区的第一产业比重高于其他产业带和全省平均水平,第二产业比重较为合理,第三产业比重不够高,工业是带动这一地区经济增长的主要动力,工业化进程加快。从图 4 可以看出,2011—2015 年沿东陇海线地区产业结构变化呈现出以下特征:第二产业比重不断下降,而同时第三产业的比重迅速提升。沿东陇海线地区产业内部结构所发生的变化,符合三次产业内部结构变化的一般规律,也体现出该地区经济发展近些年的主要变化,三次产业总体呈现"稳固、提升、活跃"的良好局面,产业发展步入快车道。

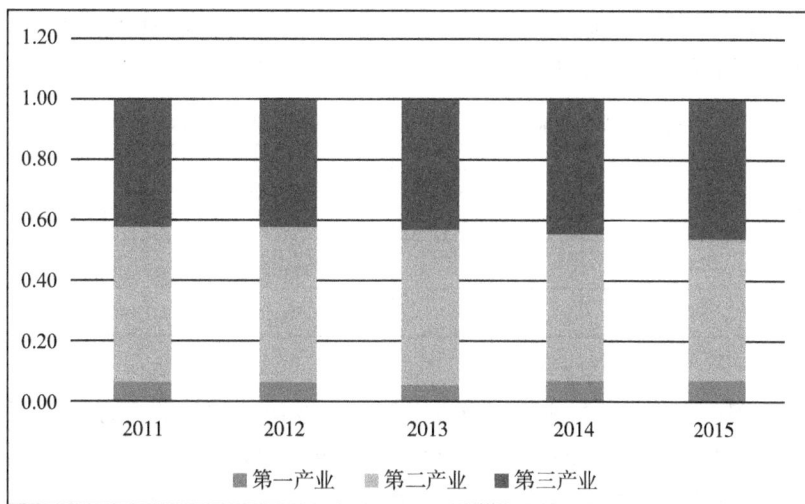

图 4　沿东陇海线地区三次产业结构情况(2011—2015 年)
数据来源:各年《江苏统计年鉴》

2015 年整个沿东陇海地区,第一产业比重最高的是东海县,达到了 15.73%,是第一产业比重最低的徐州市区 3.56%的 4 倍多。第二产业比重最高的是徐州市区 49.31%,其次是东海县44.14%,其他三个县(市)的第二产业比重均没有超过 45%,工业化进程相对落后。第三产业比重最高的是徐州市区 47.14%,其次是连云港市区 47.05%,而东海县最低只有 40.13%。就 2010—2015 年的变化趋势而言,沿东陇海地区的三县(市)新沂市、邳州市和东海县都呈现出第一产业比重大幅下降的情况,分别从 2010 年 14.96%、16.31%和 20.54%,降低为 2015 年的 12.20%、14.29%和 15.73%。随着上升的是第二产业和第三产业的比重。其中,东海县第三产业比重的上升幅度最大,从2010年的33.89%提高到2015年的40.13%。徐州市区和连云港市区与三个县(市)的三次产业结构调整有所差异,徐州市区的第二产业比重并没有增加,反而有所下降,从54.36%下降到46.25%,而连云港市区的第二产业也有所下降,从50.71%下降到43.44%。徐州市区第三产业比重从42.71%上升到47.14%,连云港市区的第三产业比重则从44.85%上升到47.05%。

表6 沿东陇海线各地区三次产业比重变化情况(2010—2015年)

	2010年			2015年		
	第一产业	第二产业	第三产业	第一产业	第二产业	第三产业
东陇海合计	7.18	51.08	41.74	7.76	46.25	45.99
徐州市区	2.93	54.36	42.71	3.56	49.31	47.14
新沂市	14.96	42.83	42.21	12.20	41.83	45.97
邳州市	16.31	43.99	39.70	14.29	42.86	42.85
连云港市区	6.44	50.71	42.85	9.51	43.44	47.05
东海县	20.54	45.57	33.89	15.73	44.14	40.13

数据来源:各年《江苏统计年鉴》

(二)工业化进程加快,对地区经济的贡献率提高

从上文的分析中可以看出江苏东陇海地带工业化进程明显加快,第二产业产值占地区生产总值的比重相对较高。机械、医药、化工、食品等已成为该地区的主导产业,连云港的化学工业、造船业、医药业,徐州的装备制造业、食品、能源和冶金行业是两市的优势产业。

表7 沿东陇海线各地区工业经济发展主要指标情况(2011—2015年)

	2011年	2012年	2013年	2014年	2015年
工业总产值(亿元)	6973.41	8786.43	10186.74	12479.50	13332.23
制造业(亿元)	6384.38	8127.73	9498.88	11823.33	12733.49
主营业务收入(亿元)	6969.76	8723.56	10256.45	12465.54	13201.24

数据来源:各年《江苏统计年鉴》

图5是2011—2015年沿东陇海地区规模以上工业企业运行的相关指标走势图。可以看出,工业生产持续增长,总产值从2011年的6973.41亿元上升到了2015年的13332.23亿元、主营业务收入从6969.76亿元提高到了13201.24亿元,年均增长率分别达到了18.24%和17.88%,高于同期GDP增速,也高于全省平均水平和沿海地区水平。在工业生产快速增长的同时,企业效益平稳攀升,2015年规模以上工业企业有3036个,是2011年的1.26倍。

2015年沿东陇海地区所有城市中,徐州市区拥有规模以上工业企业个数最多,达到了804个。完成工业总产值5287.69亿元和主营业务收入5324.53亿元,均占到整个沿东陇海地区的40%以上,分别达到42.37%和42.71%,实现利税总额831.25亿元。邳州市的工业总产值也突破了2000亿元,为2050.28亿元。徐州地区的一区二县(市)是沿东陇海线区域工业发展的主要力量,其工业总产值和主营业务收入在区域中的占比都接近80%,占绝对地位。整个徐州市2014年拥有规模以上工业企业达到2861家,其中产值超百亿元企业7家,上市工业企业达到7家。规模以上工业企业增加值比上年增长7.41%,其中轻、重工业增加值分别增长12.50%和5.26%。规模以上工业企业实现主营

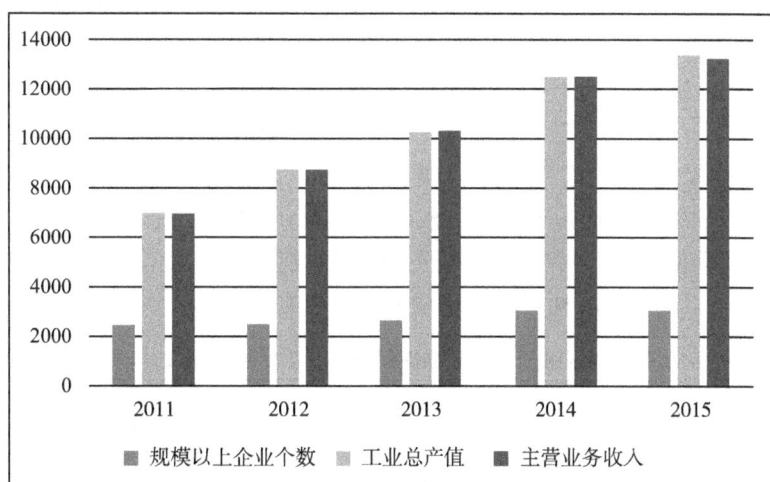

图5　沿东陇海地区工业经济主要指标变化情况（2011—2015 年）
数据来源：各年《江苏统计年鉴》

业务收入 11311.94 亿元，比上年增长 27.05％；利税 1639.85 亿元，增长 18.70％；利润 899.73 亿元，增长 13.72％。工业经济效益稳步提升。

表8　沿东陇海地区工业经济运行情况（2015 年）

地　区	规模以上工业企业个数（个）	工业总产值（亿元）	♯制造业	主营业务收入（亿元）	利润总额（亿元）	单位产值利润率（％）
东陇海合计	3036	13332.23	12733.49	13201.24	1087.42	8.16
徐州市区	764	5330.77	4980.77	5305.52	439.55	8.25
新 沂 市	485	1599.25	1577.06	1581.70	113.04	7.07
邳 州 市	524	2225.10	2148.17	2171.54	183.26	8.24
连云港市区	772	3247.29	3117.70	3224.86	287.28	8.85
东 海 县	491	929.82	909.79	917.62	64.30	6.92

数据来源：《江苏统计年鉴 2016》

2015 年连云港市区拥有规模以上工业企业 772 个，实现工业总产值和主营业务收入分别为 3247.29 亿元和 3224.86 亿元，实现利润总额 287.28 亿元。东海县是沿东陇海地区工业发展规模最小的城市，2015 年的工业总产值只有 929.82 亿元，占整个区域的比重 6.97％，并且单位产值利润率也是最低的，只有 6.92％，与利润率最高的徐州市区相比差了近 2 个百分点。2015 年工业总产值最高是徐州市区为 5330.77 亿元，占整个区域的比重 40％，而连云港市区的总产值为 3247.29 亿元，占整个区域的比重 24％。

（三）高新技术产业与新兴产业逐步崛起

江苏沿东陇海地区的徐州市和连云港市在 2005 年以来，高新技术产业发展非常迅猛，年均增长率分别达到了 40.44％和 46.94％，既高出全省平均水平（24.18％）以及沿江八市平均水平（22.04％）和沿海三市平均水平（35.01％），也高出同期 GDP 及工业总产值增长率。高新技术产业占规模以上工业总产值的比重也不断攀升，徐州市从 2011 年的 28.77％快速增长到 2015 年的 36.2％；连云港市则从 33.02% 提升到 39.1%。高新技术产业在工业经济中的份额越大,越能说明沿东陇海地区工业结构在不断优化,经济增长方式调整、升级推动力越强。2015 年徐州市高新技术产业产值达 4505.26 亿元,同比增长 11.3%,占工业产值比重达 36.2%,同比提高 0.7 个百分点。2015 年徐州市主导产业增长态势平稳。列统的 37 个工业行业大类中,32 个行业保持正增长,其中,产值前十位行业共实现产值 8348.68 亿元,同比增长 8.3%。重点培育的六大千亿元产业产值达 10989.58 亿元,增长 7.7%,其中,食品与农副食品加工业、煤盐化工业、建材业、装备制造业分别增长 10.4%、10.9%、7.8% 和 5.4%;冶金业增长 10.5%,首次进入千亿元行列;能源业下降 5.4%。列统的 188 种产品中有 64 种产品产量较上年下降,105 种产品产量增速较上年有所回落。

表9 沿东陇海地区徐州和连云港高新技术产业发展情况(2011—2015 年)

	2011 年	2012 年	2013 年	2014 年	2015 年
高新技术产值(亿元)					
徐州市	2000.01	3016.11	4013.63	4047.74	4505.26
连云港市	868.70	1144.58	1426.58	1669.25	2181.15
占规模以上工业共产值比重(%)					
徐州市	28.77	33.79	38.14	35.54	36.2
连云港市	33.02	34.13	34.54	34.31	39.1

数据来源:各年《江苏统计年鉴》

2015 年,高新产业快速发展,高新技术产业产值 2181.15 亿元,增长 19.0%;总量占全市规模以上工业总产值的 39.1%,增幅高出 5.8 个百分点,对全市工业总产值增长的贡献率达 53.4%,拉动全市工业总产值增长 7.1 个百分点。临港产业平稳发展。产业集中程度不断提高,2015 年石化产业和装备制造业产值均超过千亿,分别达 1201.53、1053.72 亿元;冶金业产值接近千亿,为 974.19 亿元。以上三大产业产值占全市规模以上工业总产值的 57.9%。工业产值过亿元企业 854 家,较上年增加 110 家;亿元以上企业占规模以上工业企业的比重为 52.2%,较上年高 3.6 个百分点。

表10 沿东陇海地区高新技术产业和新兴产业基本情况(2015 年)

	高新技术产业		主要优势新兴行业
	产值(亿元)	增速(%)	
徐州	4505.26	11.3	新材料、新能源、新医药、节能环保、智能装备
连云港	2181.15	19.0	新材料、新医药、新能源

数据来源:徐州、连云港《2015 年国民经济运行与统计年报》

沿东陇海线产业带建设也存在一些急需解决的问题:一是战略定位不高。产业带的定位是江苏省"新兴的产业密集带、苏北地区对外开放的先导区、全省经济发展的重要增长极",但却没有争取将其上升到国家发展战略层面,成为西部大开发及中部崛起的龙头。二是建设区域过于狭窄。产业带的建设区域是东陇海铁路沿线地区,而紧邻东陇海铁路线的宿迁市只是产业带的影响区域,削弱了产业带对苏北的带动作用。三是主导产业定位不合理。产业带的主导产业是以资源加工型为主,没有突出临港工业和高新技术产业的地位,造成了产业功能和经济结构上的严重缺陷。

四、沿东陇海地区开放型经济发展现状

2015年,沿东陇海线地区的进出口总额为120.25亿美元,占全省比重为2.2%,其中出口为72.38亿美元,占全省比重2.14%;实际利用外商直接投资19.18亿元,占全省比重为7.9%。沿东陇海线地区的外向型经济总体上比较不发达,与苏南和沿江地区有较大差距,但近几年迅猛发展,增长率领先于全省其他地区,承接国际资本和区域产业转移的步伐加快,后发优势开始显现,正在成为江苏省开放型经济新的增长极,为地区经济的稳定发展和综合实力的提高做出了贡献。

(一)对外贸易规模不断扩大,增速领先于其他三个经济带

从图6可以看出,2011年以来沿东陇海地区的进出口总额和出口总额都是有增有减的状态,分别从117.71亿美元和66.93亿美元提高到120.25亿美元和72.38亿美元。2013年和2015年都出现了负增长。其余年份的进出口总额增长率和出口总额增长率都在15%上下,最高时曾分别达到21%和23%。2011年国际经济形势不断下行,我国出口受阻严重,江苏及苏南部分地区对外贸易增速都出现大幅下滑,但沿东陇海地区却"逆势上扬"继续保持20%左右的增长率,成为全省外向型经济新的增长点。

表11　沿东陇海地区对外贸易发展情况(2011—2015年)

	2011年	2012年	2013年	2014年	2015年
进出口总额	117.71	142.75	109.32	126.12	120.25
出口总额	66.93	82.34	71.03	78.79	72.38
实际外商直接投资额	17.34	18.58	18.08	22.56	19.18

数据来源:各年《江苏统计年鉴》

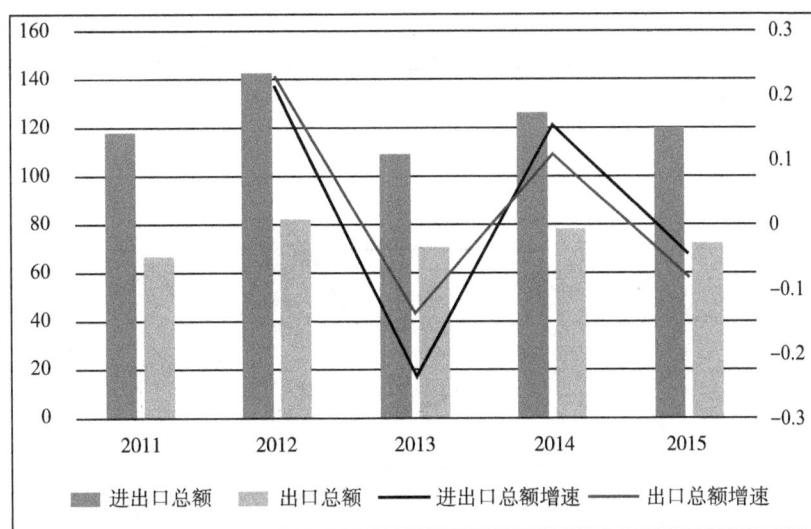

图6　沿东陇海地区进出口总额和出口总额变化情况(2011—2015年)
数据来源:各年《江苏统计年鉴》

2015年徐州市区实现进出口总额和出口总额30.86亿美元和25.40亿美元,占到整个东陇海线地区的25.66%和35.09%。连云港市区实现进出口总额和出口总额72.17亿美元和33.80亿美元,

占到整个东陇海线地区的 60% 和 46.7%。三个县(市)的进出口总额都没有超过 10 亿美元,最低的东海县进出口总额只有 3.69 亿美元。新沂市的进出口总额增长率最高,达到了 43.11%,但实际外商直接投资达到却出现了负增长,达到了 −89.39%,东海县的实际外商直接投资也出现了负增长。总体来说,连云港市区的增长要快于徐州市区。主要是因为徐州市区的进出口总额也出现了负增长,达到了 −27.52%,出口额和实际外商投资增长率也没有超过 10%,而连云港市区的增长率都超过了 15%,其中实际外商直接投资额甚至达到了 51.35%。

表12　沿东陇海地区开放型经济主要指标及增长率情况(2011—2015 年)

地　区	2015 年(亿美元)			2011—2015 年增长率(%)		
	进出口总额	出口总额	实际外商直接投资额	进出口总额	出口总额	实际外商直接投资额
东陇海合计	120.25	72.38	19.18	2.16	8.14	10.61
徐州市区	30.86	25.40	9.93	−27.52	8.45	1.53
新沂市	4.05	2.08	0.07	43.11	−7.56	−89.39
邳州市	9.47	8.20	1.88	−6.52	−16.24	12.57
连云港市区	72.17	33.80	6.75	21.72	15.44	51.35
东海县	3.69	2.90	0.55	28.13	32.42	−27.63

数据来源:各年《江苏统计年鉴》

(二)吸引 FDI 规模较为稳定,2005 年下滑明显

从图 7 江苏沿东陇海地区 2011—2015 年的实际外商直接投资额及增长率的变化情况可以看出,该地区实际外资直接投资额的规模不断扩大,从 2011 年的 17.34 亿美元增长到 2015 年的 19.18 亿美元,年均增长率为 6.41%。在《江苏省沿东陇海线产业带建设总体规划》出台之后,FDI 增长率出现了飞跃,之后一直保持在 15% 上下。2012 年的增长率为 7.17%,低于全省平均水平(11.29%)、沿海地区水平(21.80%),而到了 2013 年 FDI 的增长率出现了负值,但到了 2014 年增长率猛增到 24.78%,随后 2015 年也出现了负增长。

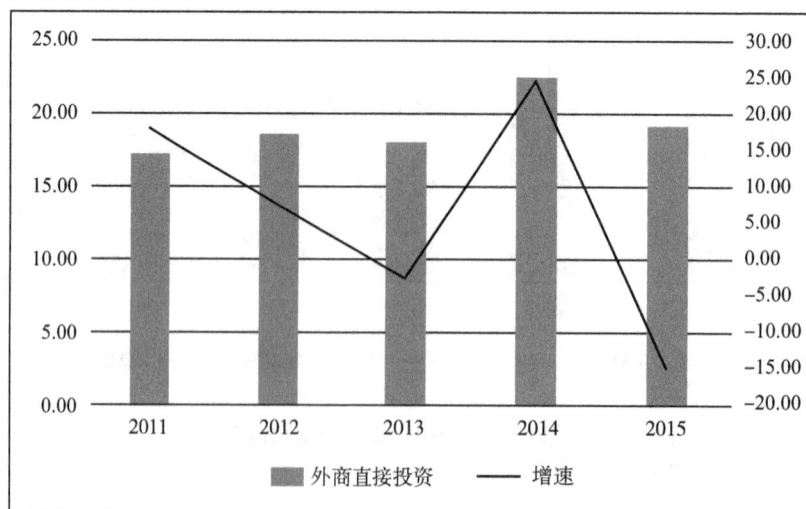

图7　沿东陇海地区实际外商直接投资额及增长率变化情况(2011—2015 年)
数据来源:各年《江苏统计年鉴》

2015 年,在沿东陇海线地区中,徐州市区是吸引外商直接投资额最高的城市,达到了 9.93 亿美元,占整个区域的 51.78%。其次是连云港市区 6.75 亿美元,占整个区域的 35.20%。在三个县(市)中,邳州市的实际外商直接投资额最高,为 1.88 亿美元,其次是东海县的 0.55 亿美元,新沂市最低,只有 0.07 亿美元。

(三)外向型经济在全省中的地位缓慢提高

图 8 是沿东陇海地区进出口总额、出口总额和实际外商直接投资额占全省比重的变化情况。其中 2010—2015 年间,进出口总额和出口总额的比重有所增加,分别从 1.81% 和 1.69% 提高到 2.2% 和 2.14%,但相比较于该地区 GDP 和工业总产值占全省的比重,对外贸易的地位在省内较低。实际外商直接投资总额占全省的比重稍高一点,并表现出持续的上升趋势。从 2010 年的 5.16% 提高到 2012 年的 5.20%,2013 年有略微降低到 3.82%,2014 年增长到 8%,2015 年又略下降到 7.9%。承接国际资本和区域产业转移的步伐加快,后发优势开始显现。

表 13　沿东陇海地区对外贸易发展在全省中的比重(2010—2015 年,%)

	2010 年	2011 年	2012 年	2013 年	2014 年	2015 年
进出口总额	1.81	2.18	2.60	1.98	2.24	2.20
出口总额	1.69	2.14	2.51	2.16	2.30	2.14
实际外商直接投资额	5.16	5.40	5.20	3.82	8.00	7.90

数据来源:各年《江苏统计年鉴》

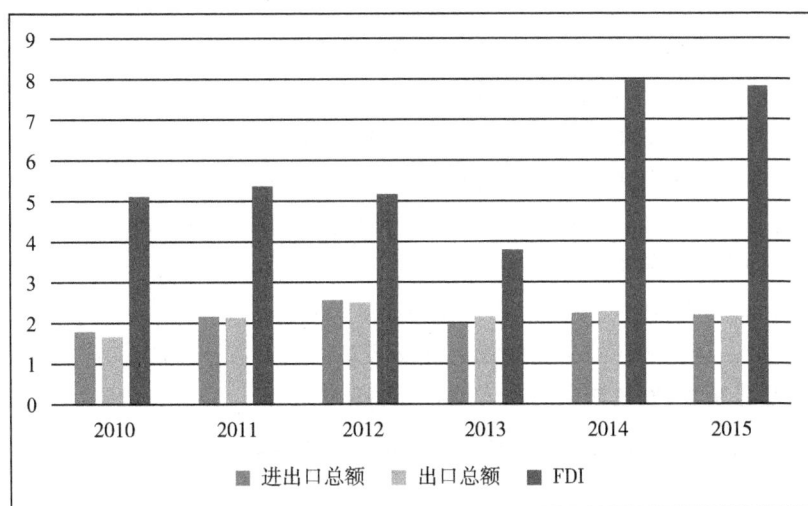

图 8　沿东陇海地区进出口总额、出口总额和 FDI 占全省比重变化情况
数据来源:各年《江苏统计年鉴》

五、沿东陇海地区人民生活现状

(一)城乡居民收入较快增长

在江苏省大力建设沿东陇海线产业带的政策推动下,城乡居民收入得到了较快的增长,民生民计明显改善。图 9 是沿东陇海地区徐州与连云港城镇与农村居民人均收入变化情况。

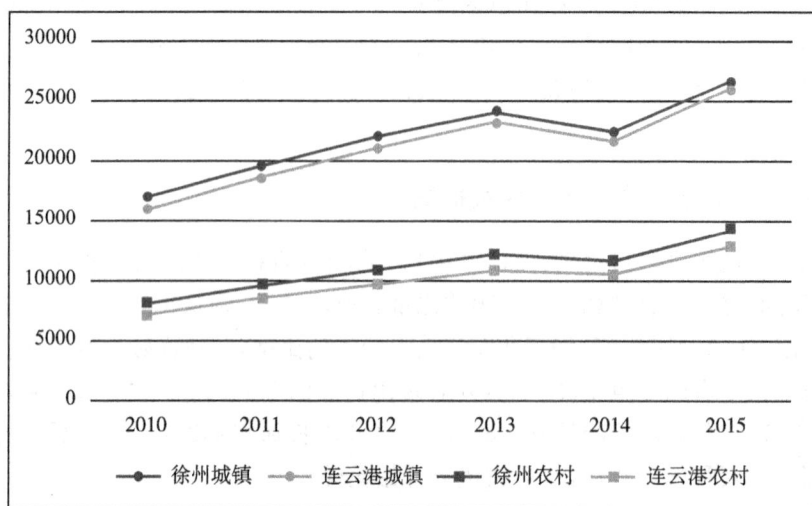

图 9　徐连两市城镇和农村居民人均收入变化情况（2010—2015 年）

数据来源：各年《江苏统计年鉴》

从绝对数量来看，徐州市的城镇与农村居民人均收入比连云港市要高，2015 年达到了 26219 元和 13982 元，比 2010 年分别增长了 56.42％和 75.76％。连云港市 2015 年城镇居民人均可支配收入为 25728 元，而农村居民人均纯收入只有 12778 元，但连云港城镇居民人均可支配收入和农村居民人均纯收入的年增长率却高出徐州市 10.49％和 13.59％。但是与沿江八市相比，居民收入要低不少，2015 年沿江八市城镇居民人均可支配收入最高的是苏州市（50390 元）、最低的是扬州市（32946 元），农村居民人均纯收入最高的是苏州市（25580 元）、最低的是泰州市（16410 元）。

从表 14 中可以看出连徐两市城镇和农村居民人均收入年增长率变化情况还是存在差异的。徐连两市城镇居民可支配收入的年增长率在 2011 年有所增加，但之后增长率开始走低，2014 年两市的城镇居民可支配收入的增长率只有 9.38％和 9.90％，但在 2015 年迅速增长到 19.68％和 20.42％。而徐连两市的农村居民人均纯收入随着增长率在 2012 年和 2014 年有两次小幅的下降，但整体上却呈现出不断加快的势头。与城镇居民可支配收入的年增长率所不同的是，徐连两市的农村居民可支配收入的增长率在 2011 年后连续年保持两位数高速增长，2015 年时分别达到了 22.04％和 22.73％，均比前一年有所增加。这表明在沿东陇海线经济发展的过程中，农村居民的民生问题得到了越来越多的重视，而且从趋势来看，农村居民的收入增长还将持续下去。

表 14　徐连两市城镇和农村居民人均收入年增长率（2011—2015 年，％）

	2011 年	2012 年	2013 年	2014 年	2015 年
徐州城镇居民可支配收入	8.81	10.20	9.46	9.38	19.68
连云港城镇居民可支配收入	11.16	9.77	10.42	9.90	20.42
徐州农村居民人均纯收入	13.29	10.53	11.99	11.27	22.04
连云港农村居民人均纯收入	13.79	10.81	12.06	11.80	22.73

数据来源：各年《江苏统计年鉴》

注：按 2000 年不变价格计算

徐连两市的城镇居民恩格尔系数从 2010 年的 35.2％和 37.5％分别下降到 2015 年的 30.20％和 32.7％。农村居民恩格尔系数的从 2010 年的 37.6％和 40.9％分别下降到 2015 年 31.9 ％和 33％。图 10 显示了 2011—2015 年，江苏徐连两市城镇与农村居民的恩格尔系数变化情况，从中可以看出，城镇居民的恩格尔系数在整体上是下降的过程。由于 2011 年出现了较大幅度的通货膨胀,尤其是食品价格涨幅明显,连云港市的城镇居民恩格尔系数有所上升。两市比较的话,徐州市的城镇居民恩格尔系数一直低于连云港市。徐连两市的农村居民的恩格尔系数则一直都保持着逐年下降的情况,只有连云港市在 2010 年出现过小幅增长。徐州和连云港的农村居民恩格尔系数降幅都要比城镇居民的恩格尔系数明显大很多。并且徐州市 2014 年的城镇居民的恩格尔系数要比农村居民的恩格尔系数低,这与沿海八市的情况相似。说明徐州城镇居民的食品消费支出受价格上涨影响较大,而农村居民则较小。根据联合国的标准,恩格尔系数在 59% 以上为贫困,50%—59% 为温饱,40%—50% 为小康,低于 40% 为富裕。目前发达国家的恩格尔系数基本上在 10%—20% 左右。因此,按照联合国的恩格尔系数标准来说,徐连两市的城镇居民和农村居民都处在相对富裕的水平。

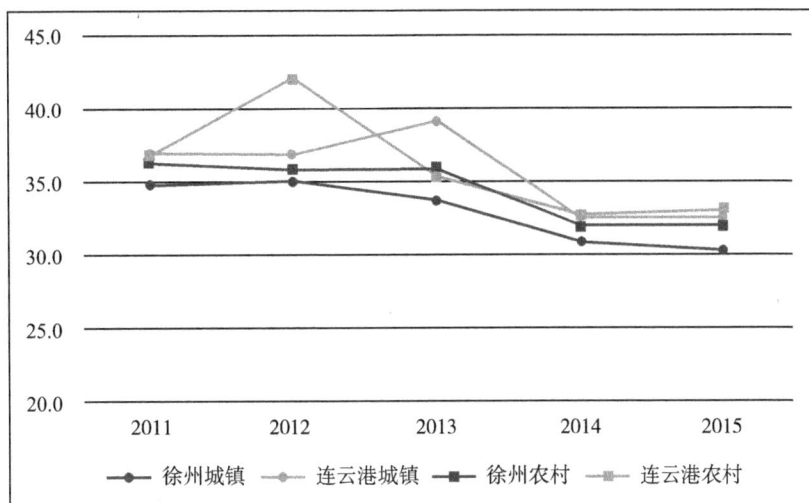

图 10　徐连二市城镇和农村居民恩格尔系数变化情况(2011—2015 年)

数据来源:各年《江苏统计年鉴》

(二)人民生活水平全方位提升

　　江苏沿东陇海线产业带的建设除了在收入水平上给予民众实惠外,人均储蓄存款余额、人均住房面积等指标的全面提升反映了人民生活水平全方位的进步。2015 年徐州市区和连云港市区的城镇居民人均收入水平为 26219 元和 25728 元,分别是 2010 年的 1.56 倍和 1.63 倍,徐州市区要高出连云港市区 491 元。

表 15　沿东陇海地区人民生活主要指标变化情况(2010—2015 年)

	城镇居民人均可支配收入(元)		农村居民人均纯收入(元)		城镇居民人均住房面积(平方米)		农村居民人均住房面积(平方米)	
	2010 年	2015 年	2010 年	2015 年	2010 年	2015 年	2010 年	2015 年
徐州市区	16762	26219	7955	13982	32.9	41.2	41.6	51.3
新沂市	13148	22901	7231	13281	40.4	46.4	36.9	47.7
邳州市	15384	26334	8331	14028	32.6	62.7	38.7	66.9
连云港市区	15790	25728	7039	12778	35.8	46.5	35.3	48.2
东海县	14672	25281	7273	13286	37.5	48.0	34.7	52.0

数据来源:2011 年和 2016 年《江苏统计年鉴》

　　在市(县)的比较中邳州市城镇居民人均收入水平最高,为26334元,其次是东海县25281元,最后是新沂市22901元。在三个县中,邳州市的农村居民人均纯收入是最多的,从2010年的8331元提高到2015年的14028元,也是所有市(县)中2014年农村居民人均纯收入最高的。新沂市和东海县的农村居民人均纯收入比较接近,都在13000元左右,东海县略多出5元,增长幅度也相似,分别是83.7%和82.7%。居住水平是衡量一个国家或地区生活质量的指标之一,也是反映社会发展水平和文明程度的重要标志。沿东陇海地区城镇居民人均住房建筑面积与农村居民人均住房建筑面积均全面增加,其中徐州市区和连云港市区的城镇居民人均住房面积从32.9平方米和35.8平方米,增加到2015年的41.2平方米和46.5平方米。三个县(市)中邳州市2015年农村居民人均住房面积最高,为66.9平方米,新沂市和东海县也都超过了47平方米,而在2010年都只有34平方米左右。

第六篇　县域经济篇

第一章　江苏省县域经济发展研究报告

一、整体概况介绍

县域经济作为国民经济的基本单位,是经济社会生活中宏观和微观的结合部,无论在人口数量、地域规模,还是在经济发展中,都占据十分重要的地位。2012 年 9 月,经国务院、江苏省政府批复同意,苏州市县级吴江市撤销,设立苏州市吴江区,以原吴江市行政区域为吴江区的行政区域。2012 年 12 月,经国务院、江苏省政府批复同意,泰州市撤销县级姜堰市,设立泰州市姜堰区,以原姜堰市行政区域为姜堰区行政区域。2013 年 2 月,经国务院、江苏省政府批复同意,南京市溧水县、高淳县被撤销,设立南京市溧水区、高淳区,分别以原溧水县、原高淳县的行政区域为南京市溧水区、高淳区的行政区划。2014 年 5 月,经国务院、江苏省政府批复同意,连云港的赣榆县整建制撤县设区,为连云港赣榆区。2015 年 6 月,经国务院、江苏省政府批复同意,常州的金坛市撤销县级市,为常州金坛区。2015 年 8 月,经国务院、江苏省政府批复同意,撤销县级大丰市,设立盐城市大丰区,以原大丰市的行政区域为大丰区的行政区域。

因此,2015 年江苏县域经济研究对象共有 42 个县(市),与 2014 年相比,减少 2 个。具体包括常州地区的溧阳市,淮安地区的洪泽县、金湖县、涟水县、盱眙县,连云港地区的东海县、灌南县、灌云县,南通地区的海安县、海门市、启东市、如东县、如皋市,苏州地区的常熟市、昆山市、太仓市、张家港市,泰州地区的靖江市、泰兴市、兴化市,无锡地区的江阴市、宜兴市,宿迁地区的沭阳县、泗洪县、泗阳县,徐州地区的丰县、沛县、邳州市、睢宁县、新沂市,盐城地区的滨海县、东台市、阜宁县、建湖县、射阳县、响水县,扬州地区的宝应县、高邮市、仪征市,镇江地区的丹阳市、句容市、扬中市。

2015 年,江苏县域经济总体保持良好发展势头。工信部中国电子信息产业发展研究院直属的赛迪顾问发布的"2016 年县域经济 100 强"榜单中,江苏摘得百强县第一,前 5 占 4 席,前 10 占 6 席,以 46 的平均排名胜于浙江 52.5 的平均排名。其中,夺冠的昆山是百强县的"尖子生",拥有国家级经济技术开发、国家级高新技术产业开发区、综合保税区。江阴、张家港、常熟排在 2—4 名,太仓、宜兴进入前 10 名。其余入围的百强县市集中在镇江、常州、苏州、南通、无锡、泰州这些苏南、苏中地区,苏北地区仅有盐城的东台市入围。苏南地区县域经济发展源于乡镇企业的发展,在新形势下苏南地区加快创新步伐,积极发展园区经济,使其县域经济实力继续保持全国领先。

2015 年,江苏省县域经济土地面积为 70477.9 平方公里,占全省的 66.57%;常住人口数量达到 4208.33 万人,占全省常住人口总数的 52.76%。县域经济全年实现区域生产总值 31346.8 亿元,占江苏省 GDP 总量的 44.71%,其中实现工业增加值 13674.08 亿元,服务业增加值 13692.21 亿元,分别占全省的 48.84% 和 40.17%。县域经济在江苏省总体发展中依旧占有重要的地位,县域经济的崛起对带动江苏省整体经济发展具有积极的推动作用。

二、江苏县域综合经济发展现状

自 20 世纪 80 年代以来,伴随着乡镇企业的兴起,江苏的县域经济一度进入一个蓬勃发展的时代,占据全省经济的半壁江山。以昆山、江阴为代表的一大批沿海县市成为江苏经济最为活跃的地区。从最早"村村点火、户户冒烟"的原始模式,到园区化承载、集群式推进,县域经济成为支撑国民经济中不可忽视的力量。

改革开放之初,苏南以"吃螃蟹"的勇气和决心,坚持走市场化之路,大力发展乡镇经济和乡镇企业,不仅冲击了高度集中统一的计划经济和资源配置的行政方式,而且为社会主义市场经济体制的建立开拓了道路,推动了区域经济长达数十年的高速发展。在全面深化改革的新形势下,苏南乡镇经济只有秉承改革思路,坚持破立并举,充分发挥市场配置资源的决定性作用,着力推动产业重兴、特色重显、渠道重拓、环境重建,才能重构发展新优势,推动经济新转型。

近五年来,江苏省县域经济规模不断扩大,但增速与大环境相似,有明显下降趋势。2011 年江苏省 42 个①县域经济全年完成地区生产总值 22280.33 亿元,至 2015 年,全省县域经济地区生产总值已达 313346.76 亿元,五年内平均增速到 8.91%。但从具体增速来看,经过 2010 年的短暂调整之后,县域经济近几年面临较大的增速下滑问题。2015 年县域经济地区生产总值增速平均值只有 5.98%。县域经济总量在全省的占比有所下滑,从 2011 年的 45.36%,上升到 2012 年峰值 46.20%,之后一路下滑到 2015 年的 44.71%。以常住人口计算的人均 GDP 也面临同样的问题,2015 年江苏省县域经济人均 GDP 年增长率均值达到 8.7%,比全省人均 GDP 增长高出 1.05 个百分点。

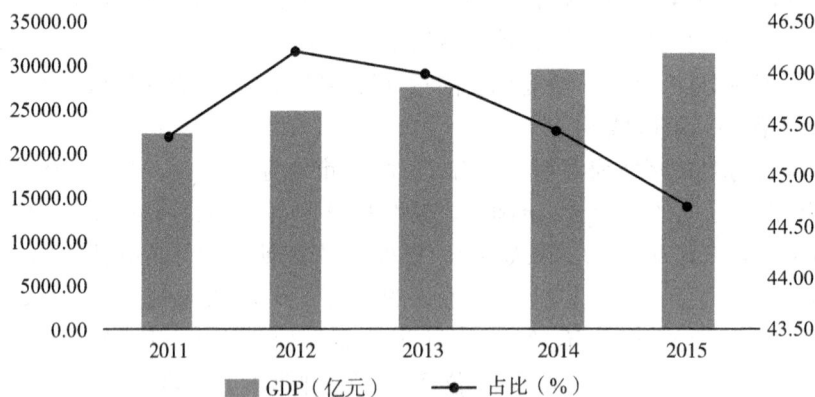

图 1　江苏省县域经济地区生产总值及占全省的比重

数据来源:历年《江苏统计年鉴》

注:本表县域经济数据由 2015 年的 42 个县(市)相关指标加总计算所得。

县域地区生产总值占全省地区生产总值的比重继续呈现下降趋势,这反映出随着宏观经济的日益严峻,竞争力薄弱的县域经济逐渐陷入困局,产业同质化、结构单一、技术力量不足等短板逐渐暴露。背后的核心重要因素在于县域产业发展同质化和产能过剩。从目前的情况来看,江苏相当部分县域产业体系雷同,而且很多产业链条短、科技含量低、附加值不高、能源消耗较大。特别是一些县域经济主要依靠钢铁、电解铝、水泥等传统工业或光伏、风电等新能源产业支撑,目前供给能力大幅超出需求,运行风险逐步显性化。

从苏南、苏中和苏北三大区域来看,其内部县域经济发展依然存在一定的差距。从经济总量上来说,苏南县(市)地区生产总值在全省县域经济中依旧占有绝对优势,但其占比逐步下降,五年间由 53.6%下降到 49.04%。苏中县(市)与苏南县(市)保持了基本一致的增长趋势,在近年来在增速降低的情况下保持了总体经济的规模扩张。苏北县(市)在 2010 年后与其他区域县(市)的总体增长情况出现分离,虽然增速也出现了小幅下降,但与其他区域的增速差距逐步扩大。苏北县(市)经济总

---

① 按 2015 年的 42 个县域进行计算。

量保持了较高的增长速度,但是在 2014 年和 2015 年出现不同程度的下降,总体而言在全省县(市)经济中的地位逐步提升,2015 年时苏北县域经济总量占全部县域经济的 27%。

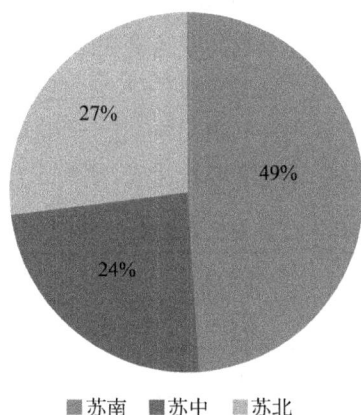

图 2　2015 年江苏省三大区域县域经济地区生产总值占比(%)
数据来源:历年《江苏统计年鉴》
注:本表县域经济数据由 2015 年的 42 个县(市)相关指标加总计算所得。

从县域经济数量来看,2015 年苏南地区共有 10 个县(市),年末户籍人口数达 806.24 万人,占全部县(市)的 19.16%,土地面积共计 12250.7 平方米,占全部县(市)的 17.38%;苏中地区共有 11 个县市,年末户籍人口达 1127.2 万人,占全部县(市)的 26.78%,土地面积共计 16914.7 平方米,占全部县(市)的 24%;苏北地区共有 21 个县市,年末户籍人口为 2274.89 万人,占全部县(市)的 54.06%,土地面积共计 41312.5 平方米,占全部县(市)的 58.62%。

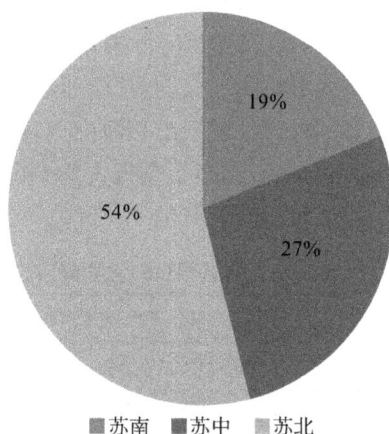

图 3　2015 年江苏省三大区域县域户籍人口占比(%)
数据来源:历年《江苏统计年鉴》
注:本表县域经济数据由 2015 年的 42 个县(市)相关指标加总计算所得。

2015 年,苏南地区 10 个县(市)全年实现地区生产总值 15326.84 亿元,占全省县域经济的 50.2%;苏中和苏北地区分别实现地区生产总值 6854.34、8353.62 亿元,占全省县域经济总量的 22.4%和 27.4%。

从表 1 中可以看出,三大区域中县域经济中的户籍人口和土地面积存在显著差异,苏南地区以全省县域经济中 19.16%的人口和 17.38%的土地创造了近三倍的全省县域经济平均水平的经济密度,在全省县域经济发展中起到极为重要的作用。苏中地区全年地区生产总值仅为苏南地区县(市)的 48.07%,苏北地区全年地区生产总值是苏南地区县(市)的 55.82%,三大区域之间的总体经济发展还存在一定差距。

但从发展速度上来看，2015年全年苏中地区县(市)GDP平均增速为10.0％，高于苏南地区1.8个百分点，苏北地区县(市)GDP平均增速达到10.1％，比苏南地区高1.9个百分点。由于苏南地区经济发展基数较大，苏南、苏中、苏北三大区域县域经济在未来相当时间中仍将保持一定的差距。基于"长三角规划实施"、"江苏沿海开发"、"跨江联动"、"长江经济带"、"一带一路"等政策的叠加效应，苏北地区县域经济出现了快速发展的势头，展现出"三快于"的局面，即苏北地区县域经济增长速度快于苏北地区增长速度，快于江苏省县域经济增长速度，更快于江苏省经济增长速度。

表1 2015年江苏省三大区域县(市)主要综合指标

	绝对值			比重（％）		
	苏南	苏中	苏北	苏南	苏中	苏北
县(市)数量	10	11	21	25	25	50
年末户籍人口（万人）	806.24	1127.20	2274.89	19.16	26.78	54.06
土地面积（平方公里）	12250.7	16914.7	41312.5	17.38	24	58.62
GDP（亿元）	15374.01	7390.32	8582.42	49.04	23.58	27.38
经济密度（万元/平方公里）	12549.50	4369.17	2077.44			

数据来源：《江苏统计年鉴2016》
注：本表县域经济数据由42个县(市)相关指标加总计算所得；经济密度比重是指区域县(市)经济密度与全部县(市)经济密度的比例。

从具体县(市)表现来看，以昆山市、常熟市、江阴市等为代表的明星苏南县(市)依旧保持了较好的发展态势，为县域经济发展树立了榜样。2015年全省县(市)地区生产总值排名中，前十位依次为昆山市、江阴市、张家港市、常熟市、宜兴市、太仓市、丹阳市、海门市、如皋市、启东市，其中七个县(市)来自苏南区域，该排名与2014年基本相同。人均GDP排名前十位依次为昆山市、张家港市、江阴市、太仓市、扬中市、常熟市、丹阳市、靖江市、宜兴市和海门市，其中八个县(市)来自苏南区域。排名前十位的县(市)人居GDP均超过10万元，远高于全省人均GDP均值87995元，排名首位的昆山市人均GDP达186582元，是末位县(市)人均GDP的4.97倍。

表2 2015年全省各县(市)主要经济指标

	GDP		GDP增长率		人均GDP	
	绝对值（亿元）	排名	绝对值（％）	排名	绝对值（元）	排名
江阴市	2880.86	2	7.4	37	176119	3
宜兴市	1285.66	5	7.2	38	102652	9
丰　县	370.33	31	10.4	19	39124	40
沛　县	605.84	20	10.5	12	54394	26
睢宁县	451.89	26	10.5	12	44210	33
新沂市	507.63	21	10.6	10	55891	25
邳州市	731.71	14	10.4	19	51015	28
溧阳市	738.15	13	3.1	42	97055	11
常熟市	2044.88	4	7.2	38	135431	6
张家港市	2229.82	3	7.1	40	177987	2

续　表

	GDP		GDP 增长率		人均 GDP	
	绝对值（亿元）	排名	绝对值（%）	排名	绝对值（元）	排名
昆 山 市	3080.01	1	7.5	36	186582	1
太 仓 市	1100.08	6	7.1	40	155159	4
海 安 县	680.44	15	9.9	29	78551	13
如 东 县	672.69	16	10.0	25	68506	17
启 东 市	803.14	10	9.8	32	84099	12
如 皋 市	812.46	9	9.8	33	64761	22
海 门 市	915.02	8	9.8	31	101298	10
东 海 县	393.54	30	11.2	1	40947	36
灌 云 县	300.13	38	10.6	10	37542	42
灌 南 县	281.63	39	10.7	6	44682	32
涟 水 县	340.87	36	11.1	3	40290	39
洪 泽 县	230.81	41	10.8	4	68459	18
盱 眙 县	320.13	37	10.0	26	49145	29
金 湖 县	216.53	42	10.8	5	65476	20
响 水 县	244.30	40	10.5	12	48646	30
滨 海 县	361.30	35	10.5	12	38359	41
阜 宁 县	363.20	32	10.5	12	43315	34
射 阳 县	407.61	29	10.5	12	45737	31
建 湖 县	431.05	27	10.3	22	58483	24
东 台 市	670.23	17	10.7	6	67916	19
宝 应 县	458.02	25	10.7	8	60669	23
仪 征 市	408.19	28	10.6	9	76792	14
高 邮 市	483.86	22	10.5	18	65420	21
丹 阳 市	1070.25	7	9.2	34	109276	7
扬 中 市	475.80	23	10.3	21	139184	5
句 容 市	468.50	24	10.0	28	75020	15
兴 化 市	667.40	18	10.0	27	53186	27
靖 江 市	748.32	11	8.5	35	108973	8
泰 兴 市	740.77	12	11.1	2	68768	16
沭 阳 县	630.13	19	9.9	30	40719	37
泗 阳 县	362.24	33	10.1	24	43072	35
泗 洪 县	361.32	34	10.2	23	40394	38

数据来源：《江苏统计年鉴 2016》

从增长速度来看，由于明星县(市)经济基数较大，在地区生产总值和人均GDP增长率上相对较低，苏中、苏北县(市)总体增速迅猛。地区生产总值增长率排名前十的县(市)依次为东海县、泰兴市、涟水县、洪泽县、金湖县、东台市、灌南县、宝应县、仪征市和灌云县。其中排名前三位的县(市)GDP增长率均超过11％，最高的东海县增速达11.2％，增速最低的是溧阳市，只有3.1％。

三、江苏县域产业经济发展现状

（一）县域产业结构进一步调整

2015年，江苏省县域经济三次产业结构由2014年的5.6：47.4：47.0，进一步调整为7.28：49.03：43.68，第二产业主导地位依旧不变，产业结构向第三产业倾斜，县域经济整体"服务化"进程稳步推进。该阶段特征符合钱纳里产业结构理论中关于"后工业化"阶段的描述：第二产业比重转为相对稳定并且开始有所下降，第三产业比重开始不断提高。相较于全省产业结构来看，县域产业结构依然存在第一、第二产业比重略高，第三产业比重偏低的问题。

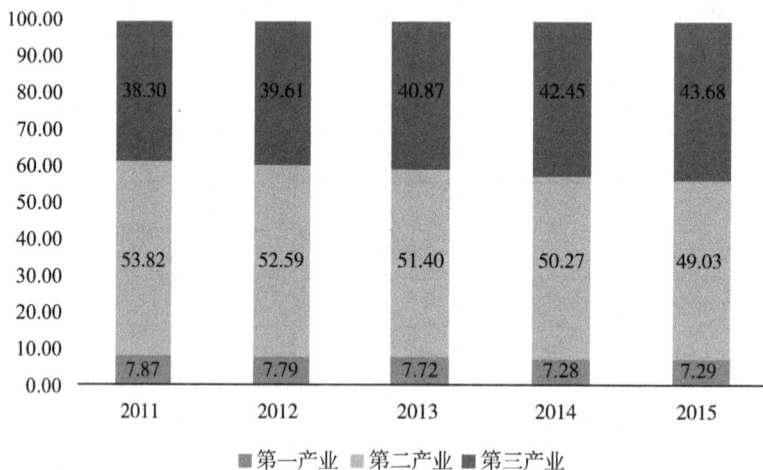

图4　2015年江苏省县域经济产业结构变化情况（％）

数据来源：历年《江苏统计年鉴》

注：本表县域经济数据由2015年的42个县(市)相关指标加总计算所得。

从苏南、苏中、苏北三大区域来看，其县域产业结构存在显著差别。苏南县域产业结构存在显著的"弱农业"特征，第二和第三产业比重都处于较高的水平，其中第二及第三产业比重显著高于全省及县域平均水平，说明苏南地区县域工业发展规模虽然较大，但服务业已经成为经济发达县域地区产业结构调整的主导方向。以张家港市为例，该市服务业占地区生产总值比重每年提升1.4个百分点，达到44.1％，服务业税收占比达到39.9％，服务业成为促进经济社会发展的"主引擎"。张家港市依托较为发达的工业经济基础，打造现代物流、专业市场、金融保险等生产性服务业，促进产业转型升级，构筑高端的现代产业体系，并引导传统工业企业向服务业领域进军，推进传统产业优化升级，实现"二三产融合发展"。形成了以现代物流、专业市场为重点产业，创意产业、科技服务、现代商务等新兴服务业协调发展的较为完整的县域服务业产业链。

苏中县域产业结构与全省县域产业结构较为类似，其工业规模与全省县域平均水平相近，但服务业发展水平偏低。苏北县域产业结构中的农业比重过高，达到15.00％，第二和第三产业比重均较低，县域经济整体对农业发展依赖程度较高，工业、服务业发展较为不足。

表3　2015年全省及地区县(市)三次产业结构(%)

	第一产业	第二产业	第三产业
全省县(市)	7.29	49.03	43.68
苏南县(市)	2.50	52.95	44.55
苏中县(市)	8.30	47.59	44.11
苏北县(市)	15.00	43.26	41.75

数据来源:《江苏统计年鉴2016》

注:本表县域经济数据由2015年的42个县(市)相关指标加总计算所得。

　　从具体县(市)来看,明星县(市)的第一产业比重非常低,昆山市第一产业比重已经低于1%,张家港市、江阴市、常熟市第一产业比重分别为14%、1.6%、2.0%,县域经济发展对农业发展的依赖极低。值得注意的是,这些县(市)基本都具有较大的工业发展规模,其中昆山市第二产业比重已经达到55.0%,但其第三产业比重达到43.4%,还未成为主导产业,产业结构整体由工业主导。灌云县经济的发展则依赖于农业经济的发展,第一产业比重达到19.9%,而邳州市、新沂市、洪泽县、金湖县、涟水县、盱眙县、滨海县、射阳县、东台市、大丰市、建湖县、泗洪县、沭阳县虽然农业比重都超过10%,但其第三产业比重均超过40%。这种现象说明,江苏省经济强县(市)目前基本脱离传统农业,处于工业主导状态,服务业比重有待进一步提高;传统弱县(市)在依赖农业发展的同时,克服工业基础不足的劣势,大力发展第三产业取得了一定的成果。

(二)县域农业发展稳步推进

　　2011—2015年间,江苏省县域农业规模稳步扩大,2015年江苏省县域农业全年实现增加值2284.98亿元,同比上年增长6.05%。全省县(市)第一产业增加值增速在2010年达到顶峰,苏南、苏中、苏北县(市)该指标分别达到10.16%、14.39%和13.01%,之后呈现波动下降的趋势。2015年,苏南地区第一产业增加值为1072.22亿元,占全省县(市)总量的27.55%;苏中地区完成第一产业增加值1003.89亿元,占全省县(市)总量的25.79%;苏北地区全年实现第一产业增加值1815.88亿元,占全省县(市)总量的46.66%。"十三五"期间,江苏将支持苏北大力发展优势特色产业,建设一批以"一村一品""一镇一业"为特征的规模化、集约化、标准化生产基地,以产粮大县为重点,加强设施农

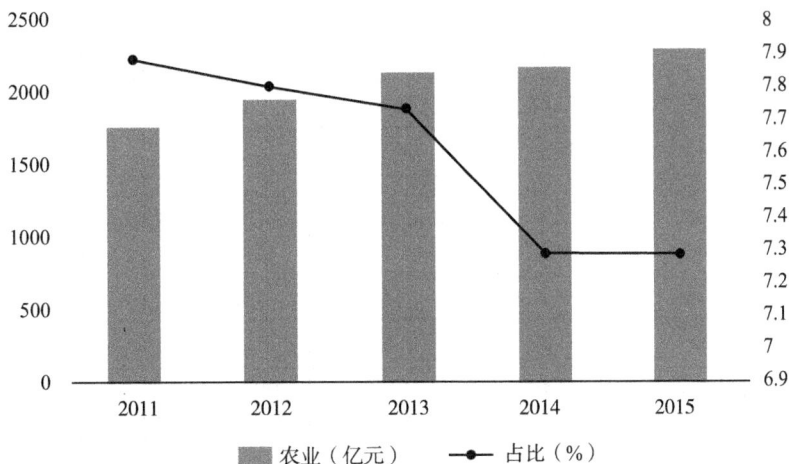

图5　江苏省县域农业生产总值及占全省的比重

数据来源:历年《江苏统计年鉴》

注:本表县域经济数据由2015年的42个县(市)相关指标加总计算所得。

业、农产品精深加工、仓储物流建设,加大高标准农田建设力度,到 2020 年苏北地区高标准农田比重达 60％,高效设施农业比重达 20％。

从具体县(市)农业发展状况来看,邳州市、兴化市、东台市、沛县、沭阳县、射阳县、睢宁县、丰县、高邮市和宝应县 2015 年第一产业增加值排名全省县(市)前十位,全部来自苏中、苏北地区,其增加值总和占全省县(市)总量的 34.01％,全省县(市)第一产业增加值差距较小,产业集中度不高。从第一产业增加值增长率来看,最高的前十位县(市)依次是丰县、兴化市、新沂市、金湖县、邳州市、沛县、洪泽县、泗阳县、盱眙县、灌南县,其中丰县县市第一产业增长率超过 15％,达到 17.05％。全省县(市)中 28 个县(市)第一产业增加值出呈现增长状态,另有 16 个县(市)第一产业增加值出现下滑。

表 4　2015 年全省各县(市)第一产业经济指标

市　县	农林牧渔业总产值	农业	林业	畜牧业	渔业	农林牧渔服务业
江 阴 市	89.03	41.24	7.83	17.54	10.12	12.30
宜 兴 市	89.22	53.02	3.57	7.34	17.91	7.38
丰　县	137.13	98.16	1.06	32.66	1.09	4.15
沛　县	161.86	104.04	0.80	46.87	3.54	6.61
睢 宁 县	146.31	84.89	2.46	50.20	4.70	4.06
新 沂 市	128.16	63.81	4.34	38.32	17.23	4.45
邳 州 市	205.42	131.27	3.75	54.78	8.30	7.31
溧 阳 市	85.85	47.63	1.11	6.47	27.16	3.49
常 熟 市	76.20	44.17	3.03	6.07	13.95	8.97
张 家 港 市	59.32	33.19	7.42	5.33	5.39	8.00
昆 山 市	52.37	15.02	4.76	2.16	27.33	3.11
太 仓 市	70.13	30.69	3.31	14.43	14.99	6.73
海 安 县	108.12	43.05	0.32	46.48	9.08	9.19
如 东 县	133.35	47.46	0.99	31.50	45.55	7.85
启 东 市	127.85	42.38	0.73	13.47	59.01	12.28
如 皋 市	104.19	59.82	0.25	31.65	5.86	6.61
海 门 市	90.85	45.53	1.04	12.26	21.28	10.74
东 海 县	121.54	70.12	4.47	24.77	11.56	10.63
灌 云 县	118.79	59.01	2.75	32.73	14.73	9.56
灌 南 县	90.99	55.72	2.01	22.13	7.11	4.01
涟 水 县	102.52	75.72	2.75	19.28	2.74	2.04
洪 泽 县	63.81	32.95	3.83	15.96	9.96	1.11
盱 眙 县	96.91	59.87	1.46	18.12	15.93	1.53
金 湖 县	58.09	34.21	1.74	6.56	13.92	1.67

市 县	农林牧渔业总产值	农业	林业	畜牧业	渔业	农林牧渔服务业
响 水 县	73.25	34.34	1.37	22.77	8.30	6.49
滨 海 县	107.25	54.24	4.42	23.71	21.12	3.76
阜 宁 县	106.85	40.88	3.74	35.43	17.72	9.08
射 阳 县	176.33	69.48	4.61	40.70	47.50	14.04
建 湖 县	89.81	33.72	1.48	25.07	21.57	7.97
东 台 市	196.32	91.24	4.21	57.14	29.37	14.36
宝 应 县	122.90	45.71	2.19	19.87	49.77	5.36
仪 征 市	43.64	26.68	2.16	9.40	1.80	3.60
高 邮 市	128.92	47.70	1.94	20.71	51.67	6.89
丹 阳 市	84.41	49.79	2.08	9.91	11.34	11.30
扬 中 市	23.53	11.52	0.87	3.13	3.64	4.38
句 容 市	70.37	41.22	4.83	7.77	7.75	8.80
兴 化 市	164.30	78.01	1.54	16.69	58.77	9.29
靖 江 市	36.38	20.63	0.50	8.53	3.29	3.43
泰 兴 市	83.47	51.16	1.01	23.98	4.63	2.68
沭 阳 县	160.69	122.91	5.30	27.31	3.00	2.16
泗 阳 县	98.81	53.40	6.99	17.08	17.83	3.52
泗 洪 县	114.03	50.07	1.27	20.27	39.87	2.56

数据来源:《江苏统计年鉴 2016》

(三)县域工业规模持续扩张

工业是江苏县域经济的重要支柱。2001 年中国加入 WTO 之后,江苏以制造业为代表的实体经济得到了突飞猛进的发展,也涌现出了一批具备全球竞争力的知名企业,如沙钢集团、江苏阳光、红豆集团、森达等。特别是一大批中小企业的成长,向国内和世界提供丰富的价廉物美的产品,向世界输出了"江苏制造"的新概念,给江苏县域经济带来了充沛的活力。

2015 年江苏省 42 个县(市)实现第二产业增加值 15369.57 亿元,同比增长 6.40%。其中工业增加值完成 13692.21 亿元,比上年增加 6.08%,高出 2014 年 1.5 个百分点。县域经济第二产业增加值完成额占全省总量的 47.96%,工业增加值占比 48.91%。全省县域工业发展速度显著高于全省平均水平,县域工业发展成为全省工业经济发展的巨大推动力,为江苏省经济全面发展打下了坚实的基础。

从具体区域来看,苏南县(市)2015 年完成第二产业增加值 8140.4 亿元,占全省县(市)总量的52.96%,其中工业增加值完成 7617.73 亿元,占全省县(市)总量的 55.71%;苏中县(市)全年第二产业增加值为 3516.83 亿元,占全省县(市)总量的比重为 22.88%,其中完成工业增加值 2942.41 亿元,占全省县(市)总量的比重为 21.52%;苏北县(市)完成第二产业增加值 3712.34 亿元,占全省县(市)总量的 24.25%,其中工业增加值完成 3113.94 亿元,占全省县(市)总量的 22.77%。苏南县(市)工

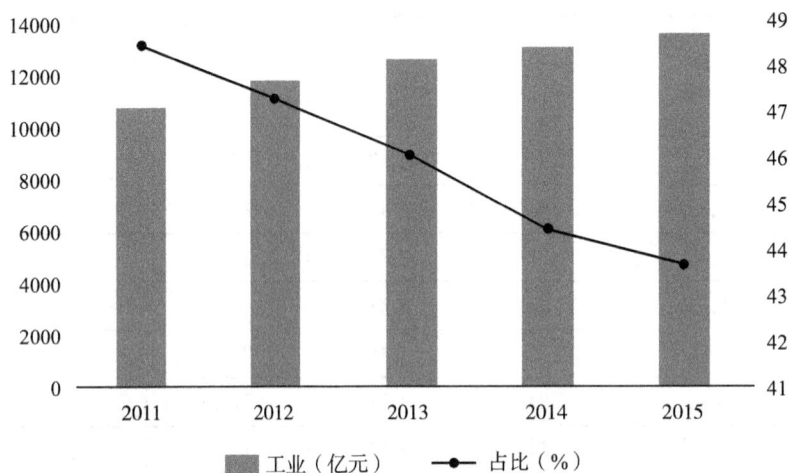

图6　江苏省县域工业生产总值及占全省的比重

数据来源:历年《江苏统计年鉴》

注:本表县域经济数据由2015年的42个县(市)相关指标加总计算所得。

业增加值增速出现少许下降,但由于其工业发展基数大,在全省县域工业发展中仍占有绝对地位。苏中、苏北县(市)虽然工业规模在全市县(市)中占比仅为20%左右,但其增速显著高于其他区域,尤其是苏北地区,其县(市)工业总产值增长率达到14.96%,是全省平均水平的两倍以上,发展势头迅猛,工业经济地位不断改善。

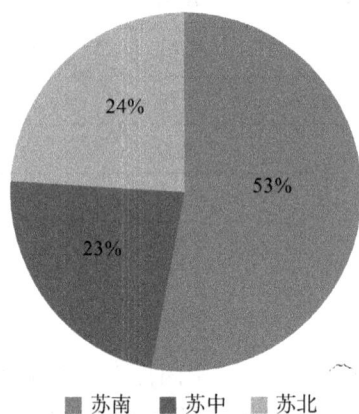

图7　2015年江苏省三大区域第二产业占比(%)

数据来源:历年《江苏统计年鉴》

注:本表县域经济数据由2015年的42个县(市)相关指标加总计算所得。

从个体县(市)来看,昆山市、江阴市、张家港市、常熟市、宜兴市、太仓市、丹阳市、海门市、靖江市、如皋市位居全省县(市)工业增加值前10位,其中昆山市、江阴市、张家港市、常熟市工业增加值超千亿,昆山市工业增加值达到1597.62亿元。从工业增加值增长率上来看,所有县(市)均保持了工业增加值增长,丰县、高邮市、洪泽县、如东县、新沂市、邳州市、东海县、睢宁县、金湖县进入县(市)工业增加值前十位,均来自苏中、苏北地区。全省县(市)工业总产值和工业增加值总体表现类似,邳州市、泰兴市进入县(市)工业总产值前十位,其中昆山市工业总产值超过8000亿元,昆山市工业总产值是末位县(市)的117.34倍。全省县(市)工业总产值增长率表现各异,涟水县、东海县、金坛市、洪泽县、盱眙县、丰县、泰兴市、建湖县、泗洪县、金湖县工业增加值增速位列前十,其中江阴市、宜兴市、昆山市和张家港市的工业规模增速较低。工业强县(市)仍然以其良好的工业基础支撑全省工业发展,并保持稳步扩张,部分县(市)以其强劲的增长势头奋起直追,个别县(市)由于内部结构调整工业发展正在经历"阵痛",县域工业整体呈现良性发展,工业规模持续扩张。

昆山市作为江苏县域经济中工业实力最强的地区,全市拥有一个千亿级产业集群和12个百亿级产业集群,其中千亿级集群IT产业(通信设备、计算机及其他电子设备)2015年实现产值4959.83亿元,比上年增长8.8%,总量占规模以上工业产值的60.1%,继续保持总量领先的优势。以通用设备制造和专用设备制造为首的六大装备制造产业较快增长,实现总产值1675.19亿元,比上年增长1.8%。其中,仪器仪表制造业实现产值113.1亿元,增长5.5%。全年生产电子计算机整机4835.14万台;数码相机401.89万台,比上年增长26%;手机3007.73万台,增长415.4%。

江阴市工业增加值仅次于昆山市,2015年达到1515.18亿元。江阴市工业发展的特点之一,就是大企业的作用非常明显,贡献继续增大。在全市百强企业中,三房巷集团、海澜集团、阳光集团、华西集团、新长江实业、兴澄特钢等六家企业集团2015年的主营业务收入超200亿元,法尔胜集团、双良集团、远景能源、澄星实业、华宏实业等五家企业集团主营业务收入超100亿元,12家企业超50亿元,12家企业超20亿元,14家企业超10亿元。55家工业百强企业利税总额超亿元,其中超10亿元的12家。全市工业百强企业全年完成产品销售收入3886.6亿元,实现利税410.1亿元,分别占全市规模以上工业总量的70.4%和80.3%。

表5 2015年全省各县(市)工业经济指标

	工业增加值		工业总产值		工业利润总额	
	绝对值(亿元)	排名	绝对值(亿元)	排名	绝对值(亿元)	排名
江 阴 市	1515.18	2	5744.96	2	351.63	2
宜 兴 市	559.96	5	2779.18	5	119.31	14
丰 县	122.89	34	616.91	40	49.76	32
沛 县	217.06	21	1521.09	18	95.36	19
睢 宁 县	151.79	29	922.79	28	97.56	18
新 沂 市	180.99	23	1599.25	16	113.04	16
邳 州 市	271.77	14	2225.10	8	183.26	5
溧 阳 市	311.86	11	1212.73	23	73.24	26
常 熟 市	1011.88	4	3612.54	4	168.60	6
张家港市	1132.68	3	4485.74	3	142.81	10
昆 山 市	1597.62	1	8270.97	1	401.42	1
太 仓 市	529.25	6	1993.08	10	126.23	12
海 安 县	261.35	16	1992.15	11	141.97	11
如 东 县	262.62	15	1860.27	13	146.21	9
启 东 市	306.70	13	1631.36	15	121.24	13
如 皋 市	333.43	10	1759.43	14	80.09	23
海 门 市	390.45	8	1871.30	12	206.81	4
东 海 县	150.82	30	929.82	27	64.30	28
灌 云 县	101.23	39	636.22	37	39.97	36

续　表

	工业增加值		工业总产值		工业利润总额	
	绝对值（亿元）	排名	绝对值（亿元）	排名	绝对值（亿元）	排名
灌南县	118.56	35	619.80	39	43.08	34
涟水县	107.49	37	729.48	31	36.87	38
洪泽县	81.49	41	645.47	36	43.00	35
盱眙县	102.39	38	912.50	29	38.93	37
金湖县	73.23	42	476.94	42	21.62	42
响水县	99.46	40	718.52	33	81.15	22
滨海县	128.24	33	657.39	35	32.16	39
阜宁县	118.42	36	682.56	34	31.30	40
射阳县	139.38	31	630.61	38	30.13	41
建湖县	161.61	26	895.06	30	59.50	29
东台市	243.49	18	1060.47	25	57.64	30
宝应县	165.96	25	990.88	26	54.92	31
仪征市	157.12	27	1462.10	19	101.50	17
高邮市	177.86	24	1157.32	24	78.61	24
丹阳市	518.22	7	2512.23	7	151.22	7
扬中市	240.57	19	1255.91	22	82.80	21
句容市	200.51	22	1361.19	20	74.50	25
兴化市	230.97	20	1558.69	17	89.27	20
靖江市	344.89	9	2002.83	9	148.99	8
泰兴市	311.06	12	2589.50	6	235.97	3
沭阳县	260.29	17	1319.01	21	116.37	15
泗阳县	154.09	28	584.28	41	43.51	33
泗洪县	129.25	32	720.78	32	66.57	27

数据来源：历年《江苏统计年鉴2016》

（四）县域服务业发展势头良好

全省42个县(市)2015年全年完成服务业增加值13674.08亿元，比上年增加12.51％，占全省服务业增加值总量的40.12％。服务业整体增速显著高于全省县(市)经济增速，成为对县域经济贡献率最高的产业。

从具体区域来看，苏南县(市)实现服务业增加值6849.35亿元，占全省县(市)服务业增加值比重为50.02％；苏中和苏北县(市)全年完成服务业增加值3260.11亿元、3582.75亿元，占全省县(市)服务业增加值总量的比重为23.81％和26.17％。苏南县(市)服务业规模依旧占据绝对优势，其增速与全省平均增速基本持平，但低于全省县(市)平均增速近三个百分点；苏中、苏北区域县(市)服务业

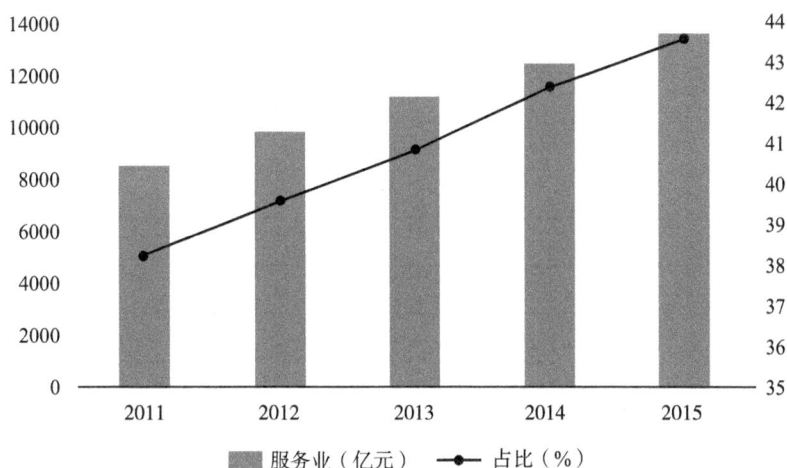

图 8　江苏省县域服务业生产总值及占所占比重

数据来源：历年《江苏统计年鉴》

注：本表县域经济数据由 2015 年的 42 个县(市)相关指标加总计算所得。

规模较小,但增速迅猛,苏北县(市)服务业增加值增速高于全省平均水平近四个百分点。结合产业结构来看,苏中、苏北部分县(市)服务业在整体产业中比重甚至超过部分苏南县(市),服务业成为苏中、苏北县(市)经济发展新的增长点。

从个体县(市)服务业发展情况来看,昆山市、江阴市、张家港市、常熟市、宜兴市、太仓市、丹阳市、海门市、如皋市、启东市依次居于县(市)服务业增加值前十位,其服务业增加值之和占所有县(市)总量的 52.18%,全省县(市)服务业集中度较高。其中昆山市和江阴市服务业增加值过千亿,仅这两个县(市)服务业增加值总量就超过全省县(市)总量的 19.03%,昆山市服务业增加值为末位县(市)的 15.02 倍。

2015 年,昆山全市服务业增加值达到 1355.45 亿元,按可比价计算,比上年增长 10.3%,增速分别比地区生产总值和工业增加值高出 2.8 和 4.9 个百分点,服务业增加值占地区生产总值的比重达到 44%,比上年底提高 1.1 个百分点;服务业对经济增长的贡献率达到 55.4%,超过工业贡献率 14.9 个百分点。

2015 年,全省县(市)服务业增加值增速均值达到 12.51%,灌南县、泰兴市、涟水县、洪泽县、靖江市、金湖县、东台市、建湖县、阜宁县和响水县位居前十,十个县(市)服务业增加值增速均超过14.5%,显示了强劲的发展势头。其中,苏中地区的泰兴市服务业加速增长,得益于其重点发展物流、金融、信息技术服务、电子商务、商务服务、商贸流通、住宿餐饮、家庭服务、房地产、旅游等 10 个服务业产业;重点扶持天星洲港口物流园、城北市场集聚区、苏中沿江化工物流园、城东高新区科技广场、总部经济集聚区、黄桥现代综合物流园、黄桥乐器文化产业园、济川健康产业园、电子商务产业园、智慧产业园等 10 个服务业集聚区。

表 6　2015 年全省各县(市)服务业经济指标

县(市)	绝对值(亿元)	排名	增长率(%)	排名	县(市)	绝对值(亿元)	排名	增长率(%)	排名
江阴市	1250.16	2	5.30	38	洪泽县	103.77	39	15.83	4
宜兴市	576.27	5	6.56	35	盱眙县	139.58	36	13.70	16
丰县	140.48	35	12.66	22	金湖县	102.28	40	15.02	6
沛县	242.34	20	8.32	30	响水县	90.27	42	14.66	10

续 表

县（市）	绝对值（亿元）	排名	增长率（%）	排名	县（市）	绝对值（亿元）	排名	增长率（%）	排名
睢宁县	181.66	28	9.07	28	滨海县	156.35	31	14.58	11
新沂市	233.34	21	7.96	32	阜宁县	150.95	34	14.67	9
邳州市	313.53	14	6.61	34	射阳县	181.59	29	14.57	12
溧阳市	324.76	13	9.25	27	建湖县	196.61	26	14.67	8
常熟市	939.85	4	3.35	41	东台市	303.10	17	14.85	7
张家港市	1008.72	3	4.51	40	宝应县	188.39	27	12.88	21
昆山市	1355.45	1	5.36	37	仪征市	200.06	25	6.32	36
太仓市	498.34	6	5.26	39	高邮市	201.98	24	11.38	24
海安县	303.49	16	12.93	20	丹阳市	478.36	7	7.94	33
如东县	292.90	18	14.31	14	扬中市	214.11	22	8.91	29
启东市	348.56	10	13.48	17	句容市	203.33	23	7.99	31
如皋市	350.41	9	13.48	18	兴化市	305.29	15	12.46	23
海门市	391.63	8	13.76	15	靖江市	343.69	11	15.65	5
东海县	157.94	30	13.43	19	泰兴市	333.70	12	19.08	2
灌南县	106.80	38	24.56	1	沭阳县	255.17	19	9.71	26
灌云县	96.54	41	2.31	42	泗阳县	124.19	37	14.34	13
涟水县	155.22	32	17.98	3	泗洪县	151.03	33	10.47	25

数据来源：《江苏统计年鉴2016》

四、江苏县域开放型经济发展现状

2015年，全省42个县（市）共完成进出口总额2043.27亿美元，占全省进出口总额的比重为37.45%，其中完成出口总额1296.43亿美元，占全省比重为38.28%。全省县域经济全年实际外商直接投资额为85.25亿美元，占全省实际外商直接投资额总量的35.12%。

表7　江苏省县域经济对外贸易发展情况

年份	进出口总额		出口总额		实际外商直接投资额	
	绝对值（亿美元）	占全省比重（%）	绝对值（亿美元）	占全省比重（%）	绝对值（亿美元）	占全省比重（%）
2011	1242.51	39.52	1226.30	39.23	124.10	38.62
2012	1243.70	38.19	1263.61	38.46	134.25	37.54
2013	1294.15	39.11	1264.54	38.45	123.38	37.06
2014	1296.43	38.72	1314.1	38.44	95.99	34.07
2015	1204.16	37.45	1296.43	38.28	85.26	35.12

数据来源：历年《江苏统计年鉴》

注：本表县域经济数据由42个县（市）相关指标加总计算所得。

从近五年江苏省县域经济对外贸易发展情况来看,进出口总额和出口总额在 2011—2014 年间呈现小幅上升态势,但 2015 年开始出现严重下滑。县域经济进出口总额由 2011 年的 2054.46 亿美元下滑至 2015 年的 2043.27 亿美元,总体减少 0.54%,且 2015 年负增长 5.14%,在全省总量中的比重由高点回落至 37.45%。实际外商直接投资总额从 2011 年的 117.78 亿美元降低至 2015 年的 85.26 亿美元,总降幅达到 27.62%,趋势非常明显,占全省总量的比重自 2009 年金融危机后持续下跌,跌至近五年来的低点 35.12%。

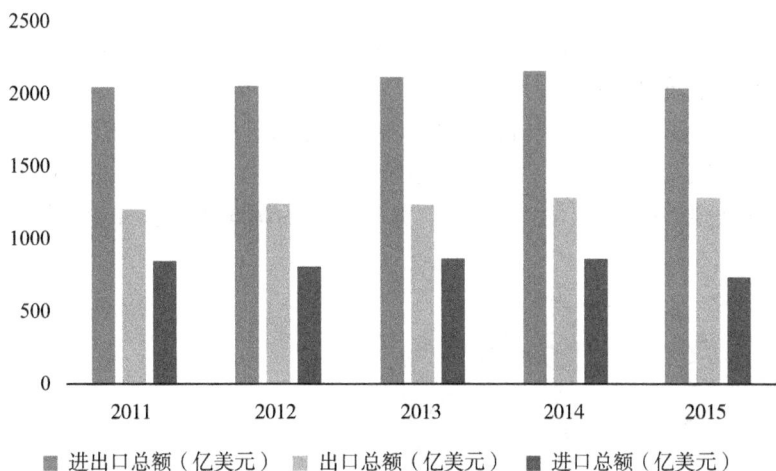

图 9　江苏省县域经济对外贸易总体状况

数据来源:历年《江苏统计年鉴》

注:本表县域经济数据由 2015 年的 42 个县(市)相关指标加总计算所得。

从县域经济内部区域来看,苏南县(市)进出口总额 2015 年达到 1089.04 亿美元,在全省县域经济进出口总额中占据绝对比重,达到 86.36%。在经历了 2009 年金融危机的打击后,各区域县(市)在 2010 年迎来了进出口总额的全面反弹,2010 年苏北县(市)进出口总额增速达到 48.71%,接近50%。但受近年经济下行压力的影响,自 2012 年开始苏南、苏中县(市)进出口总额开始呈现负增长,而苏北县(市)的进出口总额增速则保持了相对稳定,2015 年进出口累积达到 77.61 亿美元,占全省县域进出口总额的 4%。

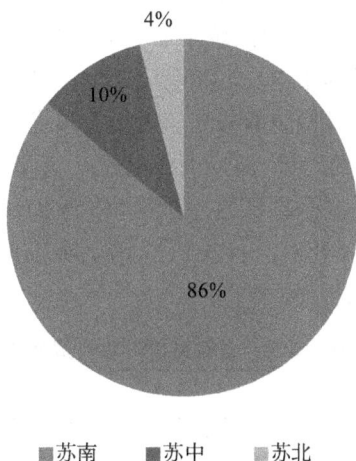

图 10　2015 年江苏省三大区域进出口总额占比(%)

数据来源:历年《江苏统计年鉴》

注:本表县域经济数据由 2015 年的 42 个县(市)相关指标加总计算所得。

从出口部分来看，三大区域县（市）出口增长与进出口增长趋势类似，2015年苏南县（市）全年出口1089.04亿美元，与2014年相比，实现正增长，增速为1.21%。苏中和苏北地区均有不同程度的减少，其中，苏北降幅较大，为10.88%。

从图11中全省及县域经济实际外商直接投资额及其增速变化情况可以看出，在遭遇金融危机时，2010年全省县域经济实际外商直接投资增速达到最高点10.17%，之后2011、2012年保持两年7%—8%之间的增长，但之后开始持续出现负增长，尤其是2014年下降幅度达到21.99%，2015年继续减少，由2011年的117.78亿美元下滑到85.26亿美元。县域地区吸引FDI逐年下降的原因，既有大环境的影响，也与县域地区的产业结构与全球FDI产业调整相关。苏南地区的县域，以昆山、张家港等市为代表，过去一直通过发展外向型经济，利用加工贸易融入全球价值链而获得成功，但近年来，由于劳动力成本、环境以及全球经济形势的影响，一方面这些地区的传统比较优势不断散失，而新的竞争优势又尚未确定；另一方面，发达国家不断调整自身的全球战略，纷纷从中国迁移工厂到成本更低的地区，同时，也调整产业上的FDI政策，越来越多的倾向于对服务业的投资。

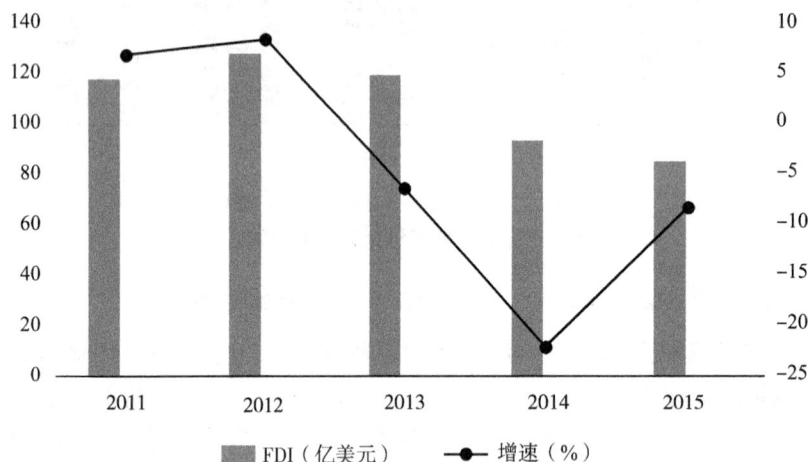

图11　县域经济实际外商直接投资额及增速（亿美元，%）

数据来源：历年《江苏统计年鉴》

注：本表县域经济数据由42个县（市）相关指标加总计算所得。

从江苏省三大区域县（市）具体情况来看，苏北县（市）虽然从绝对值上显著低于苏南县（市），但是近五年来，苏北县（市）增速始终高于其他区域。加之苏中县（市）实际外商直接投资总量的持续下降，苏北县（市）于2012年实现了对苏中县（市）实际外商直接投资额的反超，但在2015年又出现了大幅下滑。2015年苏北县（市）实际外商直接投资额达14.82亿美元，重新低于苏中县（市）4.6亿美元。苏南县（市）总体保持小幅增长的趋势，但近两年增速出现下滑，2015年苏南县（市）实际外商直接投资额增速下降了7.81%，由2014年的55.33亿美元将为51.01亿美元。苏中县（市）近年来实际外商直接投资持续低迷，2014年实际外商直接投资同比下降1.51%，完成实际外商直接投资19.43亿美元，大幅低于2012年34.84亿美元的水平。

表8　2015年江苏省各县（市）对外贸易发展情况

市　县	进出口总额 （亿美元）	出口	进口	实际使用外资 （亿美元）
江阴市	203.11	124.12	78.99	10.11
宜兴市	38.20	29.18	9.02	1.85

市 县	进出口总额 （亿美元）	出口	进口	实际使用外资 （亿美元）
丰　县	1.00	0.99	…	0.51
沛　县	3.18	3.12	0.06	0.83
睢宁县	5.56	4.09	1.47	1.06
新沂市	4.05	2.08	1.97	0.07
邳州市	9.47	8.20	1.27	1.88
溧阳市	8.35	7.46	0.89	1.06
常熟市	221.57	146.10	75.47	8.05
张家港市	292.69	148.29	144.39	6.50
昆山市	834.53	537.96	296.57	11.01
太仓市	127.27	63.09	64.18	5.01
海安县	16.16	13.64	2.51	3.01
如东县	24.46	14.41	10.05	3.17
启东市	30.67	24.81	5.86	1.37
如皋市	30.53	26.10	4.43	2.41
海门市	22.54	14.19	8.35	2.20
东海县	3.69	2.90	0.80	0.55
灌云县	1.98	1.79	0.19	0.33
灌南县	2.51	2.08	0.43	0.37
涟水县	3.71	3.18	0.53	1.21
洪泽县	2.10	1.98	0.11	1.24
盱眙县	2.74	2.13	0.60	1.17
金湖县	3.45	3.40	0.05	1.27
响水县	4.37	3.88	0.49	0.56
滨海县	3.84	3.04	0.80	0.64
阜宁县	2.14	1.66	0.49	0.40
射阳县	3.07	1.67	1.40	0.26
建湖县	3.16	3.02	0.14	0.63
东台市	7.12	6.81	0.31	0.70
宝应县	8.90	6.75	2.15	0.09
仪征市	3.72	2.86	0.86	0.27
高邮市	4.40	4.07	0.33	0.60
丹阳市	28.03	23.50	4.54	3.31
扬中市	5.62	4.80	0.82	1.31

续　表

市　县	进出口总额 (亿美元)	出口	进口	实际使用外资 (亿美元)
句容市	5.28	4.54	0.74	2.80
兴化市	5.40	4.92	0.48	0.49
靖江市	29.89	18.07	11.82	2.56
泰兴市	24.34	12.54	11.80	3.24
沭阳县	5.80	4.63	1.17	0.73
泗阳县	3.27	3.19	0.09	0.35
泗洪县	1.42	1.17	0.24	0.07

数据来源:《江苏统计年鉴2016》

注:本表县域经济数据由42个县(市)相关指标加总计算所得。

五、江苏县域人民生活发展现状

在大力发展县域经济的大背景下,通过深入实施民生幸福工程,扎实推进"六大体系"建设,持续办好各项民生实事,直接用于民生及与民生密切相关的财政支出达3万亿元,占全省公共财政支出75%以上,县域人民群众生活得到明显改善,居民收入、消费支出和储蓄持续增加,居住条件不断提升。

全省县(市)城镇居民人均可支配收入[①]由2011年的21820.05元上升到2015年的31652.94元,增长45.06%,其中城镇居民人均生活消费支出达到19369.46元,五年增速38.01%,小于收入增速。城镇居民恩格尔系数相应下降至31.90%;农村居民人均纯收入在五年间由11186.2元增加到16634.42元,增长48.70%,略高于城镇居民人均可支配收入的增速。农村人均生活消费支出达到11513.89元,农村居民恩格尔系数下降至32.38个百分点。城镇居民人均住房面积五年间增长了近7.17平方米,而相应的农村居民人均住房面积增长超过4.18平方米。总体来看,从绝对值增幅上来说,农村地区从县域经济发展中受益更多,农村居民生活水平提高程度更为明显;但从绝对值上来看,虽然城镇居民人均可支配收入与农村居民人均纯收入的比例已由2010年的1.95缩小至2015年的1.90,但城镇居民人均可支配收入在2011年已经突破20000元大关,并在2015年成功突破向30000元大关,而农村居民人均纯收入也已经突破10000元,城乡差距依旧显著。

表9　全省县(市)人民生活主要指标

	2011年	2012年	2013年	2014年	2015年
城镇居民人均可支配收入(元)	21820.05	24654.02	26765.28	29236.82	31652.94
城镇居民人均生活消费支出(元)	14035.29	16049.24	16781.52	17991.03	19369.46
城镇居民恩格尔系数(%)	36.40	35.19	32.64	32.33	31.90
城镇居民人均住房建筑面积(平方米)	39.17	39.53	44.03	45.63	46.34
农村居民人均纯收入(元)	11186.20	12662.40	13835.89	15363.14	16634.42

---

①　人民发展现状部分所有指标均由对应县(市)指标经算数平均计算后所得。

续 表

	2011 年	2012 年	2013 年	2014 年	2015 年
农村居民人均生活消费支出(元)	7700.64	8664.27	9543.74	10556.66	11513.89
农村居民恩格尔系数(%)	36.61	36.10	33.22	32.81	32.38
农村居民人均住房面积(平方米)	50.20	51.00	52.46	53.56	54.38

数据来源:历年《江苏统计年鉴》

注:本表县域经济数据由 42 个县(市)相关指标加总计算所得。

全省县(市)人民生活状况差异较大,城镇居民人均可支配收入、农村居民人均纯收入排列与县(市)整体经济发展状况接近,但恩格尔系数和住房面积可能还受到其他因素的影响,在一定程度上表现出与经济发展状况的偏离。金坛市、东海县、灌云县、涟水县、阜宁县、宝应县、丹阳市、泗洪县、泗阳县、沭阳县位列城镇居民恩格尔系数[1]前十位,与农村居民恩格尔系数前十位完全吻合。根据联合国对恩格尔系数标准的界定,全省各区域县(市)都处于恩格尔系数低于 30% 的富裕水平,其中江阴市、张家港市、常熟市、沛县、海安县、海门市、建湖县的城镇居民恩格尔系数已经低于 30%,略低于发达国家水平。从住房面积来看,城镇住房和农村住房状况存在明显差异,城镇居民人均住房建筑面积与县域经济发展水平并不完全相符,江阴市、太仓市、邳州市、如东县、东台市、靖江市、泰兴市、扬中市、泗阳县、涟水县排名前十,其中八个城市为苏中、苏北县(市),说明城镇居住条件在一定程度上可能受到经济发达县(市)房价的影响,但所有县(市)城镇居民人均住房建筑面积极差[2]仅为 5 平方米;农村居民人均住房面积排名与所在县(市)经济发展状况高度相关,太仓市农村居民人均住房面积达到 77.8 平方米,高出末位县(市)38.9 平方米。

表 10 2015 年江苏县域经济人民生活主要指标

市 县	城镇常住居民人均可支配收入(元)	城镇常住居民恩格尔系数(%)	城镇常住居民人均住房建筑面积(平方米)	农村常住居民人均可支配收入(元)	农村常住居民恩格尔系数(%)	农村常住居民人均住房建筑面积(平方米)
江阴市	50701	29.3	59.0	26012	30.2	50.0
宜兴市	42750	30.8	47.6	21910	31.8	66.7
丰 县	21094	29.8	42.0	12850	33.0	47.6
沛 县	25163	27.9	42.8	14441	29.1	47.8
睢宁县	21478	31.9	45.0	12656	32.5	53.4
新沂市	22901	33.1	46.4	13281	33.9	47.7
邳州市	26334	30.6	62.7	14028	31.0	66.9
溧阳市	38445	33.3	38.0	19880	34.5	52.9
常熟市	50413	28.7	50.7	25811	28.9	67.5
张家港市	50618	28.7	58.3	25715	28.4	68.1
昆山市	50749	28.3	36.6	25978	29.2	44.8
太仓市	50134	30.2	58.2	25643	30.9	78.2

---

[1] 恩格尔系数排名与其他指标不同,恩格尔系数越低其排名越靠前。

[2] 极差为同一指标最大值与最小值之差。

市　县	城镇常住居民人均可支配收入（元）	城镇常住居民恩格尔系数（%）	城镇常住居民人均住房建筑面积（平方米）	农村常住居民人均可支配收入（元）	农村常住居民恩格尔系数（%）	农村常住居民人均住房建筑面积（平方米）
海 安 县	34445	28.6	49.6	16549	31.5	55.5
如 东 县	34338	34.5	53.9	15827	29.9	60.4
启 东 市	34566	30.5	42.9	18287	32.1	61.2
如 皋 市	33792	29.6	53.4	15532	31.4	57.7
海 门 市	37404	29.4	45.0	18986	29.6	60.0
东 海 县	25281	34.5	48.0	13286	34.7	52.0
灌 云 县	21240	35.7	40.7	11881	36.0	45.1
灌 南 县	22657	34.9	49.9	11408	37.1	49.1
涟 水 县	23325	34.0	51.5	12259	33.0	61.9
洪 泽 县	28120	31.7	38.6	14385	31.9	47.8
盱 眙 县	28359	31.8	48.5	13295	32.0	52.0
金 湖 县	28454	31.9	41.6	14352	32.8	60.0
响 水 县	23642	32.6	33.2	13088	35.3	43.7
滨 海 县	24451	32.3	42.7	13683	31.5	53.5
阜 宁 县	23528	35.5	34.0	14138	34.1	43.2
射 阳 县	24460	32.6	41.6	15136	35.8	37.2
建 湖 县	27393	30.7	43.4	15687	33.8	46.2
东 台 市	30330	32.3	51.7	18097	32.7	58.9
宝 应 县	24746	34.6	38.8	15507	33.6	49.3
仪 征 市	33808	32.4	46.3	16138	31.3	66.7
高 邮 市	29007	31.4	40.6	15608	31.9	42.9
丹 阳 市	38574	35.8	43.7	19892	31.1	51.9
扬 中 市	42407	32.4	54.7	21886	32.4	61.2
句 容 市	37548	30.3	42.3	17355	32.8	47.2
兴 化 市	31170	29.7	38.0	15527	33.7	48.0
靖 江 市	36790	30.0	54.0	18045	31.5	68.0
泰 兴 市	33800	28.6	51.0	16392	21.8	71.0
沭 阳 县	22098	37.9	44.1	12940	38.3	48.2
泗 阳 县	21720	34.8	52.0	12800	35.3	49.8
泗 洪 县	21191	36.2	43.3	12477	37.6	42.9

数据来源:《江苏统计年鉴 2016》

第二章　江苏县域经济社会发展综合竞争力比较

一、江苏县域经济社会发展综合竞争力评价指标体系

对江苏省县域经济的研究显示,县域经济内部的不同区域和具体县(市)之间存在着显著的差异,不同县(市)在不同指标上的排名也千差万别。单一或者一组指标只能有限的反映县域经济社会发展的某一个或某一些方面,并不能对其进行全面的归纳和概括,这实际上就涉及县(市)社会发展的评价问题。城市竞争力概念兴起于 20 世纪 80 年代,90 年代末期引入我国并引起了国内学者的广泛讨论。对于县域经济综合竞争力的确切含义,目前学术界尚无公认的统一的观点,但在概念的内涵上有一个普遍的共识,即县域经济综合竞争力是指县域经济主体集聚内外资源的能力,是在县域内市场占有、配置和利用生产要素的能力。为了将城市竞争力进行量化比较,《江苏经济年鉴 2015》在总结国内外城市竞争力指标体系的基础上,从波特的国家竞争力评价的"钻石体系"和"价值"理论、城市竞争资本评价、竞争环境三个方面入手建立了江苏县域经济社会发展综合竞争力评价指标体系,本章将沿用该指标体系,并对部分指标计算过程进行微调,这种调整不会对江苏县域经济社会发展综合竞争力评价产生影响。

(一)江苏县域经济社会发展综合竞争力评价指标体系构建的原则

城市竞争力指城市在经济、社会、科技、环境等综合因素作用下相对于其他城市所具有的争夺利用优势资源、促进经济良性增长、持续创造社会财富的比较竞争优势的能力,并最终表现为比其他城市具有更强、更为持续的发展能力和发展趋势。城市竞争力从空间的角度看,其实质是集聚和辐射能力。城市竞争力的强大表现为与其他城市相比,能吸引更多的人流、物流和辐射更大的市场空间。城市竞争力深受其影响要素制约,且竞争力的形成不是单个要素作用的结果,而是诸多要素共同作用、综合影响的产物。

想要对城市竞争力进行量化比较,必定要通过设计城市竞争力指标体系进行评价。到目前为止,国际上尚无成熟、并被广泛接受的城市竞争力指标体系。海内外学者的研究成果各有其侧重面和特点,为我国的研究提供了有益的借鉴(表 1 所示)。总体上来讲,国外城市竞争力评价主要有三套评价体系:一是借鉴了波特的国家竞争力评价的"钻石体系"和"价值链"理论;二是在城市综合评价或者说是在城市竞争资本评价的基础上,结合部分其他影响城市竞争的其他因素来进行城市竞争力的评价;三是结合城市发展新的背景,关注竞争环境(或者竞争过程)与城市竞争力的关系。

表 1　国内外代表性城市竞争力评价指标

作　者	主要评价指标
Iain et al. (1999)	生活标准;就业率;生产力;上、下部门趋势及其总体影响; 公司特质;商业环境;创新及学习能力

续 表

作 者	主要评价指标
Robert et al. (1999)	环境、气候;生活形态机会;就业、退休;住宅成本与使用能力;健康服务与公共卫生;犯罪/公共安全;运输成本; 教育提供/水平/娱乐;经济/商业景气;艺术/文化多元化
IMD (2010)	经济运行:国内经济、国际贸易、国际投资、就业、消费价格; 政府效率:公共财政;财政政策;体制结构;商业立法;社会结构; 商务效率:生产率;劳动市场;金融服务;管理水平;价值观; 基础设施:基本设施;技术;科研;健康与环境;教育
宁越敏等(2001)	综合经济实力:经济总量、经济增长速度、资本实力等; 产业竞争力:产业结构比重、高新技术产业比重、产业结构效益; 企业竞争力:产品市场占有率、企业结构等; 科学技术竞争力:科技队伍、科技投入; 对外、对内开放度:经济的外向度、吸引外资的能力等; 基础设施:能源、通讯、对外交通等; 国民素质:文化素质、健康素质、就业情况; 政府作用:调控能力、管理水平; 金融环境:上市公司数量; 环境质量:大气状况、水环境质量等
倪鹏飞等(2003)	显示性指标体系:城市产品市场占有率、城市国内生产、总值平均增长率、城市劳动生产率、城市居民人均年收入; 解释性指标:1.硬:劳动力、资本力、科技力、环境力; 2.软:区位力、聚集力、秩序力、文化力、制度力、管理力、开放力
段樵(2006)	生产因素条件:人力资本、科技实力,创业精神/环境; 既有经济基础、制度基础:企业文化、产业结构; 城市社会经济发展政策、政府管治水平、引资环境; 运营商环境法规、行政、开放、生产条件、劳动; 生活环境设施、环保
"百强县"社会经济综合发展指数测评指标体系	发展水平指数:经济规模、产业结构、经济发展水平、社会发展水平; 发展活力指数:发展速度、贸易与外资、投资; 发展潜力指数:财政、生产效率、资源环境与基础设施、文化教育

综观国内外研究,国际竞争主体的关注从国家竞争力、产业、企业竞争力研究转到城市竞争力,主要是因为城市本身重要性的突现。一个有竞争力的城市,无论对所处的国家,还是所载含的企业的竞争力,都有至关重要的作用。国与国、企业与企业之间的竞争成败都取决于城市竞争力(仇保兴,2002)。

县域经济社会发展综合竞争力评价指标体系的指标选择固然越全面越好,但由于受到定量研究方法以及指标数据本身的限制,在构建指标体系时应结合研究问题的实际情况,兼顾指标的可采集性,遵循指标选择的一般原则:

(1)科学性原则。指标选择应建立在充分认识、系统研究基础上,设计应简单明了,易理解,考虑数据采集的难易性与可靠性,尽可能选择有代表性的典型指标与重点指标。

(2)系统性原则。城市本身就是一个复杂的系统,城市综合竞争力可以由城市若干个相互作用的子系统综合集成。因此系统性原则要求相应的评价指标体系能够涵盖城市发展的各个方面,充分反映城市综合竞争力系统性特质。需要注意的是,系统性原则不是简单地将指标进行堆积,应该内部有层次划分,可以分为目标层、准则层和指标层等几个层次。处理指标时必须考虑体系内在关联性,不宜采用简单加权给指标赋权,而须采用更准确的方法。

（3）合理性原则。为了全面反映城市综合竞争力高低表现的各个层面，指标结构要合理、主次要分明。然而是实际操作中往往难以把握，受到主观因素的干扰较大，因此合理性原则要求对各种指标的进行取舍，许多指标意义上是相互重复或由主体指标决定的。该原则不是简单追求指标数量，选取指标越多看似全面，实际上由于忽视指标的重复性、相互间关联机理，反而使评价结果失真。

（4）可操作性原则。主要包括两个方面：第一，数据资料的可得性和可比性。有些指标意义很重要，但数据无法通过公开的全国性或区域性的统计资料收集，也无法进行比较。第二，数据的可量化性。选取的指标可以通过数据量化后进行对比，是保证整个指标体系真实、可靠和有效的前提，应尽量减少不可应用指标，避免主观性指标对客观体系的过度干扰。

（5）潜能性原则。潜能性是选择对未来提升城市竞争力起重要作用的指标。这些指标对城市当前经济繁荣、城市发展没有太大因果关系，却有利于城市在未来（10 年或 20 年）集聚更多资源要素。

（6）动态性原则。城市所处的社会、经济、文化、环境等内容都处于不断发展的动态过程中。同时，影响城市竞争力的一些主导因素也会随着时间的变化而变化。这就需要一个动态的指标评价体系能客观反映城市整体竞争力现状与未来趋势，随着研究、统计进一步完善，应充分考虑其动态变化的特点，合理地变动、调整；在一定时期指标体系内容不宜频繁变动，应保持相对稳定。

（二）江苏县域经济社会发展综合竞争力评价指标体系的主要结构

基于县域经济社会发展综合竞争力的内涵和构成要素的分析，在吸收国内外已有研究成果的基础上，根据绝对指标、相对指标或人均指标，并考虑指标之间相关性，以及县域经济社会发展综合竞争力指标体系构建的六大原则，我们从四个方面（县域综合经济竞争力、县域社会发展竞争力、县域经济发展潜力、县域经济发展活力）组成江苏县域经济社会发展综合竞争力指标体系，并构建如图 2 所示的递阶层次结构理论模型。

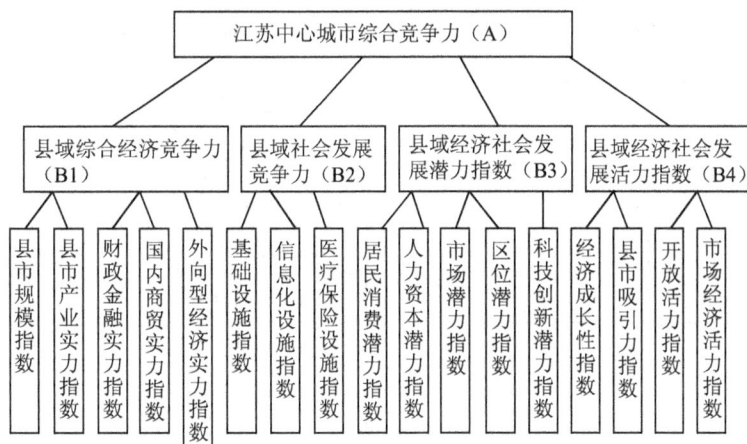

图 1　江苏中心城市综合竞争力评价指标结构图

江苏县域经济社会发展综合竞争力评价指标体系根据县域综合经济竞争力、县域社会发展竞争力、县域经济发展潜力、县域经济发展活力四个一级指标构建了一个递阶层次结构。

1. **县域综合经济竞争力（A）**

县域综合经济竞争力主要反映一个县域在宏观经济运行方面的情况，是考量县域综合发展竞争力最重要的方面之一。县域以相应的平台和条件，吸引区外物资、人力、资本、技术、信息、服务等资源要素向区内集聚，通过对各种资源要素的重组、整合来促进和带动相关产业升级和扩充，并将形成进而扩大竞争能力，向周边和外界辐射扩张。在资源要素高效、规范、快速、有序的流动中实现价值，再循环往复不断扩大规模和持续增长，从而提升县域竞争力。根据江苏省45个县域经济的经济特点和发展情况，县域综合经济竞争力包括了县域规模实力指数（A_1）、县域产业实力指数（A_2）、财政金融实力指数（A_3）、国内商贸实力指数（A_4）和外向型经济实力指数（A_5）五个二级指标。其中规模实力主要反映当前各县域经济的整体发展水平，描述县域地区的经济总量和经济水平。县域产业发展实力主要反映一个县域经济的整体发展结构及在农业、工业、服务业三个产业上具体的发展情况，可以从产业规模、产业效益指数、产业结构三个方面来分析。财政金融实力指数可以用财政收支、人均财政收支、金融机构存贷款余额等指标来衡量和排序，这些指标在一定程度上可以反映江苏县域财政金融体系的核心功能和辐射功能的强弱。国内商贸实力主要是考察区域内商业规模、商业辐射力和产品集散力，反映了巩固和提升产业在区域的地区并使本地区企业获得竞争优势的能力。外向型经济实力指数可以反映某个地区对外经济活动的基本情况及其带动国民经济发展的能力，指标的核心内容是进出口贸易和利用外资情况。

表2　江苏县域综合竞争力评价指标体系

一级指标	变量标识	二级指标	变量标识
综合经济竞争力	A	县域规模指数	A_1
		县域产业指数	A_2
		财政金融指数	A_3
		国内商贸指数	A_4
		外向型经济指数	A_5
社会发展竞争力	B	基础设施指数	B_1
		信息化发展指数	B_2
		医疗保健指数	B_3
经济发展潜力	C	居民消费潜力指数	C_1
		人力资本潜力指数	C_2
		市场潜力指数	C_3
		区位潜力指数	C_4
		科技创新潜力指数	C_5
经济发展活力	D	经济成长性活力指数	D_1
		城市吸引力指数	D_2
		开放活力指数	D_3

2. 县域社会发展竞争力（B）

社会发展竞争力是指一个城市以其现有的社会发展比较优势为基础，通过创造良好的城市环境，在资源要素流动过程中形成更强的集聚、吸引和利用各种资源的能力。城市的社会发展状况，表现为城市本身对其居民的影响，包括居民就业、收入、消费行为、养老保障等。因此城市社会发展竞争力主要反映城市居民的物质生活水平、社会生活参与程度以及城市社会秩序的安定程度。它所涉及的内容具体有社会结构、人民生活、科技教育、社会保障、医疗卫生和社会秩序等方面，并把消除贫困、公平分配、大众参与和生态保护、社会稳定、可持续发展等多种社会价值作为发展目标。根据江苏省 45 个县域城市的社会特点和发展情况,社会发展竞争力包括基础设施指数(B_1)、信息化发展指数(B_2)、医疗保健指数(B_3)三个二级指标。

3. 县域经济发展潜力(C)

社会经济发展是一项涉及人、自然、社会等多要素的复合系统工程,陈石俊等(2003)认为经济发展潜力是指稀缺要素得到正常利用时的地区产出能力,而这种能力主要取决于需求的潜力、生产要素的供给和成本等(袁晓龙,2003)。李善同等(2003)从经济增长的潜在动力出发,在对改革开放以来我国经济增长进行核算的基础上,从未来资本投入、生产率和劳动力供给的变动趋势,分析了经济增长潜力和前景评自然资源和自然条件的差异是城市分工和城市竞争的基础。根据江苏省 45 个县级市的社会特点和经济发展情况,社会经济发展潜力包括了居民消费潜力指数(C_1)、人力资本潜力指数(C_2)、市场潜力指数(C_3)、区位潜力指数(C_4)和科技创新潜力指数(C_5)五个二级指标。其中居民消费潜力指数主要衡量随着居民人均收入的不断上升以及国家医疗、教育等社会保障的根据,预期在未来会不断释放。一个城市的人力规模、人力结构、人力素质、人力资本投入及人力供求关系直接地影响城市的未来发展。市场潜力与经济活动之间的空间关联,印证了产地—市场空间联系和市场通达性是影响经济区位选择和区域经济格局形成的重要因素之一。良好的区位优势对于城市的发展具有较强的拉动力,使其能够减少贸易成本、受到中心经济城市的辐射等,从而获得先天的竞争优势。科技创新潜力指数反映了区域科技创新活动的发展态势和未来科技实力。

4. 县域经济发展活力(D)

"经济活力与可持续发展组织"将经济活力定义为:一个地区的经济竞争能力、适应能力,以及对私人企业和公共企业的吸引能力;具有经济活力的地区能够为居民提供满意的就业等经济活动以及长期可持续性的生活质量。本书认为,县域经济社会发展活力是一个动态概念,随时间的变化而不断变化。根据江苏省 45 个县级市的社会特点和经济发展情况,社会经济发展活力指数包括了经济成长性活力指数(D_1)、城市吸引力指数(D_2)、开放活力指数(D_3)三个二级指标。其中,经济增长活力指数着眼于未来,从动态角度对城市经济活力进行阐释。一个具有活力的城市应该具有较强的吸引力,能够吸引人力和资本等生产要素,城市吸引力指数和开放活力指数主要反映了活力城市对劳动力和外资的吸引。

(三)江苏县域经济社会发展综合竞争力评价指标体系的指标选取

1. 三级指标的构建

构建的江苏县域经济社会发展综合竞争力评价指标体系中的二级指标对一级指标所涉及问题的具体方面进行了细分,但可以发现,这些二级指标大都是一种主观的指数型指标,难以进行量化,因此需要在此基础上对二级指标进行进一步量化处理。本书从各二级指标的特征出发,根据各指标的复杂程度,采用数量不等的可量化的三级指标对其进行全面的描述,具体三级指标如表 3 所示。

表 3　江苏县域经济社会发展综合竞争力评价指标体系三级指标

二级指标	三级指标	变量标识	单　位
县域规模指数(A_1)	年末常住人口	A_{101}	万人
	GDP	A_{102}	亿元
	人均 GDP	A_{103}	元
	经济密度	A_{104}	万元/平方公里

续　表

二级指标	三级指标	变量标识	单　位
县域产业指数(A₂)	第二产业增加值占 GDP 比重	A_{201}	%
	服务业增加值占 GDP 比重	A_{202}	%
	第二产业劳动生产率	A_{203}	万元/人
	第三产业劳动生产率	A_{204}	万元/人
	规模以上工业企业数	A_{205}	家
	主营业务收入	A_{206}	亿元
	工业总产值	A_{207}	亿元
	单位产值利税率	A_{208}	%
	单位产值利润率	A_{209}	%
	负债率	A_{210}	%
	总资产贡献率	A_{211}	%
财政金融指数(A₃)	财政一般预算收入	A_{301}	亿元
	财政一般预算支出	A_{302}	亿元
	财政收入占 GDP 比重	A_{303}	%
	人均财政一般预算收入	A_{304}	元
	人均财政一般预算支出	A_{305}	元
	金融机构年末储蓄总余额	A_{306}	亿元
	金融机构年末贷款总余额	A_{307}	亿元
	人均年末储蓄额	A_{308}	元
	人均财政一般收入增长率	A_{309}	%
	人均年末储蓄额增长率	A_{310}	%
国内商贸指数(A₄)	批发零售贸易业商品销售总额	A_{401}	亿元
	社会消费品零售额	A_{402}	亿元
	人均批发零售贸易业商品销售额	A_{403}	元
	人均社会消费品零售额	A_{404}	元
	社会批发零售贸易业商品销售额增长率	A_{405}	%
	社会消费品零售额增长率	A_{406}	%
外向型经济指数(A₅)	进出口总额	A_{501}	亿美元
	出口总额	A_{502}	亿美元
	出口总额增长率	A_{503}	%
	实际利用外资金额	A_{504}	亿美元
	实际利用外资金额增长率	A_{505}	%
	外资企业工业总产出	A_{506}	亿元
	外资企业工业总产出占比	A_{507}	%

二级指标	三级指标	变量标识	单　位
基础设施指数（B₁）	固定资产投资总额	B_{101}	亿元
	房地产开发投资额	B_{102}	亿元
	新增固定资产	B_{103}	亿元
	住宅占房地产开发投资比重	B_{104}	％
	城镇居民人均住房建筑面积	B_{105}	平方米
	农村居民人均住房面积	B_{106}	平方米
	公里里程	B_{107}	公里
	人均公路里程	B_{108}	公里/万人
	等级公路里程	B_{109}	公里
	等级公里里程占比	B_{110}	％
	地区客运总量	B_{111}	万人次
	地区货运总量	B_{112}	万吨
	民用汽车拥有量	B_{113}	万辆
	人均私人汽车拥有量	B_{114}	辆/万人
信息化发展指数（B₂）	邮电业务总量	B_{201}	亿元
	人均邮电业务消费量	B_{202}	元
	固定电话用户普及率	B_{203}	％
	移动电话普及率	B_{204}	％
	国际互联网普及率	B_{205}	％
医疗保健指数（B₃）	卫生机构数	B_{301}	个
	卫生机构床位数	B_{302}	张
	每万人拥有卫生技术人员数	B_{303}	人
	每万人拥有医生数	B_{304}	人
	每万人拥有医院病床数	B_{305}	张
居民消费潜力指数（C₁）	城镇居民人均可支配收入	C_{101}	元
	城镇居民人均消费支出	C_{102}	元
	城镇居民人均消费支出年均增长率	C_{103}	％
	城镇居民恩格尔系数	C_{104}	％
	农村居民人均纯收入	C_{105}	元
	农村居民人均消费支出	C_{106}	元
	农村居民人均消费支出年均增长率	C_{107}	％
	农村居民恩格尔系数	C_{108}	％

续　表

二级指标	三级指标	变量标识	单　位
人力资本潜力指数(C_2)	在校学生总数	C_{201}	万人
	每万人在校学生数	C_{202}	人
	专职教师人数	C_{203}	人
	每万人专职教师人数	C_{204}	人
	师生比	C_{205}	%
	公共图书馆藏书册	C_{206}	千册
	每百人图书馆藏书量	C_{207}	册
市场潜力指数(C_3)	所在地级市 GDP	C_{301}	亿元
	所在地级市人均 GDP	C_{302}	元
	所在区域 GDP	C_{303}	亿元
	所在区域人均 GDP	C_{304}	元
区位潜力指数(C_4)	自然区位优势度	C_{401}	—
	交通区位优势度	C_{402}	—
	文化区位优势度	C_{403}	—
	经济区位优势度	C_{404}	—
	政治区位优势度	C_{405}	—
科技创新潜力指数(C_5)	专利申请受理量	C_{501}	件
	专利申请授权量	C_{502}	件
经济增长活力指数(D_1)	GDP 年均增长率	D_{101}	%
	财政收入年均增长率	D_{102}	%
	人均 GDP 年均增长率	D_{103}	%
	人均财政收入年均增长率	D_{104}	%
	人均社会消费品零售额年均增长率	D_{105}	%
县域吸引力指数(D_2)	常住人口指数	D_{201}	%
	人口密度	D_{202}	人/平方公里
开放活力指数(D_3)	外贸依存度	D_{301}	%
	FDI 占 GDP 比重	D_{302}	%
	FDI 年均增长率	D_{303}	%

2. 部分三级指标计算方法

在设置的三级指标中可以发现,该级指标由定性指标和定量指标两部分构成,其中除了包含在区位潜力指数(C_4)中的自然区位优势度(C_{401})、交通区位优势度(C_{402})、文化区位优势度(C_{403})、经济区位优势度(C_{404})和政治区位优势度(C_{405})五个定性指标外,其余均为定量指标。定性指标采用专家打分法获取,并使用德尔菲法使指标得分更为可信。专家们根据自己的知识经验对江苏 44 个县(市)在五个定性指标上的表现进行排序,并给出各自的排序依据,研究者汇总排序依据后,将这些信息反馈给专家们,让他们以此作为参照调整各自的排序结果,以第二次的排序结果作为最终统计值。

最后将每个指标排名第一位的县域赋值为 100 分,以 2.2 分为公差,对排序统计值进行分数换算,依次递减,指标排名第 44 位的县域得分为最低值 3.2 分,各县(市)最终得分为专家打分的均值。定量指标中的大多数县域可以从相关资料中直接查询到,部分数据需要进行简单计算。具体包括:

表 4　江苏县域经济社会发展综合竞争力评价指标体系部分三级指标计算方法

三级指标	变量标识	计 算 方 法
经济密度	A_{104}	GDP * 10000/土地面积
第二产业增加值占 GDP 比重	A_{201}	第二产业增加值/GDP * 100
服务业增加值占 GDP 比重	A_{202}	第三产业增加值/GDP * 100
第二产业劳动生产率	A_{203}	第二产业增加值/第二产业从业人员数
第三产业劳动生产率	A_{204}	第三产业增加值/第三产业从业人员数
单位产值利税率	A_{208}	利税总额/工业总产值 * 100
单位产值利润率	A_{209}	利润总额/工业总产值 * 100
负债率	A_{210}	资产总额/负债总额 * 100
总资产贡献率	A_{211}	(利润总额＋利税总额＋利息支出)/资产总额 * 100
财政收入占 GDP 比重	A_{303}	财政一般收入/GDP * 100
人均财政一般收入增长率	A_{309}	(当年人均财政一般收入/上一年人均财政一般收入－1) * 100
人均年末储蓄额增长率	A_{310}	(当年人均年末储蓄额/上一年人均年末储蓄额－1) * 100
社会批发零售贸易业商品销售额增长率	A_{405}	(当年社会批发零售贸易业商品销售额/上一年社会批发零售贸易业商品销售额－1) * 100
社会消费品零售额增长率	A_{406}	(当年社会消费品销售额/上一年社会消费品销售额－1) * 100
出口总额增长率	A_{504}	(当年出口额/上一年出口额－1) * 100
实际利用外资金额增长率	A_{506}	(当年实际利用外资金额/上一年实际利用外资金额－1) * 100
外资企业工业总产出占比	A_{508}	外资企业总产出/工业总产出 * 100
住宅占房地产开发投资比重	B_{104}	住宅开发投资/房地产开发投资额 * 100
人均公路里程	B_{108}	公路里程/年末常住人口
等级公路里程占比	B_{110}	等级公路里程/公路里程 * 100
人均私人汽车拥有量	B_{114}	私人汽车 * 10000/年末常住人口
人均邮电业务消费量	B_{202}	邮电业务总量 * 10000/年末常住人口
固定电话用户普及率	B_{203}	本地电话用户/本地户籍数 * 100
移动电话普及率	B_{204}	移动电话用户/本地户籍数 * 100
国际互联网普及率	B_{205}	国际互联网用户数/本地户籍数 * 100
每万人拥有卫生技术人员数	B_{303}	卫生技术人员数/年末常住人口
每万人拥有医生数	B_{304}	执业(助理)医师/年末常住人口
每万人拥有医院病床数	B_{305}	卫生机构床位数/年末常住人口
每万人在校学生数	C_{202}	在校学生总数/年末常住人口
每万人专职教师人数	C_{204}	专任教师总数/年末常住人口

续　表

三级指标	变量标识	计　算　方　法
师生比	C_{205}	专任教师总数/在校学生总数 * 100
每百人图书馆藏书量	C_{207}	公共图书馆图书藏量 * 10/年末常住人口
GDP 年均增长率	D_{101}	2011—2015 年 GDP 增长率算数平均值
财政收入年均增长率	D_{102}	2011—2015 年财政一般收入增长率算数平均值
人均 GDP 年均增长率	D_{103}	2011—2015 年人均 GDP 增长率算数平均值
人均财政收入年均增长率	D_{104}	2011—2015 年人均财政一般收入增长率算数平均值
人均社会消费品零售额年均增长率	D_{105}	2011—2015 年人均社会消费品零售额增长率算数平均值
常住人口指数	D_{201}	年末常住人口/年末户籍人口 * 100
人口密度	D_{202}	年末常住人口 * 10000/土地面积
FDI 占 GDP 比重	D_{302}	实际外商直接投资/GDP * 100
FDI 年均增长率	D_{303}	2011—2015 年实际外商直接投资增长率算数平均值

注:年末常住人口从 2010 年起开始统计,在计算年均增长率时所涉及之前年份的人均指标计算均使用年末户籍人口。

(四)数据采集与处理

江苏县域经济社会发展综合竞争力评价中所涉及的指标以 2014 年数据为主,数据主要来源于历年《江苏统计年鉴》、《江苏高新技术产业发展公报》、江苏省 44 个县(市)政府官方网站发布的历年《政府工作报告》、《国民经济和社会发展统计公报》等官方资料,具有较高的可信度和权威性。由于县域经济社会发展综合竞争力各项指标数据的量纲不同,因此,需要对这些指标进行综合统计分析。为了消除因量纲不同的评价指标数据对评估结果的影响,一般在完成数据的采集工作后,还需要对原始数据进行无量纲化处理。本书采用标准化处理方法,具体包含两个步骤:

首先,对原始数据资料进行指数化处理,计算公式如下:$X_t = \dfrac{x_t}{\max(x)}$。其中,$X_t$ 是指数,x_t 是原始数据资料值,$\max(x)$ 是该指标中所有样本城市中原始数据资料值最大值。

其次,对指数化后的指标值进行标准化处理,计算公式如下:$W_t = \dfrac{X_t - \overline{X_t}}{\sigma(X_t)}$。其中,$W_t$ 是标准化后的指标值,W_t 是指数化后的数值,$\overline{X_t}$ 为该指标指数化后的平均值,$\sigma(X_t)$ 为该项指标指数化后的标准差。每一项指数经过标准化处理后的均值为 0,方差为 1。

主成分分析法(principal component analysis)原用于处理多维随机变量在线性变换下的分量相关问题,其方式是通过求协方差或者相关系数矩阵的特征值与特征根运算,按所要求的贡献率求出集中原理随机变量主要信息的、相互无关的主成分,是处理多维数据间相关问题的有力工具。主成份分析能将高维空间的问题转化到低维空间去处理,使问题变得比较简单、直观,而且这些较少的综合指标之间互不相关,又能提供原有指标的绝大部分信息。而且,伴随主成分分析的过程,将会自动生成各主成分的权重,这就在很大程度上抵制了在评价过程中人为因素的干扰,因此以主成份为基础的综合评价理论能够较好地保证评价结果的客观性,如实地反映实际问题。本书采用现阶段学术界对城市竞争力评价普遍通行的数学处理方式,即主成分分析方法来进行数据的处理并最终求得评价结果。首先对第三级指标进行指数化和标准化处理,在此基础上进行主成分分析,并将主成分分析结果根据因子载荷进行加权和标准化处理从而得到二级指标数值,从而体现评价分项竞争力所选的视角。最后基于二级指标得分再次使用主成分分析,得到县域经济社会发展综合竞争力得分,以此评价县域整体发展状况。

二、江苏县域经济社会发展综合竞争力分析

本书从四个二级指标的角度出发,逐一进行主成分分析,具体分析步骤为:第一步,从相关资料中找出相应数据并进行必要的计算,建立其江苏省 44 个县(市)的三级指标的初始数据矩阵;第二步,对初始数据矩阵进行指数化及标准化处理,得到待分析数据矩阵;第三步,对待分析数据矩阵进行 KMO 和 Bartlett 球形度检验,如相应的 KMO 值大于 0.70 且 Bartlett 统计值不大于 Cronbach's Alpha 值,则表示二级指标对应的三级指标具有较好的信度和效度,能够进行因子分析;第四步,经主成分分析,提取累计方差贡献率超过 80% 的公因子,同时根据旋转后的因子载荷进行加权和指数化处理得出各县域的因子得分;最后,根据四个二级指标的因子得分进一步进行主成分分析,综合得到江苏县域经济社会发展综合竞争力的因子得分,并进行相应分析。

经济社会发展综合竞争力是一个综合概念,是城市竞争力的显性表示,能够显示一个城市好多快省创造财富的能力。经济社会发展综合竞争力排名先后,意味着城市在市场占有率、经济增长率、综合生产力、社会发展、教育科技等方面表现的好坏。表 5 是根据综合经济竞争力、社会发展竞争力、经济发展潜力、经济发展活力四个二级指标经主成分分析综合得到的江苏县域经济社会发展综合竞争力得分及排名情况。

表 5　江苏县域经济社会发展综合竞争力 15 强比较

排名	经济社会发展综合竞争力	排名	经济社会发展综合竞争力	排名	经济社会发展综合竞争力	排名	经济社会发展综合竞争力
1	昆山市	5	宜兴市	9	海安县	13	启东市
2	张家港市	6	太仓市	10	海门市	14	泰兴市
3	江阴市	7	靖江市	11	扬中市	15	溧阳市
4	常熟市	8	丹阳市	12	句容市		

2015 年江苏县域经济社会发展综合竞争力综合排名前五位的县市是昆山市、张家港市、江阴市、常熟市和宜兴市,张家港市与江阴市位次对调,宜兴市取代太仓市进入前五,太仓市下滑至第六位。排名 6—10 名的依次是太仓市、靖江市、丹阳市、海安县和海门市。与 2014 年相比,靖江市排名提前两个位次,由第 9 位前进至第 7 位,丹阳市则后退两个位次,由第 6 位下滑至第 8 位,海安县和海门市则首次进入前十,而扬中市退出前十,位列第 11。11—15 名的县(市)依次是扬中市、句容市、启东市、泰兴市、溧阳市。由表 5、表 6 的分析可以看出:第一,苏州和无锡的所有县(市)虽然综合竞争力排名出现了微调,但依旧占据前列。昆山市、张家港和江阴市市位列前三。最具综合竞争力的前 10 名县(市)苏南地区占据 7 席,比 2014 年减少两位。第二,苏南地区其他地区县(市)虽然相比于苏州和无锡存在一定的差异,但也表现出了较强的实力。镇江市的丹阳市、扬中市位列第 8 和第 13,但与 2014 年相比,均存在不同程度的下滑。常州市的溧阳市列县域综合竞争力第 14 位,至此,苏南地区所有县(市)均进入县域综合竞争力 15 强行列。第三,南通地区凭借其优越的地理位置,受益于江苏沿江和沿海大开发战略,其县(市)竞争力表现依旧抢眼,海安县、海门市、启东市、如皋市和泰兴市均进入前十五位。

从江苏县域经济社会发展综合竞争力后 15 弱来看。综合竞争力最弱的 10 个县(市)依次为:灌

云县、洪泽县、金湖县、阜宁县、灌南县、响水县、滨海县、泗阳县、涟水县和泗洪县,其中连云港地区2个县(市)、淮安地区3个县(市)、盐城地区2个县(市)、宿迁地区2个县(市)、淮安地区2个县(市)。

从苏南、苏中、苏北三大区域来看,县(市)综合竞争力呈现典型的由高到低的"梯度"分布。苏南地区全部10个县(市),综合竞争力排名最低的句容市,排名第22位,与2014年相比,下滑10个位次,其余县(市)均在前十位上下。苏中地区的南通五县(市)综合竞争力排名均位于第8—16位的区间内,相比于去年有所提升,其中海安县位次最高位于第8位,而如东县排名最低,仅第16位。泰州地区的县(市)综合竞争力存在较大差距,靖江市整体发展较好,2015年综合竞争力排名第7位,比去年上升2个名次,兴化市在泰州地区相对排名较低,在综合竞争力排名中位居第17位,与2014年相比下滑2个名次,地区整体综合竞争力呈现逐步提高的状态。扬州地区县(市)总体竞争力不如苏中其他区域,排名最高的仪征市位列第24,最低的宝应县位列第31,比去年具有所下滑。苏南地区县(市)2015年县域经济社会发展综合竞争力得分均值为1.67,苏中地区为0.43,苏北地区总体县(市)竞争力与苏南、苏中地区存在较大差异,县域综合竞争力均值仅为-0.66。苏北地区中综合竞争力排名最靠前的县(市)为邳州市、沭阳县、东台市和新沂市,排名全省第15、18、19和21位。从具体地区来看,徐州地区、盐城地区的县(市)综合竞争力总体排名较高,宿迁、连云港和淮安地区县(市)综合竞争力整体水平相近,都处于全省末端。

表6　江苏县域经济社会发展综合竞争力得分及排名情况

	综合经济竞争力(A)		社会发展竞争力(B)		经济发展潜力(C)		经济发展活力(D)		县域经济社会综合竞争力	
	得分	排名	得分	排名	得分	排名	得分	排名	得分	排名
江阴市	**2.429**	**2**	1.320	4	**2.483**	**2**	1.432	4	**2.325**	**3**
宜兴市	1.069	5	1.136	5	0.969	6	0.014	13	**1.304**	**5**
丰　县	−0.268	24	−0.436	37	−0.948	42	−0.277	21	**−0.464**	**28**
沛　县	−0.063	18	−0.276	27	−0.558	29	−0.255	20	**−0.234**	**23**
睢宁县	−0.464	30	−0.226	20	**−0.874**	**40**	−0.304	22	**−0.433**	**25**
新沂市	−0.176	21	−0.068	16	−0.720	33	−0.640	39	**−0.156**	**21**
邳州市	0.261	11	0.033	10	−0.493	27	−0.175	18	**0.049**	**15**
溧阳市	0.114	16	−0.005	14	0.452	8	−0.306	23	**0.057**	**14**
常熟市	**1.922**	**3**	1.416	3	1.966	4	1.546	3	**2.096**	**4**
张家港市	1.607	4	2.054	2	2.284	3	1.767	2	**2.354**	**2**
昆山市	**2.629**	**1**	2.395	1	2.543	1	4.167	1	**3.186**	**1**
太仓市	0.706	6	0.727	6	1.606	5	1.414	5	**0.909**	**6**
海安县	0.247	13	−0.003	13	0.071	16	0.271	8	**0.136**	**9**
如东县	0.208	15	−0.273	26	−0.003	17	0.132	11	**−0.073**	**16**
启东市	0.292	8	−0.109	18	0.141	14	−0.092	17	**0.089**	**12**
如皋市	0.258	12	0.087	9	−0.006	18	0.029	12	**0.105**	**11**
海门市	0.261	10	−0.059	15	0.394	10	0.370	7	**0.106**	**10**
东海县	−0.415	27	−0.312	28	−0.673	31	−0.363	25	**−0.464**	**27**
灌云县	−0.781	39	**−1.110**	**42**	**−0.915**	**41**	−0.424	26	**−1.230**	**42**

续　表

	综合经济竞争力（A）		社会发展竞争力（B）		经济发展潜力（C）		经济发展活力（D）		县域经济社会综合竞争力	
	得分	排名	得分	排名	得分	排名	得分	排名	得分	排名
灌南县	−0.713	38	−0.658	38	−0.812	37	−0.480	32	**−0.877**	**38**
涟水县	−0.625	33	−0.328	30	−0.831	38	−0.438	27	**−0.598**	**34**
洪泽县	**−0.844**	**40**	**−0.942**	**41**	−0.476	26	−0.445	29	**−1.150**	**41**
盱眙县	−0.380	26	−0.348	31	−0.555	28	−0.609	38	**−0.468**	**29**
金湖县	**−0.867**	**41**	−0.707	39	−0.465	25	−0.509	33	**−1.001**	**40**
响水县	**−0.960**	**42**	−0.361	32	−0.753	34	−0.467	31	**−0.816**	**37**
滨海县	−0.619	33	−0.386	35	−0.708	32	−0.606	37	**−0.634**	**36**
阜宁县	−0.644	35	**−0.736**	**40**	−0.759	35	**−0.745**	**41**	**−0.891**	**39**
射阳县	−0.519	31	−0.363	33	−0.670	30	**−0.753**	**42**	**−0.560**	**32**
建湖县	−0.458	28	−0.260	24	−0.445	24	−0.595	36	**−0.453**	**26**
东台市	−0.009	17	−0.233	21	−0.171	22	−0.526	34	**−0.122**	**19**
宝应县	−0.602	32	−0.388	36	−0.359	23	−0.591	35	**−0.526**	**31**
仪征市	−0.286	25	−0.373	34	−0.093	20	−0.444	28	**−0.431**	**24**
高邮市	−0.459	29	−0.319	29	−0.063	19	−0.243	19	**−0.494**	**30**
丹阳市	0.410	7	0.117	8	0.123	15	−0.061	16	**0.314**	**8**
扬中市	0.266	9	−0.255	22	0.548	7	0.231	10	**0.077**	**13**
句容市	−0.126	19	−0.128	19	0.400	9	0.258	9	**−0.168**	**22**
兴化市	−0.184	22	0.025	12	0.146	13	−0.360	24	**−0.096**	**17**
靖江市	0.244	14	0.630	7	0.150	12	−0.014	15	**0.573**	**7**
泰兴市	−0.135	20	−0.083	17	0.203	11	0.492	6	**−0.142**	**20**
沭阳县	−0.198	23	0.026	11	−0.170	21	0.013	14	**−0.103**	**18**
泗阳县	−0.709	37	−0.263	25	−0.806	36	−0.458	30	**−0.602**	**35**
泗洪县	−0.646	36	−0.259	23	**−0.854**	**39**	**−0.654**	**40**	**−0.562**	**33**

三、江苏县域经济社会发展各分项竞争力分析

（一）综合经济竞争力分析

1. 县域规模指数

经济规模实力指数主要考察各县市经济发展的规模，从人口、GDP、人均 GDP 和经济地理（GDP/国土面积）等四个方面进行测算，得分和排名的结果如表6所示。

2015 年，昆山市实现地区生产总值 3080.01 亿元，按可比价计算，比上年增长 7.5%，荣获中小城市综合实力百强县、最具投资潜力百强县两个第一。实现福布斯中国大陆最佳县级城市"七连冠"。江阴市紧随其后，实现地区生产总值 2880.9 亿元，按可比价格计算，比上年同期（下同）增长 7.4%。

昆山市、张家港市、江阴市、太仓市、常熟市、扬中市、丹阳市、宜兴市、海门市、靖江市人均GDP突破10万元大关，其中宜兴市、海门市和靖江市是首次达到。排名最高的是昆山，为186582元，与排名第二的张家港市（177987元）比较接近，江阴市位列第三位，人均GDP为176119元。从县域规模指数上来看，昆山市、江阴市、张家港市、常熟市、太仓市位列前五，这一排名与2014年相比没有变化。宜兴市、丹阳市、扬中市、海门市、靖江市排名第6—10，与2014年的排名相比，宜兴排名上升两个位次。除靖江市、海门市属于苏中地区外，其余县（市）均属于苏南地区。

　　苏北地区的邳州市、新沂市、睢宁县、沭阳县、东台市排名较为靠前，在第12—28名之间。其中，邳州市2015年全市完成地区生产总值731.71亿元，按可比价格计算，比上年增长10.4%，在42个县市中排名第14。沭阳县2015年实现地区生产总值（GDP）630.13亿元，按可比价计算增长9.9%，在42个县市中排名第19。响水县、金湖县、洪泽县、灌南县、盱眙县、灌云县、涟水县、泗阳县、阜宁县和泗洪县排在后十位。其中，响水县位列最后一名，其GDP总量只有244.30万亿元，人均GDP也只有48646元。排名后10位的县域规模指数平均得分−0.610，相比于前十强的平均得分0.995分存在较大差距。在苏南地区11个县（市）中，句容市县域规模指数排名最末，在全省排名第25，与2013年的第10相比，后退了五个名次。高邮市、宝应县和仪征市县域规模指数得分接近，均排在苏中地区的末三位，在全省排名24、26和28位，与2014年相比均有所下滑，这与苏中地区增速小于苏北地区有较大的关系。

表7　江苏县域综合经济竞争力各项指标前十强县（市）名单

排名	县域规模指数	排名	县域产业指数	排名	财政金融指数	排名	国内商贸指数	排名	外向型经济指数	排名	综合经济竞争力
1	昆山市	1	昆山市	1	昆山市	1	昆山市	1	昆山市	1	昆山市
2	江阴市	2	江阴市	2	江阴市	2	江阴市	2	常熟市	2	江阴市
3	张家港市	3	张家港市	3	张家港市	3	常熟市	3	江阴市	3	张家港市
4	常熟市	4	常熟市	4	常熟市	4	宜兴市	4	张家港市	4	常熟市
5	太仓市	5	太仓市	5	宜兴市	5	张家港市	5	太仓市	5	宜兴市
6	宜兴市	6	宜兴市	6	太仓市	6	邳州市	6	如皋市	6	太仓市
7	丹阳市	7	扬中市	7	海门市	7	海安县	7	海门市	7	丹阳市
8	海门市	8	丹阳市	8	启东市	8	太仓市	8	泰兴市	8	启东市
9	靖江市	9	靖江市	9	海安县	9	如东县	9	宜兴市	9	扬中市
10	扬中市	10	海门市	10	如皋市	10	启东市	10	海安县	10	海门市

2.县域产业指数

　　江苏县域产业指数是县（市）产业经济发展的竞争力表现，主要是指产业结构、产业绩效和产业环节的技术含量和知识水平，表现为制造业、服务业的比重以及工业经济的产出规模、经济效益等。

　　2015年，服务业增加值占GDP比重最高的县（市）依次是仪征市（49%）、金湖县（47.2%）、新沂市（46.0%）、常熟市（46.0%）和靖江市（45.9%），比重最低的为泗阳县，仅有34.3%。常熟市是苏南县（市）中服务业发展较大发达的地区，2015年完成服务业增加值939.85亿元，按可比价计算比上年增长8.5%，常熟是省科技体制综合改革试点市，常熟高新区是全省服务业综合改革试点区，这两项综改试点为常熟服务业的发展增添了新的活力。

　　昆山市、江阴市和张家港市是全省第二产业劳动生产率排名前三的县（市），其劳动生产率为末位县(市)的近 8 倍多。全省第三产业劳动生产率中昆山市、张家港市、江阴市排名前三,排名最高的昆山市第三产业劳动生产率是排名末位的灌云县的近 7 倍。其中,昆山市劳动生产率进步明显,排名均由去年的第三位跃居今年的第一位,这得益于昆山实施的"机器换人"技术改造项目,2015 年 3 月,昆山市出台"转型升级创新发展六年行动计划",设立转型升级创新发展专项资金,每年投入不少于 20 亿元,重点鼓励企业开展"机器换人"技术改造。

从县域产业指数上来看,昆山市、江阴市、张家港市相应得分排名前三位,与县域规模指数排名一致,常熟市、太仓市、宜兴市、扬中市和丹阳市紧随其后。靖江市取代海门市成为苏中地区产业总体竞争力最强的县(市),县域产业指数前十强中的苏中县市还包括海门市,其余县(市)均来自于苏南地区。与 2014 年相比,排名第 1—4 位的县市没有发生任何改变,但原来第 10 位的太仓市上升到第 5 位。太仓市近年来重点发展新材料、新能源、高端装备制造、生物技术和新医药、新一代信息技术等五大新兴产业,提升发展精密机械、纺织化纤服装、电力造纸、金属加工、石油化工五大传统产业。2015 年,新兴产业累计实现产值 1062.1 亿元,占规模以上工业产值比重 50.1%,位于苏州各县市前列。同时,第 6—10 位的名次发生了较大的变化,首先海门市下降 5 个位次,从第 5 名降至第 10 名;而扬中市和丹阳市再次进入前十名。

苏北地区邳州市县域产业指数得分最高,在 42 个县(市)中排名第 19 位,成为苏北产业领头羊。2015 年,邳州市完成工业总产值 2225.1 亿元,服务业增加值占 GDP 比重接近 43%,第二和第三产业劳动生产率在苏北地区均处于领先位置。射阳县、滨海县、丰县、灌云县、涟水县、泗阳县、阜宁县、泗洪县、灌南县和东海县处于县域产业指数得分末十位。其中宿迁所有县(市)均在列,另外包括徐州地区 3 个、连云港地区 2 个和盐城地区 1 个。苏南地区 11 个县市中,句容市县域产业指数得分排名最后,位列全省第 17 位,较 2014 年上升 8 个位次。苏中地区宝应县排名最末,位列全省第 25 位。南通地区县(市)县域产业指数与规模指数的匹配程度有所改善,产业结构改善和提升初见成效。

3. 财政金融指数

江苏县域财政金融指数是县(市)财政金融发展的竞争力表现,体现了各县(市)的资本流动状况和政府的财政收支情况。主要以人均财政收入、人均财政支出、金融机构存贷款于额为主要指标等。2015 年,全省 42 个县市中公共财政预算收入超过 200 亿元的县(市)是昆山市和江阴市,分别达到 284.76 亿元和 218.92 亿元。超过 100 亿元的有三个县市,依次是张家港市 174.22 亿元、常熟市 1157.70 亿元、太仓市 114.54 亿元和宜兴市 102.50 亿元。全省公共财政预算收入最低的县市是射阳县只有 20.56 亿元。人均公共财政预算收入最高的是昆山市,达到 17250 元,超过 10000 元的还有太仓市(16155 元)、张家港(13907 元)、江阴市(13835 元)和常熟市(10444 元),而最低的射阳县人均财政一般预算收入只有 2307 元。常熟市是全省居民储蓄存款最高的县(市),达到 1021.99 亿元,最低的灌南县居民储蓄存款只有常熟市的 8.11%。

2015 年全省县(市)财政金融指数如表 7 所示,前 10 位县(市)中有 8 个均来自苏南地区,分别为昆山市、江阴市、张家港市、常熟市、宜兴市、太仓市,排名第 1—6 位。第 7—10 位县(市)为海门市、启东市、海安县和如皋市,均来自于苏中地区的南通。建湖县财政金融指数得分位列苏北地区首位,在全省排名第 17 位,这主要是由建湖县较高的财政和储蓄规模和增长速度所支撑的。2015 年,建湖县一般公共预算收入 50.6 亿元,增长 13.1%,同时全年镇级债务增加额比上年减少 11.3 亿元,镇级债务年化率降至 10% 以下,压降镇级财政负担 1.6 亿元,政府债务上升势头得到有效遏制。响水县、泗洪县、灌南县、洪泽县、灌云县、涟水县、盱眙县、滨海县、东海县和泗阳县排名全省县(市)财政金融指数末十位。苏南地区 10 个县市中,句容市财政金融指数排名末位,位列全省第 25 位。苏中地区 11 个县市中,宝应县财政金融指数得分最低,位列全省第 29 位。

4. 国内商贸指数

国内商贸指数主要是考察区域内商业规模、商业辐射力和产品集散力，反映了巩固和提升产业在区域的地区并使本地区企业获得竞争优势的能力，主要指标包括社会零售品总额、人均社会零售品额以及近三年来的增速等。

2015年，江苏42个县（市）中社会消费品零售额最高的县（市）为昆山市，达到714.68亿元，上年排名第一的江阴市下降一个位次，总额为705.16亿元，突破500亿元的县市还包括常熟市（675.64亿元）和宜兴市（506.96亿元），分列全省县（市）排名第3和第4位。位于苏中南通地区的海门市、如皋市、启东市的社会消费零售总额也很高，排在第6—8位。传统的苏、锡地区七强县（市）中太仓市的社会消费品零售总额只有264.70亿元，跌出前10位，列第12位，但其人均社会消费品零售额排在第4位。2015年响水县社会消费品零售总额在江苏所有县市中排名最靠后，只有59.90亿元，仅相当于昆山市的九分之一，远低于苏南县（市）水平。金湖县、灌南县、洪泽县、泗洪县、泗阳县和滨海县的社会消费品零售总额也都只有80—90亿元，均未超过100亿元，排名靠后。

江苏县域国内商贸指数得分与排名情况如表7所示，可以看出，昆山市、江阴市和常熟市排在前三甲，与2014年相比，张家港市跌出前三，位列第五，主要受到增速的影响。之后依次是宜兴市、张家港市、邳州市、海安县、太仓市、如东县和启东市。苏北地区的邳州市排名较为靠前，原因在于邳州市是苏北大县级市，人口较多，因此社会零售总额排名较为靠前，2015年全市实现社会消费品零售总额223.55亿元，在所有县（市）中排名第15位，比上年增长13.0%，增速较快。苏中地区的仪征市国内商贸指数得分排名最后一位，不仅因为其社会零售总额较低，只有100.19亿元，排在42个县（市）的第35位，也是因为仪征市是所有县（市）唯一一个近三年来平均增速为负的地区。苏中地区的靖江市排名上升较快，由2014年的第19名提升到2015年11名，呈现出稳步增长趋势，主要是由于该市商贸流通体制建设加快，消费品市场逐渐成为配置社会资源的重要手段，对经济的拉动作用日益增强。尤其是全市城乡一体化发展进程加快，现代化社会建设的全面推进，加之国家不断加大民生投入，逐步提高城镇低收入群体补贴，居民消费信心稳步提升，全市城乡市场保持了共同繁荣的良好局面。

仪征市、响水县、宝应县、灌云县、泗阳县、洪泽县、金湖县、泗洪县、滨海县和阜宁县排名全省县（市）末十位。这十个县（市）国内商贸指数平均得分仅为−0.673，而县域国内商贸指数十强的平均得分为0.944，两者相距悬殊。

5. 外向型经济指数

外向型经济是江苏省整体经济发展的立足之本，但从省域经济内部来看，江苏省外向型经济存在较为明显的区域差异。而外向型经济指数就是能够反映出县（市）的进出口贸易情况和对FDI的吸引力。

2015年江苏42个县市中，昆山市进出口总额达到834.53亿美元，比排名第二位的张家港市多出近540亿美元，遥遥领先于其他县（市）。在较为严谨的出口形势中，昆山市2015年的进出口总额是负增长，但出口总额实现略增长，为0.41%。张家港2014年完成426.19亿美元，其中完成出口148.29亿美元，比常熟市（146.10亿元）略高。2015年江苏42个县市中有19个出现出口负增长，而2014年只有3个县市出现负增长。其中，宿迁地区的沭阳县、泗阳县和泗洪县下滑幅度最大，达到42.27%—68.31%之间，而增速最高是盱眙县为59.54%。

从县（市）出口情况来看，昆山市全年完成出口总额537.96亿美元，虽然排名第一，基本与2014年持平。张家港市、常熟市和江阴市出口总额处于同一数量级，分别为148.3美元、146.1亿美元和124.12亿美元，排名2—4位。其中，常熟市2015年出口增幅明显，达到16.38%。江阴市则有19个出口品牌列入"2015—2016年度无锡市重点培育和发展的国际知名品牌",省市两级出口品牌达51个,数量保持全省县级市及无锡各板块领先地位。加上太仓市在内的前五强县(市)出口总额之和占全省县(市)出口总额的75%以上,全省出口分布极不均衡。

但昆山市经济整体高度依赖外部市场,2015年昆山市对外贸易依存度超过180%,其经济极易受到外部经济动荡的影响。盱眙县、灌云县、丰县、阜宁县、射阳县、灌南县、洪泽县、东海县、沛县和金湖县位列全省县(市)出口总额末十位,其中盱眙县、灌云县、丰县、阜宁县、射阳县出口总额不足2亿美元,仅为昆山市出口总额的1/280。

从总体来看,昆山市外向型经济得分为2.682,排名第一,远高于第二位常熟市0.683得分,显示了超强的外向型经济发展实力。常熟市、江阴市、张家港市、太仓市、海门市、如皋市、泰兴市、宜兴市和海安县排名第2—10位。其中,常熟市上升明显,由2014年第五位提升到第二位,2015年,常熟市外贸进出口企业在全球经济形势整体向下,国际市场需求不足的大环境下,外贸进出口和出口增速均实现两位数增长,成为苏州唯一进出口增速正增长的县市。全市共实现进出口总额1374.53亿元,同比增长10.9%,其中,实现出口906.44亿元,同比增长17.5%,进出口和出口增速分别高于苏州大市平均11.8和18.7个百分点。

新沂市、泗洪县、射阳县、阜宁县、灌南县、建湖县、东海县、盱眙县、灌云县和滨海县位列末十位。苏北地区部分县(市)受益于地理位置优势,近年来外向型经济发展迅猛,在全省县(市)外向型经济指数排名中相对靠前,如邳州市和东台市位列13位和21位。2015年,邳州市成功举办金秋经贸洽谈会、重点地区投资推介会等招商活动,引进重大项目80个。实际到账注册外资1.88亿美元,实现进出口9.91亿美元,超额完成徐州市下达任务。而受近期经济下行影响,部分苏南发达县(市)出口总额增长率和实际利用外资金额增长率放缓甚至规模缩小,对外向型经济指数打分产生了一定的影响。相反,对外依赖程度较小的苏中、苏北县(市)却在对外规模较小的基础上伴随了较高的增长速度,改善了外向型经济指数打分及排名。

6. 综合经济竞争力

根据县域规模指数、县域产业指数、财政金融指数、国内商贸指数、外向型经济指数五个二级指标再次进行主成分分析,并根据对应的载荷因子加权并标准化可以得到县域综合竞争力得分及排名情况。

昆山市以2.63的得分毫无疑问位居榜首,江阴市、常熟市、张家港市和宜兴市紧随其后占据前五,常熟市和张家港市对调位次,宜兴市和太仓市对调位次,县域综合经济竞争力前五位与去年完全一致。太仓市、丹阳市、启东市、扬中市和海门市位居第6—10位。与去年相比,启东市取代靖江市冲进前十,2014年的位次是扬中市、丹阳市、靖江市、宜兴市和海门市。除启东市、海门市属于苏中地区外,综合经济竞争力前十强其他县(市)均属于苏南地区。综合竞争力第11—15位依次是邳州市、如皋市、海安县、靖江市和如东县,其中邳州市首次进入前15名。句容市综合竞争力依然排名苏南地区末位,排名全省县(市)第19位,比2014年下降1个位次。苏中地区中宝应县综合经济竞争力排名末位,在全省县(市)中排名第32位,比2014年还下滑6个位次。苏北地区综合经济竞争力整体偏弱,其中综合竞争力得分最高的县(市)为邳州市,其位次位居全省县(市)第11位,其次为东台市(第17位)、沛县(第18位)和新沂市(第21位)。响水县、金湖县、洪泽县、灌云县、灌南县、泗阳县、泗洪县、阜宁县、涟水县和滨海县排名全省县域综合经济竞争力末十位,其中分布在徐州地区3个,连云港地区2个,宿迁地区2个,盐城地区2个,淮安地区1个。经济发展综合竞争力排名前十位的城市平均得分为1.187,而后十位的城市平均得分为-0.731。苏南、苏中、苏北地区综合经济竞争力区域差异明显,苏南11个县(市)综合经济竞争力得分均值为1.032,苏中11个县(市)综合经济竞争力得分均值为0.036,苏北23个县(市)均值为-0.561。

表8　江苏县域综合经济竞争力得分及排名情况

	县域规模指数(A₁)		县域产业指数(A₂)		财政金融指数(A₃)		国内商贸指数(A₄)		外向型经济指数(A₅)		综合经济竞争力(A)	
	得分	排名	得分	排名	得分	排名	得分	排名	得分	排名	得分	排名
江阴市	**2.040**	**2**	**1.988**	**2**	**1.533**	**2**	**1.764**	**2**	0.656	3	**2.429**	**2**
宜兴市	0.698	6	0.529	6	0.818	5	0.982	4	0.066	9	1.069	5
丰　县	−0.433	30	**−0.594**	**40**	−0.439	30	0.017	20	−0.154	27	−0.268	24
沛　县	−0.054	21	−0.243	20	−0.226	22	−0.047	22	−0.168	30	−0.063	18
睢宁县	−0.284	23	−0.489	32	−0.383	26	−0.449	31	−0.167	29	−0.464	30
新沂市	−0.271	22	−0.250	21	−0.399	27	−0.003	21	**−0.467**	**42**	−0.176	21
邳州市	0.105	14	−0.129	19	−0.226	23	0.752	6	0.005	13	0.261	11
溧阳市	0.066	17	0.082	12	0.152	16	0.111	16	−0.140	24	0.114	16
常熟市	1.395	4	1.032	4	1.288	4	**1.622**	**3**	**0.683**	**2**	1.922	3
张家港市	**1.624**	**3**	**1.658**	**3**	**1.483**	**3**	0.883	5	0.654	4	1.607	4
昆山市	**2.185**	**1**	**2.688**	**1**	**2.020**	**1**	**1.933**	**1**	2.682	1	2.629	1
太仓市	0.722	5	0.803	5	0.778	6	0.378	8	0.188	5	0.706	6
海安县	−0.041	20	0.081	13	0.589	9	0.433	7	0.064	10	0.247	13
如东县	−0.032	18	−0.039	15	0.332	11	0.363	9	0.026	12	0.208	15
启东市	0.128	13	0.055	14	0.639	8	0.331	10	−0.016	15	0.292	8
如皋市	0.232	11	−0.065	16	0.340	10	0.169	13	0.116	7	0.258	12
海门市	0.282	8	0.307	10	0.683	7	0.123	15	0.167	6	0.261	10
东海县	−0.392	27	−0.501	33	−0.561	34	−0.259	23	−0.203	36	−0.415	27
灌云县	−0.620	37	−0.593	39	−0.668	38	−0.608	39	−0.195	34	−0.781	39
灌南县	−0.726	39	−0.511	34	**−0.712**	**40**	−0.389	27	−0.284	38	−0.713	38
涟水县	−0.534	36	−0.589	38	−0.625	37	−0.447	30	−0.139	23	−0.625	33
洪泽县	**−0.770**	**40**	−0.392	28	−0.676	39	−0.553	37	−0.173	31	**−0.844**	**40**
盱眙县	−0.647	38	−0.476	30	−0.624	36	0.060	18	−0.199	35	−0.380	26
金湖县	**−0.814**	**41**	−0.485	31	−0.523	31	−0.545	36	−0.140	25	**−0.867**	**41**
响水县	**−0.825**	**42**	−0.472	29	**−0.798**	**42**	**−0.682**	**41**	−0.186	32	**−0.960**	**42**
滨海县	−0.450	32	**−0.603**	**42**	−0.615	35	−0.525	34	−0.191	33	−0.619	33
阜宁县	−0.506	34	−0.542	36	−0.406	28	−0.506	33	−0.285	39	−0.644	35
射阳县	−0.416	29	**−0.596**	**41**	−0.538	32	−0.400	29	**−0.332**	**40**	−0.519	31
建湖县	−0.436	31	−0.378	26	−0.162	17	−0.283	24	−0.205	37	−0.458	28
东台市	−0.034	19	−0.294	24	0.286	12	0.018	19	−0.122	21	−0.009	17
宝应县	−0.388	26	−0.333	25	−0.426	29	**−0.609**	**40**	−0.156	28	−0.602	32

	县域规模指数（A_1）		县域产业指数（A_2）		财政金融指数（A_3）		国内商贸指数（A_4）		外向型经济指数（A_5）		综合经济竞争力（A）	
	得分	排名	得分	排名	得分	排名	得分	排名	得分	排名	得分	排名
仪征市	−0.407	28	−0.118	18	−0.200	21	**−1.569**	**42**	−0.082	17	−0.286	25
高邮市	−0.347	24	−0.257	22	−0.294	24	−0.376	26	−0.122	22	−0.459	29
丹阳市	0.467	7	0.510	8	0.154	15	0.169	12	0.002	14	0.410	7
扬中市	0.271	9	0.516	7	0.258	13	0.142	14	−0.062	16	0.266	9
句容市	−0.360	25	−0.095	17	−0.298	25	−0.469	32	−0.087	18	−0.126	19
兴化市	0.091	15	−0.294	23	−0.166	18	−0.390	28	−0.107	20	−0.184	22
靖江市	0.168	10	0.401	9	0.253	14	0.213	11	0.043	11	0.244	14
泰兴市	0.080	16	0.153	11	−0.184	20	−0.300	25	0.074	8	−0.135	20
沭阳县	0.128	12	−0.391	27	−0.183	19	0.085	17	−0.089	19	−0.198	23
泗阳县	−0.511	35	−0.513	35	−0.542	33	−0.605	38	−0.144	26	−0.709	37
泗洪县	−0.484	33	−0.561	37	**−0.733**	**41**	−0.532	35	**−0.382**	**41**	−0.646	36

（二）社会发展竞争力分析

1. 基础设施竞争力

基础设施是城市经济、社会活动的基本载体，属于城市的不可移动要素。基础设施的规模、类型、水平直接影响着城市产业的发展和价值体系的形成。基础设施的状况影响城市的生产成本和竞争力，其中又以技术性基础设施更关键，因为技术性基础设施可以帮助城市吸引和培育高技术高附加值的产业。本书主要从固定资产投资（包括房地产开发投资）和交通设施（公路里程、客/货运量）等方面来设计基础设施竞争力指数。

2015 年，江阴市固定资产投资总额达到 1128.59 亿元，是全省 42 个县（市）中唯一一个固定资产投资超 1000 亿元的地区。昆山市、张家港市、宜兴市和邳州市分别以 799.15 亿元、733.79 亿元、663.55 亿元和 652.69 亿元排名 2～5 位。2015 年徐州地区的邳州市固定资产投资规模稳步增加，比上年增长 19.5%，其中，服务业投资增长较快，达到 26.9%。金湖县排名全省县（市）固定投资规模末位，且投资总额只有 14.37 亿元。江苏交通基础设施建设相对完善，公路路网密集度和总里程数均达到较高层次。2015 年，启东市公路里程数达到 3576 公里，另外沭阳县、常熟市、如皋市、东台市、大丰市、邳州市公路里程数均超过 3000 公里；扬中市公路里程数仅为 1008 公里，远低于其他县（市），18 个县（市）的等级公路占比达到 100%。

基础设施竞争力得分与排名的情况如表 10 所示，江阴市以 1.271 的得分超过去年排名首位的昆山市位居第一，张家港市以 1.085 的得分屈居第二，常熟市、泰兴市、昆山市、宜兴市、太仓市、邳州市、靖江市和海门市分别占据了十强的其他席位。与 2014 年相比，昆山市由第一位下滑至第五位，邳州市由 18 位大幅上升到第 8 位。2015 年邳州市重大基础设施和城建重点工程稳步实施，"一港一环六路六桥"工程进展顺利，270 省道邳州东南绕城公路、龙化大桥竣工通车，53 公里城市大外环全线贯通。

另外，东台市、新沂市、沭阳县、泗洪县和涟水县等苏北县（市）均进入基础设施竞争力前二十五强的行列,而如皋市、如东市都属于南通地区,由于优越的地理位置和沿江、沿海大开发战略,南通地区在公路、港口等各方面的基础设施建设上都有较大投入,外向型经济发展较好。洪泽县、射阳县、丰县、灌云县、阜宁县、灌南县、响水县、建湖县和东海县排名全省县(市)基础设施竞争力末十位。宝应县和高邮市持续受地理位置和其他层面发展战略影响,公路铁路交通发展较为受限,基础设施竞争力排名一直靠后。

表9　江苏县域社会发展竞争力各项指标前十强县(市)名单

排名	基础设施竞争力	排名	信息化发展竞争力	排名	医疗保健竞争力	排名	社会发展竞争力
1	江阴市	1	昆山市	1	昆山市	1	昆山市
2	张家港市	2	张家港市	2	张家港市	2	张家港市
3	常熟市	3	常熟市	3	江阴市	3	常熟市
4	泰兴市	4	太仓市	4	常熟市	4	江阴市
5	昆山市	5	江阴市	5	宜兴市	5	宜兴市
6	宜兴市	6	扬中市	6	沭阳县	6	太仓市
7	太仓市	7	丹阳市	7	邳州市	7	靖江市
8	邳州市	8	宜兴市	8	靖江市	8	如皋市
9	靖江市	9	金坛市	9	太仓市	9	丹阳市
10	海门市	10	海门市	10	兴化市	10	邳州市

2. 信息化发展竞争力

在经济全球化和社会信息化的大趋势下,信息化建设已经成为提高企业核心竞争力、带动制造业现代化发展和发展中国家发货后发优势的最主要推动力,也是提升区域竞争力的关键因素。主要从邮电业务总量、固定电话覆盖率、移动电话和互联网普及率等指标来衡量江苏县级市的信息哈发展程度。

2015年邮电业务总量最多的县(市)是昆山市,达到了44.61亿元,比2014年减少2.6亿元,其余邮电业务总量超过20亿元的县(市)有常熟市(32.90亿元)、江阴市(30.61亿元)、张家港市(28.75亿元)。昆山市人均邮电业务消费量达到2867.95元,远超过第二名张家港市的2115.8元。昆山市固定电话覆盖率、移动电话和国际互联网普及率都是也是所有42个县(市)中最高的,分别为270.2%、177.6%和37.0%。而固定电话覆盖率最低的泗洪县只有107%、移动电话普及率最低的涟水县只有52.5%、国际互联网普及率最低的涟水县只有11.3%。

昆山市信息化发展无论从单个指标还是总体评价上在全省县(市)中都处于绝对领先地位,以2.597的得分位居信息化发展指数首位,排名第二的张家港市得分仅有1.605。常熟市、太仓市、江阴市、扬中市、靖江市、丹阳市、宜兴市和海门市依次排名3—10位。与2014年靖江市上升明显,由16位提升到第7位。排名前十的显示中有8个县(市)来自苏南地区,仅靖江市和海门市属于苏中地区。南通地区的启东市和海安县信息化发展指数排名排进了前15位,整体发展状况较好。苏南地区中句容市信息化发展竞争力排名末位,在全省县(市)中排名第13位,比2014年下降一个位次。苏北地区信息化发展竞争力最强的依然是东海县,排名第19位,较上年上升三个位次,其次是新沂市(第20位)、建湖县(第24位)。涟水县、滨海县、盱眙县、阜宁县、洪泽县、响水县、邳州市、灌南县和泗阳县排名信息化发展指数末十位。信息化发展指数十强平均得分为1.266,末十位县(市)平均得分为−0.722,两者差异明显。

3. 医疗保健竞争力

医疗卫生与社会保障设施的建设与制度的完善体现了一个城市对公民基本生活的投入与重视，是社会高度化发展的阶段标志物。用卫生机构数、卫生结构床位数、每万人拥有卫生技术人员数、每万人拥有医生数和每万人拥有病床数等五个指标来测算社会医疗保健竞争力，得分与排名情况如表10所示。

邳州市、赣榆县、沭阳县、兴化市、睢宁县、东海县、如皋市、丰县、泗洪县和沛县卫生机构数排名全省县(市)十强，数量均超过500个，其中最高的邳州市拥有773个卫生机构。最少的扬中市，医疗卫生机构不足百个。而从人均情况来看，每万人拥有卫生技术人员人数最多的是张家港市，其次是昆山市、太仓市，每万人拥有医院病床数最多的是张家港市，其次是靖江市、东台市。社会医疗保健竞争力最强的三个县(市)是昆山市、张家港市和江阴市。常熟市、宜兴市、沭阳县、邳州市、靖江市、太仓市和兴化市排名第4—10位。南通地区的五个县(市)在医疗保健竞争力指数上表现不俗，苏中的扬州和泰州地区的各个县(市)在医疗保健竞争力上排名也相对靠前，而苏北地区医疗保健竞争力最强的县(市)是邳州市，排在第7位。灌云县、洪泽县、扬中市、阜宁县、金湖县、灌南县、句容市、宝应县、仪征市和高邮市的医疗保健指数排名末十位，得分均值仅为－0.747。

4. 社会发展竞争力

根据基础设施竞争力、信息化发展竞争力和社会医疗保健竞争力三个二级指标，通过主成分分析，使用载荷因子进行加权并进行标准化处理可以得到江苏县域社会发展竞争力得分。昆山市以2.395分排在第一位，张家港市、常熟市、江阴市和宜兴市紧随其后，占据第2—5位，与2014年相比，张家港市与常熟市的位次进行了对调。太仓市、靖江市、如皋市、丹阳市和邳州市位列第6—10。社会发展竞争力十强中有七个县(市)来自苏南地区，其余来自苏中地区和苏北地区。镇江地区的句容市社会发展竞争力相对于苏南其他区域依旧较弱，位列全部省(市)第19。南通地区五个县(市)依旧县市了较好的社会发展竞争力，海安县位列第13，启东市和海门市分别排名第18位和15位，如东县排名稍后第26位，南通地区整体社会发展竞争力显著高于其他苏中地区。邳州市是苏北地区社会发展竞争力最强的县(市)，居全省县(市)第5位。其次是沭阳县，第11位，较上年提升6个位次。灌云县、洪泽县、阜宁县、金湖县、灌南县、丰县、宝应县、仪征市和射阳县位列社会发展竞争力末十位。社会发展竞争力十强的县(市)得分均值为0.992，末十位的县(市)得分均值为－0.476。从具体区域来看，苏南10个县(市)社会发展竞争力得分均值1.05，苏中11个县(市)均值为0.02，苏北地区21个县(市)得分均值为－0.46。

表10　江苏县域社会发展竞争力得分及排名情况

	基础设施指数 (B₁)		信息化发展指数 (B₂)		医疗保健指数 (B₃)		社会发展竞争力 (B)	
	得分	排名	得分	排名	得分	排名	得分	排名
江阴市	**1.271**	**1**	1.184	5	**1.420**	**3**	1.320	4
宜兴市	0.753	6	0.737	9	1.337	5	1.136	5
丰　县	**−0.604**	**40**	−0.492	27	−0.336	32	−0.436	37
沛　县	−0.104	22	−0.502	29	−0.115	21	−0.276	27
睢宁县	−0.410	30	−0.341	22	−0.108	20	−0.226	20
新沂市	−0.065	20	−0.212	20	0.058	13	−0.068	16
邳州市	0.699	8	−0.571	35	0.547	7	0.033	10

续　表

	基础设施指数（B₁)		信息化发展指数（B₂)		医疗保健指数（B₃)		社会发展竞争力（B)	
	得分	排名	得分	排名	得分	排名	得分	排名
溧阳市	0.170	15	0.017	16	0.058	12	−0.005	14
常熟市	**0.843**	**3**	**1.544**	**3**	1.415	4	**1.416**	**3**
张家港市	**1.085**	**2**	**1.605**	**2**	2.258	2	2.054	2
昆山市	0.772	5	**2.597**	**1**	2.349	1	2.395	1
太仓市	0.724	7	1.459	4	0.512	9	0.727	6
海安县	0.210	14	0.270	15	−0.034	16	−0.003	13
如东县	0.153	16	−0.032	17	−0.288	29	−0.273	26
启东市	0.379	11	0.299	14	−0.284	28	−0.109	18
如皋市	0.143	17	0.320	12	0.069	11	0.087	9
海门市	0.442	10	0.503	10	−0.197	26	−0.059	15
东海县	−0.420	33	−0.149	19	−0.297	30	−0.312	28
灌云县	−0.599	39	−0.445	25	**−1.269**	**42**	**−1.110**	**42**
灌南县	−0.528	37	−0.541	34	−0.620	37	−0.658	38
涟水县	−0.296	23	**−1.051**	**42**	−0.116	22	−0.328	30
洪泽县	**−0.691**	**42**	−0.722	38	**−0.937**	**41**	**−0.942**	**41**
盱眙县	−0.416	31	**−0.916**	**41**	−0.059	18	−0.348	31
金湖县	−0.307	24	−0.696	37	−0.628	38	−0.707	39
响水县	−0.514	36	−0.597	36	−0.196	25	−0.361	32
滨海县	−0.485	34	**−0.806**	**40**	−0.151	24	−0.386	35
阜宁县	−0.534	38	−0.792	39	−0.632	39	**−0.736**	**40**
射阳县	**−0.687**	**41**	−0.468	26	−0.246	27	−0.363	33
建湖县	−0.489	35	−0.413	24	−0.127	23	−0.260	24
东台市	0.272	13	−0.508	30	−0.055	17	−0.233	21
宝应县	−0.419	32	−0.530	32	−0.393	35	−0.388	36
仪征市	0.096	18	−0.226	21	−0.350	34	−0.373	34
高邮市	−0.387	29	−0.403	23	−0.347	33	−0.319	29
丹阳市	0.339	12	0.880	8	−0.099	19	0.117	8
扬中市	−0.082	21	1.139	6	**−0.837**	**40**	−0.255	22
句容市	−0.363	26	0.308	13	−0.489	36	−0.128	19
兴化市	−0.350	25	−0.088	18	0.409	10	0.025	12
靖江市	0.557	9	1.020	7	0.544	8	0.630	7

续 表

	基础设施指数 （B₁）		信息化发展指数 （B₂）		医疗保健指数 （B₃）		社会发展竞争力 （B）	
	得分	排名	得分	排名	得分	排名	得分	排名
泰兴市	0.807	4	0.378	11	−0.319	31	−0.083	17
沭阳县	−0.034	19	−0.509	31	0.989	6	0.026	11
泗阳县	−0.370	27	−0.530	33	0.048	14	−0.263	25
泗洪县	−0.383	28	−0.494	28	0.040	15	−0.259	23

（三）经济发展潜力分析

1. 居民消费潜力指数

扩大内需是国民经济保持平稳较快发展的战略选择,在新的国际经济形势下,外需增长受世界经济这一外部因素的影响较大不具稳定性,而居民消费作为最终需求也是经济增长的最终目标,将成为未来我国和江苏省经济最直接的增长动力。因此在分析江苏县域经济社会发展潜力时,居民消费潜力有着很大的提升空间和余地,是考虑的首要因素。

2015年江苏42个县(市)中城镇居民人均可支配收入最高的是江阴市,达到42756元,超过去年的首位昆山市,昆山市排在第二位(42755元),同样超过40000元的还有常熟市(41506元)、张家港市(41445元)和太仓市(40428元),依次居于全省县(市)城镇居民人均可支配收入排名第2—5位。这五个县(市)的城镇居民人均可支配收入遥遥领先于其他地区,紧随他们之后的是宜兴市,2015年城镇居民人均可支配收入为34413元,明显低于前一位的太仓市。城镇收入水平最低是灌南县,为15941元,仅为江阴市的41.3%。灌云县、灌南县、沭阳县和泗阳县城镇人均可支配收入较上年均有显著提升,增速超过10%。农村居民人均纯收入最高的县级市是江阴市,达到了23965元。昆山市、常熟市、张家港市、太仓市农村居民人均纯收入均超过20000元,分别为23921、23722、23722、23590元以及宜兴市(20178元),除此以外,扬中市农村居民人均纯收入也首次超过20000元,达到20078元。灌南县的农村居民人均纯收入在全省中最低,但也首次超过10000元,达到10442元,却只有江阴市的43.57%。恩格尔系数是指食品支出总额占个人消费支出总额的比重,能够反映人民的生活水平。2015年江苏42个县(市)中,所有的城镇居民恩格尔系数均低于40%,根据联合国恩格尔系数标准,城镇、农村恩格尔系数都显示经济处于富裕阶段。所有县(市)中昆山市取代张家港市,成为城镇居民恩格尔系数最低的县市,只有28.0%,其余低于30%的县(市)还包括江阴市(29.3%)、沛县(28.2%)、常熟市(29.6%)、张家港市(28.8%)、太仓市(28.5%)和建湖县(29.7%)。根据城镇和农村居民人均收入、恩格尔系数及人均收入五年来的年均增长率等指标可以计算出居民消费潜力指数的得分与排名(如表12所示)。

消费潜力指数占据前三的是常熟市、昆山市、张家港市,与2014年相比,常熟市与张家港市发生了位次的对调。江阴市、太仓市、宜兴市、扬中市、金坛市、丹阳市和溧阳市居于全省县(市)居民消费潜力指数第4—10位。苏南地区中排名末位的县(市)依然是句容市,但其在全省县(市)中的位次由上年的第15位上升至2014年的第11位。南通地区的五个县(市)居民消费潜力指数均居于10—20位的区间内,显示出较强的消费潜力。扬州地区在苏中地区的居民消费潜力依旧较弱,仪征市和高邮市分别排名第16、22位,宝应县排名第31位。苏北地区居民消费潜力最强的县(市)为东台市,排名第21位,较去年下降了1个位次,其次是大丰市(第23位)、金湖县(第24位)。苏北地区由于近年来期人均消费支出增速显著高于苏南和苏中县(市),预示着区域居民消费规模的快速扩张,因此从居民消费潜力指数上可以看到其得分略领先于其经济发展水平。

表 11　江苏县域经济发展潜力各项指标前十强县（市）名单

排名	居民消费潜力指数	排名	人力资本潜力指数	排名	市场潜力指数	排名	区位潜力指数	排名	科技创新潜力指数	排名	经济社会发展潜力
1	常熟市	1	邳州市	1	常熟市	1	邳州市	1	昆山市	1	昆山市
2	昆山市	2	沭阳县	1	张家港市	2	东台市	2	江阴市	2	江阴市
3	张家港市	3	江阴市	1	昆山市	3	兴化市	3	张家港市	3	张家港市
4	江阴市	4	仪征市	1	太仓市	4	沭阳县	4	丹阳市	4	常熟市
5	太仓市	5	高邮市	5	宜兴市	5	泗洪县	5	常熟市	5	太仓市
6	宜兴市	6	昆山市	5	江阴市	6	大丰市	6	太仓市	6	宜兴市
7	扬中市	7	丰县	7	溧阳市	7	射阳县	7	宜兴市	7	扬中市
8	金坛市	8	常熟市	7	金坛市	8	盱眙县	8	泰兴市	8	溧阳市
9	丹阳市	9	睢宁县			9	赣榆县	9	高邮市	9	句容市
10	溧阳市	10	张家港市			10	灌云县	10	洪泽县	10	海门市

2. 人力资本潜力指数

社会已进入人力资本时代，人才而非资本才是在 21 世纪最有效连接创新、竞争力和经济增长的关键纽带，高素质的人力资源正在成为我国经济持续健康快速发展的重要推动力。本书用在校大学生总数、每万人在校大学生数、专职教师人数、万人专职教师人数以及师生比来评价江苏各县（市）的人力资本潜力指数。

2015 年邳州市拥有 23.4 万在校学生，位列全省县（市）首位，其次是沭阳县、东海县、昆山市、江阴市和睢宁县，其在校学生总数均超过 13 万人。邳州市成为全省拥有专职教师人数最多的县（市）中，达到 14238 人，加之较高的在校学生数量和师生比，表明邳州市在教育资源和人力资本培育上具有一定的发展潜力。专职教师人数超过 10000 人的县市还包括江阴市（10259 人）、睢宁县（10466人）和沭阳县（13809 人）。人力资本潜力指数排在前三位的是邳州市、沭阳县和江阴，高邮市、仪征市、昆山市、丰县、常熟市、睢宁县和张家港市位列第 4—10 位。可以看出扬州地区的县（市）在人力资本潜力指数上具备一定的优势，苏北地区县（市）在人力资本潜力指数上也占据一席之地，人力资本潜力指数与苏南的差距并不明显。金湖县、扬中市、洪泽县、句容市、赣榆县、如东县、东海县、金坛市、大丰市和启东市排名人力资本潜力指数末十位。其中句容市、扬中市和金坛市均属于苏南地区，这主要是由于苏南地区在校学生总数过少，相应产生的对专职教师的需求不足，导致在专职教师人数、每万人专职教师人数指标上都相对落后，师生比也未显现出特别的优势。

3. 市场潜力指数

如果一个县级市所属的上级城市经济发展水平更高、经济规模更大，那么该县域更容易分享各种消费市场、资源市场等，从而有更强的市场潜力。因此，潜力指数主要从各个县级市所在的地级市、苏南/苏中/苏北三大经济区域的经济发展情况来进行评价，得分与排名如表 12 所示。排名依次是苏州地区的 4 个县（市）、无锡地区的 2 个县（市）、常州地区的 2 个县（市）、镇江地区的 3 个县（市）、南通地区的 5 个县（市）、扬州地区的 3 个县市、泰州地区的 3 个县（市）、徐州地区的 5 个县（市）、盐城地区的 7 个县（市）、淮安地区的 4 个县（市）、连云港地区的 4 个县（市）和宿迁地区的 3 个县（市）。

4.区位潜力指数

从自然、交通、经济、政治、文化等五个方面考虑江苏 45 个县(市)的区位潜力指数。在专家评分的方法上结合德尔菲方法对各县(市)进行赋值,最后得到如表 12 的结果。区位优势潜力排在前十位的依次是邳州市、东台市、兴化市、沭阳县、泗洪县、大丰市、射阳县、盱眙县、赣榆县和灌云县。扬中市、靖江市、太仓市、仪征市、张家港市、昆山市、金湖县、洪泽县、金坛市、灌南县区位潜力指数排名全省县(市)末十位。

5.科技创新潜力指数

科技创新更加广泛地影响着经济社会发展和人民生活,科技发展水平更加深刻地反映出一个国家的综合国力和核心竞争力。由于科技相关指标通常涉及企业技术机密,许多指标获取困难,县域指标可得性,本书用专利申请受理量和专利申请授权量等两个指标来看反映各县(市)科技创新的能力。

2015 年专利申请受理量和专利申请授权量最多的县(市)均为昆山市,分别达到 14229 件和10946 件,排在第二位的江阴市,专利申请受理量和授权量分别有 14010 件和 7502 件。沛县是专利申请受理量最少的县(市),2015 年专利申请受理量只有 244 件,仅是昆山市的 1.71%。新沂市也是专利申请授权量最少的县(市),仅有 193 件,还不到江阴市的 1.76%。因此在科技创新潜力指数得分上,县(市)之间差异悬殊,昆山市以 3.740 分位居首位,排在第 2—10 位的县(市)依次是江阴市、张家港市、丹阳市、常熟市、太仓市、宜兴市、泰州市、高邮市和海安县。泰州地区的靖江市、泰兴市和兴化市都排在前 15 位,较上年有小幅提升,体现出泰州整体科技创新水平处于不断完善提升的过程之中。阜宁县、邳州市、泗洪县、新沂市、灌云县、沛县、如东县、丰县、射阳县和响水县位居末十位。科技创新潜力十强平均得分为 1.356,末十位县(市)平均得分为 −0.821。

6.经济发展潜力

对居民消费潜力、人力资本潜力、市场发展潜力、区位发展潜力和科技创新潜力五个二级指标进行主成分分析,并根据载荷因子进行加权后再进行标准化处理可得江苏县域经济社会发展潜力得分及排名。昆山市以 2.543 分位列第一,与江阴市、张家港市、常熟市、太仓市一起占据五强。与上年相比,位次没有发生任何改变。宜兴市、扬中市、溧阳市、句容市和海门市位列第 6—10 位,与 2014年相比,靖江市被海门市取代,下滑到第 12 位。经济社会发展潜力 10 强中,有 9 个县(市)来自于苏南地区,只有海门市来自于苏中地区。镇江地区的扬中市、句容市、丹阳市分别排名第 6、第 9 和第15,相比于上年,丹阳市下滑明显,但整体经济社会发展潜力稳步发展。南通五个县(市)海门市、海安县、启东市、如皋市和如东县分列第 10 位、16 位、14 位、17 位和 28 位,较 2014 年有明显的上升。泰州地区的泰兴市、靖江市和兴化市排名较为靠前,分列第 11、第 12 位和第 13 位,实力整体较强,也较平均。扬州市整体经济社会发展潜力处于中下水平,其中高邮市和仪征市位列第 18 位和 19 位,较上年下降 7—9 个位次。宝应县在苏中地区经济社会发展潜力排名中垫底,在全省县(市)排名中位列第 23 位。苏北地区经济社会发展潜力最大的县(市)是沭阳县在全省县(市)中排名第 21 位,相较去年位次有所上升,其次是东台市(第 22 位)、建湖县(第 24 位)、金湖县(第 25 位)、洪泽县(第 26位)。丰县、灌云县、睢宁县、泗洪县、涟水县、响水县、灌南县、泗阳县、阜宁县、响水县和新沂市位列全省县(市)经济社会发展潜力排名末十位。其中包含宿迁地区 2 个县(市)、连云港地区 3 个县(市)、淮安地区 2 个县(市)、徐州地区 3 个县(市)。经济社会发展潜力十强平均得分为 1.365,末十位县(市)平均得分为 −0.828。从三大区域来看,苏南区域经济发展潜力平均得分为 1.341,苏中地区平均得分为 0.155,苏北地区为 −0.521。

表 12　江苏县域经济发展潜力得分及排名情况

	居民消费潜力指数(C_1)		人力资本潜力指数(C_2)		市场潜力指数(C_3)		区位潜力指数(C_4)		科技创新潜力指数(C_5)		经济发展潜力(C)	
	得分	排名	得分	排名	得分	排名	得分	排名	得分	排名	得分	排名
江阴市	1.709	4	**2.028**	**3**	1.19	7	**3.19**	**2**	**2.937**	**2**	**2.483**	**2**
宜兴市	1.005	6	0.529	14	1.19	7	0.84	6	0.589	7	0.969	6
丰　县	**−0.963**	**42**	1.553	6	−0.76	35	**−0.85**	**45**	−0.698	32	−0.948	42
沛　县	−0.602	28	0.549	13	−0.76	35	−0.46	25	**−0.905**	**41**	−0.558	29
睢宁县	**−0.942**	**40**	0.890	9	−0.76	35	−0.72	40	−0.826	37	**−0.874**	**40**
新沂市	−0.821	36	0.529	14	−0.76	35	−0.54	29	**−0.919**	**42**	−0.720	33
邳州市	−0.521	27	**2.684**	**1**	**−0.83**	**39**	−0.42	23	**−0.861**	**40**	−0.493	27
溧阳市	0.644	9	−0.669	30	**−0.83**	**39**	0.18	11	−0.639	30	0.452	8
常熟市	1.726	1	0.971	8	**−0.83**	**39**	2.08	4	0.730	5	1.966	4
张家港市	1.710	3	0.817	10	−0.11	12	**2.77**	**3**	**2.132**	**3**	**2.284**	**3**
昆山市	1.715	2	1.553	6	−0.11	12	**3.31**	**1**	**3.780**	**1**	**2.543**	**1**
太仓市	1.676	5	−0.716	32	−0.11	12	1.38	5	0.657	6	1.606	5
海安县	0.258	13	−0.817	35	−0.11	12	−0.16	15	0.318	10	0.071	16
如东县	0.219	16	−1.285	38	−0.11	12	−0.27	20	0.271	12	−0.003	17
启东市	0.256	14	−0.897	36	**2.19**	**1**	−0.01	13	0.202	14	0.141	14
如皋市	0.154	17	0.268	19	**2.19**	**1**	−0.20	17	0.100	17	−0.006	18
海门市	0.493	12	−0.235	25	**2.19**	**1**	0.24	10	0.172	15	0.394	10
东海县	−0.603	29	−1.117	37	−0.31	20	−0.70	36	−0.794	34	−0.673	31
灌云县	**−0.955**	**41**	0.000	23	−0.31	20	**−0.79**	**43**	−0.794	35	**−0.915**	**41**
灌南县	−0.840	37	0.034	22	−0.31	20	−0.71	38	−0.817	36	−0.812	37
涟水县	−0.799	35	0.589	12	1.85	5	**−0.80**	**44**	−0.512	27	−0.831	38
洪泽县	−0.348	24	**−1.694**	**40**	1.85	5	−0.59	31	−0.423	25	−0.476	26
盱眙县	−0.387	25	0.101	21	−0.88	43	−0.71	38	−0.440	26	−0.555	28
金湖县	−0.278	23	**−2.310**	**42**	−0.88	43	−0.65	33	−0.539	28	−0.465	25
响水县	−0.744	33	−0.589	28	−0.88	43	−0.70	36	−0.826	38	−0.753	34
滨海县	−0.648	31	−0.228	24	−0.51	23	−0.72	40	−0.688	31	−0.708	32
阜宁县	−0.788	34	−0.268	26	−0.51	23	−0.66	34	−0.609	29	−0.759	35
射阳县	−0.707	32	−0.556	27	−0.51	23	−0.57	30	−0.709	33	−0.670	30
建湖县	−0.402	26	−0.757	33	−0.51	23	−0.46	25	−0.375	24	−0.445	24
东台市	−0.128	20	−0.810	34	−0.51	23	−0.21	18	−0.333	22	−0.171	22

续 表

	居民消费潜力指数(C_1)		人力资本潜力指数(C_2)		市场潜力指数(C_3)		区位潜力指数(C_4)		科技创新潜力指数(C_5)		经济发展潜力(C)	
	得分	排名	得分	排名	得分	排名	得分	排名	得分	排名	得分	排名
宝应县	−0.251	22	−0.696	31	−0.62	28	−0.46	25	−0.102	18	−0.359	23
仪征市	−0.603	30	1.988	4	−0.62	28	−0.11	14	−0.178	21	−0.093	20
高邮市	0.238	15	1.713	5	−0.62	28	−0.42	23	0.338	9	−0.063	19
丹阳市	−0.228	21	0.194	20	−0.62	28	0.53	7	1.057	4	0.123	15
扬中市	0.697	8	**−1.740**	**41**	−0.62	28	0.32	9	−0.114	19	0.548	7
句容市	0.979	7	−1.687	39	−0.62	28	−0.33	21	0.282	11	0.400	9
兴化市	0.532	10	0.281	18	−0.21	17	−0.33	21	0.216	13	0.146	13
靖江市	−0.072	19	−0.656	29	−0.21	17	0.40	8	0.103	16	0.150	12
泰兴市	0.499	11	0.522	16	−0.21	17	−0.17	16	0.535	8	0.203	11
沭阳县	0.142	18	**2.363**	**2**	1.06	9	−0.53	28	−0.123	20	−0.170	21
泗阳县	−0.864	38	0.630	11	1.06	9	−0.67	35	−0.364	23	−0.806	36
泗洪县	−0.889	39	0.482	17	1.06	9	−0.74	42	−0.831	39	**−0.854**	**39**

（四）经济发展活力分析

1. 经济增长活力指数

近年来,苏北地区承接产业转移步伐加快,产业结构调整持续推进,外向型经济发展成果初现。从具体经济指标来看,虽然苏北地区在大多数绝对值指标上规模较小,但其指标增速显著高于苏南地区。因此,从近五年的年均增长率来看,总体上依然呈现出"南低北高"的局面。2015 年,苏南、苏中、苏北地区生产总值分别比上年增长 8.2%、10%、10.2%,苏北高于全省 1.7 个百分点;一般公共预算收入分别增长 9.2%、13.9%、12.9%,苏北高于全省 1.9 个百分点;从固定资产投资增速看,苏北则高于全省 9.2 个百分点。

近五年地区生产总值年均增长率最高县(市)是徐州地区的丰县,达到 18.05%,增速超过 15% 的县(市)还包括睢宁县、涟水县和金湖县。苏北连续八年经济增长超过了全省平均增长速度。未来,无论是从发展的空间,还是发展的态势,苏北都是江苏经济社会发展的一个增长极,一个新引擎。增速较低的县(市)主要集中在苏南地区,昆山市、张家港市、江阴市、金坛市和太仓市位列地区生产总值年均增长率末五位。其他经济增长活力指数中涉及的财政收入年均增长率、人均 GDP 年均增长率等指标排名与地区生产总值年均增长率规律类似。因此,经济增长活力指数与通常理解的明星县(市)不同,恰好出现了"倒置"的状况。经济发展总体规模较小的县(市)往往更具活力,即苏北地区县(市)的经济增长活力指数要普遍高于苏南地区县(市)。南通地区的如东县、海安县经济活力指数进入前十名,海门市、启东市和如皋市也都排在前 25 名,表现出较好的经济活力,这得益于南通地区着力培育高端纺织、船舶海工、电子信息三大重点支柱产业,智能装备、新材料、新能源及新能源汽车三大重点新兴产业,加快构建"3+3+N"的产业新体系。

表 13　江苏县域经济发展活力各项指标前十强县(市)名单

排名	经济增长活力指数	排名	县域吸引力指数	排名	开放活力指数	排名	经济发展活力
1	丰县	1	昆山市	1	昆山市	1	昆山市
2	睢宁县	2	江阴市	2	张家港市	2	张家港市
3	如东县	3	张家港市	3	常熟市	3	常熟市
4	泗洪县	4	常熟市	4	太仓市	4	江阴市
5	新沂市	5	太仓市	5	江阴市	5	太仓市
6	金湖县	6	扬中市	6	海门市	6	泰兴市
7	海安县	7	丹阳市	7	泰兴市	7	海门市
8	涟水县	8	靖江市	8	海安县	8	海安县
9	句容市	9	海门市	9	如东县	9	句容市
10	沛县	10	宜兴市	10	靖江市	10	扬中市

2. 县域吸引力指数

本书用人口密集和常住人口比来评价江苏各县(市)对劳动力的吸引力程度。昆山市是全省县(市)中人口密度最高的县(市)达到 1758 人/平方公里,其次为江阴市(1646 人/平方公里)、张家港市(1255 人/平方公里)、常熟市(1181 人/平方公里)、靖江市(1046 人/平方公里)、扬中市(1027 人/平方公里),这些县(市)人口密度均超过 1000 人/平方公里,其中昆山市和江阴市人口密度属于同一级别,显著高于其他县(市)。人口密度最小的县(市)前十位依次是大丰市、金湖县、洪泽县、盱眙县、东台市、射阳县、泗洪县、响水县、高邮市、灌云县。县域吸引力指数得分与排名如表 14 所示,昆山市、江阴市、张家港市、常熟市、太仓市、扬中市、丹阳市、靖江市、海门市、宜兴市为全省县(市)县域吸引力指数十强。其中八个县(市)属于苏南地区,苏中地区占据两席。苏南地区中句容市县域吸引力居于末位,在全省县(市)中位列第 19 位。苏中地区中靖江市县域吸引力指数最高,高邮市县域吸引力指数位列第 31 位,缺乏竞争力。苏北地区中沛县县域吸引力指数相对最高,位列第 14 位,较上年略有上升,其次是建湖县(第 18 位)、沭阳县(第 22 位)、邳州市(第 23 位)。盱眙县、洪泽县、响水县、东台市、泗洪县、金湖县、涟水县、东海县和射阳县居于全省县(市)县域吸引力指数末十位。

3. 开放活力指数

城市具有经济活力,是多种因素共同作用的结果,其中包括许多主观性指标,如"城市在发展经济方面的做法具有的引导和示范作用"等指标。这些指标理应列入城市经济活力的评价指标体系。但相对于客观指标数据的可查、便得性,主观指标虽然采用权威专家评分法,在对其进行量化分析时仍难免具有较大偏差,对同一个城市的经济活力评价可能会得出完全不同的结论。从而,在指标体系中应选择多大比重的主观指标,以及选取后如何测量成为构建指标体系时应当认真考虑的问题。

开放活力指数实际上考察江苏县级市对外资的吸引力度及对外开放程度,因此用外贸依存度、FDI 占 GDP 的比重和 FDI 的年均增长率作为评价指标。昆山市 2015 年外贸依存度达到 176.12%,比上年降低 10 个百分点,但依旧居于首位,且远远领先于第二位张家港市 85.32% 的外贸依存度,外向型经济非常发达,但也显示出了对外部市场的严重依赖。苏北地区的阜宁县、丰县、沛县、泗洪县、灌云县、射阳县、建湖县外贸依存度均不足 5%。根据 2015 年的江苏 42 个县市的实际外资直接投资额的数据,计算出 FDI/GDP 比重最高的县(市)是洪泽县,超过 10%,金湖县、句容市、盱眙县、仪征市、涟水县、大丰市、溧阳市、响水县依次排名 2—9 位。值得注意的是 FDI 占 GDP 比重很大程度上取决于县(市)经济的基数,而不是FDI的绝对规模。FDI的年均增长率最高的县(市)则出现在苏中和苏北地区,海门市最高,达到18.15%,其次是灌南县,17.99%。全省42个县(市)中有30个出现负增长,这是因为,作为中国外向型经济的代表地区江苏,正在面临东盟国家和发达国家引资竞争。从利用外资的规模上看,江苏利用外资似乎进入了"天花板",大幅突破现有规模可能难度较大。从利用外资的质量和结果上看,仍然存在技术提高和优化空间。

从开放活力指数的排名来看,前五名依旧是传统的苏南五县(市),排名6—9位有3位来自于南通地区。南通拥有较好的区域优势,利用滨江临海,紧邻上海的优势,在沿海大开发中崭露头角,同时也处于丝绸之路经济带及海上丝绸之路重要节点。通过江海通道互联互通建设、上海国际航运中心配套港口群建设,南通发挥黄金水道与黄金海岸的叠加优势,具备了扩大东西双向开放、服务中西部地区及承接世界产业转移的条件。

4. 经济发展活力

根据对经济增长活力指数、城市吸引力指数和开放经济活力指数三个二级指标的分析,可以得到江苏县域经济社会发展综合活力得分与排名。昆山市以4.167的得分排名第一,与张家港市、常熟市、江阴市、太仓市、句容市、扬中市以及苏中地区发展增速较快的泰兴市、海门市和海安县一起构成全省县(市)经济发展活力十强。与2014年相比,江阴市位次退后2位,苏中地区的泰兴市、海门市和海安县进入前十。射阳县、阜宁县、泗洪县、新沂市、盱眙县、滨海县、建湖县、宝应县、东台市和金湖县位居经济发展活力末十位。此排名与现有的经济社会发展水平相反,突出增长率概念在经济发展中的作用,能够在一定程度上看出县(市)未来的发展趋势。经济发展活力十强城市平均得分为1.194,末十位平均得分为-0.623。苏南、苏中、苏北差异依然显著存在,苏南10个县(市)经济发展活力平均得分为1.06,苏中地区平均得分为0.121,苏北地区平均得分为-0.642。

表 14　江苏县域经济发展活力得分及排名情况

	经济增长活力指数(D_1)		县域吸引力指数(D_2)		开放活力指数(D_3)		经济发展活力(D)	
	得分	排名	得分	排名	得分	排名	得分	排名
江阴市	**-1.605**	**40**	3.08	**2**	0.831	5	1.432	4
宜兴市	-1.250	35	0.44	10	-0.083	18	0.014	13
丰　县	2.037	**1**	-0.46	23	-0.170	21	-0.277	21
沛　县	0.582	10	0.06	14	-0.291	29	-0.255	20
睢宁县	**1.564**	**2**	-0.82	31	-0.100	19	-0.304	22
新沂市	0.910	5	-0.56	25	**-0.800**	**42**	-0.640	39
邳州市	0.506	12	-0.45	22	-0.053	14	-0.175	18
溧阳市	-0.578	33	-0.37	20	-0.229	24	-0.306	23
常熟市	**-1.928**	**41**	2.29	**4**	**1.186**	**3**	1.546	**3**
张家港市	**-2.059**	**42**	2.34	**3**	**1.431**	**2**	1.767	**2**
昆山市	-1.396	37	5.58	1	**3.323**	**1**	**4.167**	**1**
太仓市	-1.522	38	**1.82**	**5**	1.165	4	1.414	5
海安县	0.885	7	0.12	13	0.307	8	0.271	8
如东县	**1.104**	**3**	-0.27	19	0.255	9	0.132	11

续 表

	经济增长活力指数(D₁)		县域吸引力指数(D₂)		开放活力指数(D₃)		经济发展活力(D)	
	得分	排名	得分	排名	得分	排名	得分	排名
启东市	0.201	23	−0.03	16	−0.074	16	−0.092	17
如皋市	0.129	25	0.14	12	0.019	12	0.029	12
海门市	0.319	19	0.45	9	0.330	6	0.370	7
东海县	0.255	22	−0.88	35	−0.259	28	−0.363	25
灌云县	0.415	14	−0.84	32	−0.223	23	−0.424	26
灌南县	0.058	27	−0.62	26	−0.300	30	−0.480	32
涟水县	0.650	8	−0.92	36	−0.313	32	−0.438	27
洪泽县	0.484	13	**−1.17**	**41**	−0.236	25	−0.445	29
盱眙县	0.561	11	**−1.26**	**42**	−0.357	34	−0.609	38
金湖县	0.904	6	−1.01	37	−0.215	22	−0.509	33
响水县	0.353	16	**−1.08**	**40**	−0.237	26	−0.467	31
滨海县	0.284	20	−0.85	33	−0.379	35	−0.606	37
阜宁县	−0.121	29	−0.74	28	−0.607	39	**−0.745**	**41**
射阳县	−1.532	39	−0.86	34	**−0.647**	**40**	**−0.753**	**42**
建湖县	0.057	28	−0.19	17	−0.429	36	−0.595	36
东台市	0.353	17	−1.02	39	−0.537	37	−0.526	34
宝应县	−0.250	30	−0.68	27	**−0.761**	**41**	−0.591	35
仪征市	−1.111	34	−0.01	15	−0.303	31	−0.444	28
高邮市	0.123	26	−0.75	29	−0.257	27	−0.243	19
丹阳市	−0.364	31	1.2	7	0.165	11	−0.061	16
扬中市	0.166	24	1.43	6	−0.044	13	0.231	10
句容市	0.589	9	−0.2	18	−0.077	17	0.258	9
兴化市	−0.426	32	−0.75	29	−0.340	33	−0.360	24
靖江市	−1.272	36	0.97	8	0.220	10	−0.014	15
泰兴市	0.272	21	0.35	11	0.326	7	0.492	6
沭阳县	0.360	15	−0.42	21	−0.059	15	0.013	14
泗阳县	0.328	18	−0.55	24	−0.159	20	−0.458	30
泗洪县	0.964	4	−1.01	37	−0.585	38	**−0.654**	**40**

第七篇　江苏城市发展报告

第一章　2015年南京市经济社会发展报告

　　2015年,面对复杂多变国内外经济环境,南京市人民在市委、市政府的正确领导下,按照"四个全面"战略布局总要求,瞄准建设"四个城市""强富美高"新南京奋斗目标,坚持稳中求进工作总基调,主动适应经济发展新常态,统筹推进稳增长、调结构、惠民生、防风险各项工作,大力发展创新型、服务型、枢纽型、开放型、生态型"五型经济",有序展开"迈上新台阶、建设新南京"工作布局,经济社会发展成绩斐然,实现"十二五"规划圆满收官。

一、总体经济

　　经济运行总体稳定。全年实现地区生产总值9720.77亿元,按可比价格计算,比上年增长9.3%。其中,第一产业增加值232.39亿元,增长3.4%;第二产业增加值3916.11亿元,增长7.2%,其中全部工业增加值3395.26亿元,增长8.0%;第三产业增加值5572.27亿元,增长11.3%。按常住人口计算,全年人均地区生产总值达到118171元,按平均汇率折算为18973美元。

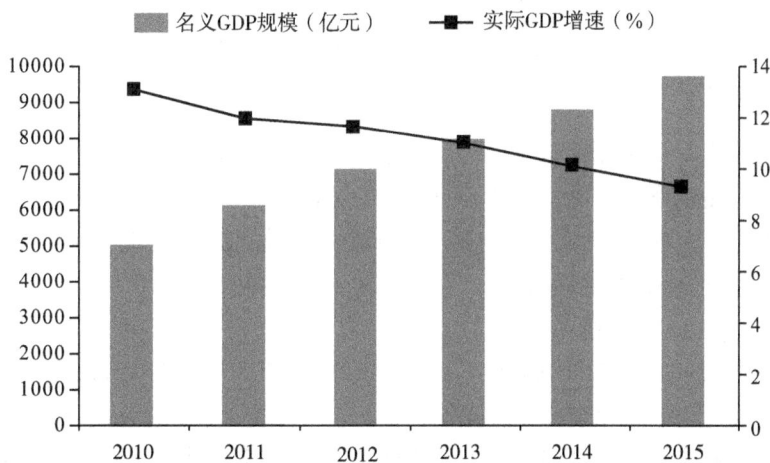

图1　南京市名义GDP规模及实际增速

数据来源:历年《江苏统计年鉴》

　　以2015年经济总量计,南京在全国15个副省级城市中尚处中游,但折算到南京6600平方公里国土面积(副省级城市倒数第三)单位产出,南京在全国副省级城市中居于第四。"十二五"的漂亮收官,使南京站在了一个新的平台上。和2010年相比,南京地区生产总值和城乡人均收入均实现了翻番。经济有质量、中高速增长的同时,主要污染物指标达到目标要求,万元GDP能耗稳步下降。

　　产业结构继续优化。三次产业增加值比例调整为2.4:40.3:57.3。服务业主体地位继续强化,服务业增加值占全市地区生产总值的比重达到57.3%,比上年提高1.5个百分点。其中第一产业新增18.14亿元,第二产业新增292.35亿元,尤其是第三产业新增589.53亿元最为突出,占全部新增经济总量达65.5%。南京的GDP总量居全省第二,与总量第一位的苏州差距从2013年的5003.92

亿元缩小到 2015 年 4783.3 亿元。

回顾 2015 年,可以看到南京经济结构有两个明显的优化:一是以新一代信息技术、智能电网、节能环保、高端装备制造、新能源等六类九大战略性产业为代表的先进制造业快速发展,在工业经济中的比重持续加大,力压石化、钢铁、建材等传统产业成为主导产业,今年规模超千亿新兴产业达到 4 个、超 500 亿元产业达 3 个;二是服务业增加值占地区生产总值的比重逐年提高,南京成为现代服务业占主导的城市。先进制造业和现代服务业双轮驱动,成为南京增长的新动力,加快了经济转型步伐。

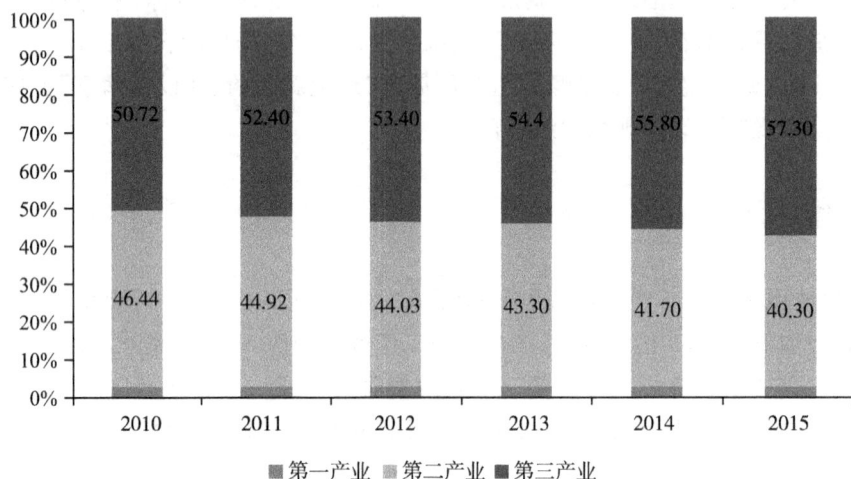

图 2 南京市三次产业结构变化趋势
数据来源:历年《江苏统计年鉴》

民营经济活力增强。商事制度改革、大众创业、万众创新等工作积极推进,民营经济发展活力增强。年末工商部门登记的私营企业 30.76 万户,其中当年新增 11.06 万户,分别比上年增长 53.3%、185.8%;私营企业注册资本 8811 亿元,其中当年新增 2328 亿元,分别比上年增长 56.1%、108.2%。个体工商户 38.31 万户,其中当年新增 5.63 万户。民营经济实现增加值 4279.21 亿元,可比价增长 10.2%,占地区生产总值比重达到 44.0%。民营工业总产值增长 1.4%,高于规模以上工业 3 个百分点,比重达到 30.0%;民间投资增长 9.7%,高于全社会投资 9.3 个百分点,比重达到 56.5%;贸易中民营经济成分销售额(营业额)增长 14.8%,高于全市平均增幅 4.1 个百分点,比重达到 69.5%。

居民消费价格温和上涨。全年城市居民消费价格总水平比上年上涨 2.0%。其中,食品类上涨 2.3%,居住类上涨 1.1%,商品零售价格上涨 0.6%。

表 1 2015 年南京城市居民消费和商品零售价格比上年涨跌幅度

指 标 名 称	价 格 指 数 (上年=100)	比上年涨跌幅度(%)
城市居民消费价格	102.0	2.0
一、食品类	102.3	2.3
二、烟酒及用品类	100.8	0.8
三、衣着类	105.4	5.4
四、家庭设备用品及维修服务类	103.6	3.6
五、医疗保健和个人用品类	101.3	1.3

指　标　名　称	价　格　指　数 （上年＝100）	比上年涨跌幅度（％）
六、交通和通信类	98.6	－1.4
七、娱乐教育文化用品及服务类	103.7	3.7
八、居住类	101.1	1.1
商品零售价格	100.6	0.6

数据来源：2015 年南京市国民经济与社会发展统计公报

全年工业生产者出厂价格比上年下跌 9.5％。其中，生产资料价格下跌 10.9％，生活资料价格下跌 2.9％；轻工业类价格下跌 2.4％，重工业类价格下跌 10.9％。全年工业生产者购进价格下跌 9.2％。

二、农业

农业生产平稳。全年完成农林牧渔及农林牧渔服务业总产值 415.27 亿元，比上年增长 8.0％。

全年粮食种植面积 234.32 万亩，比上年下降 0.57％；油料种植面积 64.80 万亩，下降 6.9％；蔬菜播种面积 129.28 万亩，下降 0.8％。全年粮食总产量 114.06 万吨，比上年下降 0.6％；油料产量 10.83 万吨，下降 5.6％；蔬菜产量 304.81 万吨，下降 1.2％。

其中，粮食作物生产趋于平稳。2015 年南京市粮食播种面积为 156.21 千公顷，比上年减少 0.90 千公顷，下降 0.57％。粮食总产量 114.06 万吨，受播种面积减少的影响，比上年减少 0.7 万吨。粮食单产 7302 公斤/公顷，与去年持平。油菜籽播种面积略减、单产增加。2015 年全市油菜籽播种面积为 39.7 千公顷，比上年减少 3.17 千公顷，下降 7.39％。单产 2510 公斤/公顷，比上年净增 35 公斤，增长 1.41％。由于播种面积减少较多，油菜籽总产 10 万吨，比上年减少 0.6 万吨，下降 6.10％。草莓生产旺盛带动瓜果类增长。

全年肉类（猪、牛、羊、禽）总产量 10.47 万吨，比上年下降 11.5％；禽蛋产量 7.20 万吨，下降 4.3％；牛奶产量 7.97 万吨，下降 2.1％；水产品产量 22.87 万吨，下降 0.1％。

表 2　2015 年主要农产品产量情况

产　品　名　称	产量（万吨）	比上年增长（％）
粮食	114.06	－0.6
油料	10.83	－5.6
蔬菜	304.81	－1.2
瓜果	30.90	2.3
猪牛羊禽肉	10.47	－11.5
禽蛋	7.20	－4.3
牛奶	7.97	－2.1
水产品	22.87	－0.1

数据来源：2015 年南京市国民经济与社会发展统计公报

全年"菜篮子"蔬菜基地面积 17 万亩，设施农业占地面积 73.2 万亩。新增高标准农田面积 12 万亩。年末通过省级认定的无公害农产品生产基地总面积 238.30 万亩，省级认定的无公害农产品 801

个,有效使用绿色食品标志产品 149 个,有机食品基地 89 个。新增农民合作社、土地股份合作社 232 家、77 家,总数达到 2358 家、839 家。

三、工业和建筑业

工业生产总体稳定。全年规模以上工业企业实现工业总产值 13065.80 亿元,比上年下降1.6%。在规模以上工业中,国有及国有控股企业下降 9.9%,私营企业增长 3.7%;股份制企业下降 4.1%,外商及港澳台投资企业增长 1.5%。

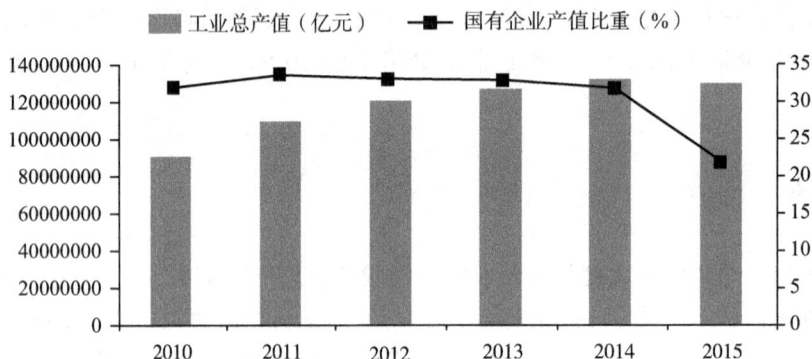

图 3　南京市工业增加值及国有企业比重变化趋势
数据来源:历年《江苏统计年鉴》

分行业看,全市 37 个工业大类行业中,有 23 个行业保持增长。高技术制造业增长 6.0%,占规上工业总产值比重为 24.3%。装备制造业增长 3.8%,占规上工业总产值比重为 54.3%。钢铁、石化等七大高耗能行业产值占全市工业的比重下降到 28.7%,同比回落 3.9 个百分点。新兴产业实现主营业务收入 5900 亿元,其中新能源汽车增幅 70%,软件和信息服务业收入增长 20%左右,智能装备制造、卫星应用、下一代信息网络等产业均超过 15%。南京制造业产业结构的调整,一方面得益于"中国制造 2025"南京行动计划,培育壮大战略性新兴产业,另一方面由于重点产业转型升级行动,推进石化产业向新材料产业转型,机械装备产业向智能制造转型,利用互联网对传统支柱产业在线化、数据化、智能化改造。

表 3　2015 年主要工业产品产量及其增长速度

产 品 名 称	计量单位	产品产量	比上年增长(%)
原油加工量	万吨	2788.44	11.5
其中:汽油	万吨	608.26	19.1
乙烯	万吨	152.20	−0.1
水泥	万吨	792.28	−6.2
生铁	万吨	1517.86	−0.01
粗钢	万吨	1543.67	2.4
钢材	万吨	1404.53	6.8
汽车用发动机	万千瓦	2011.13	−0.8
电动手提式工具	万台	458.54	11.3

产 品 名 称	计量单位	产品产量	比上年增长（%）
汽车	万辆	42.88	−13.2
新能源汽车	辆	8465	当年新增产能
光缆	芯千米	12579647	42.9
家用电冰箱（家用冷冻冷藏箱）	万台	78.54	−35.5
家用燃气热水器	万台	54.18	515.6
家用洗衣机	万台	527.48	−9.0
家用电热水器	万台	136.55	−2.1
电子计算机整机	万台	320.78	382.1
显示器	万台	2939.07	37.4
液晶（LCD）电视机	万台	242.05	6.0
其中:智能电视	万台	396.28	12.9
电子元件	万只	387657	20.8
环境监测专用仪器仪表	台	7178	25.5
发电量	亿千瓦小时	498.29	−0.3

数据来源:2015 年南京市国民经济与社会发展统计公报

全年规模以上工业企业实现产品销售产值 12793.48 亿元,比上年下降 2.0%;出口交货值 1975.46 亿元,增长 6.1%。规模以上工业企业实现主营业务收入 12175.58 亿元,比上年下降 5.7%;工业利税 1743.45 亿元,增长 10.0%;盈亏相抵后利润总额 828.91 亿元,增长 8.9%。

表 4　2015 年规模以上工业企业实现利润及其增长速度

指　　标	利润总额(亿元)	比上年增长(%)
规模以上工业总计	828.91	8.9
其中:国有及国有控股企业	241.62	41.3
其中:集体企业	2.67	−1.4
股份制企业	445.04	19.7
外商及港澳台商投资企业	347.66	−2.9
其中:私营企业	184.13	6.1

数据来源:2015 年南京市国民经济与社会发展统计公报

全市具有资质等级的总承包和专业承包建筑业企业完成建筑业总产值 3028.32 亿元,比上年下降 5.9%,其中在外省完成建筑业总产值 1151.91 亿元,增长 0.1%。建筑业竣工产值 2584.75 亿元,增长 10.4%。

四、服务业

2015 年,全市第三产业增加值 5572.27 亿元,增速 11.3%,快于全市 2.0 个百分点,比第二产业高出 4.1 个百分点。服务业增加值占 GDP 的比重创历史新高,达 57.3%,较上年同期提升 1.5 个百分点。南京市服务业增加值占 GDP 比重在 13 个省辖市中居于首位;高于苏南地区平均水平 6.1 个百分点,高于全省 8.7 个百分点,高于全国 6.8 个百分点。服务业中,金融业、文化产业、旅游业成为支柱产业,其中金融业增加值完成 1000 亿元左右。

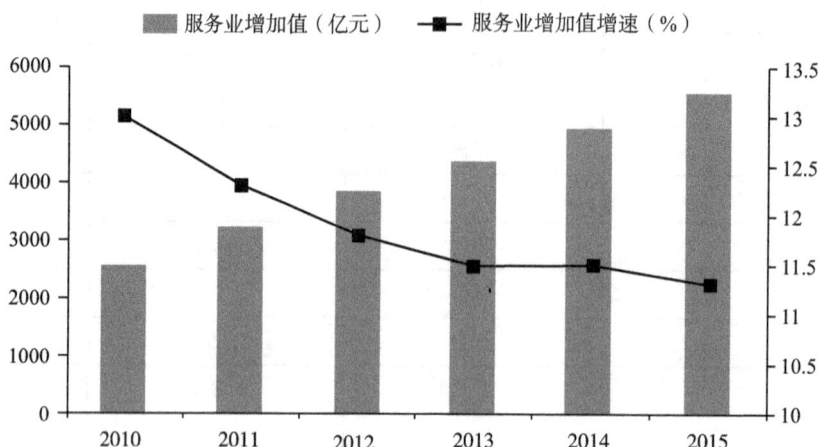

图 4 南京市服务业增加值及名义增速

数据来源:历年《江苏统计年鉴》

生活性服务业是直接向居民提供市场化最终消费服务的行业,主要包括商务服务、旅游、家庭服务、体育、房地产等行业,是吸纳社会就业人口的重要渠道,是连接生产与消费的有效通道。2015 年国务院办公厅印发《关于加快发展生活性服务业促进消费结构升级的指导意见》这是我国推动生活性服务业发展的第一个全面、系统的政策性文件,是适应人民群众消费升级需求、推动生活性服务业全面提升规模、品质和效益的总体部署。2015 年南京规模以上生活性服务业法人单位实现营业收入 1341.99 亿元,比上年增长 16.7%,高出 2015 年全市规模以上服务业营业收入增速 3.7 个百分点,对全市规模以上服务业营业收入贡献率达 43.5%。从构成生活性服务业的六大主要行业看,房地产中介服务、物业管理营业收入增幅为 20.9%,商务服务业增幅为 17.1%,医疗卫生增幅为 16.0%,文化、体育和娱乐业增幅为 16.0%,教育为 10.3%,居民服务业为 5.2%。

2015 年,南京全市高技术服务业企业实现营业收入 1889.43 亿元,同比增长 12.9%,增速较 2014年提高 0.2 个百分点;吸纳从业人员 34.53 万人。其中列入国家联网直报"一套表"监测的 884 家规模以上高技术服务业企业实现营业收入 1491.70 亿元。从构成高技术服务业的八大类别企业监测情况看,电子商务服务、信息服务和研发与设计服务的营业收入增速分别高达 51.5%、20.5% 和20.3%;科技成果及转化服务和知识产权及相关法律服务企业的营业收入保持了 11.6% 和 6.7% 的增长;专业技术服务业的高技术服务、检验检测服务和环境监测及治理服务企业的营业收入则分别下降 5.2%、3.8% 和 3.7%。

分析南京 2015 年高技术服务业发展状况,有三个方面特色:一是政策助力,"互联网+"及电子商务发展等服务企业发展迅速。南京市围绕促进"五型经济"发展,出台了一系列促进产业发展的政策,其中促进"互联网+"及电子商务发展的政策在高技术服务业发展中的作用显现,给企业发展带来了广阔的空间,也增强了企业发展的活力,从而有力地推动了这些产业对应行业服务的发展,使这些行业的企业营业收入的大幅提高,表现为电子商务的快速发展,带动了电子商务服务企业营业收入快速增长,增速高达 51.5%;而"互联网+"项目的快速发展带动了互联网及相关信息服务的快速发展,其对应产业企业的营业收入增长达 20.5%。二是转型发展,企业更加重视研发与设计服务。

市委市政府先后出台了南京国际企业研发园三年行动计划(2013—2015 年)等一系列促进研发企业发展的计划和措施,这些计划和措施强调引进项目的高端,引进人才的高端,强化人才与研发项目的生根,更明确了激励措施,企业努力方向明,项目实,从而打造了一批研发与设计的龙头企业,他们把研发与设计成果转化为南京创新发展的成果。2015 年南京市研发与设计服务企业的营业收入增速高达 20.3%。三是突出自主创新,更加重视服务升级。新型孵化载体、创新载体建设成效显著,至 2015 年底,全市战略性新型产业创新中心 45 家、大学科技园 31 家。科技公共服务平台服务成效明显,新建三家重大科技公共技术服务平台,转化科技成果超过 2000 项;2015 年有效发明专利拥有量达 25979 件,这些自主创新,推动了科技成果及转化服务的协调稳步发展。

五、固定资产投资和房地产开发

投资稳中趋优。全年完成全社会固定资产投资 5484.47 亿元,比上年增长 0.4%。其中,国有及国有经济控股投资 1962.24 亿元,下降 10.6%;外商及港澳台投资 442.05 亿元,下降 2.6%。

分产业看,第一产业投资 36.95 亿元,比上年增长 5.9%;第二产业投资 2093.03 亿元,下降 4.0%,其中工业投资 2071.66 亿元,下降 3.7%;第三产业投资 3354.49 亿元,增长 3.4%。三次产业投资比例为 0.7∶38.2∶61.1。

全社会固定资产投资

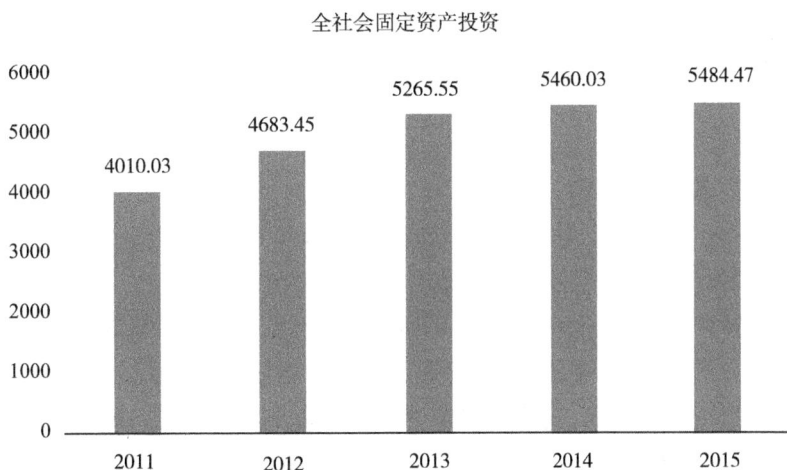

图 5　南京市固定资产投资总额(亿元)

数据来源:历年《江苏统计年鉴》

分行业看,工业投资结构趋优,全年完成工业技改投资 1064.91 亿元,比上年增长 11.8%;占工业投资的比重为 51.4%,同比提高 7.1 个百分点。火力发电、建材、冶金、石化等高耗能行业投资 348.12 亿元,比上年下降 12.8%,占工业投资的比重为 16.8%,同比回落 1.7 个百分点。随着"中国制造 2025"和"互联网+"行动计划的出台,全市以智能制造和"互联网+"为代表的行业投资保持快速增长,大项目建设中"互联网+"模式的项目也不断涌现。2015 年,全市电气机械和器材制造业、软件和信息技术服务业分别完成投资 238.50 亿元和 86.84 亿元,分别增长 10.8%和 18.1%。南京高速齿轮制造有限公司机电控制一体化生产项目、胜思移动互联网产业园、江苏有线三网融合枢纽中心、麒麟智能科技信息服务基地等以"互联网+"思路建立的智能制造和互联互通平台建设项目亮点突出,成为带动投资转型升级、提质增效的亮点。

现代服务业投资增长较快,软件和信息技术服务业投资增长 18.1%。2015 年,南京市 11 区和 4

个开发区共引进较大服务业项目 290 个,总投资 1802.47 亿元,虽然项目个数同比减少 14%,但总投资增长 143.49 亿元,增幅 8.6%,单个项目投资量有所增加,平均每个项目投资达到 6.2 亿元,增幅达到 26.3%。新引进项目较多的区有栖霞区、玄武区和雨花台区,分别达到 59 个、46 个和 32 个;引进项目投资较大的区有江宁区和鼓楼区,总投资分别为 564.4 亿元和 343.5 亿元,引进项目总投资超过 100 亿元的区还有玄武区、雨花台区和浦口区。新引进的单体项目较大的有南京世茂梦工厂动漫文化基地(江宁区)、中采江苏投资基金项目(鼓楼区)、华夏幸福基业有限公司产业新城项目(溧水区)、恒大下关滨江总部基地项目(鼓楼区)、江苏沿海产业项目(建邺区)等。全年新开工的较大服务业项目达 199 个,总投资 1577.4 亿元,2015 年计划完成投资 326.7 亿元,同比项目数减少 20.7%,项目总投资增长 185.62 亿元,增幅达 13.3%。开工项目较多的区有玄武区(39 个)、栖霞区(37 个)、浦口区(23 个)和溧水区(20 个);开工项目总投资较大的区有鼓楼区和浦口区,总投资达到 452.2 亿元和 334.8 亿元,总投资超百亿的区还有栖霞区(146.2 亿元)、溧水区(117.3 亿元)、玄武区(115.5 亿元)和江宁区(100.3 亿元),单个项目总投资较大的有中冶滨江 3 号地块项目(鼓楼区)、万达文化休闲商业综合体(栖霞区)、南京老山生态旅游体验园(浦口区)、南京清华紫光集成电路产业园(浦口区)、深业滨江创新总部基地(鼓楼区)、龙湖长江广场(鼓楼区)和江苏艾科半导体有限公司集成电路移动智能产业园项目(浦口区)等。

生态保护和环境治理、教育、卫生等公共服务领域投资分别增长 84.0%、89.5%和 22.0%。

全年完成房地产开发投资 1429.02 亿元,比上年增长 27.0%。其中,住宅投资 1080.97 亿元,增长 35.8%。全年商品房销售面积 1543.16 万平方米,比上年增长 27.8%,商品房销售额 1772.89 亿元,增长 31.1%。

六、国内贸易和旅游

市场消费稳定增长。全年实现社会消费品零售总额 4590.17 亿元,比上年增长 10.2%。分行业看,批发和零售业零售额 4193.01 亿元,增长 10.8%;住宿和餐饮业零售额 397.16 亿元,增长 4.1%。

在限额以上企业(单位)商品零售额中,文化办公用品类增长 33.4%,家用电器和音像器材类增长 20.0%,通信器材类增长 19.7%,建筑及装潢材料类增长 18.2%,金银珠宝类增长 17.2%,日用品类增长 15.9%,中西药品类增长 14.8%,粮油、食品类增长 12.5%,服装、鞋帽、针纺织品类增长 9.7%。

全年实现旅游总收入 1688.12 亿元,比上年增长 11.0%。接待海内外旅游者 10234 万人次,增长 8.0%。其中,接待国内旅游者 10175.19 万人次,增长 8.0%;接待入境旅游者 58.81 万人次,增长 3.9%。全年实现国际旅游创汇收入 5.75 亿美元,增长 4.0%。经旅行社组织出境旅游人数 70.98 万人次,增长 5.5%。年末共有 A 级景区 55 家,其中 4A 级以上高等级景区 19 家;省级旅游度假区 4 家。拥有星级宾馆饭店 94 家,其中五星级以上酒店 20 家。拥有各类旅行社 567 家,其中具有组织出境游资质的旅行社 39 家。

七、对外经济

进出口总额下降。全年完成进出口总额 532.70 亿美元,比上年下降 7.0%。其中,出口总额 315.09 亿美元,下降 3.4%;进口 217.61 亿美元,下降 11.6%。

从出口商品市场看,对欧盟、美国、东盟三大经济体出口额 169.22 亿美元,比上年增长 0.4%,占全市出口总额的 53.7%。

表5　2015 年南京对主要国家和地区货物出口额及其增长速度

国别和地区	出口额(亿美元)	比上年增长(%)
合　计	315.09	−3.4
一、亚洲	123.16	−4.7
♯东南亚国家联盟	37.66	1.1
二、非洲	15.38	−15.8
三、欧洲	75.36	−9.7
♯欧洲联盟	68.34	−7.7
四、拉丁美洲	20.7	−13.5
五、北美洲	70.9	10.8
♯美国	63.21	10.4
六、大洋洲	9.53	27.9
合　计	315.09	−3.4

数据来源:2015 年南京市国民经济与社会发展统计公报

从出口商品构成看,全年高新技术产品出口 75.12 亿美元,比上年下降 1.0%,占全市出口总额的 23.8%。机电产品出口 161.25 亿美元,比上年下降 1.0%,占全市出口总额的 51.2%。

表6　2015 年出口贸易主要分类情况

指　　标	绝对量(亿美元)	比上年增长(%)
进出口总额	532.70	−7.0
出口额	315.09	−3.4
其中:一般贸易	207.20	−3.0
加工贸易	97.50	−2.9
其中:机电产品	161.25	−1.0
高新技术产品	75.12	−1.0
其中:国有企业	111.90	−5.6
外商投资企业	107.80	−5.7
民营企业	95.40	1.9
进口额	217.61	−11.6
其中:一般贸易	133.00	−11.6
加工贸易	53.50	−22.1
其中:机电产品	137.27	−10.2
高新技术产品	82.14	−7.1
其中:国有企业	82.70	−15.1
外商投资企业	113.70	−9.6
民营企业	21.20	−8.0

数据来源:2015 年南京市国民经济与社会发展统计公报

招商引资富有成效。全年新批外商投资企业250家。注册合同外资61.72亿美元,增长25.4%。实际使用外资33.35亿美元,增长1.3%。分产业看,第一产业使用外资0.04亿美元,下降38.1%;第二产业使用外资7.77亿美元,下降15.7%;第三产业使用外资25.54亿美元,增长8.1%。分行业看,制造业利用外资占比21.8%,房地产业占比30.6%,金融租赁服务业占比13.7%,租赁和商务服务业占比10.5%,批发零售和住宿餐饮业占比9.3%,软件信息服务业占比3.5%,科研技术服务业占比3.3%。

全年全市省级以上开发区合同利用外资38.14亿美元,比上年增长52.7%,占全市合同利用外资的61.8%;实际使用外资18.32亿美元,比上年下降6.5%,占全市实际使用外资的54.9%。

"走出去"步伐加快。全年新增境外投资项目170个(含新增),比上年增长54.6%;中方协议投资额20.62亿美元,增长40.6%。对外承包工程完成营业额33.34亿美元,增长17.4%。

八、交通运输和邮政电信

交通、邮电和旅游业总体平稳。全年货物运输总量29823.87万吨,比上年下降6.2%。货物运输周转量2940.07亿吨公里,比上年下降46.9%。全年港口货物吞吐量21455万吨,比上年增长2.2%,其中,外贸货物吞吐量2251万吨,增长14.0%。港口货物吞吐量中,集装箱吞吐量293万标箱,比上年增长6.0%。

表7　2015年各种运输方式完成货物运输量及其增长速度

指　　标	计量单位	绝对量	比上年增长(%)
货物运输总量	万吨	29823.87	−6.2
公路	万吨	12365.00	1.8
水运	万吨	13322.00	−11.5
铁路	万吨	1266.45	−16.8
航空	万吨	7.01	−1.3
管道	万吨	2863.41	−6.7
机场货邮吞吐量	万吨	32.60	7.1
港口货物吞吐量	万吨	21455.00	2.2
其中:外贸吞吐量	万吨	2251.00	14.0
港口集装箱吞吐量	万标箱	293.00	6.0
货物运输周转量	万吨公里	29400712.63	−46.9
公路	万吨公里	1821582.00	2.4
水运	万吨公里	26468374.00	−49.5
铁路	万吨公里	751322.23	−12.2
航空	万吨公里	9917.53	−4.4
管道	万吨公里	349516.87	−0.8

数据来源:2015年南京市国民经济与社会发展统计公报

全年旅客运输总量15929.11万人次,比上年增长4.3%。旅客运输周转量403.42亿人公里,比上年增长6.9%。

表 8　2015 年各种运输方式完成旅客运输量及其增长速度

指　标	计量单位	绝对量	比上年增长（%）
旅客运输总量	万人次	15929.11	4.3
公路	万人次	10892	2.8
铁路	万人次	4135.35	7.6
水运	万人次	20.18	0.9
航空	万人次	881.58	8.9
机场旅客吞吐量	万人	1916.38	17.7
旅客运输周转量	万人公里	4034210.04	6.9
公路	万人公里	1288416	4.1
铁路	万人公里	1593945.9	8.1
水运	万人公里	38.14	3.1
民航	万人公里	1151810	8.5

数据来源：2015 年南京市国民经济与社会发展统计公报

　　年末机动车保有量 224.06 万辆，比上年末增加 17.83 万辆，增长 8.6%。民用汽车 197.93 万辆，比上年末增加 25.73 万辆，增长 14.9%，其中本年新注册 28.85 万辆。其中，私人汽车 172.07 万辆，比上年末增加 23.51 万辆，增长 15.8%；私人汽车中轿车 126.50 万辆，比上年末增加 16.57 万辆，增长 15.1%，其中本年新注册 18.93 万辆。

　　全年完成邮电业务总量（按 2010 年价格计算）250.92 亿元，比上年增长 18.8%。其中，邮政业务总量 102.54 亿元，增长 57.9%；电信业务总量 148.38 亿元，增长 11.7%。全年完成邮电业务收入（按现价计算）185.68 亿元，比上年增长 6.1%。其中，邮政业务收入 77.14 亿元，增长 40.6%；电信业务收入 108.54 亿元，增长 0.8%。全年完成国际国内快递业务量 50251.90 万件，比上年增长 77.0%。年末拥有移动电话用户 1034.80 万户；拥有固定电话用户 248.25 万户；拥有宽带用户 308.30 万户。

九、财政、金融和保险

　　财政收支结构优化。全年完成一般公共预算收入 1020.03 亿元，比上年增长 12.9%（剔除原政府性基金收入后同口径增长 9.3%）。其中，税收收入 838.67 亿元，比上年增长 10.8%，占一般公共预算收入的比重为 82.2%。民生领域支出增长较快。全年一般公共预算支出 1045.18 亿元，比上年增长 13.5%。其中，住房保障支出增长 44.0%、教育支出增长 29.3%、社会保障和就业支出增长 21.8%、交通运输支出增长 21.6%、医疗卫生与计划生育支出增长 18.5%，增幅均高于一般公共预算支出平均水平。

　　金融市场发展态势较好。全年金融业增加值突破 1000 亿元，达到 1122.23 亿元，可比增长 16.1%，占全市地区生产总值的比重达到 11.5%，比上年提高 0.6 个百分点。

　　存贷款增长较快。年末金融机构本外币各项存款余额 26471.69 亿元，比年初增加 3975.60 亿元，比上年末增长 16.9%。其中住户存款 5651.58 亿元，比年初增加 183.06 亿元；非金融企业存款 9975.23 亿元，比年初增加 1011.36 亿元。年末金融机构本外币各项贷款余额 18951.70 亿元，比年初增加 2500.09 亿元，比上年末增长 15.2%。其中住户贷款 4081.54 亿元，比年初增加 987.11 亿元；非金融企业及机关团体贷款 14745.50 亿元，比年初增加 1509.30 亿元。

金融创新继续深化。年末金融业总资产突破 5 万亿元,比上年增长 25.2%。全年新增上市企业 7 家,募集资金 53 亿元,年末共有境内外上市企业 77 家。新增备案创投企业 2 家,累计备案创投企业(含省级在宁企业)59 家。年末共有 96 家企业挂牌或者获准挂牌新"三板",共有证券营业部 133 家。

保险市场发展稳定。全年实现保费收入 310.53 亿元,比上年增长 25.0%。分类型看,财产险收入 103.53 亿元,增长 4.1%;寿险收入 207.00 亿元,增长 38.8%。全年累计赔付额 103.91 亿元,比上年增长 13.2%。其中财产险赔付 57.80 亿元,增长 10.9%;寿险赔付 46.11 亿元,增长 16.2%。

十、城乡建设

重点项目建设提速推进。围绕提升城市功能、优化空间布局,一批重大项目建设加快实施。宁安高铁建成投运,宁高新通道、地铁 3 号线、扬子江隧道建成通车,5 条轨道交通线路同步建设。智能交通、智慧社区、智慧医疗等信息惠民示范工程加快推进。中新江心洲生态科技岛、南部新城、麒麟科技园等板块加快建设。大报恩寺遗址公园、牛首山文化旅游区一期、银杏湖主题乐园建成开园,江苏大剧院主体工程完工,大校场机场顺利搬迁。江北新区一批重大基础设施项目全面启动。宁镇扬一体化、宁淮挂钩合作项目积极进展。全年城市基础设施投资 927.11 亿元,占全社会固定资产投资的比重达 16.9%。

公共交通运营能力增强。全年新增、更新公交车 1243 辆,新辟公交线路 20 条、优化调整线路 54 条。年末公交运营线路共计 592 条;城市公共汽车运营线路网长度达 9654 公里;公共汽车运营车辆 8359 辆 10281 标台,其中纯电动和燃气公交车 4335 辆。使用清洁能源的公交车占比达 51.8%。轨道交通实现网络化运营,有轨交通运营车辆数 1090 辆 2746 标台,运营里程达 225.4 公里。出租车总数 14239 辆。全年城市公共交通完成客运总量 20.57 亿人次,比上年增长 9.5%,其中地铁承担客运人数占比达到 34.8%。

新型城镇化建设步伐加快。老五县与市区户口实现通迁。新市镇建设工作全面启动,试点街镇实施土地综合整治 2.9 万亩。全年竣工农民集中居住区 30 万平方米,完成 40 个市级美丽乡村示范村创建工作,基本建成 100 个美丽乡村示范村和 1000 多平方公里示范区。新建改造四级以上农村公路 400 公里、农路桥梁 35 座,在全省率先实现镇村公交全覆盖。

十一、科技和教育

科技创新能力增强。全市纳入备案的众创空间 80 余家。全年共向科技型中小企业发放 5500 万元科技创新券。市级以上孵化载体总数达 158 家,其中国家级 20 家、省级 50 家。年末全市科技创业特别社区建成载体面积 710 万平方米,先后引进科技型企业 3732 家,毕业企业 382 家,成功集聚各类人才 1599 名。

年末在宁中国科学院院士 46 人、中国工程院院士 37 人;共有省、市级企业院士工作站 62 家;各级工程技术研究中心 718 家,其中国家级 17 家、省级 320 家;省市科技公共技术服务平台 119 家;省级以上重点实验室 89 家,其中国家 31 家、省级 58 家。全年共引进世界 500 强和中国 500 强企业研发机构 20 家,总数达到 100 家。

科技创新成果丰硕,全年南京地区共有 24 项重大科技成果获得国家科学技术奖励,其中自然科学奖二等奖 2 项,技术发明奖二等奖(通用)5 项,科技进步奖(通用项目)特等奖 1 项、一等奖 1 项、二等奖 15 项。全年签订各类输出技术合同 25351 项,合同成交总额 198.33 亿元,增长 10.1%。全年受理专利申请56099件,其中发明专利27825件;专利授权28104件,其中发明专利8244件,分别增长23.0%和56.6%。全年企业发明专利申请10798件、发明专利授权2883件,分别增长10.6%和64.1%。

教育事业全面发展。全市在宁普通高等学校53所(不含部队院校,含9所独立学院),在校学生(不含研究生)70.62万人,比上年增加0.39万人。在宁高校及研究生培养机构在校研究生10.64万人,比上年增加0.34万人。共有普通中学223所,在校学生21.99万人,比上年减少0.29万人;中等职业学校(含成人中专)27所,在校学生7.06万人,比上年减少0.27万人。共有小学350所,在校学生35.80万人,比上年增加1.87万人;共有幼儿园828所,在园儿童20.74万人,比上年增加2.00万人。全市共有小班化教育的中小学174所。

十二、文化、卫生和体育

文化事业繁荣发展。文化惠民富有成效,年末全市共有文化馆14个,公共图书馆15个(不含教育系统、企事业组织的图书馆,下同),文化站100个,博物馆56个,市级以上文物保护单位516处,拥有国家级历史文化街区2个,省级历史文化街区7个,国家级历史文化名镇(村)3个。全年共创建市级"示范文化站"9个、文化活动室标准化建设点81个、星级示范农家书屋61家、数字农家书屋100家,完成160家农家书屋的出版物更新。举办首个江苏全民阅读日暨第十一届江苏读书节、第十二届南京读书节启动活动,新增30个书吧等新型阅读空间。有线电视用户249.87万户(不含电信等非广电有线系统的电视用户),其中数字电视用户234.53万户。文化产业实力增强,全年文化及相关产业增加值占地区生产总值的比重预计达到6%。新命名南京市文化产业基地7个,共创建江苏省文化产业示范基地(园区)19个,创建国家文化产业示范基地12个。规模以上文化企业1034家。秦淮特色文化产业园获评"第五届国家级文化产业试验园区"。"创意南京"文化产业融合公共服务平台获评文化部"文化科技创新奖"。

卫生事业持续发展。全市各类医疗卫生机构2337个,其中医院、卫生院及社区卫生服务中心336个,疾病预防控制中心17个,妇幼卫生保健机构14个。年末各类卫生机构共有病床4.66万张,其中医院、卫生院床位数4.16万张,分别比上年增加0.3、0.25万张。各类卫生机构共有卫生技术人员6.51万人,其中执业(助理)医师2.23万人,注册护士3.50万人,分别比上年增加0.31、0.07、0.77万人。累计建成社区卫生服务中心(卫生院)139个、社区卫生服务站(村卫生室)691个。社区卫生服务城市人口覆盖率达到100%。共建立13所市级惠民医院。

体育事业健康发展。成功举办首届南京国际马拉松赛、2015年世界体育舞蹈精英赛等国际赛事;南京体育健儿以26枚金牌、21枚银牌、27枚铜牌、74枚奖牌、769分的优异成绩获得第一届全国青年运动会金牌、奖牌、总分第二名(仅次于广州)。广泛组织开展各类群体活动达2000多项次,惠及健身群众达200多万人次;人均拥有公共体育设施面积预计达3.15平方米。

十三、节能减排和生态环境

节能降耗成效显著。全年全社会用电量495.18亿千瓦时,比上年增长5.3%。其中工业用电量300.54亿千瓦时,增长4.0%。规模以上工业综合能源消费量3670.95万吨标准煤,比上年增长0.9%,增速同比期回落2.2个百分点。单位工业增加值能耗同比下降6.7%,降幅同比扩大0.8个百分点;规模以上工业煤炭消费量比上年下降1.3%。

生态环境持续改善。首次开展排污权交易拍卖,化学需氧量、氨氮、二氧化硫、氮氧化物等四项主要污染物成交比例达100％。有序实施金陵石化及周边、梅山、大厂地区和长江二桥至三桥沿岸地区等四大片区工业布局调整。铁北、两桥、滨江、燕子矶等片区改造全面实施。全年完成城中村、危旧房改造面积254万平方米。新增绿化造林面积4.2万亩。建成区绿化覆盖率达44.1％。狠抓大气污染防治，实施58个重点大气污染防治工程，加强扬尘污染防治和机动车尾气污染控制，全年全市建成区空气质量达到国家二级标准天数235天，达标率为64.4％，比上年上升12.3个百分点。全年建成区PM2.5平均浓度比上年下降23.0％。大力推进水环境综合整治，水环境功能区达标率64.5％。推动14个规模化畜禽养殖场重点减排工程。

十四、人口、人民生活和社会保障

人口低速平稳增长。年末全市常住人口823.59万人，比上年末增加1.98万人，增长0.24％。其中，城镇常住人口670.40万人，占总人口比重（常住人口城镇化率）为81.4％，比上年末提高0.48个百分点。在常住人口中，0—14岁人口为84.02万人，占比10.2％；15—64岁人口651.49万人，占比79.1％；65岁及以上人口88.08万人，占比10.7％。年末全市户籍总人口为653.40万人，比上年末增加4.68万人。

就业形势总体稳定。全年新增城镇就业22.23万人，援助困难人员就业1.40万人，培育自主创业者1.59万人。新增城镇就业中大学以上人员占比达57.24％。年末城镇登记失业率为1.9％。

居民收支稳定增长。根据城乡一体化住户抽样调查，全年全体居民人均可支配收入40455元，比上年增长8.5％。按常住地分，城镇居民人均可支配收入46104元，增长8.3％；农村居民人均可支配收入19483元，增长10.3％。城镇居民人均可支配收入中位数为42813元，增长8.6％；农村居民人均可支配收入中位数为18931元，增长10.5％。全年全体居民人均生活消费支出24876元，比上年增长7.7％，其中食品支出占比为26.5％。其中，城镇居民人均生活消费支出为27794元，增长7.5％，其中食品支出占比为26.0％；农村居民人均生活消费支出为14041元，增长9.5％，其中食品支出占比为30.1％。

社会保障扩面提标。年末全市城镇社会保险五大险种累计参保人数为1441.46万人次，其中城镇职工基本养老保险参保人数299.04万人、城镇职工基本医疗保险参保人数388.37万人、失业保险参保人数253.61万人、工伤保险参保人数254.81万人、生育保险参保人数245.63万人。城乡低保和居民基础养老金实现全城同标，城乡低保标准和基础养老金标准分别统一提高到每人每月700元和310元。企业退休人员人均月养老金达到2659元，位列全省第一。全年新开工各类保障房301万平方米，竣工296万平方米。四大保障房片区九所配建学校顺利开学。年末全市城乡居民享受最低生活保障9.88万人，享受国家抚恤、补助等各类优抚人员达到2.15万人。

养老服务能力不断提高。年末全市福利收养单位拥有床位5.20万张，收养人员2.33万人。其中，社会福利院拥有床位6892张，年末收养人员2492人。全市建立城镇各类社区服务设施6148个，区、街镇社区服务中心118个。社会化养老服务工作初见成效，城乡社区居家养老服务设施1372个。在全国首次提出"社区40％服务用房用于养老"理念，目前总面积达45.4万平方米；建成社区康复点811个。现有养老机构307家，各类养老床位数6.98万张，其中当年新增养老机构床位4771张，城乡居家养老服务中心覆盖率达100％。

第二章　2015年苏州市经济社会发展报告

2015年,面对复杂多变的宏观经济环境和艰巨繁重的改革发展任务,苏州全市上下在市委、市政府的正确领导下,坚持稳中求进工作总基调,紧紧围绕"五个迈上新台阶"和"强富美高"的总要求,主动适应经济发展新常态,以提高经济发展质量和效益为中心,统筹抓好稳增长、促改革、调结构、重生态、惠民生、防风险等各项工作,全市经济运行总体平稳,综合实力再上新台阶,结构调整取得新进展,改善民生取得新成效,社会事业取得新发展。

一、总体经济

经济总体运行平稳。初步核算,全市实现地区生产总值1.45万亿元,按可比价计算比上年增长7.5%,人均地区生产总值(按常住人口计算)13.63万元,按年平均汇率折算超过2.1万美元。一般公共预算收入1560.8亿元,增长8.1%;社会消费品零售总额4424.8亿元,增长9%;全社会固定资产投资6124亿元。

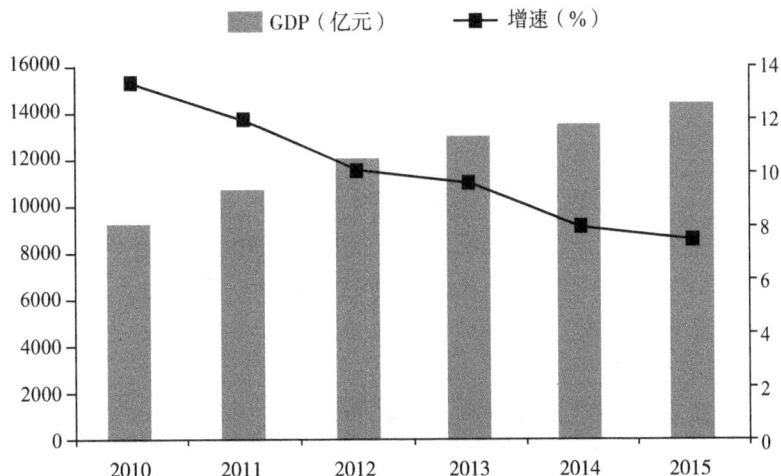

图1　苏州市 GDP 规模及实际增速

数据来源:历年《江苏统计年鉴》

财政收入稳定增长。全年实现地方公共财政预算收入1560.8亿元,比上年增长8.1%。其中税收收入1338.6亿元,增长7.6%,税收收入占公共财政预算收入的比重达85.8%。四大主体税(增值税、营业税、企业所得税、个人所得税)完成税收961.4亿元,增长11.3%,占税收收入的比重达71.8%,比上年提高2.4个百分点。全年地方公共财政预算支出1527.0亿元,比上年增长17.1%。其中城乡公共服务支出1195.8亿元,比上年增长19.6%,城乡公共服务支出占公共财政预算支出的78.3%。

产业结构不断优化。全年实现服务业增加值7170亿元,比上年增长9%,占 GDP 比重达49.5%,比"十一五"末提高7.9个百分点,形成"三二一"发展格局。全年实现高新技术产业产值

14030 亿元,比上年增长 2.7%,占规模以上工业总产值的比重达 45.9%,比"十一五"末提高 9.3 个百分点。

市场主体活力增强。商事制度改革深入推进,在全省率先实施"三证合一"、"一照一码"和"全程电子化"登记。全年新设立各类市场主体 16.7 万户,比上年增长 16.0%,其中新增私营企业 6.5 万户,增长 18.7%;个体工商户 9.7 万户,增长 15.2%。新增私营企业和个体工商户注册资金分别比上年增长 69.2%和 23.9%。

二、农业

农业生产保持稳定。全市实现农林牧渔业总产值 415.2 亿元,按可比价计算比上年增长 3.4%。全年粮食总产 108.22 万吨,比上年下降 2.0%,其中夏粮产量 36.43 万吨,下降 1.9%;秋粮产量 71.79 万吨,下降 2.1%。全年猪牛羊禽肉产量 10.84 万吨,比上年下降 5.2%;禽蛋产量 4.34 万吨,增长 1.9%;水产品产量 26.47 万吨,下降 0.8%。

农业现代化稳步推进。全年新增高标准农田面积 5.33 千公顷,高标准农田比重达到 68.5%。年末设施农(渔)业面积 46.8 千公顷,现代农业园区总面积 70.6 千公顷。年末无公害农产品、绿色食品和有机食品数量达 1800 只。农业综合机械化水平达 88%,农业现代化综合指数连续五年位居全省首位。

城乡一体化发展深化提质。年末全市农村各类合作组织 4535 家,持股农户比例超过 96%。农村集体经济总资产 1610 亿元,村均年稳定性收入 776 万元,均比上年增长 8.1%。全市 167 个村完成农村承包土地确权登记颁证工作。

三、工业

工业生产平稳增长。全市实现工业总产值 35718 亿元,比上年下降 0.2%。其中规模以上工业总产值 30546 亿元,比上年增长 0.2%。规模以上工业中,国有工业产值 55 亿元,增长 11.1%;外商及港澳台资工业产值 19540 亿元,增长 1.3%;股份制工业产值 10711 亿元,下降 1.5%。大型工业企业产值 16677 亿元,比上年增长 2.5%;中小微工业企业产值 13869 亿元,比上年下降 2.4%。百强工业企业实现产值 12721 亿元,比上年增长 5.9%。

具体来看,四大因素支撑 2015 年苏州市工业生产增长:

一是电子信息行业发展较快。2015 年,苏州市电子信息行业实现产值 9946 亿元,同比增长 6.4%,高于规上工业增速 6.2 个百分点,占规上工业产值的比重达 32.6%,比上年提高 1.3 个百分点。

二是先进制造业支撑力较强。2015 年,苏州市新兴产业实现产值 14870 亿元,同比增长 2.2%,高于规上工业增速 2 个百分点。高新产业实现产值 14030 亿元,同比增长 2.7%,增幅高于规上工业 2.5 个百分点。新兴、高新产业产值占规上工业的比重分别达 48.7%、45.9%,比上年分别提高 1.2 个、1.1 个百分点。

三是大型企业引领作用明显。2015 年,大型工业企业实现产值 16677 亿元,增长 2.5%,占规模以上工业产值的 54.6%,比上年提高 1 个百分点,其中百强企业实现产值 12721 亿元,同比增长 5.9%,高于规上工业增速 5.7 个百分点,占规上工业的比重达 41.6%。

四是新投产企业贡献率较高。近两年苏州市新投产世硕电子、奇瑞捷豹路虎等 36 家工业企业 2015 年实现工业总产值 578 亿元,是上年产值的 3.2 倍,拉动规上工业产值增长 1.3 个百分点。

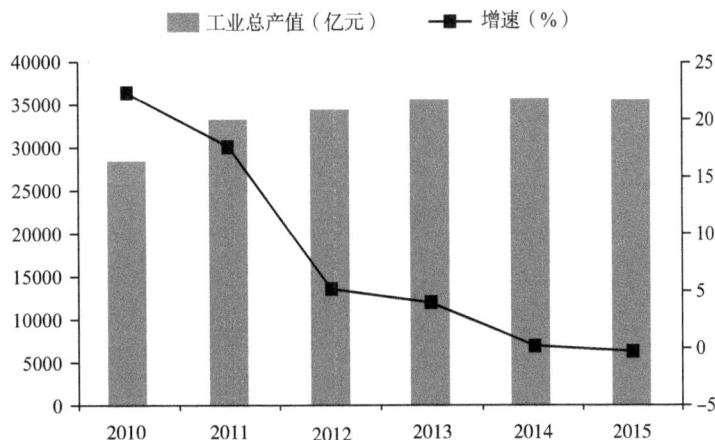

图2 苏州市工业增加值及名义增速

数据来源:历年《江苏统计年鉴》

主导行业稳定发展。电子、电气、钢铁、通用设备、化工、纺织六大支柱行业实现产值20484亿元,比上年增长1.4%,占规模以上工业总产值的比重达67.1%,其中占规模以上工业产值32.6%的电子信息产业产值9946亿元,比上年增长6.4%,高于规模以上工业增速6.2个百分点。

新兴产业引领增长。全市实现制造业新兴产业产值14870亿元,比上年增长2.2%,占规模以上工业产值的比重达48.7%,比上年提高1.2个百分点。新材料、新能源、生物医药、新一代信息技术、高端装备制造、节能环保等产业成为新先导产业。纳米技术及材料应用、机器人及精密装备、生物医药及医疗器械、轨道交通及高端装备制造业等高技术行业较快增长,其中生物技术和新医药产值比上年增长9.5%、高端装备制造业产值增长4.4%、汽车制造业产值增长17.6%。

企业效益稳定改善。2015年,苏州全市规上工业实现销售收入29869亿元,同比下降1.5%。实现利税2134亿元,其中利润1518亿元,分别同比增长3.7%、4.3%,增速分别高于销售收入5.2、5.8个百分点。企业亏损面25.6%,比去年同期上升1.9个百分点。规上工业企业经济效益综合指数222.2%,同比提升4.2个百分点,工业效益运行质量持续优化。七大构成指标两升五降,其中反映企业经营成果、劳动技术水平的成本费用利润率、全员劳动生产率两项指标同比上升,反映企业负债水平的逆向指标资产负债率同比下降,总资产贡献率、资本保值增值率、流动资产周转率及产品销售率四大指标同比下降。

表1 苏州市2015年工业经济效率

指　标	累　计	同比增减(±%)
工业经济效益综合指数(%)	222.2	4.2
总资产贡献率(%)	8.8	−0.2
资本保值增值率(%)	107.9	−0.3
资产负债率(%)(逆指标)	53.4	−1.7
流动资产周转率(%)	1.9	−0.1
成本费用利润率(%)	5.2	0.3
全员劳动生产率(万元/人)	21.1	3.8
产品销售率(%)	97.9	−1.2

数据来源:2015年苏州市国民经济与社会发展统计公报

分地区看,盈利水平好于销售。辖区十个板块盈利呈现"七升三降",仅姑苏、高新区及常熟三个地区利润下降。销售呈现"二升八降",除园区、昆山销售收入实现正增长外,其余八大板块均有不同程度下降。

表2 苏州市 2015 年分地区工业经济效率

地 区	2015 年主营业务收入		2015 年利润总额	
	总量(亿元)	增幅(±%)	总量(亿元)	增幅(±%)
全市合计	29869	-1.5	1517.6	4.3
姑苏区	43	-7.6	5.3	-2.9
高新区	2459	-6.0	115.3	-10.1
吴中区	1075	-4.9	61.0	9.1
相城区	986	-6.0	51.2	2.6
园区	3949	1.1	326.9	9.7
吴江区	3002	-1.8	129.8	21.7
常熟市	3587	-1.3	169.1	-2.0
张家港市	4584	-8.9	134.9	5.2
昆山市	8181	4.3	398.9	0.7
太仓市	2002	-1.2	125.2	9.6

数据来源:2015 年苏州市国民经济与社会发展统计公报

分经济类型看,民营工业好于外资。全市规上民营企业实现利润 450 亿元,同比增长 9.7%,增速高于外资工业 6.8 个百分点。外资工业实现利润 1021 亿元,同比增长 2.9%,占规上工业比重 67.3%,占比比 2014 年下降 1.2 个百分点。

建筑业低稳发展。全市完成建筑业总产值 1956 亿元,比上年下降 7.6%,其中建筑、安装工程产值 1942 亿元,下降 7.5%。竣工产值 1642 亿元,比上年增长 5.1%,竣工率为 84%。全市资质以上建筑业企业房屋施工面积 10882 万平方米,比上年下降 7.8%,其中新开工面积 2780 万平方米,下降 29.9%。年末拥有总承包和专业承包资质建筑企业 1424 家,实现利税 150 亿元,比上年下降 2.9%。建筑业全员劳动生产率 32.6 万元/人,比上年提高 4.2%。建筑业企业在外省完成建筑业产值 430 亿元,比上年增长 7.7%。

四、服务业

2015 年,苏州全市实现服务业增加值 7170 亿元,比上年增长 9%,占 GDP 比重达 49.5%,比上年提高 2.3 个百分点。苏州工业园区和昆山花桥国家现代服务业综合试点积极推进。新增各类金融机构 41 家,金融总资产增长 11.8%;苏州金融资产交易中心获批开业。电子商务示范城市建设成效明显,电子商务交易额达到 7000 亿元,增长 40%;昆山海峡两岸电子商务经济合作实验区获批设立。实现旅游总收入 1885 亿元,增长 11%;苏州市成为中国国际旅游特色示范城市,苏州高新区镇湖生态旅游区获批国家生态旅游示范区,苏州工业园区阳澄湖半岛旅游度假区升格为国家级旅游度假区。文化产业主营业务收入达到 4100 亿元,增长 15%。

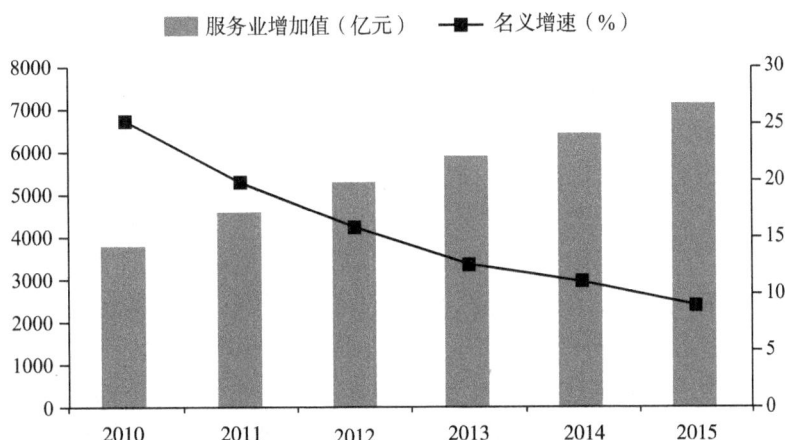

图3　苏州市服务业增加值及名义增速

数据来源:历年《江苏统计年鉴》

2015 年末,全市服务业税收累计达 1158.96 亿元,为 2010 年的 2.1 倍,占全部税收的比例为 40.0%,比 2010 年提高 5.1 个百分点,年均增长 15.5%,比全部税收快 3.2 个百分点。其中,房地产业、金融业、信息传输、软件和信息技术服务业、租赁和商务服务业等现代服务业支撑引领作用明显。2015 年,该四大行业共实现税收 763.51 亿元,占服务业税收的比例为 65.9%,比 2010 年提高 10.9 个百分点;税收贡献率达到 68.1%,比 2010 年提高 11.7 个百分点;年均增速分别为 16.3%、28.5%、22.6 和 19.0%,均快于服务业增速,其中金融业快 13 个百分点。

2015 年,苏州规模以上高技术服务业企业 654 家,共实现营业收入 588.46 亿元,占全市规模以上服务业营业收入的 28.9%,同比增长 7.9%,比全市规模以上服务业营业收入增幅高出 2 个百分点。与传统服务业企业相比,高技术服务业企业在盈利水平上明显体现出高增值性的特点。2015 年,苏州规模以上高技术服务业实现营业利润 90.72 亿元,占全市规模以上服务业营业利润的 57.6%;营业利润率为 15.4%,是全市规模以上服务业利润率的 2 倍。

五、固定资产投资和房地产开发

固定资产投资结构优化。全年完成全社会固定资产投资 6124.4 亿元,比上年下降 1.7%。分产业看,第一产业完成投资 3.86 亿元,下降 11.3%;第二产业完成投资 2204.2 亿元,下降 4.5%,其中工业投资 2200.5 亿元,下降 4.6%。第三产业完成投资 3916.3 亿元,与上年持平,占全社会固定资产投资的比重达 63.9%。

从结构看,苏州全市完成工业技术改造投资 1525.9 亿元,比上年增长 0.3%,占工业投资的比重达 69.3%,比上年提高 3.4 个百分点。全年完成新兴产业投资和高新技术产业投资 1440.5 亿元和 663.0 亿元,分别比上年增长 2.9% 和 13.3%。工业新兴产业投资占工业投资的比重达 60.3%,比上年提高 3.5 个百分点。

分地区看,2015 年,吴中区完成 577 亿元,比上年增长 12.1%;相城 501 亿元,增长 8.8%;高新区 568 亿元,增长 8.0%;姑苏区 212 亿元,增长 1.2%;工业园区完成 612 亿元,比上年下降 12.7%;太仓 500 亿元,下降 5.7%;吴江 721 亿元,下降 4.8%;昆山 811 亿元,下降 4.6%;张家港 756 亿元,下降 3.1%;常熟 631 亿元,下降 3.0%。

分主体看,国有经济完成投资 1721.6 亿元,比上年下降 0.7%;外商投资 1118.5 亿元,下降

4.8%;民间投资 3284.4 亿元,下降 1.1%,民间投资占全社会投资的比重达 53.6%,比上年提高 0.3 个百分点。

民资保持新兴产业过半的投资份额。2015 年,苏州市民间新兴产业投资完成 773 亿元,比上年增长 2.3%,增速比民间投资高 3.4 个百分点,对新兴产业投资的贡献率为 42.5%,占新兴产业投资的比重为 53.7%。在经济结构调整转型中,民资战略性新兴产业的投资份额逐步赶超外资,成为新兴产业投资领域的主力军。民间服务业投资拉动作用明显。2015 年,苏州市民间服务业投资完成 2014 亿元,比上年增长 4.7%,增速比服务业投资高 4.7 个百分点,拉动服务业投资增长 2.3 个百分点,占服务业投资的比重为 51.4%,占比提高 2.3 个百分点。其中,民间房地产开发投资完成 1287 亿元,比上年增长 8.7%,高出房地产开发投资 3 个百分点,占房地产开发投资的 69.0%,占比提高 1.9 个百分点,对房地产开发投资增长的贡献率为 101.9%。民间对实体经济的投资仍相当薄弱。2015 年,苏州市民间工业投资完成 1264 亿元,比上年下降 9.1%,增速比工业投资低 4.5 个百分点,占工业投资的比重为 57.4%,占比下降 2.9 个百分点,在宏观经济下行的压力下,苏州市民资对工业实体经济领域的投资普遍保持谨慎。

"十二五"时期是苏州经济全面深化改革期,也是经济转型的关键期。全国主要城市普遍面临投资换挡减速,苏州市主动适应新常态,投资高增长拉动型逐步向提质增效型转变,全社会固定资产投资年均增长 11.1%,增速比"十一五"回落 3 个百分点,"十二五"投资增速逐年放缓,2014 年降至个位数,2015 年转入负增长区间。

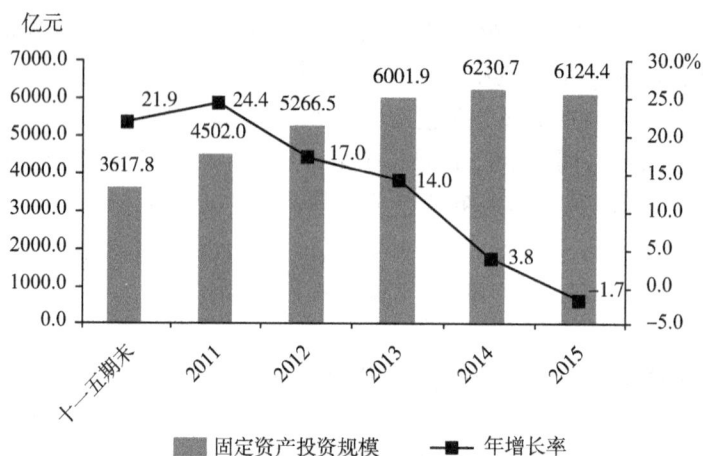

图 4　苏州市固定资产投资规模及增速
数据来源:历年《苏州统计年鉴》

房地产市场明显回暖。全年完成房地产开发投资 1865 亿元,比上年增长 5.7%。商品房新开工面积 2153.4 万平方米,比上年下降 31.4%;商品房施工面积 11285.9 万平方米,比上年增长 3.5%;竣工面积 1653.1 万平方米,比上年增长 8.2%。全年商品房销售面积 2133.7 万平方米,比上年增长 33.4%,其中住宅销售面积 1940.9 万平方米,增长 34.2%。

六、国内贸易和旅游

2015 年苏州消费品市场发展遭遇前所未有的挑战,全年累计实现社会消费品零售总额 4424.82 亿元,比上年增长 9.0%。板块发展差距增大。2015 年苏州市县级市累计实现社会消费品零售总额 2131.94 亿元,比上年增长 9.3%,高于市区增速 0.7 个百分点。市区受商业布局和轨道交通建设等影响,板块间发展的不均衡性进一步扩大。相城区以 11.8% 的增速领跑全市,而姑苏区增速明显放缓,以 7.6% 的增速排在全市末位。行业增速差距增大。2015 年苏州市批发和零售业增速低位盘整态势明显,全年实现零售额 3887.45 亿元,比上年增长 8.6%,增速比上年回落 3.4 个百分点。住宿和餐饮业逐步走出低谷,增速呈现缓步回升态势,全年累计实现零售额 537.37 亿元,比上年增长 11.8%,增速比上年小幅攀升 0.1 个百分点。

年末全市拥有商品交易市场 589 个,其中亿元以上市场 82 个,实现成交额 5850 亿元,比上年增长 2.0%。全市拥有国家级特色(著名)商业街 17 条。新型商业模式迅猛发展。全年电子商务交易额突破 7000 亿元,比上年增长 40%。限额以上批发和零售业实现互联网零售额比上年增长 18.0%。

旅游市场健康发展。全市实现旅游总收入 1884.5 亿元,比上年增长 11%。全年接待入境过夜游客 149.7 万人次,旅游外汇收入 17.9 亿美元。全年接待国内游客 10630.6 万人次,比上年增长 6%。年末全市共有 5A 级景区 6 家(11 个点)、4A 级景区 33 家。阳澄湖半岛旅游度假区创建为国家级旅游度假区,年末省级以上旅游度假区 10 家,其中国家级 2 家。

七、开放型经济

对外贸易规模保持稳定。全市实现进出口总额 3053.5 亿美元,比上年下降 1.9%,其中出口 1814.6 亿美元,比上年增长 0.2%。从经营主体看,国有企业实现进出口 153.2 亿美元,比上年增长 10.9%;外资企业实现进出口 2123.6 亿美元,下降 2.9%;私营企业实现进出口 693.9 亿美元,下降 0.8%。主体市场中,对美国出口比上年增长 2.9%,对日本出口下降 8.1%,对欧盟出口下降 1.9%,三大主体市场出口额 932.2 亿美元,占全市出口的比重为 51.4%,保持稳定。对新加坡、越南、印度和巴基斯坦等"一带一路"沿线国家分别实现进出口 64.8、46.5、46.4 和 4.1 亿美元,分别比上年增长 1.3%、24.5%、7.9% 和 26.3%。

2015 年,苏州市对外贸易出口总量排名前六位的国家(地区)分别是美国、欧盟、中国香港、东盟、日本和中国台湾。据海关数据显示,2015 年对上述六地共实现出口额 1413.25 亿美元,同比下滑 0.1%,六地出口额占全市出口总量的比重达 77.9%。其中对美国、中国香港和东盟分别实现出口额 439.88 亿美元、227.73 亿美元和 151.71 亿美元,同比分别增长 2.9%、0.5% 和 4.3%,对欧盟、日本和中国台湾分别实现出口额 345.58、146.73 和 101.61 亿美元,同比分别下降 1.9%、8.1% 和 1.8%。

外贸结构进一步优化。全市加工贸易出口 978.7 亿美元,比上年下降 0.4%。一般贸易出口 531.8 亿美元,比上年下降 0.4%,一般贸易出口占比为 29.3%。机电产品出口 1428.6 亿美元,比上年增长 1.3%,占全市出口的 78.7%。高新技术产品出口 992.4 亿美元,比上年增长 1.4%,占全市出口的比重为 54.7%。全市服务外包接包合同额 119.3 亿美元,离岸执行额 62.5 亿美元,分别比上年增长 14.9% 和 14.0%。全市服务贸易规模达到 125 亿美元。

2015 年,苏州新设外商投资项目 860 个,新增注册外资 89.39 亿美元,比上年增长 4.2%,实际使用外资 70.19 亿美元,比上年下降 13.6%,与上年相比使用外资结构进一步优化。

一是引进外资总量占全省的比重保持稳定。2015 年,全市新设外资项目数、新增注册外资额分别占全省的 33.3% 和 22.7%,与上年相比分别提高了 3.4 和 2.8 个百分点,继续保持全省前列。二是投资方式更加丰富。全年有 589 家外资企业增资扩股,新增注册外资 51.21 亿美元,占引资总额的 57.3%,比上年提高 5.8 个百分点。三是战略性新兴产业和高技术项目使用外资占比提升。2015 年全市战略性新兴产业和高技术项目实际使用外资 33.86 亿美元,占全市的 48.2%,比重比上年提高

1.2个百分点。四是服务业渐成使用外资主线。全年服务业新设项目数624个,注册外资45.80亿美元,比上年分别增长8.5％和36.5％,占全市的比重由上年的63.5％和39.1％分别提升到72.6％和51.2％。服务业实际使用外资26.74亿美元,占全部的38.1％,比上年提高0.5个百分点。

"走出去"步伐加快。全年新批境外投资项目中方协议投资额20.5亿美元,比上年增长20.4％。其中第三产业项目中方协议投资额12.6亿美元,占61.5％;民营企业境外中方协议投资额17.7亿美元,占86.4％。全年新签对外工程承包合同额18.8亿美元,完成营业额10.4亿美元,分别比上年增长39.5％和9.2％。"一带一路"战略带动效应显现,全市企业对"一带一路"沿线国家协议投资额5.9亿美元,比上年增长48％。

开发区经济转型提速。苏州工业园区获批全国首个开放创新综合试验区。常熟高新技术产业开发区升格为国家级,全市国家级开发区升至14家;常熟、吴江、吴中三家出口加工区转型为综合保税区,全市综保区(保税港区)数量增至8家;苏州工业园区综保区贸易功能区通过验收,内外贸一体化发展加速推进;张家港保税区获批开展国家企业外债宏观审慎管理试点。

八、交通运输和邮政电信

交通运输平稳发展。年末公路总里程13238.9公里,其中高速公路550.2公里。全市完成公路、水路客运量3.88亿人次,旅客周转量133.98亿人公里,分别比上年下降2.7％和2.9％。公路、水路完成货运量1.34亿吨,货物周转量209.08亿吨公里,分别比上年增长3.3％和4.3％。

全年铁路旅客发送量3742.43万人次,比上年增长7.0％。铁路货物发送量66.78万吨,货物到达量110.07万吨。苏州港港口货物吞吐量5.4亿吨,比上年增长13.4％,其中外贸货物吞吐量1.42亿吨,比上年增长15.5％;集装箱运量510.2万标箱,比上年增长17.8％。

汽车保有量继续增加。年末拥有汽车268.6万辆,其中私家汽车229.3万辆,分别比上年增长11.7％和13.8％。

邮电业务快速发展。全年邮政业务收入108.53亿元,比上年增长37.2％。电信业务收入186.32亿元,比上年下降5.0％。全年发送快递5.63亿件,增长52.6％,实现快递业务收入88.54亿元,增长40.7％。年末固定电话用户269万户;移动电话用户1611万户,其中4G用户729万户。年末互联网宽带用户数达402.73万户,比上年末净增45.45万户。

九、金融

2015年,苏州金融业实现增加值1180.43亿元,是"十一五"末的2.4倍;苏州金融业占全市GDP的8.1％,比"十一五"末提高2.8个百分点。苏州金融业完成税收219.60亿元,是"十一五"末的3.5倍。2015年末,全市共有银行业金融机构63家,比"十一五"末净增23家;全市金融机构人民币存款余额23659.1亿元,人民币贷款余额19200.1亿元,分别是"十一五"末的1.7倍和1.9倍。2015年末,全市保险机构75家,比"十一五"末净增19家,全年实现保费收入368.28亿元,是"十一五"末的1.9倍;全市证券机构托管市值总额6347亿元,累计交易额9.06万亿元,分别是"十一五"末的3.7倍和5倍;2015年末,资金账户数达193万户,是"十一五"末的1.7倍;上市公司达100家,比"十一五"末净增48家。

表 3　苏州市 2015 年金融业发展情况

指　标	2015 年	2010 年	2015 年是 2010 年的倍数
增加值(亿元)	1180.43	487.26	2.4
占全市 GDP 比重(%)	8.1	5.3	2.8(提升百分点)
税收(亿元)	219.60	62.56	3.5
(一)银行			
银行业金融机构(家)	63	40	1.6
♯外资银行	18	9	2.0
金融机构人民币存款余额(亿元)	23659.10	13570.35	1.7
金融机构人民币贷款余额	19200.10	10133.15	1.9
(二)保险			
保险机构(家)	75	56	1.3
♯外资保险公司	23	15	1.5
保险业务收入(亿元)	368.28	193.00	1.9
(三)证券			
证券机构托管市值总额(亿元)	6347	1712	3.7
当年累计交易额	90560	17944	5.0
期末资金帐户数(万户)	193	111	1.7
(四)上市公司(家)	100	52	1.9

数据来源:《2016 年苏州统计年鉴》

　　年末全市证券交易开户总数 191 万户。证券机构托管市值总额 7135 亿元,比上年增长 98%。全年各类证券交易额 8.3 万亿元,比上年增长 219%。期货市场交易额 5.8 万亿元,比上年增长 66%。

　　保险业健康平稳运行。新增保险机构 1 家,年末保险机构 75 家,各类分支机构 894 家。全年保费收入 368.3 亿元,比上年增长 18.1%,其中财产险收入 159.6 亿元,增长 11.5%;人身险收入 208.7 亿元,增长 23.8%。保障水平不断提升。全年保险赔款和给付支出 136.6 亿元,比上年增长 23.5%。保险深度、保险密度分别为 2.5% 和 3469 元/人。

　　金融创新持续深入。全年新增各类金融机构 41 家,总数达 759 家。金融总资产 3.8 万亿元,比上年增长 11.8%。新增上市公司 8 家,累计达 100 家,募集资金累计 1180 亿元。上市公司再融资 19 家,募集资金 208 亿元。新增新三板企业 158 家,累计挂牌企业 229 家。全年新增债券融资 685.7 亿元,同比多增 52.7 亿元。

十、科技和教育

　　科技创新加快推进。全市财政性科技投入 86.9 亿元,占公共财政预算支出的 5.7%。研究与试验发展经费支出占地区生产总值的比重达到 2.68%。全市新增高新技术企业 712 家,累计 3478 家。新增省级以上工程技术研究中心 73 家,累计 585 家;新增省级以上企业技术中心 48 家,累计 328 家;新增省级以上工程中心(实验室)10 家,累计 57 家;年末省级以上公共技术服务平台 58 家,其中国家级 15 家。全市拥有省级以上科技孵化器 89 家,其中国家级和省级分别为 31 家和 58 家,孵化面积超 470 万平方米,省级以上在孵企业超过 6000 家。

专利成果再创佳绩。全市专利申请量和授权量分别达 98704 件和 62263 件,其中发明专利申请量和授权量 43241 件和 10488 件,发明专利申请占比由上年的 39.6% 提高至 43.8%。万人有效发明专利拥有量达到 27.4 件,比上年增加 8.9 件。

创新实力不断增强。年末全市各类人才总量 227 万人,其中高层次人才 17.8 万人,高技能人才 49.2 万人。年末拥有各类专业技术人员 148.5 万人,比上年增长 8.7%。新增国家"千人计划"30 人,累计达 187 人,其中创业类人才 107 人,居全国城市首位。

教育现代化快速推进。年末全市拥有各级各类学校(含外来工子弟学校)744 所,在校学生 123.47 万人,毕业生 24.81 万人,专任教师 7.91 万人。其中普通高等院校 21 所,独立学院 4 所,普通高等学校在校学生 21.48 万人,毕业生 5.72 万人。高等教育毛入学率 68.1%。成人高等学校在校学生 3.36 万人,毕业生 1.34 万人。年末拥有幼儿园(含民办)731 所,在园幼儿 30.09 万人。

十一、文化、卫生和体育

公共文化服务体系进一步完善。年末全市共有文化馆 11 个、文化站 98 个、公共图书馆 11 个、博物馆 40 个。着力培育文化创意产业,全市形成了以 8 个国家级、15 个省级和 55 个市级文化产业示范园区(基地)为主体的产业空间格局,全年文化产业主营业务收入 4100 亿元,比上年增长 15%。文化保护与传承进一步加强。启动国家"海上丝绸之路"和"江南水乡古镇"申遗工作。全市现有市级以上文物保护单位 816 处,其中全国重点文物保护单位 59 处、省级 112 处。共有国家级历史文化名镇 13 个、名村 5 个。

医疗卫生服务能力持续增强。年末全市拥有各类卫生机构 3102 个,其中医院、卫生院 272 个,卫生防疫、防治机构 11 个,妇幼保健机构 11 个。年末卫生机构拥有床位 6 万张,其中医院病床 5.29 万张;拥有卫生技术人员 6.8 万人,其中执业医师和执业助理医师 2.65 万人、注册护士 2.67 万人,分别比上年增长 4.3% 和 5.1%。苏州大学附属第一医院平江新院和附属儿童医院园区总院投入使用,苏州科技城医院基本建成。

年末全市公共体育设施面积 3352 万平方米,人均公共体育设施面积 3.16 平方米。环古城河健身步道建成开放,全市建成健身步道 1118 公里。五卅路市民健身中心的篮球馆、羽毛球馆、游泳馆和保龄球馆建成对外开放。全年体育彩票销售 38.88 亿元。成功举办第 53 届世界乒乓球锦标赛、环金鸡湖国际半程马拉松赛、苏州太湖国际马拉松等比赛。

十二、人口、人民生活和社会保障

年末全市常住人口 1061.60 万人,其中城镇人口 794.08 万人。户籍人口 667.01 万人,户籍人口出生率为 9.94‰,比上年下降 1.75 个千分点;户籍人口自然增长率 3.02‰,比上年下降 1.95 个千分点。

就业总量保持平稳,就业结构持续优化,就业质量逐步提高。全市新增就业 17 万人,开发公益性岗位 1 万个,城镇就业困难人员实现就业 2.1 万人。城镇登记失业率控制在 2% 以内。苏州籍高校毕业生就业率达到 98.6%。全年免费城乡劳动者职业技能培训 5 万人。推进大众创业、万众创新,累计建成各类创业基地 235 家,孵化面积超过 520 万平方米。

加大社会保障制度改革力度,城乡社会保障体系进一步完善。年末全市企业职工养老保险缴费人数 468.41 万人,比上年增加 5.45 万人;参加城镇职工基本医疗保险人数 609.9 万人,比上年增加 16.07 万人;参加失业保险人数 421.99 万人,比上年增加 21.06 万人。年末企业养老保险享受人数 138.99 万人。年末城乡居民社会养老保险参保人数 48.18 万人,其中领取基础养老金人数 44.5 万人;参加居民医疗保险人数 279.43 万人。全市城镇职工社会保险覆盖率、城乡居民养老保险和医疗保险覆盖率均保持在 99% 以上。企业退休人员月人均增加养老金 198.3 元。全市新增缴存公积金职工 73.7 万人,年末缴存住房公积金职工数达 253.1 万人,全年职工提取公积金 219.6 亿元。

年末全市拥有各类养老机构 234 个,养老机构床位总数 64014 张,日间照料中心 613 个,助餐点 737 个,助浴点 18 个。年末全市 2.1 万户、共计 3.6 万人享受低保,全年发放低保金 2.29 亿元。全年社会救助支出 21 亿元。全市新开工建设保障性住房 26427 套,基本建成 28275 套,为 1247 户困难家庭发放住房租赁补贴。

城乡居民收入平稳增长。根据抽样调查,全体常住居民人均可支配收入 4.3 万元,比上年增长 8.2%。其中城镇常住居民人均可支配收入 5.04 万元,比上年增长 8%;农村常住居民人均可支配收入 2.57 万元,比上年增长 9%。城镇居民收入中位数人均 4.47 万元,农村居民收入中位数人均 2.18 万元。城乡居民最低生活保障标准由每人每月 700 元调整至 750 元。

表 4　2015 年苏州城乡居民人均可支配收入(单位:元)

组　别	城镇常住居民人均可支配收入	农村常住居民人均可支配收入
总平均	50400	25700
20% 低收入户	25470	12220
20% 中低收入户	36230	17270
20% 中等收入户	45190	21730
20% 中高收入户	57990	28090
20% 高收入户	96960	52230

数据来源:《2016 年苏州统计年鉴》

物价水平保持稳定。市区居民消费价格总水平比上年上涨 1.6%,涨幅比上年回落 0.5 个百分点。八大类商品及服务价格"七升一降"。其中食品类价格比上年上涨 2.4%,烟酒类价格上涨 1.5%,衣着类价格上涨 3.3%,家庭设备用品及维修服务价格上涨 3.9%,医疗保健和个人用品价格上涨 2.2%,娱乐教育文化用品及服务价格上涨 3.6%,居住类价格上涨 2.0%;交通和通信类价格比上年下降 5.6%。

表 5　苏州市 2015 年市区居民消费价格指数

类　别	2015 年	2014 年
居民消费价格总指数	101.6	102.1
1. 食品	102.4	102.5
♯粮食	100.7	104.8
油脂	88.3	86.7
肉禽及其制品	103.9	99.6
蛋	94.7	107.8
水产品	102.7	101.4
菜	111.7	101.2

类　别	2015 年	2014 年
2. 烟酒	101.5	100.3
3. 衣着	103.3	105.0
4. 家庭设备用品及维修服务	103.9	103.8
5. 医疗保健和个人用品	102.2	101.2
6. 交通和通信	94.4	98.9
7. 娱乐教育文化用品及服务	103.6	101.6
8. 居住	102.0	102.6

数据来源:《2016 年苏州统计年鉴》

十三、城市建设和公用事业

全年完成基础设施投资 1070.9 亿元,比上年增长 4.8%。中环快速路主线全线通车。常嘉高速公路昆山至吴江段、张家港疏港高速公路等工程加快建设。沪通铁路苏州段建设有序推进。轨道交通 2 号线延伸线、4 号线及支线工程、轨道交通 3 号线平稳推进。1000 千伏特高压淮上线工程和智能电网应用先行区、示范区加快建设。23 项"智慧苏州"重点项目顺利推进。"千兆苏州"全光网顺利建成。苏州市入选国家首批地下综合管廊试点城市。

全年全社会用电量 1311.7 亿千瓦时,比上年增长 3.4%。其中工业用电量 1074.2 亿千瓦时,增长 2.9%;城乡居民生活用电 94.6 亿千瓦时,比上年增长 8.3%。全市拥有区域供水厂 22 座,总供水能力 697.5 万立方米/日。新建、改建城镇生活污水处理厂 24 座,新增生活污水处理能力 35.75 万吨/日,年末生活污水处理能力达到 327.99 万吨/日。城镇生活污水处理率达到 94.5%,农村生活污水处理率达到 60%。

市区(不含吴江,下同)自来水日供水能力达到 235 万立方米。市区管道天然气供气总量 7.75 亿立方米。市区新辟公交线路 28 条,其中社区巴士(微循环公交)线路 9 条,年末营运线路 332 条,线路总长达到 7078.2 公里;全年公交运客总量 6.15 亿人次。大力发展绿色低碳交通。新购新能源和清洁能源公交车 608 辆。年末市区营运出租汽车 4803 辆。年末城市轨道交通运营线路总长 70.5 公里,全年运营总里程 729.96 万列公里,线网客流总量 13784.2 万人次。全市新增农村客运(公交)班线 14 条,行政村农村客运班车通达率、镇村公交开通率均保持 100%。

十四、环境保护和节能降耗

全市环保投入 576 亿元,比上年增长 7.2%,占地区生产总值的比重达 4.0%。突出抓好生态文明建设"十大工程",实施 95 个重点项目,完成投资 180 亿元。全市空气质量达标天数(按 AQI 标准统计)比例为 68.2%。市区 PM2.5 年均浓度比上年下降 12.1%。主要监测断面水质Ⅲ类以上比例 66.7%。集中式饮用水水源地水质达标率保持 100%。农村新增林地、绿地 768 公顷,陆地森林覆盖率为 29.56%。市区新增绿地面积 430 万平方米,建成区绿化覆盖率 42.7%,市区建成区人均公园绿地面积 14.99 平方米。全市建成美丽村庄示范点 10 个、三星级康居乡村 100 个。全市划定生态红线保护面积 3205.52 平方公里,占市域土地面积的 37.76%。苏州市和昆山市成功创建国家生态园林城市。

节能减排扎实推进。劝退、拒批不符合环保要求建设项目 179 个。整治燃煤小锅炉 1730 台。关停、淘汰落后产能企业 1116 家。新增三星级以上"能效之星"企业 37 家,累计达 393 家。单位地区生产总值能耗、主要污染物排放总量削减完成省下达的任务。

第三章　2015 年无锡市经济社会发展报告

2015 年,无锡全市上下以"四个全面"战略布局为统领,围绕建设"强富美高"新无锡总目标,坚持稳中求进工作总基调,统筹做好稳增长、促改革、调结构、惠民生、防风险各项工作,全市经济社会发展各项事业取得了新进步。

一、总体经济

国民经济总体平稳。全市实现地区生产总值 8518.26 亿元,按可比价格计算,比上年增长 7.1%。按常住人口计算人均生产总值达到 13.09 万元。

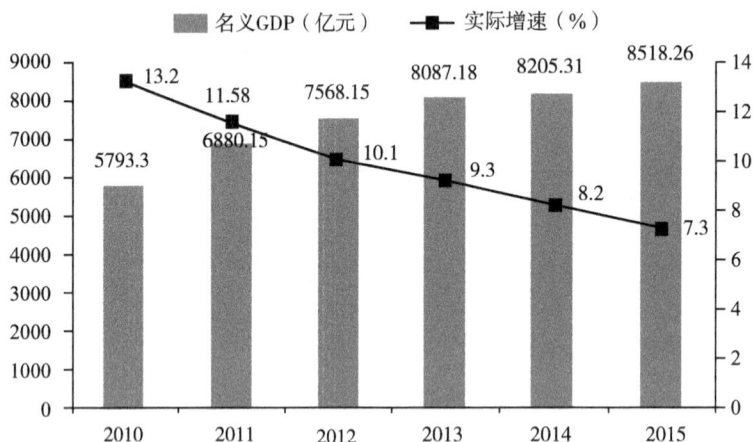

图 1 无锡市 GDP 规模及增速

数据来源:历年《江苏统计年鉴》

产业结构升级加快。全市实现第一产业增加值 137.72 亿元,比上年下降 0.1%;第二产业增加值 4197.43 亿元,比上年增长 5.0%;第三产业增加值 4183.11 亿元,比上年增长 9.6%;三次产业比例调整为 1.6∶49.3∶49.1。

就业和再就业有效推进。全年新增城镇就业 14.85 万人,各类城镇下岗失业人员实现就业再就业 7.42 万人,帮助就业困难人员再就业 1.99 万人。全市城镇登记失业率为 1.89%。

大众创业动力强劲。年末全市工商登记各类企业 20.83 万户,其中,国有及集体控股公司 1.54 万户;外商投资企业 0.61 万户;私营企业 18.68 万户,当年新登记各类企业 3.2 万户。年末个体户 28.23 万户,当年新增 4.9 万户。

消费品价格水平涨幅较低。全年市区居民消费价格指数(CPI)为 101.8,比上年回落 0.4 个百分点。其中服务项目价格指数为 102.1,消费价格指数为 101.6,商品零售价格指数为 100.0。

表1 2015年无锡消费者价格指数

指 标	市 区
居民消费价格总指数	101.8
食品	102.8
烟酒	101.4
衣着	101.8
家庭设备用品及维修服务	104.4
医疗保健和个人用品	101.4
交通和通信	97.7
娱乐教育文化用品及服务	101.1
居住	102.0

数据来源:无锡统计局

二、农业

农业生产小幅下降。全年粮食总产量72.28万吨,比上年下降6.4%;油料总产量8634吨,比上年下降8.1%,其中油菜籽6866吨,比上年下降8.9%;茶叶总产量6710吨,比上年增长2.6%;水果总产量17.69万吨,比上年下降4.9%。主要畜产品中,肉类总产量7.60万吨,比上年下降14.0%,其中猪牛羊肉5.33万吨,比上年下降15.7%;禽蛋总产量2.77万吨,比上年增长3.4%;奶牛存栏0.71万头,与上年持平;全年水产品产量12.53万吨,比上年下降3.6%。

种植业结构继续调整。全年粮食种植面积为102千公顷,比上年减少6.99千公顷;油料种植面积为3.8千公顷,比上年减少0.36千公顷;蔬菜种植面积49.09千公顷,比上年增加1.69千公顷;水果种植面积15.94千公顷,比上年减少0.24千公顷。

表2 2015年主要农产品产量及其增长速度 (单位:吨)

产 品 名 称	产 量	比上年增长(%)
粮食	722755	−6.4
油料	8634	−8.1
油菜籽	6866	−8.9
蚕茧	2.7	−96.3
茶叶	6710	2.6
水果	176902	−4.9
肉类	76036	−14.0
水产品	125271	−3.6

数据来源:无锡统计局

三、工业和建筑业

工业生产小幅增长。全市规模以上工业企业实现增加值2953.34亿元,比上年增长4.4%。分经济类型看,国有企业总产值下降 11.2%,集体企业总产值增长 0.4%,股份制企业总产值增长 2.9%,外商及港澳台商投资企业总产值增长 0.8%,其他经济类型企业总产值下降 4.5%。全市统计的 279 种主要工业产品中,产品产量比上年增长的有 132 种,占全市统计产品数的 47.3%。在全市跟踪统计的 22 种重点产品中,有 9 种产品的产量实现增长。

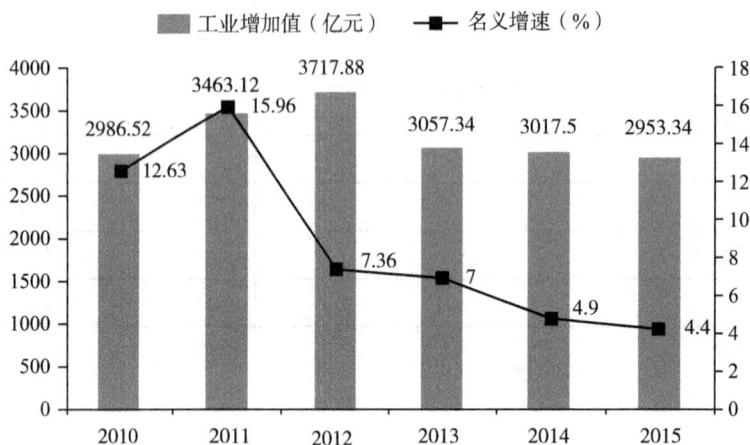

图 2　无锡市工业增加值及增速

数据来源:历年《江苏统计年鉴》

　　在稳增长基础上,加大结构调整力度,促进转型升级向纵深推进。鼓励战略性新兴产业发展,着力提升规模层次,预计新兴产业产值增长 15%,高新技术产业产值占规模以上工业总产值比重提高 0.5 个百分点。从制造业产出情况看,内部结构不断优化,呈现出"一升一降"的发展格局:高技术产业产值的占比提升,制造业内部高能耗行业占比下降,此外,制造业投入情况也呈现良好发展的态势。高技术产业包括医药制造、航空航天器及设备制造、电子及通信设备制造、计算机及办公设备制造、医疗仪器设备及仪器仪表制造、信息化学品制造等六大类。2015 年,无锡市规模工业中高技术产业完成工业产值 2410.6 亿元,同比增长 7.6%,高于全市规模工业产值增速 5.8 个百分点,总量占到了全市规模工业产值的 16.4%,产值增速和占比分别比 2014 年提高了 1 个和 1.2 个百分点。

　　工业效益保持平稳。全市规模以上工业实现主营业务收入 14113.97 亿元,比上年下降 0.1%;工业产销率 97.2%,比上年下降 0.6 个百分点;工业企业实现利税 1247.75 亿元,比上年增长 0.1%;实现利润 886.22 亿元,比上年增长 2.0%。

　　建筑业稳步发展。全年全社会建筑业完成增加值 360.60 亿元,比上年增长 7.6%;实现建筑业总产值 601.62 亿元,比上年下降 7.5%。施工房屋建筑面积 3530.38 万平方米。1 个建设工程项目获得鲁班奖,22 个建设工程项目获江苏省优质工程奖"扬子杯"(房屋建筑工程),95 个建设工程项目获无锡市"太湖杯"优质工程奖。

四、服务业

　　2015 年无锡市服务业增加值占地区生产总值比重达到 49.1%,同比提高 2.0 个百分点。服务业固定资产投资完成 2914.45 亿元,同比增长 1.4%。服务业增加值完成 4183.11 亿元,列全省第三位,同比增长 9.6%。

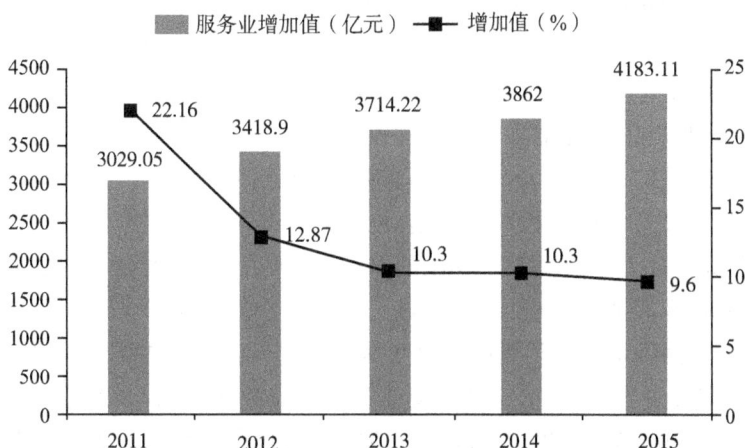

图3 无锡市工服务业增加值及增速

数据来源:历年《江苏统计年鉴》

国家传感网创新示范区建设成效显著,物联网及相关产业业务收入增长40%以上,一批物联网应用示范项目获全国推广,无锡连续三年获中国智慧城市发展评估第一名,入选国家级"两化"深度融合试验城市。2015年无锡市物联网及相关产业产值达到2658亿元,在此基础上无锡市今年将力争实现营收20%左右增幅,新增物联网企业280家,申请或授权物联网领域专利2000项。数据显示,2015年无锡市物联网产业规模稳定增长,到年底全市物联网企业已达2000多家,从业人员超过15万人,全市物联网领域各类联盟(协会)增至13家。2016年物联网产业将加速实施"集聚增效"计划,把产业集聚发展和效益增进作为重中之重,选取智能制造、智慧环境、智慧物流等10个领域深化应用,同时积极争取相关标准的主导权,积极推广典型应用帮助企业寻找目标客户。

推动文化创意、旅游休闲、会展经济、电子商务、健康养老等现代服务业加快发展,成为国家信息惠民试点城市和电子商务示范城市,苏南快递产业园获批全国快递产业集聚发展试验园区,新增国家4A级景区5家,无锡城市游客满意度居全国第一,预计服务业增加值占地区生产总值比重达47%,同比提高1个百分点。

服务外包产业快速增长。全市服务外包产业接包合同总额152.5亿美元,比上年增长26.6%,执行金额127.1亿美元,比上年增长28.9%;离岸外包合同总额101.1亿美元,比上年增长28.1%,离岸执行金额81亿美元,比上年增长27.5%。

五、固定资产投资

固定资产投资小幅增长。全年固定资产投资完成4901.19亿元,比上年增长7.0%。分产业投向:第一产业投资10.21亿元,比上年下降22.7%,第二产业投资1976.53亿元,比上年增长13.2%,第三产业投资2914.45亿元,比上年增长1.4%。

商品房销售回升。全年房地产业实现增加值405.95亿元,比上年增长7.5%。完成房地产开发投资991.66亿元,比上年下降21.9%,商品房施工面积为6589.02万平方米,比上年下降3.5%,竣工面积1180.03万平方米,比上年增长23.1%。全年商品房销售面积986.91万平方米,比上年增长14.4%,商品房销售额776.32亿元,比上年增长19.2%。

开展"项目建设深化年"活动,持续实施项目攻坚,投资和重大项目建设实现新突破。围绕全年投资计划,重点实施180个事关后劲培育、民生改善和城市发展的重大项目,当年完成投资超1000

亿元。充分调动企业投资积极性,全市民间投资占固定资产投资比重达 63.1%;完成工业投资 1746 亿元,增长 12.5%,实施"千企技改"项目 1593 个。强化与央企、沪企等战略合作,加快签约项目的跟踪推进,努力化解土地、资金等要素制约,重大项目建设成效进一步显现。中芯国际集成芯片、华泰汽车自动变速器等一批超 50 亿元的项目开工建设;海力士五期、万达文旅城、世茂旅游等一批超百亿元的重特大项目进展较好;高德印刷电路板、隆基硅材料超薄单晶硅、红牛饮料二期等一批重大工业项目竣工投产。城市基础设施项目顺利实施,地铁 1、2 号线开通试运营,苏南硕放国际机场二期航站楼竣工试运行,北中路互通、广南路、环山西路、江阴大道、海港大道等一批道路建成通车,锡澄运河江阴段航道工程基本完成。积极推进"一城一岛一带"建设,海岸城、万象城建成开业,巡塘古镇、灵山小镇一期、古运河绿地景观和亮化工程基本完工,重点区域功能配套不断完善。着力转变利用外资方式,提高利用外资质量,突出先进制造业和现代服务业重点,共引进 3000 万美元以上重大外资项目 64 个,英飞凌半导体、博世汽车动力总成等一批投资超亿美元重大产业项目成功签约,预计完成到位注册外资 31 亿美元,其中制造业占比达 55% 以上。

六、国内贸易

消费品市场发展良好。全年实现社会消费品零售总额 2847.61 亿元,比上年增长 9.2%。其中,批发和零售业零售额 2632.96 亿元,比上年增长 9.3%,住宿和餐饮业零售额 214.65 亿元,比上年增长 8.3%。按经营地统计,城镇社会消费品零售总额 2429.70 亿元,比上年增长 9.3%;乡村社会消费品零售总额 417.92 亿元,比上年增长 8.6%。在限额以上批发和零售业零售额中,通信器材类增长 14.2%;粮油、食品类增长 7.6%;家具类增长 6.8%;文化办公用品类增长 6.1%;书报杂志类增长 6.0%。

七、开放型经济

对外贸易呈现下降。全年实现对外贸易进出口总额 684.67 亿美元,比上年下降 7.7%。其中,进口总额 262.35 亿美元,比上年下降 12.4%;出口总额 422.32 亿美元,比上年下降 4.5%。一般贸易实现出口额 218.34 亿美元,总量占比达 51.7%。

表3　2015年对主要国家和地区进口、出口总额及其增长速度　　　　(单位:万美元)

出口国家和地区	2015年	增长(%)	进口国家和地区	2015年	增长(%)
美国	661559	2.5	日本	512308	−18.6
中国香港	595471	−1.6	韩国	437311	−10.0
日本	391613	−9.3	中国台湾	210485	−6.2
韩国	300471	−9.0	美国	160856	−3.0
德国	175333	5.8	澳大利亚	139150	−14.8

数据来源:无锡统计局

利用外资总量稳定。全年批准外资项目 358 个,协议注册外资 55.33 亿美元,到位注册外资 32.11 亿美元,增长 3.0%。制造业利用外资占到位注册外资比重达到 58.7%,全年完成总投资超 3000 万美元的重大外资项目 65 个。截至 2015 年底全球 500 强企业中有 96 家在无锡市投资兴办了 182 家外资企业。

服务外包产业快速增长。全市服务外包产业接包合同总额 152.5 亿美元,比上年增长 26.6%,执行金额 127.1 亿美元,比上年增长 28.9%;离岸外包合同总额 101.1 亿美元,比上年增长 28.1%,离岸执行金额 81 亿美元,比上年增长 27.5%。

对外经济合作势头良好。全年完成境外投资项目 115 个,中方投资额达到 17.47 亿美元,比上年增长 20.3%,其中 1000 万美元以上项目 33 个。

八、交通、邮电和旅游

交通运输能力持续提升。年末全社会拥有车辆 168.23 万辆,比上年增长 9.1%。其中汽车 143.38 万辆,比上年增长 12.2%。私人汽车拥有量年末达到 117.90 万辆,比上年增长 14.9%。

客货运量小幅增加。全年完成客运量 9983.56 万人次,比上年增长 2.4%;完成货运量 16136.80 万吨,比上年增长 5.3%。全市港口吞吐量 19864.24 万吨,比上年下降 5.0%。全年空港旅客吞吐量 460.93 万人次,比上年增长 10.3%。

邮政通讯发展快速。全年邮电业务总量 158.41 亿元,发送函件 4602.57 万件。全年规模以上快递服务企业业务量完成 26662.38 万件,比上年增长 44.1%。率先建成国内高标准全光网城市,覆盖用户超过 526 万户,城域网出口带宽 3.44T。建设 4G 基站累计达到 15610 个。全市移动电话年末用户数达到 883.47 万户,其中 4G 手机用户达到 389.55 万户。固定互联网宽带接入用户 245.92 万户,移动互联网宽带接入用户 665.79 万户。

旅游业发展趋稳。全年共接待国内游客 8043.33 万人次,比上年增长 6.2%;接待旅游、参观、访问及从事各项活动的入境过夜旅游者 39.13 万人次,比上年下降 2.9%。旅游总收入达 1389.29 亿元,比上年增长 10.0%。全市拥有年接待游客 10 万人以上的景区 50 个,国家 5A 级景区 3 家,国家 4A 级景区 26 家,3A 级景区 13 家,2A 级景区 16 家。省星级乡村旅游区 78 个。年末全市拥有星级宾馆 48 家,其中五星级宾馆 14 家,四星级宾馆 14 家。全市拥有旅行社 170 家,其中出境游组团社 19 家。

九、财政和金融

财政收入稳步提高。全年一般公共预算收入 830 亿元,比上年增长 8.1%。财政支出结构继续调整。一般公共预算支出 820.85 亿元,比上年增长 9.7%。

表4　2015 年全年财政分项情况　　　　　　　　　　　　　　（单位:亿元）

指　　标	2015 年	比上年增长(%)
一般公共预算收入	830.00	8.1
#税收收入	668.18	7.7
#增值税(25%)	152.04	7.7
营业税	210.55	23.4
企业所得税(40%)	98.81	7.7
个人所得税(40%)	40.90	6.4
城市维护建设税	52.72	12.6
房产税	31.10	6.5

指　　标	2015 年	比上年增长（%）
印花税	10.55	−2.0
契税	24.61	−22.5
上划中央四税收入	592.84	7.7

数据来源：无锡统计局

金融存贷款持续增加。年末金融机构各项本外币存款余额达 13181.25 亿元，比上年增长6.1%；各项本外币贷款余额 9525.99 亿元，比上年增长 5.5%。存款中，非金融企业存款余额 5965.25 亿元，比上年增长 6.1%；住户存款余额 4693.94 亿元，比上年增长 2.7%。贷款中，非金融企业及机关团体贷款 7955.49 亿元，比上年增长 3.9%；住户贷款 1561.57 亿元，比上年增长 14.2%。全年现金净投放 348.2 亿元。

新增境内外上市企业 4 家、新三板挂牌企业 37 家，新增区域性股权交易中心挂牌企业 21 家、各类私募股权基金 12 家。高度重视防范和化解金融风险，建立中小企业转贷应急资金平台，全市累计为 2006 家企业提供转贷应急资金 377.5 亿元，钢贸行业债务风险基本化解，银行业金融机构不良贷款余额和不良率同比实现"双下降"。

保险业收入较快增长。全年实现保费收入 218.53 亿元，比上年增长 17.3%。其中财产险收入 81.11 亿元，比上年增长 9.3%；人寿险收入 137.42 亿元，比上年增长 19.5%。保险赔款支出 70.35 亿元，比上年增长 50.4%。保险给付支出 20.84 亿元，比上年增长 10.7%。

证券交易市场规模扩大。全年证券市场完成交易额 5.34 万亿元，比上年增长 1.45 倍。本年新增企业境内上市公司 6 家，累计 94 家；全市证券交易开户总数 133.58 万户，托管市值 2507.91 亿元，增长 75.9%。年末全市共有证券公司 2 家，证券营业部 90 家。本年新三板企业挂牌 67 家，累计挂牌 104 家。

十、科学技术和教育

科技人才不断加强。全市共有国家、省级工程技术研究中心 506 家，国家、省级高技术研究重点实验室 10 家，国家级国际合作基地 9 家，省级外资研发中心 41 家，省级国际技术转移中心 8 家。2015 年入选国家"千人计划"8 人，累计培育国家"千人计划"专家 79 人，目前全市共有"千人计划"人才 226 人。

推进"人才强企"工程，累计引进 9 名诺贝尔奖得主、11 名外籍院士与民营企业共建研究院，成立"欧美同学会"留学报国无锡基地。预计全社会研发投入占地区生产总值比重达 2.75%；万人有效发明专利拥有量超过 18.3 件，同比增长 23%，国家专利奖获奖数列全国地级市首位。兴澄特钢获得"全国质量奖"，红豆集团获评"全国质量标杆企业"。无锡高新区（含宜兴环科园）、江阴高新区入列苏南国家自主创新示范区。无锡获评福布斯"中国大陆最佳商业城市"第四名。

科技产出水平提高。全市高新技术产业产值占规模以上工业总产值比重达到 42.3%，比上年提高 1.1 个百分点。全年按新标准认定高新技术企业 352 家，省级高新技术产品 946 个。

科技创新成绩明显。全市发明专利申请量达 24197 件，比上年增长 6.2%；发明专利授权量达 5480 件，比上年增长 95.6%。全市获国家、省科技计划到位经费 4.88 亿元。

质量检验能力增强。全市共有国家级检测中心 10 个，国家级型式评价实验室 1 个，国家级检测重点实验室 7 个，全年省级监督抽查无锡市产品 786 批次，强制性产品认证获证企业 1067 家，法定计量技术机构 3 家,强制检定计量器具 72.34 万台件,2015 年新增主导和参与制修订国际、国家、行业标准 93 项。

教育事业协调发展。全市共有普通高校 12 所,普通高等教育在校生 11.53 万人。中等职业教育在校生 6.7 万人。九年义务教育巩固率 100%,学前教育、高中阶段教育毛入学率 100%,普及高中阶段教育。特殊教育学校在校生 949 人。全市共有幼儿园 370 所,在园幼儿 17 万人。

十一、文化、卫生、体育和民族宗教

文化事业和文化产业加快推进。年末共有艺术表演团体 53 个,文化馆 10 个,公共图书馆 10 个,文化站 80 个,博物(纪念)馆 60 个。全市人民广播电台节目 8 套,电视台节目 10 套,有线电视总用户达 165 万户。电视人口总覆盖率和广播人口覆盖率均达 100%。全年规模以上文化企业 575 家,动漫企业 176 家。全市档案馆 10 个,已向社会开放档案 15.77 万卷(件、册)。

卫生事业健康发展。全市拥有卫生医疗机构 2243 个,其中综合医院 84 家,社区卫生服务中心(卫生院)89 家,社区卫生服务站(村卫生室)710 家,护理院 11 家,疗养院 7 家。年末全市共有卫生技术人员 4.45 万人,其中执业(助理)医师 1.67 万人;拥有医疗床位 3.74 万张,其中医院、社区卫生服务中心(卫生院)3.62 万张。全市实际参合农民 55.05 万人,人口覆盖率 100%。全市各级医疗机构全年完成诊疗 5005.98 万人次,比上年增长 5.6%。

体育事业蓬勃发展。全市新增公共体育设施面积 34.90 万平方米,新增各级社会体育指导员 1023 人。国民体质总体达标率达 96.8%。创建成全省首批公共体育服务体系示范区,成功举办无锡国际马拉松赛等一批大型国际赛事。全年无锡籍运动员在全国以上各级各类比赛中共取得 48 个冠军,其中 2 项世界冠军。全市体育彩票销售达到 22.78 亿元,增长 14.9%。

民族宗教领域和谐稳定。年末有宗教活动场所 270 处,教职人员 785 名(不含散居道士)。

十二、人口、人民生活和社会保障

人口规模逐步扩大。年末全市户籍人口 480.90 万人,比上年增长 0.8%。全年出生人口 40571 人,出生率 8.47‰;死亡人口 33769 人,死亡率 7.05‰,人口自然增长率为 1.42‰。年末全市常住人口 651.10 万人,比上年增长 0.2%,其中城镇常住人口 490.93 万人,比上年增长 1.4%,城镇化率 75.40%。

居民收入稳步增加。全体居民人均可支配收入 39461 元,比上年增长 8.2%。城镇常住居民人均可支配收入 45129 元,比上年增长 8.1%。农村常住居民人均可支配收入 24155 元,比上年增长 8.5%。全体居民人均消费支出 25954 元,比上年增长 7.9%,城镇常住居民人均消费支出 29466 元,比上年增长 7.7%。农村常住居民人均生活消费支出 16469 元,比上年增长 9.0%。

社会保障统筹实施。全市企业职工基本养老保险人数达到 236.27 万人,扩面 6.53 万人。全市参加城镇职工基本医疗保险人数达到 307.53 万人,扩面 7.66 万人。全市参加失业保险职工人数为 200.37 万人,扩面 4.27 万人。全市参加工伤保险人数 198 万人,扩面 4.18 万人。全市参加生育保险人数 197.29 万人,扩面 6.81 万人。市区月低保标准提高至 700 元。年末在领失业保险金人数为 4.28 万人。企业离退休人员养老金社会化发放率达 100%。

社会福利事业不断提升。城乡居民最低生活保障对象 34574 人;全年共发放低保金 1.82 亿元。实施城乡医疗救助 25.35 万人次,支付救助金 7755.87 万元;实施临时救助 43704 人次,发放救助金 4527.95 万元。全市重点优抚对象 6592 人。保障性安居工程建设有序推进,全市新开工保障性住房

10922套,基本建成11375套(户)。

十三、环境和安全生产

用地分配更趋务实。全年全市国有建设用地供应总量1810.29公顷,其中,工矿仓储用地626.54公顷;房地产用地531.39公顷,基础设施等其他用地652.36公顷。

水资源充分利用。预计年末全市水资源总量40.1亿立方米,比上年增长38.7%,全年总用水量25.30亿立方米,比上年下降33.1%。其中,生活用水下降10.2%,工业用水(不含火电用水)增长10.6%,农业用水下降12.9%,生态补水下降11.2%。

环境保护力度加大。市区环境空气达标天数比例(AQI)为64.1%,集中式饮用水水源地水质达到国家和省考核标准,全市功能区昼间和夜间噪声达标率分别为87%和73%。PM2.5平均浓度较2013年下降18.7%。

城市绿化不断扩大。市区新增绿地面积500公顷,预计人均公园绿地面积14.91平方米,建成区绿化覆盖率达到42.98%。

安全生产"双下降"。全年发生各类事故1616起,死亡499人,各类事故起数、死亡人数连续第14年实现"双下降"。亿元GDP生产安全事故死亡率0.059人/亿元。

深入实施"两型社会"综合配套改革试点,全面推进污染治理和环境整治,着力构建生态文明体系,城市宜居品质不断提升。开展新一轮太湖治理,扎实推进控源截污、生态清淤、蓝藻打捞、调水引流等工作,太湖无锡水域水质稳定好转,连续七年实现安全度夏。深入实施"蓝天工程",突出抓好燃煤锅炉整治和工业废气、工地扬尘、机动车尾气、秸秆焚烧等污染防治,大力实施热网整合工程,PM2.5年均浓度下降幅度超额完成国家考核任务。启动锡钢地块土壤修复工程。严厉打击环境违法行为,查处环境违法案件878件,否决、劝退不符合环保要求项目79个。全面完成淘汰落后产能和化解过剩产能年度任务,加大节能减排力度,预计万元地区生产总值能耗下降4%以上,化学需氧量、二氧化硫、氨氮、氮氧化物排放削减量均超额完成省定目标。制定实施主体功能区计划,划定生态红线保护区域,推进土地节约集约利用,建立盘活存量和使用增量挂钩制度,预计单位建设用地产出继续保持全省第一。健全生态文明制度,建立生态补偿机制,继续实施排污权有偿使用和交易制度、推行环境污染责任保险,设立全国首个地级市环保公益发展基金。

第四章　2015年常州市经济社会发展报告

2015年,面对错综复杂的宏观经济环境和艰巨繁重的改革发展任务,全市上下在市委、市政府的正确领导下,积极适应经济发展新常态,坚持开拓创新,加快转型发展,扎实做好稳增长、调结构、促改革、惠民生、防风险等各项工作,经济社会运行呈现总体平稳、稳中有优的态势。

一、综合经济

经济运行保持平稳。经初步核算,全年实现地区生产总值5273.2亿元,按可比价格计算增长9.2%,其中第一产业增加值146.6亿元,增长3.2%;第二产业增加值2516.2亿元,增长8.5%;第三产业增加值2610.4亿元,增长10.5%。全年服务业增加值占GDP比重达到49.5%,较上年提高1.5个百分点,服务业占比首次超过第二产业,经济结构实现由"二三一"向"三二一"的新格局转变。全市按常住人口计算的人均生产总值达112221元,按平均汇率折算达18018美元。

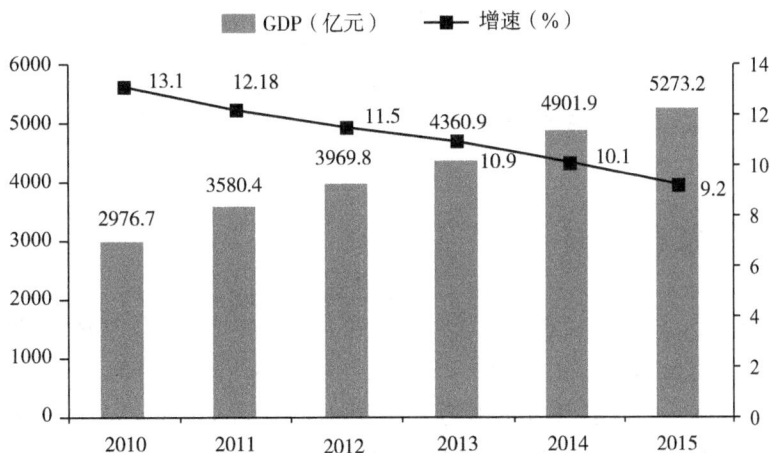

图1　常州市GDP规模及实际增速

数据来源:历年《江苏统计年鉴》

经营领域拓宽,产业结构明显优化。常州市民营经济发展领域特别是在第三产业的经营范围逐年拓展,已基本覆盖国民经济绝大部分行业。2015年,民营经济完成第三产业增加值1621.2亿元,比上年增长10%,增速高于全部民营经济增加值增速1个百分点。全市民营经济三次产业比重由2010年的1.9∶59.8∶38.3调整为1.5∶52.7∶45.8,第三产业所占比重不断提高,"十二五"期间平均每年提高1.5个百分点,经济结构更趋合理。

财政收入平稳增长。全年实现一般公共预算收入466.3亿元,增长7.5%,其中税收收入373.7亿元,增长7.3%,税收占比达到80.1%。主要税种中,增值税(含营改增)完成70.8亿元,增长6.4%;营业税完成113.8亿元,增长19.1%;企业所得税完成42.6亿元,增长1.4%。全年一般公共预算支出479.2亿元,增长10.2%。一般公共预算支出中教育支出76.5亿元,增长12.2%;科学技术支出23.5亿元,增长8.4%;社会保障和就业支出53.2亿元,增长8.3%;医疗卫生与计划生育支出39.2亿元,增长 22.4%。

民营经济增幅放缓。2015 年末,全市拥有私营企业和个体工商户 36.3 万户,注册资本 4814.7 亿元。全年民营经济完成增加值 3541.4 亿元,按可比价计算增长 9.0%,增幅较上年回落 1.1 个百分点,占地区生产总值的比重为 67.2%,较上年降低 0.3 个百分点。分产业看,第三产业发展迅速,2015 年第三产业私营个体登记注册户数已达到 28.3 万户,注册资本 2732.6 亿元,分别比 2010 年增长了 64.6% 和 2.4 倍,占经营总户数的比重由 2010 年的 76.4% 上升到 78%,注册资本占比也由 2010 年的 48% 提高到 56.8%。2015 年末,全市规模以上民营工业企业已达 3218 家,占全市的 78.6%,产值超亿元的企业由 2010 年的 713 家增加到 944 家。

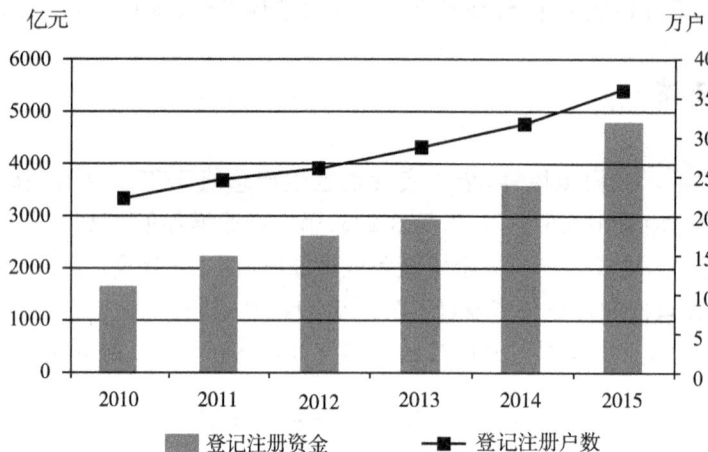

图 2　常州市私营企业发展情况
数据来源:历年《常州统计年鉴》

二、农业与农村经济

农业生产保持稳定。2015 年,全市完成农林牧渔业现价总产值 271.8 亿元,增长 5.8%。其中,农业产值 147.2 亿元,增长 6.1%;林业产值 1.9 亿元,增长 4.8%;牧业产值 38.8 亿元,增长 3.5%;渔业产值 68.3 亿元,增长 5.5%;农林牧渔服务业产值 15.6 亿元,增长 10.7%。全年粮食播种面积 214.2 万亩,粮食总产量 108.3 万吨,与上年相比分别下降 3.2%、3.4%。水稻单产 643.5 公斤/亩、小麦单产 356.3 公斤/亩,水稻单产连续 13 年保持全省第一。

现代农业加快发展。农业物质技术装备水平不断提升。全市新建高标准农田 6.3 万亩,累计建成 134 万亩;新发展设施农业面积 2.7 万亩,累计建成 46.5 万亩;新发展高效设施渔业面积 1.6 万亩,累计建成 18.1 万亩,占全市水产养殖面积的比重突破 30%;2015 年全市农业综合机械化水平达到 87%,农业信息化覆盖率达到 60%,分别较上年提高 1、3 个百分点。农业产业化经营稳步推进,全市 91 家市级以上农业产业化龙头企业实现销售 618 亿元,增长 9.6%。

三、工业和建筑业

工业生产增幅趋缓。2015 年,全市规模以上工业企业累计完成总产值 11454.3 亿元,比上年增长 5.3%,规模以上工业增加值增长 8.5%。全市规模以上重工业完成产值 8790.7 亿元,增长 4.9%;轻工业完成产值 2663.6 亿元,增长 7.7%。七大行业中,化工、机械、纺织服装、生物医药行业分别完成工业总产值1952.8、4602.7、976、278.8亿元,分别增长14.9%、9.3%、7.2%、7%;电子、建材行业分别完成产值656.1、376.4亿元,增长4.8%、0.3%;冶金行业完成产值1849.8亿元,下降9.5%。

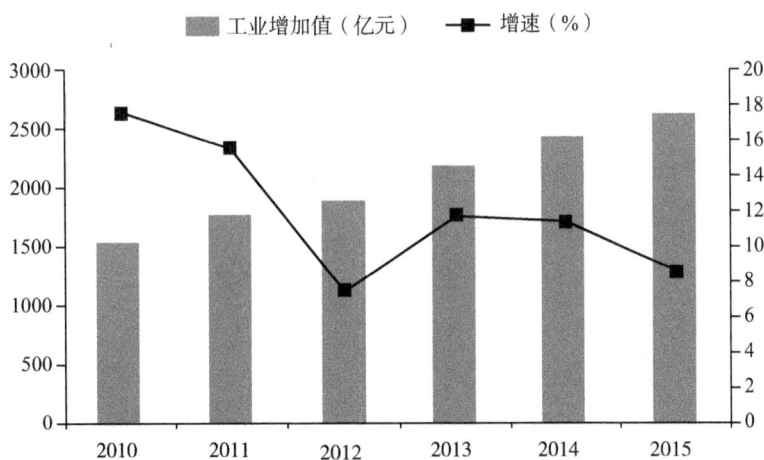

图3 常州市工业增加值及名义增速

数据来源:历年《江苏统计年鉴》

"十二五"期间,常州市工业经济总量实现稳定增长,2015年规模以上工业总产值达11454.3亿元,是2010年的1.7倍,年均增长速度达11.8%;实现规模以上工业增加值2614.73亿元,是2010年的1.6倍,年均增长11.7%。在经历了2011年和2012年的高速增长后,2013年全市规上工业总产值首次突破万亿元大关,达10067.9亿元,工业增加值突破两千亿元大关,达2178.4亿元。"十二五"后两年,常州市工业经济平稳换挡,增速缓中趋稳。经过五年发展,常州市工业竞争实力进一步增强。全市纳入统计范围的规模以上工业企业由2010年的3234家增加到2015年底的4093家,涵盖了国民经济41个工业行业大类的35个大类。2015年,常州市主营业务收入超百亿元的企业12家,超10亿元的企业180家,分别比2010年增加7家和94家。规模以上工业企业资产总量由2010年年底的4698.59亿元增长至2015年年底的8290.57亿元,年均增幅达12%。

2015年,全市规模以上重工业占全部规模以上工业的76.8%,较2010年下降3.5个百分点。随着常州市工业"三位一体"发展战略的实施和加快推进十大产业链建设,全市工业内部结构不断优化。2015年全市十大产业链规上企业共完成产值3816.81亿元,是2013年的1.3倍,年均增长速度达13.5%,占规模以上工业比重达33.3%,对规模以上工业产值增长的贡献份额达到52.6%。十大产业链中,太阳能光伏、汽车及零部件、轨道交通三大产业分别完成产值633.6亿元、656.2亿元、411.5亿元,分别增长25.6%、15.8%、13.1%。同时,常州市新兴行业产品产量快速增长。2015年,通信及电子网络用电缆产量13.45万对千米,是2010年产量的3.5倍,年均增长28.6%;太阳能电池7586.9兆瓦,为2010年产量的5倍,年均增长37.9%;GPS接收器从无到有,2015年年产量达32805部。另一方面,高能耗、高污染产品份额逐步下降,2015年常州市水泥、涂料等重点高能耗、高污染产品产量均呈现个位数或负增长状态。

建筑行业发展平缓。建筑企业全年完成施工产值1288.5亿元,比上年增长0.3%;施工面积10007.7万平方米,下降6.9%;竣工面积3448.6万平方米,下降9.5%。建筑业按施工产值计算的全员劳动生产率为28.5万元/人,比上年下降0.2%。

四、服务业

"十二五"期间,常州市服务业始终保持两位数较快增长态势,每年增长速度均高于GDP速度,年均增长11.5%,高于GDP年均增速0.7个百分点。2015年,全市完成服务业增加值2610.4亿元,是2010年的2.1倍,服务业增加值占GDP比重达到49.5%,较2010年提升8.1个百分点。"十二五"期间,服务业对GDP增长的贡献率达到60.5%,较"十一五"高出个13.7百分点,其中贡献率最高为2015年,达到68.7%。

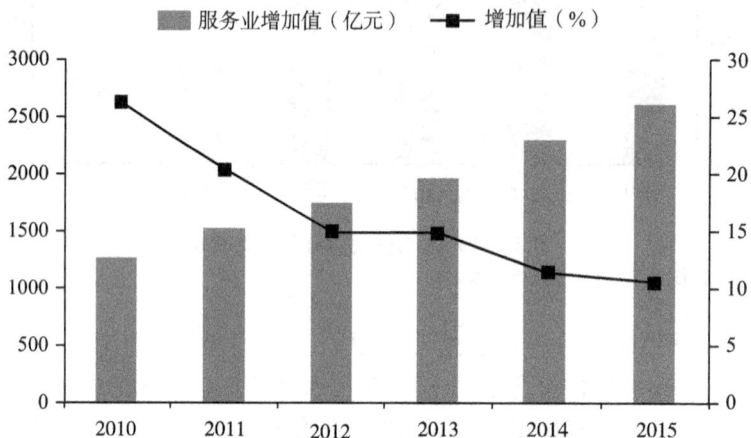

图4　常州市服务业增加值及名义增速
数据来源:历年《江苏统计年鉴》

伴随着新型工业化的推进和城市化进程的加快,常州市以商贸、居民服务业等为代表的传统服务业稳步发展,以房地产、文化、旅游、电信、商务服务业等为代表的现代服务业持续壮大,其中以现代物流、金融、软件、科技信息等为代表的生产性服务业更是强劲增长,服务业内部结构得到不断优化。商贸方面,2015年全市实现社会消费品零售总额1990.5亿元,是2010年的1.9倍,年均增长13.6%;旅游方面,2015年全年实现旅游总收入731.0亿元,是2010年的2.1倍;电信方面,2015年全市实现邮电业务收入78.7亿元,是2010年的1.4倍。现代服务业加快孕育,常州市以广告、文化、娱乐为主体的商务服务业,和以提供专业技术研究、服务的科学研究与技术服务业正以20%左右的增速快速发展,逐步发展为全市服务业发展的中坚力量。

随着服务业的快速发展以及产业领域的进一步拓宽,其吸纳就业的能力持续增强。2015年,全市第三产业从业人员达106.8万人,较2010年增加9.7万人,占全社会从业人员的比重达到38%,比2010年上升2.3个百分点。服务业税收成为全市财政收入的重要来源,2015年,全市服务业完成税收329.4亿元,增速高于全部税收增速0.5个百分点;服务业税收占全部税收收入的比重达到43.6%,比2010年提高了5.6个百分点。房地产业、金融业、租赁和商务服务业成为全市服务业营业税的主要渠道,2015年创造的营业税分别达到58.1、22.9和16.5亿元,占全市服务业营业税的比重分别为53.3%、21.0%和15.1%。

五、固定资产投资

投资结构不断优化。2015年全市完成固定资产投资3399亿元,增长6.7%,其中工业投资

1756.1亿元,增长6.5%,服务业投资1636.7亿元,增长7.1%。投资结构不断优化,全市高新技术产业投资794.6亿元,增长13.9%,增幅高于全市固定资产投资增幅7.2个百分点;工业投资中技改投入1160.2亿元,占工业投资比重66.1%,较上年提高6.2个百分点。房地产投资持续下滑,2015年全市完成房地产开发投资508亿元,同比下降25.5%。全年商品房开发面积3948.2万平方米,比上年下降11.5%,其中新开工面积637.8万平方米,比上年下降30.4%。

"十二五"初中期,全市固定资产投资保持快速增长态势,2011—2014年投资增速均呈两位数增长,增幅分别达20%、18%、18.2%和16.1%;"十二五"末期,在经济转型升级的大背景下,全市投资走势与全国和全省基本一致,呈现缓增态势,2015年全市完成固定资产投资3399亿元,同比增长6.7%。"十二五"期间,全市固定资产投资年均增长15.7%,比"十一五"年均增幅回落6.6个百分点;与"十一五"末期的2010年对比,2015年度全市固定资产投资规模扩大61.6%,投资增速回落16.7个百分点,年度投资规模有明显提升,投资增长态势也明显趋缓。

六、国内贸易

消费市场保持稳定。2015年全市实现社会消费品零售总额1990.5亿元,增长10.3%,增幅与全省平均增幅持平,与上年相比下降2.8个百分点。按消费形态分,批发业实现零售额240.1亿元,增长9.4%;零售业实现零售额1585.7亿元,增长10.1%;餐饮业实现零售额149.9亿元,增长14.2%;住宿业实现零售额14.8亿元,增长4%。按单位经营所在地分,城镇消费品零售额1861.1亿元,增长10.6%,农村消费品零售额129.4亿元,增长5.7%。

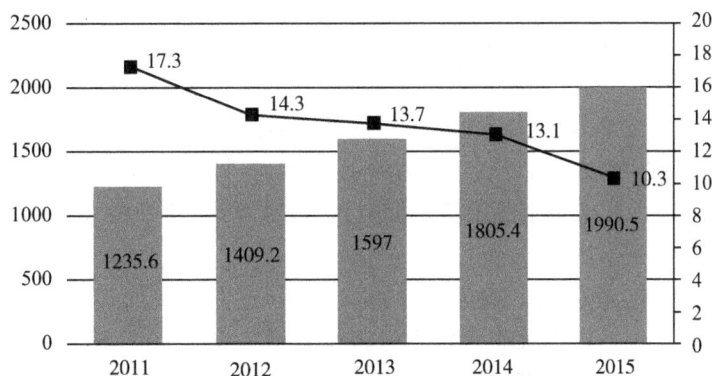

图5　常州市社会零售业发展情况

数据来源:历年《江苏统计年鉴》

"十二五"期间全市社会消费品零售总额累计达到8037.7亿元,是"十一五"时期的2.1倍。其中,2015年全市社会消费品零售总额达到1990.5亿元,是2010年的1.9倍,年均增长13.6%,消费品市场总量扩张进入了一个崭新阶段。在总量不断扩张达到一定高位的同时,处于中高速增长区间的零售额增幅呈现逐年温和放缓的态势,年度增幅从2011年的17.3%逐年下降到2015年的10.3%。

七、开放型经济

对外贸易难中求进。2015年,全市完成外贸出口1319.2亿元,比上年增长0.5%。全年对"一带一路"国家和地区出口良好,其中对印度、东盟、中东分别出口8.7、27.3、10.7亿元,增长27.6%、12.3%、5%。全年完成高新技术产品出口217.4亿元,增长9.7%;机电产品出口占全市出口总额的比重达 54.1％,较上年提高 1.6 个百分点。全年完成服务贸易进出口额 80 亿元,增长 5.1％;一般贸易出口 979 亿元,增长 0.5％。

外资项目有所突破。全年全市实际到账注册外资 24.9 亿美元,新增协议注册外资 3000 万美元以上项目 16 个,其中总投资超 10 亿美元的瑞声射频模组项目成功签约,波士顿锂电池、联合光伏、顺风光电科技等 3 个项目总投资超 5 亿美元。全年新增世界 500 强投资项目 5 个、增资项目 2 个,数量创近年新高。

对外合作不断加强。全年新备案境外投资项目 67 个,中方协议投资额 7.55 亿美元,同比增长 61.7％,其中涉及"一带一路"国家和地区项目 12 个,中方协议投资额 3.6 亿美元,占比达到 47.8％。全年完成服务外包合同额 3.8 亿美元,增长 21.5％;服务外包执行额 3.2 亿美元,增长 17.7％。

开发区建设提档升级。全市开发区实现一般公共预算收入 299.7 亿元,完成工业投入 1323.8 亿元,基础设施建设投入 297.4 亿元,全年实际到账外资 22.5 亿美元,新批协议注册外资 23.6 亿美元。西太湖科技产业园获批筹建省级高新区,常州高新区、武进高新区和武进经发区成功创建国家生态示范园区,中以、中德等国际合作园区加快建设。

对外交流不断深化。全年接待外宾 197 批、1025 人次,接待外国驻华使领馆官员 28 批、161 人次,外国友好城市团组 38 批、215 人次,外国来访记者 4 批、8 人次。2015 年新缔结友城两个,分别是智利拉塞雷纳市和巴西库里蒂巴市。

八、交通运输、邮政电信业和旅游业

交通运输业平稳发展。年末全市公路总里程 9000 公里,其中高速公路 306 公里。全年营业性客运量 8293.4 万人,比上年下降 0.8％,货运量 1.3 亿吨,比上年增长 2.8％。公路客运量 6577 万人,比上年下降 2.8％,公路旅客周转量 40.7 亿人公里,下降 2.9％;公路货运量 1.1 亿吨,增长 3.4％,公路货物周转量 116.4 亿吨公里,增长 4.7％。全年铁路客运量 1369.2 万人,增长 11％。全年民用航空旅客吞吐量 181.1 万人次,货物邮吞吐量 1.8 万吨。全年港口货物吞吐量 8984 万吨,其中常州长江港货物吞吐量 3619 万吨。年末全市民用汽车拥有量 96.8 万辆,其中私人汽车 82.2 万辆,分别比上年增长 10.9％和 13.1％。

邮政通信业较快发展。全年邮政业务总量 29.3 亿元,比上年增长 34.3％,全年邮政业务总收入 26.0 亿元,比上年增长 31.6％。邮政业全年发送特快专递 1.2 亿件,增长 46.9％。全市规模以上快递企业主营业务收入 17.4 亿元,增长 40％。全年通信业务收入 52.7 亿元,比上年下降 2.2％。年末全市固定电话用户 133.0 万户,移动电话用户 533.9 万户,其中 3G 用户 132.2 万户,4G 用户 260.4 万户。年末互联网用户达 199.8 万户,增长 25.3％,其中宽带网用户 199.5 万户,增长 26.7％。

旅游业稳步发展。2015 年全市实现旅游总收入 731 亿元,比上年增长 11.7％,其中国内旅游收入 718.4 亿元,比上年增长 12.3％,旅游外汇收入 1.21 亿美元,增长 18.8％;旅游接待总人数 5455.7 万人次,比上年增长 9.1％,其中接待国内游客 5443.0 万人次,增长 9.1％,入境过夜旅游者 12.7 万人次,比上年增长 5.4％。截至年底,全市共有省级以上旅游度假区 4 家,其中国家级旅游度假区 1 家;国家 A 级景区 33 家,其中 5A 级旅游区 2 家,4A 级旅游区 9 家;全国工农业旅游示范点 17 家,江苏省四星级乡村旅游点 25 家,江苏省工业旅游点 3 家,江苏省自驾游基地 6 家;旅行社 140 家,1 家旅行社进入全省旅行社 20 强;星级酒店 56 家,其中五星级酒店 8 家,四星级酒店 21 家。旅游产品不断丰富和升级,天目湖旅游度假区成功创建为首批国家级旅游度假区,金坛长荡湖成功创建为省级旅游度假区,春秋淹城国家 5A 级景区景观质量通过国家级评审,华夏宝盛园、江南环球港等新景区建成开放。2015 年,常州成为大陆游客赴台湾自由行城市,常州机场新开通日本、中国台湾等多条境外航线。

九、金融业

金融信贷平稳运行。截至年末,全市金融机构人民币存款余额7438.7亿元,比年初新增512.3亿元,增长7.4%,其中住户存款3193.8亿元,增长4.7%。全市金融机构人民币贷款余额5354.6亿元,比年初新增564.8亿元,增长11.8%,住户贷款余额1233.8亿元,增长15.2%。金融改革创新取得积极进展,成功组建运营江南金融租赁有限公司。

保险业稳步发展。截至年末,全市保险公司共67家,其中产险公司28家,寿险公司39家。全年保费总收入156.6亿元,比上年增长15.6%,其中寿险104.9亿元,增长17.0%,财产险51.7亿元,增长13.2%。全年保险赔(结)款支出55.1亿元,比上年增长12.5%,其中寿险21.7亿元,下降6.5%,财产险33.4亿元,增长29.5%。

证券市场趋于活跃。截至年末,全市证券营业部总数达40个,资金账户总数96万户,持有A股市值1246.5亿元。证券市场全年各类证券交易总额32172.3亿元,比上年增长229%。其中,A股交易额28946.8亿元,增长275.9%;B股交易额35亿元,增长408.4%;基金成交额749.4亿元,增长132.0%;债券成交额2441.1亿元,增长39.6%。截至年末,全市共有上市公司38家,其中境内24家、境外14家,累计募集资金409亿元。年内新增上市企业两家,分别是常州强力电子新材料股份有限公司、常州腾龙汽车零部件股份有限公司,共募集资金7.1亿元。

十、科技创新

创新能力不断提高。全年完成专利申请38559件,其中发明专利13211件;专利授权21585件,其中发明专利授权2664件;万人发明专利拥有量18.78件。全年新增高新技术企业140家,累计1126家;规模以上高新技术产业产值4975.6亿元,占规模以上工业总产值的比重达43.4%。全年争取省级以上科技项目530项,争取经费超过5.3亿元。全年新增产学研合作项目1116项。2014年全社会研究与发展(R&D)活动经费占地区生产总值比重为2.61%。

创新平台加快建设。全年新增省级以上企业研发机构73家,累计建成"两站三中心"1159个,其中省级以上602家。新增孵化器、加速器16家,累计108家;新增孵化、加速面积超100万平方米,累计达800多万平方米。积极推进江苏省智能装备产业技术创新中心及4家省产业研究院预备研究所建设,其中2家正式挂牌;完成20家市级重大公共研发机构的建设和提升。

推进苏南国家自主创新示范区建设。"一核两区多园"的常州苏南国家自主创新示范区建设框架基本形成。"中国以色列常州创新园"建设步伐加快;"常州国家科技领军人才创新驱动中心"成效明显;科教城省科技服务示范区特色鲜明;武进高新区及江南石墨烯研究院被列为科技部科技服务业区域和行业试点。

十一、教育、文化、卫生和体育

教育现代化稳步推进。截至年末,全市拥有各级各类学校691所,在校学生79.32万人,教职工5.7万人。大力推进现代化学校建设,全市实施学校建设项目108个,完成投资16亿元。2014年全市教育现代化建设综合得分为87.4,位居全省第三。教育教学质量不断提高,全市本二以上达线率达77.46%,职业学校对口单招本科录取率连续16年位居全省第一。在2015年全国职业院校技能大赛中获得一等奖8个,二等奖3个;在全省职业学校技能大赛中获一等奖51个、二等奖120个,获奖数量、层次均居全省前列；五大学科竞赛获省一等奖共 335 个，二等奖共 547 个，在全省保持高位。办学品质不断提升，16 所高中的 17 个项目建成省级课程基地，建成职业教育集团 10 个、义务教育阶段教育集团 37 个，热点高中统招名额分配比例保持在 70%，流动就业人员随迁子女公办学校吸纳比例达 90.2%。职业教育全国领航，高标准完成"国家中等职业教育改革发展示范学校"建设工程，全市江苏省品牌和特色专业增至 45 个，建成并投入使用 5 个省级高水平示范性实训基地。

文化事业繁荣发展。年末全市共有艺术表演团体 11 个，群众艺术馆、文化馆 8 个，博物馆 24 个；公共图书馆 4 个，全年总流通 217.2 万人次；自办广播节目 7 套，电视台节目 7 套，有线电视、数字电视用户分别达 117.6 万户、116.6 万户。不断加强历史文化保护与传承，青果巷历史文化街区保护利用工程顺利推进，恽代英纪念馆建成开放。2015 年，国务院正式批复常州成为国家历史文化名城。文化精品生产再获丰收，原创大型锡剧《夕照青果巷》成功亮相第二届江苏省艺术展演月，获"省文华优秀剧目奖"，被列为全省重点剧目 2016 年进京演出，《龙城谍恋》《幸福的红萝卜》《千古词帝》《帝国的最后一夜》等作品成绩突出。文化惠民活动扎实有效开展，组织全市 10 多家民办博物馆、100 多个社会文化团体、近 2000 名艺术家和文艺工作者全心参与，惠及市民再超百万。文化产业加快发展，"中华龙城（常州）创意产业基地一期"项目入选文化部 2015 年文化金融合作项目，常州创意产业基地荣获"国家电子商务示范区"称号。环太湖艺术城、东方盐湖城、华夏宝盛园等重点文化产业项目加快推进。2014 年全市文化产业增加值占地区生产总值的比重达 5.63%。

卫生事业健康发展。年末全市共有各级各类医疗卫生机构 1196 个，拥有总床位 24263 张，卫生技术人员 2.96 万人，其中执业（助理）医师 12009 人、注册护士 12531 人，全市每千人拥有执业（助理）医师 2.55 人。深入推进综合医改，11 家城市公立医院和 7 家县级公立医院同步实施医药价格综合改革，取消以药补医机制；构建分级诊疗制度，8 所二级以上医院与基层医疗机构共建 380 张床位的 21 个特色专科；大力发展社会资本办医，全年新增非公立医疗机构 72 家，床位 1200 张。稳步夯实基层基础，新农合参合率继续保持 100%，人均筹资标准达到 603 元，住院实际补偿比达 56.03%；实施基层医疗机构提档升级工程，新建和改扩建基层医疗机构 11 家。规范开展公共卫生服务，全市基本公共卫生服务人均补助标准达 50 元，服务内容扩大到 12 类 45 项；传染病发病率低于全省平均水平，数字化预防接种门诊建成率达 72.2%，全市居民电子健康档案建档率 80.7%。大力提升优质医疗，推进市妇保院、市一院钟楼院区、市三院公卫临床中心等重点建设项目，配合行政区划调整，增设三个急救分站。不断创优计生服务，实施"单独二孩"政策，受理城镇单独夫妇再生育申请 2114 对。

体育事业蓬勃发展。全市拥有体育场地 12340 个，其中体育场 26 个，体育馆 29 个。公共体育服务体系建设取得阶段性成果，常州市和辖市区全部创建成为"第一批江苏省公共体育服务体系示范区"。有序推进各级各类体育健身设施建设，年内开工建设 1 个区级全民健身中心，完成 4 个乡镇全民健身活动中心建设，建成 32 个全民健身示范工程，为自然村（居民小区）新建和更新 637 个健身路径，免费开展国民体质测试超 3 万人次。实施"提升农民体育工程"，乡镇农村"10 分钟体育健身圈"建设逐步推进。全年共成功举办中国羽毛球大师赛、西太湖国际半程马拉松赛、环太湖国际公路自行车赛（武进赛段）、第七届 U21 青年女曲亚洲杯赛、中塞国际男篮对抗赛等 5 项次国际性比赛，以及 26 项次全国比赛（含体育协会赛事）、14 项次省级比赛。2015 年，常州市共有 13 名运动员获得国际性比赛前三名，63 名运动员获得全国性比赛前三名；其中，2015 年 8 月俄罗斯喀山游泳世锦赛上，常州籍运动员史婧琳、沈铎和队友夺得女子 4×100 米混合泳接力赛金牌，全市世界冠军总人数达到 20 人。全年共组织中小学生田径、游泳、篮球、排球、足球、乒乓球、羽毛球、网球、棋类、射击、举重等 20 项 47 次中小学生体育比赛。

十二、人口、民生与社会保障

人口规模逐步扩大。截至年末,全市常住人口 470.1 万人,比上年末增长 0.1%,其中城镇人口 329.1 万人,城镇化率达到 70.0%。全市户籍总人口 370.9 万人,增长 0.6%。其中,男性 183.6 万人,增长 0.4%;女性 187.3 万人,增长 0.8%。户籍人口出生率 9.6‰,人口死亡率 7‰,人口自然增长率为 2.7‰。

就业工作积极推进。全市城镇新增就业 13.3 万人,扶持创业 12979 人,援助困难群体就业 11362 人,期末城镇登记失业率继续控制 4% 以内。成功组织"第二届常州市大学生创业大赛",征集创业项目 330 个。在全省首推以"招工即招生、入企即入校、企校双师联合培养"为主要内容的企业新型学徒制。大力促进残疾人从业创业,全年新增残疾人就业 853 人。全年新增高技能人才 3.85 万人,每万名劳动者中高技能人才 824 人,位居全省第一。

居民收入稳定增长。2015 年全市居民人均可支配收入 35379 元,增长 8.3%,其中城镇居民人均可支配收入 42710 元,增长 8.2%,农村居民人均可支配收入 21912 元,增长 8.8%,城乡收入比为 1.95:1。全市居民人均消费支出 22234 元,增长 7.9%,其中城镇居民人均消费支出 25358 元,增长 7.5%,农村居民人均消费支出 14764 元,增长 9.1%。2015 年,城镇居民恩格尔系数 28%,农村居民恩格尔系数 31.7%,分别较上年下降 0.3、0.1 个百分点。

居民消费价格温和上涨。全年居民消费价格总指数为 101.6,八大类消费品价格中交通和通讯类价格下降 4.4%,食品、衣着、家庭设备用品及维修服务、医疗保健和个人用品、居住、烟酒用品、娱乐教育文化用品及服务七大类消费价格指数分别为 104.0、103.1、102.4、101.4、101.2、101.1、100.9。

住房保障工作有序推进。保障性安居工程建设稳步推进,全年新开工保障房 19065 套,基本建成 15847 套。全年新增公共租赁住房家庭 953 户,其中实物配租家庭 710 户,租金补贴家庭 243 户。2014 年全市城镇住房保障体系健全率 86.8%,居全省第一。

社会保障提质增效。截至年末,全市企业职工养老保险参保人数 133.8 万人,比上年增长 2.5%;城镇职工基本医疗保险参保人数 188.1 万人,增长 5.5%;城镇失业保险参保人数 108.7 万人,增长 3.3%。养老、医疗、失业三大保险综合覆盖率达 98%。连续第 11 年调整企业退休人员基本养老金,人均增幅超过 10%。

社会福利事业不断提升。全市城乡低保标准实现大幅提高,天宁区、钟楼区、新北区城乡低保标准为 670 元/月,金坛区、溧阳市城乡低保标准均为 590 元/月,武进区城乡低保标准为 620 元/月。2015 年全市 23351 户、39734 人纳入低保范围,其中城镇低保对象 7906 户、13123 人,农村低保对象 15445 户、26611 人,累计发放保障金 1.77 亿元。全年医疗直接救助 152977 人次、医疗直接救助金额 5907.5 万元。年末全市拥有各类养老机构 108 个,养老机构床位数 21968 张,收养人数 12274 人。全年发行福利彩票 11.02 亿元。2015 年,全市各级慈善会募集到账资金 1.18 亿元,发放(支出)各类救助金 8646 万元,惠及困难对象 16 万人次。

十三、城乡建设和公用事业

路网建设持续推进。常溧高速、延政西路西延、金武路快速化改造建成通车,地铁 1 号线等在建工程进展顺利。劳动西路(五星路—龙江路)、三堡街(长江路—五星路)、福阳路(青洋路—北塘河西路)和飞龙西路等新建和大修工程建成通车,永宁北路(新一路—横塘河西路)、新堂北路(新一路—龙汇路)、新一路和龙汇路(竹林北路—新堂北路)等新建工程基本具备通车条件。

公共交通服务不断完善。截至年底，全市公交线路 306 条，公交营运车辆 3135 辆，营运出租汽车 3680 辆。城市居民公共交通出行分担率 28.9%，镇村公交开通率 100%。

公共服务能力提升。全年全社会用电量 408 亿千瓦时，比上年增长 3.3%，其中城乡居民生活用电 34.4 亿千瓦时，增长 6%。全年实现城市供水 2.5 亿立方米，供气 3.9 亿立方米，安装照明设施 8307 套、9338 盏，污水处理总量 1.72 亿立方米。城市公用基础设施不断完善，建成 30 万立方米/日德胜河应急取水工程，自来水深度处理工艺改造工程西石桥水厂项目、魏村水厂项目顺利开工建设，改造、新建城市管道 68.2 公里，市区老小区雨污分流改造和污水提升工程基本完成。

十四、生态建设和环境保护

生态绿城建设不断深化。年末建成区绿地面积 9782.1 公顷，其中公园绿地面积 2478.7 公顷。市区人均公园绿地 13.9 平方米，建成区绿化覆盖率达到 43.1%。建成环高架及延伸段、丽华路、光华路、大明路生态绿道、横塘河湿地公园和白荡河绿地。扎实推进村庄规划建设示范工作，完成 7 个美丽乡村示范村检查验收，推进八个美丽乡村示范村建设，农村人居环境持续提升。2015 年常州市获得中国人居环境奖。

环境质量持续改善。2015 年，全市完成大气污染防治项目 1270 项，水环境整治项目 356 项。全市空气质量优良天数 258 天，比上年增加 22 天，优良率 70.7%。市区 PM2.5 平均浓度 59 微克/立方米，比上年下降 18.1%。饮用水源地水质达标率稳定保持 100%，地表水好于Ⅲ类水质的比例为 74.3%。

第五章 2015 年镇江市经济社会发展报告

2015 年,面对依然错综复杂的国内外经济环境,全市上下按照市委、市政府总体部署,坚持"生态领先特色发展"的战略路径和"稳中奋进"的工作总基调,扎实做好稳增长、调结构、抓创新、促改革、惠民生各项工作,同心同德、励精图治,奋力作为,攻坚克难,采取有力举措推动经济社会稳定发展,主要指标保持在合理区间,结构调整稳步推进,质量效益持续提升,新旧动力加快转换,民生福祉有效改善,"十二五"发展圆满收官。

一、总体经济

经济运行总体平稳。全年实现地区生产总值 3502.48 亿元,按可比价格计算,比上年增长 9.6%。其中,第一产业增加值 132.89 亿元,增长 3.6%;第二产业增加值 1726.96 亿元,增长 9.5%;第三产业增加值 1642.63 亿元,增长 10.2%。产业结构继续优化,三次产业比例由上年的 3.7:50.2:46.1 调整为 3.8:49.3:46.9,服务业增加值占地区生产总值比重比上年提高 0.8 个百分点。全市人均地区生产总值 110351 元,增长 9.5%,按年均汇率折算为 17720 美元。

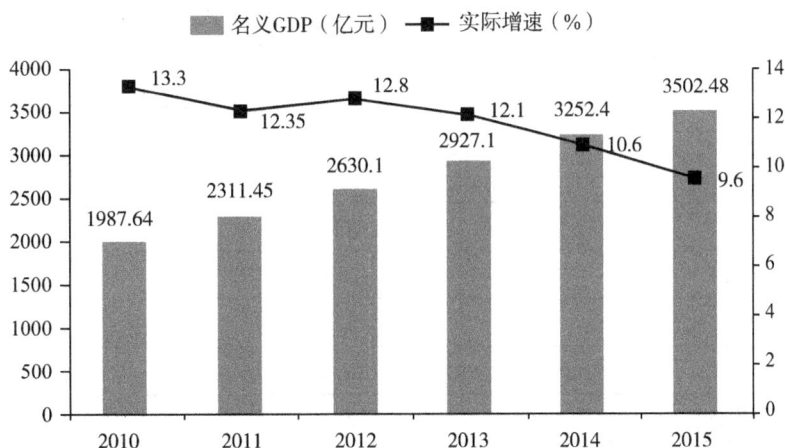

图 1 镇江市 GDP 规模及实际增速

数据来源:历年《江苏统计年鉴》

财政收支稳定增长。全年实现财政总收入 711.98 亿元,比上年增长 8.5%。其中,一般公共预算收入 302.85 亿元,增长 9.0%。在一般公共预算收入中,税收收入 245.40 亿元,增长 7.2%,占比重 81.0%。分税种看,分别完成增值税、营业税、企业所得税、个人所得税 34.5、110.89、22.54、13.90 亿元,增长 6.8%、14.1%、5.8%、34.4%。全年完成财政总支出 626.52 亿元,比上年增长 10.4%。其中,一般公共预算支出 351.62 亿元,增长 12.2%。在一般公共预算支出中,民生类支出 250 亿元,占比重 71.0%,比上年提高 2.2 个百分点。

表 1　2015 年镇江市财政收支情况

项　　目	2015 年	比上年±%
财政总收入(亿元)	711.98	8.5
♯一般公共预算收入	302.85	9.0
♯税收收入	245.40	7.2
财政总支出	626.52	10.4
♯一般公共预算支出	351.62	12.2
♯教育	63.81	21.3
社会保障和就业	25.52	12.8
医疗卫生	22.11	18.2
环境保护	16.39	39.2
城乡社区建设	67.40	23.3

数据来源:2015 年镇江市国民经济和社会发展统计公报

　　消费物价低位运行。全年居民消费价格总指数 101.5,比上年上涨 1.5%。其中,消费品价格上涨 1.3%、服务项目价格上涨 2.0%。八大类消费品价格:食品类上涨 2.9%,衣着类上涨 3.7%,家庭设备用品及维修服务类上涨 1.6%,医疗保健和个人用品类上涨 0.8%,娱乐教育文化用品及服务类上涨 1.0%,居住类上涨 1.2%,烟酒类下降 0.5%,交通和通信类下降 2.6%。

表 2　2015 年镇江市各类价格指数情况

项　　目	2015 年	比上年±%
居民消费价格总指数(上年同期=100)	101.5	1.5
♯食品	102.9	2.9
烟酒	99.5	−0.5
衣着	103.7	3.7
家庭设备用品及维修服务	101.6	1.6
医疗保健和个人用品	100.8	0.8
交通和通信	97.4	−2.6
娱乐教育文化用品及服务	101.0	1.0
居住	101.2	1.2
商品零售价格总指数(上年同期=100)	100.2	0.2

数据来源:镇江统计局

　　居民消费价格温和上涨。全年居民消费价格总指数 102.0,比上年上涨 2.0%,涨幅比上年下降 0.1 个百分点。分类别看,八大类商品价格"六升二降",其中食品类上涨 2.4%,衣着类上涨 2.3%,家庭设备用品及维修服务上涨 1.3%,医疗保健和个人用品上涨 4.0%,娱乐教育文化用品及服务上涨 2.5%,居住类上涨 1.7%,烟酒及用品类下降 0.2%,交通和通信下降 0.3%。在食品类中,粮食类价格上涨 2.8%,鲜蛋价格上涨 17.8%,液体乳及乳制品价格上涨 13.9%,鲜菜价格下降 4.2%,猪肉价格下降 1.9%。

二、农林牧渔业

农业生产形势稳定。全年实现农林牧渔业总产值231.86亿元,按可比价格计算,比上年增长3.8%。全年粮食作物播种面积175.17千公顷,比上年减少0.70千公顷,下降0.4%;全年粮食产量125.15万吨,比上年减少0.87万吨,下降0.7%;油料产量5.81万吨,比上年减少0.12万吨,下降2.0%;蔬菜产量123.38万吨,增长2.8%;水果产量13.44万吨,增长2.9%。全年新增"三品一标"(无公害农产品、绿色食品、有机农产品和农产品地理标志)产品120个,累计拥有919个。

牧渔业生产有增有减。生猪存栏39.88万头,比上年下降1.7%;生猪出栏59.8万头,增长3.8%。家禽存栏571.72万只,增长2.4%;家禽出栏1680.4万只,下降0.6%。肉类总产量8.16万吨,增长1.2%。禽蛋产量2.67万吨,增长6.1%。牛奶产量1.84万吨,下降18.5%。水产品产量9.78万吨,增长3.1%。

农业现代化进程稳步加快。全年新增新型农业经营主体规模经营面积2.91千公顷,累计65.31千公顷,占家庭承包经营面积比重59.2%,提高4.5个百分点。新增高标准农田面积3.67千公顷,累计72.89千公顷,高标准农田占比重46.4%,提高6.3个百分点。新增设施农(渔)业面积1.93千公顷,累计36.14千公顷,设施农(渔)业面积占比重19.2%,提高1.5个百分点。年末农机总动力154.55万千瓦,农业机械化总水平81.5%。

三、工业、建筑业

工业经济缓中趋稳。年末拥有规模以上工业企业2843家,实现工业总产值8781.90亿元,比上年增长7.8%,其中大中型企业总产值5781.24亿元,增长8.8%。分轻重工业看,轻工业总产值1484.81亿元,增长4.7%;重工业总产值7297.10亿元,增长8.5%。分门类看,采矿业总产值61.62亿元,下降3.3%;制造业总产值8562.45亿元,增长8.3%;电力、热力、燃气及水生产和供应业总产值157.83亿元,下降8.4%。分经济类型看,国有及国有控股企业总产值538.35亿元,增长7.1%;外商及港澳台商投资企业总产值2900.72亿元,增长10.0%;民营企业总产值5367.15亿元,增长6.7%,其中私营企业3642.56亿元,增长6.9%。2015年全市规模工业累计完成工业增加值2035.7亿元,增长10%,增速快于全省1.7个百分点。其中:轻工业完成工业增加值380.38亿元,增长2.5%;重工业完成工业增加值1655.32亿元,增长11.8%。

2015年,全市规模工业完成工业增加值2035.7亿元,同比增长10%,增幅高于全省工业生产1.7个百分点,对全市地区生产总值的增长贡献率达到51.5%,这主要得益于五大引擎的支撑:

(1)非公经济活力呈现。2015年,镇江市非公有制工业经济完成工业增加值1987.60亿元,同比增长10.4%,增幅高于全市规模工业0.4个百分点,机制、体制优势进一步显现,成为全市工业经济稳增长的核心支撑。特别是,三资工业表现更为突出,2015年全市三资工业完成工业增加值676.79亿元,同比增长14.5%,增幅高于全市规模工业4.5个百分点,遥居各所有制经济之首,对全市工业经济的增长贡献率达到46.3%。

(2)新增长动能有效孕育。2015年,代表工业转型升级主要发展方向的战略性新兴产业继续发力,实现了销售、利税、利润增幅全面好于规模工业的好势头。全年累计实现产品销售收入、利税和利润3927.2、396.6和260.9亿元,分别同比增长10.3%、19.9%和20.7%,增幅各高于规模工业2.5、8.6和8.3个百分点,已发展为全市工业经济稳增长的新动能。在六大战略性新兴产业中,总量最大的千亿级产业——高端装备制造全年实现销售1185.9亿元,同比增长11.6%,所占比重已达到

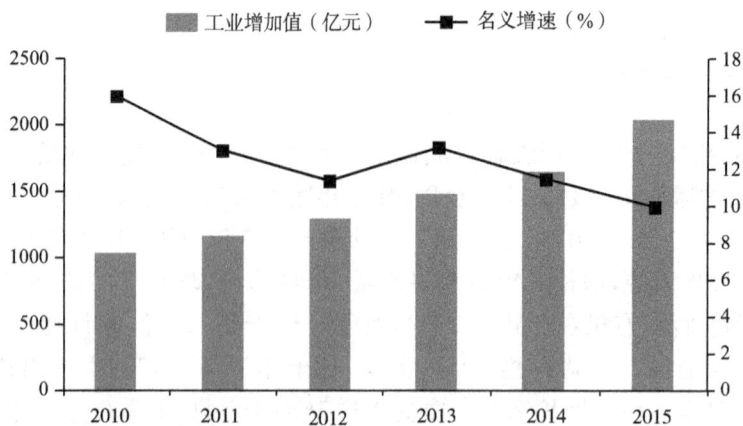

图2　镇江市工业增加值及名义增速

数据来源:历年《江苏统计年鉴》

30.2%。增长最快的是新一代信息技术产业,全年实现销售 522.3 亿元,同比增长 16.0%。值得一提的是,标志着镇江人汽车梦的北汽镇江基地首台整车成功下线,为镇江工业经济稳增长又增添新发展动能。

(3)创新助推提质增效。随着科技投入力度不断加大,镇江市工业企业的创新投入产出效益明显提升。2015 年,全市研发经费投入支出增长 10.0%占 GDP 比重达到 2.55%,比上年提高 0.05 个百分点,居全省第五位。全年新增国家高新技术企业 101 家,累计达 528 家。全年完成高新技术产业产值 4270 亿元,同比增长 11.3%,增幅高于全部工业 3.5 个百分点,对全市工业经济的增长贡献率为 68.1%,其占全部规模工业产值的比重达到 48.6%,继续保持全省第一的位次。与此同时,工业经济效益也保持两位数增长。2015 年,全市规模工业累计实现利税、利润为 889.68 亿元和 575.665 亿元,同比各增长 11.3%和 12.4%,增幅分别高于销售增长 3.4 和 4.5 个百分点。

(4)转型升级不断加快。从产出看,高耗能行业产值占比逐步下降,绿色转型发展步伐有所加快。2015 年,全市六大高耗能行业完成工业总产值 2937.67 亿元,同比增长 7.4%,增幅低于全部工业 0.4 个百分点,占规模工业的比重由上年的 33.7%下降为 33.4%;从投入看,工业技改投资占比快速提升,经济发展方式逐步转变。2015 年,全市工业技改投入 562.15 亿元,同比增长 29.3%,增幅高于工业投资 9.8 个百分点,占全市工业投资比重 41%,同比提升 3.2 个百分点。

(5)集聚发展成效渐显。作为全市较具活力、较有看点的先进制造业"三集"园区板块,各项指标完成全面领跑,规模集聚效应加快显现,为全市工业经济转型发展发挥了主引擎和助推器作用。2015 年,全市 20 个先进制造业园区实现工业应税销售同比增长 12.6%,增幅高于全部工业 9.6 个百分点;园区实现入库税收同比增长 24.0%,增幅高于全市入库税收 20.8 个百分点;园区高新技术产业产值占比达到 64.9%,高出全市高新技术产业产值占比 16.3 个百分点。

产品产销衔接良好。50 种工业产品中 28 种产品产量实现增长,规模以上工业产品产销率为 98.4%。实现出口交货值 458.65 亿元,比上年增长 6.2%。

表3　2015 年镇江市主要工业产品产量

产 品 名 称	单位	产量	比上年±%
机制纸及纸板	万吨	303.04	12.7
焦炭	万吨	46.40	−13.5
冰醋酸	万吨	124.04	0.6

续　表

产　品　名　称	单位	产量	比上年±%
钢材	万吨	365.68	−11.8
铝材	万吨	45.22	1.3
香醋	万吨	22.50	8.4
桥架	万吨	28.20	7.0
多晶硅片	万片	18388	3.3
复合木地板	万平方米	4825.96	3.0
民用钢质船舶	载重吨	81140	53.9
高低压开关板	万面	82.66	1.6
电力电缆	千米	186009.9	9.5
眼镜成镜	万副	899.62	8.5
发电量	亿千瓦小时	399.44	−6.7

数据来源:镇江统计局

企业效益良好。全市规模以上工业实现主营业务收入 8533.25 亿元,比上年增长 7.8%;实现利税、利润总额 889.68、575.67 亿元,比上年分别增长 11.3%、12.4%。规模以上工业销售利润率、成本费用利润率 6.7%、7.2%,比上年分别提高 0.3、0.2 个百分点;规模以上工业企业全员劳动生产率为 31.54 万元/人,比上年增长 7.1%。

表4　2015 年镇江市"六大战略性"新兴产业销售收入情况

项　　目	销售收入(亿元)	比上年±%
战略性新兴产业销售收入	3927.24	10.4
♯新材料	1100.40	9.8
高端装备制造	1185.90	11.6
新能源	562.30	15.8
航空航天	248.30	−6.5
生物技术与新医药	308.05	6.3
新一代信息技术	522.30	16.0

数据来源:镇江统计局

转型步伐持续加快。全年"六大战略性"新兴产业(新材料、高端装备制造、新能源、航空航天、生物技术与新医药、新一代信息技术)实现销售收入 3927.24 亿元,比上年增长 10.4%,占规模以上工业销售收入比重 46.2%,提高 1 个百分点;高新技术产业全年完成总产值 4270 亿元,比上年增长 11.3%,占规模以上工业产值比重 48.6%,提高 0.5 个百分点。建筑业生产出现负增长。年末拥有施工总承包和专业承包建筑资质企业 381 家,比上年减少 10 家。全年建筑业企业实现总产值 541.5 亿元,比上年下降 2.2%;完成房屋建筑施工面积、竣工面积分别为 2362.4 万平方米、926.9 万平方米,比上年分别下降 2.4%、2.8%;全年实现利润总额 17.5 亿元,比上年下降 18.3%。

四、服务业

全年服务业增加值 1642.63 亿元,比上年增长 10.2％,增长快于 GDP0.6 个百分点,快于第二产业 0.7 个百分点。实现货物运量 7298 万吨,比上年增长 3.8％。实现货物周转量 77.73 亿吨公里,比上年增长 4.5％。实现邮电业务总量 70.40 亿元,比上年增长 11.2％。现代物流业实现增加值 238 亿元,比上年增长 12％。房地产市场呈现回升,全年商品房销售面积 597.88 万平方米,比上年增长 14.9％,比上年提高 27.1 个百分点;商品房销售额 328.96 亿元,增长 3.9％,比上年提高 14.8 个百分点。服务业实现税收 201.97 亿元,增长 14.1％,高于全市平均水平 6.5 个百分点,占比 49.7％,比上年提高 2.9 个百分点,对税收的增长贡献率达 87.5％。

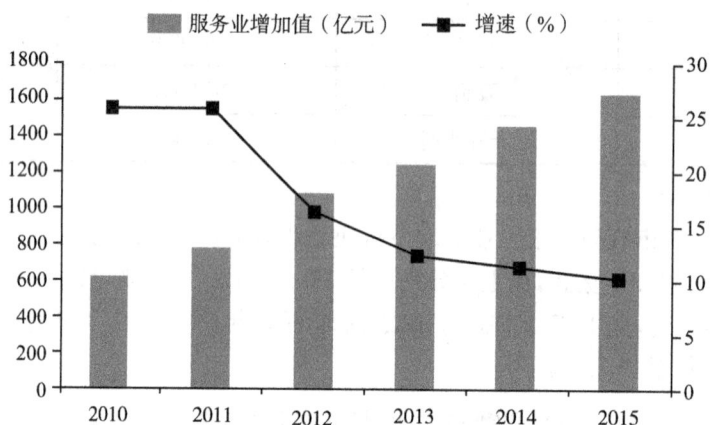

图 3　镇江市服务业增加值及名义增速
数据来源:历年《江苏统计年鉴》

五、固定资产投资

全年完成固定资产投资 2541.07 亿元,比上年增长 18.6％,高于全省 8.1 个百分点,9 月份以来呈现逐月回升的态势。工业投资增长较快,全年完成投资 1372.36 亿元,比上年增长 19.5％,高于全市水平 0.9 个百分点,高于全省 7.1 个百分点。服务业投资增速有所放缓,全年完成投资 1146.55 亿元,比上年增长 15.7％,低于全市平均水平 2.9 个百分点,高于全省 7.4 个百分点。分投资主体看,国有及国有经济控股企业投资 657.73 亿元,比上年增长 39.7％,比上年提高 0.2 个百分点;港澳台及外商企业投资 222.80 亿元,比上年下降 20.1％;民间投资 1674.40 亿元,比上年增长 18.9％。房地产开发投资有所回升,完成投资 355.78 亿元,增长 11.5％,比上年提高 3.8 个百分点。

2015 年,镇江市工业投资完成 1372.36 亿元,同比增长 19.5％,增速同比提高 3.0 个百分点,比全部投资高 0.9 个百分点,比服务业投资高 3.8 个百分点。同时工业内部结构也呈现一些积极变化。工业技改投资占比不断提高。2015 年,全市在建工业技改项目 532 个,完成投资 562.15 亿元,同比增长 29.3％,全市工业技改投资占工业投资的比重为 41.0％,同比提高 3.1 个百分点。高新技术产业投资有所回暖。2015 年,镇江市高新技术产业完成投资 648.45 亿元,同比增长 5.2％,增速同比回落 2.9 个百分点,环比提高 1.5 个百分点,连续 5 个月呈现持续回暖的态势。高耗能行业投资占比继续降低。2015 年,全市高耗能行业完成投资 225.65 亿元,同比下降 11.4％,增速同比回落 21.7 个百分点,占工业投资的比重为 16.4%,同比降低 5.8 个百分点。在投资同比下降的同时,高耗能行业技改投资保持快速增长,2015 年,全市高耗能行业技改投资 168.79 亿元,同比增长 21.2%,占高耗能行业投资的比重为 74.8%。装备制造业增速良好。2015 年,全市装备制造业完成投资 927.63 亿元,同比增长 22.9%,高于制造业投资增速 6.2 个百分点,占制造业投资的比重由去年的 68.4%上升到72.0%。八类装备制造业行业中除专用设备制造业(-12.8%)和计算机、通信和其他电子设备制造业(-0.6%)同比下降外,其他行业均不同程度增长,其中金属制品业(102.8%)、电器机械和器材制造业(89.2%)和通用设备制造业(94.5%)大幅增长。

房地产市场平稳。全年房地产开发投资完成 355.78 亿元,比上年增长 11.5%,其中住宅投资269.80 亿元,增长 11.0%。商品房施工面积 3195.95 万平方米,增长 7.3%,其中住宅 2434.66 万平方米,增长 10.0%;商品房竣工面积 660.93 万平方米,增长 10.2%,其中住宅 545.49 万平方米,增长10.8%。商品房销售面积 597.88 万平方米,增长 14.9%。其中住宅 540.54 万平方米,增长 14.1%;商品房销售额 328.96 亿元,增长 3.9%,其中住宅 281.65 亿元,增长 4.6%。

六、国内贸易

消费市场稳定增长。全年实现社会消费品零售总额 1113.71 亿元,增长 11.0%,其中限额以上企业(单位)553.63 亿元,增长 8.6%;限额以下企业(单位)560.08 亿元,增长 13.4%。按经营单位分,城镇市场实现零售额 1049.94 亿元,增长 10.1%;乡村市场实现零售额 63.77 亿元,增长 27.7%。按消费业态分,批发业零售额 180.65 亿元,增长 23.5%;零售业零售额 806.55 亿元,增长 7.8%;餐饮业零售额 115.87 亿元,增长 14.2%;住宿业零售额 10.63 亿元,增长 18.9%。

从限额以上批发和零售业分类商品零售情况看,汽车类 128.05 亿元,增长 5.1%;石油及制品类86.84 亿元,增长 4.9%;通信器材类 5.67 亿元,增长 8.9%;日用品类 17.21 亿元,增长 10.1%;家用电器和音像器材类 30.89 亿元,下降 0.1%;化妆品类 5.52 亿元,增长 9.1%;金银珠宝类 14.83 亿元,增长 4.5%;文化办公用品类 8.98 亿元,增长 20.4%;服装类 39.51 亿元,增长 6.7%;粮油食品、饮料烟酒类 48.12 亿元,增长 13.3%。电商零售快速增长,"农联·亚夫在线"启动运营,惠龙易通建成全国首个标准化大型物流电商平台。全市限额以上批发和零售业实现网上销售额 3.52 亿元,比上年增长 27.9%。

七、开放型经济

外贸出口低位企稳。全年实现进出口总额 100.64 亿美元,比上年下降 2.4%。其中:出口 68.74亿美元,增长 4.1%;进口 31.90 亿美元,下降 13.9%。按贸易方式分,一般贸易进出口 70.81 亿元,下降 0.7%,占比重 70.4%,其中出口 50.47 亿元,增长 6.8%;加工贸易进出口 24.46 亿元,下降 7.6%,占比重 24.3%,其中出口 16.95 亿元,下降 3.8%。从国别地区看,对亚洲出口 33.34 亿美元,增长8.6%;其中对中国香港出口 6.32 亿美元,增长 82.9%;对东盟组织出口 7.80 亿美元,增长 12.3%。对欧洲出口 10.45 亿美元,下降 6.9%,其中对欧盟出口 8.36 亿美元,下降 5.1%。对美国出口 14.34亿美元,增长 8.2%。"一带一路"沿线市场加快成长,全年与印度、新加坡、马来西亚、巴基斯坦、土耳其、波兰等国实现出口交易额 20.86 亿美元,比上年增长 3.7%。从企业类型看,国有企业出口 3.99亿美元,增长 2.8%;外商投资企业出口 55.31 亿美元,下降 10.3%;民营企业出口 39.86 亿美元,增长17.2%。从主要贸易产品看,高新技术产品出口 7.87 亿美元,增长 24.1%;机电产品出口 29.35 亿美元,增长 5.9%;纸及纸制品出口 7.41 亿美元,下降 7.4%。

实际利用外资持平略增。全年实际利用外资13.06亿美元,比上年增长0.8%。其中,第一产业1.17亿美元,下降31.7%;第二产业6.20亿美元,增长17.6%;第三产业5.68亿美元,下降4.8%。全年工商新注册外商投资企业数93家,比上年下降20.5%;新批千万美元以上项目44项,比上年下降41.3%。全年协议利用外资14.58亿美元,下降38.8%。服务贸易保持良好发展态势,全年实现服务外包合同额12.69亿美元,比上年增长15.9%,其中离岸服务外包合同额6.08亿美元,增长15.4%;实现服务外包执行额11.75亿美元,比上年增长18.1%,其中离岸服务外包执行额5.88亿美元,增长18.4%。

八、交通、邮电

交通运输业发展平稳。全年完成客运量5579.3万人次,比上年增长0.8%,其中公路客运量4519万人次,增长0.2%;旅客周转量261470万人公里,增长0.1%。完成货运量9034.31万吨,比上年增长3.7%,其中公路货运量7298万吨,增长3.8%;货物周转量777335万吨公里,增长4.5%。全年完成港口货物吞吐量14789万吨,比上年下降6.9%,其中长江港13010万吨,下降7.5%。完成港口集装箱吞吐量40.71万TEU,比上年增长8.4%。

交通基础设施更加完善。沪宁高速丹阳东互通建成通车,五凤口高架建设主体基本完成,G312镇江城区段加快推进。全年新增公路里程69公里,年末累计7333公里,其中高速公路182公里,公路里程网密度191公里/百平方公里。"惠民公交"工程扎实推进,市区年末拥有公交营运车辆1349辆、公交线路118条、公交场站78个,比上年分别增加76辆、14条、4个;公交日均客运量41.6万人次,增加1.6万人次;拥有出租车1573辆,增加100辆。城市居民公共交通出行分担率23.5%,比上年提高0.4个百分点。年末拥有私人汽车35.4万辆,比上年增加4.7万辆,其中轿车35.3万辆,增加4.5万辆。

邮电通信保持较快增长。全年完成邮电业务总量70.4亿元,比上年增长11.2%,其中:邮政业务总量11.5亿元,增长29.2%;电信业务总量58.9亿元,增长8.3%。快递业务发展势头强劲,全年完成快递业务量5007.88万件,比上年增长37.6%,实现业务收入5.59亿元,增长26.2%。年末电话总用户396.8万户,比上年下降9.6%,其中:固定电话用户87.23万户,下降10.3%;移动电话用户309.57万户,下降2.5%,其中4G用户122.99万户,增长15.8%。互联网宽带接入用户数346.16万户,比上年增长9.3%,其中移动互联网用户数254.35万户,增长6.0%。

九、金融、保险

金融业运行整体较好。年末全市拥有金融机构和类金融机构数249家,比上年新增12家,其中银行业金融机构30家、保险机构54家、证券营业部25家、小额贷款公司43家、创投机构22家。年末金融机构本外币存款余额4056.71亿元,比年初增加338.33亿元;年末金融机构本外币贷款余额3023.85亿元,比年初增加288.66亿元。

表5　2015年镇江市金融机构本外币存贷款情况

指　　标	2015年	比年初增减额
金融存款余额(亿元)	4056.71	338.33
♯住户存款	1754.25	118.01

续 表

指 标	2015 年	比年初增减额
非金融企业存款	1401.39	80.41
金融贷款余额	3023.85	288.66
＃住户贷款	645.39	81.33
非金融企业及机关团体贷款	2369.09	203.46

数据来源:镇江统计局

保险市场发展态势良好。全年实现保费收入 80.05 亿元,比上年增长 14.8%。其中,财产险、人身险保费收入 22.88 亿元和 57.17 亿元,分别增长 11.1%和 16.4%。全年各类保险赔付支出 27.4 亿元,比上年增长 15.5%。其中,财产险、人身险赔付支出 13.36 亿元和 14.04 亿元,分别增长 20.5%和 11.1%。

资本市场加快发展。全年证券累计成交额 5070.39 亿元,比上年增长 22.3%;新开资金账户数 8.37 万户,累计 25.08 万户。全年新增新三板和区域股权交易市场挂牌企业 44 家,上市企业市价总值 771.21 亿元,比上年增长 19.1%;上市企业募集资金总额 116.38 亿元,增长 20.8%。

十、科学技术和教育

载体建设水平不断提升。苏南自主创新示范区"一区十四园"布局基本形成,国家高新区挂牌运作。全年新增国家高新技术企业 101 家,累计 528 家;拥有省级以上高新技术产品 2675 项,当年新认定 278 项;拥有国家、省级工程技术研究中心 168 家,省级以上科技企业孵化器 32 家,省级科技公共服务平台 12 家,省级重点实验室 6 家,省级产业研究院 1 家,企业院士工作站 19 家。新增国家"千人计划"16 人、省"双创计划"68 人,新引进创新创业人才团队 180 个;每万劳动力中研发人员数 135 人年,比上年增加 3.9 人年。

研发创新能力不断提升。全年科技进步贡献率 60.5%,比上年提高 0.8 个百分点。全年研究与发明(R&D)经费投入占 GDP 比重为 2.55%,比上年提高 0.05 个百分点。创成省可持续发展试验区,知识产权示范城市考核在全国地级示范市中排名第四。全年专利授权量 14136 件,比上年增长 11.3%,其中发明专利授权量 2797 件,增长 119.7%;万人发明专利拥有量 18.5 件,比上年增加 5.6 件。

教育现代化进程不断加快。扎实推进教育综合改革和国家学前教育体制改革试点工作,丹阳市、扬中市和润州区跻身全省首批 17 个"义务教育优质均衡发展示范区"。年末全市拥有各类学校 247 所,在校学生 37.02 万人,专任教师 2.65 万人;拥有幼儿园 222 所,在园幼儿 6.95 万人,专任教师 0.40 万人。拥有国家级实验教学示范中心 3 个,国家人才培养模式创新实验区 2 个,部省级重点实验室、工程技术研究中心 37 个。

表 6 2015 年镇江市学校、在校学生和专任教师情况

项 目	学校数(所)	在校学生数(人)	专任教师数(人)
合 计	469	439732	30441
高等教育学校(机构)	5	114595	5501
＃普通高校	5	75969	5501
中等职业学校	12	19701	1676

续　表

项　　目	学校数(所)	在校学生数(人)	专任教师数(人)
普通中学	111	94104	9915
♯普通高中	20	31925	3561
普通初中	91	62179	6354
普通小学	113	141298	9255
幼儿园	222	69546	3964
特殊教育学校	6	488	130

数据来源:镇江统计局

品牌强市战略扎实推进。大全集团荣获江苏省质量奖,镇江香醋地理标志产品获批中欧"10＋10"地理标志互认。年末拥有中国驰名商标45件,省著名商标290件、名牌产品145个。

苏南国家自主创新示范区确立"一区十四园"发展格局,国家高新区挂牌运作。全市全社会科技研发投入增长10.0％,R&D占GDP比重达2.55％,提升0.05个百分点,居全省第五。全市新认定国家级高新技术企业101家,累计528家,省级高新技术产品278项,累计2675项;新增省级科技企业孵化器2家,新增省级孵化面积20万平方米。省级及以上工程技术研究中心等企业研发机构数量43个。全市全年申请专利24903件,其中发明专利申请9916件,居全省第5位;专利授权14136件,其中发明专利授权2797件,居全省第4位;万人发明专利拥有量18.5件,比上年提高6件。全年财政科技支出13.61亿元,增长3.3％。每万劳动力中研发人员数135人年,比上年提高4人年。科技进步贡献率达到60.5％,提高0.8个百分点。全年新引进省"双创计划"68人、国家"千人计划"16人、创新创业人才团队180个。

十一、文化、旅游

文化事业繁荣发展。文化广场标准化建设及示范应用项目通过国家文化创新工程重点项目验收,睿泰数字出版产业园正式开园,"淘文化网"—镇江市公共文化产品和服务社会化运作平台投入运行。原创动画片《茅山小道士》获第四届国际原创动漫大赛"民族动漫特别奖",扬剧《花旦当家》荣获江苏省"文华奖","梅庵派古琴艺术""白蛇传传说""茅山道教音乐"成为国家级非遗项目。年末共有艺术表演团体4个,文化馆8个,公共图书馆9个,文化站54个,博物(纪念)馆14个。年末有线电视总用户100.32万户,有线电视入户率99.0％。年末拥有市(县)级以上文物保护单位296处,其中全国重点保护文物单位13处,省级重点保护文物单位42处。组织开展2645场"文心系列""欢乐家园"等品牌文化惠民活动,加快推进"书香镇江"建设,年末全市居民综合阅读率达88.1％。

旅游业发展态势良好。组建成立旅游发展委员会。句容戴庄村获评"中国最美休闲乡村"称号,成功举办第七届长江国际音乐节,西津渡音乐厅主体完工,象山公园一期工程竣工并对外开放。全年共接待国内游客4802.68万人次,比上年增长9.5％;接待旅游、参观、访问及从事各项活动的入境过夜旅游者5.3万人次,比上年增长17.7％;旅游总收入621.23亿元,比上年增长12％。年末拥有A级景区43个,其中国家5A级景区2家,国家4A级景区6家,3A级景区10家。拥有省级旅游度假区3家,省星级乡村旅游点95家,其中四星级20家、三星级42家;拥有星级宾馆34家,其中五星级宾馆3家;拥有旅行社120家,其中星级旅行社31家。

十二、卫生、体育

医疗卫生水平稳步提升。年末拥有各类卫生机构 943 个,其中医院、卫生院 91 个,社区卫生服务中心 35 个,卫生防疫防治机构 7 个,妇幼保健机构 7 个,村卫生室 307 个。卫生机构床位 14637 张,其中医院、卫生院 12392 张,社区卫生服务中心 1357 张。年末拥有卫生技术人员 18985 人,其中执业医师及执业助理医师 7658 人,注册护士 7965 人。各级医疗机构全年完成诊疗 2399.18 万人次,比上年增长 5.0%。公立医院分级诊疗制度进一步完善,共有 16 家基层医疗卫生机构开设了康复联合病房,政策范围内住院费用报销比例 76.5%,城乡居民大病保险实现全覆盖,全年减轻群众医药费用负担 1.78 亿元。

体育事业蓬勃发展。镇江被命名为江苏省公共体育服务体系示范区,承办国家乒乓球队争位赛、CBA 江苏男篮主场赛、首届镇江国际半程马拉松赛等大型赛事,创成 3 个国家级航空飞行营地。年末拥有全国校园足球特色学校 39 所。镇江体育健儿在国内外大赛中共夺得 65 枚奖牌,其中金牌 24 枚、银牌 20 枚。在全国首届青运会上,镇江籍运动员获得 5 项冠军。全年实现体育彩票销售额 7.42 亿元,比上年增长 29.3%。

十三、城建、环保

城市面貌改善提升。创成首批国家海绵城市建设试点城市。市区十大城建亮点工程全面竣工,解放路南段改造、中山东路道路恢复工程全面完成,五凤口高架主体完工,312 国道镇江城区段改线工程主线贯通。市区建成区面积 140 平方公里,比上年增加 6 平方公里;城镇化率 67.93%,比上年提高 1.3 个百分点。实施主城区 8 个街道"网格化"管理模式,市区垃圾日处理能力达 1450 吨,城市生活垃圾无害化处理率达 100%,市区公厕配置达 2.5 座/平方公里。年内市区完成 25 处停车设施建设,新增 2107 个停车泊位。加强公共自行车日常运营和管理,市区拥有公共自行车站点 205 个,投放公共自行车 6350 辆。

生态建设取得明显成效。参加首届中美气候领导峰会和联合国气候变化巴黎会议并举行"城市主题日·镇江"边会,"镇江模式"受到广泛关注。创成国家级工业绿色转型发展试点城市,"生态云"一期上线运行。完成谏壁和西南"两大片区"重点治污项目 103 个,关闭企业 128 家。全年单位 GDP 能耗排放强度 0.5073 万元/吨标准煤,比上年下降 7.4%;单位 GDP 化学需氧量、二氧化硫、氨氮、氮氧化物排放强度分别比上年下降 1.5%、1.1%、0.2%、2.4%。完成造林面积 1.57 万亩,林木覆盖率达 26.8%,市区建成区绿化覆盖率 42.6%。全年新增 19 个省级生态村,累计达 123 个,生态乡镇实现全覆盖。全年空气质量良好天数比例、地表水优于Ⅲ类水质比例分别为 70%、73%,PM2.5 平均浓度比上年下降 13.0%。

十四、人口、就业

人口总量结构保持稳定。年末常住人口 317.65 万人,比上年增加 0.51 万人,人口出生率 7.97‰,人口死亡率 6.96‰,人口自然增长率为 1.01‰。年末户籍人口 271.67 万人,比上年减少 0.4 万人,其中男性 134.46 万人,减少 0.35 万人;女性 137.21 万人,减少 0.05 万人。

就业形势总体稳定。大力实施"大众创业、万众创新",全年认定市级众创空间 19 家。全年新增城镇就业 7.93 万人,城镇失业人员再就业人数 3.53 万人,新增转移农村劳动力 1.38 万人,城镇登记失业率1.89%。年末全市从业人员193.1万人,比上年增加0.4万人,其中第一产业22.9万人、第二产业88.9万人、第三产业81.3万人。全年新增登记注册私营个体从业人员14.11万人,其中私营企业8.65万人、个体工商户5.46万人。

十五、人民生活、社会保障

居民生活水平稳步改善。全年全体居民人均可支配收入31263元,比上年增加2413元,增长8.4%;全体居民人均消费支出19570元,比上年增加1391元,增长7.7%。分城乡看,城镇常住居民人均可支配收入38666元,增加2914元,增长8.2%,其中工资性收入、经营净收入、财产净收入、转移净收入为25484、5012、3361、4809元,分别增长7.4%、9.6%、11.3%、8.7%。城镇常住居民人均生活消费支出22859元,增加1549元,增长7.3%。农村常住居民人均可支配收入19214元,增加1597元,增长9.1%,其中工资性收入、经营净收入、财产净收入、转移净收入12508、4076、695、1935元,分别增长8.0%、13.2%、7.1%、8.3%。农村常住居民人均生活消费支出14217元,增加1136元,增长8.7%。年末城镇、农村居民人均住房面积43.6和55.4平方米;年末城镇百户家庭拥有汽车43辆、电脑112台、移动电话254部;农村百户家庭拥有汽车28辆、电脑65台、移动电话249部。

民生保障水平不断提高。年末基本养老保险参保人数116.64万人,其中城镇职工基本养老保险89.35万人,城乡居民养老保险27.29万人;医疗保险参保人数308.55万人,其中城镇职工基本医疗保险88.05万人,城乡居民医疗保险220.5万人;失业保险参保人数51.1万人。企业退休人员养老金"十一连增",企业退休人员月度养老金提高至2072元,增加150元。"百村万户"双达标三年行动计划圆满收官。全年发放低保对象救助金1.28亿元,比上年增长13.1%。年末拥有各类养老床位2.63万张,每千名老人拥有床位数40张。

第六章　2015 年扬州市经济社会发展报告

2015 年,扬州市积极应对复杂的国内外经济环境和经济发展新常态,坚持"稳中求进、进字当先,创新驱动、转型升级"的总基调,统筹做好稳增长、促改革、调结构、惠民生、防风险各项工作,全市经济运行总体平稳、稳中有进,综合实力迈上新台阶,经济结构进一步优化,改革创新稳步推进,城市建设成效显著,民生幸福持续改善。

一、总体经济

初步核算,全市实现地区生产总值 4016.84 亿元,可比价增长 10.3%。人均地区生产总值 89646元,增长 10.2%。产业结构不断优化,其中,第一产业增加值 241.93 亿元,增长 3.5%;第二产业增加值 2011.97 亿元,增长 10.6%;第三产业增加值 1762.94 亿元,增长 10.8%。三次产业结构由上年的6.1：51.0：42.9 调整为 6.0：50.1：43.9。

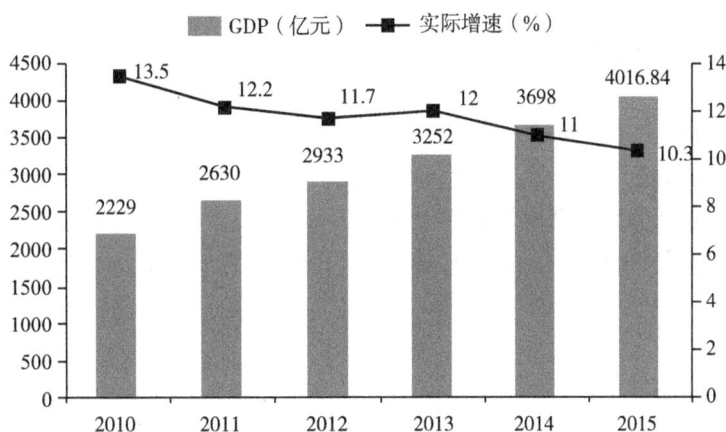

图 1 扬州市 GDP 规模及实际增速

数据来源:历年《江苏统计年鉴》

2015 年末全市有各类法人单位 75135 家,产业活动单位 11036 家。全市新发展私营企业 21125户,新发展个体商户 39053 户,民营企业注册资本金实际到资 611.05 亿元。

全市新增城镇就业 70562 人,新增转移农村劳动力 49305 人,期末城镇登记失业率 2.01%。城镇失业人员再就业 70171 人,就业困难人员再就业 6508 人。

市场物价基本稳定,市区居民消费品价格指数为 101.7。其中,消费品价格上涨 1.3%,服务项目价格上涨 2.4%。构成居民消费品价格指数的八大类指数分别是:食品类 103.3、居住类 101.9、医疗保健和个人用品类 101.3、烟酒及用品类 101.8、衣着类 100.3、家庭设备用品及维修服务类 101.0、交通和通信类 98.6、娱乐教育文化用品及服务类 101.0。商品零售价格总指数为 100.5。

二、农业

全市实现农林牧渔业现价总产值460亿元,同比增长6.6%;测算农林牧渔业增加值255.8亿元,按可比价格计算,预计增长3.6%左右。粮食生产实现"十二连丰",全年粮食总产量314.41万吨,与去年持平略增。生猪出栏132.72万头,下降2.2%。家禽出栏4184万只,增长1.6%。年末生猪存栏72.72万头,下降1.6%。家禽存栏1464万只,下降1.9%。肉类总产量18.16万吨,下降0.3%。实现农林牧渔业总产值460.3亿元,增长6.6%。

全市水产养殖面积118万亩,比上年扩大1万亩。特种水产养殖面积103.4万亩,同比扩大1.3万亩。实现水产品产量39.8万吨,比上年增加0.15万吨。

全市种植面积在100亩以上的家庭农场2005个,其中列入市级名录的家庭农场有349个,经营面积6.7万亩。全市各级农业龙头企业达375家,其中国家级4家,省级50家,市级148家,县级173家。市级以上农(渔)业园区54家,其中:国家级1家、省级8家、市级45家。新增农业园区面积10.8万亩,总面积达163.6万亩,园区化率达38.3%。江都区成为全市首家国家现代农业示范区。

农业产业化不断推进,6个50亿元连片特色农业产业基地实现产值378亿元,新增耕地1.6万亩、设施农(渔)业14.6万亩、适度规模经营土地面积10.2万亩。农业综合机械化水平达到83.6%。国家农业科技园成功获批,新增15家省级农业产业化龙头企业。

三、工业和建筑业

全市2762家规模以上工业完成总产值9822.98亿元,增长8.4%,完成工业增加值2250.23亿元,增长10.0%。产值过亿元的工业企业1463家,比上年增加19家,占全部规上企业的53.0%。亿元企业完成产值9221.8亿元,占全市规模以上工业的93.9%。其中完成产值100亿元以上的企业6家,50—100亿元的13家,30—50亿元的21家,10—30亿元的131家,5—10亿元的233家,1—5亿元的1059家。

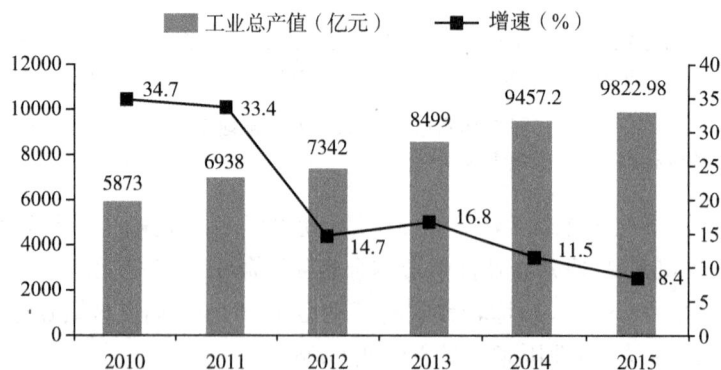

图2　扬州市工业增加值及名义增速

数据来源:历年《江苏统计年鉴》

新兴产业完成产值2895.8亿元,增长10.1%。"三新"产业完成产值1137.8亿元,占全市的11.6%,增长11.6%,其中,80家新材料企业完成产值476.6亿元,增长5.3%;93家新光源企业完成产值309.7亿元,增长13.5%;44家新能源企业完成产值361.9亿元,增长19.1%。

五大千亿级产业累计完成产值6791.6亿元,增长8.6%,其中,汽车产业1326.1亿元,增长

16.5%；机械装备产业 3398.8 亿元，增长 8.1%；新能源和新光源产业 671.6 亿元，增长 16.5%；石化产业 1076.4 亿元，下降 3.4%；船舶产业 318.7 亿元，增长 6.9%。

表 1　2015 年扬州市五大重点行业发展情况

	产值（亿元）	增幅（%）
机械装备	3398.8	8.1
汽车	1326.1	16.5
船舶	318.7	6.9
石化	1076.4	−3.4
新能源和新光源	671.6	16.5
总计	6791.6	8.6

数据来源：扬州统计局

工业企业主要产品实现平稳增长，列入统计的 204 种工业品中有 106 种产品实现正增长，增长面达 52%。其中，汽车产量增长 7.5%，客车增长 5.4%，轿车增长 7.6%；民用钢质船舶载重吨增长 1.9%；光伏电池增长 14.8%；单晶硅增长 60.5%；钢材增长 20.7%，食品制造机械增长 20.4%。

在经济新常态下，扬州市工业企业面对转型升级的压力，坚持科学发展不动摇、转型升级不畏难、苦练内功不浮躁，获利能力逐步增强，产出效率有所提升。从销售利润率来看，全市规上工业企业销售利润率为 6.7%，超出省均 0.2 个百分点，高于上年 0.3 个百分点；从资产收益率来看，全市规上工业企业资产收益率为 14.0%，超出省均 5.0 个百分点，高于上年 0.2 个百分点；从成本利润率来看，全市规上工业企业成本利润率为 7.8%，高于上年 0.1 个百分点。

全市规模以上工业企业完成出口交货值 722.3 亿元，比去年同期增长 13.3%，为年内最高增幅，高出产值增幅 4.9 个百分点。从行业上来看，出口交货值超百亿的 2 大行业计算机、通信和其他电子设备制造业（226.1 亿元，增长 19.9%）和电气机械和器材制造业（210.8 亿元，增长 59.1%），合计完成出口交货值 158.3 亿元，同比增长 18.7%，对全市工业出口增长的贡献份额高达 87.0%，拉动全市工业出口增长 11.6 个百分点。

全市实现建筑业总产值 3167.4 亿元，增长 7.6%；建筑业增加值 263.06 亿元，增长 4.5%。房屋建筑施工面积 25288.3 万平方米，增长 2.4%；竣工产值 2751.4 亿元，增长 15.5%；竣工面积 10619.8 万平方米，增长 13.8%。

四、服务业

2015 年，全市服务业增加值 1762.94 亿元，总量排名全省第八位。按可比价计算，增长 10.8%，高于 GDP 增速 0.5 个百分点，高于省均 1.5 个百分点，增速排名全省第七位。服务业增加值占比继续超过工业，为 43.9%，比上年同期提高 1 个百分点。三次产业比重由 2014 年的 6.1∶51.0∶42.9 调整为 2015 年的 6.0∶50.1∶43.9。经测算，服务业对经济增长的贡献率为 40.7%，拉动 GDP 增长 4.2 个百分点。

2015 年，全市服务业完成固定资产投资 1329.50 亿元，增长 24.2%，高于固定资产投资增速 6 个百分点，高于工业投资增速 10.6 个百分点，增速排名全省第二位。产业投资结构进一步优化，服务业投资占固定资产投资比重达 46.5%，比去年同期提高 2.2 个百分点。2015 年，全市服务业实际利用外资 5.19 亿美元，占全市当年实际利用外资总额的 61.2%，较去年同期提高 8.1 个百分点。

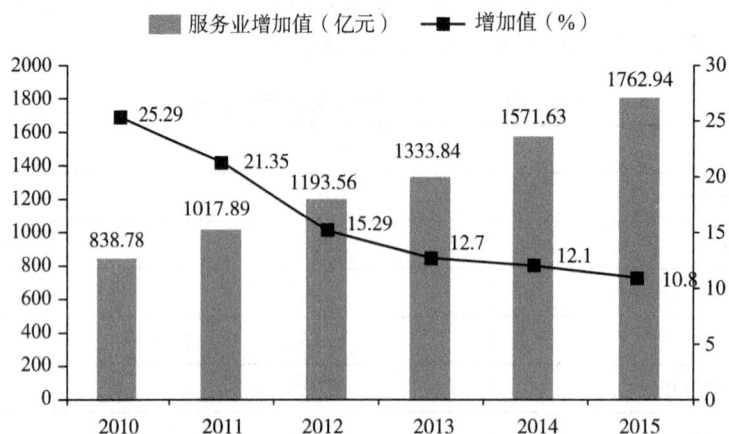

图 3　扬州市服务业增加值及名义增速
数据来源:历年《江苏统计年鉴》

分行业看,在规模以上服务业 30 个行业大类中,营业收入增长 20%以上,发展比较好的是娱乐、社会工作、居民服务、软件和信息技术服务、商务服务等五个行业,而文化艺术、专业技术服务、水上运输、广播电视电影和影视录音制作、新闻出版、电信广播电视和卫星传输服务等行业增长相对较缓,八个行业营业收入增速为负。主营业务收入和利润双增长的行业只有邮政、软件和信息技术、房地产业、公共设施管理业、科技推广和应用服务业、卫生、教育、研究和试验发展、居民服务业、其他服务业、体育、娱乐业、互联网和相关服务、社会工作等 14 个行业。从企业看,一批企业主动通过科技创新、加大投入等成为产业转型升级的引领者,但也有相当数量的企业生产经营困难。12 月末,规模以上服务业亏损企业 136 家,亏损面 14.4%,比上年末缩小 1.6 个百分点,亏损额增长 15.9%。

表 2　2015 年扬州市服务业分行业增加值

按行业分组	增加值(亿元)	增长(%)
地区生产总值	4016.84	10.3
服务业增加值	1762.94	10.8
交通运输、仓储和邮政业	143.1	2.8
批发和零售业	296.61	5.9
住宿和餐饮业	65.80	6.2
金融业	208.05	13.7
房地产业	242.16	3.4
其他服务业	792.83	16.5
营利性服务业	343.95	15.8
非营利性服务业	448.88	17.1

数据来源:扬州统计局

2015 年,全市新增规模以上服务业(剔除金融、批零住餐、房地产开发和公共管理和社会组织,下同)法人单位 217 家,新增数居全省前列。分地区看,广陵区新增单位数量最多,为 53 家,占全市比重为 40.4%,其他依次为:邗江区 51 家,宝应县 21 家,高邮市 21 家,江都区 20 家,仪征市 16 家。重大项目加快推进。2015 年全市新开工服务业重大项目 42 个,当年完成投资 361.2 亿元;新竣工投运重大项目 29 个。"十二五"以来,全市累计竣工投运项目 65 个,2015 年完成营业收入约 500 亿元,交纳税收约 15 亿元。

五、固定资产投资

2015 年,全市完成固定资产投资 2856.8 亿元,同比增长 18.2%,比去年同期回落 1.1 个百分点。其中,建设项目投资 2478.6 亿元,同比增长 20.5%,比去年同期提高 0.2 个百分点;房地产开发投资 378.2 亿元,同比增长 4.9%,比去年同期回落 8.6 个百分点,比今年上半年提高 2.7 个百分点。

从三次产业情况看:2015 年,全市第一产业完成投资 16.1 亿元,同比增长 6.6%;第二产业完成投资 1511.2 亿元,同比增长 13.6%;第三产业完成投资 1329.5 亿元,同比增长 24.2%。一、二、三产业投资之比为 0.6:52.9:46.5,一产持平,二产业投资下降 2.2 个百分点,三产投资则提高 2.2 个百分点,产业结构得到进一步优化。

从投资构成情况看:2015 年,全市建筑工程完成投资 1466.4 亿元,同比增长 13.4%;安装工程完成 146.6 亿元,同比增长 61.8%;设备工器具购置完 656.5 亿元,同比增长 25.7%;土地购置费等其他费用 192.0 亿元,同比增长 39.7%。

在建项目增势总体良好。2015 年,全市固定资产投资在建项目 2590 个,同比增加 659 个,同比增长 34.1%;计划总投资 3230.5 亿元,同比增长 11.3%;完成投资 2478.6 亿元,同比增长 20.5%。其中,新开工项目 2339 个,同比增加 738 个,占到全部项目的 90.3%;计划总投资 2322.3 亿元,同比增长 13.0%;完成投资 2138.2 亿元,同比增长 4.0%。

重大项目投资稳步推进。2015 年,全市重大项目建设得到稳步推进,开工项目 429 个,完成投资 1563.0 亿元,同比增长 14.3%,完成序时进度 105.6%,占固定资产投资的 54.7%。其中,工业完成投资 780 亿元,服务业完成投资 586.7 亿元,农业完成投资 64.6 亿元,基础设施完成投资 131.7 亿元。投资重大项目的扎实推进,有力带动了全市固定资产投资增长。

基础设施加快建设步伐。2015 年随着城乡建设和民生工程的推进,恰逢扬州市喜迎"城庆 2500 周年",全市基础设施与民生投资力度加大,基础设施建设全面提速。2015 年,全市基础设施项目 242 个,比去年同期增加 31 个,完成投资 474.0 亿元,同比增长 41.3%,高于固定资产投资增速 23.1 个百分点。其中的水利、环境和公共设施管理业完成投资总量最大为 227.8 亿元,同比增长 22.6%;卫生和社会工作完成投资 12.5 亿元,增速最快,同比增长 160.8%,另外,公共管理、社会保障和社会组织完成投资 42.1 亿元,同比增长 78.2%;文化、体育和娱乐业完成投资 36.4 亿元,同比增长 7.8%。

民间投资占比进一步提高。2015 年,全市民间投资完成 2173.3 亿元,同比增长 29.1%,占比 76.1%,占比提高 1.2 个百分点;国有及控股完成 563.1 亿元,同比增长 5.8%,占 19.7%,外商及港澳台完成 120.4 亿元,同比下降 5.9%,占 4.2%。

技术改造投入继续扩大。2015 年,在工业投资中,全市技术改造投资完成 1004.6 亿元,同比增长 27.2%,高于工业投资增速 13.6 个百分点,占工业投资的比重为 66.5%,比去年同期提高了 7.1 个百分点。

房地产市场仍不景气。2015 年,房地产开发投资完成 378.2 亿元,同比增长 4.9%,比去年同期下降 9.2 个百分点。完成商品房屋施工面积 2727.0 万平方米,同比增长 3.9%,其中新开工面积 629.9 万平方米,同比下降 21.7%。完成竣工面积 643.6 万平方米,同比增长 6.1%。完成商品房销售面积 638.3 万平方米,同比增长 0.5%。

六、邮电通讯和交通运输

全市邮政通讯业务收入 56.9 亿元,增长 4.1%。其中,通讯业务收入 40.4 亿元,下降 4.3%;邮政业务收入 16.5 亿元,增长 32.6%。年末电话用户 603.95 万户,下降 1.6%,其中移动电话用户 488.61 万户,增长 0.2%。互联网宽带接入用户 122.26 万户,增长 12.1%。

全市货运总量和货运周转量分别完成 1.2 亿吨和 318.53 亿吨公里,分别增长 3.1%、4.0%。客运量和旅客周转量完成 4667.7 万人和 35.3 亿人公里,分别下降 2.8%、2.9%。港口货物吞吐量 11027 万吨,下降 9.1%;集装箱吞吐量 62 万标箱,增长 10.3%。交通运输业增长动力不足。主要表现在两方面:一是客运负增长、货运个位数增长。2015 年,全市货运总量和货运周转量累计同比分别增长 3.1%、4.0%,增速处于全省第三梯队,增幅比去年同期回落 7 个和 5.8 个百分点。客运量和旅客周转量同比下降 2.8%和 2.9%,增幅比去年同期都回落了 3.6 个百分点。二是港口货物吞吐量增长乏力,"扬州港务集团"、"泰富港务"货运港口收入同比分别下降 15.2%、75.3%。2015 年,全市港口货物吞吐量同比下降 9.1%,增速比去年同期回落 30.4 个百分点。其中,内河下降 15.9%,沿江下降 6.7%。

年末全市公路里程 10652.43 公里,新增 126.99 公里。年末高速公路里程 270.91 公里。

七、国内贸易

全市社会消费品零售总额 1236.96 亿元,增长 9.7%。按城乡分,城镇实现消费品零售额 1147.82 亿元,比上年增长 9.7%,占全市社会消费品零售额的 92.8%;乡村实现消费品零售额 89.14 亿元,比上年增长 8.8%,占全市社会消费品零售额的 7.2%。按行业分,零售业实现 930.19 亿元,增长 7.3%,占社会消费品零售总额的 75.2%;批发业实现 166.5 亿元,增长 11.3%;餐饮业实现 121.17 亿元,增长 23.1%;住宿业实现 19.1 亿元,增长 27.2%。

限额以上批发和零售企业中,粮油、食品类零售额 26.34 亿元,增长 3.6%;饮料类零售额 3.32 亿元,增长 1%;烟酒类 10.86 亿元,增长 14.7%;服装、鞋帽、针纺织品类零售额 34.55 亿元,下降 0.9%;日用品类零售额 11.12 亿元,下降 0.9%;化妆品类零售额 6.1 亿元,增长 4.8%;金银珠宝类零售额 13.52 亿元,下降 10.8%;家用电器和音像器材类零售额 32.45 亿元,增长 0.5%;汽车类零售额 145.16 亿元,增长 8.7%。

八、财政金融

全市财政总收入 515.18 亿元,增长 10%。公共财政预算收入 336.75 亿元,增长 14.1%,其中,税收收入 274.67 亿元,增长 13.4%。主体税种中,增值税、营业税、企业所得税、个人所得税合计完成 177.82 亿元,增长 11.1%。其中,增值税 42.64 亿元,增长 7.1%;营业税 100.96 亿元,增长 19.2%;企业所得税 25.01 亿元,下降 1.2%;个人所得税 9.21 亿元,下降 10.1%。

全市公共财政预算支出 435.28 亿元,增长 16.2%,其中一般公共服务支出 54.36 亿元,增长 6.7%;教育支出 74.96 亿元,增长 10.8%;科学技术支出 12.94 亿元,增长 31.8%;社会保障和就业支出 33.40 亿元,增长 17.2%;医疗卫生与计划生育支出 32.60 亿元,增长 30.2%;节能环保支出 14.58 亿元,增长 111.3%。

年末人民币存款余额 4719.40 亿元,增长 9.6%,其中,住户存款余额 2376.68 亿元,比年初增加

214.1亿元。人民币贷款余额3095.77亿元,比年初增加363.4亿元。其中,短期贷款余额1404.39亿元,比年初增加90.18亿元;中长期贷款余额1484.02亿元,比年初增加195.58亿元;个人消费贷款665.51亿元,比年初增加109.26亿元。

全市各类保险机构实现保费收入123.81亿元,增长44.7%。其中,财产险保费收入31.55亿元,增长14.9%;人身险保费收入92.26亿元,增长58.8%。保险赔款总支出18.74亿元,增长10.4%,其中财产险支出15.84亿元,增长11.4%;人身险支出2.90亿元,增长4.9%。

全市证券公司营业部累计开户46.68万户,比上年增加11.5万户。证券交易额18767.79亿元,增加12600.74亿元,其中股票交易额16332.48亿元,增加11816.02亿元,占交易额的87.02%;基金交易完成额495.04亿元,增加91.80亿元,占交易额的2.64%。

九、对外经济和旅游业

全市实际利用外资到账8.48亿美元,新批项目81个,协议外资15.78亿美元。全市完成外经营业额7.37亿美元,增长16%,其中,工程承包完成外经营业额6.78亿美元,增长18%;全年累计境外投资项目26个,中方协议投资额2.36亿美元。扬州泰州机场获批一类航空口岸并开通5条国际(地区)航线。

全市进出口总额103.38亿美元,增长3.3%,其中,出口77.11亿美元,增长0.4%;进口26.27亿美元,增长12.7%。从贸易结构看,一般贸易出口52.99亿美元,下降4.4%;加工贸易出口23.37亿美元,增长19.2%。主要出口贸易伙伴中,美国出口17.86亿美元,增长11.1%;欧盟出口16.38亿美元,下降3.4%;东盟出口6.10亿美元,增长15.2%;中国香港出口5.91亿美元,增长2.7%;拉丁美洲出口5.55亿美元,下降12.8%。

表3 2015年扬州市对外贸易情况

	出口(万美元)	同比(%)	进口(万美元)	同比(%)
贸易方式	771076	0.4	262749	12.7
一般贸易	529868	-4.4	151293	21.5
加工贸易	233748	19.2	100265	13.2
来料加工装配贸易	19751	90.9	17817	-6.5
进料加工贸易	213998	15.2	82448	18.7
其他贸易	8760	-51.1	12537	-39.6

数据来源:扬州统计局

全市旅游总收入600.71亿元,增长12.2%。全年接待入境过夜游客5.12万人次,下降4.3%。旅游外汇收入5588.45万美元,增长13.6%。主要封闭式景区接待游客909.52万人次,增长12%。全市拥有国家A级景区34家,其中5A级1家、4A级8家、3A级13家。省星级乡村旅游区(点)30家,其中四星级11家。共有星级饭店61家,其中五星级4家、四星级12家。星级饭店客房出租率67.4%,同比持平。旅行社132家,其中出境游组团社4家。

十、科学技术和教育

大力实施"科教合作新长征"和"科技产业合作远征"计划,签订产学研合作协议669项,落户校企研创中心 56 家。新开发高新技术产品 1509 项,创历史新高,获批省高新技术产品数达 838 项;民营科技型企业达 8931 家;22 个科技产业综合体已建成 309 万平方米,投入使用 219.5 万平方米,其中产业用房 190.5 万平方米,累计入驻企业达 741 家;新增西安交大扬州科技创业园、江苏红旗光电科技创业园 2 家省级科技企业孵化器,30 家"众创空间"启动建设,投入使用面积 15.5 万平方米;省级以上"三站三中心"达 462 家。

全市高新技术企业总数达 640 家,实现高新技术产业产值 4922.52 亿元,增长 10.1%,占规上工业总产值的比重 44.5%;全市共申请专利 24814 件,增长 9.27%;全市专利授权 13948 件,增长 17.8%,其中发明专利授权 754 件,增长 61.5%。

全市新增国家级博士后工作站 10 家。引进高层次领军人才 188 名、产业急需的专业技术人才 1631 名。入选省创新团队 2 个、创新人才 28 名和省"双创博士"83 名。

所有县(市、区)创成国家级义务教育基本均衡县。新(改)建公办幼儿园 6 所,创成省优质园 5 所,64 所学校创成省义务教育现代化学校。全市共有幼儿园 290 所,小学 205 所,普通中学 166 所,普通高校 7 所。在园幼儿 103516 人,小学在校生人数 216263 人,普通中学在校生人数 178843 人,普通高校在校生人数 80923 人。全市幼儿园毛入学率为 99.1%,义务教育入学率和高中阶段教育毛入学率达 100%,全市高考本二以上达线率为 49%。

十一、文化、卫生和体育

市文化馆获全国优秀文化馆评分第一。"四位一体"全民阅读服务体系列入全国示范项目。486 非遗集聚区建成开放。成功举办"烟花三月"国际经贸旅游节。承办江苏大运河旅游推广月和中外丝路城市美食文化交流活动。完成第一次全国可移动文物普查。隋炀帝墓遗址公园一期工程完工。南河下入选国家首批历史文化街区。《扬州市志(1988—2005)》编纂发行。圆满举办市第十二届运动会暨"爱祖国、爱家乡"群众歌咏大会。年末全市共有文化馆、群众艺术馆 7 个,公共图书馆 7 个。共有广播电台 6 座,中短波广播发射台和转播台 13 座,广播综合人口覆盖率和电视综合人口覆盖率均达 100%,有线数字电视缴费用户 108.80 万户。

有序推进分级诊疗,组建苏北人民医院医疗集团,18 家农村区域性医疗卫生中心开工建设。新创成省示范社区卫生服务中心(乡镇卫生院)5 个,新农合保障水平持续提升,全市新农合人均筹资人均不低于 480 元,参保率达 99.7%。年末共有各类卫生机构 1980 个,其中医院、卫生院 136 个。各类卫生机构拥有病床 20121 张,其中医院、卫生院病床 17864 张。共有卫生技术人员 24326 人,其中执业(助理)医师 9826 人,注册护士 9938 人。

扬州及所辖六个县(市、区)全部被首批命名为江苏省公共体育服务体系示范区。成功举办扬州市第十二届运动会。江苏省第十九届运动会各项筹备工作正式启动。扬州马拉松再次被评为国际田联金标赛事。

十二、城乡建设和生态环境

创成省首批优秀管理城市。编制完成《新型城镇化与城乡发展一体化规划》。加快建设"不淹不涝"城市,整治城市积水点 8 个。完成扬州闸改建等"清水活水"重要节点工程。新辟、优化公交线路 42 条,新购新能源公交车 370 辆;新增公共自行车 2500 辆、租赁服务点 97 个,覆盖面积 175 平方公里。标准化体育休闲公园实现县(市、区)全覆盖。农村健身设施提档升级工程提前完成。新改建农村公路 328 公里、桥梁 98 座。

编制完成《扬州市生态文明建设规划》。认真落实市人大通过的《关于切实加强全市水环境保护和大气污染防治的决议》。完成28项淮河流域水污染防治工程。整治淘汰小型燃煤锅炉509台。全面取缔古城和景区核心区露天烧烤。对市区92个重点工地、635辆渣土车安装实时监控设备。PM2.5年平均浓度比2013年下降21.7%。全市16家集中式生活饮用水源地水质良好,均达到地表水Ⅲ类标准,达标率为100%。实施节能改造项目101项、循环经济项目22项,获批国家循环经济示范城市。启动十大生态中心和城市公园体系建设,全市成片造林3.1万亩,市区新增绿地127.5万平方米。疏浚县乡河道202条,整治村庄河塘5031个。新创省级绿化示范村87个、"优美乡村"10个。创成省国土资源节约集约模范市、省大气污染防治工作优秀城市。

十三、人口、人民生活和社会保障

年末全市户籍总人口461.12万人,比上年末减少2146人。全市登记出生人口4.13万人,出生率8.95‰;死亡人口3.30万人,死亡率7.16‰。人口自然增长率为1.79‰。年末市区户籍总人口为297.39万人,增长1.54%。年末全市常住人口448.36万人,常住人口城镇化率为62.8%,比上年提高1.6个百分点。

全体居民人均可支配收入26253元,增长8.7%,其中,城镇常住居民人均可支配收入32946元,增长8.7%;农村常住居民人均可支配收入16619元,增长8.7%。全体居民人均生活消费支出16720元,增长8.0%,其中,城镇常住居民人均生活消费支出19780元,增长7.4%;农村常住居民人均生活消费支出12316元,增长9.3%。

市区三区社会保险和民政福利实现"同城同步同标"。年末企业职工基本养老保险、城镇职工基本医疗保险、失业保险参保人数分别达106万人、120.51万人和63.69万人。年末城乡居民基本养老保险参保人数94.65万人,基础养老金发放率达100%。年末城镇基本医疗保险参保人数为203.83万人。全面实施城镇居民大病保险制度,推进全市社会保险"一卡通"。全市企业退休人员养老金连续11年提高标准,2015年末人均养老金2152元/月,市区2332元/月。

社会福利事业不断提升,城乡居民最低生活保障对象71987人,累计资金支出18202.82万元;临时救助27756户,支出1442.2万元;城乡医疗救助336275人次,累计支出7319.26万元。市区城乡低保标准统一提高至每月575元。

市区新建和筹集公共租赁住房1436套(间)。发放经济适用房货币化补贴312户,发放金额4731万元。租赁补贴325户。

第七章 2015 年泰州市经济社会发展报告

2015 年,面对错综复杂的国内外形势和不断加大的经济下行压力,在市委、市政府的正确领导下,全市上下以"思想再解放"为先导、以"项目大突破"为抓手、以"城建新提升"为目标,在生产、需求、供给、效益方面精准发力,"三大主题"工作成效显著,全年经济运行总体平稳,尤其下半年以来经济发展呈现稳中有进、稳中攀升的良好势头。

一、总体经济

经济发展稳中有进。全市实现地区生产总值 3655.53 亿元,比上年增长 10.2%。其中,第一产业增加值 218.93 亿元,增长 3.4%;第二产业增加值 1793.04 亿元,增长 10.2%;第三产业增加值 1643.56 亿元,增长 11.2%。三次产业结构调整为 6.0∶49.0∶45.0。按常住人口计算,全年人均地区生产总值 78756 元,增长 10.1%,人均地区生产总值按当年汇率折算达 12645 美元。

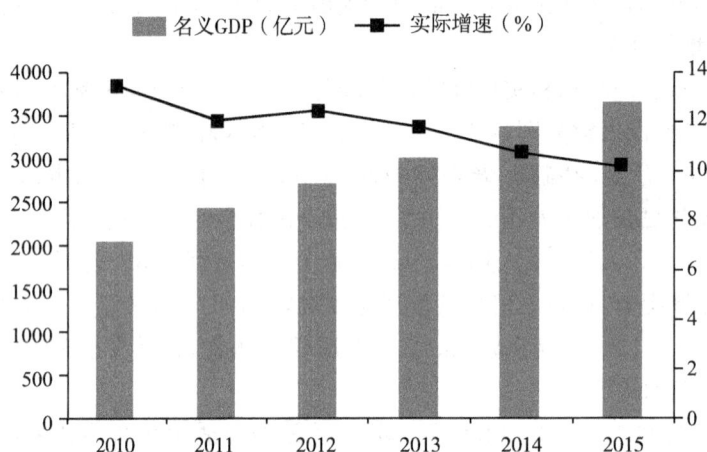

图 1 泰州市 GDP 规模及实际增速
数据来源:历年《江苏统计年鉴》

居民消费价格温和上涨。全年市区居民消费价格指数(CPI)比上年上涨 1.7%,涨幅较上年回落 0.4 个百分点。从调查类别看,构成总指数的八大类商品和服务价格分别呈"七涨一跌"走势,其中食品类价格上涨 3.4%、烟酒类价格上涨 1.9%、衣着类价格上涨 2.1%、家庭设备用品及维修服务价格上涨 1.8%、医疗保健和个人用品价格上涨 1.0%、娱乐教育文化用品及服务类价格上涨 1.9%、居住类价格上涨 0.6%;交通和通信类价格下降 2.0%。工业生产者价格持续下跌。全年工业生产者出厂价格指数(PPI)为 96.0,跌幅较上年扩大 2.9 个百分点;工业生产者购进价格指数(IPI)为 90.6,跌幅较上年扩大 7.1 个百分点,PPI、IPI 双创"十二五"新低。

全市经济社会发展仍面临一些困难和问题,主要表现在:工业企业亏损面和亏损额有所扩大,部分行业产能过剩与市场需求不足矛盾并存,投资结构不尽合理,对外贸易依旧低迷,转型升级任务艰巨,生态环境和污染治理压力较大,民生保障还存在一些薄弱环节,等等。

二、农林牧渔业

2015 年全市实现农林牧渔及服务业总产值 379.53 亿元,同比增长 4.9%,其中:农业总产值 209.43 亿元,增长 4.2%;林业总产值 3.58 亿元,增长 0.7%;牧业总产值 70.30 亿元,增长 5.6%;渔业总产值 76.39 亿元,增长 5.8%;农林牧渔服务业产值 19.84 亿元,增长 7.0%。

2015 年全市实现农林牧渔及服务业增加值 227.32 亿元,同比增长 4.7%,剔除价格因素增长 3.4%。分行业看,农业增加值 143.29 亿元,同比增长 4.2%;林业增加值 2.38 亿元,同比增长 0.7%;牧业增加值 35.08 亿元,同比增长 5.8%;渔业增加值 38.18 亿元,同比增长 5.6%;农林牧渔服务业增加值 8.39 亿元,增长 7.1%。

表 1　2015 年泰州市农林牧渔业增加值

	现价增加值(亿元)	现价增幅(%)	可比增幅(%)
(一)农业	143.29	4.2	3.5
(二)林业	2.38	0.7	0.7
(三)牧业	35.08	5.8	2.9
(四)渔业	38.18	5.6	3.4
(五)农林牧渔服务业	8.39	7.1	4.1

数据来源:泰州统计局

2015 年全市粮食播种面积 656.18 万亩,比上年减少 1.81 万亩,下降 0.3%;亩产 501.9 公斤,增 2.6 公斤,增长 0.5%;粮食总产 329.35 万吨,比上年增加 0.82 万吨,增长 0.25%。粮食生产实现"十二连增",粮食综合亩产列全省第二位。棉花播种面积 5.6 万亩,比上年减少 7.6 万亩;油料播种面积 69.2 万亩,比上年增加 2.5 万亩;蔬菜播种面积 129.3 万亩,比上年增加 4.3 万亩。粮食单产 501.9 公斤/亩,比上年每亩增加 2.6 公斤,增长 0.5%。

农业现代化建设深入推进。全年新增设施农业面积 5333 公顷、设施渔业面积 491 公顷。全年工商登记合作社(包含专业合作、土地合作、社区合作、村经济合作社)7800 家,其中专业合作社 5800 家,614 家合作社列入政府优先扶持名录;家庭农场 3561 家,110 家家庭农场创成市级示范性家庭农场。全市有效灌溉面积达 276.8 千公顷,新增有效灌溉面积 0.33 千公顷,新增节水灌溉面积 9.5 千公顷;年末农业机械总动力 268.3 万千瓦,比上年增长 3.1%。深入实施全面小康村建设"十百千"提升工程。建成全面小康示范村 100 个、十强村 10 个。

三、工业和建筑业

工业增长稳中趋缓。全年规模以上工业增加值比上年增长 11.0%,比上年回落 0.5 个百分点;规模以上工业总产值 11173.68 亿元,增长 14.9%。分轻重工业看,轻工业产值 2952.85 亿元,增长 11.9%;重工业产值 8220.83 亿元,增长 16.0%。分经济类型看,国有、集体、股份制、外商和港澳台投资企业分别完成产值 89.06、152.92、7867.42、2484.96 亿元,分别增长 -9.9%、29.6%、17.2%、7.1%。分企业规模看,大中型、小微型企业分别完成产值 5411.26、5762.42 亿元,分别增长 10.4%、19.4%。分重点行业看,金属制品、通用设备制造、船舶及相关装置制造、电气机械和器材制造、专用设备制造业分别实现产值 1085.14、715.77、1033.12、1470.44、615.40 亿元,分别增长 16.1%、20.3%、9.7%、

11.1％、15.6％；食品、纺织、医药、建材、冶金分别实现产值 813.48、579.72、720.86、180.09、687.08 亿元，分别增长 10.6％、13.8％、8.0％、7.1％、9.4％。

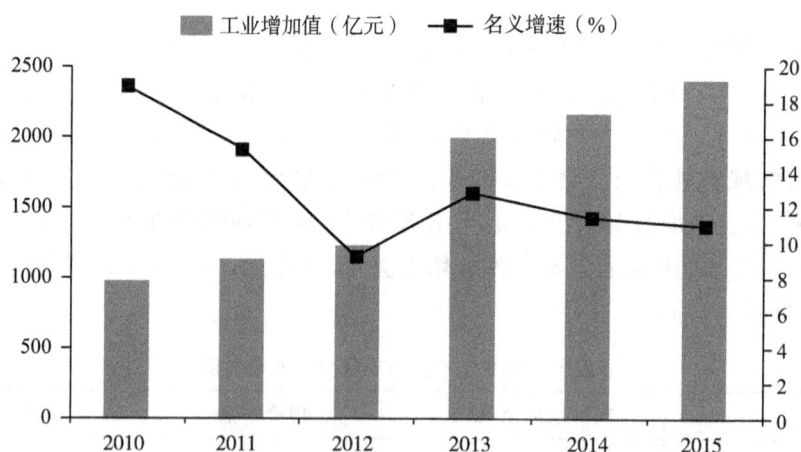

图2 泰州市工业增加值及名义增速

数据来源：历年《江苏统计年鉴》

分行业看，通信、仪器仪表制造业增势强劲，得益于可胜科技产能释放，通信设备、计算机及其他电子设备制造业完成产值 476.67 亿元，增长 48.5％，高于规模以上工业增幅 33.6 个百分点，可胜对通信设备行业产值增长贡献率达到 27.8％；得益于亚星锚链的海工产品投产，仪器仪表制造业完成产值 267.88 亿元，增长 31.1％，高于规模以上工业增幅 16.2 个百分点，亚星对仪表制造业产值增长贡献率达 25.2％。石化、医药产业增长放缓，全年石化产业完成产值 1620.82 亿元，增长 15.3％，同比回落 6.0 个百分点；医药产业实现产值 720.86 亿元，增长 8.0％，同比回落 8.5 个百分点。船舶产业继续低迷，全年船舶制造业完成产值 1033.122 亿元，增长 9.7％，低于规模以上工业增速 5.2 个百分点。

2015 年，50 强企业累计实现产值 2948.49 亿元，同比增长 6.3％，比规模以上工业平均水平低 8.55 个百分点。累计实现利润 249.18 亿元，同比增长 11.3％；累计实现利税 421.23 亿元，同比增长 12.7％，分别比规模以上工业平均水平低 7.88、8.24 个百分点。2015 年 50 强企业集团，按法人单位列统的企业 59 家企业。59 家企业中产值同比增长企业 35 家，负增长企业 24 家，利润增长企业 37 家，负增长企业 22 家。

表2 泰州市 2015 年 50 强企业分行业情况一览表 （单位：亿元）

	产值		销售收入		利税		利润	
	本期	增长（％）	本期	增长（％）	本期	增长（％）	本期	增长（％）
铁路、船舶、航空航天和其他运输设备制造业	460.3	−0.2	419.1	4.4	73.5	0.5	51.7	−3.8
电气机械和器材制造业	652.2	7.0	601.1	6.1	81.3	13.5	45.4	12.0
医药制造业	603.8	6.4	602.0	10.8	74.8	2.6	39.5	−8.3
化学原料和化学制品制造业	240.6	0.9	233.6	−2.2	31.3	2.0	20.5	−2.1
计算机、通信和其他电子设备制造业	90.5	120.4	90.5	135.2	20.4	−2613.1	19.7	−2519.3
农副食品加工业	220.1	9.4	217.8	15.1	31.1	3.5	16.9	−3.8

	产值		销售收入		利税		利润	
	本期	增长(%)	本期	增长(%)	本期	增长(%)	本期	增长(%)
电力、热力生产和供应业	42.4	6.2	44.7	−5.5	12.7	25.1	12.7	28.5
仪器仪表制造业	88.0	22.3	87.7	20.6	12.7	18.3	8.3	24.6
专用设备制造业	49.9	21.7	46.5	15.9	11.0	38.2	8.1	49.0
石油加工、炼焦和核燃料加工业	216.0	0.9	209.2	3.0	42.0	14.0	7.3	4.1
汽车制造业	91.4	31.7	88.5	33.6	11.4	32.6	6.9	29.0
通用设备制造业	29.5	2.1	27.8	3.8	4.9	12.5	3.6	23.2
金属制品业	62.4	−13.1	61.5	−12.8	5.0	−40.3	3.2	−42.0
纺织业	50.8	1.1	48.7	0.4	4.5	24.5	2.8	19.3
酒、饮料和精制茶制造业	10.1	−13.4	13.7	5.9	3.1	49.3	2.3	45.4
橡胶和塑料制品业	1.9	−7.1	1.7	−2.4	0.2	1.0	0.1	−32.5
黑色金属冶炼和压延加工业	38.8	−26.4	38.6	−25.5	1.4	−58.9	0.1	−95.0

数据来源:泰州统计局

四、服 务 业

2015 年,全市完成服务业增加值 1643.56 亿元,同比增长 11.2%,高于前三季度 0.7 个百分点。其中,金融业、营利性服务业增势强劲,增加值分别增长 12.1%、16.5%。省级现代服务业集聚区达 9 家,兴化、高港获批省级农村电子商务示范县。

从主要行业看,交通运输货运量略增,全年交通运输完成货运量 1.76 亿吨,增长 3.7%,同比提升 0.1 个百分点。商品房销售逐渐回暖,8 月份以来,全市商品房销售面积增幅基本维持在 20% 左右,最终全年商品房销售面积增长 19.8%。金融机构存贷款增速前移,12 月末全市金融机构人民币

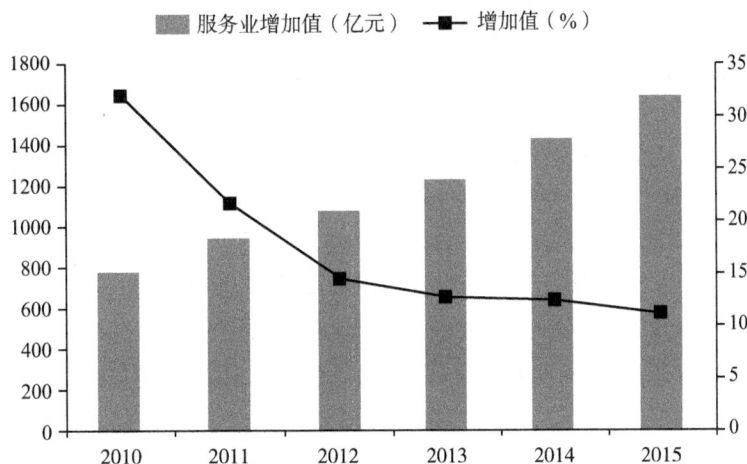

图 3　泰州市服务业增加值及名义增速

数据来源:历年《江苏统计年鉴》

存款余额4441.70亿元,同比增长12.3%;金融机构人民币贷款余额3228.08亿元,同比增长17.3%。保险收入快速增长,全年共实现保费收入113.72亿元,同比增长31.7%。旅游市场持续升温,全年实现旅游收入253亿元,增长18.3%。

从支撑指标看,服务业税收收入稳步提升,全年完成服务业税收收入216.30亿元,增长13.9%,高于税收收入0.2个百分点;服务业税收收入占全部税收的比重为47.5%,同比提升1.6个百分点。

五、固定资产投资

2015年,全市共完成固定资产投资2695.7亿元,同比增长22.6%,增幅列全省第二位(淮安22.7%),创历史最好成绩,高于全省平均水平12.1个百分点。其中,第一产业完成投资6.19亿元,同比下降40.4%;第二产为完成投资1641.27亿元,同比增长36.1%;第三产业成投资1048.2亿元,同比增长6.6%。

2015年,全市产业投资完成2218.1亿元,同比增长36.4%,高于年度增幅目标9.7个百分点,绝对值占年度目标任务的107.7%。在产业投资中,工业投资完成1634.6亿元,同比增长36.6%,绝对值占年度目标任务的110.5%;服务业投资完成583.5亿元(不含房地产开发、基础设施),同比增长35.9%,绝对值占年度目标任务的100.4%。

在三产投资中,交通运输、仓储和邮政业投资153.63亿元,增长12.9%;科学研究和技术服务业投资43.46亿元,增长380.6%;水利、环境和公共设施管理投资11.82亿元,下降23.2%;教育投资24.91亿元,下降11.7%;卫生和社会工作投资19.46亿元,增长28.1%;文化、体育和娱乐业投资16.94亿元,增长21.8%。从类别看,500万元以上项目投资2448.18亿元,比上年增长28.1%;房地产开发投资247.48亿元,比上年下降14.2%。从新开工项目看,全年新开工项目3808个,比上年增加938个,完成投资1983.37亿元,增长22.8%。其中,亿元以上新开工项目336个,比上年增加179个,完成投资569.16亿元,增长31.6%;5亿元以上新开工项目36个,比上年减少2个,完成投资196.87亿元,下降10.6%;10亿元以上新开工项目22个,与上年持平,完成投资155.33亿元,增长0.6%。

全市在建规模以上新开工项目3808个,比去年增加938个,其中新开工亿元以上入库项目336个,比去年增加179个;5亿元以上项目36个比去年减少2个;10亿元以上项目22个,与去年持平。新开工项目完成投资1983.4亿元,同比增长22.8%,高于全市固定资产投资增幅0.2个百分点;占全市固定资产投资总量的比重达73.6%,同比提高1.14个百分点,比上半年提高4.8个百分点。新开工项目完成投资对全部投资的贡献率达74.2%,拉动投资增长16.8个百分点。

"十二五"期间,泰州全市民间投资总量持续扩大、领域进一步拓宽,推进了投资主体的多元化,民间资本激发出巨大潜能,民间投资活力增强。五年累计完成民间经济投资7063.52亿元,年均增长24.9%,占全市投资的比重为75.85%。泰州市民间经济投资占比从2010年的69%上升到2015年的78.03%,上升了9.03个百分点。2011—2015年,随着中海油、国电电厂、国信电厂等一批央企大项目的落户,带动了全市国有经济投资的快速增长,五年累计完成国有经济投资1608.09亿元,年均增长25.4%,占全市投资的比重为17.2%,国有经济投资占比从2010年的14.9%上升到2015年的18.01%,上升了3.1个百分点。

表3 2011年—2015年泰州市按经济类型完成投资情况表

	2011		2012		2013		2014		2015	
	总量（亿元）	速度（%）	总量（亿元）	速度（%）	总量（亿元）	速度（%）	总量（亿元）	速度（%）	总量（亿元）	速度（%）
国有经济	178.61	13.8	231.15	29.4	313.16	35.48	399.58	21.3	485.59	21.5
民间经济	826.4	19.6	1093.71	32.3	1353.69	23.77	1686.34	22.4	2103.38	24.73

数据来源：泰州统计局

城乡基础设施建设扎实推进。东环高架建成通车，稻河古街区建成开街，省泰中新校区、现代服务业集聚区加快建设，东风路、永定路快速化改造按序时实施，西客站片区改造、西北片区生态修复、西南城河综合改造等工程有序推进。重大基础设施项目加快推进。宁启铁路复线电气化改造全面完成，泰镇高速泰州段、兴泰高速、京沪高速江广段建设步伐加快。完成新一轮农村实事工程，新改建农村公路300公里，镇村公交开通率达67.0%，新增农村无害化卫生户厕5950座。

房地产开发降幅收窄。全年房地产开发投资247.48亿元，比上年下降14.2%，其中住宅投资198.93亿元，下降10.8%。商品房施工面积2296.12万平方米，比上年下降5.3%，其中住宅1824.17万平方米，下降3.9%；商品房新开工面积422.28万平方米，比上年下降25.1%，其中住宅340.70万平方米，下降26.0%；商品房竣工面积563.48万平方米，比上年增长2.0%，其中住宅435.98万平方米，增长7.4%；商品房销售面积529.99万平方米，比上年增长19.8%，其中住宅491.17万平方米，增长20.7%；商品房待售面积405.49万平方米，比上年增长45.3%，其中住宅279.99万平方米，增长54.5%；商品房销售额312.59亿元，比上年增长22.9%，其中住宅276.28亿元，增长21.5%。

六、国内贸易

消费品市场运行平稳。全年社会消费品零售总额1001.64亿元，比上年增长10.9%。从城乡市场看，城镇消费品零售额928.45亿元，增长10.7%，乡村消费品零售额73.19亿元，增长12.4%。从消费形态看，批发和零售业863.59亿元，增长11.5%，住宿和餐饮业138.05亿元，增长6.8%。从限额以上单位看，全年限额以上社会消费品零售总额392.0亿元，增长8.0%；其中，限额以上批发零售业零售额373.0亿元，增长8.2%；限额以上住宿餐饮业零售额19.0亿元，增长3.6%。

基本生活类商品稳中有降。全年限额以上粮油、食品类商品零售额46.47亿元，比上年增长8.5%；饮料类商品零售额3.94亿元，比上年增长4.0%；烟酒类商品零售额10.48亿元，比上年增长17.8%；服装鞋帽针纺织品商品零售额33.25亿元，比上年增长10.6%；日用品类商品零售额7.47亿元，比上年下降5.2%；金银珠宝类商品零售额9.59亿元，比上年增长2.4%，化妆品商品零售额3.62亿元，比上年增长6.2%；书报杂志类商品零售额4.65亿元，比上年下降2.3%；文化办公用品商品零售额2.23亿元，比上年增长7.4%；汽车商品零售额102.80亿元，比上年增长12.3%；石油及制品类商品零售额50.35亿元，比上年下降4.2%。

七、外向型经济

对外贸易难中求进。全年完成进出口总额102.3亿美元，比上年下降6.1%；出口63.77亿美元，增长3.2%；进口38.53亿美元，下降18.3%。按贸易方式分，出口额中，一般贸易出口40.05亿美元，下降1.5%；加工贸易出口22.97亿美元，增长15.9%。进口额中，一般贸易进口27.08亿美元，下降

7.8%;加工贸易进口7.92亿美元,下降16.4%。按企业性质分,出口额中,外商投资企业出口35.56亿美元,下降0.9%;民营企业出口26.00亿美元,增长7.4%。进口额中,外商投资企业进口25.29亿美元,下降13.5%;民营企业进口12.60亿美元,下降28.0%。按商品类别分,出口额中,机电产品出口31.94亿美元,增长20.3%,农产品出口2.47亿美元,增长5.0%。进口额中,机电产品进口6.77亿美元,下降33.8%,农产品进口11.72亿美元,增长27.7%。按产销国别分,对亚洲出口24.92亿美元,下降6.1%;对非洲出口1.80亿美元,增长13.2%;对欧洲出口11.46亿美元,下降15.2%;对拉丁美洲出口8.91亿美元,增长135.0%;对北美洲出口13.09亿美元,下降7.6%;对大洋洲出口3.58亿美元,增长64.7%。

开放型经济平稳发展。全年新批协议注册外资12.55亿美元,比上年下降49.4%;实际到账注册外资10.66亿美元,比上年增长13.4%。

八、交通运输、邮政电信和旅游业

交通运输增长平稳。全年公路客运量8996万人,比上年增长1.0%;公路客运周转量546834万人公里,比上年增长1.7%;公路货运量2489万吨,比上年增长6.6%;公路货运周转量688281万吨公里,比上年增长10.8%;水路货运量15118万吨,比上年增长3.2%;水路货运周转量7510426万吨公里,比上年增长12.6%。港口货物吞吐量19495万吨,比上年增长5.1%;其中泰州港区吞吐量16800万吨,增长6.2%,外贸吞吐量1472万吨,下降9.7%。年末民用汽车拥有量53.88万辆,比上年增长13.3%,其中私人汽车拥有量47.47万辆,增长15.5%。

邮政电信稳中有降。全年邮政业务总量5.09亿元,比上年增长13.6%。邮电业务收入40.42亿元,下降1.0%。年末移动电话用户422.99万户,比上年增长4.4%。电信互联网宽带接入用户68.66万户,比上年增长5.2%。函件1176.29万件,比上年下降17.9%;包件4.14万件,比上年下降25.3%;报纸和杂志累计11498.97万件,比上年下降8.2%;特快专递205.12万件,比上年增长757.2%。

旅游业发展较快。全年接待国内旅游者2037.34万人次,比上年增长10.2%;实现国内旅游收入241.54亿元,比上年增长13.1%。全年入境过夜旅游人数3.19万人次,比上年增长6.4%;创汇2922.24万美元,比上年增长4.7%。年末国家A级以上景点37个,其中,4A级景点7个,5A级景点1个;全国工农业旅游示范点6个,国家红色旅游经典景区2个,江苏省星级乡村旅游点52个。全市旅行社个数119个,持有导游员资格证书的人员1458人,旅游星级饭店数30个,其中三星级21个、四星级5个、五星级1个。秋雪湖生态景区创成国家4A级旅游景区,国家A级旅游景区数量在全省排名前移2位。泰兴市宣堡镇、曲霞镇印达村创成省级特色旅游景观名镇(村),田园牧歌景区评为全国休闲农业与乡村旅游五星级示范园区,泰兴市黄桥镇祁巷村、靖江市生祠镇东进村评为中国乡村旅游模范村,姜堰区溱湖绿洲评为中国乡村旅游模范户,18家单位评为中国乡村旅游金牌农家乐。旅游项目总投入61.5亿元,比上年增长40%,增速列全省第四名;全年新开工的亿元以上旅游项目达9个,数量创历史新高。

九、财政、金融、保险和证券

财政收支平稳增长。全年完成公共财政预算收入322.22亿元,比上年增长13.9%,其中,税收收入完成262.09亿元,增长13.7%,税收收入占公共财政预算收入的比重为81.3%。全年公共财政预算支出432.30亿元,比上年增长16.5%,公共财政预算支出中,公共安全支出25.10亿元,增长

10.5%；教育支出 68.66 亿元，增长 15.9%；科学技术支出 8.03 亿元，增长 4.9%；文化体育与传媒支出 6.72 亿元，下降 7.4%；社会保障和就业支出 36.94 亿元，增长 17.3%；医疗卫生支出 39.87 亿元，增长 26.5%；节能环保支出 9.46 亿元，下降 6.2%；城乡社区事务支出 59.08 亿元，增长 27.8%；交通运输支出 10.11 亿元，增长 6.6%。

金融市场规模不断扩大。年末全市金融机构人民币各项存款余额 4441.70 亿元，比年初增加 496.68 亿元，其中住户人民币存款余额 2242.46 亿元，比年初增加 217.32 亿元。金融机构人民币各项贷款余额 3228.08 亿元，比年初增加 476.58 亿元，其中住户人民币贷款余额 857.85 亿元，比年初增加 92.57 亿元；人民币贷款中，短期贷款 1281.91 亿元，中长期贷款 843.48 亿元，分别比年初增加 85.36、192.91 亿元。

保险事业快速发展。全年保险业务收入 113.72 亿元，比上年增长 31.7%；其中，财产险收入 29.70 亿元，增长 19.2%；人寿险收入 84.02 亿元，增长 36.8%。全年赔款和给付 37.26 亿元，增长 20.0%；其中，财产性赔付 16.69 亿元，增长 18.2%；人寿险赔付 20.57 亿元，增长 21.6%。

证券市场发展迅速。全年证券交易额 11000.08 亿元，比上年增长 253.7%；其中，股票交易额 9841.14 亿元，增长 311.7%；基金交易额 175.18 亿元，下降 36.8%；债券交易额 12.21 亿元，增长 60.4%。全年期货交易额 868.22 亿元，比上年增长 78.2%。

十、科学技术和教育

科技创新能力不断提升。全市科技进步贡献率达 59.2%，比上年提高 0.5 个百分点。全年新增高新技术企业数（新标准）137 家，新增省级以上工程技术研究中心 13 家、企业技术中心 3 家、工程中心 4 家。加强知识产权保护，新获专利授权 13484 件，其中发明专利 651 件。积极打造人才高地，全年引进高层次人才 2095 人，新引进长期外国专家 62 人，新增高技能人才 19384 人。全市获国家科技奖 5 项，自然科学奖 6 项，发明奖 7 项。新认定的省级高新技术产品 10 项，组织实施的省重大科技成果转化专项资金项目 11 项，认定国家重点新产品项数 12 项。新增省科技创新团队 3 个，省双创博士企业创新类 3 名，新增中国驰名商标 11 件。高新技术产业化步伐加快。全年实现高新技术产业产值 4751.99 亿元，比上年增长 16.0%，快于规模以上工业 1.1 个百分点，高新技术产业产值占规模以上工业的比重为 42.5%，比上年提高 1.3 个百分点；高新技术产业完成投资 472.17 亿元，增长 20.6%。

教育现代化建设开局良好。学前教育优质资源不断扩大。新创建成省优质园 12 所，全市省优质园达 203 所，占成型幼儿园总数的 69%，比上年提高 8 个百分点。义务教育全域均衡发展成为全国典型。新创建义务教育现代化学校 48 所，累计占比达 75%；全市 123 所中小学创建成"管理标准"示范校，占比达 39%。新增四星级高中 2 所，新增省级课程基地 3 个，省前瞻性教学改革实验项目 2 个。创成省品牌特色专业、省高水平现代化实训基地各 5 个。一所职业学校创建成国家职业教育改革发展示范校，一所职业学校通过省首批高水平现代化学校验收。申报 7 个教育部现代学徒制试点项目，推进 12 个省现代职业教育体系项目试点工作。新创建省级高水平农科教结合示范基地 1 个、社区教育示范区 2 个、居民学校 86 个、社区教育中心 19 个。年末全市拥有小学 156 所，在校学生 22.15 万人；初中 150 所，在校学生 10.81 万人；高中 37 所，在校学生 6.34 万人；职业高中 3 所，在校学生 0.57 万人；普通中等专业学校 9 所，在校学生 1.71 万人；普通高等学校 7 所，在校学生 5.62 万人；特殊教育学校 5 所，在校学生 576 人。

十一、文化、卫生和体育

文化事业蓬勃发展。全市建成村(社区)综合性文化服务中心百余家,成为全省唯一一家省级"村和社区综合性文化服务中心建设"试点城市;海陵区、姜堰区加快文化设施建设力度,全力打造城市"15分钟文化圈"和农村"十里文化圈",成功获得省公共文化服务体系建设示范区创建资格。培育"康泰之州、富泰之州、祥泰之州"城市形象品牌,成功举办2015中国泰州梅兰芳艺术节取得新成效。成功举办泰州市第三届文化产业产品展示会,共有70余家有实力的文化企业参展,数百种文化产品、几十种非遗项目亮相,获得了社会广泛好评。举办第二届"胡瑗读书节",共举办93项读书活动,努力满足多层次、多元化的社会阅读需求。全市城市影院票房收入突破1个亿,达15345万元,比上年增长59.8%。年末全市公共图书馆总藏量270.75万册,电子图书藏量34.23万册,电视综合人口覆盖率100%,有线电视入户率98.3%。人均拥有公共文化设施面积0.18平方米。

卫生事业加快发展。年末拥有各类卫生机构1970家,其中医院、卫生院175家,卫生防疫防治机构12个,妇幼卫生保健机构6个;各类卫生机构拥有病床21874张,其中医院、卫生院21500张;拥有卫生技术人员31000人,其中执业(助理)医师11300人、注册护士8769人。其中乡镇卫生院151个,床位7204张,卫生技术人员7198人;乡村医生和卫生员3959人。新型农村合作医疗人口覆盖率100%。

体育事业持续发展。创成"江苏省体育服务体系示范区",城市社区"10分钟体育健身圈"全部建成并通过省级验收,农村"20分钟体育健身圈"建设全面启动迅速。全市拥有市属体育单项协会34个、团体会员320个、个人会员近4万人;城乡晨晚练健身点2500多个,达到每万人拥有5个健身点目标。连续八年,市体育局被国家体育总局授予"全国群众体育优秀组织奖"。"姜堰溱潼会船节"、"凤城河公开水域全国邀请赛"、"溱湖铁人三项赛"等品牌赛事活动在全国有较大影响。创成省级高水平体育后备人才基地1个,国家级、省级体育俱乐部31个,省级体育传统校11所。拥有市级校园足球布局学校38所、市级校园篮球特色学校54所。第一届全国青年运动会上,夺得3金2银2铜。人均拥有公共体育设施面积2.93平方米。

十二、资源环境、节能降耗和安全生产

生态文明建设成效显著。市本级通过省级生态市考核验收,姜堰、海陵、高港通过国家级生态区考核验收,泰兴、靖江分别通过国家级生态市考核验收和技术评估,兴化通过省级生态市考核验收,新增4个国家级生态镇。实施大气环境监测和重污染天气预警,狠抓重点流域水污染防治和饮用水源地专项整治,城市空气质量达到及好于二级标准天数比例达到71.2%,环境污染治理项目1316个;地表水好于Ⅲ类水质比例达到84.2%;城镇污水达标处理率达85.5%,生活垃圾无害化处理率达80.8%,村庄环境整治达标率100%。加强绿色泰州建设,城镇建成区绿化覆盖率33.4%。

节能降耗持续推进。全市规模以上工业综合能源消费量为782.89万吨标准煤,比上年增长13.9%,其中电力、热力生产和供应业321.13万吨标准煤,增长55.4%;化学原料和化学制品制造业177.14万吨标准煤,下降1.6%。规模以上工业万元产值能耗为0.07吨标准煤/万元,比上年下降1.4%,其中电力、热力生产和供应业4.32吨标准煤/万元,增长2.3%;化学原料和化学制品制造业0.13吨标准煤/万元,下降16.9%。高耗能制造业完成投资257.28亿元,比上年增长4.4%,高耗能制造业占工业投资的比重下降4.9个百分点。

安全生产形势保持稳定。全市发生各类安全生产事故194起,死亡124人,事故起数、死亡人数

比上年分别下降 14.9%、10.8%，死亡人数控制在省下达指标范围内，占 93.2%。重点行业领域安全形势保持平稳。全市工矿商贸企业死亡人数、生产经营性道路交通死亡人数和农业机械死亡人数都在省下达控制指标以内。危化品、人员密集场所、造拆船、烟花爆竹等重点行业领域安全生产形势总体稳定。较大事故得到有效控制。全市共发生三起较大事故，占省下指标的 75%。从地区看，泰兴、兴化、海陵各发生一起较大事故。从行业看，道路交通发生较大事故两起，建筑施工发生较大事故一起，未发生工贸企业较大及以上事故。全市亿元 GDP 生产安全事故死亡 0.005 人，下降 95.5%。

十三、人口、人民生活和社会保障

人口平稳增长。年末 167.92 万户，户籍总人口 507.85 万人，其中市区 163.54 万人，其中女性 248.93 万人，性别比 104.01。当年出生人口 4.67 万人，人口出生率 9.20‰；死亡人口 4.25 万人，人口死亡率 8.36‰；人口自然增长率 0.84‰。年末全市常住人口 464.16 万人，其中市区 162.25 万人。新型城镇化扎实推进。年末常住人口城镇化率为 61.55%，比上年提高 1.4 个百分点。

居民生活持续改善。全年城镇常住居民人均可支配收入 34092 元，农村常住居民人均可支配收入 16410 元，均比上年增长 8.8%，剔除价格因素，实际均增长 7.0%。城镇常住居民、农村常住居民人均生活消费支出分别为 21008 元和 11844 元，分别增长 7.6% 和 9.2%。

就业形势整体良好。积极推进城乡统筹就业，着力解决困难群众就业问题。全年新增城镇就业 9.95 万人，农村劳动力转移 1.23 万人，城镇失业人员再就业 5.60 万人，就业困难人员就业 5799 人，城镇登记失业率 1.89%。

保障水平不断提高。城乡基本社会保险覆盖率达 98.0%，年末全市城镇职工基本养老保险参保人数达 83.78 万人，城乡居民社会养老保险参保人数达 120.34 万人，基本医疗保险参保人数达 470.57 万人，失业保险参保人数达 63.78 万人，工伤保险参保人数达 82.52 万人。城乡低保户数分别为 8119、47861 户，低保人数分别为 12987、73593 人。全年累计投入低保资金 2.2 亿元，城市居民最低生活保障标准提高到 570 元/月/人，农村提高到不低于 420 元/月/人，靖江市、海陵区、高港区、医药高新区实现城乡低保标准一体化。医疗救助比例提高到 70%，全年救助城乡困难群众 22.4 万人次，累计支出资金 8664.2 万元。发挥临时救助应急救难功能，对因病、因灾及子女就学等原因造成基本生活出现暂时困难的家庭发放一次性生活补助金，累计投入资金 2573 万元，救助困难家庭 8 万户次。

第八章　2015 年南通市经济社会发展报告

2015 年,南通全市上下全面贯彻党的十八大和十八届三中、四中、五中全会精神,认真落实习近平总书记系列讲话特别是视察江苏重要讲话精神,主动认识新常态,积极适应新常态,奋力引领新常态,在省委、省政府的正确领导下,紧紧围绕"两个率先",全力落实"八项工程"、实现"八个领先",抢抓机遇、应对挑战,统筹推进经济、政治、文化、社会、生态文明建设和党的建设。国民经济总体处于稳健运行的合理区间,发展质态继续优化,转型升级成效显现,积极因素不断积累。

一、总体经济

年末全市常住人口 730.0 万人,其中,城镇人口达到 458.2 万人,增长 2.7%,城镇化率 62.8%,比上年提高 1.7 个百分点。年末户籍人口 766.8 万人,比上年减少 0.86 万人。全市人口出生率7.60‰,人口死亡率 8.98‰,人口自然增长率−1.38‰。

国民经济平稳增长。初步核算,全市实现生产总值 6148.4 亿元,按可比价格计算,比上年增长9.6%。其中:第一产业增加值 354.9 亿元,增长 2.9%;第二产业增加值 2977.5 亿元,增长 9.7%;第三产业增加值 2816.0 亿元,增长 10.5%。人均 GDP 达到 84236 元。按 2015 年平均汇率计算,人均GDP 为 13525 美元,增长 8.1%。

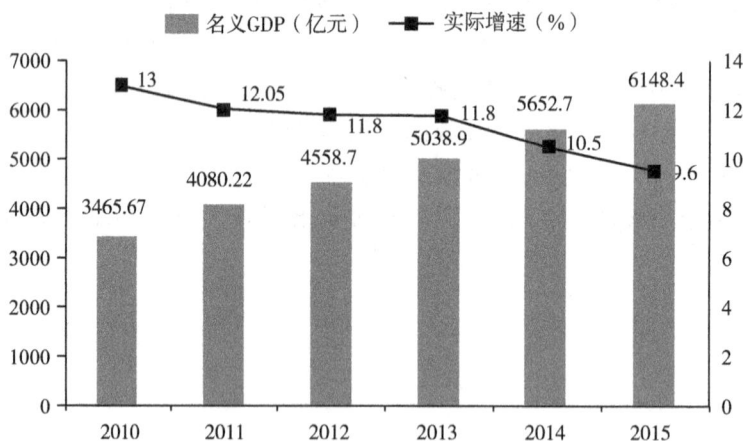

图 1　南通市 GDP 规模及实际增速
数据来源:历年《江苏统计年鉴》

2015 年,南通市 GDP 总量在全省 13 市中列第四位,苏中三市中列第一位,而人均 GDP 在全省13 个省辖市中列第七位,苏中三市中列第二位。在 GDP 总量上南通市高于常州市、扬州市、镇江市,但人均 GDP 比三市要低得多,分别低 27985 元、5411 元和 26115 元,与全省人均 87996 元相比还有3760 元的差距。

就业持续增加。全年新增城镇就业人数 8.24 万人,新增转移农村劳动力 2.63 万人。全年提供就业岗位 35.9 万个。年末从业人员达 460.0 万人,其中,第一产业 97.2 万人,第二产业 214.5 万人,第三产业 148.3 万人。劳动生产率稳步提高。全年全员劳动生产率为 127595 元/人，比上年提高 10.5％。

单位：元/人

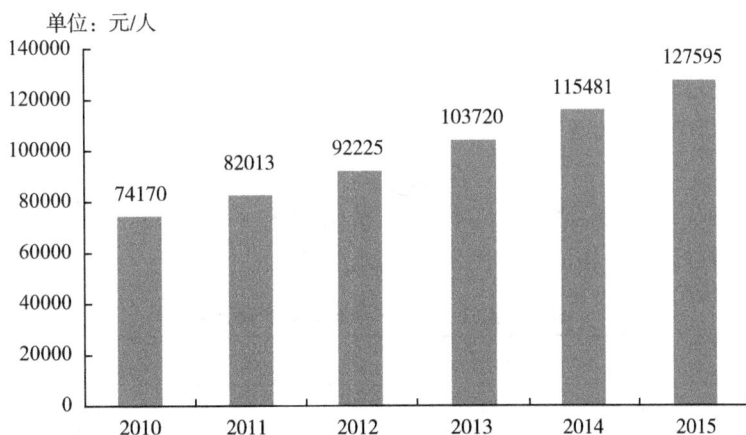

图 2　南通市全员劳动生产率

数据来源：历年《南通统计年鉴》

产业结构继续优化。全市三次产业结构演进为 5.8∶48.4∶45.8。全年实现服务业增加值 2816.0 亿元，增长 10.5％，占 GDP 比重达到 45.8％。"两新"产业较快发展，完成高新技术产业产值 6202.5 亿元，增长 14.6％，占规模以上工业比重达到 45.0％，同比提高 1.4 个百分点。六大新兴产业 完成产值 4552.4 亿元，增长 10.6％，占规模以上工业的比重达到 33.1％，与上年持平。

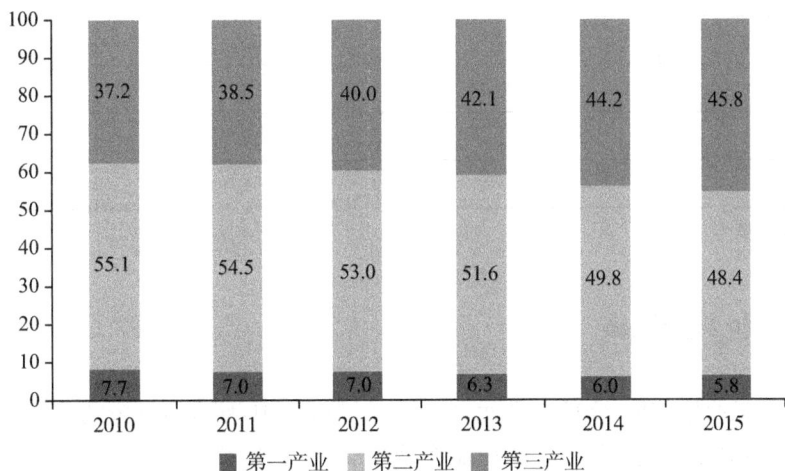

图 3　南通市产业结构变迁情况（％）

数据来源：历年《南通统计年鉴》

区域经济协调发展。县区实现生产总值 3883.8 亿元，增长 9.9％，快于市区增幅 0.4 个百分点； 完成一般公共预算收入 353.0 亿元，增长 14.8％，快于市区增幅 2.4 个百分点，在工业应税销售收入、 服务业应税销售收入、固定资产投资、社会消费品零售总额等指标方面，县区增速也快于市区。

全年新登记私营企业 2.18 万家，年末累计达 17.3 万家；新登记私营企业注册资本 1674.2 亿元， 年末累计注册资本 7813.5 亿元。全年新登记个体户 5.52 万户，年末累计达 46.8 万户；新登记个体 工商户资金数额 58.1 亿元，年末累计资金数额 288.1 亿元。年末全市共有规模以上民营工业企业 3780 家，占全市规模以上工业企业总数的比重达 74.7％；全年民营工业增加值 1800.6 亿元，增长

13.1%,占全市规模以上工业的比重达62.0%。

二、农林牧渔业

全市农林牧渔业总产值664.2亿元,按可比价计算,增长3.8%。其中,农业产值290.6亿元,增长2.9%;牧业产值150.2亿元,增长1.7%;渔业产值156.6亿元,增长4.6%。全年粮食亩产434.9公斤,增长0.7%。

粮食播种面积775.31万亩,增长0.3%;棉花种植面积47.9万亩,下降14.2%;油料种植面积182.4万亩,下降4.1%;蔬菜种植面积199.2万亩,增长7.0%。

表1　南通市2015年主要农产品产量

产品名称	计量单位	产量	比上年增长(%)
粮食	万吨	337.15	0.9
棉花	万吨	3.65	−16.4
油料	万吨	38.66	−1.0
蚕茧	万吨	1.60	−20.0
生猪存栏	万头	265.22	−2.0
生猪出栏	万头	389.77	−1.3
羊存栏	万只	221.01	−2.8
羊出栏	万只	273.98	−2.0
家禽存栏	万羽	4659.14	−2.5
家禽出栏	万羽	10927.43	0.1
禽蛋	万吨	44.74	−2.1
水产品	万吨	90.00	2.0

数据来源:南通统计局

三、工业和建筑业

全市规模以上工业增加值2902.3亿元,增长10.7%,其中,轻重工业分别增长8.8%和11.7%。分经济类型看,国有企业下降12.5%,股份制企业增长12.3%,外商及港澳台投资企业增长8.0%。分行业看,全市工业九大行业呈现"二快四稳二缓一降"的态势,其中,机械业和电子信息业产值均增长15.1%;轻工食品业、化工医药业、纺织服装业和冶金业平稳增长,同比分别增长8.9%、8.8%、5.6%和5.6%;船舶海工业和能源电力业分别增长4.1%和0.2%;建材业下降1.1%。工业产值中,装备制造业产值6694.8亿元,增长11.1%,占全市规模以上工业总产值的比重达48.6%,比上年提高1.1个百分点。

全市规模以上工业主营业务收入13350亿元,增长8.1%;利税总额1635.5亿元,增长11.3%;利润总额1027.7亿元,增长10.2%。亏损企业亏损总额40.5亿元,增长26.4%。

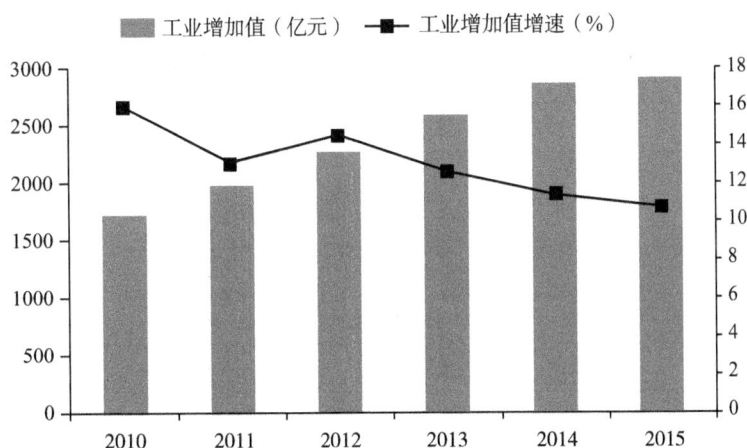

图 4　南通市工业增加值及名义增速

数据来源:历年《江苏统计年鉴》

表 2　南通市 2015 年主要工业产品产量

产 品 名 称	计量单位	产 量	比上年增长(%)
纱	万吨	63.49	−1.0
布	亿米	33.71	2.7
印染布	亿米	30.76	2.6
服装	亿件	7.66	1.0
化学纤维	万吨	132.25	9.3
金属集装箱	万立方米	326.27	−22.5
电动手提式工具	万台	9703.39	5.6
民用钢质船舶	万载重吨	438.52	−10.0
海洋工程及特种船舶	万综合吨	803.05	−13.3
通信及电子网络用电缆	万对千米	7.91	−10.3
光缆	万芯千米	906.07	7.8
半导体分立器件	亿只	73.74	−7.9
集成电器	亿块	116.44	17.2
发电量	亿千瓦时	396.28	−2.0
其中:风力发电量	亿千瓦时	23.11	−8.5

数据来源:南通统计局

　　规模以上工业企业中,七大高耗能行业产值增长 4.8%,占规模以上工业产值比重为 30.3%,同比下降 1.2 个百分点。初步核算,全市能源消费总量 2660.17 万吨标准煤,万元地区生产总值能耗为 0.452 吨标准煤,比上年下降 5.31%。

表3　南通市 2015 年十大行业能源消耗情况

指　　标	综合能源消费量 (万吨标准煤)	单位产值能耗 (吨标准煤/万元)	单位产值能耗 比上年增长(%)
电力、热力生产和供应业	656.1	4.2012	2.7
化学原料和化学制品制造业	218.0	0.1132	−7.5
纺织业	133.7	0.0965	−7.8
化学纤维制造业	69.7	0.2104	−7.5
金属制品业	55.5	0.0703	0.5
电气机械和器材制造业	48.2	0.0239	−6.4
黑色金属冶炼和压延加工业	36.2	0.1528	−4.7
计算机、通信和其他电子设备制造业	32.7	0.0396	−2.9
非金属矿物制品业	29.0	0.0760	0.2
文教、工美、体育和娱乐用品制造业	27.7	0.0492	−0.9

数据来源:南通统计局

　　2015 年,全市规模以上工业中,主营业务收入超亿元的企业达 2317 家,合计实现主营业务收入 12100.7 亿元,同比增长 11.1%,增幅高出全市平均水平 3 个百分点;实现利润总额 975.8 亿元,同比增长 13.2%,增幅高出全市平均水平 3 个百分点。其中,主营业务收入在 1 亿元至 10 亿元之间的企业 2078 家,合计实现主营业务收入 6298.2 亿元,同比增长 14%,占规模以上工业的比重达 47.2%,接近一半;主营业务收入在 10—50 亿元之间的企业 217 家,合计实现主营业务收入 4181 亿元,同比增长 9.8%;主营业务收入 50 亿元以上企业 22 家,合计实现主营业务收入 1621.6 亿元,同比增长 3.7%。以上数据表明,自步入结构调优增速换挡的新常态时期以来,南通市的骨干企业,主要集中在制造加工行业,由于大部分面向直接消费市场,市场需求稳定增长,受国际大宗商品市场价格下跌的影响较小,企业发展稳定,显出较强的韧性,对全市工业经济稳定增长贡献作用较大。

　　2015 年,全市规模以上工业中,高新技术产业完成产值 6202.5 亿元,同比增长 14.6%,增幅高出全市平均水平 5.6 个百分点,占规模以上工业的比重为 45%,较 2014 年、2013 年分别提高了 1.4 个、2.6 个百分点;直接拉动全市规模以上工业增长 6.3 个百分点,对全市规模以上工业增长的贡献率达到 70%。2015 年,全市工业六大制造业新兴产业完成产值 4552.4 亿元,同比增长 10.6%,增幅高出全市平均水平 1.6 个百分点,占规模以上工业的比重为 33.1%,较上半年提高了 0.6 个百分点。六大制造业新兴产业中,生物医药产业发展最为迅猛,2015 年产值同比增长 20.6%;节能环保产业、新能源产业、智能装备产业增长较快,2015 年产值同比分别增长 19.7%、14.5%、12.6%。

　　2015 年,全市六大主导产业完成产值 11845.7 亿元,同比增长 9.4%,增幅高出全市平均水平 0.4 个百分点,占全市规模以上工业比重达 86%。其中,化工医药业,纺织服装业,新能源、能源及其装备制造业三大板块产值总量均突破 2000 亿元。六大主导产业总体呈现"二快四稳"的发展态势。电子信息业,新能源、能源及其装备制造业产值增幅高于全市平均水平,同比分别增长 15.1%、14.3%。轻工食品业、化工医药业、纺织服装业、船舶海工业运行平稳,同比分别增长 8.9%、8.8%、5.6%、4.1%。

表 4　2015 年全市六大主导产业产值情况表

行 业 名 称	企业单位数（个）	现价工业总产值		
		总量（亿元）	增幅（%）	占比（%）
六大主导产业合计	3893	11845.7	9.4	86
一、纺织服装业	1423	2117.4	5.6	15.4
二、轻工食品业	878	1682.0	8.9	12.2
三、化工医药业	533	2305.4	8.8	16.7
四、电子信息业	312	1867.5	15.1	13.6
五、船舶海工业	364	1756.1	4.1	12.7
六、新能源、能源及其装备制造业	383	2117.3	14.3	15.4

数据来源：南通统计局

2015 年，全市建筑业增加值 526.2 亿元，增长 10.4%。全市建筑企业承建施工面积 6.84 亿平方米，增长 0.3%。全市建筑队伍人数 160 万人，建筑队伍遍及 35 个国家和地区，年末出国人数 0.79 万人；年末全市拥有特级资质建筑企业 15 家，拥有一级建造师 8685 人。

四、服务业

2015 年南通市服务业增加值为 2816 亿元，增长 10.5%，分别较一季度、上半年和前三季度提升 0.9、0.9 和 0.5 个百分点，高于全市 GDP 增速 0.9 个百分点，服务业对全市经济增长的贡献率为 42.5%，拉动 GDP 增长 4.1 个百分点，对全市经济的支撑作用不断增强。全市围绕转型升级工程，着力优化产业结构，大力发展现代服务业的各项举措得到体现，服务业增加值占 GDP 的比重为 45.8%，比去年同期提高 1.6 个百分点，提升幅度在十三市中列第二位，三次产业结构由上年的 6.0：49.8：44.2 优化为 5.8：48.4：45.8。

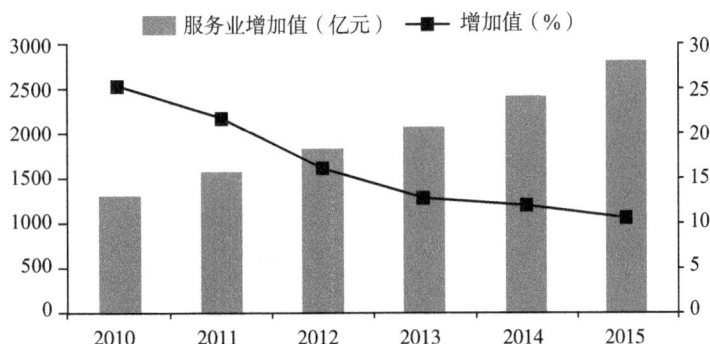

图 5　南通市服务业增加值及名义增速

数据来源：历年《江苏统计年鉴》

2015 年南通市 2001 家规模以上服务业企业实现营业收入 908.54 亿元，同比增长 13.8%，高于全省平均水平 2.8 个百分点，单位数、营业收入总量及增速均居全省 13 市第三位，全年运行较为平稳；得益于江苏文峰集团有限公司减持股份和综艺投资资本收益的带动，南通市规模以上服务业企业实现利税 240.71 亿元，同比增长 66.1%，其中，利润总额 194.68 亿元，同比增长 87.5%。

营利性服务业（租赁和商务服务业、文化体育和娱乐业、居民服务修理和其他服务业、互联网和相关服务、软件和信息技术服务业)发展速度快于规模以上服务业。2015 年实现营业收入 359.90 亿元,同比增长 22.0%,高于规模以上服务业 8.2 个百分点,较好地支撑了全市服务业经济的发展。

2015 年规模以上前 20 强服务业企业实现营业收入 316.92 亿元,占全部规模以上服务业的 34.9%,收入同比增速为 26.2%,高于规模以上企业平均 12.4 个百分点,拉动全市规模以上服务业增长 8.8 个百分点,对全市规模以上服务业支撑作用明显增强。

五、固定资产投资

全市完成固定资产投资额 4376.0 亿元,比上年增长 12.3%,其中,民间投资 3380.2 亿元,增长 16.8%,占固定资产投资的比重达 77.2%,提高 2.9 个百分点;工业投资 2223.8 亿元,增长 8.7%,其中技改投资 1526.1 亿元,增长 25.0%,占工业投资的比重达到 68.6%,比上年提高 9.0 个百分点。全市服务业投资达到 2143.7 亿元,增长 16.5%。完成基础设施投资 678.0 亿元,增长 8.9%。

交通枢纽加快建设。沪苏长江大桥加快建设,宁启铁路复线电气化改造竣工试运营,宁启铁路二期开工建设;通洋高速一期建成通车,海启高速开工建设,锡通高速完成前期工作,形成"一环三射两通道"的高速公路网布局,实现高速公路县级节点全面通达;兴东机场一类航空开放口岸获批;连申线三级航道建成通航,九圩港复线船闸开工建设。

全年房地产开发投资 690.9 亿元,增长 1.8%。商品房施工面积 5378.1 万平方米,增长 2%,其中,住宅施工面积 3993.3 万平方米,增长 1.1%。全市商品房竣工面积 1265.8 万平方米,增长 22.8%,其中,住宅竣工面积 992.1 万平方米,增长 15.7%。商品房销售面积 938.0 万平方米,增长 2.0%,其中住宅 858.1 万平方米,增长 1.8%。

六、国内贸易和旅游业

全年社会消费品零售总额 2379.5 亿元,增长 9.9%。其中,城市消费品零售额 1749.5 亿元,增长 10.1%;农村消费品零售额 629.9 亿元,增长 9.1%。分行业看,批发和零售业消费品零售额 2177.5 亿元,增长 9.8%;住宿和餐饮业消费品零售额 202.0 亿元,增长 10.2%。

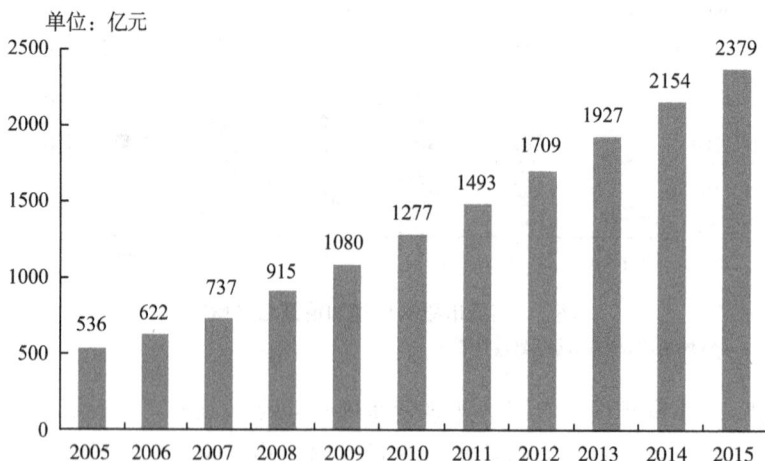

图 6　南通市社会零售品总额

数据来源:历年《江苏统计年鉴》

限额以上贸易单位商品零售额中,汽车类零售额比上年增长 4.7%,石油及制品类增长 2.5%,粮油食品类增长 7.6%,烟酒类增长 9.7%,服装鞋帽针织品类增长 11.0%,日用品类下降 3.7%,金银珠宝类下降 5.6%,家用电器和音像器材类增长 7.7%。

全年接待海内外旅游者 3404.5 万人次,实现旅游总收入 463.5 亿元,分别增长 10.4% 和 12.5%。其中,接待国内旅游者 3387.2 万人次,实现国内旅游收入 453 亿元,分别增长 10.5% 和 13.1%;接待入境旅游者 17.3 万人次,同比下降 7.6%,实现外汇收入 11668 万美元,增长 8.1%。年末全市拥有旅游星级饭店 86 家,旅行社 150 家,A 级旅游景区 51 处,省(市)级旅游度假区 7 个,星级乡村旅游点 54 个,全国农业旅游示范点 2 个,全国工农业旅游示范点 7 个。

七、开放型经济

全年进出口总值 315.79 亿美元,下降 0.2%,其中,出口总值 228.26 亿美元,增长 1.5%;进口总值 87.53 亿美元,下降 4.5%。年末与南通市建立进出口贸易关系的国家和地区 209 个。全市有 5406 家企业有进出口业务,增长 6.9%。

全年新批外商投资项目 315 个,比上年增长 2.6%,其中,千万美元以上项目 168 个,比上年增长 3.7%;新批协议注册外资 50.15 亿美元,下降 1.6%;实际到账注册外资 23.16 亿美元,增长 0.5%。

全年新批设立境外企业 78 家,中方协议投资额 11.4 亿美元。新签对外承包劳务合同额 11.7 亿美元,下降 37.1%;完成对外承包劳务营业额 24.4 亿美元,增长 7.6%;新派劳务人员 1.42 万人次,增长 51.2%;年末在外劳务人员 2.52 万人,增长 7.9%。

表5　南通市 2015 年对外贸易情况

指　　标	总量(亿美元)	比上年增长(%)
进出口总值	315.79	−0.2
进口	87.53	−4.5
出口	228.26	1.5
三资企业	112.92	−4.1
私营企业	109.26	9.6
一般贸易	152.20	3.1
加工贸易	70.21	−2.4
纺织品	66.15	−6.4
化工产品	18.72	−4.7
机电产品	97.57	6.0
高新技术产品	28.62	17.2
船舶及海工	23.53	−10.6
光伏产品	8.49	15.3
亚洲	119.68	−2.7
东盟	34.68	5.8
日本	33.81	−10.0

续　表

指　　标	总量（亿美元）	比上年增长（%）
欧洲	36.18	−10.3
欧盟	30.96	−10.9

数据来源：南通统计局

八、交通、邮政电信业和电力业

全年交通运输、仓储及邮政业增加值220.3亿元，比上年增长3.1%。兴东国际机场陆续开通仁川、大阪、台北等3条国际（地区）航线，年末国内航线15条，开通周航班量110班，下降9.8%；完成旅客运输量突破百万人次，达到116.2万人次，增长24.6%；全年民航货邮吞吐量3.61万吨，增长13.3%。年末铁路南通站始发列车13对；全年铁路客运量257.5万人次，增长1.6%；货运量84.3万吨，下降7.5%。全年公路货运量111662万吨，增长3.4%；公路客运量9948万人次，下降0.5%。

南通港全年货物吞吐量22077万吨，增长1.1%。其中，进港13043万吨，增长0.2%；外贸吞吐量5152万吨，增长7.0%。集装箱吞吐量75.9万标准箱，增长6.7%，其中，外贸航线31.3万标准箱，下降1.1%。

年末全市机动车保有量194.95万辆，比上年末减少0.41万辆。其中，载客汽车108.51万辆，增加16.68万辆；载货汽车7.04万辆，增加0.05万辆；摩托车77.7万辆，减少17.08万辆。年末全市个人汽车保有量达102.84万辆，比上年末增加15.90万辆。

全年实现邮政业务收入28.6亿元，增长25.0%，电信业务收入62.64亿元，与上年基本持平。年末全市固定电话用户205.78万户，比上年减少26.31万户，其中，城市电话用户135.64万户，增加24万户；住宅电话用户157.35万户，减少21.53万户。年末移动电话用户934.07万户，净增142.69万户。年末互联网用户860.87万户，新增71.65万户，其中固定宽带互联网用户206.07万户，新增15.13万户，无线宽带互联网用户654.8万户，增加56.52万户。

全年用电量349.2亿千瓦时，增长4.8%。分产业看，第一产业用电量6.8亿千瓦时，增长12.5%；第二产业用电量258.2亿千瓦时，增长3.7%，其中，工业用电量253.1亿千瓦时，增长4.2%；第三产业用电量37.3亿千瓦时，增长7.6%。城乡居民生活用电量47.0亿千瓦时，增长7.5%。

全市拥有发电装机容量931.3万千瓦，其中燃煤火电厂装机670.4万千瓦，占全市总装机容量的72%，风力发电、光伏发电、生物质发电装机容量分别为148.4、34.3、3.7万千瓦，占全市总装机容量的比重分别为15.9%、3.7%、0.4%。

九、财政、金融

全年一般公共预算收入625.6亿元，增长13.8%，其中，增值税下降1.8%，营业税增长28.4%，企业所得税增长30.6%，契税下降7.6%。全年一般公共预算支出748.4亿元，增长15.2%。地方公共财政预算支出中，用于社会保障与就业、科学技术、教育、医疗卫生、环境保护等民生方面的财政投入达561.7亿元，占一般公共预算支出的比重达到75.0%，比上年提高1个百分点。

全年金融机构新增本外币存款1242.7亿元，年末存款余额9843.4亿元，其中，储蓄存款余额5075.4亿元，比年初增长450.1亿元；非金融企业存款余额3101.5亿元，比年初增长523亿元。全年金融机构新增贷款822.4亿元，年末各项贷款余额6081.3亿元。

单位：亿元

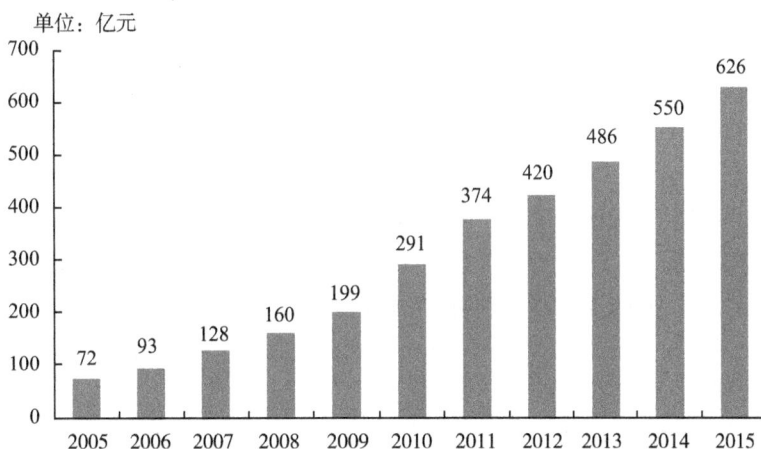

图7　南通市一般公共预算收入

数据来源：历年《江苏统计年鉴》

全年发放住房公积金贷款 56.1 亿元，比上年增长 27.5％；本年提取公积金 53.6 亿元，增长 23.6％。全年新增公积金开户人数 11.8 万人，至年末已开户职工人数 90.6 万人。

年末全市拥有保险机构 75 家，保险行业从业人员 2.4 万人。全年保费收入 179.3 亿元，比上年增长 16.4％，其中，财产险收入 54.5 亿元，增长 11.8％；人寿险收入 104.2 亿元，增长 15.8％。全年已决赔款及给付 72.6 亿元，增长 5.7％。

年末全市上市公司 32 家，其中境内上市公司 27 家，比上年新增 2 家。上市公司通过首发、配股、增发、可转债、公司筹集资金 598.7 亿元，比上年增加 141.7 亿元。企业境内上市公司总股本 170 亿股，增长 61.2％；市价总值 3559.2 亿元，增长 152.2％。

十、科学技术和教育

年末全市拥有高新技术企业 750 家；新增省级高新技术产品 836 项；新建省级工程中心 34 家，省级企业院士工作站 3 家；新建市级工程技术研究中心 74 家，企业院士工作站 1 家。全年有 24 项科技成果获江苏省科技进步奖，其中，一等奖 1 项，二等奖 3 项，三等奖 20 项。年末，全市共建成科技孵化器 50 家，其中国家级 9 家、省级 27 家。全年专利申请量 34770 件，比上年增长 25.6％；专利授权量 25970 件，增长 109.6％；其中，发明专利申请量 8741 件，增长 3.4％，发明专利授权量 2217 件，增长 137.9％，万人发明专利拥有量 15.06 件，增长 30.6％。全社会研发投入占 GDP 的比重达到 2.55％，比上年提高 0.05 个百分点。

全市拥有普通高等学校 8 所，年末在校学生 9.0 万人；成人高校 2 所，在校学生 2.29 万人；中等职业教育学校 20 所，在校学生 6.16 万人；普通高中 49 所，在校学生 8.3 万人；普通初中 162 所，在校学生 15.51 万人；小学 322 所，在校学生 32.56 万人；特殊教育学校 7 所，在校学生 0.1 万人；各级各类幼儿园 443 所，在园儿童 16.42 万人。

十一、文化、卫生和体育

年末全市拥有文化馆 9 个，文化站 97 个，公共图书馆 10 个，"农家书屋"1614 个。全市拥有博物馆（纪念馆）22 个。市级以上文物保护单位 91 处，其中全国重点文物保护单位 10 处，省级文物保护单位 22 处。市级以上非物质文化遗产 106 项,其中国家级 10 项,省级 53 项。全市拥有广播电视台 7 座,年末数字电视用户 228.98 万户,有线电视数字化率达 86.2%。全年共登记一般作品版权 2.15 万件。年末全市文化市场经营单位 1226 个,广播电视行业单位 29 个,印刷发行单位 2013 个。全市拥有文化产业示范园区(基地)37 个,其中国家级 2 个,省级 5 个。市图书馆(少儿图书馆)新馆 10 月 1 日正式开馆。

2015 年末全市拥有卫生机构 1597 个(不含农村社区卫生服务站、村卫生室)。其中,医院、卫生院 306 个,妇幼保健院(所、站)7 个,专科疾病防治院(所、站)3 个。全市卫生机构床位数 3.6 万张,卫生技术人员 4.1 万人。其中,执业医师和执业助理医师 1.68 万人,注册护士 1.67 万人。全市拥有疾病预防控制中心(站)9 个,卫生技术人员 473 人;卫生监督所 8 个,卫生技术人员 259 人;乡镇卫生院 101 个,床位 0.73 万张,卫生技术人员 0.73 万人。

市区(不含通州区)共建成城市社区卫生服务中心 22 个,以街道(镇)为单位建成率 100%。累计建成农村社区卫生服务站、村卫生室 1551 个,行政村覆盖率 100%。全市新型农村合作医疗参合率 99.91%。农村自来水普及率 100%。

全年成功承办 6 项次国际赛事、6 项次全国赛事、7 项次省级赛事。全市新增晨晚练健身点 276 个,各级各类全民健身活动参与群众超过 10 万人次。体育彩票全年实现销售额 12.2 亿元。

十二、人民生活和社会保障

城乡居民收入稳步增加。全体居民人均可支配收入 27584 元,比上年增长 8.9%,按常住地分,城镇居民人均可支配收入 36291 元,比上年增长 8.7%;农村居民人均可支配收入 17267 元,比上年增长 9.1%。

表 6　2015 年南通市居民收入构成表

	全体居民		城镇居民		农村居民	
	指标值(元)	增长(%)	指标值(元)	增长(%)	指标值(元)	增长(%)
人均可支配收入	27584	8.9	36291	8.7	17267	9.1
工资性收入	16138	9.8	21230	10.0	10105	9.1
经营净收入	5275	5.9	6408	2.2	3933	13.9
财产性收入	1762	12.6	2899	12.8	414	11.1
转移净收入	4409	7.7	5754	9.9	2815	2.9
人均生活消费支出	18358	7.9	23680	7.5	23680	7.5
食品烟酒	5296	6.6	6794	6.2	6794	6.2
衣着	1236	4.7	1771	3.7	1771	3.7
居住	4147	7.7	5437	7.9	5437	7.9
生活用品及服务	1082	9.0	1398	9.0	1398	9.0
交通通信	2951	7.7	3478	6.4	3478	6.4

指　　标	全体居民		城镇居民		农村居民	
	指标值（元）	增长（%）	指标值（元）	增长（%）	指标值（元）	增长（%）
教育文化娱乐	1920	14.0	2575	13.4	2575	13.4
医疗保健	1146	8.8	1535	7.4	1535	7.4
其他用品和服务	580	7.7	692	7.9	692	7.9

数据来源：南通统计局

全体居民人均消费支出 18358 元,比上年增长 7.9%,按常住地分,城镇居民人均消费支出 23680元,增长 7.5%;农村居民人均消费支出 12052 元,增长 9.1%。年末,城镇居民家庭每百户拥有电冰箱 109.6 台,空调 202.1 台,移动电话 249.5 部,家用电脑 98.4 台,家用汽车 53.1 辆。农村居民家庭每百户拥有电冰箱 104.3 台,空调 129.9 台,移动电话 242.7 台,家用电脑 59.2 台。

年末全市城镇居民人均住房建筑面积 47.3 平方米,比上年增长 4.0%。农村居民人均住房面积59.3 平方米,比上年下降 8.1%。

市区居民消费价格总指数 101.8,物价总水平比上年增长 1.8%,其中,服务项目价格上涨 2.6%,消费品价格上涨 1.4%。八大类消费价格呈现"七涨一降"的态势。

表 7　南通市 2014 年区居民消费价格涨跌情况

指　　标	比上年增长（%）
食品类	2.8
其中:粮食类	3.1
肉禽及其制品类	5.1
蛋类	−7.2
烟酒及用品类	2.5
衣着类	2.3
家庭设备用品及维修服务类	3.2
医疗保健和个人用品类	1.1
交通和通讯类	−3.5
娱乐教育文化用品及服务类	2.4
居住类	2.1

数据来源：南通统计局

年末全市参加城镇职工基本养老保险人数 146.9 万,较上年增加 4.4 万人。全市城镇职工基本养老保险离退休人数 57.2 万人,较上年增加 3.2 万人。城乡居民养老保险参保人数 158.9 万;参加失业保险人数 100.76 万人,比上年末增加 2.06 万人;参加基本医疗保险人数(在职)达 183 万人,比上年末增加 6.29 万人;参加工伤保险人数为 126.84 万人,比上年末增加 4.63 万人。

年末全市拥有各类养老机构 239 家,床位数 42357 张,其中,农村敬老院 96 家,床位 22438 张。全市拥有养老床位总数(含社区养老)65161 张。年末农村五保对象 20886 名,集中供养 10374 人,农村五保集中供养能力达到 107.4%。全年结婚登记 63564 对。

十三、环境保护和安全生产

全年市区(含通州区)新增绿地 710 公顷,城市绿化覆盖率 42.8%;日供水能力达到 160 万立方米,水质综合指标合格率 100%;市区燃气普及率、用水普及率、生活垃圾无害化处理率均达到100%。全年市区新增路灯、景观灯 26395 盏,城市道路亮灯率达到 99.5%。

2015 年全市共新建(改造)燃煤火电、热电机组脱硫设备 5 套、脱硝设施 2 套、完成 7 台超低排放火电热电机组改造,锅炉平均脱硫效率达 80% 以上、综合脱硝效率达 60% 以上,烟尘排放基本达到重点区域特别排放限值。全市各地根据实际划定了禁燃区范围。

2015 年全市环境质量保持稳定,环境空气主要污染物年平均值为:二氧化硫 30 微克/立方米,二氧化氮 38 微克/立方米,可吸入颗粒物 88 微克/立方米,PM2.5 浓度为 58 微克/立方米,其中二氧化硫和二氧化氮年均值符合国家空气质量二级标准,可吸入颗粒物和 PM2.5 年均值超过国家空气质量二级标准;全年空气质量指数达到良好以上的天数达 247 天,占全年有效监测天数的 67.7%。长江南通段主流水质符合国家地面水质环境质量Ⅲ类水质标准,饮用水源地水质达标率 100%。区域环境噪声平均值为 53.4 分贝,交通干线噪声平均平均值为 66.0 分贝,均符合国家环境噪声质量标准。

全年共发生各类安全生产事故 1047 起,死亡 162 人,比上年分别下降 13.3% 和 1.2%,其中,工矿商贸企业(含建筑业)发生生产安全亡人事故 19 起,死亡 21 人。全市共发生火灾 2939 起,死亡 12人,伤 5 人,受灾 1414 户,烧毁建筑面积 3.1 万平方米,直接财产损失 949.9 万元。全市共发生一般以上交通事故 1284 起,死亡 432 人,伤 1187 人。

第九章 2015 年徐州市经济社会发展报告

2015 年,面对错综复杂的国内外经济环境,徐州全市上下认真贯彻落实党的十八大和十八届四中、五中全会精神,紧紧围绕建设"强富美高"新徐州的总目标,坚持稳中求进工作总基调,深入实施"八项工程",全力推进"三重一大",主动适应新常态,统筹做好稳增长、促改革、调结构、惠民生、防风险等各项工作,全市经济运行总体平稳、稳中有进、稳中有好,各项社会事业取得新进展。

一、总体经济

经济保持稳定增长。初步核算并经省统计局核定,2015 年,全市实现地区生产总值(GDP)5319.88 亿元,按可比价计算,较上年增长 9.5%。其中,第一产业实现增加值 504.76 亿元,增长 3.5%;第二产业实现增加值 2355.06 亿元,增长 9.8%;第三产业增加值 2460.06 亿元,增长 10.2%。人均 GDP 达 61511 元,较上年增长 9.0%。

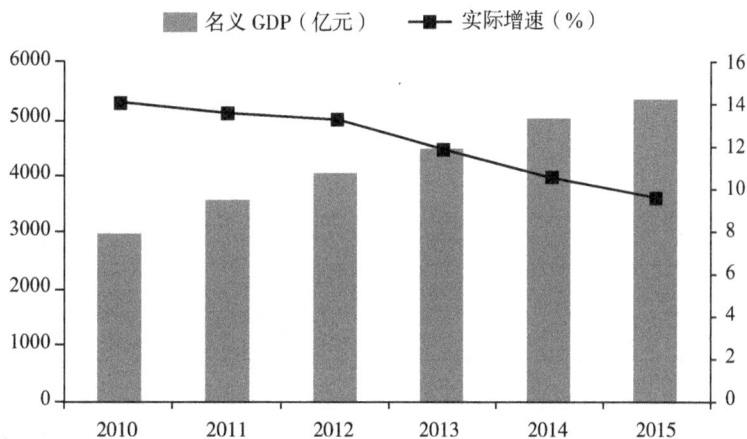

图 1　徐州市 GDP 规模及实际增速

数据来源:历年《江苏统计年鉴》

产业结构持续优化调整。全市三次产业增加值比例调整为 9.5∶44.3∶46.2,第三产业增加值比重较上年提高 1 个百分点,首次超过二产 1.9 个百分点,产业结构实现由"二三一"向"三二一"的转变。全市规模以上工业实现高新技术产业产值 4505.26 亿元,同比增长 11.3%,占规模以上工业总产值比重为 36.2%,较上年提高 1.3 个百分点;高耗能产业产值增长 7.1%,增速低于规模以上工业 1.4 个百分点,占规模以上工业产值比重同比下降 0.4 个百分点。

物价水平温和上涨。全市城市居民消费价格总水平较上年上涨 1.5%,涨幅较上年回落 0.6 个百分点。

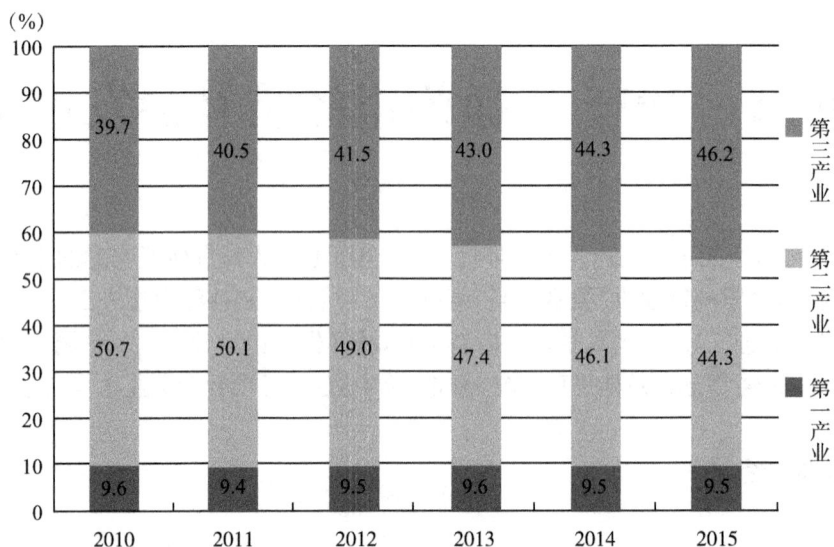

图2　徐州市三次产业结构情况

数据来源:历年《江苏统计年鉴》

表1　2015年城市居民消费价格总水平涨跌情况(以上年同期为100)

指　　标	比上年增长(％)
居民消费价格总指数	101.5
♯食品	103.2
♯粮食	98.9
油脂	103.0
肉禽及其制品	105.5
蛋	87.2
水产品	105.1
菜	113.7
♯鲜菜	114.2
干鲜瓜果	100.8
烟酒及用品	102.8
衣着	103.2
家庭设备用品及维修服务	102.2
医疗保健和个人用品	101.9
交通和通讯	97.6
娱乐教育文化用品及服务	100.9
居住	100.1

数据来源:徐州统计局

二、农林牧渔业

农业生产形势较好。全年粮食播种面积1104.41万亩,同比增长0.5%。粮食亩产426.4公斤,下降0.1%。粮食总产量470.92万吨,增长0.4%,其中,夏粮产量202.60万吨,下降1.0%;秋粮产量268.32万吨,增长1.4%。全年棉花产量2.60万吨,油料产量11.20万吨。

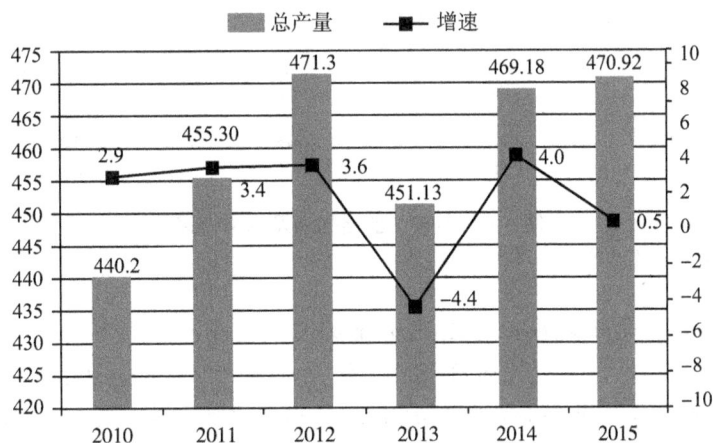

图3 徐州市粮食总产量及其增速

数据来源:徐州统计局

现代农业较快发展。全年新增设施农业面积10.6万亩,改造升级10.3万亩,累计达204.45万亩,占全市耕地面积比重达22.0%,总量、占比连续十年保持全省领先;新增设施渔业面积0.49万亩,累计达9.65万亩;新建高标准农田40.39万亩,累计建成435.53万亩。

林牧渔业生产稳定发展。全年成片造林面积6.10万亩,比上年增长35.0%。全年猪牛羊禽等肉类总产量101.45万吨,同比增长1.7%;生猪、羊分别出栏550.88万头和437.14万只,分别增长3.6%和4.8%,家禽出栏2.57亿只,增长4.9%;年末生猪存栏299.61万头,增长0.2%,羊存栏228.85万只,下降1.1%,家禽存栏9666.31万只,下降1.0%。全年水产品产量18.79万吨,增长1.0%。

农村生产生活条件不断改善。至2015年末,全市250.5万农村人口饮水安全问题得到解决。累计完成10375个村庄环境整治,改造农村危房3.3万户。年末有效灌溉面积767.14万亩,当年新增10.08万亩;节水灌溉面积453.40万亩,当年新增47.40万亩;年末农业机械总动力684.57万千瓦,比上年增长4.2%。

三、工业和建筑业

工业经济缓中趋稳。2015年,全市规模以上工业企业2853家,较上年增加31家。规模以上工业增加值比上年增长9.3%,其中,轻工业增长12.9%,重工业增长7.4%。分经济类型看,国有工业增加值增长1.3%;股份制工业增长10.8%;外商及港澳台投资工业增长4.6%。在规模以上工业中,国有控股工业下降6.6%,民营工业增长13.7%。

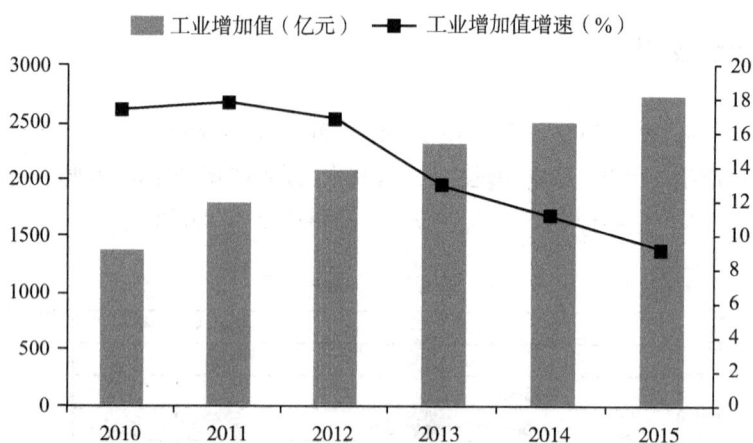

图4　徐州市工业增加值及名义增速

数据来源：历年《江苏统计年鉴》

企业效益总体稳定。全市规模以上工业企业实现主营业务收入12234.92亿元，比上年增长7.7%；利税1788.79亿元，增长9.3%；利润984.01亿元，增长9.3%。企业亏损面为4.8%，较上年扩大0.6个百分点。规模以上工业企业总资产贡献率、主营业务收入利润率和成本费用利润率分别为30.6%、8.0%和8.9%，均与上年基本持平。

主导产业增长态势平稳。列统的37个工业行业大类中，32个行业保持正增长，其中，产值前十位行业共实现产值8348.68亿元，同比增长8.3%。重点培育的六大千亿元产业产值达10989.58亿元，增长7.7%，其中，食品与农副食品加工业、煤盐化工业、建材业、装备制造业分别增长10.4%、10.9%、7.8%和5.4%；冶金业增长10.5%，首次进入千亿元行列；能源业下降5.4%。列统的188种产品中有64种产品产量较上年下降，105种产品产量增速较上年有所回落。

先进制造业增势较好。全市规模以上工业企业中，医药制造业实现产值542.66亿元，同比增长17.4%；专用设备制造业438.35亿元，增长8.9%；电气机械和器材制造业851.74亿元，增长10.0%；计算机、通信和其他电子设备制造业360.30亿元，增长8.5%；仪器仪表制造业670.07亿元，增长11.2%；汽车制造业61.68亿元，增长10.0%。

表2　2015年规模以上工业企业主要产品产量

产品名称	单位	绝对量	增幅(%)
原煤	万吨	1885.17	−4.8
发电量	亿千瓦时	497.22	−4.0
发酵酒精	万千升	35.45	6.6
卷烟	亿支	332.55	−7.3
纱	万吨	141.21	10.0
布	万米	31490	16.6
轻革	万平方米	1367.09	20.2
纸制品	万吨	32.13	28.1
烧碱(折100%)	万吨	8.22	−20.2
化肥(折100%)	万吨	45.76	5.9

产品名称	单位	绝对量	增幅(%)
树脂	万吨	29.93	54.9
轮胎外胎	万条	74.87	−75.6
水泥	万吨	2681.63	−2.5
生铁	万吨	475.96	8.7
铝材	万吨	62.28	53.7
起重设备	台	4088	−48.0
铲土运输机械	台	11453	−38.4
压实机械	台	2721	−32.8
混凝土机械	台	1651	−55.5

数据来源:徐州统计局

建筑业发展态势平稳。年末全市资质以上建筑企业达 430 家,当年新增 20 家,其中,新增特级资质企业 1 家、一级资质企业 4 家、二级资质企业 6 家,二级以上企业达 208 家。全年实现建筑业总产值 1361.22 亿元,比上年增长 3.0%。全年房屋建筑施工面积 11718.43 万平方米,增长 1.0%,其中新开工面积 5373.14 万平方米,增长 15.6%。全年建筑业竣工产值 1118.16 亿元,增长 4.5%,竣工率达 82.1%,比上年提高 1.2 个百分点。

四、服 务 业

全市服务业增加值同比增长 10.2%,增速分别快于 GDP 和二产 0.7、0.4 个百分点,占比为 46.2%,同比提高 1 个百分点,首次超过二产 1.9 个百分点,产业结构实现由"二三一"向"三二一"的重要转变,服务业、工业主导型产业结构基本形成。剔除房地产投资,服务业项目投资增长 19.3%,增速快于全部投资 2.5 个百分点。重点领域和民生项目投资大幅增长,其中交通运输业增长 72.8%、信息传输业增长 129.8%、科学研究和技术服务业增长 45.6%、卫生和社会服务业增长 182.8%。

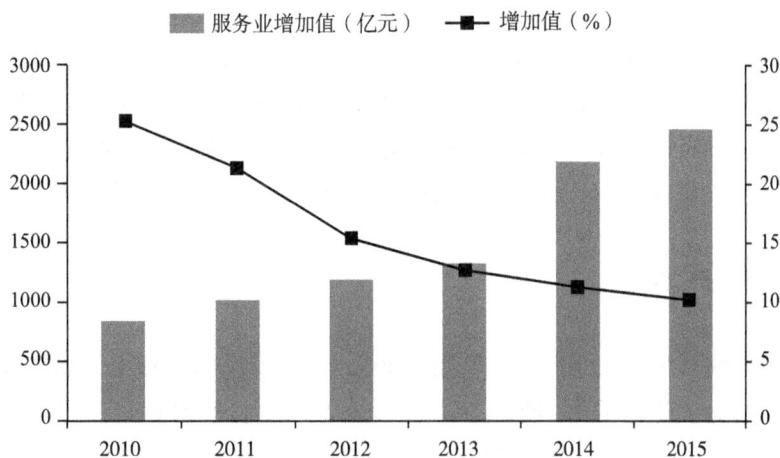

图 5 徐州市服务业增加值及名义增速

数据来源:历年《江苏统计年鉴》

建设一批重点项目。大力推进孵化器、加速器、产业园等创新型园区建设，推动矿大科技园、徐州软件园、江苏师大科技园、睢宁科技创业园等现代服务业集聚区、产业园区和科技孵化器提质增效。培育壮大徐州综合物流园等综合物流中心和金驹物流园、大成物流园等专业物流中心和配送中心，重点打造以国家级经济技术开发区、高铁生态商务区、亿吨大港作业区等为主的"六大物流园区"，以徐州观音机场为代表的"三大物流基地"和以铜山、贾汪为代表的"四大物流中心"，加快徐州双楼港物流园、新沂北亚 DHL 物流园申报综合保税区、保税物流园区等海关特殊监管功能区，努力形成接轨国际、服务全国、辐射周边的现代物流产业高地。加快徐州中心商圈 CBD、徐州高铁国际商务中心、新城区商务中心等重点载体建设。规划建设 3—5 家具有较强研发设计、融资担保、人才培训、物流仓储、孵化培育等公共服务功能的市级平台经济服务业集聚区。加快开发区软件服务外包基地、徐州软件园等省级国际服务外包示范区和市级服务外包园区建设。

实施一批信息平台。抓住国家电子商务示范城市、"互联网＋"行动计划发展契机，以需求为导向，有效配置市场资源、以大宗商品贸易、个人消费服务、农产品、工业品流通等市场转型为突破口，加快发展平台经济，延伸产业链，推动大平台、大市场、大流通融合、集聚发展，重点实施信息惠民融合服务平台、新媒体应用示范工程、信息消费示范体验工程、农村综合信息服务平台、徐州市社会信用体系工程、徐州工程机械综合电子商务平台、物联网应用示范工程、徐州市物流公共服务平台、徐州市医药电子商务服务平台、智慧徐州信息枢纽等特色平台建设。

培育一批品牌企业。积极发展国际化、专业化、贸易型为主的会展业，培育"中国（徐州）国际工程机械交易会"等具有徐州特色的会展品牌。向徐工租赁、工力工程租赁等企业推广大型制造设备、施工设备、运输工具、生产线等融资租赁品牌服务。大力推进矿山安全、装备制造、健康医疗等特色软件企业发展自主品牌创建，重点培育金融、现代物流、商务服务等生产性服务业品牌，创建电子商务、云计算、物联网等新兴服务业品牌，打造一批在全省乃至全国范围内有影响力的徐州服务业品牌。重点支持技术先进型生产服务业企业和服务外包基地完善商标战略规划、创建知名品牌。突出抓好信息、物流、金融、科技、商务服务、电子商务等重点领域和新型业态服务标准的制（修）订。

完善一批扶持政策。对列入省、市重大项目投资计划的生产性服务业、平台经济项目，市国土资源部门给予优先用地保障，推进现代服务业实行差别化供地政策。拓宽企业融资渠道。扩大市级服务业融资担保资金对生产性服务业、平台经济企业的担保业务规模。适当增加市级现代服务业发展资金规模，重点扶持重大生产性服务业公用设施项目、集聚区和公共服务平台建设等。市级战略性新兴产业发展专项资金、市级电子商务产业发展资金、农村电子商务发展专项引导资金等相关专项资金、基金，优先支持生产性服务业、平台经济产业发展。各地可结合实际对面广量大的生产性服务业、平台经济紧缺人才培训给予适当补助。引进国内外高端人才来我市发展，在海外人才落户、住房安排、社会保障、子女入学、配偶安置、重大科技项目承担等方面优先予以支持。

五、固定资产投资

固定资产投资较快增长。全年完成固定资产投资 4266.12 亿元，较上年增长 16.5％。其中，国有及国有经济控股投资 763.97 亿元，增长 44.1％；外商及港澳台商投资企业完成投资 130.25 亿元，增长 22.2％；民间投资 2951.81 亿元，增长 13.7％，其中，私营企业完成投资 2010.31 亿元，增长 16.6％。分类型看，项目投资完成 3795.89 亿元，增长 18.5％；房地产投资 470.22 亿元，增长 0.3％。

投资结构持续优化。分产业看，第一产业完成投资 48.95 亿元，比上年增长 16.5％；第二产业投资 2334.68 亿元，增长 18.1％；第三产业投资 1882.49 亿元，增长 13.9％。第二产业投资中，工业投资

2309.56 亿元,增长 16.8%,其中,制造业投资 2070.58 亿元,增长 18.5%;高新技术产业投资 590.20 亿元,增长 39.1%,占全市投资比重达 13.8%,较上年提高 2.3 个百分点。主要工业行业中,农副食品加工业投资 146.41 亿元,纺织业 129.74 亿元,木材加工业 123.82 亿元,化学原料和化学制品制造业 153.35 亿元,医药制造业 104.81 亿元,分别增长 22.8%、29.3%、45.7%、40.3%和 56.1%。

重点项目建设进展良好。全年新开工项目 3252 个,比上年增加 791 个;完成投资 3200.49 亿元,同比增长 28.9%,其中,亿元以上项目 425 个,较上年增加 86 个,完成投资 1245.91 亿元,增长 19.0%。轨道交通、三环北路等一批重大基础设施项目加快实施,郑徐客专、骆马湖第二水源地等项目开工建设,黄河故道综合开发、空军机场迁建等项目进展顺利,徐工重型汽车、考伯斯煤焦油一体化、必康新医药等一批重大制造业项目建成投产,苏宁商务广场等服务业重大项目实现主体竣工。

房地产市场缓中趋稳。房地产投资增速减缓,全年房地产开发投资 470.22 亿元,比上年增长 0.3%,增速同比回落 22.9 个百分点。其中,住宅开发投资 338.80 亿元,增长 6.9%;商业营业用房投资 76.22 亿元,下降 19.2%;办公楼投资 27.44 亿元,下降 10.4%。建设规模稳步增长,全年房屋施工面积 3816.70 万平方米,增长 13.2%;新开工面积 1073.66 万平方米,与上年持平;竣工面积 671.77 万平方米,增长 32.1%。商品房销售增速平稳,全年商品房销售面积 790.51 万平方米,增长 7.1%,其中住宅 684.83 万平方米,增长 5.3%;商品房销售额 431.29 亿元,增长 12.4%,其中住宅 342.57 亿元,增长 8.8%。

六、国内贸易

消费品市场总体平稳。全年实现社会消费品零售总额 2358.45 亿元,比上年增长 12.4%。按经营单位所在地分,城镇消费品零售额 1953.13 亿元,增长 12.1%;乡村消费品零售总额 405.32 亿元,增长 13.6%。按消费形态分,批发业实现零售额 378.36 亿元,增长 12.9%;零售业零售额 1788.14 亿元,增长 12.4%;住宿业 38.71 亿元,增长 9.5%;餐饮业 153.24 亿元,增长 11.1%。全年限额以上单位实现零售额 1672.12 亿元,增长 13.5%。按商品类别分,限额以上单位中,粮油食品类零售额 212.41 亿元,增长 24.4%;服装鞋帽类 145.40 亿元,增长 15.0%;化妆品类 25.51 亿元,增长 20.7%;日用品类 71.09 亿元,增长 20.9%;建筑及装潢材料类 175.49 亿元,增长 22.5%;汽车类 351.92 亿元,增长 5.4%;石油及制品类 73.93 亿元,下降 2.3%。

七、交通运输和邮政电信

交通运输业基本平稳。全市年末公路里程 16511.73 公里,本年新增 84.15 公里,较上年增长 0.5%,其中,高速公路 458.57 公里。全年完成公路货运量 16909 万吨、水路货运量 5656 万吨,合计增长 2.7%;分别完成公路、水路货物周转量 427.91 亿吨公里和 194.46 亿吨公里,分别增长 5.5%和 14.7%;完成公路旅客运输量 13347 万人次,公路旅客周转量 79.66 亿人公里,分别下降 11.4%和 1.6%。完成港口货物吞吐量 9030.26 万吨,下降 1.9%;集装箱吞吐量 2160 标准集装箱,下降 60.5%。年末输油管道 6616 公里,增长 0.6%;管道货物运输量 12881 万吨,下降 1.4%;管道货物周转量 623.25 亿吨公里,增长 1.2%。观音机场全年航空旅客运输量 131.85 万人次,增长 4.0%;航空货物运输量 7039.40 万吨,增长 11.0%。年末铁路营业里程 348.78 公里,铁路正线延展长度 672.39 公里,全年完成铁路客运量 4336.82 万人,货运量 3639 万吨。年末民用汽车保有量 85.15 万辆,比上年末增长 12.6%,本年净增 9.55 万辆;年末私人汽车保有量 76.30 万辆,增长 14.8%,净增 9.84 万辆,其中,私人轿车保有量46.26万辆,增长19.4%,净增7.52万辆。

邮政电信快速发展。全年邮政电信业务总量98.89亿元,比上年增长19.3%。分业务类型看,邮政行业业务总量24.09亿元,增长61.9%;电信业务总量74.80亿元,增长9.9%。邮政电信业务收入74.97亿元,增长4.7%,其中,邮政行业业务收入17.33亿元,增长42.4%;电信业务收入57.64亿元,下降3.0%。年末固定电话123.22万户,比上年末减少12.07万户;移动电话用户901.28万户,比上年末增加183.68万户;电话普及率达118.2部/百人。长途光缆线路总长度1340公里;年末互联网宽带接入用户190.75万户,新增35.99万户。

旅游业较快增长。全年接待境内外游客4008.69万人次,比上年增长12.3%;实现旅游总收入491.87亿元,增长14.3%。接待入境过夜旅游者3.38万人次,增长14.6%。其中,外国游客2.48万人次,增长11.8%;港澳台同胞0.89万人次,增长22.9%。旅游外汇收入3861.44万美元,增长29.8%。接待国内游客4005.31万人次,增长12.3%,实现国内旅游收入485.99亿元,增长14.8%。

八、开放型经济

外贸进出口同比下降。全年实现进出口总额54.13亿美元,比上年下降9.6%。其中,出口总额43.89亿美元,下降6.1%;进口总额10.23亿美元,下降22.0%。分贸易方式看,一般贸易出口额36.20亿美元,同比下降7.2%;加工贸易出口额7.57亿美元,下降1.7%。出口结构有所优化,机电产品出口额19.16亿美元,下降3.2%,光伏产品1.05亿美元,增长7倍,占出口总额比重分别提高1.4和49.4个百分点。分出口市场看,向欧盟出口4.80亿美元,下降27.3%;对美国出口5.06亿美元,下降14.2%;对拉丁美洲出口3.55亿美元,下降27.6%;对日本出口2.02亿美元,下降8.2%;对非洲出口4.43亿美元,增长30.3%。

对外经济合作发展良好。利用外资出现下降,全年新批外商投资企业109个,较上年减少80个;新批协议外资15.89亿美元,同比下降47.4%;新批及净增资3000万美元以上项目26个,较上年增加2个;实际到账外资14.28亿美元,下降13.9%。对外投资增势良好,全年新批境外投资项目31个,较上年增加9个;中方协议外资7.35亿美元,增长196.0%。

开发区外向型经济回落。全市省级以上开发区实现进出口总额46.14亿美元,同比下降7.4%,其中,出口总额37.25亿美元,下降3.4%,分别占全市总量的85.2%和84.9%,较上年分别提高1.9和2.4个百分点。实际到账外资7.59亿美元,下降41.4%,占全市比重同比回落25个百分点。

九、财政和金融业

财税实力稳步增强。全年完成一般公共预算收入530.68亿元,比上年增长12.4%;上划中央四税282.25亿元,增长8.4%;基金预算收入327.88亿元,比上年下降33.3%。

图6为徐州市2010—2015年全市公共财政预算收入增长情况。

财政支出结构不断优化。全年一般公共预算支出752.42亿元,比上年增长13.8%。一般公共预算支出中,教育支出148.07亿元,增长11.8%;社会保障和就业支出67.51亿元,增长2.3%;医疗卫生支出58.62亿元,增长10.6%;节能环保支出20.81亿元,增长46.0%;城乡社区事务支出107.21亿元,增长19.9%;农林水事务支出130.95亿元,增长19.6%。

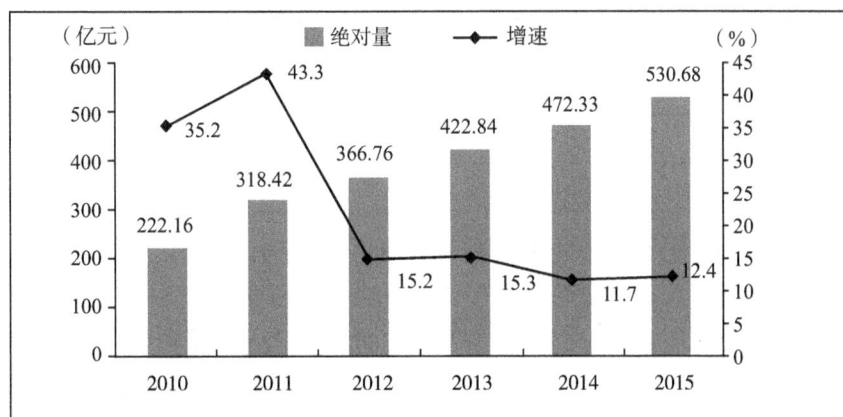

图6　徐州市公共财政预算收入及名义增速

数据来源：历年《江苏统计年鉴》

表3　2015年全市财政收入分项情况

指　　标	绝对数（亿元）	比上年增长（%）
一般公共预算收入	530.68	12.4
♯增值税（25%）	49.09	6.6
营业税	187.35	20.7
企业所得税（40%）	26.16	19.0
个人所得税（40%）	10.79	15.0
契税	27.48	−13.9
上划中央四税	282.25	8.4
♯国内消费税	112.83	3.3
增值税（75%）	114.00	9.6
基金预算收入	327.88	−33.3

　　金融信贷规模稳步扩大。年末全市金融机构人民币存款余额4747.01亿元，比年初增加450.92亿元，比上年末增长10.5%。其中，住户存款2780.60亿元，比年初增加315.56亿元，同比多增4.70亿元；非金融企业存款1163.22亿元，比年初增加63.95亿元，同比多增12.32亿元。年末金融机构贷款余额3069.90亿元，比年初增加345.11亿元，比上年末增长12.7%。其中，中长期贷款1382.43亿元，比上年末增长18.9%；短期贷款1446.50亿元，比上年末增长3.5%。

表4　2015年末全市金融机构人民币存贷款情况

指　　标	绝对数（亿元）	比年初增加（亿元）	比上年末增长（%）
各项存款余额	4747.01	450.92	10.5
♯住户存款	2780.60	315.56	12.8
非金融企业存款	1163.22	63.95	—
各项贷款余额	3069.90	345.11	12.7
♯短期贷款	1446.50	48.60	3.5

指　标	绝对数（亿元）	比年初增加（亿元）	比上年末增长（%）
中长期贷款	1382.43	220.16	18.9
#消费贷款	667.61	118.88	21.7
#住房贷款	594.64	102.55	20.8

证券交易市场稳定发展。年末全市共有证券公司 2 家,证券营业部 22 家;期货经纪公司 6 家,期货营业部 6 家。全年证券市场交易额 17978.61 亿元,其中,证券经营机构股票交易额 16197.18 亿元,增长 193.0%;期货经营机构代理交易额 1781.44 亿元。年末全市境内上市公司 10 家,上市公司通过首发、配股、增发、可转债、公司债在上海、深圳证券交易所募集资金 357.84 亿元,比上年增长 7.5%。上市公司总股本 271.4 亿股,市价总值 1002.86 亿元。

保险事业健康发展。全年实现保费收入 132.75 亿元,比上年增长 31.4%。其中,财产险收入 40.63 亿元,增长 13.2%;寿险收入 87.23 亿元,增长 42.5%;健康险和意外伤害险收入 4.89 亿元,增长 23.3%。全年赔付额 23.73 亿元,比上年增长 5.2%。其中,财产险赔付 19.92 亿元,增长 2.4%;寿险赔付 1.85 亿元,增长 20.4%;健康险和意外伤害险赔付 1.96 亿元,增长 24.1%。

十、科学技术和教育

科技创新能力持续增强。全年重大科技成果转化专项资金项目总投入 5.93 亿元,较上年增长 43.6%。全年新增省级工程技术研究中心 8 家,累计达 157 家;新增 4 家省级以上科技企业孵化器,其中国家级 2 家,年末科技企业孵化器达 36 家,其中国家级 7 家,省级 22 家,在孵企业达 1500 家以上。全市新增省级高新技术企业 74 家,省级高新技术企业总数达 253 家。

科技创新成绩明显。全年专利申请受理量 12481 件,专利申请授权量 8599 件;发明专利授权量 1304 件,比上年增长 92.9%,发明专利拥有量 3259 件,比上年增长 55.4%。全市获省级以上科技奖励 17 项,其中国家技术发明奖 1 项,国家科技进步奖 5 项。全市获国家、省级科技计划立项支持 493 项,到位扶持资金达 2.3 亿元。全市科技进步贡献率达 54%,比上年提高 2.9 个百分点。

质量检验能力显著增强。全市共有产品质量检验机构 138 个,其中国家检测中心 3 个、国家级公证检验实验室 3 个、省级产品质量监督检验中心 5 个;全年监督抽查产品 116 种 1065 批次,比上年增长 78.0%。完成强制性产品认证的企业 225 家,较上年增长 32.0%。共有法定计量技术机构 8 个,其中省级计量中心 1 个,强制检定计量器具 220.69 万台件。全年制定、修订地方标准 4 项,较上年增加 1 项。

教育事业协调发展。全市共有普通高校 9 所,普通高等教育本专科招生 5.10 万人,在校生 16.78 万人,毕业生 5.02 万人。研究生教育招生 0.38 万人,在校生 1.14 万人,毕业生 0.33 万人。普通高中招生 3.90 万人,在校生 12.76 万人,毕业生 5.09 万人。基础教育质量提升,全市共有幼儿园 841 所,在园幼儿 39.91 万人;小学 924 所,在校学生 84.10 万人;初中 242 所,在校学生 22.0 万人。小学学龄儿童入学率为 97.9%,小学、初中在校生巩固率均达到 100%。

表 5　2015 年各类教育招生和毕业生情况

指　标	学校数（所）	招生数（万人）	在校学生数（万人）	毕业生数（万人）
研究生教育	3	0.38	1.14	0.33
普通高等教育	9	5.10	16.78	5.02

续　表

指　　标	学校数（所）	招生数（万人）	在校学生数（万人）	毕业生数（万人）
普通高中教育	86	3.90	12.76	5.09
普通初中教育	242	7.73	21.98	7.47
小学教育	924	16.88	84.10	7.97

数据来源：徐州统计局

十三、文化、卫生和体育

公共文化服务水平稳步提高。年末全市共有艺术表演团体 9 个、文化馆 9 个、博物馆 21 个、美术馆 1 个，共有公共图书馆 8 个，公共图书馆总藏量 316.28 万册、电子图书藏量 594.78 万册。共有电影放映单位 28 家、广播电台 8 座、中短波广播发射台和转播台 10 座、电视台 8 座，广播和电视综合人口覆盖率均达到 100%。有线电视用户 264.79 万户，较上年下降 2.4%，有线电视入户率 95.3%。全年报纸出版 1.03 亿份，期刊出版 25.69 万册，图书出版 7016.31 万册。

卫生事业加快发展。年末全市共有各类卫生机构 4601 个，其中，医院、卫生院 283 个，三级医院达到 16 家，卫生防疫防治机构 13 个，妇幼保健机构 12 个。各类卫生机构拥有病床 4.79 万张，其中，医院、卫生院床位 4.46 万张，每千人拥有病床数 5.56 张，较上年增长 4.3%。共有各类卫生技术人员 5.17 万人，其中，执业医师、执业助理医师 2.02 万人，注册护士 2.14 万人。卫生防疫防治机构卫生技术人员 465 人，妇幼卫生机构卫生技术人员 891 人。完成新一轮社区卫生服务机构的提档升级，城乡基本卫生服务网络更加健全，乡镇卫生院 159 个，床位 9998 张，卫生技术人员 1.08 万人，新型农村合作医疗保险实现全覆盖。

体育事业蓬勃发展。全民健身深入开展，徐州跻身省体育强市。2015 年，徐州体育健儿在 14 个项次国际比赛中获得 9 金、1 银、4 铜；在 19 个项次全国比赛中获得 12 金、5 银、2 铜。2 人被授予"国际级运动健将"，11 人被授予"运动健将"称号。年末全市共有 47 名国家一级运动员、112 名国家二级运动员，参加省级注册运动员 2042 名，向省优秀运动队输送 21 名运动员。

十二、人口、民生和社会保障

生态修复有力有效。制定生态文明建设规划，生态红线区保护规划编制实施，"五大行动计划"成效显著。年末全市自然保护区 5 个，面积 2.17 万公顷。林木覆盖率、建成区绿化覆盖率分别提升到 32.6% 和 43.6%。大气污染治理工程扎实开展，市区 PM2.5 浓度较上年下降 3.0%，全年空气质量达标天数为 234 天，占全年的 64.1%。水环境功能区三类以上水体占比达 79.0%，重点断面水质稳定达标。城乡生活垃圾收运处置体系建成运行，市区（含贾汪、铜山）生活垃圾全面实行无害化处理，镇村生活垃圾集中收运率提升到 95.0%。

节能减排成效显著。全市严格按照国家过剩产能化解政策淘汰落后产能，严控高耗能高污染项目，推动重点耗能企业能效提升。单位 GDP 能耗下降率完成年度目标任务，化学需氧量、氨氮、二氧化硫、氮氧化物排放削减完成省定任务。获批"建节能减排财政政策综合示范市"

安全生产形势良好。事故总量和死亡人数继续实现"双下降"。全年发生各类事故 944 起，死亡 376 人，比上年分别下降 0.2% 和 1.5%。亿元 GDP 生产安全事故死亡人数 0.071 人，比上年下降 7.8%。

十三、环境保护和资源节约

人口总量适度增长。年末全市户籍人口1028.70万人,较上年增长0.5%。分性别看,男性533.06万人,女性495.64万人,男女性别比为107.55∶100;分城乡看,城镇人口591.24万人,占全市总人口的57.5%,乡村人口437.46万人,占比为42.5%。全年出生人口为15.20万人,出生率为14.8‰;死亡5.92万人,死亡率为5.8‰。全年人口自然增长9.28万人,自然增长率为9‰。总人口中60岁以上人口为180.43万人,占总人口的17.5%,较上年上升4个百分点。年末常住人口866.90万人,比上年增加4.07万人,增长0.5%。

居民收入持续增长。根据城乡住户抽样调查,全年全市居民人均可支配收入20425元,比上年增长9.0%。其中,城镇居民人均可支配收入26219元,增长8.9%;农村居民人均可支配收入13982元,增长9.1%,农村居民收入增速连续7年快于城镇居民。全市居民人均生活消费支出13174元,增长8.3%,其中,城镇居民人均生活消费支出16143元,增长7.6%;农村居民人均生活消费支出9873元,增长9.6%。

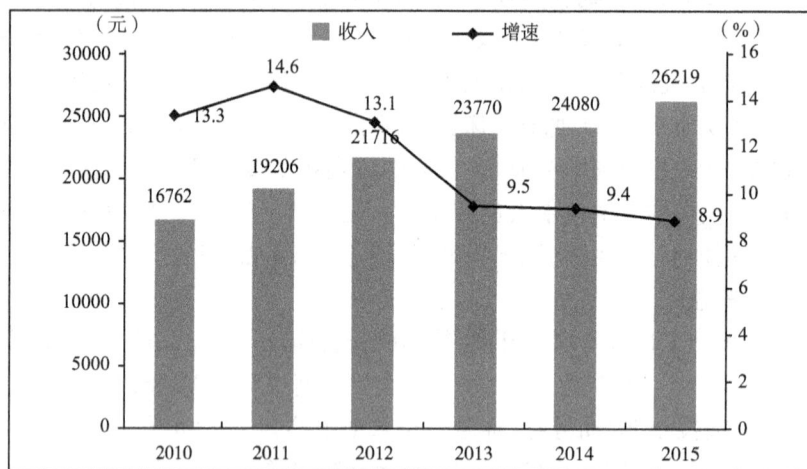

图7 徐州市城镇居民人均可支配收入与增速

数据来源:徐州统计局

就业情况总体稳定。全年新增城镇就业11.86万人,失业人员再就业8.60万人,新增农村劳动力转移6.16万人。年末城镇登记失业人数3.16万人,较上年下降1.0%,登记失业率为1.89%,较上年下降0.02个百分点。

社会保障体系不断完善。年末职工养老保险、城乡居民养老保险参保人数分别达116.48万人和318.03万人,较上年分别增长2.0%和0.2%,城乡基本养老保险覆盖率达96.7%,较上年提高0.2个百分点;城镇居民医疗保险、职工医疗保险参保人数分别达141.72万人和156.10万人,城乡基本医疗保险覆盖率达97.0%,较上年提高0.9个百分点。全市城乡低保标准提高到每人每月558元和380元,18.35万困难群众基本生活得到保障。全年实施医疗救助37.59万人次,支出救助金1.99亿元。年末各类养老机构达255家,养老床位5.46万张,千名老人拥有机构养老床位32.7张。

保障性安居工程建设有序推进。全市实际新开工建设公共租赁住房2573套,完成目标任务的160.8%,基本建成2895套,完成目标任务的115.8%;实际新开工建设经济适用住房373套,完成目标任务的128.6%,基本建成3382套,完成目标任务的105.0%。新增廉租住房租赁补贴367户,完成目标任务的101.9%。

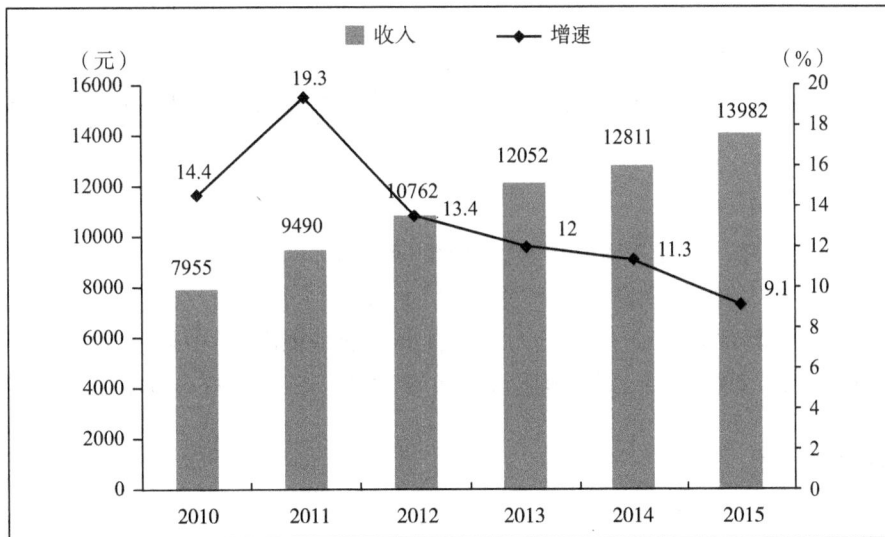

图 8　2010—2015 徐州市农民人均可支配收入与增速

注:2010—2013 年为人均纯收入。

数据来源:徐州统计局

十四、城乡建设与社会治安

城建重点工程进展顺利。七大类 150 项城建重点工程开(复)工 129 项,开工率达 86.0%。三环西路高架快速路、兴隆路北延二期、新淮海西路综合整治、铜沛路东段改建、凤凰山生态文化景区(二期)、城东环状休闲公园一期、城北休闲公园(鼓楼辖区)等 61 项工程已竣工。轨道交通 1 号线、三环北路高架快速路、观音机场二期、徐沛快速通道等重大基础设施建设加快。金山东路东延、二环北路西延等项目正紧张施工;城东环状休闲公园、城北休闲公园、滨河公园等生态文明工程和市立医院迁建、街坊中心建设等民生幸福工程的实施进一步改善了人居环境。市区全年实施棚户区改造项目 105 个,面积约 852.28 万平方米,全年交付棚改安置房 56.39 万平方米。

村庄环境整治成效明显。按照"六整治"、"六提升"和"三整治"、"一保障"的要求,全市 10375 个自然村全部完成整治任务,并顺利通过省整治办全域验收考核。创建省"三星级"康居乡村 70 个,省"美丽乡村"项目 20 个。重点中心镇建设顺利推进,完成整治项目 174 个,完成投资 20.44 亿元;全市 11756 户农村危房改造任务全面完成。

第十章　2015 年淮安市经济社会发展报告

2015 年,面对错综复杂的外部环境和不断加大的经济下行压力,全市上下深入贯彻落实中央和省委、省政府决策部署,积极适应新常态,牢牢把握"上水平"工作主线,统筹推进稳增长、调结构、促改革、惠民生、重生态、防风险各项工作,全市经济社会发展呈现出"稳中趋好、质态提升、投资加强、民生改善"的良好态势,为收官"十二五"画上圆满句号,为"十三五"良好开局奠定了坚实基础。

一、总体经济

经济平稳较快增长。全市实现地区生产总值 2745.09 亿元,按可比价格计算,比上年增长10.3％。其中,第一产业增加值增长 3.6％,第二产业增加值增长 10.9％,第三产业增加值增长 11.3％。经济结构进一步优化,三次产业结构比例由上年的 11.7：44.2：44.1 调整到 11.2：42.9：45.9,实现产业结构"二三一"到"三二一"历史性转变。人均 GDP56460 元,按当年平均汇率折算为 9065 美元。

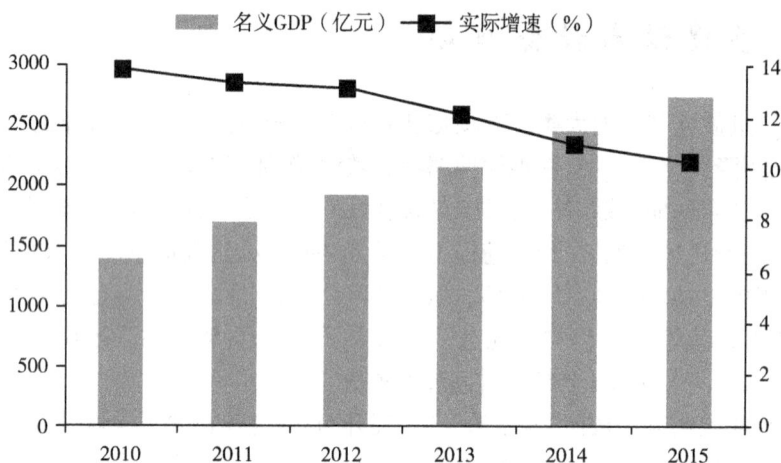

图 1　淮安市 GDP 规模及实际增速
数据来源:历年《江苏统计年鉴》

居民消费价格低位运行。全年居民消费价格指数比上年上涨 1.5％。八大类商品价格"七涨一跌":食品类涨 1.0％,烟酒类涨 1.7％,衣着类涨 3.7％,家庭设备用品及维修服务类涨 2.8％,医疗保健和个人用品类涨 2.6％,娱乐教育文化用品及服务类涨 2.7％,居住类涨 0.8％,交通和通信类跌 0.4％。

就业形势保持稳定。全年城镇新增就业 6.67 万人,下岗失业人员再就业 3.59 万人,其中困难群体再就业 6546 人。年末城镇登记失业率为 2.2％,保持较低水平。新增转移农村劳动力 2.16 万人,城乡劳动者职业技能培训 2.75 万人。

全市经济社会发展中仍面临一些困难和矛盾,如稳增长压力较大,企业经营困难增加;战略性新兴产业比重较低,科技支撑能力有待加强,转型升级任重道远;促改革难点多,一些重点领域和关键环节改革力度需进一步加大;惠民生还有差距,在统筹解决群众的新期盼方面还存在薄弱环节。

二、农林牧渔和水利业

农业生产稳定发展。粮食连续 12 年丰收，全年粮食总产量 467.22 万吨，比上年增加 0.03 万吨。其中夏粮 177.37 万吨，下降 1.1%；秋粮 289.85 万吨，增长 0.7%。全年粮食种植面积 987.36 万亩，减少 0.43 万亩。油料面积 44.70 万亩，减少 2.43 万亩，蔬菜面积 144.74 万亩，增加 2.84 万亩。完成造林面积 3.18 万亩。肉类总产量 30.48 万吨，下降 2.6%，其中猪牛羊肉产量 19.42 万吨，下降 4.5%；禽肉产量 11.00 万吨，增长 1.0%。禽蛋总产量 13.27 万吨，增长 2.0%。牛奶总产量 3.76 万吨，增长 4.5%。全年水产品总产量 26.35 万吨，增长 1.0%。年末农业机械总动力 620.2 万千瓦，增长 9.1%。

水利建设成效明显。完成水利建设投资 31.2 亿元。淮河入江水道整治、洪泽湖大堤加固、分淮入沂整治等治淮工程基本完成；黄河故道水利综合治理全面启动。古黄河水利枢纽、堂子巷枢纽建成使用，北门桥控制交通桥工程实现通车。10 条计 32 千米城市河道疏浚整治任务圆满完成，东风泵站、月湖泵站等 23 个中心城市建设项目相继建成投入使用。兴建各类小型田间建筑物 9472 座，新建防渗渠道 896 千米；整治村庄河塘 1986 个，改造农桥 624 座，解决农村饮水不安全人口 60.08 万人。金湖县荷花荡获批国家级水利风景区，国家水生态文明城市、节水型城市、水情教育基地创建全面启动，北京路水厂废黄河水源地达标建设通过省级验收。

三、工业和建筑业

工业经济较快增长。完成规模以上工业增加值 1483.25 亿元，比上年增长 11.5%。其中国有工业增加值 121.33 亿元，增长 4.1%；集体工业增加值 4.65 亿元，增长 5%；股份制工业增加值 902.83 亿元，增长 12.6%；外商港澳台投资工业增加值 375.33 亿元，增长 10.2%。大中型工业企业增加值 658.77 亿元，增长 6.8%。轻工业企业增加值 653.59 亿元，增长 9.9%；重工业企业增加值 829.67 亿元，增长 12.8%。

转型升级加速推进。"4+2"优势特色产业实现产值 3902.80 亿元，比上年增长 17.9%，占全市规模以上工业比重 58%，比上年提高 2.8 个百分点。其中，盐化新材料、特钢、电子信息、食品四大主导产业实现产值 3452.80 亿元，增长 17.4%，占全部规模以上工业企业产值比重 51.3%。高端装备制造、新能源汽车及零部件两大战略性新兴产业实现销售 450 亿元，增长 21.5%。节能降耗成效明显，单位 GDP 能耗下降率 6.84%，完成省定目标。

四大主导产业加速扩张，实现产值 3452.80 亿元，同比增长 17.4%，电子信息产业引领作用突显，率先超千亿，实现产值 1210.6 亿元，增长 21.3%。两大新兴产业迅猛发展，实现产值 449.9 亿元，增长 21.5%，增速高出全市平均水平 5.1 个百分点，其中新能源汽车及零部件增长 30.9%，增速位居六大产业之首。

骨干企业支撑有力。全市有规模以上工业企业 2511 户，全年实现主营业务收入 6608.73 亿元，比上年增长 16.6%；利税 653.66 亿元，增长 21.2%；利润 384.60 亿元，增长 27%。其中销售 100 亿元以上企业 4 户，50 亿元以上企业 8 户，10 亿元以上企业 70 户。全市百户重点企业销售、利税、利润占全市比重分别为 30.9%、34.5% 和 39.4%。

建筑业平稳发展。全市具有资质等级的总承包和专业承包建筑企业 586 户。全年完成建筑业增加值 191.50 亿元，比上年增长 4.6%。完成建筑业总产值 1323.70 亿元，增长 7.9%，其中建筑工程产值 1276.48 亿元，增长 7.4%。

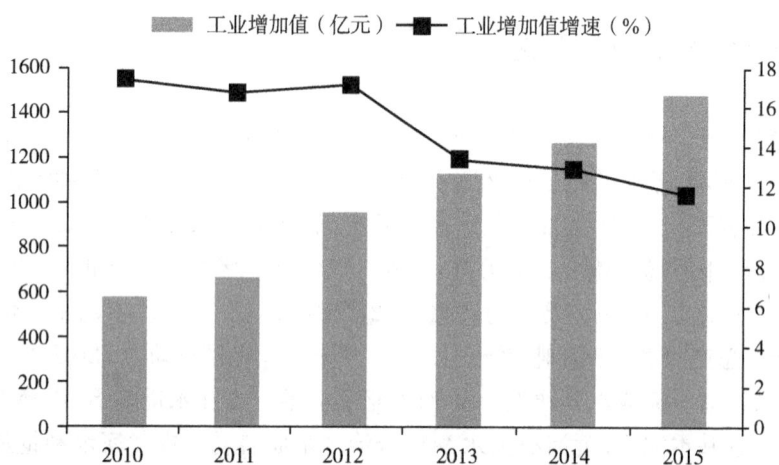

图2 淮安市工业增加值及名义增速

数据来源:历年《江苏统计年鉴》

四、服务业

2015年,全市实现服务业增加值1260亿元,是2012年的2.31倍,年均增长18%以上。服务业增加值占GDP比重达45.9%,较2012年提高6.6个百分点,年均提高1.32个百分点。2015年服务业地税收入占地税总收入比重达64.5%,较2012年末提高了26.2个百分点。今年1—6月,全市实现服务业入库税收104.9亿元,较去年同期增长27.2%,各县区均完成了服务业入库税收指标季度增幅11%的目标任务。

全市29家省、市级现代服务业集聚区发展势头良好,入驻企业超过1.3万家,实现就业10.5万人,淮安现代商务集聚区成功获批省级服务业综合改革试点区、淮安电子商务现代物流园成功获批省级服务业聚集区。

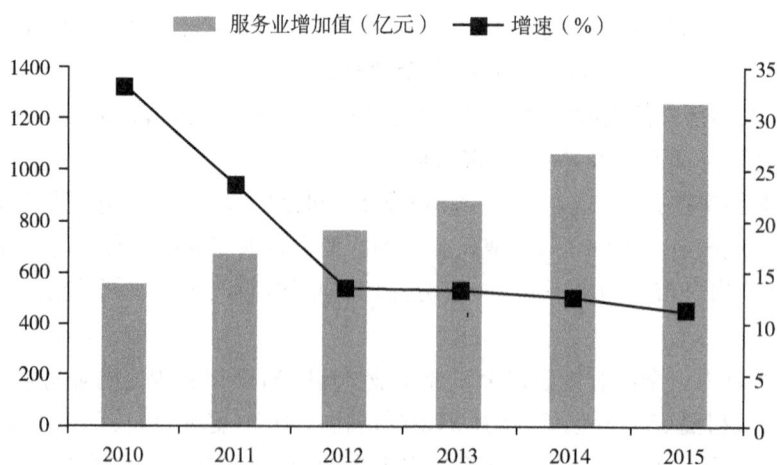

图3 淮安市服务业增加值及名义增速

数据来源:历年《江苏统计年鉴》

五、固定资产投资

固定资产投资快速增长。完成规模以上固定资产投资 2203.24 亿元,比上年增长 22.7%。其中工业投资 1295.11 亿元,增长 28.3%;房地产开发投资 283.69 亿元,下降 20.7%。民间投资 1544.23 亿元,增长 40.8%,占全市规模以上投资 70.1%。全市在建亿元项目 725 个,计划总投资 2062.04 亿元,比上年增长 28.6%;完成投资 1179.69 亿元,增长 21.5%。新开工亿元以上项目 456 个,其中超十亿元重特大项目 4 个,五亿元以上项目 12 个。江苏富强新材料、中兴智慧产业园等一批重大项目开工建设,淮河入海水道二级航道建设获得国家批准。

六、国内贸易

消费市场运行平稳。全年实现社会消费品零售总额 970.74 亿元,比上年增长 12.3%。按经营单位所在地统计,城镇消费品零售额 865.77 亿元,增长 12.1%;乡村消费品零售额 104.97 亿元,增长 13.1%。按消费形态统计,批发零售业完成零售额 874.22 亿元,增长 12.3%;住宿餐饮业实现零售额 96.51 亿元,增长 11.4%。

消费热点保持活跃。限额以上单位实现社会消费品零售额 494.83 亿元,比上年增长 14.7%。其中粮油、食品类增长 7.4%,烟酒类增长 18.6%,化妆品类增长 12.2%,金银珠宝类增长 11%,电子出版物及音像制品类增长 9.8%,五金电料类增长 21.7%,家具类增长 21%,石油及制品类增长 11.8%,建筑及装潢材料类增长 20%,机电产品及设备类增长 23.4%,汽车类增长 18.4%。

七、开放型经济

利用外资质态提升。全市新批外资项目 167 个,协议外资 21.7 亿美元,比上年增长 3.4%;注册外资实际到账 12.1 亿美元,增长 5.1%。新设立总投资超 3000 万美元项目 46 个,其中 1 亿美元以上项目 13 个。敏安电动汽车、爱美森木业、大量科技等一批重大项目落户。新开工外资项目 104 个,新竣工外资项目 81 个。开工项目到账外资 11 亿美元,占到账外资比重 84.7%,比上年提高 4.7 个百分点。全年到账台资 3.6 亿美元,比上年增长 6.2%。第十届台商论坛集中签约台资项目 58 个,总投资 15.1 亿美元。

对外经贸稳步增长。累计完成进出口总额 41.3 亿美元,比上年增长 0.6%。其中,出口 30.1 亿美元,下降 4.8%;进口 11.2 亿美元,增长 18.7%。全市实现加工贸易进出口额 17.7 亿美元,增长 23.5%;一般贸易进出口 20.2 亿美元,下降 20.5%;其他贸易方式累计进出口 3.4 亿美元,增长 1.6 倍。全市机电、高新技术产品分别出口 11.1 亿美元、4.9 亿美元,分别增长 23.9%、302.8%。其中,电子信息产品出口 5.1 亿美元,增长 1.4 倍,为全市最大出口产品类别。全年累计完成外经营业额 1.05 亿美元,增长 11%;完成外经合同额 3217 万美元,增长 20.2%。全年新签对外承包工程项目 4 个。新批境外投资企业 5 家,增长 25%,中方协议投资额 3458 万美元,增长 12.6%。

开发园区发展迅速。开发园区新批外资项目 79 个,其中 3000 万美元以上项目 26 个。注册外资实际到账 8.9 亿美元,增长 1.6%,占全市比重 73.4%;进出口总额 35.8 亿美元,下降 3.4%,占全市比重 86.7%。

八、交通、邮电和旅游

交通运输业较快发展。全市完成交通基础设施建设投资 42.30 亿元。现代有轨电车一期工程、高良涧船闸扩容工程建成投入使用。南马厂大道、开发大道北接线建成通车，京杭运河黄码大桥半幅通车，连淮扬镇铁路、徐宿淮盐铁路、503 省道机场连接线、235、346 省道涟水绕城段、348 省道洪泽南环段、南门立交、淮海路古淮河桥改造等重点项目开工建设，宿扬高速、235 国道盱眙段、新港二期等在建工程快速推进。年末公路总里程 13272.80 公里，比上年增加 198.60 公里，其中高速公路里程 403.40 公里，一级公路里程 620.10 公里。完成公路、水路客运量 8531 万人次、周转量 47.15 亿人公里，分别比上年增长 1.1% 和 1.8%；货运总量 12023 万吨、周转量 362.06 亿吨公里，分别增长 6% 和 7.5%；完成港口集装箱吞吐量 13.50 万标箱，增长 31%；港口货物吞吐量 8004 万吨，增长 12.7%；完成航空旅客吞吐量 50.5 万人次，完成航空货邮吞吐量 3754 吨，比上年增长 9.8%。淮安-台湾实现直航，季节性旅游航线、经停航线和航空快递等加快发展。

邮电通讯业平稳发展。全年邮电业务收入 35.95 亿元，比上年增长 3.4%。其中，电信业务收入 25.56 亿元，下降 5.2%；邮政业务收入 10.39 亿元，增长 33.1%。全市年末固定电话用户 67.97 万户，下降 16.6%。全年移动电话用户 368.57 万户，下降 0.6%；年末互联网注册用户 76.11 万户，增长 5.7%。

旅游业快速发展。全年实现旅游收入 266.87 亿元，比上年增长 13.2%。接待国内旅游人数 2323.79 万人次，增长 11.2%；实现国内旅游收入 264.02 亿元，增长 14%。接待入境过夜游客 1.47 万人次，比上年增长 7.8%；其中，外国人 7902 人次，港澳台同胞 6773 人次。全年旅游外汇收入 1558.15 万美元，比上年增长 18.7%。全市共有国家 A 级旅游景区 41 家，其中淮安市周恩来故里旅游景区获批为国家 5A 级旅游景区，4A 级景区 12 家；省星级乡村旅游区 41 家，省级自驾游基地 3 家，省级旅游度假区 2 家，省级生态旅游区 2 家。星级旅游饭店 48 家，其中五星级旅游饭店 1 家。旅行社 109 家，其中四星级旅行社 2 家、出境社 2 家。持证导游 4176 人。里运河文化旅游区、白马湖生态旅游度假区入选全国优选旅游项目，西游记文化体验园入选储备项目。

九、财政、金融

财政收入稳步增长。全年财政总收入 510.13 亿元，比上年增长 10.1%。其中，上划中央四税收入 159.82 亿元，增长 3.1%；一般公共预算收入 308.51 亿元，增长 13.5%。一般公共预算支出 513.41 亿元，增长 19.0%，其中市级完成一般公共预算支出 117.07 亿元，比上年增长 26.8%；县区级完成一般公共预算支出 396.34 亿元，增长 16.9%。全市政府性基金支出 147.42 亿元，增长 13.7%。

金融市场运行平稳。年末金融机构本外币存款余额 2356.91 亿元，比年初增加 319.04 亿元，增长 15.7%。其中住户存款 1187.73 亿元，比年初增加 128.89 亿元，增长 12.2%。年末金融机构本外币贷款余额 1879.29 亿元，比年初增加 243.70 亿元，增长 14.9%。全年保险公司保费收入 62.24 亿元，比上年增长 7.5%。其中财险收入 21.35 亿元，增长 18.1%；寿险收入 40.89 亿元，增长 2.7%；健康险和意外伤害险收入 2.40 亿元，增长 21.9%。保险赔款和给付支出 21.87 亿元，其中财产险 11.93 亿元，寿险 9.9 亿元，健康险和意外伤害险 1.19 亿元。

十、科学技术和教育

科技创新能力增强。全年研究与试验发展（R&D）经费支出 45 亿元，比上年增长 12.5％。实现高新技术产业产值 1687.22 亿元，增长 14.5％。完成专利申请 15941 件，增长 5.6％，其中发明专利申请 4406 件，增长 26.1％。专利授权 9365 件，增长 40.6％。新增国家高新技术企业 74 家，新认定市级高新技术企业 89 家、市创新型领军企业 10 家，省民营科技企业累计达 320 家。

创新载体发展迅速。上海交大、兰州大学、钢铁研究总院华东分院等知名高校院所新来淮设立研究机构 14 个；新获批省级工程技术研究中心 12 家、省级企业研究生工作站 12 个，新建市级工程技术研究中心 100 家、企业院士工作站 2 家、企业重点实验室 1 家，市级以上企业"两站三中心"累计达 804 家。盱眙凹土科技产业园获批省产学研协同创新基地，清城创意谷获批省级众创空间，金湖青年众创集聚区获批省级众创集聚区，新认定市级众创空间 10 家，全市省级以上孵化器孵化面积累计达 88 万平方米。

教育事业协调发展。全市拥有各类各级学校 982 所，在校生 86.24 万人，教职工 6.67 万人。其中：幼儿园 485 所，在园幼儿 17.21 万人；小学 282 所，在校生 34.43 万人；初中 150 所，在校生 13.68 万人；普通高中 29 所，在校生 7.50 万人；中等职业学校 22 所，在校生 6.53 万人；特殊教育学校 7 所，在校生 0.10 万人；普通高校 7 所，在校生 6.79 万人。全市教育发展基本形成较为优质的现代国民教育体系和较为完善的终身教育体系，实现区域教育基本现代化。在苏北率先通过义务教育基本均衡国家督导认定，成为全国义务教育学校管理标准实验区。

十一、文化、卫生和体育

文化事业繁荣发展。全市万人拥有公共文化设施面积 1553 平方米，公共文化服务设施覆盖率 92.8％，人均公共图书馆总藏量 0.914 册。有线电视总户数 151.89 万户，比上年增长 3.5％；新增农村有线电视用户 4.40 万户，农村有线电视入户率 93％，有线电视村民小组接通率 100％。京剧《如姬》荣获第二届江苏文华大奖；版画《祈福千年船坞我家》荣获第二届文华美术奖。淮安软件园被国家版权局授予"全国版权示范园区（基地）"。市公共数字文化综合服务平台项目获得国家级创建资格，盱眙县入围第三批省级公共文化服务体系示范区创建名单。

卫生服务体系健全。全市拥有各类卫生计生机构（不含村卫生室）800 个。其中，疾病预防控制机构 9 个，卫生监督机构 10 个，综合医院 35 个，专科医院 13 个，中医院 6 个，中西医结合医院 1 个，妇幼卫生保健机构 9 个，卫生院 129 个，社区卫生服务中心（站）79 个，计划生育技术服务机构 119 个。各类卫生计生机构实有病床 25966 张，其中医院病床数 16654 张，卫生院病床数 7301 张；卫生技术人员 3.05 万人，其中执业（助理）医师 12037 人，注册护士 13503 人；疾病预防控制机构卫生技术人员 448 人，卫生监督机构卫生技术人员 188 人；妇幼卫生保健机构卫生技术人员 1105 人，计划生育技术服务机构卫生技术人员 165 人。分级诊疗深入推进，创成 11 个国家级"群众满意的乡镇卫生院"，顺利通过国家卫生城市复审。

体育事业蓬勃发展。成功创建首批省级公共体育服务体系示范区。全市 137 个城市社区全面建设"10 分钟体育健身圈"，新建健身步道 70.5 公里。各县区场地器材等硬件条件显著提升，城市社区均已达到或超过"二室一场一路径"的标准。成功举办全市第八届万人自行车环市行、"舞动幸福·最美淮安"妇女广场舞比赛、第六届省健身气功交流比赛、"全民健身日"等系列全民健身活动。承办全国男子排球冠军赛、全国武术套路冠军赛等国家级赛事 7 项，江苏省青少年田径锦标赛和游泳锦标赛等省级赛事 14 项。全市 625 名运动员参加 2015 年省青少年运动赛,获得金牌 99.5 枚,银牌 65 枚,铜牌 66.5 枚。

十二、环境保护

环境保护能力提高。建成苏北首个省级生态市,国家生态市创建即将迎来环保部组织的技术评估。累计投入 13.9 亿元,完成京杭运河清浦段清淤疏浚与生态修复等 23 个国家淮河流域项目。全市设立自然保护区 5 个,其中省级自然保护区 2 个,自然保护区面积 7.09 万公顷。市区空气质量优良天数 246 天,优良率 67.4%;城市水域功能区水质优良率 81.6%,集中式饮用水源地水质达标率 100%;市区区域环境噪声平均等效声级 54.1 分贝,声环境质量等级较好;市区交通噪声平均等效声级 64.8 分贝,声环境质量等级为好。化学需氧量和二氧化硫排放量分别比上年削减 1791.48 吨和 3099.75 吨。金湖县、清浦区在苏北率先获得国家生态县区命名,洪泽县通过国家生态县考核验收,盱眙县、淮安区和淮阴区通过国家生态县区技术评估。

十三、人口、居民生活和社会保障

人口规模小幅增长。年末户籍总人口 564.45 万人,比上年增加 4.2 万人,增长 0.8%。年末常住总人口 487.20 万人,比上年增加 1.99 万人,增长 0.4%。城镇常住人口 283.31 万人,农村常住人口 203.89 万人。常住人口出生率 11.5‰,死亡率 7.51‰,自然增长率 3.99‰。

居民收入稳步提高。全体常住居民人均可支配收入 20840 元,比上年增长 9.1%;人均生活消费支出 12349 元,增长 8.6%。按常住地划分,城镇居民人均可支配收入 28105 元,增长 8.9%,人均生活消费支出 15867 元,增长 7.9%;农村居民人均可支配收入 13128 元,增长 9.3%,人均生活消费支出 8615 元,增长 9.9%。城镇常住居民人均住房面积 43.8 平方米,农村常住居民人均住房面积 50.7 平方米。

社会保障体系不断完善。年末全市参加城乡居民基本养老保险人数 120.62 万人,参保率 99.5%。参加企业养老保险职工人数 88.90 万人,比上年增加 2.60 万人,其中农民工参保人数 6.80 万人,个体灵活就业人员参保人数 37.10 万人。参加城镇职工基本医疗保险、工伤保险、生育保险、失业保险人数分别为 84.01、51.16、46.87 和 63.3 万人,分别比上年增加 1.08、4.90、4.81 和 1.10 万人。企业离退休人员养老金按时足额 100% 社会化发放,全年支付 24.40 万名企业离退休人员养老金 52.5 亿元。全年共征缴当期养老保险费 47.80 亿元,清理企业往年欠缴养老保险费 6184 万元。全市 24.30 万名企业退休人员纳入社区管理服务,管理率达 100%。组织 12.94 万名企业退休人员参加第四轮免费体检。累计为 1.5 万人次特困人员办理贷款,发放贷款资金 1.1 亿元。

第十一章　2015 年宿迁市经济社会发展报告

2015 年,全市上下紧紧围绕"迈上新台阶、建设新宿迁"的发展定位,扎实推进"三抓三促",主动适应经济新常态,积极应对新挑战,经济发展稳中求进,转型升级步伐加快,民生保障水平提升,经济运行质量、效益进一步提高,主要指标增速保持在合理区间。

一、总体经济

经济总量再上新台阶。初步核算,2015 年,全市实现地区生产总值突破 2000 亿元,达 2126.19 亿元,按可比价计算,比上年增长 10.0%。分三次产业看,一产实现增加值 258.11 亿元,增长 3.4%;二产实现增加值 1031.33 亿元,增长 10.9%;三产实现增加值 836.75 亿元,增长 11.1%。人均 GDP43853 元,按平均汇率算,突破 7000 美元,达 7041 美元。

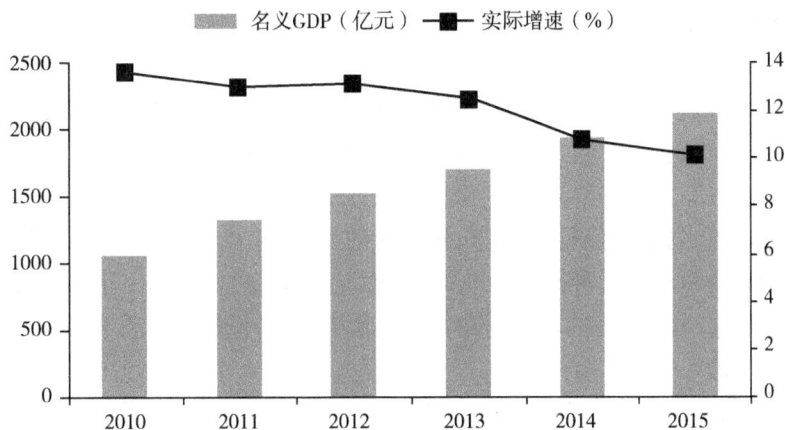

图 1　宿迁市 GDP 规模及实际增速

数据来源:历年《江苏统计年鉴》

经济结构进一步优化。一是产业结构不断优化。三次产业结构调整为 12.1:48.5:39.4,其中一产比重较上年下降 0.7 个百分点,二产、三产比重较上年分别提高 0.2、0.5 个百分点。工业占 GDP 的比重达 41.1%,比上年提高 0.6 个百分点。二是新特产业发展壮大。四大特色产业产值占规上工业产值比重达 60.9%,比上年提高 0.5 个百分点。四大新兴产业实现产值 357.59 亿元,增长 11.2%。智能家电、绿色建材集聚成势,双双获批省级先进制造业基地。三是新型服务业态加速成长。电子商务异军突起,中国"互联网+创业"大会成功举办,中国宿迁电子商务产业园区创成国家电子商务示范基地,快递业务量和业务收入均居全国第 17 位,电子商务交易额达 460 亿元,增长 74.9%。金融业实现较快发展,金融体系不断完善,金融业增加值增长 16.3%。

就业形势趋向稳定。年末全市就业人员 281.6 万人,第一产业就业人员 99.6 万人,第二产业就业人员 99.3 万人,第三产业就业人员 82.7 万人。城镇地区就业人员 152.8 万人,城镇新增就业人数 4.86 万人,城镇登记失业率 2%。

消费价格涨幅回落。居民消费价格总体温和上涨,涨幅明显回落。居民消费价格总水平(CPI)同比上涨1.6%,涨幅比去年回落0.8个百分点。八大类消费价格呈现"五升三降"格局。"五升"即为:食品上涨4.1%、烟酒上涨3.9%、衣着上涨2.0%、医疗保健和个人用品上涨2.2%、娱乐教育文化用品及服务上涨0.2%;"三降"即为:家庭设备用品及维修服务下降0.5%、交通和通信下降2.5%、居住下降0.1%。

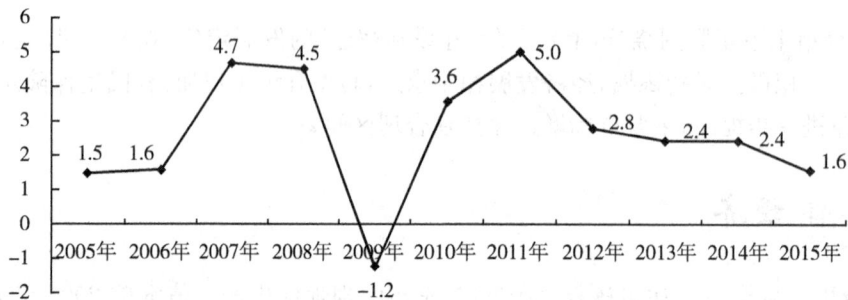

图2 宿迁市消费者零售价格指数

数据来源:历年《江苏统计年鉴》

二、农林牧渔业

农业经济平稳发展。全市实现农林牧渔业增加值264.76亿元,可比价增长3.6%。其中农业169.22亿元、林业10.86亿元、牧业35.30亿元、渔业43.10亿元、农林牧渔服务业6.27亿元,分别比上年增长3.1%、3.0%、2.0%、5.9%和14.7%。

粮食生产实现丰收。持续开展粮食高产创建活动,全市建成优质稻麦生产基地200万亩,粮食生产实现丰收。全年粮食作物播种面积865.95万亩,比上年增加0.76万亩;粮食总产386.63万吨,比上年减少2.53万吨,减产0.6%,但仍属丰收。其中夏粮生产受不利天气影响出现减产,总产156.71万吨,比上年减少4.48万吨;秋粮总产229.92万吨,比上年增加1.96万吨。全年粮食平均单产446.5公斤/亩,比上年减少3.3公斤/亩,减产0.7%。

造林抚育扎实推进。大力开展植树造林工作,实施村庄绿化、绿色通道、农田防护林等五大林业重点工程建设,持续增加造林总量,全年共植树983万株,成片造林5.54万亩,新建省级绿化示范村90个,森林抚育面积达24.25万亩。林下经济效益不断提升,全年建立林下经济示范基地88个,示范面积3万亩,辐射推广面积10万亩,其中泗阳县被认定为国家林下经济示范基地。全市林地总面积335万亩,成片林面积293万亩,农田林网630万亩,林木覆盖率达30.1%,位居全省第二。

畜牧饲养稳中转型。全年生猪出栏263.85万头,年末存栏146.27万头,分别比上年下降0.1%和0.6%。家禽出栏7610万只,比上年下降1.5%;存栏3978万只,比上年增长1.1%。全年肉类总产量34.03万吨,与上年持平。加快生态畜禽转型,全年新增省部级畜禽健康养殖示范场20家,生猪大中型规模养殖比重达到71%,位居全省首位。

渔业生产提质增效。围绕洪泽湖、成子湖、骆马湖三大板块,全力提升基础设施水平,打造主导产品和品牌,全年新增设施渔业面积2.23万亩,三大板块中河蟹、青虾、花鲢等主导品种养殖比重超过70%;水产品出口创汇超2500万美元,河蟹出口连续十年居全省首位。全市实现水产品产量26.6万吨,比上年增长0.9%。

现代农业稳步发展。全市新增设施农业面积6.3万亩,累计达到106.63万亩。8个省级现代农业产业园区新增固定资产投资千万元以上农业产业化项目15个,新增入园经营主体167个,推广农业"三新"科技成果95项。农业"三品"覆盖率进一步提高,全年新增"三品"130个,累计建成6个全国绿色食品(原料)标准化生产示范基地、18个水产标准化健康养殖场、13个省级农产品质量安全示范基地,累计认定"三品"产地面积达610万亩,占耕地面积的比重为92.8%,居全省首位。

三、工业和建筑业

工业经济稳中趋优。2015年,全市工业经济稳步发展,质量和结构出现积极变化。全部工业增加值比上年增长10.9%。规模以上工业企业实现增加值994.22亿元,增长11.5%,高出全省水平3.2个百分点,高出全国水平5.4个百分点,增速居全省第二。经济效益稳步提升。全市规模以上工业企业实现主营业务收入3666.35亿元,增长12.6%;实现利税总额509.80亿元,增长10.3%,其中利润总额359.12亿元,增长11.0%。

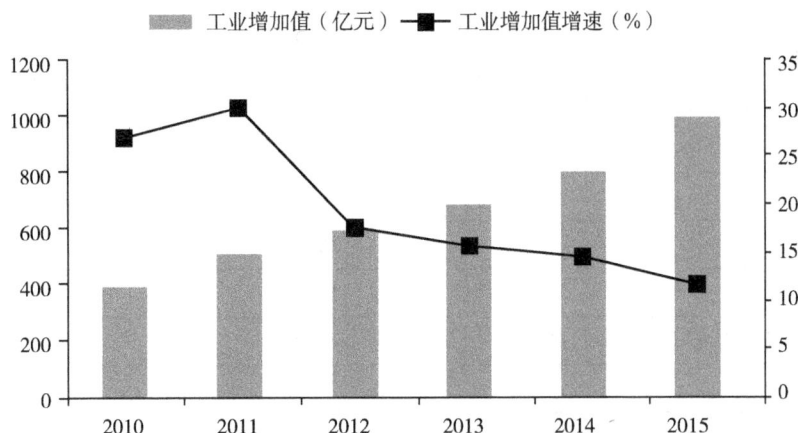

图3　宿迁市工业增加值及名义增速

数据来源:历年《江苏统计年鉴》

新兴产业稳中求进。全市四大新兴产业实现产值357.59亿元,比上年增长11.2%。其中,智能家电实现产值11.83亿元,增长184.0%;功能材料实现产值260.11亿元,增长8.7%;绿色建材实现产值67.21亿元,增长13.0%;智能电网实现产值18.43亿元,下降1.0%。

高新技术产业增长较快。全市高新技术企业实现产值754.67亿元,增长14.8%,高于全市规模以上工业产值增速0.9个百分点;高新技术企业产值占规模以上工业总量的19.8%。

表1　主要行业产值完成情况表

行 业 名 称	产值(亿元)	比上年增长(±%)
非金属矿采选业	27.09	128.5
农副食品加工业	334.58	14.5
食品制造业	47.41	5.9
酒、饮料和精制茶制造业	296.28	17.8
纺织业	305.81	19.6
纺织服装、服饰业	214.43	16.4
皮革、毛皮、羽毛及其制品和制鞋业	36.58	23.4

续　表

行 业 名 称	产值(亿元)	比上年增长(±%)
木材加工和木、竹、藤、棕、草制品业	533.96	16.9
家具制造业	26.34	15.5
造纸和纸制品业	80.83	88.4
印刷和记录媒介复制业	53.32	7.5
文教、工美、体育和娱乐用品制造业	99.57	3.6
化学原料和化学制品制造业	253.72	5.4
医药制造业	27.46	9.4
化学纤维制造业	167.88	5.2
橡胶和塑料制品业	138.46	5.0
非金属矿物制品业	202.35	9.8
黑色金属冶炼和压延加工业	93.88	15.7
有色金属冶炼和压延加工业	115.23	9.0
金属制品业	89.03	6.5
通用设备制造业	120.87	14.0
专用设备制造业	33.80	8.6
汽车制造业	14.63	16.4
铁路、船舶、航空航天和其他运输设备制造业	15.08	37.7
电气机械和器材制造业	171.42	8.1
计算机、通信和其他电子设备制造业	240.30	12.8
仪器仪表制造业	13.94	−4.4
其他制造业	9.15	8.3
废弃资源综合利用业	6.17	−12.1
电力、热力生产和供应业	31.72	22.6
燃气生产和供应业	8.61	11.3
水的生产和供应业	3.16	12.5

数据来自:宿迁统计局

骨干企业发展壮大。全市拥有大中型企业 204 户,其中大型企业 31 户。33 户企业主营业务收入超十亿元,洋河酒厂主营业务收入超百亿元。主要产品有增有降。列入全市统计范围的工业产品共 141 个,其中 65.3% 的产品产量增长,增幅在 30% 以上的有 31 个,占 22.0%。

表 2　2015 年宿迁主要产品产量表

工业产品	单 位	产 量	比上年增长(%)
小麦粉	万吨	199.57	10.0
大米	万吨	358.36	18.5
饮料酒	万千升	61.06	11.4

工业产品	单　位	产　量	比上年增长（%）
♯白酒（折65度,商品量）	万千升	55.87	16.4
啤酒	万千升	5.19	−24.0
纱	万吨	29.92	14.0
布	万米	38746.40	7.0
蚕丝	吨	2045.89	−12.3
服装	万件	18814.03	20.4
人造板	万立方米	2392.34	22.8
复合木地板	万平方米	151.91	207.8
家具	万件	85.48	17.6
农用氮、磷、钾化学肥料总计（折纯）	万吨	17.26	−0.1
♯氮肥（折含N 100%）	万吨	13.90	−4.5
磷肥（折合 P_2O_5 100%）	万吨	3.36	23.4
塑料制品	万吨	15.52	20.1
水泥	万吨	497.97	6.4
商品混凝土	万立方米	722.57	1.1
平板玻璃	万重量箱	856.69	18.9
钢材	万吨	52.40	11.2
铜材	万吨	8.94	18.9
铝材	万吨	1.47	22.2
电力电缆	万千米	3.62	−0.7
电光源	万只	8668.00	624.3

数据来源:宿迁统计局

　　建筑业稳步发展。2015 年末,全市列统总承包和专业承包的建筑业企业有 362 家,全年完成建筑业总产值 737.42 亿元,比上年下降 2.11 亿元;完成竣工产值 754.43 亿元,比上年增长 31.7%。全市房屋建筑施工面积 6929 万平方米,比上年下降 2.0%;房屋建筑竣工面积 3515 万平方米,比上年增长 21.2%。其中住宅竣工面积 2842 万平方米,比上年增长 30.8%。

四、服务业

　　服务业发展步伐加快。2015 年实现增加值 836.75 亿元,增长 11.1%,增速连续两年高于地区生产总值,入库地方税收突破百亿。2015 年全市服务业重点项目完成年度投资 280 亿元,完成年度计划任务的 113%。三台山健康养老基地、京东信息科技园等 12 个项目跻身全省现代服务业"十百千"行动计划重点项目,17 家服务业企业进入全省重点培育企业库,宿迁电子商务产业园获批省级现代服务业集聚区。现代物流业加快发展,全市快递业务量和业务收入均居全国前 20 位。

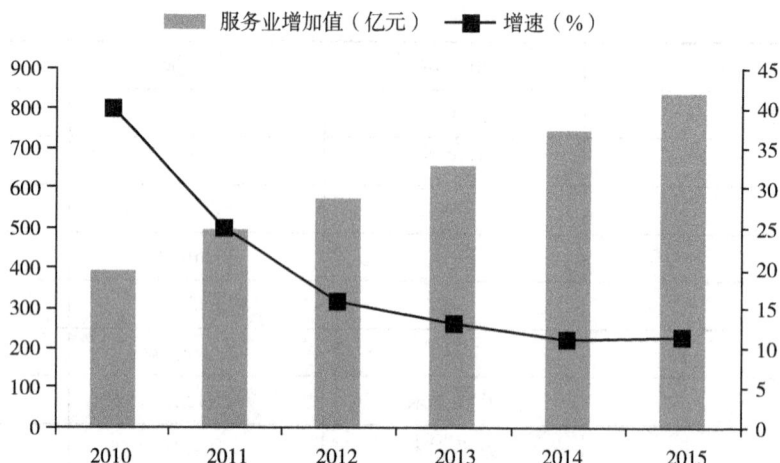

图4 宿迁市服务业增加值及名义增速

数据来源：历年《江苏统计年鉴》

五、固定资产投资和房地产业

投资保持较快增长。全市在建施工项目共2251个，比上年增加631个。其中新开工项目1886个，比上年增加627个。全市固定资产投资完成1838.97亿元，比上年增长17.9%。一、二、三产业投资分别完成12.24、1228.36、598.37亿元，比上年分别增长50.8%、19.9%、13.5%。三次产业投资分别占投资总量的0.7%、66.8%、32.5%。民间投资仍是主力。全市民间投资完成1546.86亿元，比上年增长13.5%，占全部投资的84.1%。

工业投资快速增长。经济发展新常态下，始终坚持以工兴市、产业强市不动摇，工业投资仍为全市投资增长的主动力。全市工业投资完成1223.99亿元，比上年增长19.6%；工业投资占全部投资的66.6%，占比居全省第一，比全省平均水平高17.0个百分点。

房地产投资略有下降。全年房地产开发投资完成362.53亿元，比上年下降3.9%。全市商品房施工面积3959.58万平方米，比上年下降0.2%。其中住宅施工面积3056.05万平方米，比上年增长3.8%。全市商品房销售面积610.93万平方米，比上年增长4.6%。其中住宅销售面积556.98万平方米，增长6.2%。全市商品房销售额233.74亿元，比上年增长9.1%。其中住宅销售额199.90亿元，增长13.1%。

表3 2015年全市房地产开发和销售情况表

	单 位	实 绩	比上年增长%
房地产开发投资	亿元	362.53	−3.9
♯住宅	亿元	266.36	1.9
房屋施工面积	万平方米	3959.58	−0.2
♯住宅	万平方米	3056.05	3.8
房屋销售面积	万平方米	610.93	4.6
♯住宅	万平方米	556.98	6.2
房屋销售额	亿元	233.74	9.1
♯住宅	亿元	199.90	13.0

数据来源：宿迁统计局

六、国内贸易和对外经济

国内消费稳步增长。2015 年,全市实现社会消费品零售总额 626.64 亿元,比上年增长 11％。按消费形态分,批发和零售业实现 547.14 亿元,增长 10.8％;住宿和餐饮业实现 79.50 亿元,增长 11.7％。按城乡市场分,城镇实现 498.11 亿元,增长 11.3％;乡村实现 128.54 亿元,增长 9.7％。限额以上批发和零售企业实现社会消费品零售额 216.45 亿元,比上年增长 8.1％。其中,粮油食品类、服装鞋帽针纺织品类和日用品类分别实现 16.74、9.65 和 5.21 亿元,分别增长 4.0％、9.3％和 3.1％;烟酒类和饮料类分别实现 4.73 亿元和 3.17 亿元,分别增长 13.2％和 6.6％;汽车类和石油及制品类分别实现 63.73 亿元和 40.45 亿元,分别增长 8.3 ％和－1.7％;书报杂志类实现 23.33 亿元,增长 32.9％;家用电器和音像器材类实现 20.02 亿元,增长 7.6％。限额以上住宿和餐饮业实现零售额 10.50 亿元,比上年增长 5.2％。

对外经济下降明显。2015 年,全市实现进出口总额 25.99 亿美元,比上年下降 30.8％。其中出口 18.50 亿美元,下降 37.1％;进口 7.49 亿美元,下降 8.1％。全年出入境检验检疫 19902 批次,比上年增长 5.9％;出入境检验检疫金额达 13.9 亿美元,比上年增长 27.9％。全年新批外商投资企业 27 家,新批及净增资 3000 万美元以上企业 11 个,新批协议外资 8.02 亿美元。全市实际使用外资 2.98 亿美元,比上年下降 55.0％。

七、园区经济

园区工业平稳发展。2015 年,全市开发区(园区)共有规模以上工业企业 961 户,比上年增加 28 户;完成工业产值首破两千亿元,达 2040.42 亿元,比上年增长 12.5％;实现主营业务收入 1966.41 亿元,比上年增长 10.8％;利税总额 188.77 亿元,比上年增长 5.5％;实现利润总额 134.30 亿元,比上年增长 6.5％。

投资质量有所提升。2015 年,全市开发区(园区)完成固定资产投资 830.70 亿元,比上年增长 9.0％。其中工业投资完成 708.18 亿元,比上年增长 11.3％;占总投资的 85.3％,提升 1.8 个百分点。高新技术产业投资份额不断提高,完成 204.55 亿元,比上年增长 41.4％;占开发区工业投资的 28.9％,比上年提升 6.2 个百分点。

财政收入进一步增强。2015 年,全市省级以上开发园区实现一般公共预算收入 97.06 亿元,比上年增长 20.1％;占全市一般公共预算收入的 41.2％,对全市一般公共预算收入的贡献超过四成。

外贸外资一增一降。2015 年,全市开发区本地企业进出总额实现 22.39 亿美元,占全市总量的 87.0％;比上年增长 8.8％,增速比全市快 6.3 个百分点。外资引进大幅下降。全年开发区实际利用外资总额 2.86 亿美元,比上年下降 55.5％。

八、交通运输、邮政电信和旅游业

邮政通信业快速发展。2015 年,全市邮政通信业实现邮电业务总收入 65.66 亿元,比上年增长 23.5％。其中,邮政快递业务收入 36.92 亿元,增长 46.2％;电信业务收入 28.73 亿元,增长 3.0％。快递业务快速发展,全年完成快递业务量 2.79 亿件,比上年增长 54.4％;实现快递业务收入 32.86 亿元,增长 51.8％,快递业务量和业务收入均排全省第三位。年末全市有各类电话用户 468.30 万户,比上年末减少 22.27 万户,其中移动电话用户 411.38 万户,比上年末减少 4.21 万户;固定电话用户

56.92 万户,比上年末减少 18.06 万户。年末有国际互联网用户 339.30 万户,比上年末净增 14.30 万户。其中宽带用户 91.56 万户,比上年末净增 14.29 万户。

交通运输业低速增长。2015 年,全市完成客运量 7176 万人,比上年增长 3.5%;实现旅客运输周转量 47.7 亿人公里,比上年增长 4.4%。受水路货运量下滑影响,2015 年,全市完成货运量 5035.1 万吨,比上年下降 8.2%。其中,公路货运 3861.1 万吨,增长 5.0%;水路货运 1174 万吨,下降 35.0%。实现货物运输周转量 163.5 亿吨公里,比上年下降 8.2%。其中,公路货物周转量 129.3 亿吨公里,增长 5.3%;水路货物周转量 34.3 亿吨公里,下降 37.9%。完成港口货物运输吞吐量 1467.9 万吨,比上年下降 36.4%。2015 年 12 月,徐宿淮盐铁路全面开工建设,计划总工期 4 年。

表4　2015 年客货运输量及增幅情况表

指 标 名 称	单 位	全年实绩	同比增速(%)
货运量	万吨	5035.1	−8.2
公路	万吨	3861.1	5.0
水路	万吨	1174.0	−35.0
货物周转量	亿吨公里	163.5	−8.2
公路	亿吨公里	129.3	5.3
水路	亿吨公里	34.3	−37.9
客运量	万人	7176.0	3.5
旅客周转量	亿人公里	47.7	4.4
港口货物吞吐量	万吨	1467.9	−36.4

数据来源:宿迁统计局

旅游业快速发展。2015 年末,全市有旅游景点 44 个,其中 4A 级 8 个,3A 级 16 个,旅游竞争力明显增强。全年实现旅游总收入 175.6 亿元,比上年增长 20.5%。其中旅游外汇收入 759.28 万美元,增长 39.0%。全年接待国内外游客 1602.5 万人次,增长 18.8%;接待入境过夜游客 0.47 万人次,增长 14.6%。旅游投资总额达 110.95 亿元,增长 42.1%。

九、财政金融

财政收支平稳增长。2015 年,全市实现财政总收入 411.98 亿元,比上年下降 1.4%。其中一般公共预算收入完成 235.67 亿元,增长 12.2%。一般公共预算收入中税收占比 83.6%,居全省第二位。建筑业税收增幅明显回落,房地产税收相对稳定。全市建筑业入库地方税收 51.6 亿元,增长 3.7%,增幅较上年回落 13.7 个百分点;房地产业入库地方税收 76.4 亿元,增长 9.7%,增幅较上年提高 1.2 个百分点。全市完成财政总支出 492.3 亿元,比上年增长 4.9%。其中一般公共预算支出 405.7 亿元,增长 17.4%。财政支出不断优化,提升民生保障水平。全市一般公共预算安排教育支出 85.7 亿元,增长 10.5%;农林水支出 83.1 亿元,增长 17.6%;社会保障和就业支出 52.2 亿元,增长 50.9%;医疗卫生与计划生育支出 34.9 亿元,增长 29.1%。

金融业发展较快。全年金融业实现增加值 93.17 亿元,比上年增长 16.3%,快于服务业增速 5.2 个百分点。金融服务体系更加健全,浦发银行、民生银行、太平洋保险、华泰证券等大型金融机构相继入驻,各类金融机构达 128 家。全市金融机构人民币各项存款余额 1819.81 亿元,比年初增加 220.46 亿元,增长 13.8%。其中,住户存款余额 949.51 亿元,比年初增加 113.37 亿元。全市金融机构人民币各项贷款余额 1696.70 亿元,比年初增加 213.65 亿元,增长 14.4%。保险体系逐步健全。全市市级专业保险机构 32 家。其中人寿保险 14 家,财产保险 18 家。全市共实现保费收入 56 亿元,较上年增长 24%。其中财险保费收入 20.98 亿元(含农业险 1.82 亿元),增长 17.5%;人身险保费收入 37 亿元,增长 32%。

十、社会事业

科技创新成绩显著。2015 年,全社会研究与发展(R&D)活动经费支出 32.05 亿元,占地区生产总值比重为 1.51%,比上年提高 0.16 个百分点。全市新增国家高新技术企业 55 家,总数达 184 家;新认定省级科技型中小企业 120 家;新增省级企业研发机构 61 家,总数达 219 家。全市专利申请量达到 9507 件,比上年增长 8.2%;专利授权量 5151 件,增长 19.6%。其中企业专利申请量 7792 件,授权量 4282 件,PCT 专利申请量 9 件。

教育事业稳步发展。教育事业在内涵质量、均衡发展和民生服务等方面都得到全面提升。启动实施第二期学前教育五年行动计划,新建、改扩建幼儿园 51 所,新增省优质园 14 所,全市省优质园达 239 所,占比 65.5%。全市所有县区高水平通过全国义务教育发展基本均衡县(区)创建国家督导认定。成功创建省四星级高中 2 所,三星级高中 1 所。2015 年全市高考本科达线 15034 人,本科达线率 42.1%。其中被清华、北大录取 27 人,居全省第四。全市高中学业水平测试获得 4A 考生人数达 4356 人,比上一年净增 2686 人。创建省高水平现代化中等职业教育改革发展示范校 2 所。省技能大赛获得奖牌 114 枚,其中金牌 6 枚,银牌 28 枚,奖牌总数比上一年净增 21 枚。2015 年对口高考技能考试过关率达 99.72%,位居全省前列,本专科达线率为 96.4%。

医疗卫生事业稳步发展。市、县卫生计生机构改革全面到位,乡镇医疗卫生改革试点取得圆满成功,全市 1310 个村卫生室、112 个社区卫生服务站全部达到标准化要求、全部实施国家基本药物制度。全市医疗卫生资产达到 120.6 亿元,千人拥有床位增加到 4.28 张。市第一人民医院建成投入运营,市公共卫生服务中心、市体检康复中心加快建设。新农合保障水平提高到 480 元,全年补偿 1657 万人次、16.09 亿元,大病保险赔付 4.6 万人次、5978 万元;基本公共卫生服务覆盖包括流动人口在内的全体居民,免费为基层群众诊疗 21800 余人次。

公共文化服务不断提升。市文化馆、图书馆、博物馆、美术馆和各县区图书馆、文化馆全部实现免费开放,开展各类展览、展演活动 80 余场次。建成苏北第二家数字图书馆和 24 小时自助图书馆,开通移动图书馆、手机图书馆。全市各级文化部门共送戏 530 余场次、送电影 16000 多场次、送图书达 12 万册。新增有线电视用户 15 万户,累计达 139.6 万户,入户率达 95%;新增数字用户 7.43 万户,累计达 37 万户;80% 的乡镇完成数字电视整转。城市数字影院增至 15 家,银幕增至 87 块,座位数达 12271 座。

城市建设再上新台阶。积极推进以人为核心的城镇化,全面加快城乡协调发展。全市城镇化率达 55.53%,较上年提高 1.79 个百分点,中心城市建成区扩大到 85 平方公里、人口增加到 75 万。荣获中国人居环境奖城市、国家卫生城市、国家节水型城市、全国绿化模范城市、省优秀管理城市等称号,国家环保模范城市创建取得阶段性成果,文明城市直接晋升全国提名城市。

质量强市稳步推进。获批创建全国质量强市示范城市。品牌建设成绩显著。2015 年,全市新增 2 个中国驰名商标,累计达到 17 件;新增 17 件江苏省著名商标,累计达到 108 件;新获批 27 个江苏名牌,累计达到 123 个;新获批 27 个市级名牌,累计达到 185 个。洋河股份获评 2015 年度江苏省质量奖。建有国家白酒产品质检中心和省玻璃产品质检中心等 10 个国家级、省级质检中心和国家实验室。

十一、人口、人民生活和社会保障

2015 年末,全市户籍总户数 149.28 万户,比上年减少 0.19 万户。户籍总人口 586.28 万人,比上年增加 5.54 万人。常住人口 485.38 万人,比上年增加 1.06 万人。常住人口出生率 12.87‰,死亡率 7.78‰,人口自然增长率 5.09‰。全市城镇常住人口 269.53 万人,比上年增加 9.26 万人,增长 3.6％。

居民生活水平持续改善。2015 年,全市居民人均可支配收入为 17342 元,比上年增长 9.1％,扣除价格因素,实际增长 7.4％。按收入来源分,工资性收入 9431 元,增长 8.2％;经营净收入 4693 元,增长 9.7％;财产净收入 661 元,增长 9.8％;转移净收入 2557 元,增长 11.4％。按常住地分,城镇居民人均可支配收入 22233 元,比上年增长 9.0％;农村居民人均可支配收入 12772 元,比上年增长 9.4％。全市居民人均消费支出 11328 元,比上年增长 8.4％,恩格尔系数为 35.3％。

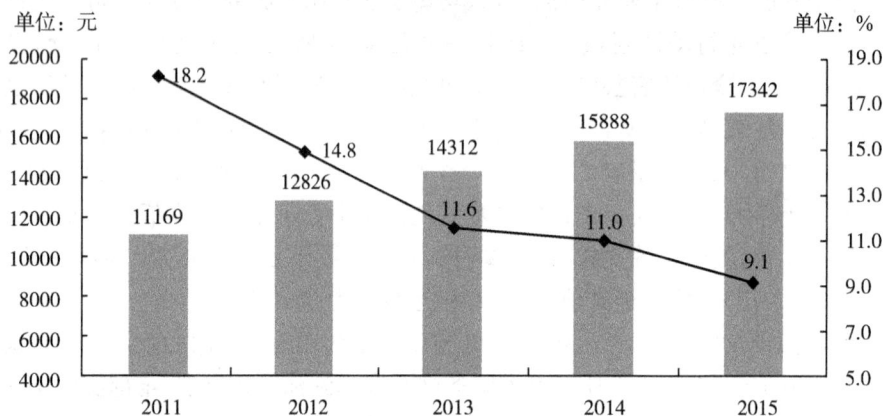

图 5　居民收入情况及其增速

数据来源:宿迁统计局

社会保障体系更加完善。继续推进社会保险扩面"幸福行动",城乡居民基础养老金最低标准提高到每人每月 105 元,城乡低保标准提高到 490 元/月和 370 元/月,城乡居民养老保险统筹并轨,城乡居民社会养老保险覆盖率达 98％以上。新农合政策范围住院补偿比例提高到 75％,大病保险实现全覆盖。全市新建养老服务项目 11 个,新增床位 3000 张,养老床位总数达 3.4 万张,每千名老人拥有养老床位 45.23 张,养老服务社会满意度位居全省第一。新建居家养老服务中心(站)127 个,老年人助餐点 85 个。全面完成农村敬老院"三有三能六达标"改造任务。完成棚户区改造 14 万户,基本建成各类保障性住房 13 万套,居民住房条件得到有效改善。

第十二章　2015年连云港市经济社会发展报告

2015年连云港市紧紧抓住国家"一带一路"建设的重大战略机遇,坚持稳中求进的工作总基调,以改革创新促发展,以扩大开放求突破,着力加快转型升级,促进经济提质增效。全市经济运行稳中有进,战略地位不断提升,综合实力日益增强,产业发展、城乡面貌、港口建设、人民生活发生显著变化。

一、总体经济

综合实力明显增强。经济总量不断扩大,2015年全市地区生产总值2160.64亿元,较上年增长(下同)10.8%;总量迈上2000亿元新台阶,较上年增加194.75亿元,增速较上年快0.6个百分点。人均地区生产总值48416元,增长10.3%,较上年增加4139元;固定资产投资2077.35亿元,增长21.0%;社会消费品零售总额830.71亿元,增长12.4%;一般公共预算收入291.77亿元,增长11.5%。

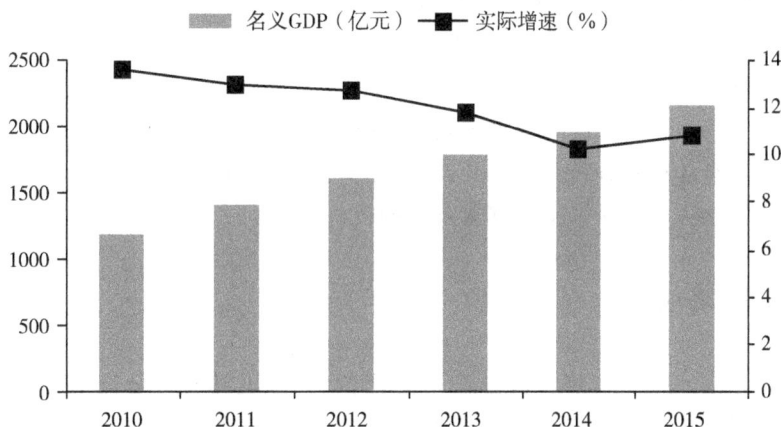

图1　连云港市GDP规模及实际增速
数据来源:历年《江苏统计年鉴》

产业基础不断夯实。2015年装备制造、石化产业产值均达千亿规模,新医药、新材料、新能源共实现工业总产值1935.02亿元。全市工业百亿特色产业12个,产值过百亿企业7家。开发园区集约化开发水平不断提升。现代农业稳步发展,主要粮食作物生产基本实现机械化,粮食实现"十二连丰"。物流、金融、旅游等服务业加快发展。新增国家4A级旅游景区1个,接待国内外游客2684.77万人次,增长11.1%;实现旅游收入343.92亿元,增长13.7%。

结构调整不断加快。全市三次产业结构由上年的13.3:45.3:41.4调整为2015年的13.1:44.4:42.5,第一产业增加值占GDP的比重下降0.2个百分点,第二产业占比下降0.9个百分点,第三产业占比提高1.1个百分点。港产城融合发展步伐加快。以港口为龙头的航道建设、码头建设持续推进;以提升城市功能为重点的功能新区、公共交通、城市道路建设取得新进展。

二、农业

2015年全市实现农业总产值549.03亿元,同比增加41.64亿元,按可比价计算增长3.7%;实现农林牧渔业增加值299.68亿元,同比增加22.18亿元,按可比价计算增长3.7%,增幅位居全省第一。

其中,农业增加值159.66亿元,增长3.52%;林业增加值7.76亿元,增长3.59%;牧业增加值49.16亿元,增长1.05%;渔业增加值66.12亿元,增长5.98%;农林牧渔服务业增加值16.99亿元,增长5.4%。农林牧渔服务业增加值占农林牧渔业增加值的5.7%,比2014年提高0.1个百分点。

从结构构成来看,农业总产值占农林牧渔业总产值的47.5%,为农业经济的绝对支撑,此外,林业比重为2.7%,牧业比重为20.4%,渔业比重为23.8%,农林牧渔服务业比重为5.7%。

粮食产量继续增长。2015年全市粮食总产为362.15万吨,比上年增加2.82万吨,增长0.78%。其中夏粮143.32万吨,比上年增加0.43万吨,增长0.3%;秋粮218.83万吨,比上年增加2.39万吨,增长1.1%。粮食亩产为480.3公斤,比上年增加2.9公斤,增长0.61%,其中夏粮亩产393.5公斤,增加0.4公斤,增长0.1%;秋粮亩产561.5公斤,增长5.4公斤,增长1%。

主要农作物产品产量稳中向好。2015年全市其他农作物产量总体上较为平稳。油料总产量11.42万吨,比上年增长0.3%;其中油菜籽产量0.24万吨,比上年持平;花生产量11.18万吨,比上年增长0.3%。蔬菜总产量为395.37万吨,比上年增长0.1%;瓜果类总产量为67.36万吨,比上年增长13.4%。

畜牧业生产形势回暖。受2014年生猪价格整体低迷、部分中小型生猪养殖户放弃生猪养殖的影响,2015年,全市肉类总产量30.11万吨,比上年下降1.82%;全市生猪出栏量为294.24万头,比上年下降2.08%,生猪存栏量为156.24万头,比上年下降1.29%。生猪价格在经历了今年年初连续下跌后,在3月底4月初迎来一波反弹,呈现先抑后扬,特别是进入6月份之后,猪价飙升,在8月份达到峰值以后小幅回落,但仍保持较为平稳的价格走势。2015年全市全年生猪生产稳步增长、规模养殖迅速发展、养殖效益可观,保持持续健康发展的良好态势。

三、工业和建筑业

工业经济运行平稳。2015年规模以上工业总产值5574.55亿元,增长13.2%;增加值1156.50亿元,增长12.9%;销售收入5416.66亿元,增长12.2%;利税总额678.33亿元,增长10.9%;利润总额420.87亿元,增长13.0%,资产负债率为52.3%。

高新产业快速发展。2015年高新技术产业产值2181.15亿元,增长19.0%;总量占全市规模以上工业总产值的39.1%,增幅高出5.8个百分点,对全市工业总产值增长的贡献率达53.4%,拉动全市工业总产值增长7.1个百分点。

临港产业平稳发展。产业集中程度不断提高,2015年石化产业和装备制造业产值均超过千亿,分别达到1201.53亿元、1053.72亿元;冶金业产值接近千亿,为974.19亿元。以上三大产业产值占全市规模以上工业总产值的57.9%。工业产值过亿元企业854家,较上年增加110个;亿元以上企业占规模以上工业企业的比重为52.2%,较上年高3.6个百分点。

效益增速全省靠前。2015年,在医药、纺织、食品等行业拉动下,连云港工业经济效益指标稳定增长,增速全省靠前。其中,规上工业实现利润总额420.8亿元,同比增长13.0%,高于全省平均增速3.9个百分点,全省排名第三,低于淮安市(27%)、泰州市(19.2%);完成利税678.3亿元,同比增长10.9%,高于全省平均增速1.6个百分点,全省排名第五,低于淮安市(21.2%)、泰州市(20.9%)、

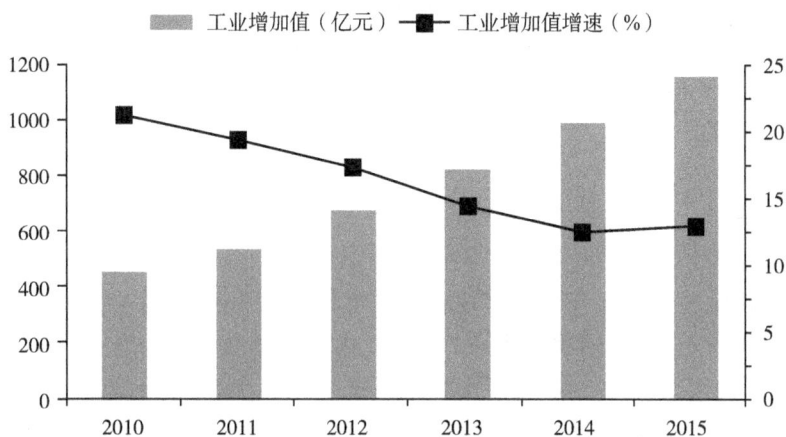

图 2　连云港市工业增加值及名义增速

数据来源：历年《江苏统计年鉴》

南通市(11.3％)、镇江市(11.3％)。2015 年全市工业企业利润总额占全省比例为 4.4％比去年同期高 0.3 个百分点；资产负债率为 52.3％低于全省 0.8 个百分点；每百元收入实现利润 7.8 元高于全省 1.2 元，各项指标反映连云港市工业企业体量不断增大，偿债能力、盈利能力高于全省平均水平。

景气指数止跌回升。2015 年，面对国际经济增长乏力，国内去库存、淘汰落后产能转型压力，连云港工业前 3 季度企业景气指数持续走低，由较为景气区间跌落至相对景气区间，四季度企业景气指数止跌回升至 119.2，环比上升 1.6 个百分点。景气指数出现积极信号，预计明年全市工业经济增速有望企稳，同时也应该注意到目前景气指数还处于相对景气区间，工业企业运行仍存在较大不确定性。

民营经济活力突显。民营工业企业充分利用体制灵活、反应迅速等优势，实现企业规模不断做大，竞争实力显著增强。2015 年民营工业实现销售收入 3907.7 亿元，同比增长 12.6％，占全部规上工业销售收入 72.1％，占比较去年同期提高 0.3 个百分点；实现利润总额 289.4 亿元，同比增长 13.6％高于全市平均增速 0.6 个百分点；完成利税总额 458.4 亿元，同比增长 9.7％，占全部规上工业利税 67.6％。

企业规模不断壮大。随着工业化进程的不断推进，连云港市工业企业规模日益增大。2015 年销售收入过亿元企业户数已增至 831 家，比 2012 年增加 330 家，年平均增加 82 家。其中，5 亿元以上企业 129 家，比 2012 年增加 43 家；10 亿元以上企业 68 家，比 2012 年增加 13 家；50 亿元以上企业 20 家，比 2012 年增加 10 家；100 亿元以上企业 7 家，比 2012 年增加 4 家，7 个超百亿元企业分别为：新海石化、镔鑫特钢、亚新钢铁、兴鑫钢铁、益海粮油、正大天晴、罗盖特化工。2015 年亿元企业共实现销售收入 5043.1 亿元占全部规上工业收入的 93.1％，亿元企业支撑作用明显。

主导产业出现分化。2015 年石化、装备制造、冶金、食品、建材、医药六大主导产业实现销售收入 4761.3 亿元，同比增长 12.6％。其中，医药行业作为全市支柱产业之一，维持健康发展态势，2015 年实现销售收入 458.4 亿元，同比增长 17.4％，实现利润总额 91.9 亿元，同比增长 27.5％。冶金行业受到产能过剩供需矛盾突出影响，钢铁价格一路下滑，普通钢材价格已低于 2000 元/吨，钢材加工行业企业纷纷减产。金信利不锈钢、闽东特钢近几个月一直处于停产半停产状态；镔鑫特钢、兴鑫钢铁维持微利生产；装备制造业实现销售收入 1053.7 亿元，同比增长 13.8％，实现利润总额 69.6 亿元，同比增长 3.6％，黄海机械受市场需求减弱影响出现亏损，太阳雨、鹰游纺机利润较去年同期均有所下降；食品实现销售收入 550.5 亿元，同比增长 19.6％，实现利润总额 39.7 亿元，同比增长 18.5％；建材实现销售收入 522.9 亿元,同比增长 10.8％,实现利润总额 38.1 亿元,同比增长 13.8％。

建筑业发展稳定。2015 年建筑业总产值 629.68 亿元,增长 7.9％。其中,建筑工程产值 616.04 亿元,增长 7.4％,占总产值的 97.8％;安装工程产值 10.96 亿元,增长 33.7％。在省外完成的建筑业总产值 259.43 亿元,增长 9.1％。

四、服务业

现代服务业加快发展。2014 年全市实现服务业增加值 813.02 亿元 ,同比增长 10.2％,占 GDP 比重达到 42.5％。物流产业产值年均增长 26.1％,文化产业增加值年均增幅超过 30％,房地产市场平稳发展。新增国家 4A 级景区 7 家,花果山景区获批全国旅游标准化示范单位,温泉度假区创成省级旅游度假区。商贸服务业提档升级,大润发、苏宁广场等一批大型商业设施建成投用。

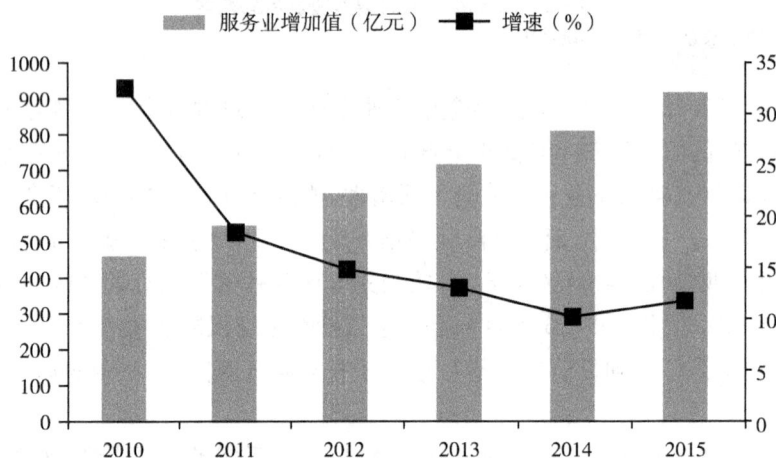

图 3 连云港市服务业增加值及名义增速

数据来源:历年《江苏统计年鉴》

五、固定资产投资

投资总量不断扩大。2015 年固定资产投资 2077.35 亿元,增长 21.0％。其中,工业投资 1265.61 亿元,增长 21.7％;服务业投资 786.11 亿元,增长 18.6％。

基础设施和民间投资明显增加。2015 年基础设施投资 495.20 亿元,增长 45.6％,增幅较固定资产投资高 24.6 个百分点。其中,电力、热力、燃气及水的生产和供应业投资 171.60 亿元,增长 66.4％;信息传输、软件和信息技术服务业投资 4.10 亿元,增长 150.1％;水利、环境和公共设施管理业投资 210.0 亿元,增长 24.9％。民间投资 1205.80 亿元,增长 22.6％,民间投资占固定资产投资的比重达 64.4％,较上年高 1.3 个百分点。

高新技术投资和技改投资明显增强。2015 年高新技术产业投资 329.30 亿元,增长 20.1％。其中智能装备制造、医药制造、新材料制造分别增长 74.5％、9.5％和 15.6％。技术改造投资 593.30 亿元,增长 78.1％。

六、交通运输和信息通讯业

港口支撑作用提升。2015 年港口货物吞吐量 2.11 亿吨,增长 0.3％,其中内贸吞吐量首次跨上亿吨台阶,达到 1.11 亿吨,增长 11.1 ％,增幅较上年高 6.9 个百分点;集装箱运量 501 万标箱。依托港口优势,全市石油化工、钢铁冶金、机械装备等临港产业不断发展,三大产业的支撑作用不断增强。全市 20 强企业中,16 个企业是与港口有关的产业,前四大企业均为近几年投产的百亿元以上临港石化、钢铁企业。

交通运输平稳运行。2015 年全市交通运输客运总量 5601 万人次。其中地方公路客运量 5058 万人次,地方交通旅客周转量 33.55 亿人公里,较上年分别下降 6.9％和 4.7％;水路客运周转量 7704 万人公里,增长 4.0％。地方公路货运量 9508 万吨,增长 13.1％,地方公路货运周转量 189.34 亿吨公里,增长 12.4％;地方水路货运量 1722 万吨,增长 2.3％,地方水路货运周转量 124 亿吨公里,增长 1.5％。民航机场飞机起降 7802 架次,增长 11.8％;民航机场旅客吞吐量 70.90 万人次,增长 24.7％。

表 1　2015 年交通运输业主要指标情况表

指　标	单　位	总　量	增长％
公　路			
客运量	万人次	5058	－6.9
旅客周转量	亿人公里	33.55	－4.7
货运量	万吨	9508	13.1
货物周转量	亿吨公里	189.34	12.4
水　运			
旅客周转量	亿人公里	0.77	4.0
货运量	万吨	1722	2.3
货物周转量	亿吨公里	124	1.5
机　场			
起降架次	架次	7802	11.8
旅客吞吐量	万人次	70.90	24.7

数据来源:连云港统计局

邮政通讯业务增长较快。2015 年邮政通讯业务收入 38.86 亿元,增长 2.3％。其中邮政行业业务收入 9.44 亿元,增长 28.8％。邮政行业中快递业务收入 5.08 亿元,增长 44.8％,增速比邮政业务收入快 16.0 个百分点,总量占邮政业务收入的 53.8％,较上年高 6.1 个百分点;快递业务量 5197.48 万件,增长 45.0％,较上年高 4.1 个百分点。2015 年末,全市电话用户 502.09 万户,其中移动电话用户 423.61 万户。互联网用户 351.62 万户,较年初增长 27.9％,其中固定宽带接入用户 82.69 万户,较年初增长 22.1％。

七、国内贸易和市场物价

消费品市场运行良好。2015 年社会消费品零售总额 830.71 亿元,增长 12.4％。其中批发业 64.69 亿元,增长 12.3％;零售业 688.64 亿元,增长 11.3％;住宿业 9.71 亿元,增长 11.5％;餐饮业

67.70 亿元,增长 24.4%。

网上零售发展迅速。2015 年限额以上贸易单位网上零售额 3.06 亿元,增长 102.8%。分商品种类看,百货类网上零售 2821 万元,增长 25.8 倍;体育用品及器材 12981 万元,增长 133.7%;医药及器械类 1759 万元,增长 86 倍;汽车配件类 3279 万元,增长 159%;五金类 2167 万元,增长 7.0%;珠宝首饰类 4777 万元,下降 21.7%;其他类 2057 万元,增长 37.0%。

物价平稳运行。城市居民价格涨幅运行在 2% 以下。2015 年 CPI 比上年上涨 1.8%。八大类居民消费品和服务价格同比"七涨一跌",其中医疗保健和个人用品类涨 3.6%,涨幅最大;衣着类涨 3.4%,涨幅次之;烟酒类涨 3.1%,食品类涨 2.4%,家庭设备用品及维修服务类涨 2.2%,娱乐教育文化用品及服务类涨 1.3%,居住类涨 1.0%;交通和通信类则下跌 1.4%。工业生产者出厂价格指数为 94.4,工业生产者购进价格指数为 88.6。

表2   2015 年城市价格指数情况表

指　　标	市区(上年累计为100)
居民消费价格总指数	101.8
食品	102.4
烟酒及用品	103.1
衣着	103.4
家庭设备用品及维修服务	102.2
医疗保健和个人用品	103.6
交通和通讯	98.6
娱乐教育文化用品及服务	101.3
居住	101.0

数据来源:连云港统计局

八、对外经济

对外贸易受宏观经济形势影响较大。2015 年进出口总额 80.45 亿美元,增长 0.2%。其中出口额 40.56 亿美元,下降 6.9%,进口额 39.78 亿美元,增长 8.3%。2015 年实际利用外资 8.01 亿美元,下降 16.1%。

九、财政、金融和保险业

财政收入稳步增长。2015 年一般公共预算收入 291.77 亿元,较上年增加 30 亿元,增长 11.5%。其中,税收收入 237.55 亿元,占一般公共预算收入的 81.4%。一般公共预算支出 429.78 亿元,增长 14.5%。用于民生支出超过七成,其中教育支出 72.48 亿元,增长 7.6%;社会保障和就业 35.52 亿元,增长 21.1%;医疗卫生 28.65 亿元,增长 23.5%;城乡社区事务 87.12 亿元,增长 17.5%。

金融信贷稳健运行。2015 年末金融机构存款余额 2163.92 亿元,比年初增加 276.14 亿元,同比增长 14.7%。其中,企事业单位存款 696.79 亿元,比年初增加 128.09 亿元;居民储蓄存款 1055.97 亿元,比年初增加 103.43 亿元。金融机构贷款余额 1827.40 亿元,比年初增加 219.98 亿元,同比增长 13.7%。

保险市场稳定增长。2015年保险费总收入62.16亿元,增长25.5%,较全省平均水平高7.3个百分点。其中寿险保费收入35.90亿元,增长33.8%,较全省平均水平高15.6个百分点;财产保费收入19.59亿元,增长15.2%,较全省平均水平高4.3个百分点。健康险保费收入增长21.7%,意外险保费收入增长3.8%。各类保险赔付支出19.59亿元,增长14.1%。其中财产险赔付支出9.77亿元,占全市保险赔付支出的49.9%。全市保险赔付率为36.6%。

十、科技和社会保障事业

科技创新取得较大进展。创新能力提升,全社会R&D投入占GDP的比重1.7%左右,科技进步贡献率达到53%,获评"全国科技进步先进市"。连云港高新区升格为国家级高新区;新获批建设国家级农业科技园区、省级东海高新区;重点产业领域突破一批关键核心技术,荣获国家科技进步一等奖1项、二等奖6项;荣获中国专利奖金奖3项;恒瑞医药成功向美国市场转让创新药品,康缘药业智能制造经验全国推广,正大天晴、豪森药业等4家企业跻身全国医药企业创新力20强。

社会保障体系取得新发展。覆盖城乡居民的社保体系基本形成,职工"五险"覆盖率稳定在95%以上;在苏北率先实现城乡居民养老保险制度一体化,参保覆盖率达99.9%。完成企业退休人员基本养老金"十一连"调和城乡居保基础养老金"四连"调工作,启动实施职工大病保险制度,截止到2015末累计发行社保卡235万张。在全省率先实现机关事业单位离退休人员养老金社会化发放。大病保险制度实现参保人群全覆盖。

创业带动就业有效开展。打造新型众创空间,新增省级创业示范基地4家,组建大学生村官创业学院。城镇新增就业人员8.6万人,城镇失业人员再就业2.16万人,新增转移农村劳动力3.85万人。完成各级各类培训25.78万人次,开展企业职工技能培训2.3万人,实训基地新建成电子商务和生物制药两个实训项目。在全省率先建立高校毕业生储备制度,率先将就业困难人员社保补贴由10类扩大到15类,高校毕业生就业率稳定在90%以上,零就业、零转移家庭保持动态为零,城镇登记失业率2.05%。

十一、教育卫生和文化宣传事业

教育事业健康快速发展。教育现代化发展水平不断提高。全市中小学国家教育信息化达标率80%,学校光纤接入率100%,公共资源平台和公共管理平台覆盖率100%。职业教育特色创新发展。职业教育招生2.03万人,创建省高水平现代化学校3所,省高水平示范性实训基地2个,省级品牌和特色专业7个,新增五年制高职专业1个。高等教育发展层次提升。淮海工学院启动博士联合培养工作,国家级博士后科研工作站获批。新增本专科教学基地10个、研究生实践基地8个、省级品牌专业4个,申报双创人才项目12个。教师队伍优质资源实现共享。开展"百位名师百乡行"47场,创建农村中小学自主发展示范校40所,选派农村教师出国培训55人。培养乡村骨干班主任和骨干教师共1350名。

卫生工作取得积极进展。公立医院改革稳妥推进,10家城市公立医院分步实施医药价格综合改革。深化城乡对口支援,下派城市医生278名。鼓励引导社会资本举办医疗机构,新增3家社会力量举办医疗机构。新型农村合作医疗制度持续完善,参合率为99.75%,人均筹资标准由400元提高到480元,大病保险筹资标准由每人15元提高到20元,大病保险起付线调整到12000元,各分段补偿比例提高5个百分点。基层卫生服务能力明显增强。争取省扶持基层医疗卫生机构基础设施建设项目10个、设备装备项目20家267台件、配备救护车5台。大力推进社区卫生服务机构家庭医生制度,社区医生与 105235 户居民家庭签订服务协议,签约服务居民 35.8 万人,签约率 32.3%。开展食品安全风险常规监测和专项监测。新增农村无害化卫生户厕 3.1 万座,全市农村无害化卫生户厕普及率 75.44%。

文化事业繁荣发展。"一带一路"文化交流取得新成绩。女子民乐团参加乌兹别克斯坦"东方旋律"艺术节并荣获最高奖。组织江苏女子民族乐团"中国梦·丝路情"沿海城市巡演,参加"江苏文化产业伊犁行活动周"并演出 5 场;举办第二届丝绸之路艺术摄影大展,首届丝路摄影大展佳作亮相首都机场"文化国门"。承办 2015 西游记文化节系列活动 50 余项。举办第七届文化产品博览会,招展 400 多家企业、8000 余种文化产品,吸引 10 万人次参观,交易额达 8000 余万元。举办首届西游记文化与创意产业论坛。推进海上丝绸之路申遗,连云港成为《中国世界文化遗产预备名单》中"海上丝绸之路中国段"的申遗点之一。实施《连云港山海文化生态保护试验区总体规划》,认定连云港市第五批非物质遗产名录传承基地 24 家,命名 13 个优秀非物质遗产传承人。

十二、城市建设和环境保护

城市布局不断优化。2015 年末市区建成区面积 204 平方公里,比上年末增加 10 平方公里。东部城区立足"一带一路"交汇点先行区目标定位,统筹推进连云区和连云新城建设,实施上合组织物流园中哈(连云港)保税仓工程一期、高公岛国家一级渔港等重大基础设施项目,港口产业服务功能显著提升,8 平方公里连云新城商务核心区基本建成。海州城区协调推进老城区改造和新区开发,完成电机厂地块、原纺织厂宿舍地块等旧城改造项目,加快第一人民医院、解放路小学滨河分校等城市功能提升工程建设。高新区加快新世界文化城、第一人民医院新院区、万达广场等公共设施建设,完成科技创业城、连云港实验学校等配套工程。赣榆城区进一步推进与中心城区融合,海湾开发不断加快,琴岛天籁"六横八纵"路网框架全面拉开,秦山岛旅游发展加快推进,形成以链串珠式海湾开发格局。

城市功能日益完善。一是市政道路桥梁。全年实施项目 95 个,投资 34 亿元。海滨大道建成通车、西大堤改造竣工使用,维修改造秦东门大街、镇海路等破损道路 66 条,打通建国东路、人民东路等"断头路"9 条,人均道路面积达 21㎡。二是公用事业。全年实施项目 91 个,投资 35 亿元。饮用水输水泵站工程主体完成,海州水厂改建加快推进,东海尾水管道基本贯通,污水厂提标升级和区域污水截流实现突破,大浦、城南、墟沟、恒隆四个污水处理厂平均负荷率均超过 86%。新增供水、污水、燃气管网各 20 公里,改造供水、污水、燃气管道共 20 公里,新增燃气用户 10000 户;城市供水普及率 100%,城市污水处理率 85%,燃气普及率 99.98%。

民生工程持续推进。一是老旧小区改造。完成 600 条 100 公里背街小巷改造,疏通、改造、维修下水道 120 公里;完成沈圩社区、陇海花园等 70 个老旧小区改造。二是河道整治。全年投资 2 亿元,完成东盐河、西盐河、玉带河、龙尾河污水排口截流整治,截流污水 3 万吨/日;河岸种植绿化 2.3 公顷,建成管网 12.5 公里。三是扬尘治理。按照 9 个 100% 目标要求,全市建筑工地扬尘整治达标率 99%,部分工地扬尘控制达到省内领先水平。四是旧城改造。全市棚户区改造新开工 9447 套,基本建成 8301 套,其中市区新开工 6503 套,基本建成 5627 套。全市完成旧城改造房屋征收 550 万 ㎡,其中市区 249 万 ㎡。

城乡统筹加快推进。2015 年末全市城镇化率 58.7%,比上年末高 1.58 个百分点。完成村庄整治 1210 个,实现市域村庄整治全覆盖并通过省级全域验收,实施美丽乡村示范试点建设 11 个,完成农村危旧房改造 4340 户,实施渔民上岸工程 372 户。"十二五"期间,开展苏北地区重点中心镇行动 9 个,临海城镇培育行动 9 个,2015 年底全面完成所有建设项目。全年新建城镇污水处理厂 14 座,新增配套管网 110 公里,新增处理能力 2 万吨/日,实现建制镇污水处理设施覆盖率 90％目标。全年新建供水水厂 2 座,新增配套管网 284 公里,新增供水能力 16 万吨/日,实现区域供水覆盖率 85％目标。

生态文明建设取得新成绩。落实 166 项生态文明建设工程。东海县建成国家级生态县,赣榆区通过国家级生态区技术评估。国家级、省级生态乡镇覆盖率分别为 25％、75％,建成国家级生态村 7 个,省级生态村 60 个。推进农村环境综合整治,76 个涉农乡镇(街道)农村环境综合整治全覆盖。建成大气环境监测超级站,实现对空气中挥发性有机物、离子组分等实时解析。2015 年全市优良天数累计 260 天,优良率 71.2％,与上年相比优良天数增加 10 天,优良率上升 1.8％。市区 PM2.5 浓度均值 55 ug/m³,比上年下降 9.8％;PM10 浓度均值 94 ug/m³,比上年下降 15.3％。全市 86 个水质监测断面达标率 69.8％,水质达到Ⅲ类及以上断面占 52.3％,Ⅳ类水比例 24.4％,Ⅴ类水比例 1.2％,劣Ⅴ类水比 22.1％。其中 42 个省控断面中水质达到Ⅲ类及以上断面占 45.2％,劣Ⅴ类占 28.6％。

十三、人口及人民生活

人口规模有序扩大。2015 年末户籍总人口 530.56 万人,比上年末增加 4.04 万人,其中市区 220.72 万人。常住总人口 447.37 万人,较上年末增加 2.20 万人,其中市区 207.73 万人。常住人口出生率 11.92‰,自然增长率 4.93‰。

居民收入增长较快。2015 年全市居民人均可支配收入 19418 元,增长 9.1％。城镇居民人均可支配收入 25728 元,增长 9.0％。其中工资性收入 14018 元,增长 8.7％;经营净收入 5125 元,增长 6.1％;财产性收入 2033 元,增长 10.1％;转移性收入 4552 元,增长 13.2％。城镇居民人均消费 17259 元,增长 7.8％。农村居民人均可支配收入 12778 元,增长 9.2％。其中工资性收入 5908 元,增长 9.6％;家庭经营收入 4528 元,增长 6.9％;财产性收入 164 元,增长 12.6％;转移性收入 2177 元,增长 13.1％。农村居民人均消费支出 9052 元,增长 9.3％。

第十三章 2015 年盐城市经济社会发展报告

2015 年是"十二五"规划收官之年,也是全面深化改革取得重要进展之年,为"十三五"实现良好开局奠定了坚实的基础。面对错综复杂的宏观形势和艰巨繁重的改革发展稳定任务,在市委、市政府的正确领导下,全市上下坚持稳中求进的总基调,围绕"三先"追求、"四城"定位、"六大发展"战略布局,积极探索、克难求进,经济社会发展呈现出"总体稳定、结构优化、质量提升、民生改善"的运行态势。

一、总体经济

经济保持稳定增长。初步核算,2015 年,全市实现地区生产总值 4212.5 亿元,按可比价计算,比上年增长 10.5%;其中第一产业实现增加值 516.5 亿元,比上年增长 3.6%;第二产业实现增加值 1925.5 亿元,比上年增长 10.5%;第三产业实现增加值 1770.5 亿元,比上年增长 12.5%。产业结构持续优化。三次产业增加值比例调整为 12.3∶45.7∶42,二、三产业比重比上年提高了 0.5 个百分点,人均地区生产总值达 58299 元(按 2015 年年平均汇率折算约 9100 美元),比上年增长 10.5%。

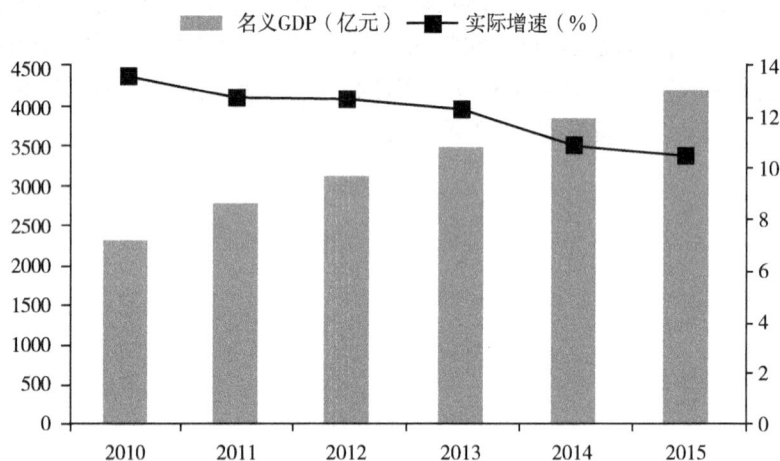

图 1 盐城市 GDP 规模及实际增速

数据来源:历年《江苏统计年鉴》

物价水平温和上涨。2015 年,市区居民消费价格总指数(CPI)同比上涨 1.6%。八大类商品价格"七升一降":食品类上涨 3.9%,烟酒类上涨 3.5%,衣着类上涨 1.7%,家庭设备及维修服务类上涨 2.5%,医疗保健和个人用品类上涨 0.8%,娱乐教育文化用品及服务类上涨 1.5%,居住类上涨 0.4%;交通和通信类下降 0.8%。全市工业生产者出厂价格指数(PPI)同比下降 1.5%,工业生产者购进价格指数(IPI)同比下降 5%。

二、农林牧渔业

农业生产形势良好。2015 年,全市实现农林牧渔业总产值 1073.5 亿元,可比价增长 2.7%。粮食总产量连续十二年实现增收。全市粮食总产量达 708.1 万吨,比上年增长 0.7%;粮食播种面积 1471.6 万亩,比上年增加 3.4 万亩。粮食亩产 481.2 公斤,比上年增加 2.3 公斤。棉花播种面积 41 万亩,比上年减少 34.6 万亩,总产 3.0 万吨。全市油料作物播种面积 137.7 万亩,比上年减少 10.1 万亩,油料总产量 28.2 万吨。

农业产业化进程加快。2015 年,全市拥有农业产业化龙头企业 1612 个,比上年增加 69 个;农民专业合作组织 9603 个,比上年增加 576 个。拥有大中型拖拉机 26464 台、联合收割机 24508 台。农业机械总动力 666.9 万千瓦,比上年增长 5.0%,农用排灌动力机械 8.3 万台、100.6 万千瓦,分别比上年增长 0.6% 和 0.8%。机耕作业面积 1162.8 千公顷,机械植保面积 1162.7 千公顷。推广联耕联种面积 459.8 万亩。

现代农业规模扩大。2015 年,全市高效设施农业发展取得显著成效。全年累计新增设施农业 20.8 万亩,总规模达 207.8 万亩,占耕地面积比重 16.9%。新建千亩以上连片设施农业基地 36 个、百亩以上连片基地 298 个,16 个"菜篮子"工程蔬菜新增 4.9 万亩、总规模达 19.88 万亩。全市拥有无公害农产品、绿色食品、有机农产品总数 2009 个,年内新增 491 个。全市拥有家庭农场 2883 家,年内新增 1137 家。农村劳动力转移 201.3 万人,其中劳务输出 126.4 万人。

三、工业和建筑业

工业生产总体平稳。2015 年,全市规模以上工业企业实现总产值 8532.2 亿元,比上年增长 15.0%,实现增加值 2061.3 亿元,比上年增长 11.5%。其中轻、重工业分别比上年增长 11.3% 和 11.6%。民营工业持续向好。2015 年,全市民营企业实现增加值 1466.8 亿元,比上年增长 13.8%,占规模以上工业比重 71.6%,增长贡献率达 84.5%。全市规模以上工业企业实现利税总额 869.2 亿元,比上年增长 6.9%,其中利润 479.0 亿元,比上年增长 2.7%。全年工业用电量 206.3 亿千瓦时,比上年下降 1.3%。

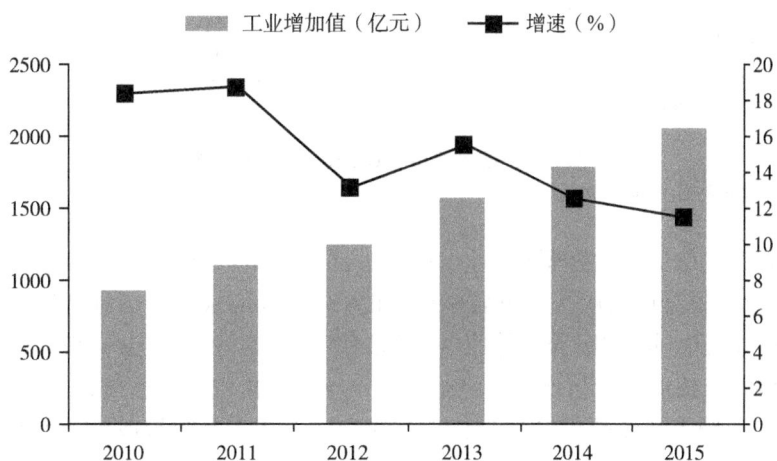

图 2　盐城市工业增加值及名义增速

数据来源:历年《江苏统计年鉴》

支柱产业稳定发展。2015 年，全市工业企业实现全口径开票销售 4279.5 亿元，比上年增长 7.5％，其中汽车、机械、纺织、化工四大传统支柱产业实现工业开票销售 2990.7 亿元，增长 0.7％，占工业总量的 70％。其中汽车产业实现开票 1045 亿元，比上年下降 4.2％，东风悦达起亚汽车公司销售汽车 61 万辆，比上年有所下降。

高技术产业发展加快。2015 年，全市高新技术产业实现产值 2455.4 亿元，比上年增长 20.1％，占全市规模以上工业产值的比重为 28.8％，分别比上年提高 4.8 个和 1.2 个百分点。2015 年，高新技术产业产值对全市规模以上工业增长贡献率达 40.4％，比上年提高 8.1 个百分点。

建筑业稳步增长。2015 年，全市完成建筑业总产值 1344.8 亿元，比上年增长 4.5％，实现增加值 271.8 亿元，比上年增长 4.6％。建筑企业房屋施工总面积达 11786 万平方米，比上年增长 11.9％；房屋建筑竣工面积 4300 万平方米，比上年下降 1.5％，其中住宅竣工面积 3018 万平方米，比上年下降 0.8％。

四、服务业

盐城市完成服务业增加值 1770.5 亿元，增长 12.5％，高于同期 GDP 增速 2 个百分点，占 GDP 比重比上年提高 1.2 个百分点；完成服务业投资 1328.2 亿元，同比增长 25.5％，分别高于工业投资增速和固定资产投资 5.1 个和 2.9 个百分点；实现全社会消费品零售总额 1468.6 亿元，同比增长 11.9％；实现服务业税收收入 291.4 亿元，同比增长 13.2％，对全部税收贡献近半；新登记服务业企业 20330 户，注册资本合计 9445.65 亿元，从业人员 10.53 万人。

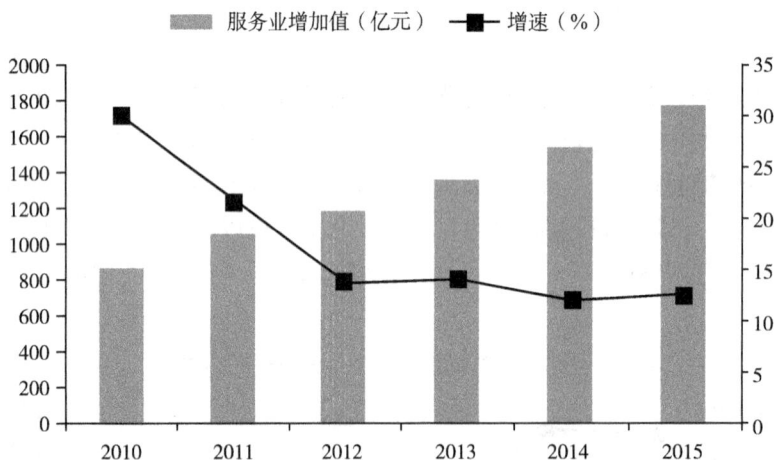

图 3　盐城市服务业增加值及名义增速

数据来源：历年《江苏统计年鉴》

2015 年，盐城市发展改革委发挥服务业发展牵头部门作用，坚持把加快现代服务业作为促进全市经济结构转型升级、提升产业层次的重要举措，加大产业政策扶持和服务力度。首先重点加强对大数据、互联网＋、电子商务、健康养老等服务业新兴产业的支持力度，会同市相关部门共同组织推进，并出台相关文件，市级服务业引导资金将给予重点支持。盐城市先后出台了扶持汽车服务业、电子商务、养老服务业、智慧盐城建设、现代保险、互联网经济的专项政策或行动方案，效果较为明显。盐城市去年电子商务交易额达 1200 亿元，同比增长 26.3％，网络零售额达 158 亿元，同比增长 31.6％，江苏中恒宠物用品公司成为苏北首家国家级电子商务示范企业，建湖县几百粒等 4 家企业被认定为省级电子商务示范企业。

盐城市城南新区是国家首批智慧城市试点城区和全国首个"微城市"试点城区,城南大数据产业园已列为全省唯一的省市合作共建大数据产业园,被纳入全省互联网经济和云计算与大数据产业发展总体规划,成为全省大数据产业重要的战略发展节点。园区已落户华为、软通、黄海云谷、中润普达、腾讯"互联网＋城市"等一批龙头项目,园区成为华为云服务业务在全国十四个节点之一;建成华东首个大数据交易机构——华东江苏大数据交易中心、南京邮电大学盐城大数据研究院、中关村(盐城)大数据产业联盟等各类科研平台 15 个。

借助省政府出台加快生产性服务业发展的专项政策,盐城市推进现代物流、软件服务等生产性服务业发展。去年盐城市软件产业销售收入突破 100 亿元,电子信息产品制造业销售收入突破 250亿元,全年共获批双软认证企业 7 家,认证产品 26 个。作为传统强项的物流业,盐城市去年完成社会物流总额 1.25 万亿元,增长 16.2%,物流业增加值 350 亿元,增长 16.7%,沿海港口完成货物吞吐量 7574.8 万吨,增长 24.1%,南洋机场实现旅客吞吐量 85.2 万人次,增长 61.1%,增速全省第一,货邮吞吐量 3005.7 吨,增长 39%,增速全省第一。

五、固定资产投资

投资结构更加优化。2015 年,全市完成固定资产投资 3372.9 亿元,比上年增长 22.6%,其中工业投资 2003.1 亿元,比上年增长 20.4%。投资结构进一步优化,全市第一产业完成投资 39.1 亿元,比上年增长 18.4%;第二产业完成投资 2009 亿元,比上年增长 20.8%;第三产业完成投资 1324.8 亿元,比上年增长 25.6%。民间投资 2725.6 亿元,比上年增长 26.1%,高于投资增速 3.5 个百分点,对全市投资增长的贡献率达 90.7%,拉动全市投资增长 20.5 个百分点。

重点领域投资较快。2015 年,全市工业技改投资 1310.7 亿元,比上年增长 34.4%;高新技术产业投资 520.4 亿元,比上年增长 26.2%;四大支柱产业投资 1364.3 亿元,比上年增长 24.4%。基础设施投资 478.4 亿元,比上年增长 28.9%。文化投资势头强劲。文化产业投资 139.6 亿元,比上年增长26.7%。

新开工项目稳定增长。2015 年,全市新开工项目 4316 个,比上年增加 954 个;新开工项目计划总投资 2876.3 亿元,比上年增长 32.2%。亿元及以上新开工项目 511 个,其中 5 亿元以上 94 个,10亿元以上 36 个。新开工项目多数集中在制造业行业,其中通用设备制造业、化学原料和化学制品制造业、纺织业、专用设备制造业等行业新开工项目数均在 200 个以上。

房地产销售有所回升。2015 年,全市房地产开发投资 367.7 亿元,比上年下降 3.2%,增速同比回落 19.2 个百分点,其中住宅投资完成 274.3 亿元,比上年下降 0.1%,增速同比回落 10.2 个百分点。商品房销售有所回暖。2015 年,全市实现商品房销售面积 716.5 万平方米,比上年增长 14.7%;商品房销售额 341.4 亿元,比上年增长 8.7%,其中住宅销售额 284.3 亿元,比上年增长 19.9%。

六、交通运输和邮电业

运输能力逐步增强。截至 2015 年底,全市共有公路总里程 19526 公里,其中国道 654 公里、省道 1271 公里;拥有等级公路 17603 公里,其中高速公路 359 公里,一级公路 1394 公里,二级公路2495 公里。全市基本形成以高速公路为主骨架,以国省干线为支撑,以农村公路为配套的通达城乡的公路网络。全市社会客运量 9473 万人,比上年增长 0.4%,客运周转量 83.8 亿人公里,比上年增长0.2%;全社会货运量 15572 万吨,比上年增长 4.8%,货运周转量 391.8 亿吨公里,比上年增长 5.0%。航班 8840 架次,旅客运输量 85.2 万人次,分别比上年增长 59.7%、61.1%,货邮吞吐量 3005.7 吨,比上年增长 39％。沿海港口货物吞吐量 7574.8 万吨，比上年增长 24.1％，其中外贸 1717.7 万吨，比上年增长 157％。

邮电业务平稳发展。2015 年，全市完成邮电业务总量 64.6 亿元，比上年增长 12.2％。邮政业务收入 12.4 亿元，比上年增长 24.9％，其中规模以上快递企业实现业务收入 5.1 亿元，比上年增长 40.3％。电信业务收入 52.2 亿元，比上年增长 9.6％。

七、国内贸易

消费市场保持平稳。2015 年，全市社会消费品零售总额完成 1468.6 亿元，比上年增长 11.9％。分城乡看，乡村消费增速领先城镇，全年城乡分别实现社会消费品零售总额 1391.8 亿元和 76.8 亿元，比上年增长 11.8％和 12.6％。分行业看，消费市场平稳增长。批发、零售、住宿、餐饮业分别实现零售额 179.6 亿元、1140.9 亿元、15.2 亿元、132.9 亿元，比上年分别增长 10.2％、12.2％、10.0％、11.3％。分规模看，限额以上零售额 70.3 亿元，比上年增长 12.8％；限额以下零售额 748.3 亿元，比上年增长 11％。

生活消费增长较快。在限额以上批发和零售业主要经营类别中，信息类消费需求趋旺。通信器材类消费 3.9 亿元，比上年增长 45.3％；居民生活消费增长较快，食品类消费 64.2 亿元，比上年增长 14.6％，穿着类消费 50.5 亿元，比上年增长 8％，汽车类消费 167.1 亿元，比上年增长 15.5％；健康类消费增长较快，中西药品消费 31.8 亿元，比上年增长 18.6％；家电、娱乐类消费 63.8 亿元、1.5 亿元，分别比上年增长 15.4％和 6.5％。

八、对外经济和旅游业

对外贸易稳中有进。2015 年，全市实现进出口总额 81.2 亿美元，比上年增长 8.0％；其中出口 51.2 亿美元，比上年增长 16.6％，进口 30.0 亿美元，比上年下降 4.1％。新批利用外资项目 146 个，比上年增长 15.9％。注册外资实际到账 8.0 亿美元，比上年下降 24.1％。加快开发园区转型升级，我市成为中韩两国政府确定的产业园地方合作重点城市，省政府出台专项政策支持中韩盐城产业园建设。盐城高新区获批国家级高新区，城南新区、建湖高新区创成省级高新区。

旅游业蓬勃发展。2015 年，全市共接待海内外游客 2271.3 万人次，比上年增长 12.5％；其中入境游客接待量 4.9 万人次，比上年增长 16.5％。全年实现旅游外汇收入 5865.7 万美元，比上年增长 30％。2015 年全市新增国家 5A 级旅游景区 1 家、4A 级 2 家、3A 级 3 家。中华麋鹿园创成 5A 级景区，黄海海滨森林公园创成国家级森林公园，九龙口国家级湿地公园创建通过专家评审。生态湿地游、民俗文化游、康体养生游和乡村旅游成为新的旅游热点。

九、财政、金融和保险

财政收支稳步增加。2015 年，全市实现一般公共预算收入 477.5 亿元，比上年增长 14.2％，其中税收收入 384.3 亿元，比上年增长 12.6％，税收占公共财政预算收入的比重达 80.5％。主体税种保持稳定，营业税 190.7 亿元，增长 30.3％，增值税 27 亿元，比上年下降 8.1％，企业所得税 25.4 亿元，比上年下降 6.8％。一般公共预算支出 746.1 亿元，比上年增长 23.9％。

信贷规模持续扩大。2015 年，全市共有银行业金融机构 40 家，年内净增 1 家。金融机构年末本外币存款余额 4414.8 亿元，比上年末增长 18.7％，其中居民储蓄存款 2367.8 亿元，比上年末增长

14.5%。金融机构年末本外币贷款余额3077.5亿元,比上年末增长18.2%,其中中长期贷款1359.5亿元,比上年末增长19.8%。

　　保险业健康发展。2015年,全市拥有保险市场主体71家,其中市级产险公司22家,寿险公司32家,保险专业中介一级法人机构14家,保险经纪公司3家。保险分支机构及营销网点638个,保险从业人员30340人。全市实现保费收入105.4亿元,比上年增长20.3%,其中财产险32.6亿元,比上年增长21.9%;人身险72.8亿元,比上年增长19.6%。全市各项赔偿和给付35.9亿元,比上年增长5.9%。

十、科学技术和教育事业

　　创新能力不断增强。2015年,全市科技研发投入占地区生产总值的比重为1.8%。全市国家级高新技术企业384家,新增149家。571个项目获批省高新技术产品,创历年新高。申请专利22353件,比上年增长12.1%,其中发明专利3686件,比上年增长25.2%;授权专利7840件,其中发明专利463件,比上年增长72.3%和71.5%;万人有效发明专利拥有量2.44件,比上年增长39.4%。

　　教育事业协调发展。2015年,全市共有普通高校5所,招生1.7万人,在校生7万人,毕业生1.5万人;普通中专7所,在校生2.3万人;职业高中10所,在校生2.7万人;普通中学276所,在校生26.6万人;小学326所,在校生44.2万人。全市初中毕业生升学率98%,在校生年巩固率99.6%;小学毕业生升学率97.9%,在校生年巩固率99.8%。学龄儿童入学率100%。幼儿园在园幼儿23.5万人,学前三年幼儿入园率为98.3%。全市共有教职工8万人,其中专任教师6.6万人。

十一、文化、卫生和体育事业

　　文化建设成果丰硕。文化惠民工程扎实推进。改造提升文化基础设施,市图书馆新增智慧盐城图书馆APP平台服务方式,手机客户端可为读者提供各类电子书90多万种。继续开展"盐渎风"全民读书活动。群众文化活动有效开展。2015年,全市共完成送文艺演出1087场、放映公益电影27160场,送图书20万册。着力打造文艺精品。原创现代大型淮剧《小镇》成为全省2015年第一部重点投入的剧目。淮剧《良心》获国家艺术基金资助项目。

　　卫生体系更加健全。2015年,全市拥有卫生计生机构3242个,其中医院、卫生院284个,卫生监督机构10个,妇幼卫生机构11个。各类卫生机构拥有床位3.72万张,在职职工4.96万人,其中执业(助理)医师1.78万人,注册护士1.46万人。

　　体育事业健康发展。2015年,盐城市成功举办了沿海湿地国际公路自行车赛,20支代表队近200名运动员"骑越湿地、逐梦盐城"。成功举行了盐城市第七届运动会。广泛开展全民健身活动,积极开展群众体育活动,在全省率先实现公共体育服务体系示范区全覆盖,"10分钟体育健身圈"不断完善。继续加大社会体育指导员培训力度。青少年校园足球活动成果丰硕,获得"团体一等奖"、"国家级青少年校园足球特色学校"等称号。

十二、人口、人民生活和社会保障

　　人口总量保持稳定。2015年末,全市户籍人口828万人,比上年末减少0.5万人,其中城镇人口476.9万人,乡村人口351.1万人。全年人口出生率为11.8‰,死亡率为7.4‰,自然增长率为4.4‰。年末常住人口722.85万人,城镇化率60.1%,比上年提高1.6个百分点。

生活水平不断提高。2015年,全体居民人均可支配收入22419元,比上年增长9.1%。城镇常住居民人均可支配收入28200元,比上年增长9.1%;人均消费支出16539元,比上年增长7.6%。农村常住居民人均可支配收入15748元,比上年增长9.3%;人均生活消费支出11819元,比上年增长9.6%。

城镇就业基本稳定。2015年,全市从业人员445.7万人,其中第一产业从业人员114.7万人,第二产业从业人员156.9万人,第三产业从业人员174.1万人。私营企业从业人员136.8万人,个体从业人员47.7万人。新增城镇就业人员11.1万人。城镇登记失业率保持在1.89%的较低水平。

社会保障日臻完善。2015年,全市城乡居民大病保险实现全覆盖,建立困难群众保障援助和市区困难群众托底救助制度,全市35.7万困难群众基本生活有稳定来源,14万低收入人口完成脱贫。新建各类保障性住房2.5万套,完成农村五保供养服务机构提档升级项目,大市区养老呼叫服务平台投入运营,城市社区居家养老服务中心(站)实现全覆盖。

十三、城市建设和环境保护

城市建设成效显著。2015年,市区55公里的内环高架快速路网工程全面开工建设,完成工程量的60%。市区新辟公交线路7条,新增公交线路里程181.5公里。市区拥有公交车961辆、出租车1250辆。倡导低碳环保出行,建设自行车服务站点400个,投放城市公共自行车10000辆。全面改善农村运输条件,行政村班车通达率达100%。盐城至南京、徐州高速铁路(客运专线)开工建设,盐城至连云港快速铁路加快推进。阜建高速公路建成通车,实现"县县通高速"。获评全国新一轮社会管理综合治理优秀市,"厚德盐城"成为城市新名片。

生态环境持续改善。绿色发展已经成为盐城鲜明特色。2015年,加快沿海重点园区生态化改造,积极创建国家森林公园和国家湿地公园,顺利通过绿化模范城市验收。积极推动绿色盐城建设,新增绿化造林14.1万亩,林木覆盖率达25.9%;整治城乡环境,开展城乡河道综合整治行动,实施通榆河沿线环境专项整治;实施大气污染防治行动计划,夏秋两季秸秆禁烧实现"零火点",连续两年空气质量全省最好,使盐城真正成为"一个让人打开心扉的地方"。

第八篇　重要数据指标

第一章　2015 年全国各地经济发展指标

表 1　中国历年地区生产总值统计（2009—2015 年）　　　　　（单位：亿元）

地　区	2009 年	2010 年	2011 年	2012 年	2013 年	2014 年	2015 年
北京	12153	14113.6	16251.9	17879.4	19800.8	21330.8	22968.6
天津	7521.9	9224.5	11307.3	12893.9	14442	15726.9	16538.2
河北	17235.5	20394.3	24515.8	26575	28443	29421.2	29806.1
山西	7358.3	9200.9	11237.6	12112.8	12665.3	12761.5	12802.6
内蒙古	9740.3	11672	14359.9	15880.6	16916.5	17770.2	18032.8
辽宁	15212.5	18457.3	22226.7	24846.4	27213.2	28626.6	28743.4
吉林	7278.8	8667.6	10568.8	11939.2	13046.4	13803.1	14274.1
黑龙江	8587	10368.6	12582	13691.6	14454.9	15039.4	15083.7
上海	15046.5	17166	19195.7	20181.7	21818.2	23567.7	24965
江苏	34457.3	41425.5	49110.3	54058.2	59753.4	65088.3	70116.4
浙江	22990.4	27722.3	32318.9	34665.3	37756.6	40173	42886.5
安徽	10062.8	12359.3	15300.7	17212.1	19229.3	20848.7	22005.6
福建	12236.5	14737.1	17560.2	19701.8	21868.5	24055.8	25979.8
江西	7655.2	9451.3	11702.8	12948.9	14410.2	15714.6	16723.8
山东	33896.7	39169.9	45361.9	50013.2	55230.3	59426.6	63002.3
河南	19480.5	23092.4	26931	29599.3	32191.3	34938.2	37010.3
湖北	12961.1	15967.6	19632.3	22250.5	24791.8	27379.2	29550.2
湖南	13059.7	16038	19669.6	22154.2	24621.7	27037.3	29047.2
广东	39482.6	46013.1	53210.3	57067.9	62474.8	67809.9	72812.6
广西	7759.2	9569.9	11720.9	13035.1	14449.9	15672.9	16803.1
海南	1654.2	2064.5	2522.7	2855.5	3177.6	3500.7	3702.8
重庆	6530	7925.6	10011.4	11409.6	12783.3	14262.6	15719.7
四川	14151.3	17185.5	21026.7	23872.8	26392.1	28536.7	30103.1
贵州	3912.7	4602.2	5701.8	6852.2	8086.9	9266.4	10502.6
云南	6169.8	7224.2	8893.1	10309.5	11832.3	12814.6	13717.9
西藏	441.4	507.5	605.8	701	815.7	920.8	1026.4

续　表

地　区	2009 年	2010 年	2011 年	2012 年	2013 年	2014 年	2015 年
陕西	8169.8	10123.5	12512.3	14453.7	16205.5	17689.9	18171.9
甘肃	3387.6	4120.8	5020.4	5650.2	6330.7	6836.8	6790.3
青海	1081.3	1350.4	1670.4	1893.5	2122.1	2303.3	2417.1
宁夏	1353.3	1689.7	2102.2	2341.3	2577.6	2752.1	2911.8
新疆	4277.1	5437.5	6610.1	7505.3	8443.8	9273.5	9324.8

数据来源:历年《中国统计年鉴》
注:表按当年价格计算

表 2　中国历年地区生产总值指数统计(2009—2015 年)(上年＝100)

地　区	2009 年	2010 年	2011 年	2012 年	2013 年	2014 年	2015 年
北京	110.2	110.3	108.1	107.7	107.7	107.3	106.9
天津	116.5	117.4	116.4	113.8	112.5	110	109.3
河北	110	112.2	111.3	109.6	108.2	106.5	106.8
山西	105.4	113.9	113	110.1	108.9	104.9	103.1
内蒙古	116.9	115	114.3	111.5	109	107.8	107.7
辽宁	113.1	114.2	112.2	109.5	108.7	105.8	103
吉林	113.6	113.8	113.8	112	108.3	106.5	106.5
黑龙江	111.4	112.7	112.3	110	108	105.6	105.7
上海	108.2	110.3	108.2	107.5	107.7	107	106.9
江苏	112.4	112.7	111	110.1	109.6	108.7	108.5
浙江	108.9	111.9	109	108	108.2	107.6	108
安徽	112.9	114.6	113.5	112.1	110.4	109.2	108.7
福建	112.3	113.9	112.3	111.4	111	109.9	109
江西	113.1	114	112.5	111	110.1	109.7	109.1
山东	112.2	112.3	110.9	109.8	109.6	108.7	108
河南	110.9	112.5	111.9	110.1	109	108.9	108.3
湖北	113.5	114.8	113.8	111.3	110.1	109.7	108.9
湖南	113.7	114.6	112.8	111.3	110.1	109.5	108.6
广东	109.7	112.4	110	108.2	108.5	107.8	108
广西	113.9	114.2	112.3	111.3	110.2	108.5	108.1
海南	111.7	116	112	109.1	109.9	108.5	107.8
重庆	114.9	117.1	116.4	113.6	112.3	110.9	111
四川	114.5	115.1	115	112.6	110	108.5	107.9

地　区	2009 年	2010 年	2011 年	2012 年	2013 年	2014 年	2015 年
贵州	111.4	112.8	115	113.6	112.5	110.8	110.7
云南	112.1	112.3	113.7	113	112.1	108.1	108.7
西藏	112.4	112.3	112.7	111.8	112.1	110.8	111
陕西	113.6	114.6	113.9	112.9	111	109.7	108
甘肃	110.3	111.8	112.5	112.6	110.8	108.9	108.1
青海	110.1	115.3	113.5	112.3	110.8	109.2	108.2
宁夏	111.9	113.5	112.1	111.5	109.8	108	108
新疆	108.1	110.6	112	112	111	110	108.8

数据来源:历年《中国统计年鉴》
注:表按当年价格计算

表 3　中国历年人均地区生产总值统计(2009—2015 年)　　　　　　　　　　　　(单位:元)

地　区	2009 年	2010 年	2011 年	2012 年	2013 年	2014 年	2015 年
北京	66940	73856	81658	87475	94648	99995	106284
天津	62574	72994	85213	93173	100105	105231	107960
河北	24581	28668	33969	36584	38909	39984	40255
山西	21522	26283	31357	33628	34984	35070	35017
内蒙古	39735	47347	57974	63886	67836	71046	71903
辽宁	35149	42355	50760	56649	61996	65201	65524
吉林	26595	31599	38460	43415	47428	50160	51852
黑龙江	22447	27076	32819	35711	37697	39226	39462
上海	69165	76074	82560	85373	90993	97370	103141
江苏	44253	52840	62290	68347	75354	81874	87995
浙江	43842	51711	59249	63374	68805	73002	77644
安徽	16408	20888	25659	28792	32001	34425	35997
福建	33437	40025	47377	52763	58145	63472	67966
江西	17335	21253	26150	28800	31930	34674	36724
山东	35894	41106	47335	51768	56885	60879	64168
河南	20597	24446	28661	31499	34211	37072	39131
湖北	22677	27906	34197	38572	42826	47145	50654
湖南	20428	24719	29880	33480	36943	40271	42968
广东	39436	44736	50807	54095	58833	63469	67503
广西	16045	20219	25326	27952	30741	33090	35190

续　表

地　区	2009 年	2010 年	2011 年	2012 年	2013 年	2014 年	2015 年
海南	19254	23831	28898	32377	35663	38924	40818
重庆	22920	27596	34500	38914	43223	47850	52330
四川	17339	21182	26133	29608	32617	35128	36836
贵州	10971	13119	16413	19710	23151	26437	29847
云南	13539	15752	19265	22195	25322	27264	29015
西藏	15008	17027	20077	22936	26326	29252	31999
陕西	21947	27133	33464	38564	43117	46929	48023
甘肃	13269	16113	19595	21978	24539	26433	26165
青海	19454	24115	29522	33181	36875	39671	41252
宁夏	21777	26860	33043	36394	39613	41834	43805
新疆	19942	25034	30087	33796	37553	40648	40036

数据来源：历年《中国统计年鉴》

注：表按当年价格计算

表 4　中国历年人均地区生产总值指数统计（2009—2015 年）（上年＝100）

地　区	2009 年	2010 年	2011 年	2012 年	2013 年	2014 年	2015 年
北京	104.6	104.8	103.8	104.9	105.2	105.2	105.5
天津	111.1	111.7	110.9	109.2	108	106.2	106.6
河北	109.3	110.6	109.7	108.9	107.5	105.8	106.1
山西	104.9	111.2	110.4	109.6	108.4	104.4	102.6
内蒙古	116.2	114.4	113.8	111.1	108.7	107.5	107.4
辽宁	112.5	113.4	111.7	109.3	108.6	105.7	103.1
吉林	113.4	113.6	113.5	111.9	108.3	106.4	106.5
黑龙江	111.4	112.6	112.2	110.1	107.9	105.6	106
上海	104.6	106.4	105	105.7	106.2	106	106.9
江苏	111.8	112	110.3	109.8	109.3	108.4	108.3
浙江	107.7	109.5	107.2	107.7	107.9	107.3	107.6
安徽	112.8	118.8	112.6	111.8	109.9	108.4	107.7
福建	111.6	113.2	111.6	110.5	110.2	109.1	108
江西	112.3	113.2	111.8	110.4	109.6	109.2	108.5
山东	111.6	111.3	109.9	109.2	109	108.1	107.3
河南	110.2	112.6	112.5	110.1	108.9	108.7	107.9
湖北	113.3	114.7	113.5	110.7	109.7	109.3	108.4

续　表

地　区	2009 年	2010 年	2011 年	2012 年	2013 年	2014 年	2015 年
湖南	113.2	112.9	111.2	110.7	109.3	108.7	107.9
广东	107.1	109.5	108	107.4	107.8	107.1	107
广西	112.9	113.9	112	110.4	109.4	107.7	107.2
海南	110.4	115	111.1	108	108.7	107.5	106.9
重庆	114.1	116.2	115.1	112.4	111.3	110	110.1
四川	114	115.7	115.9	112.3	109.6	108.1	107.2
贵州	112.9	114.7	116.1	113.5	111.9	110.4	110.3
云南	111.4	111.6	112.9	112.3	111.5	107.5	108
西藏	111.1	110.8	111.3	110.4	110.5	109.1	108.9
陕西	113.3	114.4	113.7	112.6	110.7	109.4	107.6
甘肃	110.2	111.6	112.3	112.2	110.4	108.6	107.7
青海	109.6	114.5	112.3	111.3	109.9	108.2	107.2
宁夏	110.6	112.2	110.8	110.3	108.6	106.8	106.9
新疆	106.5	109.3	110.7	110.8	109.6	108.4	106.6

数据来源:历年《中国统计年鉴》
注:表按当年价格计算

表 5　中国 2015 年地区分行业生产总值

地　区	地区生产总值(亿元)							
		第一产业	第二产业	第三产业	农林牧渔业	工业	建筑业	批发和零售业	交通运输、仓储和邮政业
北京	22968.6	140.2	4526.4	18301.9	142.6	3662.9	965.9	2400.3	957.9
天津	16538.2	208.8	7688.7	8640.7	210.5	6981.3	742.3	2075.1	764.7
河北	29806.1	3439.5	14388	11978.7	3578.7	12626.2	1782	2410.4	2479.9
山西	12802.6	788.1	5224.3	6790.2	829.1	4389.6	847.2	1077.1	897.8
内蒙古	18032.8	1618.7	9200.6	7213.5	1643.8	7939.2	1263.2	1728.3	1087.3
辽宁	28743.4	2384	13382.6	12976.8	2505.1	11637.3	1881.3	2839.5	1578.3
吉林	14274.1	1596.3	7337.1	5340.8	1644.6	6439.8	927.1	1104.9	522
黑龙江	15083.7	2633.5	4798.1	7652.1	2687.8	4053.8	850.1	1689.2	697.8
上海	24965	109.8	7940.7	16914.5	114	7109.9	856.8	3826.4	1130.9
江苏	70116.4	3987.9	32043.6	34084.8	4209.5	27996.4	4055.5	6992.7	2705.4
浙江	42886.5	1832.8	19707.1	21346.6	1865.2	17209.4	2563.3	5202.2	1598.7

地　区	地区生产总值(亿元)								
		第一产业	第二产业	第三产业	农林牧渔业	工业	建筑业	批发和零售业	交通运输、仓储和邮政业
安徽	22005.6	2456.7	11342.3	8206.6	2550.3	9659.8	1698.9	1603.5	792.6
福建	25979.8	2117.7	13218.7	10643.5	2193.6	10974.4	2268.9	2098.2	1469.4
江西	16723.8	1773	8487.3	6463.5	1827.8	6987	1500.6	1196.7	736.2
山东	63002.3	4979.1	29485.9	28537.4	5182.9	25910.8	3664.9	8464.1	2434.5
河南	37010.3	4209.6	18189.4	14611.3	4348.4	16100.9	2160.3	2465.4	1806.2
湖北	29550.2	3309.8	13503.6	12736.8	3417.3	11532.6	2039.6	2332.3	1242.3
湖南	29047.2	3331.6	12955.4	12760.2	3462	11090.8	1877.7	2344	1267.8
广东	72812.6	3344.8	32511.5	36956.2	3425.4	30137.5	2441.9	8134.4	2901.9
广西	16803.1	2566	7694.7	6542.4	2634.3	6338.3	1360.9	1196.6	764.4
海南	3702.8	855.8	875.1	1971.8	881.7	485.9	390.4	446.8	185.8
重庆	15719.7	1150.2	7071.8	7497.8	1168.7	5557.5	1514.3	1345.4	761.3
四川	30103.1	3677.3	14293.2	12132.6	3745.3	12084.9	2325.6	1690.8	1132.4
贵州	10502.6	1640.6	4146.9	4715	1712.7	3315.6	832.6	671.4	920.4
云南	13717.9	2055.7	5492.8	6169.4	2098.2	3925.2	1574.5	1334.6	304.5
西藏	1026.4	96.9	376.2	553.3	99.2	69.9	306.3	67.4	31.7
陕西	18171.9	1597.6	9360.3	7213.9	1673.2	7634.2	1787.2	1504.7	686.5
甘肃	6790.3	954.5	2494.8	3341	996	1778.1	730.9	508	274.7
青海	2417.1	208.9	1207.3	1000.8	212.2	893.9	313.8	154.8	90.6
宁夏	2911.8	238.5	1379	1294.3	252.4	979.7	400	137.6	200.7
新疆	9324.8	1559.1	3565	4200.7	1598.7	2690	958	523.6	571.9

数据来源:历年《中国统计年鉴》

注:表按当年价格计算

表6　中国历年分地区全社会固定资产投资统计(2009—2015 年)　　　　(单位:亿元)

地　区	2009 年	2010 年	2011 年	2012 年	2013 年	2014 年	2015 年
全国总计	224598.8	278121.9	311485.1	374694.7	446294.1	512020.7	561999.8
北京	4616.9	5403	5578.9	6112.4	6847.1	6924.2	7496
天津	4738.2	6278.1	7067.7	7934.8	9130.2	10518.2	11832
河北	12269.8	15083.4	16389.3	19661.3	23194.2	26671.9	29448.2
山西	4943.2	6063.2	7073.1	8863.3	11031.9	12354.5	14074.2

续　表

地　区	2009 年	2010 年	2011 年	2012 年	2013 年	2014 年	2015 年
内蒙古	7336.8	8926.5	10365.2	11875.7	14217.4	17591.8	13702.3
辽宁	12292.5	16043	17726.3	21836.3	25107.7	24730.8	17917.9
吉林	6411.6	7870.4	7441.7	9511.5	9979.3	11339.6	12705.3
黑龙江	5028.8	6812.6	7475.4	9694.7	11453.1	9829	10183
上海	5043.8	5108.9	4962.1	5117.6	5647.8	6016.4	6352.7
江苏	18949.9	23184.3	26692.6	30854.2	36373.3	41938.6	46246.9
浙江	10742.3	12376	14185.3	17649.4	20782.1	24262.8	27323.3
安徽	8990.7	11542.9	12455.7	15425.8	18621.9	21875.6	24385.9
福建	6231.2	8199.1	9910.9	12439.9	15327.4	18177.9	21301.4
江西	6643.1	8772.3	9087.6	10774.2	12850.3	15079.3	17388.1
山东	19034.5	23280.5	26749.7	31256	36789.1	42495.5	48312.5
河南	13704.5	16585.9	17769	21450	26087.5	30782.2	35660.4
湖北	7866.9	10262.7	12557.3	15578.3	19307.3	22915.3	26563.9
湖南	7703.4	9663.6	11880.9	14523.2	17841.4	21242.9	25045.1
广东	12933.1	15623.7	17069.2	18751.5	22308.4	26293.9	30343.1
广西	5237.2	7057.6	7990.7	9808.6	11907.7	13843.2	16227.7
海南	988.3	1317	1657.2	2145.4	2697.9	3112.2	3451.2
重庆	5214.3	6688.9	7473.4	8736.2	10435.2	12285.4	14353.2
四川	11371.9	13116.7	14222.2	17040	20326.1	23318.6	25525.9
贵州	2412	3104.9	4235.9	5717.8	7373.6	9025.8	10945.5
云南	4526.4	5528.7	6191	7831.1	9968.3	11498.5	13500.6
西藏	378.3	462.7	516.3	670.5	876	1069.2	1295.7
陕西	6246.9	7963.7	9431.1	12044.5	14884.1	17191.9	18582.2
甘肃	2363	3158.3	3965.8	5145	6527.9	7884.1	8754.2
青海	798.2	1016.9	1435.6	1883.4	2361.1	2861.2	3210.7
宁夏	1075.9	1444.2	1644.7	2096.9	2651.1	3173.8	3505.4
新疆	2725.5	3423.2	4632.1	6158.8	7732.3	9447.7	10813
不分地区	5779.7	6759.1	5651.3	6106.4	5655.4	6268.4	5552.4

数据来源:历年《中国统计年鉴》

注:表按当年价格计算

表7 中国历年分地区社会消费品零售总额统计(2010—2015年) （单位:亿元）

地 区	2010年	2011年	2012年	2013年	2014年	2015年
全国总计	158008	187205.8	214432.7	242842.8	271896.1	300930.8
北京	6340.3	7222.2	8123.5	8872.1	9638	10338
天津	2860.2	3395.1	3921.4	4470.4	4738.7	5257.3
河北	6821.8	8035.5	9254	10516.7	11820.5	12990.7
山西	3318.2	3903.4	4506.8	5139.3	5717.9	6033.7
内蒙古	3384	3991.7	4572.5	5114.2	5657.6	6107.7
辽宁	6887.6	8095.3	9304.2	10581.4	11857	12787.2
吉林	3504.9	4119.8	4772.9	5426.4	6080.9	6651.9
黑龙江	4039.2	4750.1	5491	6251.2	7015.3	7640.2
上海	6186.6	7185.8	7840.4	8557	9303.5	10131.5
江苏	13606.3	16058.3	18411.1	20878.2	23458.1	25876.8
浙江	10387	12532.8	14199.6	15970.8	17835.3	19784.7
安徽	4300.5	5288.2	6142.8	7044.7	7957	8908
福建	5310	6276.2	7256.5	8275.3	9346.7	10505.9
江西	2971	3560.5	4123.3	4696.1	5292.6	5925.5
山东	14620.3	17155.5	19651.9	22294.8	25111.5	27761.4
河南	8004.2	9453.6	10915.6	12426.6	14005	15740.4
湖北	7014.4	8363.3	9682.4	11035.9	12449.3	14003.2
湖南	5952.6	7209	8318.7	9509.5	10723.5	12024
广东	17458.4	20297.5	22677.1	25453.9	28471.1	31517.6
广西	3312	3908.2	4516.6	5133.1	5772.8	6348.1
海南	663.8	822.5	950.2	1090.9	1224.5	1325.1
重庆	3051.1	3782.3	4403	5055.8	5710.7	6424
四川	6884.8	8290.8	9622	11001	12393	13877.7
贵州	1531.6	1899.9	2266.3	2601.2	2936.9	3283
云南	2555.8	3105.9	3597.9	4112.6	4632.9	5103.2
西藏	192.4	237.5	277.9	322.2	364.5	408.5
陕西	3257.5	3900.6	4581.6	5245	5918.7	6578.1
甘肃	1435.5	1772.9	2064.4	2368.8	2668.3	2907.2
青海	351	413.4	480.3	549.6	620.8	691
宁夏	418.5	515.5	590.5	668.5	737.2	789.6
新疆	1386.1	1662.4	1916.1	2179.5	2436.5	2606

数据来源:历年《中国统计年鉴》

注:表按当年价格计算

表8　中国2015年分地区货物出口额和进口额统计　　　　　（单位：亿美元）

地　区	按经营单位所在地分		按境内目的地、货源地分	
	出口额	进口额	出口额	进口额
全国总计	22749.5	16819.5	22749.5	16819.5
北京	546.7	2649.5	290.1	1017.8
天津	511.8	631.6	483.8	706.8
河北	329.4	185.4	476.6	325.3
山西	84.2	62.9	114.7	60.5
内蒙古	56.5	71	61.4	77.8
辽宁	507.1	452.5	511.2	560
吉林	46.5	142.8	53.9	146.4
黑龙江	80.3	129.6	63.1	100
上海	1959.4	2533	1787.1	2442.9
江苏	3386.7	2069.5	3488.6	2321.7
浙江	2766	707.5	2832.3	763.4
安徽	322.8	156.9	276.6	149.6
福建	1130.2	563.4	939.7	539.5
江西	331.3	93.4	301.4	105.7
山东	1440.6	976.9	1485.3	1310.1
河南	430.7	307.7	457.8	312.3
湖北	292.1	163.8	271	175.1
湖南	191.4	101.9	190.9	102.5
广东	6435.1	3793.6	7308.2	4350.5
广西	280.3	232.4	141.4	322.6
海南	37.4	102.2	42.7	112.4
重庆	551.9	192.9	399.4	187.8
四川	332.3	182.4	285.2	187
贵州	99.5	22.7	54.5	23.8
云南	166.2	79	106.7	83.5
西藏	5.9	3.3	5.3	1.4
陕西	147.9	157.2	146.2	152.6

续　表

地　区	按经营单位所在地分		按境内目的地、货源地分	
	出口额	进口额	出口额	进口额
甘肃	58.1	21.8	21.6	22.4
青海	16.4	2.9	3.7	2.2
宁夏	29.8	8.1	23.8	10.6
新疆	175.1	21.7	125.3	145.4

数据来源:历年《中国统计年鉴》

注:表按当年价格计算

表9　中国2014—2015年分地区外商投资企业货物进出口总额统计　　（单位:万美元）

地　区	2014 年			2015 年		
	进出口总额	出口额	进口额	进出口总额	出口额	进口额
全国总计	198355768	107461992	90893776	183461480	100472740	82988741
北京	7935786	2074065	5861721	6516562	1475583	5040979
天津	7740329	3367803	4372526	6723206	3213006	3510200
河北	1643398	893742	749656	1397853	768923	628930
山西	691159	419516	271644	761808	442071	319737
内蒙古	163137	85410	77727	131995	70481	61514
辽宁	4857891	2173048	2684843	4132465	1873051	2259415
吉林	1234859	154491	1080368	939958	141088	798870
黑龙江	133044	59071	73974	121513	64321	57193
上海	31011514	14144621	16866892	30068400	13104906	16963494
江苏	34980319	19878022	15102298	33731947	19388612	14343335
浙江	9677166	6257983	3419183	8413876	5665116	2748760
安徽	1393858	835564	558295	1284062	812056	472006
福建	7457719	4259253	3198466	6655501	3997276	2658225
江西	1316305	685094	631212	1282088	697488	584600
山东	10704204	6228652	4475551	9346572	5613097	3733476
河南	4380362	2452909	1927452	5209381	2944792	2264589
湖北	1452938	771928	681010	1231125	674909	556215
湖南	674666	344109	330556	623860	355780	268080
广东	58884637	35607492	23277145	54280117	33304019	20976098

续　表

地　区	2014 年			2015 年		
	进出口总额	出口额	进口额	进出口总额	出口额	进口额
广西	1060209	437073	623135	1034298	442944	591354
海南	1268416	285065	983351	1053636	242688	810948
重庆	4310234	3143386	1166848	3610367	2642000	968367
四川	3434464	2040785	1393679	2674131	1527977	1146154
贵州	18777	8973	9803	26656	14130	12525
云南	64792	33931	30861	50367	32185	18181
西藏	16	16				
陕西	1803012	787891	1015121	2092226	927972	1164254
甘肃	4089	2414	1675	3746	2427	1319
青海	1701	72	1629	1328	300	1028
宁夏	35549	20750	14799	37294	26116	11178
新疆	21219	8863	12356	25142	7426	17717

数据来源:历年《中国统计年鉴》

注:表按当年价格计算

表 10　中国 2013—2015 年分地区全体居民人均收入与支出统计　　　　　　　（单位:元）

地　区	人　均　收　入			人　均　支　出		
	2013 年	2014 年	2015 年	2013 年	2014 年	2015 年
全国总计	26467	28843.9	31194.8	13220.4	14491.4	15712.4
北京	44563.9	48531.8	52859.2	29175.6	31102.9	33802.8
天津	28979.8	31506	34101.3	20418.7	22343	24162.5
河北	22226.7	24141.3	26152.2	10872.2	11931.5	13030.7
山西	22258.2	24069.4	25827.7	10118.3	10863.8	11729.1
内蒙古	26003.6	28349.6	30594.1	14877.7	16258.1	17178.5
辽宁	26697	29081.7	31125.7	14950.2	16068	17199.8
吉林	21331.1	23217.8	24900.9	12054.3	13026	13763.9
黑龙江	20848.4	22609	24202.6	12037.2	12768.8	13402.5
上海	44878.3	48841.4	52961.9	30399.9	33064.8	34783.6
江苏	31585.5	34346.3	37173.5	17925.8	19163.6	20555.6
浙江	37079.7	40392.7	43714.5	20610.1	22552	24116.9

续　表

地　区	人　均　收　入			人　均　支　出		
	2013 年	2014 年	2015 年	2013 年	2014 年	2015 年
安徽	22789.3	24838.5	26935.8	10544.1	11727	12840.1
福建	28173.9	30722.4	33275.3	16176.6	17644.5	18850.2
江西	22119.7	24309.2	26500.1	10052.8	11088.9	12403.4
山东	26882.4	29221.9	31545.3	11896.8	13328.9	14578.4
河南	21740.7	23672.1	25575.6	10002.5	11000.4	11835.1
湖北	22667.9	24852.3	27051.5	11760.8	12928.3	14316.5
湖南	24352	26570.2	28838.1	11945.9	13288.7	14267.3
广东	29537.3	32148.1	34757.2	17421	19205.5	20975.7
广西	22689.4	24669	26415.9	9596.5	10274.3	11401
海南	22411.4	24486.5	26356.4	11192.9	12470.6	13575
重庆	23058.2	25147.2	27238.8	12600.2	13810.6	15139.5
四川	22227.5	24234.4	26205.3	11054.7	12368.4	13632.1
贵州	20564.9	22548.2	24579.6	8288	9303.4	10413.8
云南	22460	24299	26373.2	8823.8	9869.5	11005.4
西藏	20394.5	22015.8	25456.6	6306.8	7317	8245.8
陕西	22345.9	24365.8	26420.2	11217.3	12203.6	13087.2
甘肃	19873.4	21803.9	23767.1	8943.4	9874.6	10950.8
青海	20352.4	22306.6	24542.3	11576.5	12604.8	13611.3
宁夏	21475.7	23284.6	25186	11292	12484.5	13815.6
新疆	21091.5	23214	26274.7	11391.8	11903.7	12867.4

数据来源:历年《中国统计年鉴》
注:表按当年价格计算

表 11　中国 2013—2015 年分地区农村居民人均收入与支出统计　　　　　（单位:元）

地　区	人　均　收　入			人　均　支　出		
	2013 年	2014 年	2015 年	2013 年	2014 年	2015 年
全国总计	9429.6	10488.9	11421.7	7485.1	8382.6	9222.6
北京	17101.2	18867.3	20568.7	13563.9	14535.1	15811.2
天津	15352.6	17014.2	18481.6	12491.1	13738.6	14739.4
河北	9187.7	10186.1	11050.5	7377.1	8248	9022.8

续　表

地　区	人　均　收　入			人　均　支　出		
	2013 年	2014 年	2015 年	2013 年	2014 年	2015 年
山西	7949.5	8809.4	9453.9	6457.7	6991.7	7421.2
内蒙古	8984.9	9976.3	10775.9	9079.6	9972.2	10637.4
辽宁	10161.2	11191.5	12056.9	7032.1	7800.7	8872.8
吉林	9780.7	10780.1	11326.2	7523.4	8139.8	8783.3
黑龙江	9369	10453.2	11095.2	7191.7	7830	8391.5
上海	19208.3	21191.6	23205.2	13016.2	14820.1	16152.3
江苏	13521.3	14958.4	16256.7	10759	11820.3	12882.5
浙江	17493.9	19373.3	21125	12803.3	14497.8	16107.7
安徽	8850	9916.4	10820.7	7200.3	7980.8	8975.2
福建	11404.8	12650.2	13792.7	9986.2	11055.9	11960.8
江西	9088.8	10116.6	11139.1	6807.4	7548.3	8485.6
山东	10686.9	11882.3	12930.4	6877.3	7962.2	8747.6
河南	8969.1	9966.1	10852.9	6358.7	7277.2	7887.4
湖北	9691.8	10849.1	11843.9	7849.5	8680.9	9803.1
湖南	9028.6	10060.2	10992.5	7832.6	9024.8	9690.6
广东	11067.8	12245.6	13360.4	8937.8	10043.2	11103
广西	7793.1	8683.2	9466.6	6035.3	6675.1	7582
海南	8801.7	9912.6	10857.6	6376.2	7029	8210.3
重庆	8492.5	9489.8	10504.7	6970.7	7982.6	8937.7
四川	8380.7	9347.7	10247.4	7364.8	8301.1	9250.6
贵州	5897.8	6671.2	7386.9	5291.1	5970.3	6644.9
云南	6723.6	7456.1	8242.1	5246.6	6030.3	6830.1
西藏	6553.4	7359.2	8243.7	4101.6	4822.1	5579.7
陕西	7092.2	7932.2	8688.9	6487.6	7252.4	7900.7
甘肃	5588.8	6276.6	6936.2	5653.9	6147.8	6829.8
青海	6461.6	7282.7	7933.4	7505.9	8235.1	8566.5
宁夏	7598.7	8410	9118.7	6739.8	7676.5	8414.9
新疆	7846.6	8723.8	9425.1	7103.1	7365.3	7697.9

数据来源:历年《中国统计年鉴》

注:表按当年价格计算

表 12　中国 2015 年分地区规模以上工业企业主要经济指标统计　　　　　（单位:亿元）

地　区	主营业务收入	主营业务成本	销售费用	管理费用	财务费用
全国总计	1103300.7	945359.2	28740	41135.4	13371.2
北京	19026	15915.1	925.5	938.3	209.2
天津	27958.9	23937.3	626	854.1	193.7
河北	44843.9	39487.5	809.3	1278	568.3
山西	14393.7	12569.6	502.9	745.1	593.5
内蒙古	18522.7	15648.6	430.3	686.3	441.2
辽宁	37123.7	32264.5	882.8	1484.4	595.6
吉林	22045.9	18626.8	857.3	952.5	242.6
黑龙江	11384.5	9649.7	288	597.1	145.4
上海	33468	27025	1303.4	2169.8	148.4
江苏	148283.8	127321	3634.1	5458.9	1300.5
浙江	62740.5	53198.9	1678.2	2998	941.6
安徽	38364.4	33626.2	934.6	1287	454.9
福建	39106.6	33728.7	988.5	1376.4	428.1
江西	32459.4	28591.1	551.3	736.9	198.8
山东	146886.7	128905	2896.1	3720.1	1663.8
河南	72381.4	63351.3	1324.5	1568.3	758.8
湖北	42470.2	36326.7	1278	1625.7	508.2
湖南	35152.2	29644.3	1011.8	1447.8	413
广东	117461.7	99329.8	4020.1	5573.9	716.8
广西	20078.4	17076.1	468.1	761.4	235.2
海南	1660.6	1314.8	66.1	63.5	37.7
重庆	20370.3	17241.4	587.1	843.3	218.9
四川	37876.3	32039.4	1120.1	1492.6	702.8
贵州	9221.4	7440.6	295.6	398.1	233.6
云南	9823.3	7614.3	269	423	362.6
西藏	130.9	104.7	6.1	9.5	4.7
陕西	18336.3	14822	478.8	811.6	312.3
甘肃	8155.8	7351.5	129.4	268.4	230.4
青海	2130.1	1777.6	78.2	71.7	105.6
宁夏	3403.9	2936.2	69.5	127.7	127.7
新疆	8039.1	6493.3	229.4	365.9	277.1

数据来源:历年《中国统计年鉴》

注:表按当年价格计算

表 13　中国 2015 年京津冀、长江经济带国民经济和社会发展主要指标统计

指　标	单位	京津冀		长江经济带	
		绝对数	占全国比重（％）	绝对数	占全国比重（％）
国民经济核算					
国内（地区）生产总值	亿元	69312.9	9.6	305337.9	42.2
第一产业	亿元	3788.4	6.2	25325.4	41.6
第二产业	亿元	26603.1	8.2	136984.7	42.3
第三产业	亿元	38921.4	11.5	143027.7	42.2
固定资产投资					
全社会固定资产投资额	亿元	48776.2	8.8	237631.1	42.7
对外贸易					
货物进出口总额	亿美元	4854.5	12.3	16702.5	42.2
出口总额	亿美元	1388	6.1	10399.5	45.7
进口总额	亿美元	3466.5	20.6	6303	37.5
农业					
主要农产品产量					
粮食	万吨	3608.2	5.8	23472.7	37.8
油料	万吨	152.5	4.3	1644.6	46.5
棉花	万吨	39.9	7.1	94	16.8
工业					
规模以上工业企业利润总额	亿元	5764.6	9.1	28241.9	44.4
建筑业					
建筑业总产值	亿元	18178.2	10.1	102182.8	56.5
消费品零售					
社会消费品零售总额	亿元	28586	9.5	125341.6	41.7

数据来源：历年《中国统计年鉴》
注：表按当年价格计算

第二章 2015 年江苏省经济发展指标

表1 2015 年江苏地区生产总值 （单位:亿元）

市 县	地 区 生产总值	第一产业	第二产业	第三产业	＃工业	人均地区生 产总值(元)
南京市	9720.77	232.39	3916.77	5571.61	3395.26	118171
无锡市	8518.26	137.72	4197.43	4183.11	3837.28	130938
江阴市	2880.86	46.28	1584.42	1250.16	1515.18	176119
宜兴市	1285.66	50.34	659.05	576.27	559.96	102652
徐州市	5319.88	504.76	2355.06	2460.07	1976.57	61511
丰 县	370.33	69.53	160.32	140.48	122.89	39124
沛 县	605.84	85.59	277.91	242.34	217.06	54394
睢宁县	451.89	77.51	192.72	181.66	151.79	44210
新沂市	507.63	61.93	212.36	233.34	180.99	55891
邳州市	731.71	104.59	313.59	313.53	271.77	51015
常州市	5273.15	146.55	2516.04	2610.56	2269.99	112221
溧阳市	738.15	46.32	367.07	324.76	311.86	97055
苏州市	14504.07	215.71	7045.12	7243.24	6490.44	136702
常熟市	2044.88	40.76	1064.27	939.85	1011.88	135431
张家港市	2229.82	30.34	1190.76	1008.72	1132.68	177987
昆山市	3080.01	28.88	1695.68	1355.45	1597.62	186582
太仓市	1100.08	37.21	564.53	498.34	529.25	155159
南通市	6148.40	354.90	2977.53	2815.97	2453.38	84236
海安县	680.44	53.77	323.18	303.49	261.35	78551
如东县	672.69	64.97	314.83	292.90	262.62	68506
启东市	803.14	65.45	389.13	348.56	306.70	84099
如皋市	812.46	60.47	401.57	350.41	333.43	64761
海门市	915.02	51.80	471.59	391.63	390.45	101298

市　县	地　区生产总值	第一产业	第二产业	第三产业	＃工业	人均地区生产总值(元)
连云港市	2160.64	282.69	959.00	918.95	767.27	48416
东海县	393.54	61.89	173.71	157.94	150.82	40947
灌云县	300.13	59.81	133.52	106.80	101.23	37542
灌南县	281.63	48.23	136.86	96.54	118.56	44682
淮安市	2745.09	307.67	1176.66	1260.76	985.66	56460
涟水县	340.87	53.14	132.51	155.22	107.49	40290
洪泽县	230.81	31.58	95.46	103.77	81.49	68459
盱眙县	320.13	51.98	128.57	139.58	102.39	49145
金湖县	216.53	30.94	83.31	102.28	73.23	65476
盐城市	4212.50	516.53	1923.47	1772.50	1653.90	58299
响水县	244.30	40.35	113.68	90.27	99.46	48646
滨海县	361.30	55.97	148.98	156.35	128.24	38359
阜宁县	363.20	52.97	159.27	150.95	118.42	43315
射阳县	407.61	78.41	147.61	181.59	139.38	45737
建湖县	431.05	45.19	189.25	196.61	161.61	58483
东台市	670.23	87.92	279.21	303.10	243.49	67916
扬州市	4016.84	241.86	2012.10	1762.88	1749.58	89647
宝应县	458.02	65.63	204.00	188.39	165.96	60669
仪征市	408.19	21.69	186.44	200.06	157.12	76792
高邮市	483.86	66.34	215.53	201.98	177.86	65420
镇江市	3502.48	132.89	1726.96	1642.63	1588.95	110351
丹阳市	1070.25	50.94	540.95	478.36	518.22	109276
扬中市	475.80	11.87	249.82	214.11	240.57	139184
句容市	468.50	41.32	223.85	203.33	200.51	75020
泰州市	3687.90	218.93	1811.04	1657.93	1565.28	79479
兴化市	667.40	93.62	268.49	305.29	230.97	53186
靖江市	748.32	20.55	384.08	343.69	344.89	108973
泰兴市	740.77	49.10	357.97	333.70	311.06	68768

市　县	地　区生产总值	第一产业	第二产业	第三产业	＃工业	人均地区生产总值(元)
宿迁市	**2126.19**	**258.11**	**1031.33**	**836.75**	**873.04**	**43853**
沭阳县	630.13	81.68	293.28	255.17	260.29	40719
泗阳县	362.24	52.74	185.31	124.19	154.09	43072
泗洪县	361.32	55.38	154.91	151.03	129.25	40394

数据来源:《江苏统计年鉴2016》

表2　地区生产总值构成(2015年)

市　县	地区生产总值指数(上年＝100)	三次产业占GDP比重(%)			一般公共预算收入占GDP比重(%)	外贸依存度(%)
		第一产业	第二产业	第三产业		
南京市	**109.3**	**2.4**	**40.3**	**57.3**	**10.5**	**34.1**
无锡市	**107.1**	**1.6**	**49.3**	**49.1**	**9.7**	**50.1**
江阴市	107.4	1.6	55.0	43.4	7.6	43.9
宜兴市	107.2	3.9	51.3	44.8	8.0	18.5
徐州市	**109.5**	**9.5**	**44.3**	**46.2**	**10.0**	**6.3**
丰　县	110.4	18.8	43.3	37.9	11.6	1.7
沛　县	110.5	14.1	45.9	40.0	9.8	3.3
睢宁县	110.5	17.2	42.6	40.2	9.7	7.7
新沂市	110.6	12.2	41.8	46.0	10.1	5.0
邳州市	110.4	14.3	42.9	42.8	8.5	8.1
常州市	**109.2**	**2.8**	**47.7**	**49.5**	**8.8**	**33.1**
溧阳市	103.1	6.3	49.7	44.0	7.6	7.0
苏州市	**107.5**	**1.5**	**48.6**	**49.9**	**10.8**	**131.1**
常熟市	107.2	2.0	52.0	46.0	7.7	67.5
张家港市	107.1	1.4	53.4	45.2	7.8	81.8
昆山市	107.5	0.9	55.1	44.0	9.2	168.8
太仓市	107.1	3.4	51.3	45.3	10.4	72.1
南通市	**109.6**	**5.8**	**48.4**	**45.8**	**10.2**	**32.0**
海安县	109.9	7.9	47.5	44.6	9.1	14.8
如东县	110.0	9.7	46.8	43.5	8.7	22.6

市　县	地区生产总值指数（上年＝100）	三次产业占 GDP 比重（%）			一般公共预算收入占 GDP 比重（%）	外贸依存度（%）
		第一产业	第二产业	第三产业		
启东市	109.8	8.1	48.5	43.4	9.6	23.8
如皋市	109.8	7.4	49.4	43.1	9.5	23.4
海门市	109.8	5.7	51.5	42.8	8.6	15.3
连云港市	**110.8**	**13.1**	**44.4**	**42.5**	**13.5**	**23.2**
东海县	111.2	15.7	44.1	40.1	10.4	5.8
灌云县	110.6	19.9	44.5	35.6	13.1	4.1
灌南县	110.7	17.1	48.6	34.3	13.8	5.5
淮安市	**110.3**	**11.2**	**42.9**	**45.9**	**12.8**	**9.4**
涟水县	111.1	15.6	38.9	45.5	9.8	6.8
洪泽县	110.8	13.7	41.4	45.0	10.9	5.7
盱眙县	110.0	16.2	40.2	43.6	10.9	5.3
金湖县	110.8	14.3	38.5	47.2	11.0	9.9
盐城市	**110.5**	**12.3**	**45.7**	**42.1**	**11.3**	**12.0**
响水县	110.5	16.5	46.5	37.0	13.3	11.1
滨海县	110.5	15.5	41.2	43.3	10.7	6.6
阜宁县	110.5	14.6	43.9	41.6	10.8	3.7
射阳县	110.5	19.2	36.2	44.5	5.0	4.7
建湖县	110.3	10.5	43.9	45.6	11.7	4.6
东台市	110.7	13.1	41.7	45.2	10.7	6.6
扬州市	**110.3**	**6.0**	**50.1**	**43.9**	**8.4**	**16.0**
宝应县	110.7	14.3	44.5	41.1	6.7	12.1
仪征市	110.6	5.3	45.7	49.0	9.7	5.7
高邮市	110.5	13.7	44.5	41.7	6.9	5.7
镇江市	**109.6**	**3.8**	**49.3**	**46.9**	**8.6**	**17.9**
丹阳市	109.2	4.8	50.5	44.7	6.3	16.3
扬中市	110.3	2.5	52.5	45.0	7.2	7.4
句容市	110.0	8.8	47.8	43.4	8.5	7.0
泰州市	**110.2**	**5.9**	**49.1**	**45.0**	**8.6**	**17.3**

续　表

市　县	地区生产总值指数（上年＝100）	三次产业占 GDP 比重（%）			一般公共预算收入占 GDP 比重（%）	外贸依存度（%）
		第一产业	第二产业	第三产业		
兴化市	110.0	14.0	40.2	45.7	6.1	5.0
靖江市	108.5	2.7	51.3	45.9	8.2	24.9
泰兴市	111.1	6.6	48.3	45.0	7.1	20.5
宿迁市	**110.0**	**12.1**	**48.5**	**39.4**	**11.1**	**7.6**
沭阳县	109.9	13.0	46.5	40.5	11.4	5.7
泗阳县	110.1	14.6	51.2	34.3	9.3	5.6
泗洪县	110.2	15.3	42.9	41.8	8.7	2.4

数据来源：《江苏统计年鉴 2016》

表 3　江苏 2015 年农林牧渔业总产值　　　　　　　　　　（单位：亿元）

市　县	农林牧渔业总产值	农业	林业	畜牧业	渔业	农林牧渔服务业
南京市	**415.27**	**239.91**	**21.95**	**46.19**	**87.28**	**19.94**
无锡市	**255.60**	**144.13**	**18.12**	**28.81**	**35.91**	**28.63**
江阴市	89.03	41.24	7.83	17.54	10.12	12.30
宜兴市	89.22	53.02	3.57	7.34	17.91	7.38
徐州市	**976.93**	**608.91**	**16.50**	**284.14**	**38.51**	**28.86**
丰　县	137.13	98.16	1.06	32.66	1.09	4.15
沛　县	161.86	104.04	0.80	46.87	3.54	6.61
睢宁县	146.31	84.89	2.46	50.20	4.70	4.06
新沂市	128.16	63.81	4.34	38.32	17.23	4.45
邳州市	205.42	131.27	3.75	54.78	8.30	7.31
常州市	**271.76**	**147.24**	**1.90**	**38.75**	**68.27**	**15.60**
溧阳市	85.85	47.63	1.11	6.47	27.16	3.49
苏州市	**415.17**	**172.85**	**25.88**	**38.76**	**129.30**	**48.38**
常熟市	76.20	44.17	3.03	6.07	13.95	8.97
张家港市	59.32	33.19	7.42	5.33	5.39	8.00
昆山市	52.37	15.02	4.76	2.16	27.33	3.11

市　县	农林牧渔业总产值	农业	林业	畜牧业	渔业	农林牧渔服务业
太仓市	70.13	30.69	3.31	14.43	14.99	6.73
南通市	**664.20**	**290.60**	**4.54**	**150.18**	**156.61**	**62.27**
海安县	108.12	43.05	0.32	46.48	9.08	9.19
如东县	133.35	47.46	0.99	31.50	45.55	7.85
启东市	127.85	42.38	0.73	13.47	59.01	12.28
如皋市	104.19	59.82	0.25	31.65	5.86	6.61
海门市	90.85	45.53	1.04	12.26	21.28	10.74
连云港市	**549.03**	**260.80**	**14.78**	**111.93**	**130.39**	**31.12**
东海县	121.54	70.12	4.47	24.77	11.56	10.63
灌云县	118.79	59.01	2.75	32.73	14.73	9.56
灌南县	90.99	55.72	2.01	22.13	7.11	4.01
淮安市	**573.71**	**364.61**	**12.43**	**127.40**	**58.99**	**10.27**
涟水县	102.52	75.72	2.75	19.28	2.74	2.04
洪泽县	63.81	32.95	3.83	15.96	9.96	1.11
盱眙县	96.91	59.87	1.46	18.12	15.93	1.53
金湖县	58.09	34.21	1.74	6.56	13.92	1.67
盐城市	**1073.51**	**470.31**	**27.11**	**292.68**	**208.26**	**75.14**
响水县	73.25	34.34	1.37	22.77	8.30	6.49
滨海县	107.25	54.24	4.42	23.71	21.12	3.76
阜宁县	106.85	40.88	3.74	35.43	17.72	9.08
射阳县	176.33	69.48	4.61	40.70	47.50	14.04
建湖县	89.81	33.72	1.48	25.07	21.57	7.97
东台市	196.32	91.24	4.21	57.14	29.37	14.36
扬州市	**460.30**	**213.45**	**11.14**	**76.89**	**135.10**	**23.73**
宝应县	122.90	45.71	2.19	19.87	49.77	5.36
仪征市	43.64	26.68	2.16	9.40	1.80	3.60
高邮市	128.92	47.70	1.94	20.71	51.67	6.89
镇江市	**232.28**	**129.60**	**9.38**	**29.95**	**32.78**	**30.57**

续　表

市　县	农林牧渔业总产值	农业	林业	畜牧业	渔业	农林牧渔服务业
丹阳市	84.41	49.79	2.08	9.91	11.34	11.30
扬中市	23.53	11.52	0.87	3.13	3.64	4.38
句容市	70.37	41.22	4.83	7.77	7.75	8.80
泰州市	**379.53**	**209.43**	**3.58**	**70.30**	**76.39**	**19.84**
兴化市	164.30	78.01	1.54	16.69	58.77	9.29
靖江市	36.38	20.63	0.50	8.53	3.29	3.43
泰兴市	83.47	51.16	1.01	23.98	4.63	2.68
宿迁市	**485.26**	**286.00**	**18.03**	**92.72**	**76.23**	**12.29**
沭阳县	160.69	122.91	5.30	27.31	3.00	2.16
泗阳县	98.81	53.40	6.99	17.08	17.83	3.52
泗洪县	114.03	50.07	1.27	20.27	39.87	2.56

数据来源:《江苏统计年鉴2016》

表 4　江苏 2015 年农业生产情况

市　县	农作物总播种面积（千公顷）	＃粮食作物	农业机械总动力（万千瓦）	农用化肥施用量（万吨）	农村用电量（亿千瓦小时）
南京市	**316.88**	**156.21**	**224.55**	**7.45**	**32.01**
无锡市	**173.13**	**102.00**	**101.16**	**5.29**	**385.82**
江阴市	44.44	25.23	25.56	1.41	164.59
宜兴市	94.39	63.89	53.96	2.42	84.99
徐州市	**1160.62**	**736.27**	**684.57**	**62.16**	**66.31**
丰　县	146.52	86.56	81.73	8.61	4.83
沛　县	150.70	90.19	100.09	7.24	6.95
睢宁县	188.42	148.92	117.99	12.39	8.58
新沂市	192.93	101.13	105.08	7.85	3.87
邳州市	229.70	123.99	117.34	12.34	15.03
常州市	**214.66**	**142.77**	**142.86**	**6.73**	**160.65**
溧阳市	92.80	68.53	55.24	2.21	47.48

市　县	农作物总播种面积（千公顷）	♯粮食作物	农业机械总动力（万千瓦）	农用化肥施用量（万吨）	农村用电量（亿千瓦小时）
苏州市	**250.22**	**147.82**	**163.56**	**7.77**	**596.11**
常熟市	71.91	41.66	32.30	2.83	80.98
张家港市	52.14	34.46	29.81	1.11	142.73
昆山市	21.63	14.61	17.99	0.91	102.21
太仓市	47.97	27.02	20.77	1.04	54.37
南通市	**835.73**	**516.87**	**401.51**	**22.48**	**163.59**
海安县	102.30	78.70	64.60	4.37	23.64
如东县	170.17	132.63	91.79	4.09	22.39
启东市	143.23	69.39	56.89	3.27	10.14
如皋市	151.52	108.70	85.31	3.18	34.82
海门市	113.49	39.24	37.11	4.47	26.03
连云港市	**633.72**	**502.62**	**581.65**	**34.55**	**32.41**
东海县	204.84	159.29	159.15	6.82	9.72
灌云县	135.37	112.65	127.20	10.14	6.28
灌南县	109.53	86.72	118.75	4.55	2.11
淮安市	**795.68**	**658.24**	**620.21**	**40.47**	**15.34**
涟水县	167.40	133.40	118.22	6.19	1.91
洪泽县	68.90	57.73	83.65	5.62	1.03
盱眙县	163.25	142.75	120.12	5.63	2.52
金湖县	82.64	74.63	86.95	2.74	2.42
盐城市	**1426.86**	**981.03**	**667.48**	**51.79**	**78.00**
响水县	113.21	78.64	74.09	4.73	2.81
滨海县	170.93	128.71	85.04	7.07	9.12
阜宁县	168.64	125.97	83.83	4.00	6.70
射阳县	209.53	156.85	99.84	9.73	9.71
建湖县	115.47	99.60	58.84	3.37	8.90
东台市	251.67	147.80	92.05	5.16	16.10
扬州市	**509.12**	**421.19**	**263.37**	**20.25**	**60.96**

续　表

市　县	农作物总播种面积（千公顷）	＃粮食作物	农业机械总动力（万千瓦）	农用化肥施用量（万吨）	农村用电量（亿千瓦小时）
宝应县	138.43	120.47	54.59	3.72	10.70
仪征市	59.80	47.99	39.08	1.21	5.32
高邮市	140.82	117.37	70.86	5.08	11.30
镇江市	**236.00**	**175.17**	**141.39**	**5.39**	**79.82**
丹阳市	85.27	71.12	37.03	1.53	53.53
扬中市	17.90	12.93	13.58	0.37	10.31
句容市	77.00	50.09	55.08	2.07	6.47
泰州市	**581.03**	**437.45**	**268.29**	**16.55**	**120.77**
兴化市	226.51	184.46	116.03	6.52	35.69
靖江市	55.13	45.99	27.95	1.96	16.06
泰兴市	139.12	95.69	61.95	2.81	36.79
宿迁市	**712.00**	**577.30**	**566.89**	**39.10**	**44.39**
沭阳县	251.11	185.53	205.87	14.97	21.98
泗阳县	114.30	92.30	95.26	3.73	5.58
泗洪县	186.90	165.67	143.63	10.43	4.62

数据来源：《江苏统计年鉴 2016》

表 5　江苏 2015 年工业总产值　　　　　　　　　　（单位：亿元）

市　县	工业总产值	内资企业	外商港澳台商投资企业	＃国有控股企业	＃大中型企业	＃轻工业
南京市	**12905.13**	**7475.01**	**5430.12**	**4946.37**	**8785.29**	**2904.04**
无锡市	**14549.87**	**9487.88**	**5061.99**	**712.46**	**10062.86**	**3760.97**
江阴市	5744.96	4346.47	1398.49	149.54	4530.20	1838.58
宜兴市	2779.18	2407.94	371.24	130.30	1470.43	314.33
徐州市	**12215.91**	**11078.26**	**1137.64**	**951.25**	**7069.13**	**4003.89**
丰　县	616.91	572.21	44.70	35.42	113.12	287.80
沛　县	1521.09	1499.31	21.78	1.44	1065.49	580.33
睢宁县	922.79	813.50	109.29		382.26	492.89

市 县	工业总产值	内资企业	外商港澳台商投资企业	#国有控股企业	#大中型企业	#轻工业
新沂市	1599.25	1511.00	88.25	0.30	443.49	499.48
邳州市	2225.10	2051.77	173.33	22.73	1078.65	599.71
常州市	**11101.64**	**7399.16**	**3702.48**	**448.36**	**7096.45**	**2563.47**
溧阳市	1212.73	830.78	381.96	31.65	881.09	123.25
苏州市	**30249.25**	**10826.79**	**19422.46**	**757.11**	**22698.58**	**7633.17**
常熟市	3612.54	1924.06	1688.48	46.66	2572.44	1514.14
张家港市	4485.74	3497.44	988.30	166.64	3538.78	1062.20
昆山市	8270.97	1144.38	7126.59	92.91	6834.60	1027.58
太仓市	1993.08	994.38	998.70	141.63	1058.01	703.53
南通市	**13515.33**	**9123.23**	**4392.09**	**655.93**	**6968.69**	**4262.88**
海安县	1992.15	1639.74	352.41	0.95	917.25	715.28
如东县	1860.27	1303.26	557.01	52.24	758.68	794.05
启东市	1631.36	1126.05	505.31	70.01	640.00	311.32
如皋市	1759.43	1453.46	305.97	24.01	1076.27	522.07
海门市	1871.30	1176.63	694.66	24.14	965.43	454.14
连云港市	**5433.14**	**4240.89**	**1192.25**	**341.57**	**3158.05**	**1672.69**
东海县	929.82	819.77	110.05	2.01	135.94	358.32
灌云县	636.22	618.44	17.79	9.58	200.40	218.80
灌南县	619.80	604.19	15.61	1.70	499.90	45.36
淮安市	**6560.50**	**5094.74**	**1465.76**	**373.35**	**2758.80**	**2676.33**
涟水县	729.48	654.97	75.36	35.11	269.41	424.09
洪泽县	645.47	579.60	66.05	14.07	66.21	231.92
盱眙县	912.50	872.23	40.27	10.05	178.53	360.40
金湖县	476.94	404.20	72.74	0.76	152.49	202.88
盐城市	**8253.62**	**6320.90**	**1932.73**	**322.42**	**3888.12**	**2877.63**
响水县	718.52	628.48	90.03	28.57	391.13	237.64
滨海县	657.39	630.68	26.71	3.12	278.25	369.86
阜宁县	682.56	627.63	54.92	14.15	128.95	233.94

续 表

市 县	工业总产值	内资企业	外商港澳台商投资企业	#国有控股企业	#大中型企业	#轻工业
射阳县	630.61	552.86	77.75	43.41	105.05	425.58
建湖县	895.06	754.35	140.71	2.09	369.19	345.26
东台市	1060.47	898.39	162.08	75.50	347.90	416.42
扬州市	**9194.19**	**6626.32**	**2567.87**	**1587.15**	**5941.37**	**2365.96**
宝应县	990.88	907.13	83.75	249.87	620.51	209.39
仪征市	1462.10	735.59	726.51	794.09	940.10	321.64
高邮市	1157.32	1010.29	147.03	4.55	463.51	415.57
镇江市	**8403.82**	**5584.71**	**2819.11**	**495.48**	**5843.08**	**1443.72**
丹阳市	2512.23	1790.84	721.39	6.97	1918.38	456.37
扬中市	1255.91	1106.56	149.35	0.81	1002.36	52.78
句容市	1361.19	932.66	428.53	45.42	644.89	414.57
泰州市	**11063.14**	**8702.97**	**2360.17**	**652.11**	**5890.46**	**2980.27**
兴化市	1558.69	1447.59	111.10	7.07	233.76	384.16
靖江市	2002.83	1363.14	639.69	180.97	1497.87	294.84
泰兴市	2589.50	2043.69	545.82	44.71	1210.16	626.58
宿迁市	**3863.32**	**3517.43**	**345.90**	**111.23**	**1276.24**	**1970.42**
沭阳县	1319.01	1235.45	83.56	1.53	260.39	592.65
泗阳县	584.28	565.39	18.89	1.95	126.16	276.60
泗洪县	720.78	685.55	35.23	32.08	150.50	394.60

注:统计范围为年主营业务收入 2000 万元以上工业企业(下同)。

表 6　江苏 2015 年工业企业主要经济指标　　　　　　　　　　　　　　(单位:亿元)

市 县	资产合计	负债合计	主营业务收入	主营业务成本	利润总额	从业人员年平均人数(万人)
南京市	**10455.41**	**5742.92**	**12180.70**	**10041.72**	**837.39**	**78.42**
无锡市	**14557.75**	**8041.78**	**14083.94**	**12120.98**	**895.09**	**125.31**
江阴市	5985.92	3494.40	5502.22	4860.84	351.63	43.84
宜兴市	2509.84	1580.02	2673.64	2334.62	119.31	16.30
徐州市	**6425.56**	**3107.76**	**12034.33**	**9965.36**	**978.53**	**79.50**

市　县	资产合计	负债合计	主营业务收入	主营业务成本	利润总额	从业人员年平均人数（万人）
丰　县	238.03	95.20	602.43	521.25	49.76	4.72
沛　县	303.57	162.28	1485.31	1312.87	95.36	12.30
睢宁县	273.98	109.11	887.82	762.77	97.56	6.30
新沂市	485.89	237.21	1581.70	1365.11	113.04	8.77
邳州市	667.56	164.97	2171.54	1897.85	183.26	13.06
常州市	**8407.94**	**4835.96**	**11500.68**	**10044.25**	**642.27**	**86.04**
溧阳市	953.35	672.15	1223.03	1063.32	73.24	7.20
苏州市	**26895.74**	**14268.20**	**29768.65**	**25903.97**	**1529.04**	**303.71**
常熟市	3917.60	2200.01	3547.87	3038.98	168.60	35.67
张家港市	4267.98	2552.75	4577.74	4128.86	142.81	28.26
昆山市	5144.89	2566.35	8225.99	7368.89	401.42	79.80
太仓市	2101.90	1148.52	1918.99	1617.93	126.23	18.27
南通市	**8219.86**	**4312.90**	**13322.91**	**11552.50**	**1015.25**	**99.38**
海安县	997.01	517.97	1956.87	1712.18	141.97	11.99
如东县	893.35	426.11	1847.23	1613.72	146.21	11.50
启东市	1045.82	558.50	1584.10	1365.50	121.24	11.37
如皋市	1070.59	669.82	1752.44	1562.30	80.09	19.49
海门市	872.51	450.15	1876.72	1591.20	206.81	11.67
连云港市	**3212.33**	**1669.56**	**5356.08**	**4388.52**	**434.64**	**29.08**
东海县	339.77	120.70	917.62	808.94	64.30	6.80
灌云县	180.84	76.02	600.27	503.15	39.97	3.89
灌南县	307.03	179.60	613.33	545.03	43.08	3.42
淮安市	**2993.09**	**1280.56**	**6542.23**	**5684.86**	**374.36**	**47.91**
涟水县	248.00	113.05	699.73	626.65	36.87	8.45
洪泽县	376.09	184.75	635.23	568.01	43.00	4.50
盱眙县	394.86	167.06	943.05	826.87	38.93	7.64
金湖县	233.49	138.96	472.94	428.36	21.62	2.85
盐城市	**4764.94**	**2557.10**	**8038.97**	**6848.19**	**564.34**	**56.09**
响水县	523.19	283.33	710.29	600.07	81.15	3.18
滨海县	419.51	195.70	640.92	544.02	32.16	4.23
阜宁县	291.32	155.81	674.67	598.49	31.30	4.42

市　县	资产合计	负债合计	主营业务收入	主营业务成本	利润总额	从业人员年平均人数（万人）
射阳县	330.66	180.75	620.99	512.38	30.13	4.25
建湖县	335.37	138.42	852.53	692.26	59.50	6.91
东台市	615.52	394.73	1057.30	959.98	57.64	9.10
扬州市	**4504.24**	**2347.31**	**8973.50**	**7782.24**	**605.64**	**72.48**
宝应县	488.30	253.52	914.62	783.63	54.92	8.52
仪征市	728.43	421.80	1453.77	1254.36	101.50	7.64
高邮市	496.62	234.33	1101.43	952.24	78.61	10.11
镇江市	**5642.19**	**3083.81**	**8211.10**	**7065.96**	**556.73**	**57.22**
丹阳市	1463.92	843.09	2453.93	2063.14	151.22	19.09
扬中市	943.61	500.89	1206.65	1006.35	82.80	7.88
句容市	780.27	458.09	1322.13	1169.42	74.50	13.48
泰州市	**5737.18**	**3066.91**	**10792.62**	**9041.95**	**840.00**	**58.34**
兴化市	676.87	295.21	1535.05	1348.53	89.27	6.75
靖江市	1520.02	875.92	1946.08	1727.90	148.99	12.86
泰兴市	1290.00	698.63	2564.30	2107.20	235.97	14.43
宿迁市	**3067.60**	**1334.47**	**3714.77**	**3126.01**	**374.85**	**40.45**
沭阳县	635.32	222.07	1295.56	1130.04	116.37	10.93
泗阳县	669.26	248.14	579.16	487.42	43.51	8.02
泗洪县	507.99	195.52	668.79	565.12	66.57	6.29

数据来源:《江苏统计年鉴2016》

表7　江苏2015年固定资产投资完成额　　　　　　　　　　（单位:亿元）

市　县	固定资产投资	房地产开发投资	♯住宅	新增固定资产	商品房屋销售建筑面积（万平方米）	♯住宅
南京市	**5425.98**	**1429.02**	**1080.97**	**3937.84**	**1543.16**	**1429.18**
无锡市	**4888.55**	**991.66**	**687.15**	**4261.08**	**986.91**	**866.07**
江阴市	1128.59	260.39	181.49	995.82	211.51	177.54
宜兴市	663.55	133.24	104.09	559.84	131.23	115.04
徐州市	**4266.12**	**470.22**	**338.80**	**3362.98**	**790.51**	**684.83**
丰　县	215.83	31.13	23.37	176.99	58.58	54.10
沛　县	487.09	21.59	14.27	468.30	66.51	60.86

市　县	固定资产投资	房地产开发投资	♯住宅	新增固定资　产	商品房屋销售建筑面积（万平方米）	♯住宅
睢宁县	269.77	39.71	27.21	243.16	82.24	70.22
新沂市	473.69	41.02	34.98	241.52	94.06	80.00
邳州市	652.69	50.44	42.22	533.94	128.78	118.97
常州市	**3398.97**	**508.04**	**359.58**	**2611.44**	**784.25**	**672.86**
溧阳市	442.40	40.30	37.15	397.61	62.74	60.52
苏州市	**5965.44**	**1864.95**	**1419.09**	**4701.08**	**2133.73**	**1940.92**
常熟市	622.47	150.58	125.41	510.71	145.96	130.54
张家港市	733.79	164.13	120.37	619.54	147.25	123.53
昆山市	799.15	412.66	328.88	627.08	533.86	484.34
太仓市	483.48	64.23	51.58	462.66	92.65	86.01
南通市	**4376.03**	**690.94**	**514.02**	**3565.56**	**937.96**	**858.09**
海安县	510.00	54.76	45.80	325.27	74.05	70.30
如东县	486.98	25.60	18.26	404.37	24.79	20.69
启东市	539.06	63.36	53.99	458.61	98.84	91.59
如皋市	503.15	60.00	44.28	345.92	86.30	73.65
海门市	565.32	39.34	33.39	464.26	81.68	76.70
连云港市	**2077.35**	**205.42**	**173.98**	**1555.63**	**441.58**	**418.30**
东海县	251.09	21.52	18.51	214.14	63.67	61.84
灌云县	205.10	19.08	13.95	206.28	34.78	32.63
灌南县	175.69	20.32	19.19	136.63	29.06	27.65
淮安市	**2203.24**	**283.69**	**200.14**	**1433.07**	**703.99**	**608.20**
涟水县	276.32	17.87	14.74	159.62	87.57	80.28
洪泽县	170.03	17.18	10.96	140.42	46.29	37.25
盱眙县	328.00	41.45	22.12	231.14	94.07	63.70
金湖县	164.37	16.31	11.70	108.79	40.77	27.97
盐城市	**3372.89**	**367.68**	**274.26**	**2742.82**	**716.49**	**619.17**
响水县	250.02	7.07	4.81	264.00	34.53	27.57
滨海县	321.08	17.20	11.72	237.71	56.49	53.15
阜宁县	279.69	24.16	16.85	246.94	58.50	54.90

续　表

市　县	固定资产投资	房地产开发投资	＃住宅	新增固定资　产	商品房屋销售建筑面积（万平方米）	＃住宅
射阳县	241.99	32.23	26.90	178.83	48.90	46.59
建湖县	311.36	12.77	9.88	241.26	50.33	40.92
东台市	510.54	49.55	35.02	358.89	90.54	80.76
扬州市	**2856.82**	**378.18**	**298.51**	**2584.16**	**638.30**	**591.22**
宝应县	287.57	37.20	34.49	284.82	83.06	81.11
仪征市	383.11	26.43	23.07	310.67	71.70	67.98
高邮市	360.50	35.37	27.31	269.62	97.39	89.48
镇江市	**2541.07**	**355.78**	**269.80**	**2288.87**	**597.88**	**540.54**
丹阳市	457.74	69.16	51.87	476.18	125.48	111.11
扬中市	256.19	17.47	14.78	219.81	39.52	36.74
句容市	306.44	82.36	62.64	213.65	153.09	143.45
泰州市	**2693.75**	**245.57**	**197.54**	**2399.67**	**528.37**	**489.61**
兴化市	349.63	18.22	14.27	363.75	66.42	61.46
靖江市	495.86	40.08	29.13	523.05	61.76	58.75
泰兴市	560.62	59.19	49.03	475.61	118.94	111.13
宿迁市	**1838.97**	**362.53**	**266.36**	**1204.64**	**610.93**	**556.98**
沭阳县	455.59	83.60	52.42	346.43	128.77	109.88
泗阳县	336.10	65.84	50.46	245.90	103.46	95.93
泗洪县	336.04	77.26	66.79	136.35	216.70	202.36

数据来源:《江苏统计年鉴 2016》

表 8　江苏 2015 年国内贸易对外经济

市　县	社会消费品零售总额（亿元）	＃批发和零售业	进出口总　额（亿美元）	出口	进口	实际使用外资（亿美元）
南京市	**4590.17**	**4193.01**	**532.40**	**315.03**	**217.38**	**33.35**
无锡市	**2847.61**	**2632.96**	**684.67**	**422.32**	**262.35**	**32.02**
江阴市	705.16	664.94	203.11	124.12	78.99	10.11
宜兴市	506.96	483.52	38.20	29.18	9.02	1.85
徐州市	**2358.45**	**2166.50**	**54.13**	**43.89**	**10.23**	**14.28**
丰　县	133.36	122.64	1.00	0.99	…	0.51

市　县	社会消费品零售总额（亿元）	＃批发和零售业	进出口总额（亿美元）	出口	进口	实际使用外资（亿美元）
沛　县	217.22	196.03	3.18	3.12	0.06	0.83
睢宁县	158.55	147.00	5.56	4.09	1.47	1.06
新沂市	153.71	139.53	4.05	2.08	1.97	0.07
邳州市	223.55	205.16	9.47	8.20	1.27	1.88
常州市	1990.45	1825.79	280.41	212.56	67.85	17.21
溧阳市	275.30	253.66	8.35	7.46	0.89	1.06
苏州市	4461.62	4041.99	3053.50	1814.59	1238.90	60.00
常熟市	675.64	618.87	221.57	146.10	75.47	8.05
张家港市	494.87	426.19	292.69	148.29	144.39	6.50
昆山市	714.68	577.98	834.53	537.96	296.57	11.01
太仓市	264.70	226.84	127.27	63.09	64.18	5.01
南通市	2379.46	2177.46	315.79	228.26	87.53	23.16
海安县	247.39	213.91	16.16	13.64	2.51	3.01
如东县	287.43	271.99	24.46	14.41	10.05	3.17
启东市	293.06	267.03	30.67	24.81	5.86	1.37
如皋市	308.99	275.26	30.53	26.10	4.43	2.41
海门市	311.15	287.04	22.54	14.19	8.35	2.20
连云港市	830.71	753.31	80.45	40.60	39.85	8.01
东海县	156.21	142.25	3.69	2.90	0.80	0.55
灌云县	106.57	96.56	1.98	1.79	0.19	0.33
灌南县	83.51	75.72	2.51	2.08	0.43	0.37
淮安市	970.74	874.22	41.30	30.09	11.21	12.14
涟水县	117.20	106.42	3.71	3.18	0.53	1.21
洪泽县	84.75	76.14	2.10	1.98	0.11	1.24
盱眙县	111.07	98.14	2.74	2.13	0.60	1.17
金湖县	81.02	71.82	3.45	3.40	0.05	1.27
盐城市	1468.60	1320.45	81.19	51.24	29.95	7.95
响水县	59.90	54.49	4.37	3.88	0.49	0.56
滨海县	99.46	89.64	3.84	3.04	0.80	0.64

续　表

市　县	社会消费品零售总额（亿元）	＃批发和零售业	进出口总额（亿美元）	出口	进口	实际使用外资（亿美元）
阜宁县	117.01	110.12	2.14	1.66	0.49	0.40
射阳县	151.19	134.31	3.07	1.67	1.40	0.26
建湖县	155.43	131.41	3.16	3.02	0.14	0.63
东台市	228.30	205.14	7.12	6.81	0.31	0.70
扬州市	**1236.96**	**1096.69**	**103.38**	**77.11**	**26.27**	**8.48**
宝应县	135.63	122.81	8.90	6.75	2.15	0.09
仪征市	100.19	87.56	3.72	2.86	0.86	0.27
高邮市	153.06	133.19	4.40	4.07	0.33	0.60
镇江市	**1113.71**	**987.21**	**100.64**	**68.73**	**31.90**	**13.05**
丹阳市	283.94	250.89	28.03	23.50	4.54	3.31
扬中市	126.77	106.32	5.62	4.80	0.82	1.31
句容市	129.16	117.18	5.28	4.54	0.74	2.80
泰州市	**1001.64**	**863.59**	**102.29**	**63.77**	**38.52**	**10.66**
兴化市	154.61	132.78	5.40	4.92	0.48	0.49
靖江市	159.41	133.73	29.89	18.07	11.82	2.56
泰兴市	191.52	154.14	24.34	12.54	11.80	3.24
宿迁市	**626.64**	**547.14**	**25.99**	**18.50**	**7.49**	**2.98**
沭阳县	175.49	147.25	5.80	4.63	1.17	0.73
泗阳县	88.88	77.24	3.27	3.19	0.09	0.35
泗洪县	93.41	85.29	1.42	1.17	0.24	0.07

数据来源：《江苏统计年鉴 2016》

表9　2015年江苏省财政、金融情况　　　　　　　　　　（单位：亿元）

市　县	一般公共预算收入	＃税收收入	一般公共预算支出	年末金融机构存款余额	＃住户存款	年末金融机构贷款余额
南京市	**1020.03**	**838.67**	**1045.57**	**25887.77**	**5535.53**	**18217.80**
无锡市	**830.00**	**668.18**	**821.86**	**12710.45**	**4639.66**	**9332.27**
江阴市	218.92	180.31	205.35	2954.56	1027.51	2396.17
宜兴市	102.50	86.87	109.11	1821.70	909.83	1373.06
徐州市	**530.68**	**429.13**	**752.46**	**4747.01**	**2780.60**	**3069.90**

市　县	一般公共预算收入	＃税收收入	一般公共预算支出	年末金融机构存款余　额	＃住户存款	年末金融机构贷款余　额
丰　县	43.09	37.32	74.72	297.36	225.12	147.50
沛　县	59.30	49.68	92.35	378.88	289.38	187.39
睢宁县	43.68	38.37	78.89	329.98	251.69	192.61
新沂市	51.33	43.56	82.50	265.82	192.61	221.85
邳州市	62.38	53.29	103.43	411.79	302.15	319.57
常州市	**466.28**	**373.70**	**485.33**	**7438.68**	**3193.77**	**5354.58**
溧阳市	56.19	46.08	61.38	866.37	462.65	698.72
苏州市	**1560.76**	**1338.61**	**1527.17**	**23659.10**	**7358.04**	**19200.10**
常熟市	157.70	128.40	155.26	2418.40	1104.60	1930.91
张家港市	174.22	143.64	171.34	2372.21	958.77	1824.69
昆山市	284.76	251.85	255.36	3062.60	1046.03	2174.54
太仓市	114.54	97.78	109.07	1269.17	486.49	1139.46
南通市	**625.64**	**521.08**	**748.97**	**9659.15**	**5115.51**	**5997.24**
海安县	62.06	53.51	84.40	1104.37	634.40	752.65
如东县	58.54	49.34	93.82	843.70	543.95	419.66
启东市	76.86	63.44	86.24	1073.30	715.85	644.85
如皋市	77.10	63.63	101.02	980.91	649.64	602.88
海门市	78.40	65.04	85.55	1169.05	699.66	688.40
连云港市	**291.77**	**237.55**	**425.92**	**2128.22**	**1048.27**	**1781.05**
东海县	41.02	35.52	68.72	269.90	186.69	210.18
灌云县	39.32	34.67	61.80	216.82	132.21	165.91
灌南县	38.85	34.11	60.91	146.83	94.02	116.82
淮安市	**350.31**	**284.05**	**512.47**	**2328.63**	**1183.92**	**1864.76**
涟水县	33.32	28.45	62.85	275.77	160.93	182.69
洪泽县	25.21	21.31	47.78	179.32	78.94	132.34
盱眙县	34.98	29.19	57.52	218.90	139.65	206.20
金湖县	23.91	21.00	41.14	186.24	114.86	148.60
盐城市	**477.50**	**384.31**	**746.31**	**4363.99**	**2397.52**	**3045.50**
响水县	32.54	26.83	50.82	134.23	76.75	121.35

续 表

市 县	一般公共预算收入	#税收收入	一般公共预算支出	年末金融机构存款余额	#住户存款	年末金融机构贷款余额
滨海县	38.65	31.64	69.45	233.83	153.17	184.67
阜宁县	39.17	32.55	71.51	318.38	228.03	213.57
射阳县	20.56	17.48	59.38	334.53	239.44	217.36
建湖县	50.61	42.33	83.64	365.00	258.21	265.99
东台市	71.55	60.85	101.72	631.03	480.02	347.76
扬州市	**336.75**	**274.67**	**442.78**	**4719.40**	**2376.68**	**3095.77**
宝应县	30.49	25.31	53.02	406.05	262.60	259.49
仪征市	39.44	33.95	46.83	501.92	273.21	306.22
高邮市	33.24	27.36	53.62	453.80	309.85	278.44
镇江市	**302.85**	**245.40**	**348.73**	**3969.11**	**1741.48**	**2982.60**
丹阳市	67.06	57.58	80.07	885.13	508.40	858.08
扬中市	34.03	29.22	38.53	471.92	260.03	384.11
句容市	40.01	33.62	49.49	473.28	265.69	371.86
泰州市	**316.56**	**256.89**	**429.90**	**4441.70**	**2242.46**	**3228.08**
兴化市	40.85	33.52	82.50	580.79	430.57	392.98
靖江市	61.61	50.83	69.95	823.68	433.87	615.11
泰兴市	52.79	43.81	67.45	754.29	428.60	502.24
宿迁市	**235.67**	**196.95**	**405.78**	**1819.81**	**949.51**	**1696.70**
沭阳县	71.75	58.85	112.69	394.83	281.04	338.74
泗阳县	33.68	28.27	69.46	263.26	174.11	269.13
泗洪县	31.59	26.72	66.96	250.02	168.40	265.86

数据来源:《江苏统计年鉴2016》

表 10　江苏 2015 年科技、教育情况

市 县	专利申请受理量（件）	专利申请授权量（件）	普通中学在校学生（万人）	小 学在校学生（万人）	普通中学专任教师（人）	小 学专任教师（人）
南京市	**56099**	**28104**	**21.99**	**35.80**	**22549**	**22474**
无锡市	**56964**	**34776**	**21.09**	**34.84**	**19893**	**19312**
江阴市	14010	7502	5.47	9.23	5590	4669
宜兴市	5862	2975	4.17	6.04	4290	3483

市 县	专利申请受理量（件）	专利申请授权量（件）	普通中学在校学生（万人）	小 学在校学生（万人）	普通中学专任教师（人）	小 学专任教师（人）
徐州市	12481	8599	34.74	84.13	33673	40445
丰 县	1049	725	4.18	8.52	4770	4344
沛 县	244	385	3.58	10.02	3779	5081
睢宁县	857	311	5.05	9.44	5035	5431
新沂市	443	193	3.13	11.42	3433	3969
邳州市	577	348	6.90	18.19	5358	8880
常州市	38559	21585	16.25	27.37	13970	13701
溧阳市	1099	944	2.67	3.89	2806	2366
苏州市	98704	62263	29.25	65.07	26772	33969
常熟市	6324	3267	4.28	8.23	3695	4674
张家港市	9964	6791	4.04	7.80	3485	4110
昆山市	14229	10947	4.34	11.94	3407	5717
太仓市	6449	2871	2.03	4.24	1775	2224
南通市	34770	25970	23.81	32.56	24189	19347
海安县	4211	2931	2.72	3.31	3288	2212
如东县	4104	2799	2.64	2.99	2903	2176
启东市	4410	2302	2.91	3.75	3298	2549
如皋市	3724	2326	4.73	6.20	4326	3386
海门市	4074	2401	3.33	4.72	3574	2740
连云港市	6470	5144	22.48	41.08	19744	21965
东海县	678	568	5.06	11.10	4458	5492
灌云县	523	671	4.01	6.79	3124	3300
灌南县	492	591	3.19	6.05	2770	3547
淮安市	15941	9365	21.19	34.43	18712	20712
涟水县	1823	999	4.36	8.18	3391	4486
洪泽县	2067	1214	1.34	1.85	1220	1342
盱眙县	1936	1228	2.93	5.43	2951	3104
金湖县	1634	1008	1.00	1.34	953	935
盐城市	22353	7840	26.60	44.22	26187	25601
响水县	828	327	2.03	4.82	1823	2677

续　表

市　县	专利申请受理量（件）	专利申请授权量（件）	普通中学在校学生（万人）	小　学在校学生（万人）	普通中学专任教师（人）	小　学专任教师（人）
滨海县	1758	292	3.25	8.23	3232	4183
阜宁县	2388	204	3.38	6.27	3210	3659
射阳县	1702	240	3.06	4.87	3030	3052
建湖县	2721	979	2.66	4.09	2606	2289
东台市	2556	1267	3.19	3.50	3671	2484
扬州市	**24814**	**13948**	**17.88**	**21.63**	**16476**	**13454**
宝应县	3310	1745	3.30	3.80	3006	2414
仪征市	2995	1634	1.95	2.39	1842	1620
高邮市	4393	2891	2.84	2.76	2908	1917
镇江市	**24903**	**14136**	**9.41**	**14.13**	**9889**	**9385**
丹阳市	7667	3758	3.19	4.85	3344	3281
扬中市	3658	1461	0.94	1.42	1046	944
句容市	4090	2857	1.69	2.40	1955	1661
泰州市	**26878**	**13383**	**17.15**	**22.15**	**19201**	**14084**
兴化市	4004	2633	3.93	6.25	4275	4095
靖江市	4390	1894	2.38	2.94	2902	1974
泰兴市	5786	2795	4.40	5.06	5292	3147
宿迁市	**9507**	**5151**	**22.65**	**42.23**	**17518**	**23436**
沭阳县	2967	1888	7.08	14.25	5518	8291
泗阳县	2555	1135	4.97	8.54	3164	4427
泗洪县	802	325	4.49	8.23	3297	4372

数据来源:《江苏统计年鉴 2016》

表 11　江苏 2015 年文化、卫生情况

市　县	公　共图书馆（个）	公共图书馆图书藏量（千册）	卫　生机构数（个）	卫生机构床位数（张）	卫　生技术人员（人）	＃执业（助理）医师
南京市	**15**	**16343**	**2337**	**46643**	**65139**	**22307**
无锡市	**10**	**5186**	**2243**	**37366**	**44707**	**16632**
江阴市	1	1138	573	7829	8975	3399
宜兴市	1	764	445	5330	7555	2840
徐州市	**8**	**3163**	**4601**	**47949**	**51567**	**20172**

市　县	公　共 图书馆 （个）	公共图书馆 图书藏量 （千册）	卫　生 机构数 （个）	卫生机构 床位数 （张）	卫　生 技术人员 （人）	#执　业 （助理）医师
丰　县	1	214	558	3980	4244	1981
沛　县	1	335	608	4477	4894	2013
睢宁县	1	411	608	3879	4634	2064
新沂市	1	184	480	3134	4620	2217
邳州市	1	464	767	5378	6934	2540
常州市	**4**	**3140**	**1196**	**24263**	**29616**	**12009**
溧阳市	1	378	239	2817	4052	1780
苏州市	**11**	**17457**	**3121**	**59304**	**68179**	**26197**
常熟市	1	2449	468	7346	8569	3570
张家港市	1	2100	422	9093	8910	3599
昆山市	1	2207	493	6640	10626	4218
太仓市	1	1093	238	3730	4303	1636
南通市	**10**	**4703**	**3147**	**36031**	**41067**	**16790**
海安县	1	439	186	4574	4338	1921
如东县	1	417	212	3509	3906	1685
启东市	1	452	139	3539	3835	1523
如皋市	2	905	147	5225	5686	2593
海门市	1	513	165	3539	4039	1687
连云港市	**7**	**2660**	**2708**	**19035**	**23056**	**8701**
东海县	1	873	544	3021	3472	1442
灌云县	1	251	417	2516	2756	1006
灌南县	1	183	378	2996	2907	1113
淮安市	**9**	**2564**	**2228**	**25966**	**30475**	**12037**
涟水县	1	133	480	3755	4176	1895
洪泽县	1	267	142	1405	1572	660
盱眙县	1	206	354	3106	3505	1470
金湖县	1	209	147	1477	1713	706
盐城市	**11**	**3253**	**3242**	**37169**	**39494**	**17767**
响水县	1	81	237	2558	3052	1391

市　县	公共图书馆（个）	公共图书馆图书藏量（千册）	卫生机构数（个）	卫生机构床位数（张）	卫生技术人员（人）	＃执业（助理）医师
滨海县	1	207	415	4402	4451	2021
阜宁县	2	400	396	4103	3564	1852
射阳县	1	238	341	3472	4175	2117
建湖县	1	250	357	3688	3769	1880
东台市	1	274	460	5286	4719	2238
扬州市	**7**	**3211**	**1780**	**20121**	**24326**	**9826**
宝应县	1	162	340	2283	3558	1310
仪征市	1	364	154	2190	2892	1069
高邮市	1	231	250	2603	3553	1385
镇江市	**9**	**3003**	**943**	**14637**	**18985**	**7658**
丹阳市	2	596	248	3412	4641	1964
扬中市	1	321	88	1060	1646	722
句容市	1	201	201	1869	2457	1063
泰州市	**7**	**2570**	**1953**	**21838**	**24215**	**10176**
兴化市	1	246	667	4541	4692	2113
靖江市	1	535	285	3944	4232	1798
泰兴市	1	319	368	4205	4647	2064
宿迁市	**6**	**1216**	**2426**	**23290**	**26179**	**8944**
沭阳县	1	165	770	6675	7965	2986
泗阳县	1	287	407	4521	4485	1316
泗洪县	1	95	522	4265	5022	1675

数据来源:《江苏统计年鉴2016》

表 12　2015 年江苏人民生活主要指标

市　县	居民人均可支配收入（元）	居民人均生活消费支出（元）	居民恩格尔系数（％）	居民人均住房建筑面积（平方米）	城镇常住居民人均可支配收入（元）	城镇常住居民人均生活消费支出（元）	农村常住居民人均可支配收入（元）	农村常住居民人均生活消费支出（元）
南京市	**40455**	**24876**	**26.5**	**40.7**	**46104**	**27794**	**19483**	**14041**
无锡市	**39461**	**25954**	**28.8**	**49.1**	**45129**	**29466**	**24155**	**16469**
江阴市	42756	23670	29.5	55.5	50701	26970	26012	16716

市　县	居民人均可支配收入（元）	居民人均生活消费支出（元）	居民恩格尔系数（％）	居民人均住房建筑面积（平方米）	城镇常住居民人均可支配收入（元）	城镇常住居民人均生活消费支出（元）	农村常住居民人均可支配收入（元）	农村常住居民人均生活消费支出（元）
宜兴市	34413	22116	31.1	55.2	42750	26862	21910	14999
徐州市	**20425**	**13174**	**30.8**	**45.4**	**26219**	**16143**	**13982**	**9873**
丰　县	16481	11548	31.1	44.9	21094	15678	12850	8296
沛　县	19372	12452	28.4	45.5	25163	15951	14441	9473
睢宁县	16515	9863	33.0	49.0	21478	12188	12656	8054
新沂市	17100	11521	33.5	47.2	22901	15312	13281	9025
邳州市	18842	11051	30.8	62.3	26334	14749	14028	8674
常州市	**35379**	**22234**	**28.8**	**50.1**	**42710**	**25358**	**21912**	**14764**
溧阳市	28737	17527	33.9	44.5	38445	20294	19880	15003
苏州市	**42987**	**26847**	**26.5**	**51.1**	**50390**	**31136**	**25580**	**16761**
常熟市	41506	25472	28.8	59.2	50413	29323	25811	18686
张家港市	41445	24860	28.6	61.9	50618	29664	25715	16623
昆山市	42755	25992	28.5	40.5	50749	30363	25978	16819
太仓市	40428	25878	30.4	69.4	50134	31488	25643	17333
南通市	**27584**	**18358**	**28.8**	**52.1**	**36291**	**23680**	**17267**	**12052**
海安县	24916	17323	29.8	52.5	34445	21611	16549	13559
如东县	24463	15840	32.7	57.0	34338	20275	15827	11960
启东市	26071	20244	31.1	49.7	34566	28060	18287	13083
如皋市	24416	15744	30.3	55.1	33792	20558	15532	11182
海门市	27554	18441	29.5	51.0	37404	24555	18986	13124
连云港市	**19418**	**13260**	**32.8**	**46.7**	**25728**	**17259**	**12778**	**9052**
东海县	18381	12769	34.7	50.0	25281	17748	13286	9092
灌云县	16059	10341	35.8	43.0	21240	13019	11881	8181
灌南县	15941	10625	35.9	49.5	22657	14557	11408	7972
淮安市	**20840**	**12349**	**31.0**	**45.9**	**28105**	**15867**	**13128**	**8615**
涟水县	16698	10426	33.6	57.7	23325	14877	12259	7444
洪泽县	21043	11563	31.8	43.6	28120	13128	14385	10091
盱眙县	20007	10651	31.8	50.0	28359	15104	13295	7073
金湖县	20565	14845	32.4	50.6	28454	18537	14352	11938

续　表

市　县	居民人均可支配收入（元）	居民人均生活消费支出（元）	居民恩格尔系数（%）	居民人均住房建筑面积（平方米）	城镇常住居民人均可支配收入（元）	城镇常住居民人均生活消费支出（元）	农村常住居民人均可支配收入(元)	农村常住居民人均生活消费支出（元）
盐城市	22419	14348	31.8	45.8	28200	16539	15748	11819
响水县	17949	9628	33.4	37.9	23642	10659	13088	8748
滨海县	18485	12230	31.9	48.0	24451	14831	13683	10137
阜宁县	18502	12793	34.7	38.6	23528	19019	14138	7386
射阳县	19864	14182	33.4	39.5	24460	20842	15136	7330
建湖县	20997	12128	32.1	44.9	27393	14867	15687	9854
东台市	24372	14257	32.4	55.2	30330	16803	18097	11576
扬州市	26253	16720	31.3	49.4	32946	19780	16619	12316
宝应县	19613	12719	34.1	44.6	24746	15102	15507	10813
仪征市	24739	17021	32.0	56.6	33808	19540	16138	14632
高邮市	21874	15464	31.6	41.7	29007	19427	15608	11984
镇江市	31263	19570	28.7	49.0	38666	22859	19214	14217
丹阳市	30366	19059	33.6	47.9	38574	20907	19892	16701
扬中市	32728	18904	32.4	58.0	42407	22486	21886	14890
句容市	26527	17061	31.2	44.0	37548	21497	17355	13369
泰州市	25927	16777	29.6	54.0	34092	21008	16410	11844
兴化市	22558	13760	31.4	42.0	31170	17798	15527	10464
靖江市	27097	19817	30.6	58.0	36790	24843	18045	15124
泰兴市	25508	16122	26.4	61.0	33800	21117	16392	10630
宿迁市	17342	11328	35.3	46.9	22233	14494	12772	8444
沭阳县	17521	11721	38.1	46.3	22098	14770	12940	9031
泗阳县	16943	11679	35.0	50.8	21720	14021	12800	9512
泗洪县	16191	10619	36.7	43.2	21191	14117	12477	7005

数据来源:《江苏统计年鉴 2016》